Boewer/Bommermann · Lohnpfändung und Lohnabtretung

Boewer/Bommermann

Lohnpfändung und Lohnabtretung

in Recht und Praxis

Kommentierung

DATAKONTEXT-VERLAG

CIP-Kurztitelaufnahme der Deutschen Bibliothek

Boewer, Dietrich:
Lohnpfändung und Lohnabtretung in Recht und Praxis:
Kommentierung / Boewer ; Bommermann. – Köln:
Datakontext-Verl., 1987.
(Reihe: Alga-Edition)
ISBN 3-921899-74-5

NE: Bommermann, Ralf:

Reihe: alga edition

ISBN 3-921899-74-5

Aachener Straße 1052, D-5000 Köln 40

Druck: Grafischer Betrieb Plitt, Oberhausen
Printed in Germany

Vorwort

Vergegenwärtigt man sich, daß das Arbeitseinkommen nicht nur eine wesentliche Kreditunterlage des Arbeitnehmers ist, sondern regelmäßig auch einziges Vollstreckungsobjekt für den Gläubiger, so verdeutlicht dieser Befund die stets aktuelle und besondere Bedeutung des Lohnpfändungs- und Lohnabtretungsrechts. Komplizierte Gesetzesbestimmungen erschweren dabei das Verständnis der zu behandelnden Rechtsmaterie. Dies gilt nicht nur für die verfahrensrechtliche Abwicklung der Lohnpfändung, sondern auch für die materiell-rechtliche Bewertung des von der Zwangsvollstreckung oder Abtretung erfaßten Lohnteils.

In Fortführung der bereits 1972 erschienenen, von Boewer bearbeiteten „Lohnpfändung in der betrieblichen Praxis" wollen die Autoren nicht nur eine den Bedürfnissen der Betriebspraktiker entsprechende Kommentierung der Lohnpfändungs- und Lohnabtretungsbestimmungen liefern, sondern zugleich auch mit der Behandlung des gesamten verfahrensrechtlichen Teils der Zwangsvollstreckung in Lohnforderungen Ratgeber für Rechtsanwälte, Rechtspfleger und Gerichte sein. Dabei waren die Autoren bemüht, eine wissenschaftliche Interpretation des Gesetzes mit einer praxisorientierten Lösung der Problemstellungen zu verbinden.

Die Teile A und D hat Herr Bommermann bearbeitet, die Teile B und C sind von Herrn Boewer gefertigt worden.

Wir möchten es nicht versäumen, all denen zu danken, die durch wertvolle Hinweise und Anregungen mit dazu beigetragen haben, die vielfältigen Probleme des Lohnpfändungs- und Abtretungsrechts zu erkennen und durchschaubarer zu machen. Unser Dank gilt schließlich dem Verleger, der durch seine stete Hilfsbereitschaft zum Gelingen des Buches beigetragen hat.

Dietrich Boewer — Ralf Bommermann

GLIEDERUNG

A. Die Lohnpfändung als Zwangsvollstreckung wegen Geldforderungen

I. Einleitung

Die Zwangsvollstreckung soll als Teil des gerichtlichen Rechtsschutzverfahrens unabhängig vom Erkenntnisverfahren dem Gläubiger zur Realisierung seiner materiell-rechtlichen Ansprüche gegen den Schuldner durch staatlichen Zwang verhelfen[1]. Dabei erfordert die Zwangsvollstreckung nicht notwendig ein vorangegangenes Erkenntnisverfahren[2]; und nicht jedes Erkenntnisverfahren führt zu einer Zwangsvollstreckung[3]. Neben der Möglichkeit, aus rechtskräftigen oder für vorläufig vollstreckbar erklärten Endurteilen (§ 704 Abs. 1 ZPO) die Vollstreckung betreiben zu können, kennt die Zivilprozeßordnung im 8. Buch auch andere Vollstreckungstitel, wie etwa den Prozeßvergleich oder vollstreckbare Urkunden (§ 794 Abs. 1 Nr. 1 und Nr. 5), die eine Zwangsvollstreckung zulassen. 1

Bei der Zwangsvollstreckung ist zwischen dem Vollstreckungsanspruch – als Anspruch des Gläubigers gegen den Staat auf Durchführung der Vollstreckung durch seine Organe (etwa den Gerichtsvollzieher, das Vollstreckungsgericht, das Prozeßgericht) – und dem vollstreckbaren Anspruch – als Recht des Gläubigers, vom Schuldner ein bestimmtes Tun, Unterlassen oder Dulden zu verlangen – zu differenzieren[4]. Die Zivilprozeßordnung hat die Zwangsvollstreckung im Gegensatz zum Konkursverfahren als Singularvollstreckung ausgestaltet und von der Systematik her nach der Art des zu vollstreckenden Anspruchs und nach der Art der Gegenstände, die der Vollstreckung zugänglich sind, gegliedert. Hinsichtlich der Art des zu vollstreckenden Anspruchs kommen die Zwangsvollstreckung wegen Geldforderungen (§§ 803–882 a ZPO) und die Zwangsvollstreckung zur Erwirkung der Herausgabe von Sachen und zur Erwirkung von Handlungen oder Unterlassungen (§§ 883–898 ZPO) in Betracht. 2

Vorliegend interessiert lediglich die Zwangsvollstreckung *wegen Geldforderungen,* für die als Vollstreckungsobjekt das bewegliche und unbewegliche Vermögen des Schuldners zur Verfügung stehen. Zu dem beweglichen Vermögen des Schuldners zählen neben den körperlichen Sachen (§ 808 ZPO), die dem Zugriff des Gläubigers unterliegen, auch Forderungen und andere Vermögensrechte (§§ 828–863 ZPO). Der Zugriff auf den Lohnanspruch des Schuldners ist Voll- 3

---

1) Sie stellt auch keinen enteignungsgleichen Eingriff dar: BGH, BB 1967, 941; BGH, NJW 1960, 1461, weil auch der rechtswidrige Übergriff in Vermögenswerte Dritter kein Sonderopfer für die Allgemeinheit ist.

2) Vgl. etwa § 794 Abs. 1 Nr. 15 ZPO; § 164 Abs. 2 KO; §§ 93, 132 ZVG.

3) Etwa weil der Gläubiger von Zwangsvollstreckungsmaßnahmen absieht, oder der Schuldner freiwillig leistet. Außerdem müssen Leistungsurteile vorliegen, weil Feststellungs- und Gestaltungsurteile keinen vollstreckbaren Inhalt haben.

4) Thomas/Putzo, § 704 Anm. I. 3.; Baumbach/Lauterbach, Grundz. § 704 1. C.; Zöller-Stöber, vor 704 II. A. A. J. Blomeyer, RPfleger 1969, 286; Schwab, ZZP 31, 421. Vgl. aber Pohle, ZZP 81,1. Jedenfalls kann der Gläubiger die Durchführung der Vollstreckung nach § 766 Abs. 2 ZPO erzwingen. Der Vollstreckungsgläubiger muß dabei nicht notwendig mit dem Gläubiger des materiellen Rechts identisch sein, zum Beispiel der Zedent bei einem Titel auf Leistung an den Zessionar.

streckung in eine *Forderung,* womit die Art des zu behandelnden Vollstreckungsgegenstandes gekennzeichnet wird[5]. Gemäß § 803 Abs. 1 Satz 1 ZPO erfolgt die Zwangsvollstreckung in eine Forderung durch *Pfändung,* wobei sich die Durchführung nach der gesetzlichen Regelung der §§ 828 ff. ZPO richtet. Bei der Lohnforderungspfändung geht es also um die Vollstreckung in den auf Geld gerichteten Anspruch des Lohnberechtigten gegen den Lohnverpflichteten wegen einer titulierten Geldforderung des Gläubigers gegen den Lohnberechtigten. Naturalbezüge des Schuldners (vgl. § 114 a GewO) fallen nicht hierunter, können aber hinsichtlich des Umfangs der Lohnpfändung Bedeutung gewinnen (§ 850 e Nr. 3 ZPO).

4 Wenn hier von Lohnforderungen und Lohnpfändungen die Rede ist, so handelt es sich nicht um den rechtstechnischen Begriff im eigentlichen arbeitsrechtlichen Sinne. Der Lohn wird dem gewerblichen Arbeiter als Vergütung für seine Arbeitsleistung bezahlt, während der im kaufmännischen und technischen Angestelltenverhältnis tätige Arbeitnehmer Gehalt bezieht (§ 63 HGB)[6]. Gemeint ist vielmehr das sogenannte *Arbeitseinkommen* im Sinne der §§ 850 ff. ZPO. Der Begriff Arbeitseinkommen umfaßt nicht nur Bezüge aus abhängiger unselbständiger Arbeit, sondern auch Bezüge aus unabhängigen Dienstverträgen, etwa Ansprüche des Handelsvertreters auf Fixum und Provision, sowie die Bezüge der Beamten und Richter[7]. Bereits der allgemeine Sprachgebrauch versteht unter dem Arbeitseinkommen jede Art von Einkommen, das aus irgendeiner Tätigkeit bezogen wird[8]. Diese weitreichende Begriffsdeutung folgt mit hinreichender Deutlichkeit aus der gesetzlichen Fassung des § 850 Abs. 2 ZPO, wonach von sonstigen Vergütungen für Dienstleistungen aller Art die Rede ist[9].

Für den Inhaber einer titulierten Geldforderung stellt das Arbeitseinkommen des Schuldners häufig das wichtigste und erfolgversprechenste Vollstreckungsobjekt dar, weil der größte Teil aller Schuldner zumindest über ein Arbeitseinkommen verfügt, wenn sonstige Werte nicht vorhanden sind. Die Vollstreckung in das Arbeitseinkommen des Schuldners nimmt dementsprechend den breitesten Raum der Forderungsvollstreckung ein. Da das Arbeitseinkommen des Schuldners nicht nur ein bedeutsames Vollstreckungsobjekt für den Gläubiger darstellt, sondern im Regelfall dem Unterhalt des Schuldners und seiner Familie dient, erfährt es im Vollstreckungsrecht insoweit eine Sonderstellung, als es dem Zugriff des Gläubigers nur in den vom Gesetz zugelassenen Grenzen offensteht.

5 Die Zwangsvollstreckungsmaßnahmen in das Arbeitseinkommen des Schuldners werden auf *Antrag* des Gläubigers eingeleitet. Der Gläubiger bleibt bei der Durchführung der Zwangsvollstreckung bis zu deren Beendigung Herr des Verfahrens, indem er jederzeit von weiteren Vollstreckungsmaßnahmen Abstand

---

5) Zu Recht weist Walter in Bischoff/Rochlitz, S. 26, daraufhin, daß nicht der Lohn, sondern die Lohnforderung gepfändet wird.
6) Stahlhacke, § 105 IX; Bobrowski/Gaul, E I 6.
7) Vgl. auch OLG Celle, DNotZ 1984, 257 und OLG Bamberg,RPfleger 1974, 30.
8) Vgl. auch § 19 Abs. 1 EStG, § 14 Abs. 1 Viertes Buch (IV) SGB.
9) Vgl. auch BGH, MDR 1981, 733 und BAG, NJW 1977, 76.

nehmen oder gar auf die Pfändung und Überweisung zur Einziehung erworbener Rechte unbeschadet seines Anspruchs verzichten kann (§ 843 ZPO). Im übrigen ist das Verfahren als *Amtsverfahren* ausgestaltet; wird der Klageweg beschritten (§§ 767, 768, 771 ZPO), so gelten die Grundsätze des Erkenntnisverfahrens.

1. Der Lohnpfändungsschutz als Ausdruck der Lohnsicherung

Die Bedeutung der Lohnpfändung ist von der Intention der §§ 850 ff. ZPO her eine doppelte: Zum einen soll einer schrankenlosen Pfändung des Gläubigers in das Arbeitseinkommen seines Schuldners entgegengewirkt werden, um dem Schuldner und seiner Familie nicht die häufig einzige Lebensgrundlage zu nehmen und damit seine Alimentation der Allgemeinheit aufzubürden[10]; zum anderen soll dem berechtigten Interesse des Gläubigers nach Befriedigung seiner titulierten Forderung Rechnung getragen werden. Dem unmittelbaren Schutz des Arbeitnehmers oder Dienstverpflichteten entspricht die Aufstellung bestimmter zwingender Pfändungsschranken, die unter besonderen Umständen des Einzelfalles abgeschwächt oder verstärkt werden können, etwa wenn der Gläubiger zu den privilegierten Unterhaltsgläubigern des § 850 d ZPO gehört, oder besondere Bedürfnisse des Schuldners einen weitergehenden Pfändungsschutz erfordern (§ 850 f ZPO). Damit zeichnet sich eine ausreichende Elastizität des Lohnpfändungsrechts ab, um zwischen den sich naturgemäß widerstreitenden berechtigten Interessen des Gläubigers an einem umfassenden Vollstreckungszugriff und des Schuldners an der Belassung des lebensnotwendigen Einkommenteils einen gerechten Ausgleich zu schaffen. 6

In dieser Funktion erschöpft sich das Lohnpfändungsrecht allerdings nicht. Daneben übt es eine mittelbare Schutzfunktion aus, die sich in der Begrenzung der Abtretungsmöglichkeit von Lohnforderungen äußert. Als Ausdruck sozialpolitisch notwendiger Lohnsicherung[11] verbietet der Gesetzgeber zwingend die rechtsgeschäftliche Verfügung des Arbeitnehmers über seine Lohnforderung, soweit sie der Pfändung nicht unterworfen ist. Deshalb kann eine unpfändbare Lohnforderung weder wirksam abgetreten noch verpfändet werden (§§ 400, 1274 Abs. 2 BGB). Dem Lohnberechtigten soll jede Möglichkeit genommen werden, unter dem Druck wirtschaftlicher Schwierigkeiten oder aus anderen Gründen über diesen Teil der Lohnforderung, etwa zur Begleichung von Schulden 6a

---

[10] Ob dem Schuldner auch die Arbeitsfreude und Arbeitsbereitschaft erhalten bleiben soll, wie Walter in Bischoff/Rochlitz, S. 23, meint, erscheint bedenklich, weil sich hierfür aus den §§ 850 ff. ZPO keine Relation feststellen läßt. Allein die sozial-politische Tendenz läßt entscheidend sein wie hier: Neumann, AR-Blattei, Lohnpfändung I, A; B. Walter, S. 47, 48; Weber, NJW 1965, 1699 ff.; Stöber, S. 363 Rz. 873. Letztlich folgt der Lohnpfändungsschutz auch aus dem Prinzip sozialer Sicherung, das seine sichtbare Grundlage in der verfassungsrechtlich garantierten Unantastbarkeit der Menschenwürde (Art. 1 Abs. 1 GG), der freien Entfaltung seiner Persönlichkeit (Art. 2 Abs. 1 GG) und dem Sozialstaatsprinzip (Art. 20 Abs. 1 GG) gefunden hat: Vgl. hierzu auch Lippross, S. 117 ff.

[11] Andere Formen der Lohnsicherung sind z. B. das Truck-Verbot, das Konkursvorrecht des Arbeitnehmers gem. § 61 Nr. 1 KO, die Beschränkung der Lohnverwirkungsabrede auf den die Pfändungsfreigrenze übersteigenden Teil der Lohnforderung (Sommer, AR-Blattei, Lohnsicherung, B I — VI mit weiteren Nachweisen); vgl. auch das Vorrecht aus § 10 Ziff. ZVG.

oder als Kreditmittel, verfügen zu können. Er soll sowohl gegen unfreiwillige als auch gegen freiwillige, durch Notlage oder Leichtsinn veranlaßte Veräußerungen gesichert sein. Der zwingende Charakter dieser Vorschriften leitet sich aus dem bereits erwähnten öffentlichen Interesse ab, die Allgemeinheit vor einer Alimentation des Schuldners zu bewahren. Abtretungen und Verpfändungen unpfändbarer Forderungen verstoßen gegen ein gesetzliches Verbot und sind daher nichtig (§ 134 BGB)[12]. Entsprechendes gilt für die Aufrechnung (§ 394 BGB) und die Lohnzurückbehaltung (§ 273 BGB). Der Arbeitgeber muß daher grundsätzlich, wenn ihm eine aufrechenbare Forderung gegen den Arbeitnehmer zusteht, den unpfändbaren Teil des Lohns auszahlen, was auch dann gilt, wenn die Geltendmachung eines Zurückbehaltungsrechts der Wirkung einer Aufrechnung gleichkommt[13]. Auch vollstreckungserweiternde Abreden sind unzulässig[14].

7 Im Hinblick auf die Bedeutung der Lohnpfändung darf schließlich die Stellung des Arbeitgebers als Drittschuldner nicht unerwähnt bleiben. Den Arbeitgeber trifft nämlich die gesetzlich begründete Pflicht, die Lohnpfändung abzuwickeln, was neben einem mit Kosten verbundenen Verwaltungsaufwand für die Personalabteilung und die Lohnbuchhaltung zu prozessualen Auseinandersetzungen mit dem Gläubiger oder dem Arbeitnehmer führen kann, was die Kompliziertheit des Lohnpfändungsrechts geradezu begünstigt. In der betrieblichen Praxis ist auch die Frage zu stellen, inwieweit etwa durch einzelvertragliche Absprache oder in einer Arbeitsordnung, das heißt durch Betriebsvereinbarung, eine Abwälzung der entstehenden Kosten oder einer geschätzten Kostenpauschale auf den Arbeitnehmer rechtlich zulässig ist[15].

2. Die Rechtsquellen des Lohnpfändungsschutzes

8 Die Beschränkung der Lohnpfändung fand ihren ursprünglichen gesetzlichen Ausdruck in dem Lohnbeschlagnahmegesetz vom 21. 6. 1869, das durch Gesetz von 17. 5. 1898 neu gefaßt wurde. Die Pfändungsgrenze belief sich auf 1.500,— Mark jährlich und galt ohne Rücksicht auf die sozialen Verhältnisse des Schuldners. Diese starre Regelung wurde durch die Lohnpfändungsverordnung vom 15. 6. 1919 modifiziert und der bisherige schematische Maßstab stärker den individuellen Verhältnissen angepaßt. Durch das Gesetz über Maßnahmen auf dem Gebiet der Zwangsvollstreckung vom 20. 8. 1953 (BGBl. I S. 952) wurden die §§ 1—11 der zwischenzeitlich geänderten Lohnpfändungsverordnung in die ZPO als §§ 850—850 i einbezogen und durch die Gesetze zur Änderung der Pfändungsfreigrenzen vom 26. 2. 1959, 9. 8. 1965, 28. 2. 1978 und schließlich

---

12) RGZ 76, 208; RGZ 133, 256; RGZ 146, 401; vgl. auch BGHZ (GS) 4, 153 ff.; BGHZ (GS) 13, 360 ff.; BAG, NJW 1980, 1642, 1652.

13) H. M. vgl. Schmeling, BB 1976, 91 m. w. N. § 394 BGB gilt auch zugunsten der Bundesanstalt f. Arbeit im Fall der Zahlung von Unterstützung an den Schuldner (§ 117 Abs. 4 S. 2 AFG): BAG, DB 1985, 499.

14) Baumbach/Lauterbach, Grundz. § 704 3 E b. cc. bbb; Zöller-Stöber, Vor § 704 Rz. 26.

15) Vgl. etwa Rüschen/Walter, BB Beilage zu Heft 10, 1961 und Brill, DB 1976, 2400; s. u. Rz. 1081

8. 3. 1984 (BGBl. I S. 364) sowie das Gesetz über die rechtliche Stellung der nichtehelichen Kinder vom 19. 8. 1969 weiter ausgeformt[16].

Von der Verwirklichung des hier zu behandelnden Zwangsvollstreckungsverfahrens in Lohnforderungen wegen zivilrechtlicher Zahlungsansprüche ist scharf zu trennen das Verwaltungszwangsverfahren im weiteren Sinne. Der Lohnpfändungsschutz der §§ 850 ff. ZPO gilt auch im Falle der Beitreibung von Geldforderungen der Justizbehörden (§ 6 JBeitrO), ebenso gem. § 319 AO für Beitreibungen der Finanzämter. Verwaltungszwangsverfahren sonstiger Art enthalten im allgemeinen einen unmittelbaren oder mittelbaren Hinweis auf die §§ 850 ff. ZPO (vgl. § 5 VwVG vom 27. 4. 1953; § 48 VwVG NW in der Fassung der Bekanntmachung vom 13. 5. 1980). 9

---

16) Eine ausführliche Darstellung der geschichtlichen Entwicklung liefert Lippross, S. 7 ff.; zu den Änderungsgesetzen vgl. Stehle, BB 1959, 236; ders., NJW 1965 1795; Danzer, MDR 1960, 549; Weber NJW 1965, 1699; Arnold, BB 1978, 1314; vgl. auch Boewer, Der öffentl. Dienst 1972, 126.

II. Die Voraussetzungen der Zwangsvollstreckung in Lohnforderungen

10 Um das Verfahren der Zwangsvollstreckung in Lohnforderungen betreiben zu können, muß der Gläubiger zunächst die allgemeinen Vollstreckungsvoraussetzungen und gegebenenfalls besondere Vollstreckungsvoraussetzungen erfüllen, ohne die die Zwangsvollstreckung nicht beginnen darf. So schickt der Gesetzgeber im achten Buch der ZPO der eigentlichen Vollstreckungsdurchführung in den §§ 704–802 allgemeine Vorschriften voraus, die im einzelnen bestimmen, woraus überhaupt vollstreckt werden kann (Titel), wann Vollstrekkungsreife vorliegt (Klausel), zu welchem Zeitpunkt die Vollstreckung beginnen darf (Zustellung) und welche Einwendungen dem Schuldner oder einem Dritten im Vollstreckungsverfahren gestattet sind.

11 Besitzt der Gläubiger gegen den Schuldner einen Zahlungstitel – etwa ein rechtskräftiges Urteil (§ 704 Abs. 1 ZPO) oder einen Prozeßvergleich (§ 794 Nr. 1 ZPO) –, so muß er grundsätzlich[1] ein Gesuch an den Urkundsbeamten der Geschäftsstelle des Prozeßgerichts[2] stellen, was formlos und ohne Anwaltszwang (§ 78 Abs. 2 ZPO) geschehen kann, ihm eine *vollstreckbare Ausfertigung* zu erteilen, deren notwendiger Bestandteil die sogenannte Vollstreckungsklausel ist. Als wesentliche Voraussetzung vor Beginn der Zwangsvollstreckung verlangt der Gesetzgeber im Interesse des Schuldners außerdem, daß der Titel bereits dem Schuldner zugestellt ist oder zumindest gleichzeitig zugestellt wird (§ 750 Abs. 1 ZPO)[3].

12 Während regelmäßig der Urkundsbeamte der Geschäftsstelle vor Erteilung einer vollstreckbaren Ausfertigung des Urteils (Titels) prüft, ob ein wirksames Gesuch vorliegt, seine funktionelle Zuständigkeit gegeben ist und der Titel überhaupt einen vollstreckungsfähigen Inhalt hat, fällt die Prüfung der Zustellung des Titels erst in den Bereich des Vollstreckungsorgans, weil sie die Zwangsvollstreckung unmittelbar vorbereitet. Soweit es um die hier interessierende Pfändung des Arbeitseinkommens geht, muß die erfolgte Zustellung dem zuständigen Vollstreckungsorgan bereits nachgewiesen werden (§ 190 ZPO)[4], bevor ein Pfändungsbeschluß ergeht.

---

1) Einige Titel sind ohne Vollstreckungsklausel vollstreckbar, es sei denn, es soll für oder gegen den Rechtsnachfolger vollstreckt werden: Vollstreckungsbescheid (§§ 699, 796 Abs. 1 ZPO), Arrest, einstweilige Verfügung (§§ 929 Abs. 1, 936 ZPO), Kostenfestsetzungsbeschluß auf dem Urteil (§§ 795 a, 105 Abs. 1 ZPO), Haftbefehl (§§ 900, 908 ff. ZPO), Pfändungs- und Überweisungsbeschluß, soweit aus ihm die Herausgabe von Urkunden vollstreckt wird (§ 836 Abs. 3 ZPO).

2) In den Fällen des § 19 Nr. 9 und 10 RPflG ist der Rechtspfleger zuständig. Besondere Zuständigkeiten ergeben sich auch aus § 797 Abs. 1 und 2 ZPO.

3) Die Klausel braucht grundsätzlich nicht zugestellt werden: § 750 Abs. 1, 2 ZPO.

4) Die gleichzeitige Zustellung und Vollstreckung ist nur bei der Pfändung durch den Gerichtsvollzieher möglich: vgl. Seip, AnwBl 1977, 235.

1. Der Vollstreckungstitel

Als Vollstreckungstitel für eine Lohnpfändung kommen zunächst die formell-rechtskräftigen, das heißt mit den ordentlichen Rechtsmitteln nicht anfechtbaren (§ 705 ZPO), oder vorläufig vollstreckbaren (§§ 708–714 ZPO) auf Zahlung gerichteten *Leistungsendurteile* in Betracht (§§ 300, 301 ZPO). Um der obsiegenden Partei bereits vor Rechtskraft des Urteils die Vollstreckungsmöglichkeit einzuräumen und der unterliegenden Partei den Anreiz zu nehmen, nur zum Zwecke der Vollstreckungsverzögerung ein Rechtsmittel einzulegen[5)], wird grundsätzlich jedes Urteil von Amts wegen mit oder ohne Sicherheitsleistung für vorläufig vollstreckbar erklärt (§§ 708, 709,710 ZPO). Der Unterschied der Vollstreckung aus einem nur vorläufig vollstreckbaren Urteil gegenüber einem formell-rechtskräftigen Urteil besteht allerdings darin, daß die Befriedigung des Gläubigers nur vorläufig, daß heißt auflösend bedingt ist, soweit die Entscheidung zur Hauptsache abgeändert oder aufgehoben wird (§ 717 ZPO). Abgesehen davon fällt die vor Rechtskraft betriebene Vollstreckung stets in den Gefahrenbereich des Gläubigers im Sinne einer Gefährdungshaftung[6)], das heißt, er kann ohne Verschulden gem. § 717 Abs. 2 ZPO zum Schadensersatz herangezogen werden, der dem Schuldner durch die Vollstreckung oder durch eine Leistung zur Abwendung der Vollstreckung entstanden ist[7)]. Die Abwicklung geschieht über die §§ 249 ff. BGB[8)], wobei ein etwaiges mitwirkendes Verschulden des Schuldners zu berücksichtigen ist[9)]. Der Schadensersatzantrag kann, solange die Hauptsache noch nicht anhängig ist, das heißt in der Berufungs- und Revisionsinstanz, durch Aufrechnung oder privilegierte Widerklage[10)] im anhängigen Prozeß verfolgt oder durch eine neue Klage geltend gemacht werden. 13

Andere wichtige Vollstreckungstitel neben dem Urteil sind für die Lohnpfändung insbesondere die in § 794 ZPO aufgeführten Prozeßvergleiche, Kostenfestsetzungsbeschlüsse, Vollstreckungsbescheide sowie die notariellen oder gerichtlichen Urkunden, soweit sie auf Zahlung lauten. Diese Titel sind ohne weiteres vollstreckbar, ohne daß dies ausgesprochen werden muß. 14

Der Vollstreckungstitel ist aber nur dann zur Vollstreckung geeignet, wenn er einen vollstreckungsfähigen Inhalt besitzt und sich nicht etwa als unwirksam erweist. Wer Schuldner, wer Gläubiger ist und was der Schuldner an den Gläubi- 15

---

5) Furtner, Seite 33 ff.; vgl. auch Alisch, RPfleger 1979, 292.

6) Vgl. BGH, NJW 1982, 2813, 2815 m. w. N. und BGHZ 85, 113.

7) § 717 Abs. 2 ZPO ist unanwendbar auf vollstreckbare Urkunden (§ 794 Nr. 5 ZPO) und vgl. (§ 794 Nr. 1 ZPO). Hier besteht nur die Möglichkeit der Klage nach §§ 812 ff. (entsprechend § 717 Abs. 3 Satz 3 ZPO), 823, 826 BGB: RGZ 30, 420. § 717 Abs. 2 ZPO ist entsprechend bei Kostenfestsetzungsbeschlüssen anwendbar: Baumbach/Lauterbach, § 717, Anmerkung 5Aa. § 717 Abs. 2 ZPO gilt nicht bei ungerechtfertigter Einstellung der Zwangsvollstreckung (BGH, DB 1985, 2041) u. gewährt keinen Ersatz fiktiven Schadens (BGH, NJW 1985, 128).

8) Vgl. zum Umfang: Baumbach/Lauterbach § 717 Anm. 2. E m. w. N.

9) Baumbach/Lauterbach, § 717 Anm. 2. G. Etwa: Nichterscheinen im Termin, mangelhafte Prozeßführung. Streitig: vgl. Wieczorek-Schütze, § 717 Anmerkung C III. a 1

10) Der zustellende Antrag ist ein Sachantrag (§ 297 ZPO). Privilegiert ist die Widerklage deshalb, weil die Rechtshängigkeit (§ 291 ZPO) auf den Zeitpunkt der Zahlung zurückdatiert wird und sie unbeschadet des § 530 ZPO erhoben werden kann; vgl. auch Nieder, NJW 1975, 1002 m. w. N.

ger zu leisten (zahlen) hat, muß allein aus dem Titel – bei Urteilen aus der Formel – erkennbar sein, weil nur dann die Zwangsvollstreckung in die Lohnforderung des Schuldners betrieben werden kann. Zu unbestimmt wäre etwa die Verurteilung auf Zahlung eines Prozentsatzes oder Bruchteil der jeweiligen Bezüge des Schuldners, oder wenn sich der Schuldner in einer notariellen Urkunde zur Bezahlung in Höhe der Hälfte der jeweiligen Höchstpension eines Dritten unterwirft[11]. Der Unterwerfung und die sofortige Zwangsvollstreckung wegen eine Betrages, dessen Höhe jeweils erst durch Auskunft eines Dritten zu ermitteln ist, fehlt mangels Bestimmtheit die Wirksamkeit[12]. Nach herrschender Meinung ist ein Zahlungstitel, der auf eine Brutto-Geldsumme lautet, zur Zwangsvollstreckung geeignet[13].

16 Ebenso bedarf es der genauen Bezeichnung der Parteien im Titel selbst oder in der vollstreckbaren Ausfertigung. Die Identität von Gläubiger und Schuldner muß sich zweifelsfrei ergeben. Notfalls kann der Titel entsprechend § 319 ZPO berichtigt werden[14]. Läßt sich auch durch Auslegung ein bestimmter Inhalt des Titels nicht ermitteln, wobei auf andere tatsächliche und rechtliche Umstände als gesetzliche Vorschriften nicht zurückgegriffen werden darf[15], ist notfalls auf Feststellung des Titelinhalts zu klagen[16]. Die Nachprüfung der Auslegung des Titels durch die Vollstreckungsorgane erfolgt nach § 766 ZPO.

17 Die Unwirksamkeit eines Titels liegt etwa dann vor, wenn der Gläubiger zunächst ein Urteil auf Zahlung erstritten hat und sich die Parteien sodann verglichen haben[17]. Das gleiche gilt, wenn die Unterwerfung in einer Urkunde nach § 794 Abs. 1 Nr. 5 ZPO von einem Vertreter ohne Vertretungsmacht erklärt wird. Bis zur nachträglichen Genehmigung (§ 89 ZPO) ist die Erklärung schwebend unwirksam[18]. Ungeeignet als Vollstreckungstitel ist auch ein Unterhaltsvergleich, der *nach* Eintritt der Rechtskraft eines Ehescheidungsurteils gerichtlich beurkundet worden ist, weil die in § 794 Abs. 1 Nr. 1 ZPO geforderte Rechtshängigkeit des Anspruchs nicht mehr besteht[19]. Zweifelhaft ist, ob Vergleiche, die durch

---

11) BGH, NJW 1957, 23; OLG Dresden, JW 1938, 1468

12) Vgl. Baumbach/Lauterbach, Grundz. § 704 3. D

13) BAG, NJW 1964, 1338; Baumbach/Lauterbach, Übers. § 803 Anm. 1.; Thomas/Putzo, Vorbem. § 704 IV. 1. c. bb.; Zöller-Stöber, § 704 Rz. 6; vgl. auch Müller, DB 1978, 935.

14) Thomas/Putzo, Vorbem. § 704 Anm. IV. 1. e. Es ist unzulässig, die Akten und andere Urkunden zur Auslegung des Titels heranzuziehen, wenn der Titel aus sich selbst nicht verständlich ist. Vgl. Noack, S. 15.

15) Dies gilt auch für versehentliche Unterlassungen: BGH, NJW 1964, 1853. War eine Partei bereits in der Klage unrichtig bezeichnet, so ist Berichtigung möglich, wenn feststeht, wer als Partei gemeint war.

16) BGH, NJW 1962, 110. Das Rechtsschutzinteresse für eine solche Klage liegt vor, wenn der Gläubiger ein berechtigtes Interesse an einer nochmaligen gerichtlichen Entscheidung hat, zumal die Tragweite der Urteilsformel zu Zweifeln Anlaß gibt und es eines weiteren Leistungstitels nicht bedarf.

17) BGH, WM 1964, 270

18) BayObLG, DGVZ 1965, 152

19) BGHZ 15, 190 ff.; BAG, AP Nr. 1 zu § 776 ZPO. Wird die Vollstreckung aus einem nicht vollstreckbaren Titel betrieben, weil irrig eine Vollstreckungsklausel erteilt wurde, so steht dem Schuldner nur der Rechtsbehelf aus § 732 ZPO, nicht jedoch aus § 767 ZPO zu, weil sich Vollstreckungsgegenklagen nur gegen vollstreckbare Urteile und gegen andere Vollstreckungstitel richten.

Annahme eines schriftlichen gerichtlichen Vergleichsvorschlages zustande gekommen sind, auch ohne Protokollierung einen zur Zwangsvollstreckung geeigneten Titel bilden[20]. Geht man davon aus, daß die Wirksamkeit des Prozeßvergleichs als Prozeßhandlung von der ordnungsgemäßen Protokollierung als Mindesterfordernis der Ordnungsmäßigkeit abhängt, so macht bereits das Fehlen des Vermerks, daß das den Vergleich beurkundende Protokoll vorgelesen und genehmigt wurde, den Vergleich als Prozeßhandlung unwirksam (§§ 160, 162 ZPO)[21]. Es genügt demnach nicht, daß der Vergleich nur unter Beteiligung des Gerichts zustande kommt. Wollen die Parteien einen schriftlich niedergelegten außergerichtlichen Vergleich zu einem gerichtlichen Vergleich machen, dann muß er vorgelesen, von den Parteien genehmigt und als Anlage zum Protokoll genommen werden (§ 160 Abs. 2 ZPO)[22]. Eine Titelauswechslung kraft Parteivereinbarung ist ausgeschlossen[23]. Erwirkt ein Gläubiger für einen materiell-rechtlichen Anspruch zwei Vollstreckungstitel (Vergleich und Urteil), so tritt dadurch keine Verdoppelung des Anspruchs selbst ein, so daß aus einem doppelt titulierten Anspruch nicht zweimal vollstreckt werden darf[24].

2. Die vollstreckbare Ausfertigung des Titels

Gem. § 724 Abs. 1 ZPO wird die Zwangsvollstreckung aufgrund einer mit der Voll- 18
streckungsklausel versehenen Ausfertigung des Urteil (vollstreckbare Ausfertigung) durchgeführt[25]. Die Erteilung der Vollstreckungsklausel (§ 725 ZPO) hat nur formelle Bedeutung; sie bescheinigt als amtliches Zeugnis das Bestehen und die äußere Vollstreckungsfähigkeit des Titels, womit den Vollstreckungsorganen die Prüfung abgenommen wird, ob ein rechtswirksamer und zur Vollstreckung geeigneter Titel vorliegt[26].

Funktionell zuständig für die Erteilung der Vollstreckungsklausel ist grundsätz- 19
lich der Urkundsbeamte der Geschäftsstelle des Gerichts des ersten Rechtszuges und, wenn der Rechtsstreit bei einem höheren Gericht anhängig ist, der Urkundsbeamte der Geschäftsstelle dieses Gerichts (§ 724 Abs. 2 ZPO). Hinge-

---

20) So OLG Celle, NJW 1965, 1970, 1971; a. A. Rosenberg, ZZP 55, 141; OLG Hamburg, MDR 1965, 200. Mit der Annahme des gerichtlichen Vergleichsvorschlages durch die Parteien ist regelmäßig ein materiell-rechtlich wirksamer Vergleich zustande gekommen: LAG Frankfurt, NJW 1970, 2229; OLG Nürnberg, VersR 1969, 91; vgl. auch Lepke, RdA 1970, 296.

21) BGHZ 14, 381, 386; BAG, MDR 1960, 440; vgl. auch Bergenfurth, DRiZ 1962, 380. Ein Verstoß gegen Formvorschriften kann dann unbeachtlich sein, wenn ein gerichtlicher Vergleich lange Zeit hindurch von beiden Prozeßparteien als wirksam betrachtet wurde: BAG, AP Nr. 18 zu § 794 ZPO mit Anmerkung von Grunsky; vgl. auch Reinicke, NJW 1970, 308ff.

22) RGZ 142, 1; BAG, AP Nr. 20 zu § 794 ZPO. Fehlende Unterschrift der Protokollführerin unter dem Kurzschriftprotokoll macht den Prozeßvergleich nicht nichtig.

23) BAG, AP Nr. 1 zu § 776 ZPO

24) RGZ 112, 297; RGZ 132, 113; BAG, JZ 1968, 136

25) Die Vollstreckungsklausel ist ebenfalls nötig für die in §§ 794, 795 genannten Titel. Die Vollstrekkungsklausel lautet gem. § 725 ZPO: „Vorstehende Ausfertigung wird dem usw. (Bezeichnung der Partei) zum Zwecke der Zwangsvollstreckung erteilt.“ Der Wortlauf der Klausel muß nicht genau dem § 725 ZPO entsprechen, aber den gleichen Sinn ausdrücken; vgl. Thomas/Putzo, § 725 Anm. 2; KG, NJW 37, 1590.

26) Baumbach/Lauterbach, § 724 Anm. 3. C.

gen erteilt der Rechtspfleger nach §§ 20 Nr. 12, 26 RPflG die *titelergänzende* Klausel, wenn nach dem Inhalt der Urteilsformel die Vollstreckung von dem Eintritt einer Tatsache abhängt, deren Beweis nach den allgemeinen Grundsätzen der Gläubiger zu führen hat[27] (§ 726 Abs. 1 ZPO), oder wenn es sich um eine *titelerweiternde* Klausel für und gegen den Rechtsnachfolger handelt (§§ 727–729 ZPO), sei es kraft Rechtsgeschäfts (Abtretung), Gesetzes (Erbfolge) oder Staatsakts (Pfändung). Ist die Klauselumstellung möglich, so fehlt für eine neue Klage gegen oder für den Rechtsnachfolger das Rechtsschutzinteresse[28]. Rechtsnachfolger auf der Gläubigerseite liegt dann vor, wenn eine andere Person als der im Titel bezeichnete Kläger im eigenen Namen und eigenen Interesse den titulierten Anspruch geltend macht. Hierunter fallen etwa der Gläubiger, dem die ausgeklagte Forderung seines Schuldners im Wege der Zwangsvollstreckung zur Einziehung überwiesen, oder die Forderung nach Eintritt der Rechtshängigkeit oder nach Beendigung des Rechtsstreits abgetreten wurde[29]. Umstritten ist, ob ein in einem Prozeßvergleich begünstigter aber nicht beigetretener Dritter – etwa bei einem Unterhaltsvergleich zugunsten der Kinder der Parteien – eine vollstreckbare Ausfertigung des Titels beanspruchen kann[30]. Da der im Vergleich Begünstigte mit dem materiellen Forderungsrecht nicht zugleich die prozessuale Stellung eines Vollstreckungsgläubigers erlangt, fehlt die Befugnis, aus eigenem Recht die Vollstreckung zu betreiben. Der Dritte muß dem Vergleich vielmehr *beitreten*[31] oder sich aufgrund des ihm zugewendeten Rechts einen eigenen Titel verschaffen. Abgesehen davon müßte die häufig schwierig zu entscheidende materiell-rechtliche Frage, ob der Dritte ein eigenes Recht (§ 328 Abs. 1 BGB) erlangen sollte, bei der Erteilung der Vollstreckungsklausel durch den Urkundsbeamten der Geschäftsstelle geprüft werden.

20 Weiterhin ist der Rechtspfleger zuständig für die Erteilung *weiterer vollstreckbarer* Ausfertigungen an denselben Gläubiger (§ 732 ZPO). Bei den titelergänzenden oder titelerweiternden Klauseln muß der Gläubiger die Voraussetzungen der Klauselerteilung durch Vorlage öffentlicher (§§ 415, 417, 418 ZPO) oder öffentlich beglaubigter (§§ 129 BGB, 183 FGG) Urkunden nachweisen, die in der Vollstreckungsklausel zu bezeichnen sind[32]. Offenkundigkeit (§ 291 ZPO) sowie Zuge-

---

27) KG, OLGZ 83, 216. Steht die Beweislast beim Schuldner, bleibt es bei der funktionellen Zuständigkeit des Urkundsbeamten der Geschäftsstelle, etwa bei einem Ratenvergleich mit Verfallklausel. Dem Gläubiger wird die Klausel sofort erteilt; dem Schuldner bleibt es überlassen, sich gem. §§ 775 Nr. 1, 4 oder 5, 769, 767 ZPO – nicht § 768 ZPO – zur Wehr zu setzen. Vgl. BGH, DB 1964, 1850.

28) RGZ 88, 267; BGH, NJW 1957, 1111; Baumbach/Lauterbach Einf. vor § 727 Anm. 2. A; Zöller-Stöber, § 727 Anm. II. 2.

29) BGH, DB 1984, 979; Baumbach/Lauterbach, § 727 Anm. 1 B; Thomas/Putzo, § 727 Anm. 3; nicht aber der verurteilte Gesamtschuldner, wenn er die Schuld bezahlt hat: KG, NJW 1955, 913; LG Bonn, MDR 1965, 493. A. A.: LG Münster, MDR 1980, 1030.

30) Bejahend: OLG Celle, MDR 1954, 746; Jauernig, JZ 1960, 10 ff. und JZ 1967, 746; verneinend: OLG München, NJW 1957, 1367; OLG Celle, NJW 1966, 1367 und NJW 1973, 2032; KG, RPfleger 1973, 372; Kaap, DGVZ 1964, 82; Mohrbutter, S. 57 (anders noch Vorauflage S. 40).

31) Gegebenenfalls mit anwaltlicher Vertretung; vgl. dazu OLG Köln, NJW 1961, 786.

32) Dies ist wegen § 750 Abs. 2 ZPO erforderlich: Wieczorek-Schütze, § 726 Anm. E III. Zum Wortlaut der Klausel: Zöller-Stöber, § 727 Rz. 28.

ständnisse des Schuldners (§ 288 ZPO) ersparen den Beweis. Vermag der Gläubiger den Beweis nicht zu führen, muß er auf Erteilung der Vollstreckungsklausel bei dem ausschließlich (§ 802 ZPO) zuständigen Prozeßgericht des ersten Rechtszuges mit dem Antrag klagen, daß die Vollstreckungsklausel zum Titel für den Kläger zu erteilen ist[33]. Das Rechtsschutzinteresse für die Klauselklage fehlt aber dann, wenn sich der Gläubiger die Urkunden leicht beschaffen kann. Nicht erforderlich ist, daß der Gläubiger bei Ablehnung der Klauselerteilung durch den Rechtspfleger zunächst Erinnerung gem. § 11 Abs. 1 und 2 RPflG eingelegt hat[34] und sodann in die einfache Beschwerde (§ 567 ZPO) geht[35], falls der Rechtspfleger der Erinnerung nicht abhilft. Beide Verfahren stehen völlig selbständig nebeneinander, ebenso wie die Möglichkeit, nach § 732 ZPO vorzugehen, das Rechtsschutzinteresse die Klage nach § 768 ZPO nicht ausschließt. Bei obsiegendem Urteil erteilt dann der Urkundsbeamte der Geschäftsstelle die Klausel.

Vor Klauselerteilung haben der Urkundsbeamte der Geschäftsstelle oder der Rechtspfleger des Prozeßgerichts neben ihrer funktionellen Zuständigkeit zu prüfen, ob überhaupt ein wirksames Gesuch der zur Zwangsvollstreckung berechtigten Partei vorliegt, der Titel besteht, Vollstreckungsreife vorliegt und der Titel einen vollstreckungsfähigen Inhalt besitzt und schließlich Rechtsnachfolge und Bedingungseintritt nachgewiesen sind. Fehlt es an einem dieser Erfordernisse, so wird die Klauselerteilung durch Beschluß verweigert. Dagegen steht dem Gläubiger als Rechtsbehelf gegen die Ablehnung des Urkundsbeamten der Geschäftsstelle die Erinnerung an das Prozeßgericht (§ 576 ZPO) und sodann gegen die Entscheidung des Prozeßgerichts die einfache Beschwerde (§ 576 Abs. 2 ZPO) zu. Verweigert der Rechtspfleger die Klausel, so besteht für den Gläubiger ebenfalls die Möglichkeit der Erinnerung nach § 11 Abs. 1 RPflG und danach ebenfalls als Rechtsmittel die einfache beziehungsweise unbefristete Beschwerde (§ 567 ZPO), die bei dem Prozeßgericht eingelegt wird, von dem die angefochtene Entscheidung erlassen ist (§ 569 ZPO)[36]. Gegen die Verweigerung des Rechtspflegers, die Klausel wegen Fehlens der erforderlichen Nachweise zu erteilen, steht dem Gläubiger die sogenannte *Klauselklage* gem. § 731 ZPO offen. 21

Erteilen der Urkundsbeamte der Geschäftsstelle oder der Rechtspfleger die Vollstreckungsklausel, so kann der Schuldner bei dem Gericht, von dessen Geschäftsstelle die Klausel erteilt wurde, Erinnerung entsprechend § 732 ZPO einlegen. Bei der Erinnerung nach § 732 ZPO hat das Gericht im Jetztzeitpunkt 22

---

33) Die Rechtsnatur dieser Klage ist streitig. Nach herrschender Meinung wird sie als Feststellungsklage (so Baumbach/Lauterbach, § 731 Anm. 1; Thomas/Putzo § 731 Anm. 1 b; Zöller-Stöber, § 731 Rz. 4) angesehen, teilweise als Gestaltungsklage (so Münzberg in Stein/Jonas, § 731 Anm. I 3.; Wieczorek-Schütze, § 731 Anm. B III. a.).

34) So aber Baumbach/Lauterbach, § 731 Anm. 2; Thomas/Putzo, § 731 Anm. 4 c; wie hier: Zöller-Stöber, § 731 Rz. 2; Münzberg in Stein/Jonas, § 731 RdNr. 3.

35) § 793 ZPO findet keine Anwendung, weil die Klauselerteilung noch nicht Beginn der Zwangsvollstreckung ist.

36) Beim judex ad quem kann die Beschwerde in dringenden Fällen eingelegt werden.

zu prüfen, ob dem Gläubiger die Klausel erteilt werden muß. Im Rahmen dieses Verfahrens stehen dem Schuldner alle formellen und alle materiellen Einwendungen des § 768 ZPO zu. Er kann also geltend machen, daß dem Titel die Vollstreckungsreife fehlt, der Titel einen zu unbestimmten Inhalt hat, und daß etwa die Bedingung zur Beweislast des Gläubigers nicht eingetreten ist[37]. Gegen die Entscheidung des Gerichts haben beide Beteiligten das Rechtsmittel der unbefristeten Beschwerde (§ 567 ZPO)[38]. Hat der Rechtspfleger die Klausel erteilt und bestreitet der Schuldner den Eintritt der Tatsachen (§ 726 Abs. 1 ZPO) beziehungsweise der Rechtsnachfolge (etwa: Nichtigkeit der Abtretung), so besteht für ihn die Möglichkeit, durch Erhebung der *Vollstreckungsgegenklage* bei dem Prozeßgericht des Ersten Rechtszuges mit dem Antrag Klage zu erheben, die Zwangsvollstreckung aufgrund der zu dem Titel erteilten Vollstreckungsklausel für unzulässig zu erklären[39] (§ 768 ZPO).

3. Die Zustellung des Titels

23 Im Interesse des Schuldners darf die Zwangsvollstreckung nur beginnen, wenn die Personen für und gegen die sie stattfinden soll, in dem Urteil oder in der ihm beigefügten Vollstreckungsklausel namentlich bezeichnet sind[40] *und* das Urteil bereits zugestellt ist oder gleichzeitig zugestellt wird (§ 750 Abs. 1 ZPO). Bei der Vollstreckung in eine Lohnforderung muß die Zustellung des Titels bei Vornahme des Pfändungs- und Überweisungsbeschlusses vorliegen. Die einmalige Zustellung deckt alle weiteren Vollstreckungen aufgrund desselben Titels. Die Zustel-

---

37) Dazu gehört auch, daß die Vollstreckbarkeit nachträglich weggefallen ist (§ 717 Abs. 1 ZPO), oder die Zwangsvollstreckung für unzulässig erklärt wurde (§ 767 ZPO). Richten sich die Einwendungen gegen den titulierten Anspruch selbst, so ist die Vollstreckungsgegenklage (§ 767 ZPO) zu erheben; vgl. OLG Düsseldorf, RPleger 1977, 67. Zum Umfang der Prüfung nach § 732 ZPO vgl. etwa OLG Düsseldorf, FamRZ 1978, 418; OLG Oldenburg, NJW 1963, 257.

38) H. M. vgl. Baumbach/Lauterbach, § 732 Anm. 4 Ab; Thomas/Putzo § 732 Anm. 7; Zöller-Stöber, § 732 Rz. 16; KG, NJW 1962, 2162.

39) Zöller-Schneider, § 768 Anm. 2. Bei gerichtlichen Vergleichen (§ 794 Abs. 1 Nr. 1 ZPO) gelten die allgemeinen Vorschriften entsprechend (§ 795 ZPO). Im Rahmen des § 724 ZPO wird auch geprüft, ob der Vergleich ordnungsgemäß beurkundet ist. Vollstreckungsbescheide bedürfen einer Vollstreckungsklausel nur, wenn die Zwangsvollstreckung für oder gegen einen im Titel nicht bezeichneten Gläubiger oder Schuldner betrieben werden soll (§ 796 ZPO). Zur sachlichen und behördlichen Zuständigkeit für die Klagen aus §§ 731, 768 ZPO vgl. §§ 796 Abs. 3, 802 ZPO. Die vollstreckbare Ausfertigung notarieller Urkunden wird von dem die Urkunde verwahrenden Notar erteilt. Zur Klage aus §§ 731, 768 ZPO vgl. § 797 Abs. 5 ZPO. Bei Versagung einer vollstreckbaren Ausfertigung durch den Notar ist Beschwerde gem. § 54 BeurkG (gegebenenfalls weitere Beschwerde nach § 27 FGG: OLG Frankfurt, RPfleger 1981, 314) gegeben. Erteilt der Notar die Klausel, verbleibt es bei den §§ 732, 768 ZPO.

40) Sie muß so genau sein, daß das Vollstreckungsorgan die von ihm selbständig zu prüfende Identität festzustellen vermag. Vgl. LG Bonn, RPfleger 1984, 28 m. w. N.; LG Düsseldorf, DGVZ 1981, 156; LG Berlin, MDR 1977, 236; Aden, MDR 1979, 103; Petermann, RPfleger 1973, 153 m. w. N. und DGVZ 1976, 84. Ist eine Firma angegeben (§ 17 Abs. 2 HGB), so ist derjenige benannt, der bei Rechtshängigkeit (§ 261 ZPO) Firmeninhaber war. Vgl. OLG Köln, BB 1977, 510; KG, RPfleger 1982, 191 m. w. N.; LG Berlin, RPfleger 1978, 106 m. w. N.; vgl. auch Schneider, JurBüro 1979, 489. Notfalls ist der Titel nach § 319 ZPO zu berichtigen, eine geeignete Nachweisung durch Handelsregisterauszug beizubringen oder nach § 731 ZPO (LG Berlin, MDR 1977, 236) zu verfahren.

lung erfolgt entweder von Amts wegen (§ 317 Abs. 1 ZPO)[41] oder durch den Gläubiger gem. § 750 Abs. 1 Satz 2 ZPO[42]. Im letzteren Fall genügt die Zustellung des ausgefertigten Urteils in der abgekürzten Form des § 317 Abs. 2 ZPO, daß heißt, Rubrum, Formel und Unterschriften unter Weglassung des Tatbestandes und der Entscheidungsgründe[43].

Entbehrlich ist die Zustellung des Titels bei der Vorpfändung gem. § 845 ZPO[44]. **24**
Im übrigen gilt § 750 ZPO für alle Titel, die nach der ZPO vollstreckt werden, wobei bezüglich des Zeitpunktes der Zustellung eine Ausnahme für den selbständigen Kostenfestsetzungsbeschluß und für vollstreckbare Urkunden zu machen ist; diese müssen mindestens eine Woche vor Beginn der Zwangsvollstreckung[45] zugestellt sein (§ 798 ZPO). Die Zustellung erfolgt gem. § 166 ff. ZPO. Der Nachweis der Zustellung geschieht durch Urkunde (§ 190 ZPO)[46]. Der Sinn der gesetzlichen Forderung der vorherigen Zustellung des Titels besteht allein darin, daß der Schuldner bestimmte Kenntnis vom Erlaß des Titels hat[47]. Auch die Vollstreckungsklausel muß vor Beginn der Vollstreckung zugestellt werden (§ 750 Abs. 2 ZPO), wenn die Klausel erst auf den Nachweis einer anderen Vollstreckungsbedingung als der fehlenden Sicherheitsleistung erteilt wird (§ 726 Abs. 1 ZPO), oder bei titelerweiternden Klauseln für und gegen den Rechtsnachfolger (§§ 727 ff. ZPO) erfolgt.

Ist in diesen Fällen die Vollstreckungsklausel aufgrund öffentlicher oder öffent- **25**
lich beglaubigter Urkunden erteilt worden, so bedarf es außerdem der Zustellung einer Abschrift dieser Urkunden (§ 750 Abs. 2 ZPO), weil dem Schuldner Gelgenheit eingeräumt werden muß, durch die Kenntnisnahme des Inhalts der Urkunden die Voraussetzungen der Klausel zu überprüfen[48]. Im Falle des § 731 ZPO genügt nicht allein die Zustellung des Klauselurteils neben dem vorhandenen Titel, weil erst noch der Urkundsbeamte der Geschäftsstelle die Klausel zu erteilen hat[49].

---

41) Vgl. BGH, VersR 1978, 943; zur Zustellung von Vollstreckungsbescheiden vgl. § 696 Abs. 4 ZPO, hierzu Bischof, NJW 1980, 2235.

42) Vgl. OLG Frankfurt, MDR 1981, 591; LG Frankfurt, RPfleger 1981, 204.

43) BGH, VersR 1970, 623. Der Ausfertigungsvermerk ist eine besondere Art der Beurkundung. Er bezeugt, daß die Ausfertigung mit der Urschrift übereinstimmt. Wegen dieser Besonderheit verlangt § 317 Abs. 3 ZPO, daß die Ausfertigung von einem Urkundsbeamten unterzeichnet und mit dem Gerichtssiegel versehen wird; vgl. auch BGH, VersR 1983, 874, VersR 1982, 70 m. w. N., VersR 1978, 155.

44) Vgl. OLG Düsseldorf, NJW 1975, 2210. Ebenso bei Arrest und einstweiliger Verfügung: §§ 929 Abs. 3, 936 ZPO. Die Zustellung muß aber innerhalb einer Woche nach Vollzug nachgeholt werden.

45) Fristberechnung nach §§ 222 ZPO, 187 Abs. 1, 188 BGB. Wird die Wartefrist nicht eingehalten, so wird die Zwangsvollstreckungsmaßnahme mit dem Ablauf der Wochenfrist wirksam: RGZ 125, 286; OLG Hamm, NJW 1974, 1516 m. w. N.

46) Für die Beweiskraft gelten die §§ 415, 418 ZPO; vgl. auch OLG Frankfurt, RPfleger 1978, 134.

47) Vgl. OLG Frankfurt, MDR 1981, 591.

48) Vgl. dazu auch Baumbach/Lauterbach, § 750 Anm. 3 B; Zöller-Stöber, § 750 Rz. 20, jeweils m. w. N.

49) A. A. Wieczorek-Schütze, § 750 C III. a, der konsequent wegen der Annahme der Klauselklage als Gestaltungsklage die Zustellung des Klauselurteils genügen läßt, weil das Urteil die Klausel selbst erteilt.

26 Bevor der Rechtspfleger einen Pfändungsbeschluß erläßt, hat er die Voraussetzungen für den Beginn der Zwangsvollstreckung selbständig von Amts wegen zu prüfen. Fehlt es an der Zustellung gem. § 750 ZPO, oder ist die Zustellung fehlerhaft im Sinne der §§ 166ff. ZPO, so wird damit die Vollstreckungshandlung fehlerhaft. Vorgenommene Vollstreckungsmaßnahmen sind grundsätzlich — gegebenfalls auf entsprechenden Rechtsbehelf hin — bei derartiger Sachlage aufzuheben. Bis dahin behalten sie jedoch ihre Wirksamkeit[50)], weil auch ein fehlerhafter Vollstreckungsakt als staatlicher Hoheitsakt bis zu seiner Aufhebung Anerkennung fordert. Es besteht heute Einigkeit in Literatur und Rechtsprechung darüber, daß auch nichtige Vollstreckungsakte denkbar sind. Davon kann aber nur dann gesprochen werden, wenn besonders schwerwiegende Verstöße vorliegen. Dies wird etwa angenommen, wenn überhaupt ein Vollstreckungstitel fehlt[51)], oder die Vollstreckung von einem funktionell unzuständigen Vollstrekkungsorgan durchgeführt wird[52)]. Zu den Mängeln, die lediglich zur *Anfechtbarkeit* des Vollstreckungsaktes führen, gehört das Fehlen der vorherigen Zustellung des Titels oder der Klausel nach § 750 Abs. 1 und 2 ZPO. Dieser Mangel kann geheilt werden, solange die Vollstreckung noch andauert. Umstritten ist dabei allerdings, ob einer solchen Heilung *rückwirkende* Kraft zukommt, oder ob sie lediglich *ex nunc* wirkt[53)]. Diese Frage ist deshalb von erheblicher Bedeutung, weil ihre Beantwortung etwa über den Rang des Pfandrechts entscheiden kann und darüber, ob wegen der Eröffnung des Konkurses des Schuldners die Singularvollstreckung noch möglich ist, die bereits vor Konkurserföffnung, wenn auch fehlerhaft, vorgenommen wurde[54)]. Entgegen einer verbreiteten Ansicht[55)] ist davon auszugehen, daß ein fehlerhafter Vollstreckungsakt neben der Verstrikkung ein auflösend bedingtes Pfandrecht erzeugt, das durch einen Rechtsbehelf des Schuldners nach § 766 ZPO beseitigt werden kann. Demnach besteht von Anfang an ein wirksames Pfändungspfandrecht, das durch eine Heilung ex tunc unangreifbar wird. Die Gegenmeinung nimmt unzufreffenderweise ein (durch die Nichteinlegung eines Rechtsbehelfes durch den Schuldner) aufschiebend bedingtes Pfandrecht an. Diese Betrachtung wird dem Charakter der Anfechtbarkeit, die von einer grundsätzlichen Wirksamkeit ausgeht, nicht gerecht[56)].

---

50) BGHZ 30, 173, 175; BGH, DB 1980, 1937; OLG Hamm, NJW 1979, 1664; Baumbach/Lauterbach, Grundz. § 704, Anm. 8 B; Thomas/Putzo § 704 Vorbem. IX; Wieczorek-Schütze, § 750 Anm. D und § 803 Anm. E II. b 1; Zöller-Stöber, Vor § 704, Rz. 34; Hoche, S. 80, 81.

51) BGHZ 70, 317.

52) Der Gerichtsvollzieher erläßt einen Pfändungsbeschluß nach § 829 ZPO; vgl. Münzberg in Stein/Jonas, Vor § 704, Anm. 8 B. Zu weiteren Fällen der Nichtigkeit: Mohrbutter, S. 200ff.; vgl. auch Sommer, RPfleger 1978, 406, 407.

53) Vgl. hierzu Rzn. 118ff.

54) Vgl. RGZ 125, 288.

55) Thomas/Putzo, § 704 Anm. IX 2; Wieczorek-Schütze, § 750 Anm. D; Zöller-Stöber, Vor § 704 Rz. 35; Schönke-Baur, S. 40; Bruns-Peters, § 19 III 2 bdd; Hoche, S. 83; Mohrbutter, S. 207f.; Stöber, Rz. 749 und NJW 63, 769 und RPfleger 62, 11, jeweils abweichend in Zeller, s. Fußnote 56; Furtner, MDR 1964, 460.

56) Wie hier: BGHZ 66, 81; OLG Hamm, NJW 1974, 1516; OLG Hamburg, MDR 1974, 322; OLG Frankfurt, MDR 1956, 111; LG München, NJW 1962, 2306; Baumbach/Lauterbach, Einf. § 750 Anm. 2; Münzberg in Stein/Jonas, § 750 I 2; Zeller-Stöber, § 1 Anm. 88 (4) und § 15 Anm. 42 (3); Bähr, KTS 1969, 3ff. m. w. N.; Naendrup, ZZP 85, 311.

Die unterlassene Zustellung des Titels – oder soweit notwendig der Klausel – vermag der Schuldner durch Vollstreckungserinnerung nach § 766 ZPO anzugreifen. Macht der Schuldner von dem Rechtsbehelf des § 766 ZPO Gebrauch, so kann das Vollstreckungsgericht anordnen, daß die Zwangsvollstreckung gegen oder ohne Sicherheitsleistung einstweilen einzustellen oder nur gegen Sicherheitsleistung fortzusetzen sei (§§ 766 Abs. Satz 2, 732 Abs. 2 ZPO)[57]. 27

57) Siehe auch unten Rzn. 75 ff.

III. Das Verfahren der Lohnpfändung

28 Wie bereits erwähnt, erfolgt die Zwangsvollstreckung in Lohnforderungen durch Pfändung (§ 803 ZPO). Während die Pfändung der in Gewahrsam des Schuldners befindlichen Sachen dadurch bewirkt wird, daß der Gerichtsvollzieher sie in Besitz nimmt (§ 808 ZPO), geschieht die Pfändung einer Geldforderung durch Pfändungsbeschluß, dessen Erlaß beim zuständigen Vollstreckungsgericht (§ 828 ZPO) vom Gläubiger zu beantragen ist. *Sachlich* ausschließlich zuständig (§ 802 ZPO) ist hierfür grundsätzlich[1)] das Amtsgericht (§ 828 Abs. 2 ZPO), das durch den funktionell zuständigen *Rechtspfleger* entscheidet (§ 20 Nr. 16, 17 RpflG). Dies gilt gem. § 62 ArbGG auch für die Vollstreckung aus Titeln der Arbeitsgerichte. Gem. § 829 Abs. 1 ZPO enthält der Forderungspfändungsbeschluß die Anordnung der Pfändung unter möglichst genauer Bezeichnung des Gläubigers, Schuldners, Drittschuldners, des Betrags der Forderung und ihres Rechtsgrundes[2)], das Verbot an den Drittschuldner, an den Schuldner zu zahlen (Arrestatorium), und das Gebot an den Schuldner, sich jeder Verfügung über die Forderung zu enthalten (Inhibitorium). Mit dem Pfändungsbeschluß erlangt der Gläubiger indes noch keine Befriedigung, weil er lediglich ein Arrestatorium und Inhibitorium enthält. Hierzu bedarf es außerdem eines ebenfalls vom gleichen Vollstreckungsgericht auf Antrag zu erlassenden Überweisungsbeschlusses (§ 835 ZPO), in welchem entweder je nach dem Wunsche des Gläubigers die Forderung zur Einziehung[3)] oder an Zahlungs Statt überwiesen wird. In der Regel beantragt der Gläubiger beides, was dazu führt, daß die Praxis im allgemeinen den Pfändungsbeschluß mit dem Überweisungsbeschluß verbindet, was schon wegen des Zustellungserfordernisses beider Beschlüsse zweckmäßig erscheint. Hat der Gläubiger die Forderung lediglich gepfändet, so kann er nur Zahlung an sich und den Schuldner gemeinsam oder Hinterlegung der Leistung für beide vom Drittschuldner verlangen[4)]. Erst die Überweisung der Forderung berechtigt den Gläubiger, Leistung an sich allein zu begehren[5)].

29 Ausschließlich *örtlich* zuständig ist das Amtsgericht des allgemeinen Gerichtsstandes des Schuldners (§§ 13—19 ZPO), nämlich das Gericht des Wohnortes

---

1) Wird ein Arrest durch Forderungspfändung vollzogen, so ist nach § 930 Abs. 1 Satz 3 ZPO das Arrestgericht als Vollstreckungsgericht zuständig. Dies gilt nicht für einstweilige Verfügungen auf Zahlung (§ 940 ZPO). Verstöße gegen die funktionelle Zuständigkeit, etwa bei Erlaß eines Pfändungsbeschlusses durch den Gerichtsvollzieher, führen zur Nichtigkeit der Pfändungsmaßnahme: Mohrbutter, S. 200ff. m. w. N.

2) BGHZ 80, 181 und DB 1983, 1146; OLG Frankfurt, NJW 1981, 468. Wegen der Pfändung von Restoder Teilbeträgen vgl. Schneider, DGVZ 1982, 149 und Stöber, Rz. 464 m. w. N.

3) Das ist der Normalfall.

4) Dies folgt aus einer entsprechenden Anwendung des § 1281 BGB, der vor Eintritt der Pfandreife, das heißt vor Fälligkeit der gesicherten Forderung (§ 1228 Abs. 2 BGB), vorsieht, daß der Schuldner nur an den Pfandgläubiger und den Gläubiger gemeinschaftlich leisten kann. Vgl. Palandt-Degenhardt, § 1281 Anm. 3 a; Zöller-Stöber, § 829 Rz. 17.

5) Dies gilt nicht für den Arrest (§ 930 Abs. 1 ZPO), weil sich der Gläubiger aus dem Arrestpfand nicht befriedigen soll und deshalb die gepfändete Forderung nicht durch Überweisung verwerten darf. Etwas anderes gilt lediglich für den Anspruch auf Herausgabe des Hypothekenbriefes, weil hier die Überweisung zur Pfändung gehört.

des Schuldners; wenn er keinen solchen hat, das Gericht seines Aufenthaltsortes und wenn ein solcher im Inland nicht bekannt ist, das Gericht des letzten Wohnsitzes. Trifft keine dieser Voraussetzungen zu, das Amtsgericht, in dessen Bezirk sich das Vermögen des Schuldners befindet (§ 23 ZPO), also bei Forderungen das Amtsgericht des Wohnsitzes des Drittschuldners[6)].

Das für den Erlaß des Pfändungs- und Überweisungsbeschlusses zuständige Vollstreckungsgericht wird nur auf entsprechenden *Antrag* des Gläubigers tätig. Dies ist die Konsequenz der auch für das Vollstreckungsverfahren geltenden Parteiherrschaft. Der Antrag unterliegt den allgemeinen für Prozeßhandlungen geltenden Regeln, das heißt, es müssen Partei- und Prozeßfähigkeit sowie eine ordnungsgemäße Vertretungsmacht vorliegen[7)]. Einer besonderen Nachweisung der Vertretungsmacht bedarf es nicht, wenn der Prozeßbevollmächtigte bereits in dem vorgelegten Schuldtitel aufgeführt ist (§§ 78, 81 ZPO). Sonst ist die Vorlage einer Vollstreckungsverfahrensvollmacht notwendig. 30

Der Antrag auf Erlaß des Pfändungsbeschlusses erfolgt regelmäßig schriftlich, kann aber auch zu Protokoll der Geschäftsstelle des Vollstreckungsgerichts erklärt werden (§ 496 ZPO). Bevor der Rechtspfleger dem Antrag stattgibt und den Pfändungsbeschluß erläßt (§ 829 Abs. 2 u. 3 ZPO) und damit den eigentlichen Beginn der Zwangsvollstreckung in die Lohnforderung einleitet, hat er von *Amts wegen* zu prüfen, ob die Zwangsvollstreckung zulässig ist. Diese Prüfungspflicht ergibt sich daraus, daß fehlerhafte Vollstreckungsakte gegebenenfalls auf Rechtsbehelf des Schuldners oder Drittschuldners aufzuheben sind (§§ 775, 776 ZPO)[8)]. Die Zulässigkeit der Pfändungsmaßnahme setzt neben dem wirksamen Antrag voraus, daß die allgemeinen Vollstreckungsvoraussetzungen (Titel, Klausel, Zustellung), die speziellen Vollstreckungsvoraussetzungen (etwa: §§ 765, 751 ZPO) gegeben sind und keine Vollstreckungshindernisse (etwa: §§ 14 KO, 803, 850 ff ZPO) vorliegen. Fehlt es an einem dieser Erfordernisse, so hat der Rechtspfleger den Antrag des Gläubigers auf Erlaß des Pfändungsbeschlusses zurückzuweisen. Dies geschieht durch Beschluß, der dem Gläubiger förmlich zuzustellen ist (§ 329 Abs. 3 ZPO)[9)]. 31

Während dieses Verfahrens, das heißt vor der Pfändung, darf der Schuldner 32

---

6) Vgl. Göttlich, S. 17; Zöller-Stöber, § 828 Rz. 2. Die von einem sachlich oder örtlich unzuständigen Vollstreckungsgericht durchgeführten Pfändungen begründen nach h. M. kein Pfandrecht und sind mit der Erinnerung nach § 766 ZPO angreifbar: Zöller-Stöber, § 828 Rz. 3; Wieczorek-Schütze, § 828 Anm. C II b; OLG Hamburg, JW 1934, 374. Richtet sich die Vollstreckung gegen mehrere Schuldner, denen die zu pfändende Forderung gemeinsam zusteht, so ist, wenn die Schuldner bei verschiedenen Gerichten ihren allgemeinen Gerichtsstand haben, das Vollstreckungsgericht durch das im Rechtszuge nächst höhere Gericht zu bestimmen (§ 36 Nr. 3 ZPO). Vgl. BayObLG RPfleger 1983, 288 m. w. N.

7) Das Fehlen der Partei- oder Prozeßfähigkeit ist entsprechend § 56 ZPO von Amts wegen zu beachten und mit der Erinnerung nach § 766 ZPO rügbar.

8) BGHZ 25, 60. Der Beschluß über eine einstweilige Einstellung der Zwangsvollstreckung wirkt bereits von dem Zeitpunkt ab, in welchem er existent geworden ist.

9) Wieczorek-Schütze, § 829 Anm. F I. Auch das Vollstreckungsorgan hat selbständig die Nichtigkeit des Titels oder die Vollstreckungsfähigkeit seines Inhalts neben dem die Klausel erteilenden Urkundsbeamten der Geschäftsstelle zu überprüfen.

gem. § 834 ZPO *nicht* gehört werden. Diese Vorschrift bezweckt, durch einen Überraschungseffekt die Vereitelung der Zwangsvollstreckung durch den Schuldner zu erschweren. Dies gilt auch in dem Verfahren, in welchem der Gläubiger gegen die vom Rechtspfleger abgelehnte Pfändung vorgeht[10]. Ein Verstoß gegen § 834 ZPO führt zwar nicht zur Ungültigkeit der Pfändung, löst aber unter Umständen Schadensersatzansprüche nach § 839 BGB in Verbindung mit Artikel 34 GG aus, wenn dem Gläubiger der Nachweis gelingt, daß die Forderung des Schuldners ohne die Gewährung des Gehörs zur Pfändung bereitgestanden hätte und realisierbar gewesen wäre. Das Anhörungsverbot des § 834 ZPO verstößt wegen seiner Intention und der Möglichkeit des Schuldners, sich durch Erinnerung zu wehren, nicht gegen den verfassungsrechtlich garantierten Grundsatz des rechtlichen Gehörs nach Artikel 103 Abs. 1 GG[11]. Durchbrochen wird § 834 ZPO lediglich durch § 850 b Abs. 3 ZPO bei Ansprüchen aus gesetzlich genau bezeichneten Rechtsverhältnissen, die kraft Gesetzes grundsätzlich der Pfändung nicht unterliegen, bei denen aber das Vollstreckungsgericht auf Antrag des Gläubigers eine beschränkte Pfändung zulassen kann (sogenannte bedingt pfändbare Bezüge). Eine Anhörung des Drittschuldners (bei Lohnpfändung des Arbeitgebers) kommt schon deshalb nicht in Betracht, weil es für die Pfändung völlig unerheblich ist, ob der Drittschuldner das Bestehen der Forderung bestreitet oder nicht.

1. Der Antrag des Gläubigers

a) Die Bezeichnung der Beteiligten.

33 Damit das Verbot an den Drittschuldner, an den Drittschuldner nicht leisten zu dürfen ergehen kann, und das Gebot an den Schuldner, nicht zum Nachteil des Pfandgläubigers über die Forderung zu verfügen, muß der Antrag auf Erlaß des Pfändungsbeschlusses die *genaue* Bezeichnung des Schuldners und Drittschuldners, das heißt Name und Anschrift enthalten. Der Pfändungsbeschluß – und das gleiche gilt für den Überweisungsbeschluß – stellt einen hoheitlichen Akt dar und muß im Interesse der Sicherheit und Klarheit des Rechtsverkehrs Schuldner und Drittschuldner mit solcher Eindeutigkeit angeben, daß sowohl Schuldner als auch Drittschuldner, aber auch sonstige Gläubiger, die ebenfalls pfänden wollen, erkennen können, ob und wessen Forderungen gepfändet sind[12]. Nach herrschender Meinung in Lehre und Rechtsprechnung sind Pfändungs- und Überweisungsbeschlüsse der Auslegung nach § 133 BGB zugänglich[13]. Über ungenaue Angaben hinsichtlich der beteiligten Personen ist dann

---

10) KG NJW 1980, 1341; a. A.: Baumbach/Lauterbach, § 834 Anm. 2. Wird der Überweisungsbeschluß (§ 835 ZPO) nicht mit dem Pfändungsbeschluß verbunden, sondern getrennt erlassen, ist die Anhörung des Schuldners gestattet. Vgl. Wieczorek-Schütze, § 834 Anm. A; Baumbach/Lauterbach, § 834 Anm. 2.

11) BVerfG in JW 1957, 1395.

12) BGHZ 80, 181; BGH, DB 1983, 1146; OLG Frankfurt, NJW 1981, 468; Bischoff/Rochlitz, S. 30; Adam/Lermer/Ried, S. 14; Thomas/Putzo, § 829 Anm. 2; Prost NJW 1958, 485; Mohrbutter, S. 246, 248; vgl. auch Bauer, JurBüro 1966, 907.

13) Vgl. etwa: Zöller-Stöber, § 829 Rz. 9; Baumbach/Lauterbach, § 829 Anm. 2 A; BGH, MDR 1961, 408; BAG, AP Nr. 4 zu § 850 ZPO mit zustimmender Anmerkung von Pohle.

hinwegzugehen, sofern eine sachgerechte Auslegung ergibt, wer in Wahrheit gemeint ist[14]. So kann bei genügend sicherer Bestimmbarkeit die unrichtige oder unvollständige Bezeichnung des Gläubigers, des Schuldners oder Drittschuldners je nach Lage des Einzelfalles unschädlich sein. Für die Auslegung kommt es aber nicht auf eine subjektive Willenserforschung an, sondern allein auf den objektiven Sinn des Wortlauts des Pfändungs- und Überweisungsbeschlusses, der allenfalls durch ganz offenkundige Tatsachen, im übrigen aber nicht durch Tatsachen ergänzt werden können, die *außerhalb* des Pfändungs- und Überweisungsbeschlusses liegen[15].

So hat das Bundesarbeitsgericht[16] die Wirksamkeit eines Pfändungs- und Überweisungsbeschlusses abgelehnt, bei welchem Vater und Sohn als Schuldner verwechselt worden waren. Trotz Kenntnis dieser Sachlage haftet der Drittschuldner auch nicht unter dem Gesichtspunkt rechtsmißbräuchlichen Verhaltens, wenn er aus dem Pfändungs- und Überweisungsbeschluß nicht an den Gläubiger leistet, weil mangels wirksamer Pfändung kein Rechtsverhältnis zwischen Gläubiger und Drittschuldner besteht, aus dem Pflichten für den Drittschuldner erwachsen könnten[17]. Die Bezeichnung des Schuldners und Drittschuldners ist Sache des Gläubigers und wird vom Rechtspfleger nicht nochmals überprüft.

b) Die Bezeichnung der Vollstreckungsforderung.

Daneben bedarf es der genauen Bezeichnung der Forderung, *wegen der* gepfändet werden soll. **34** Danach richtet sich das Maß des Zugriffs in die Lohnforderung des Schuldners. Neben dem Forderungsbetrag (Hauptsumme) sind die aufgelaufenen Zinsen, die Kosten der gerichtlichen Geltendmachung der Forderung sowie die Kosten der Zwangsvollstreckung, wozu auch die Kosten des Pfändungsantrages gehören, anzugeben, sofern auch wegen dieser Nebenforderungen vollstreckt werden soll. Die notwendigen Kosten (§ 91 ZPO) der Zwangsvollstreckung fallen gem. § 788 Abs. 1 ZPO dem Schuldner zur Last; sie werden grundsätzlich zugleich mit der zur Zwangsvollstreckung anstehenden Hauptsumme aufgrund des für sie bestehenden Titels beigetrieben[18]. § 788 schließt indes die Festsetzung nach §§ 103 ff. ZPO nicht aus[19]. Erfolgt die Zwangsvollstreckung wegen einer Unterhaltsforderung, sollte der Antrag außerdem den

---

14) BGHZ 13, 42; BGH MDR 1961, 408.

15) BAG, AP Nr. 1 zu § 850 ZPO; BAG, AP Nr. 4 zu § 850 ZPO m. w. ausf. N.. So darf etwa auch der Inhalt der Vollstreckungsakten nicht zur Auslegung herangezogen werden: LAG Bayern, AP Nr. 6 zu § 850 ZPO.

16) AP Nr. 4 zu § 850 ZPO.

17) A. A. wohl Adam/Lermer/Ried, S. 14, die eine Pflicht des Drittschuldners annehmen, bei der Zustellung zu prüfen, ob der Drittschuldner im Beschluß richtig bezeichnet ist.

18) Diese Kosten sind nicht etwa kraft Gesetzes zu erstatten; KG, NJW 1963, 661 ff. und MDR 1979, 408; Thomas/Putzo, § 788 Anm. 3; Göttlich, S. 35.

19) Wie Fußnote 18 und OLG München, RPfleger 1980, 440. Wegen der Formulierung des § 788 Abs. 1 ZPO „zugleich mit dem zur Zwangsvollstreckung stehenden Anspruch" können die Kosten der Zwangsvollstreckung nicht mehr festgesetzt und beigetrieben werden, wenn das Urteil, aus welchem die Zwangsvollstreckung betrieben worden ist, aufgehoben wurde: KG, NJW 1963, 661 ff.

Familienstand beziehungsweise die Anzahl der dem Schuldner gegenüber Unterhaltsberechtigten enthalten, weil dies für die Bemessung des unpfändbaren Einkommensbetrages von Bedeutung ist (§§ 850 c, 850 d ZPO)[20]. Die Anzahl der Unterhaltsberechtigten des Schuldners ist auch dann im Antrag anzugeben, wenn das Vollstreckungsgericht bei der Pfändung zugunsten eines bevorrechtigten Unterhaltsgläubigers einen Freibetrag in bestimmter Höhe festsetzt (§ 850 d ZPO). Bei der Einkommenspfändung eines nichtbevorrechtigten Gläubigers bedarf es dieser Angabe nicht, zumal dem Gläubiger im Regelfall die persönlichen Verhältnisse des Schuldners unbekannt sind. Bezieht der Schulder weitere Einkünfte, so sind auch darüber Angaben erforderlich, weil eine Zusammenrechnung der Einkommen des Schuldners erfolgen kann (§ 850 e ZPO).

c) Die Bezeichnung der zu pfändenden Forderung.

35 Der Antrag des Gläubigers hat auch das *Pfändungsobjekt* – hier die Lohnforderung – nach Rechtsverhältnis oder Schuldgrund umrissen zu bezeichnen, während die Höhe der zur Entstehung gelangenden Forderung keiner besonderen Bestimmung bedarf. Nach höchstrichterlicher Rechtsprechung muß der Pfändungsbeschluß die gepfändete Forderung und ihren Rechtsgrund so genau bezeichnen, daß sie von anderen unterschieden werden kann und die Feststellung der Identität gesichert ist. Damit bedarf es der Angabe des Rechtsverhältnisses zumindest in allgemeinen Umrissen. Es genügt nicht, daß der Pfändungsbeschluß dem unmittelbar beteiligten Gläubiger, Schuldner und Drittschuldner das Pfändungsobjekt hinreichend erkennbar bezeichnet; vielmehr müssen auch unter dem Aspekt der Klarheit und Sicherheit des Rechtsverkehrs unbeteiligte Dritte, insbesondere weitere Gläubiger, mit hinreichender Deutlichkeit feststellen können, in welche Forderung aus welchem Rechtsverhältnis vollstreckt worden ist[21]. Dabei ist zu berücksichtigen, daß der Gläubiger im Regelfall keine Kenntnis von internen Absprachen zwischen Schuldner und Drittschuldner und somit der genauen rechtlichen Grundlage, auf der der Anspruch des Schuldners beruht, hat. Als genügende Bezeichnung wurde angesehen die Fassung: „auf Zahlung aller jetzigen und künftigen Bezüge an Arbeitseinkommen (ohne Rücksicht auf ihre Bemessung oder Berechnungsart)“[22]. Nicht ausreichend bestimmt genug ist die Formulierung, daß die Ansprüche des Schuldners „aus Verträgen und sonstigen Rechtsgeschäften“ oder „aus jedem Rechtsgrunde“ gepfändet werden sollen, auch wenn der Schuldner nur eine einzige Forderung gegen den Drittschuldner besitzt[23]. Daß eine Forderung noch nicht fällig oder bedingt ist, steht ihrer Pfändung nicht entgegen[24]. Dies gilt vor allem für die Pfändung von

---

20) Insoweit gilt die in § 138 ZPO statuierte Wahrheitspflicht des Gläubigers. Abgesehen davon vermeiden richtige Angaben eine zeitraubende Erinnerung des Arbeitnehmers, falls das Gericht infolge unzureichender oder unrichtiger Angaben den unpfändbaren Lohnbetrag falsch berechnet.

21) BGHZ 80, 181; BGH, DB 1983, 1146; BAG, AP Nr. 1, 3 und 4 zu § 850 ZPO; OLG Frankfurt, NJW 1981, 468 und RPleger 1983, 322; LG Aachen, RPfleger 1983, 119.

22) BAG, AP Nr. 3 zu § 850 ZPO mit zustimmender Anmerkung von Pohle; BAG, AP Nr. 8 zu § 850 ZPO

23) BGHZ 13, 42, 45; Baumbach/Lauterbach, § 829 Anm. 2 C a mit weiteren Beispielen.

24) Baumbach/Lauterbach, § 829 Anm. 1 A; Thomas/Putzo, § 829 Anm. 3; Wieczorek-Schütze, § 829 B II c, c 1 und c 2; Göttlich, S. 18.

Lohnforderungen. Gem. § 832 ZPO erstreckt sich das Pfandrecht, das durch die Pfändung einer Gehaltsforderung oder einer ähnlichen in fortlaufenden Bezügen bestehenden Forderung erworben wird, auch auf die nach der Pfändung fällig werdenden Beträge, ohne daß dies im Pfändungs- und Überweisungsbeschluß besonders ausgesprochen wird[25]. Dem liegt der Gedanke zugrunde, daß die Lohnforderung ein einheitliches Ganzes darstellt, das nur hinsichtlich der Erfüllung in einzelne Raten zerfällt[26]. Die Lohnpfändung erfaßt mithin nicht nur den Lohn aus dem konkreten zur Zeit des Pfändungs- und Überweisungsbeschlusses bestehenden Arbeitsvertrages, sondern darüber hinaus aus dem gesamten künftigen Arbeitsverhältnis.

Auch künftige Forderungen – etwa der Anspruch des Arbeitnehmers auf Lohn 36
eines erst abzuschließenden Arbeitsvertrages, oder aus einem Prozeßvergleich des Arbeitnehmers mit dem Arbeitgeber vor dessen Abschluß – können gepfändet werden[27] (Ausnahme: § 46 Abs. 6 Satz 1 AO). Da künftige Forderungen abgetreten werden können, folgt grundsätzlich hieraus ihre Pfändbarkeit, wie § 851 ZPO bestätigt[28]. Allerdings sind für die Pfändung die Bestimmbarkeitserfordernisse des § 829 ZPO zu beachten. Während es für die Vorausabtretung künftiger Forderungen hinsichtlich des Bestimmtheitserfordernisses ausreicht, wenn der Gegenstand der Forderung individuell bestimmbar ist, um lediglich im Interesse der Rechtssicherheit festzustellen, inwieweit die Forderung noch dem alten und inwieweit sie dem neuen Gläubiger zusteht[29], verlangt § 829 ZPO, daß die zu pfändende künftige Forderung schon zum Zeitpunkt der Pfändung nach Art und Person des Drittschuldners, dem ja zur Herbeiführung des Arrestatoriums zugestellt werden muß, mit so hinreichender Deutlichkeit festlegt, daß es nur noch der Entstehung der Forderung bedarf, um die Pfändung wirksam werden zu lassen.[30] Bei einem Betriebsübergang gem. § 613 a BGB werden auch die Ansprüche gegen den neuen Arbeitgeber von der Lohnpfändung erfaßt[31].

aa) Schlüssige Behauptung des Gläubigers.

Der Gläubiger braucht das Bestehen der Geldforderung nur *schlüssig zu* 37
behaupten, nicht auch glaubhaft zu machen. Dem Vollstreckungsgericht obliegt nicht die Prüfung, ob die Forderung *tatsächlich* besteht. Existiert die gepfändete

---

25) Dieser Ausspruch hätte nur deklaratorische Wirkung, weil die Erfassung auch nach der Pfändung fällig werdender Gehaltsvorderungen kraft Gesetzes angeordnet wird.

26) Es handelt sich – wie Adam/Lermer/Ried, S. 17, überzeugend bemerken – um die Erfassung künftiger Fälligkeiten eines schon bestehenden Anspruchs.

27) Vgl. BAG, AP Nr. 4 zu § 850 c ZPO.

28) Die §§ 851 Abs. 1 ZPO, 400 BGB wirken wechselseitig: Forderungen, die gesetzlich für unübertragbar erklärt sind, unterliegen nicht der Pfändung; solche, die gesetzlich unpfändbar sind, dürfen nicht übertragen werden; vgl. auch LAG Hamm, MDR 1973, 617 und Schmeling, BB 1976, 91 zum Zurückbehaltungsrecht.

29) Im Zeitpunkt der Abtretungserklärung braucht die Person des Schuldners oder der genaue Inhalt des abgetretenen Anspruchs noch nicht festzustehen: RGZ 136, 103; RGZ 149, 96; RGZ 155, 26; BGHZ 7, 367 ff.

30) OLG Karlsruhe, RPfleger 1984, 156; LG Aachen, RPfleger 1978, 151; Thomas/Putzo, § 829 Anm. 3; Zöller-Stöber, § 829 Rz. 10; Wieczorek-Schütze, § 829 Anm. B II b, b 2; Mohrbutter, S. 247; Schwerdtner, NJW 1974, 1787.

31) LAG Hamm, DB 1976, 440.

Forderung nicht, so ist der Pfändungsbeschluß ins Leere gegangen und gegenstandslos. Ein Streit hierüber grundsätzlich nicht im Forderungspfändungsverfahren, sondern im Klageweg ausgetragen, da es um den Bestand des materiellen Anspruchs geht[32]. Aus diesem Grunde wird auch lediglich die *angebliche* Forderung des Schuldners gepfändet. Ergibt die Schlüssigkeitsprüfung nach den Behauptungen des Gläubigers, daß die Forderung des Schuldners nicht zu seinem Vermögen gehört oder überhaupt nicht besteht, so hat der Rechtspfleger die Pfändung abzulehnen und den Antrag des Gläubigers zurückzuweisen. Fällt die Schlüssigkeitsprüfung positiv für den Gläubiger aus, so wird doch nur die angebliche Forderung des Schuldners gepfändet, deren tatsächliche Existenz bei Bestreiten des Schuldners rechtskräftig erst in einem Rechtsstreit des Gläubigers gegen den Drittschuldner auf Zahlung oder durch eine Klage des wahren Forderungsinhabers nach § 771 ZPO oder durch eine Erinnerung des Drittschuldners gem. § 766 ZPO[33] abgeklärt werden kann. Ist dem Vollstreckungsgericht allerdings mit Sicherheit bekannt, daß die Forderung nicht oder nicht mehr dem Schuldner zusteht und daher die Zwangsvollstreckung erkennbar ins Leere geht, hat es das Pfändungsgesuch abzulehnen[34].

38 Ferner muß der Rechtspfleger anhand des Gläubigervortrags prüfen, ob die Forderung überhaupt pfändbar ist oder der Pfändung gar nicht unterliegt (§§ 850 a, 851 ZPO). So wäre ein Antrag des Gläubigers auf Pfändung eines Anspruchs des Arbeitnehmers gegen den Arbeitgeber auf Gewährung eines Darlehens abzulehnen[35]. Dagegen könnte trotz Vereinbarung eines Abtretungsverbots (§ 399 BGB) der Anspruch gegen den Darlehensschuldner auf Rückzahlung der Darlehenssumme gepfändet werden (§ 851 Abs. 2 ZPO). Anderenfalls wären durch eine derartige Abrede sämtliche Forderungen dem Zugriff der Gläubiger entzogen. Ebenso unerheblich für die Durchführung der Pfändung ist eine Vereinbarung zwischen Arbeitgeber und Arbeitnehmer, daß die Lohnforderung nicht abgetreten werden darf oder ihre Abtretung deren vorherigen Zustimmung des Arbeitgebers bedarf (§ 399 BGB 2. Alternative). Der Wegfall der Verkehrsfähigkeit der Forderung durch Parteivereinbarung berührt ihre Pfändbarkeit nicht (§ 851 Abs. 2 ZPO). Das Abtretungsverbot stellt kein gesetzliches Veräußerungsverbot im Sinne des § 135 BGB dar. Die verbotswidrig vorgenommene Abtretung ist schwebend unwirksam. Problematisch ist allerdings in diesem Zusammenhang, ob der Schuldner einer vereinbarungswidrigen Abtretung durch eine *einseitige* Zustimmung zur Wirksamkeit verhelfen kann[36] und ob

---

32) Allgemeine Ansicht: Mohrbutter, S. 245, 246; Zöller-Stöber § 829 Rz. 4; Wieczorek-Schütze, § 29 Anm. D II b m. w. N.; BGH LM Nr. 14 zu § 313 BGB.

33) Vgl. Rzn. 337 f.

34) Vgl. auch Rzn. 90 f.; OLG Frankfurt, RPfleger 1978, 229 m. w. N.; OLG Köln, ZIP 1980, 578, 579; Stöber, Rz. 488.

35) LG Aachen, RPfleger 1962, 449.

36) Bejahend: Erman-Westermann, § 399 Anm. 3; RGRK-Weber, § 399 Anm. 14 f.; BGH, LM Nr. 2 zu § 406 BGB; OLG Celle, NJW 1968, 652; LG Nürnberg, BB 1968, 562. Verneinend: Staudinger-Kaduk, § 399 Rz. 109; Furtner, NJW 1966, 182, 186; OLG Hamburg, MDR 1962, 405. Daß die entgegen der Vereinbarung vorgenommene Abtretung wirksam sein kann, wird allgemein bejaht. Streitig ist nur die Art und Weise der Wiederherstellung der Verkehrsfähigkeit der Forderung; vgl. auch MK-Roth, § 399 Anm. 34 und BGH NJW 1978, 813.

diese auf den Zeitpunkt der Vornahme der Abtretung zurückwirkt. In entsprechender[37] Anwendung des § 185 Abs. 2 BGB dürfte die einseitige Zustimmung (§ 182 BGB) des Schuldners genügen, weil es lediglich um den Schutz des Schuldners geht und damit der Abschluß eines Änderungsvertrages zur Wiederherstellung der Verkehrsfähigkeit der Forderung überflüssig ist. In entsprechender Anwendung des § 184 Abs. 1 BGB tritt dann auch Rückwirkung ein. War die Forderung des Schuldners vor Erteilung der Genehmigung wirksam gepfändet, so bleibt diese Pfändung durch die Rückwirkung der Genehmigung unberührt (§ 184 Abs. 2 BGB)[38], unabhängig davon, ob der Schuldner im Falle der Pfändung wegen des Inhibitoriums überhaupt noch genehmigen kann.

bb) Rechtshängigkeit.

Die *Rechtshängigkeit* (§ 261 ZPO) der Forderung des Schuldners hindert nicht **39**
ihre Pfändbarkeit. Die Befugnis des Schuldners zur weiteren prozessualen Geltendmachung der Forderung gegen den Drittschuldner in Prozeßstandschaft ist aus § 265 Abs. 2 Satz 1 ZPO zu folgern. Allerdings hat der Schuldner als Kläger wegen der veränderten materiellen Rechtslage den Klageantrag auf Zahlung an den Pfändungsgläubiger anzupassen. Einer Zustimmung beziehungsweise rügelosen Einlassung des Prozeßgegners (§§ 263 1. Alternative, 267 ZPO) oder einer Zulassung durch das Prozeßgericht (§ 263 ZPO 2. Alternative) bedarf es nicht, weil hier kein Fall einer Klageänderung vorliegt (§ 264 Nr. 3 ZPO). Wer die Forderung bereits *vor* Klageerhebung gepfändet, so besteht ebenfalls nach herrschender Meinung das rechtliche Interesse des Schuldners an weiterer Geltendmachung der Forderung im Prozeßwege mit einem an die materielle Rechtslage angepaßten Klageantrag fort[39]. War der Anspruch schon vor Pfändung rechtshängig, so wirkt nach § 325 ZPO die Rechtskraft gegen den Gläubiger als Rechtsnachfolger. Ist dagegen der Anspruch erst nach Pfändung rechtshängig geworden, so tritt grundsätzlich keine Rechtskrafterstreckung auf den Gläubiger hinsichtlich des vom Prozeßstandsberechtigten erstrittenen Urteils ein[40], außer, wenn der Gläubiger der Prozeßführung zugestimmt hat[41].

Der Anspruch des Arbeitnehmers gegen den Arbeitgeber auf Befreiung von einer **40**
Schuld gegenüber einem Dritten – etwa im Falle der Beschädigung des Eigentums oder der Verletzung der Person des Dritten bei schadensgeneigter Arbeit durch den Arbeitnehmer – ist nur von dem Gläubiger pfändbar, dem gegenüber die Schuld des Arbeitnehmers besteht[42]. Unter Umständen kann der Schuldner (Arbeitnehmer) die gegen sich selbst gerichtete Forderung seines Gläubigers

---

37) Die nur entsprechende Anwendung des § 185 Abs. 2 BGB folgt aus der Erwägung, daß nicht ein Nichtberechtigter verfügt, weil dem Gläubiger die Forderung ja zusteht.

38) Die unter Fußnote 36) genannten Anhänger der Vertragstheorie wenden § 184 Abs. 2 analog an: Staudinger-Kaduk, § 399 Rz. 109.

39) BGH, ZZP 75, 131; siehe unten Rzn. 129ff. u. 158ff.

40) RGZ 83, 116.

41) BGH, LM Nr. 1 zu § 1161; Blomeyer AcP 159, 385.

42) Wieczorek-Schütze, § 829 Anm. B III b 1. Zur Vollstreckung des Anspruchs auf Befeiung einer Geldschuld: BGH, NJW 1958, 497; KG, MDR 1970, 1018.

(Arbeitgeber) pfänden und sich zur Einziehung überweisen lassen, soweit ihm eine titulierte Forderung gegen den Gläubiger zusteht, wenn gegen die gepfändete Forderung als Deliktsforderung gegen § 394 BGB nicht aufgerechnet werden darf. Damit vermeidet der Schuldner trotz des Aufrechnungsverbots die Barzahlung, ohne einer Klage ausgesetzt zu werden. Es handelt sich nicht um eine unzulässige Umgehung des Aufrechnungsverbots; vielmehr besteht das Rechtsschutzinteresse für eine solche Pfändung darin, daß sich der Schuldner eben nicht durch Aufrechnung zu befriedigen vermag[43].

2. Die besonderen Vollstreckungsvoraussetzungen.

41 Dem Rechtspfleger obliegt auch die Untersuchung vor Erlaß eines Pfändungs- und Überweisungsbeschlusses, ob die besonderen Vollstreckungsvoraussetzungen, die neben den allgemeinen Vollstreckungsvoraussetzungen (Titel, Klausel, Zustellung) erfüllt sein müssen, gegeben sind.

a) Verurteilung Zug um Zug.

Hierzu zählt bei einer Verurteilung des Schuldners *Zug um Zug* gegen eine Gegenleistung des Gläubigers, daß der Gläubiger im Falle der Forderungspfändung durch das Vollstreckungsgericht gem. § 765 ZPO den Beweis der Befriedigung des Schuldners oder eines Annahmeverzuges (§§ 293ff. BGB) führt, was nur durch öffentliche oder öffentlich beglaubigte Urkunden möglich ist. Eine Abschrift dieser Urkunden muß außerdem dem Schuldner bereits zugestellt sein. Der Zustellung bedarf es nur dann nicht, wenn schon der Gerichtsvollzieher die Zwangsvollstreckung nach § 765 ZPO begonnen hatte und der Beweis durch das Protokoll des Gerichtsvollziehers bei einem früheren Pfändungsversuch (§ 762 ZPO) geführt wird. Damit ist allerdings lediglich die Zustellung erlassen, nicht auch die Vorlegung der Urkunden selbst. Das Vollstreckungsgericht – hier der Rechtspfleger – hat die Urkunden darauf zu überprüfen, ob sie den erforderlichen Beweis beinhalten. An die Entscheidung des Gerichtsvollziehers ist das Vollstreckungsgericht dabei nicht gebunden, auch wenn diese nach §§ 766, 793 ZPO bestätigt worden ist[44]. Denn das Vollstreckungsgericht stellt die Prüfung in eigener funktioneller Zuständigkeit an. Hierbei ist zu beachten, daß § 765 ZPO eine Ergänzung zu § 726 ZPO darstellt. Zug-um-Zug-Urteile dürfen – soweit die Leistung des Schuldners nicht der Abgabe einer Willenserklärung besteht (§ 894 ZPO) – sogleich vollstreckbar ausgefertigt werden (§ 726 Abs. 2 ZPO). Der Urkundsbeamte der Geschäftsstelle des Prozeßgerichts prüft daher bei der Klauselerteilung – und es ist ihm auch gar nicht gestattet – nicht nach, ob der Gläubiger die Zug-um-Zug-Verpflichtung aus dem Titel bereits erbracht hat. Vollstreckt werden darf aber erst, wenn diese Voraussetzung eingetreten und entsprechend nachgewiesen ist. Wird der Gerichtsvollzieher als Vollstreckungs-

---

[43] Vgl. etwa: Hoche, S. 137, 138. Zur Frage, ob auch unter Umständen die eigene Forderung wie die eigene Sache gepfändet werden kann: RGZ 86, 138; vgl. auch OLG Hamburg, BB 1978, 63; LG Berlin, RPfleger 1975, 374; Rimmelspacher/Spellenberg, JZ 1973, 274.

[44] Münzberg in Stein/Jonas, § 765 Anm. 1.

organ tätig, so vermag er die Gegenleistung des Gläubigers, wie sie sich aus dem Titel ergibt, tatsächlich anzubieten[45] (§ 294 BGB) oder gleichzeitig eine Abschrift der öffentlichen oder öffentlich beglaubigten Urkunde, welche die Gegenleistungserfüllung des Gläubigers oder den Annahmeverzug des Schuldners bestätigt, zuzustellen (§ 756 ZPO)[46]. Lehnt der Schuldner die Annahme ab oder muß er mitwirken, so genügt ein wörtliches Angebot (§ 295 BGB). Vollstreckt indes das Vollstreckungsgericht, so bietet es nicht zunächst dem Schuldner die Gegenleistung des Gläubigers an. Vielmehr ist ebenso zu verfahren, wie wenn der Gerichtsvollzieher ohne Leistungsangebot zur Vollstreckung schreitet, nur bedarf es außerdem der *vorherigen* Zustellung der Urkunden[47]. Die Kosten dieser Urkunden sind solche der Zwangsvollstreckung nach § 788 ZPO.

Unter Umständen kann sich der Annahmeverzug aus dem Urteil selbst ergeben. 42
Denn § 765 ZPO setzt nicht etwa voraus, daß der Annahmeverzug des Schuldners hinsichtlich der Gegenleistung nach Erlaß des zu vollstreckenden Urteils eingetreten ist. Es reicht aus, wenn der Annahmeverzug vor oder nach Erhebung der Klage eingetreten ist und im Prozeß selbst eine dauernde Inverzugsetzung liegt[48]. Bei nachgewiesenem Annahmeverzug des Schuldners wird sodann ohne das Angebot der Gegenleistung vollstreckt, weil das Recht des Schuldners auf die Zug-um-Zug-Leistung erloschen ist (§§ 322 Abs. 3, 274 Abs. 2 BGB)[49]. § 765 ZPO muß aber dann vom Gläubiger eigens erfüllt werden, wenn er auf Leistung geklagt hat, das Gericht aber nur auf Verurteilung Zug um Zug erkennt.

Ist dem Gläubiger (etwa bei der Herausgabe von Sachen) die Erfüllung der 43
Gegenleistung aus einem von ihm nicht zu vertretenen Grunde unmöglich geworden (vgl. aber § 300 BGB) und behält er den Anspruch auf die Leistung, so kann er erneut gegen den Schuldner mit dem Antrag klagen, die Zwangsvollstreckung aus dem Titel *ohne Gegenleistung* des Gläubigers (Klägers) für zulässig zu erklären[50]. Daneben bleibt dem Gläubiger vorbehalten, auf Zahlung ohne die Zug-um-Zug-Leistung zu klagen. Die Rechtskraft des Vorurteils steht der neuen Klage nicht entgegen, weil über einen anderen Streitgegenstand zu entscheiden ist. In diesem Prozeß darf das Gericht nicht mehr die materielle Berechtigung der eingeklagten Forderung prüfen, weil insoweit durch das erste rechtskräftige Urteil Vorgreiflichkeit vorliegt. Es wird lediglich untersucht, ob die spezielle Vollstreckungsvoraussetzung nunmehr weggefallen ist. Der Schuldner kann mit den Einwendungen gegen die Forderung selbst nur über eine Vollstrekkungsgegenklage nach § 767 ZPO geltend machen, die als Widerklage erhoben werden könnte.

---

45) Das heißt ohne Mängel, vollständig (§ 266 BGB), am rechten Ort (§ 269 BGB) und zur rechten Zeit (§ 271 BGB). Der Gläubiger muß nur noch anzunehmen brauchen: BGH, DB 1984, 1825.

46) Vgl. Baumbach/Lauterbach, § 756 Anm. 2 A m. w. N.

47) Münzberg in Stein/Jonas, § 765 Anm. 1 I. Vgl. auch OLG Hamm, RPfleger 1983, 393.

48) Vgl. BGH, NJW 1982, 1049 m. w. N. und Schibel, NJW 1984, 1945, der einen Feststellungsantrag dahingehend, „daß sich der Beklagte in Annahmeverzug befindet", empfiehlt.

49) RGZ 84, 230.

50) H. M.: vgl. Wieczorek-Schütze, § 756 Anm. B II a 2; Zöller-Stöber, § 756 Rz. 13; BGH, NJW 1962, 2004; RGZ 96, 185 ff..

b) Die Sicherheitsleistung.

44 Hängt die Vollstreckung von einer dem Gläubiger obliegenden *Sicherheitsleistung* ab, so darf mit der Zwangsvollstreckung nur begonnen werden, wenn die Sicherheitsleistung durch eine öffentliche oder öffentlich beglaubigte Urkunde nachgewiesen und eine Abschrift dieser Urkunde bereits dem Schuldner zugestellt ist oder gleichzeitig zugestellt wird (§ 751 Abs. 2 ZPO).

45 Ebenso wie bei der Zug-um-Zug-Verurteilung bildet die prozessuale Sicherheitsleistung keine Bedingung des Anspruchs, sondern lediglich der Vollstrekkung. Die vollstreckbare Ausfertigung des Urteils wird vom Urkundsbeamten der Geschäftsstelle sofort erteilt (§ 726 Abs. 1 ZPO); erst dem Vollstreckungsgericht obliegt die von Amts wegen zu treffende Feststellung, ob die Voraussetzungen des § 751 Abs. 2 ZPO erfüllt sind. Die prozessuale Sicherheitsleistung des Gläubigers bei §§ 709, 712 ZPO geschieht regelmäßig durch Hinterlegung von Geld oder Wertpapieren, die nach § 234 Abs. 1, 3 BGB zur Sicherheitsleistung geeignet sind (§ 108 ZPO). Für den Nachweis der Hinterlegung genügt eine Bescheinigung der Hinterlegungsstelle (§ 415 ZPO). Die Postscheinvorlage über Einzahlung des Betrages bei der Hinterlegungsstelle reicht indes nicht aus.

46 Das Gericht kann auf entsprechenden Antrag oder von Amts wegen die Art einer anderen Sicherheitsleistung als durch Geld und Wertpapiere anordnen (§ 108 Abs. 1 ZPO). Zweckmäßig ist hier die Sicherheitsleistung durch Bankbürgschaft (§ 232 Abs. 2 BGB). Der Bürge muß in der schriftlichen Bürgschaftserklärung[51] auf die Einrede der Vorausklage verzichten (§ 239 Abs. 2 BGB analog) und ein der Höhe der Sicherheit entsprechendes angemessenes Vermögen sowie seinen allgemeinen Gerichtsstand im Inland haben (§ 239 Abs. 1 BGB analog)[52]. Grundsätzlich darf die Bürgschaftserklärung nicht bedingt oder befristet sein (§§ 158, 163 BGB)[53]. Der Bürgschaftsvertrag zwischen dem Bürgen und dem Sicherungsberechtigten kommt durch Zugang der Bürgschaftserklärung in Urschrift (§ 130 BGB) oder durch Zustellung einer beglaubigten Abschrift durch Vermittlung des Gerichtsvollziehers (§§ 132 Abs. 1 BGB, 166 ff. ZPO) zustande (Zwangsvertrag). Die Annahmeerklärung des Schuldners und des Sicherungsberechtigten wird durch die gerichtliche Entscheidung über die Zulassung der Sicherheitsleistung durch Bürgschaft ersetzt. Ein Zugang dieser Erklärung ist nicht notwendig (§ 151 BGB)[54]. Die Aushändigung der Urschrift der Bürgschafts-

---

[51] Die Anwendung des § 350 HGB ist wegen des Nachweises unpraktisch: Zöller-Schneider, § 108 Rz. 7; Thomas/Putzo, § 108 Anm. 5 d bb; Jakobs, DGVZ 1973, 107, 113.

[52] Die Anordnungen der Gerichte über die Art der Sicherheitsleistung müssen so eindeutig sein, daß die Vollstreckungsorgane beurteilen können, ob die erbrachte Sicherheitsleistung der gerichtlichen Bestimmung entspricht. Das ist nicht der Fall, wenn die Bürgschaft einer namentlich nicht bezeichneten „Großbank" als Sicherheit zugelassen wird: So LG Berlin, RPfleger 1978, 331; a. A. Zöller-Schneider, § 108 Rz. 8; vgl. auch LG Düsseldorf, DGVZ 1977, 43.

[53] Zulässig wäre jedoch die auflösende Bedingung, daß die Bürgschaftsurkunde wieder in den Besitz des Bürgen gelangt, sofern sichergestellt wird, daß die Bürgschaft nicht gegen den Willen des Sicherungsberechtigten untergehen kann; vgl. KG, NJW 1963, 663; vgl. auch BGH, NJW 1979, 417.

[54] OLG Hamburg, MDR 1982, 588; OLG München, MDR 1979, 1029; OLG Hamm, MDR 1975, 763.

erklärung ist nur dann erforderlich, wenn das Erlöschen der Bürgschaft davon abhängig gemacht wird, daß die Urkunde wieder in den Besitz des Bürgen gelangt. Umstritten ist nun im Fall der Sicherheitsleistung durch Bürgschaft, ob § 751 Abs. 2 ZPO nur eine Formvorschrift für den Nachweis der geschehenen Sicherheitsleistung enthält oder darüber hinaus auch eine Formvorschrift für die Prozeßbürgschaft selbst. Im Schrifttum wird die Ansicht vertreten, die Unterschrift unter der Bürgschaftserklärung müßte aus Rücksichtnahme gegenüber dem Sicherungsberechtigten öffentlich beglaubigt und der Nachweis der Vertretungsbefugnis mit öffentlichen oder öffentlich beglaubigten Urkunden geführt werden[55]. Dieser Auffassung ist zuzugeben, daß § 751 Abs. 2 ZPO auf die Sicherheitsleistung durch Bürgschaft nicht paßt, weil – wie bereits Münzberg[56] zutreffend hervorgehoben hat – diese Vorschrift auf den Fall zugeschnitten ist, daß die Sicherheitsleistung durch eine von einer dritten Stelle der Hinterlegungsstelle gegenüber vorzunehmenden Handlung bewirkt wird, was an sich voraussetzte, daß die Hinterlegung der Bürgschaftsurkunde angeordnet wird. Da nun das Vollstreckungsgericht weder die Bonität der Sicherheit noch deren Wirksamkeit prüft, wie der klare Wortlaut des § 751 Abs. 2 ZPO ergibt, sondern lediglich den Nachweis der *geschehenen* Sicherheitsleistung, so muß es auch gegen die dargelegte Auffassung genügen, daß der Nachweis der Zustellung der Urkunde in beglaubigter Abschrift erfolgt[57].

Bei der Sicherheitsleistung durch Bürgschaft ist entgegen dem Wortlaut des **47** § 751 Abs. 2 ZPO nicht nötig, daß der Gläubiger vor Beginn der Vollstreckung einen Zustellungsnachweis der Nachweisurkunde über die Sicherheitsleistung beibringt, weil dies grundloser Formalismus wäre[58].

Ist das Urteil rechtskräftig, was nach § 706 ZPO durch Rechtskraftszeugnis des **48** Urkundsbeamten (§ 153 GVG) nachgewiesen werden kann, so ist die Sicherheit nicht mehr notwendig und eine bereits geleistete Sicherheit zurückzugewähren (§ 715 ZPO). Mängel der Sicherheitsbestellung oder ihres Nachweises kann der Schuldner durch Erinnerung nach § 766 ZPO rügen.

c) Die betagte titulierte Forderung.

Ist die Geltendmachung des Anspruchs von dem Eintritt eines Kalendertages **49** abhängig, so darf die Zwangsvollstreckung nur beginnen, wenn der Kalendertag abgelaufen ist (§ 751 Abs.1 ZPO). Auch in diesem Fall wird sogleich vom Urkundsbeamten der Geschäftsstelle die Vollstreckungsklausel erteilt, während erst das zuständige Vollstreckungsorgan als sachliche Voraussetzung der Voll-

---

55) Vgl. die Nachweise bei OLG Frankfurt, NJW 1966, 1521; AG Frankfurt, BB 1965, 1123; so auch Baumbach/Lauterbach, § 751 Anm. 2 B; Wüllerstorff, NJW 1966, 1521 in einer ablehnenden Stellungnahme zu der Entscheidung des OLG Frankfurt. Wieczorek-Schütze, § 751 Anm. C II b, jedenfalls für den Fall, daß der Schuldner nicht annahmebereit ist.

56) Münzberg in Stein/Jonas, § 751 Anm. II 2.

57) Vgl. OLG Frankfurt, NJW 1966, 1521, 1522; ebenso Thomas-Putzo, § 751 Anm. 3a; Zöller-Stöber, § 751 Rz. 6.

58) So auch Münzberg in Stein/Jonas, § 751 Anm. II 2.

streckung die Fälligkeit des Anspruchs festzustellen hat. Die Zwangsvollstreckung darf erst am darauffolgenden Tag beginnen (§ 193 BGB). § 751 Abs. 1 ZPO trifft insbesondere bei Verurteilungen zu künftigen Leistungen (§§ 257–259 ZPO), bei Verurteilungen nach § 510 b ZPO, § 61 Abs. 2 ArbGG, bei einem Ratenvergleich ohne Verfallklausel zu. Grundsätzlich ist die Zwangsvollstreckung für titulierte Ansprüche auf wiederkehrende Leistungen mit kalendermäßigem Fälligkeitszeitpunkt nur wegen der *jeweils fälligen* Beträge gestattet[59]. Im Regelfall ist daher die sogenannte *Vorratspfändung,* das heißt die *gleichzeitige* Pfändung wegen fälliger und noch nicht fälliger Ansprüche, ausgeschlossen. Eine Ausnahme hiervon gilt gem. § 850 d Abs. 3 ZPO nur bei der Vollstreckung wegen gesetzlicher Unterhaltsansprüche von Verwandten, Ehegatten und Müttern nichtehelicher Kinder sowie wegen Rentenansprüchen aus Anlaß einer Körper- oder Gesundheitsverletzung. Zugleich mit der Pfändung wegen bereits fälliger Beträge hat das Vollstreckungsgericht auch wegen erst künftig fällig werdender Ansprüche in das fällige und noch künftig fällig werdende (§ 832 ZPO) Arbeitseinkommen des Schuldners zu vollstrecken. Bei der auf das Arbeitseinkommen beschränkten Pfändung nach § 850 d Abs. 3 ZPO entsteht ein *einheitlicher Pfändungsrang,* was von besonderer Bedeutung für den insoweit privilegierten Gläubigerkreis ist, als weitere Pfändungen wegen bereits fälliger Ansprüche nachrangig sind[60].

50 Da diese Art der Vorratspfändung für sonstige Gläubiger verschlossen bleibt, wird teilweise die Pfändung wegen künftiger Ansprüche in künftige Forderungen für zulässig gehalten, wenn der Pfändungs- und Überweisungsbeschluß anordnet, daß die Pfändung erst am Tag nach der Fälligkeit des Anspruchs wirksam wird. Aus Gründen der Zweckmäßigkeit für Gläubiger und Gericht und der Kostenersparnis für den Schuldner sei die Dauerpfändung in einem einzigen Pfändungs- und Überweisungsbeschluß für zulässig zu halten[61]. Nach dieser Ansicht steht eine derartige Pfändung mit dem Sinn und Zweck des § 751 Abs. 1 in Einklang, da Vollstreckung und Pfändungspfandrecht nicht – wie bei § 850 d Abs. 3 ZPO – sofort entstünden, sondern durch die Fälligkeit des Anspruchs aufschiebend bedingt seien. Demgegenüber steht der klare Wortlaut des Gesetzes, der einen vorzeitigen „Beginn" der Zwangsvollstreckung und nicht erst deren – aufschiebend bedingte – Wirksamkeit verbietet. Der Beginn der Zwangsvollstreckung liegt aber bereits im Antrag des Gläubigers auf Erlaß eines Pfändungs- und Überweisungsbeschlusses. Allein § 850 d Abs. 3 ZPO gestattet die Pfändung wegen künftiger Forderungen vor deren Fälligkeit. Da § 850 d Abs. 3 ZPO

---

59) Vgl. Hoche, S. 284; Wieczorek-Schütze, § 751 Anm. A I; Münzberg in Stein/Jonas, § 751 Anm. 1 m. w. N.

60) Baur, DB 1968, 252, leitet den einheitlichen Pfändungsrang bereits aus § 832 ZPO ab.

61) OLG München, RPfleger 1972, 321; LG Saarbrücken, RPfleger 1973, 373; LG Essen, NJW 1966, 1822; Baumbach/Lauterbach, § 751 Anm. 1 B; Münzberg in Stein/Jonas, § 751 Anm. 1; Berner, RPfleger 1962, 237 m. w. N. und RPfleger 1963, 20; Baer, NJW 62, 574 m. w. N..

62) Ebenso: OLG Köln, FamRZ 1983, 1260; OLG Hamm, RPfleger 1963, 19; LG Berlin, RPfleger 1978, 331 und RPfleger 1978, 335 und RPfleger 1982, 434; Thomas/Putzo, § 751 Anm. 2 b; Zöller-Stöber, § 751 Rz. 2.

als Ausnahmevorschrift von § 751 ZPO eng auszulegen ist, kommt eine Analogie nicht in Betracht. Diese Art der „bedingten Vorratspfändung" hat auch nicht für alle Beteiligten Vorteile. Zwar brauchen Gläubiger und Gericht nur einen einzigen Pfändungs- und Überweisungsbeschluß zu beantragen beziehungsweise zu erlassen, andererseits können dem Schuldner erhebliche Nachteile dadurch entstehen, daß er sich trotz regelmäßiger Zahlungen fortdauernd wirksam werdender Pfändungsbeschlüsse ausgesetzt sieht und diese zur Vermeidung von Doppelzahlungen einzeln angreifen muß, wenn der Gläubiger nicht stets auf seine Rechte aus der jeweiligen Pfändung verzichtet. Dies ist auch für den Gläubiger umständlich und mit der Gefahr einer Schadensersatzpflicht verbunden. Schließlich wird hierdurch der Drittschuldner verwaltungsmäßig belastet und unter Umständen sogar verwirrt. Daher ist die Möglichkeit einer Vorratspfändung nicht über die Fälle des § 850 d Abs. 3 ZPO hinaus gegeben[62].

Eine versehentlich verfrühte Vollstreckung im Sinne des § 751 Abs. 1 ZPO kann der Schuldner durch Erinnerung nach § 766 ZPO angreifen[63]. **51**

3. Die Vollstreckungshindernisse

Neben den allgemeinen und besonderen Vollstreckungsvoraussetzungen (vgl. II Rzn. 13ff. und Rzn. 41 ff.) hat der Rechtspfleger vor Erlaß eines Pfändungs- und Überweisungsbeschlusses in eine Lohnforderung des Schuldners bestehende *Vollstreckungshindernisse,* die im wesentlichen als Vollstreckungsschutzbestimmungen bezeichnet werden können, zu beachten[64]. **52**

a) Das Verbot der Überpfändung.

Hierzu zählt das Verbot der *Überpfändung* aus § 803 Abs. 1 Satz 2 ZPO, das für jede Pfändungsart, also auch bei der Pfändung von Lohnforderungen, gilt[65]. Die Pfändung darf danach nicht weiter ausgedeht werden, als es zur Befriedigung des Gläubigers und zur Deckung der Kosten der Zwangsvollstreckung erforderlich ist. Problematisch ist in diesem Zusammenhang, ob die Forderungspfändungen — insbesondere bei Lohnforderungen — bereits dann gegen § 803 Abs. 1 Satz 2 ZPO verstoßen, wenn etwa der Gläubiger wegen einer Forderung einschließlich Zinsen und Kosten über DM 500,— eine Forderung seines Schuldners gegen den Drittschuldner auf Bezahlung von DM 1.000,— pfänden und sich zur Einziehung überweisen lassen will. Ein Teil der Literatur bejaht dies und begrenzt den Umfang der Pfändung der Höhe nach auf den Betrag des beizutreibenden **53**

---

63) Baumbach/Lauterbach, § 751 Anm. 1; Wieczorek-Schütze, § 751 B.

64) Das ist anders bei § 14 KO, der während des Konkursverfahrens die Singularvollstreckung als Folge des Konkurszwecks, die Konkursmasse insgesamt der gemeinschaftlichen Befriedigung aller persönlichen Gläubiger des Schuldners bereitzustellen (§ 3 KO), verbietet: Böhle-Stammschräder, § 14 Anm. 1.

65) § 803 ZPO stellt ein Schutzgesetz im Sinne des § 823 Abs. 2 BGB zugunsten des Schuldners dar. Für den dem Schuldner durch Überpfändung entstehenden Schaden haftet der Staat: Zöller-Stöber, § 803 Rz. 5; nach Wieczorek-Schütze, § 803 F I b 1, Haftung gegenüber dem Gläubiger, der dem Schuldner haftet.

Anspruchs[66]. Diese Begrenzung wird deshalb für notwendig erachtet, weil sie dem Verbot der Überpfändung dadurch gerecht wird, daß der pfandfreie Teil der Forderung nicht gegenüber anderen vollstreckenden Gläubigern blockiert und eine Überweisung der Forderung an Zahlungs Statt (§ 835 ZPO) zu einem höheren Betrage als die zu vollstreckende Forderung ausgeschlossen ist. Auch die Überweisung zur Einziehung berechtige den Gläubiger nicht, einen Mehrbetrag einzuziehen. Aus diesem Grunde erscheine ein Pfandrecht des Gläubigers über den Betrag seiner eigenen Forderung hinaus wenig sinnvoll. Diesen Erwägungen ist entgegenzuhalten, daß die Forderungspfändung große Unsicherheitsfaktoren in sich birgt, zumal der Nominalbetrag durch bestehende Gegenrechte oder mangelnde Liquidität gemindert sein kann. Während der Gerichtsvollzieher, um Überpfändungen zu vermeiden, bei der Pfändung beweglicher Sachen den gewöhnlichen Verkaufswert schätzen kann (§ 813 Abs. 1 ZPO), möglicherweise unter Hinzuziehung eines Sachverständigen (§ 813 Abs. 1 Satz 2 ZPO), besteht für den Rechtspfleger bei Erlaß des Pfändungs- und Überweisungsbeschlusses diese Möglichkeit nicht. Gerade im Konkurs des Drittschuldners zeigt sich, daß der Gläubiger lediglich auf seine Quote angewiesen wird, die vielleicht einen Bruchteil seiner titulierten Forderung ausmacht. Die Frage der Begrenzung des Einziehungsrechts des Gläubigers ist kein Argument gegen die hier vertretene Auffassung, weil sie erst bedeutsam wird, wenn es um die *Verwertung* der beschlagnahmten Forderung geht[67]. Das Recht des Schuldners an der Forderung erfährt keine unzulässige Beschränkung, weil er im Wege der Erinnerung die Vollwertigkeit der gepfändeten Forderung darlegen und damit den Pfändungsbeschluß auf einen Teilbetrag reduzieren lassen kann.[68]. Weitere pfändende Gläubiger bleiben nicht schutzlos, weil bei mehrfacher Pfändung einer Forderung auf Verlangen eines Pfändungsgläubigers dem Drittschuldner die Verpflichtung zur Hinterlegung zugunsten anderer Gläubiger besteht (§ 853 ZPO). Die gleichen Überlegungen müssen gelten, wenn der Gläubiger *mehrere Forderungen* des Schuldners pfänden und sich zur Einziehung überweisen läßt, deren Nennbetrag zusammengenommen die Forderung des Gläubigers übersteigt[69], oder *neben* der Forderungspfändung noch andere Vollstreckungsmaßnahmen etwa in bewegliche körperliche Sachen durchführt. Bei derartiger Sachlage kann das Vollstreckungsgericht ebensowenig ermessen, ob der Tatbestand einer unzulässigen Überpfändung vorliegt. Angesichts dieser Erwägungen erscheint es geboten, die Forderung des Schuldners in voller Höhe zu pfänden und die Reaktion darauf dem Schuldner oder anderen Gläubigern zu überlassen. An dieser Stelle ist zu bemerken, daß nach den in der Praxis regelmäßig verwen-

---

66) So Mohrbutter, S. 251 m. w. N.; Baumbach/Lauterbach, § 803 Anm. 3 A; Thomas/Putzo, § 803 Anm. 7 a; Zöller-Stöber, § 803 Rz. 5; vgl. auch BGH DB 1982, 2684.

67) Vgl. Tempel, JuS 1967, 79 unter II d. Eine Überweisung an Zahlungs Statt kann jedoch nur in Höhe des vollstreckbaren Anspruchs erfolgen.

68) Baumbach/Lauterbach, § 803 Anm. 3 B; Thomas/Putzo, § 803 Anm. 8; Wieczorek-Schütze, § 803 F IV. Eine Überpfändung ist zunächst voll wirksam; vgl. hierzu Mümmler, JurBüro 1976, 25 und LG Koblenz, MDR 1976, 232.

69) Dies wird auch von Wieczorek-Schütze, § 803 F I a, für zulässig gehalten; vgl. auch BGH NJW 1975, 738.

deten Formularen, wonach „wegen und in Höhe" des vorwegbezeichneten vollstreckbaren Anspruchs gepfändet wird, lediglich eine *Teilpfändung* ausgebracht wird, deren Zulässigkeit wegen der im Vollstreckungsverfahren geltenden Parteiherrschaft nicht zweifelhaft ist.

b) Die vollstreckungsbeschränkenden Abreden.

Den Vollstreckungshindernissen sind auch die sogenannten *vollstreckungsbeschränkenden Abreden* zwischen Gläubiger und Schuldner zuzuordnen. Diese können sowohl *zeitlicher* als auch *gegenständlicher* Art sein, wobei ihre Vereinbarung vor oder nach Urteilserlaß beziehungsweise vor oder nach Entstehung des Titels denkbar ist. **54**

Zeitlicher Art ist eine Vereinbarung, in welcher sich der Gläubiger verpflichtet, aus dem an sich vollstreckbaren Titel vor Eintritt eines bestimmten Termins nicht zu vollstrecken. Eine gegenständliche Vollstreckungsvereinbarung liegt zum Beispiel vor, wenn der Gläubiger zusagt, keine Lohnpfändung betreiben zu wollen. Die Zulässigkeit derartiger Verträge wird von der Literatur und Rechtsprechung nicht in Zweifel gezogen[70)], während vollstreckungserweiternde Verträge über die gesetzlichen Vollstreckungsmöglichkeiten hinaus nichtig sind[71)]. Zwar gehört das Vollstreckungsrecht zum öffentlichen Recht und die Zwangsvollstrekkungsrechtsätze sind, soweit sie im öffentlichen Interesse liegen, der Parteidisposition entzogen. Dies gilt vor allem für die Voraussetzungen und gesetzlich festgelegten Grenzen der staatlichen Vollstreckungshandlungen. Da der Gläubiger indes Herr des Vollstreckungsverfahrens bleibt und insoweit allein entscheidet, ob er überhaupt die Vollstreckung durchzuführen gedenkt, kann es keinen rechtlichen Bedenken unterliegen, sich der Befugnis, in das gesamte Vermögen des Schuldners vollstrecken zu dürfen, teilweise oder ganz begeben zu können. Der in § 843 ZPO ausdrücklich geregelte Verzicht des Pfandgläubigers steht dem nicht entgegen. Diese Vorschrift bezieht sich auf das bereits entstandene Pfandrecht an einer Forderung und regelt, in welcher Weise der Verzicht zu erfolgen hat, um das Pfändungspfandrecht und die Verstrickung der Forderung zum Untergang zu bringen. Keineswegs enthält § 843 ZPO ein Verbot, vollstrekkungsbeschränkende Vereinbarungen vor Pfändung und Überweisung der Forderung abzuschließen. **55**

Umstritten ist allerdings, wie sich der Schuldner gegen eine abredewidrige Vollstreckung zu schützen vermag. Nach wohl überwiegender Auffassung sind ver- **56**

---

70) BGH, NJW 1968, 700; BAG, NJW 1975, 1576; OLG Hamm, MDR 1977, 675; OLG München, RPfleger 1979, 466; Bohn, ZZP 69, 20 m. w. N.; Soehring, S. 13 ff. und NJW 1969, 1094 ff.; Schmidt, MDR 1973, 860; Thomas/Putzo, § 766 Anm. 7; Münzberg in Stein/Jonas, § 766 Anm. II; Zöller-Stöber, Vor § 704 Rz. 25.

71) RGZ 128, 81, 85; KG, NJW 1960, 682; LG Oldenburg, MDR 1962, 658; Schönke/Baur, S. 36; Wieczorek-Schütze, § 704 G II; Zöller-Stöber, Vor § 704 Rz. 26; einschränkend Baumbach/Lauterbach, Grundz. § 704 Anm. 3 E b cc.
Lediglich bei beweglichen Sachen wird der Verzicht auf die Unpfändbarkeit bei der Vollstreckung für zulässig erachtet, weil der Schuldner im Gegensatz zur Unübertragbarkeit unpfändbarer Forderungen die rechtsgeschäftliche Übereignungsmöglichkeit behält.

tragliche Vollstreckungsbeschränkungen grundsätzlich in ihrer unmittelbaren prozessualen Wirkung mit der Erinnerung nach § 766 ZPO geltend zu machen[72]. Die Schwierigkeit, vollstreckungsbeschränkende Vereinbarungen in das System der §§ 766, 767, ZPO einzuordnen, ergibt sich daraus, daß diese im Regelfall im Titel nicht erscheinen und für das Vollstreckungsorgan nicht erkennbar sind, die Vollstreckung also rein *äußerlich* gesetzmäßig verläuft.

57 Man wird folgendermaßen differenzieren müssen: Vereinbarungen der Parteien, die sich auf den *materiellen titulierten Anspruch selbst* beziehen — etwa ein Erlaß, eine Stundung — sind, soweit sie bei einem Urteil nach Schluß der Tatsachenverhandlung getroffen wurden, im Wege der Vollstreckungsgegenklage vorzutragen. Gegenüber Unterwerfungsurkunden und gerichtlichen Vergleichen gilt dabei die Beschränkung des § 767 Abs. 2 ZPO nicht, so daß es nicht darauf ankommt, in welchem Zeitpunkt die Vereinbarung zustande gekommen ist und vorgebracht werden konnte.

58 Beschränkt der Vertrag die Vollstreckung *gegenständlich,* das heißt, die Zwangsvollstreckung darf nur in bestimmte Gegenstände vollzogen werden, oder bestimmte Gegenstände — etwa die Lohnforderung — sollen von der Vollstreckung ausgenommen sein, so kann diese Haftungsbeschränkung, soweit sie vor oder während des Rechtsstreits erfolgt, im Urteil ausgesprochen werden. Für diesen Fall wird eine entgegenstehende Vollstreckung sogleich durch den Titel sichtbar und ist fehlerhaft mit der Folge, daß der Schuldner aus § 766 ZPO gegen den Gläubiger einschreiten kann.

59 Fehlt die gegenständliche Beschränkung im Titel oder wird sie erst nach Entstehung des Titels abgesprochen, so ist §766 ZPO zumindest entsprechend anwendbar. Richtig ist dabei, daß zunächst rein äußerlich keine Verfahrensbestimmung verletzt wird und deshalb § 766 ZPO eigentlich nicht paßt. Für die analoge Anwendung des § 766 ZPO spricht aber, daß durch derartige Abreden der materiellrechtliche Anspruchsinhalt unberührt bleibt, während allein die Vollstreckbarkeit unmittelbar beeinflußt werden soll. Es geht lediglich um das Vollstreckungsverfahren. Eine befriedigende dogmatische Lösung läßt sich damit allerdings nicht begründen. Hierzu bedarf es zunächst des näheren Eingehens darauf, ob die gegenständliche Vollstreckungsvereinbarung ein materiell-privatrechtlich verpflichtender Vertrag ist oder einen Ausschluß vollstreckungsrechtlicher Möglichkeiten mit Verfügungswirkung beinhaltet. Beide Arten sind denkbar: Verzichtet der Gläubiger dem Schuldner gegenüber auf eine Vollstreckungsmöglichkeit, so liegt eine Vollstreckungshandlung vor, die mit vollstreckungsrechtlicher Wirkung ausgestattet ist, ebenso wie der Rechtsmittelverzicht ipso jure die Aufhebung des prozessualen Rechts bewirkt, ein Urteil mit Rechtsmitteln anzugreifen. Dieser Verzicht stellt eine Verfügung des Gläubigers über den Voll-

---

[72] Bohn, ZZP 69, 27; Soehring, S. 18; Münzberg in Stein/Jonas, § 766 Anm. II; Zöller-Stöber, Vor § 704 Rz. 25 m. w. N.; a. A. (§ 767 ZPO): Wieczorek-Schütze, § 766 Anm. B III a 3; BGH ZZP 68, 101 und NJW 1968, 700; differenzierend: Baumbach/Lauterbach, Grundz. § 704 Anm. 3 E b cc ccc; Thomas/Putzo, § 766 Anm. 7, jeweils m. w. N..

streckungsanspruch dar. Hierbei ist unerheblich, ob der Gläubiger den Verzicht vor Erlaß des Urteils oder erst später erklärt. Ebenso wie es grundsätzlich anerkannt wird, dem materiellen Recht über zukünftige Rechte zu verfügen, kann ein antizipierter Verzicht auf den Vollstreckungsanspruch nicht zweifelhaft sein. Er wirkt eben nur unter der aufschiebenden Bedingung, daß die Voraussetzungen für die Vollstreckung überhaupt eintreten[73]. Vollstreckt demnach der Gläubiger in eine Lohnforderung, obwohl er hierauf vertraglich verzichtet hat, so übt er ein Vollstreckungsrecht aus, das ihm nicht mehr zusteht.

Hat sich der Gläubiger zu einer gegenständlich beschränkten Vollstreckung verpflichtet, so handelt es sich um einen rein obligatorisch wirkenden materiellrechtlichen Vertrag, der den Gläubiger lediglich zur Unterlassung der Vollstrekkung in bestimmte Gegenstände verpflichtet. Aber auch dieser Vertrag strahlt bereits auf die vollstreckungsrechtliche Seite aus, indem ein Verstoß den Schuldner zur Einrede als Unterfall der Arglisteinrede berechtigt. In beiden Fällen ist die Pfändung unzulässig, soweit sie die Beschränkung betrifft. Bei der Forderungspfändung hat dies der Rechtspfleger, soweit etwa der Gläubiger selbst die vollstreckungsbeschränkende Vereinbarung bei seinem Antrag auf Erlaß des Pfändungs- und Überweisungsbeschlusses vorträgt, zu beachten und den Antrag des Gläubigers auf Pfändung der Forderung zurückzuweisen. 60

Der Schuldner wendet sich also allein gegen die Art und Weise der Zwangsvollstreckung wegen des Ausschlusses vollstreckungsrechtlicher Möglichkeiten, wenn er sich auf die vollstreckungsbeschränkende Vereinbarung beruft, so daß § 766 ZPO mit anschließender sofortiger Beschwerde aus § 793 ZPO für den Schuldner anwendbar ist[74]. 61

Angesichts dieser Erwägungen erscheint die Entscheidung des Bundesgerichtshofes[75] angreifbar, daß Vereinbarungen, die die Vollstreckungsbefugnis des Gläubigers *zeitlich* beschränken, mit der Vollstreckungsgegenklage nach § 767 ZPO vom Schuldner geltend zu machen sind[76]. Mit dem Rechtsbehelf der Erinnerung nach § 766 ZPO könne der Schuldner nicht durchdringen, weil es nicht um die Art und Weise der Zwangsvollstreckung ginge, sondern um die Zulässigkeit der Vollstreckung schlechthin. Die Argumentation des Bundesgerichtshofes überzeugt aus zwei Erwägungen nicht: Soehring[77] hat bereits zutreffend hiergegen eingewandt, daß es auch bei der Mangelhaftigkeit des Titels um die Zulässigkeit der Zwangsvollstreckung schlechthin geht, die dem Schuldner bei gleichwohl durchgeführter Vollstreckung den Rechtsbehelf des § 766 ZPO gibt. Abgesehen davon legt der Bundesgerichtshof der Erwägung 62

---

73) Verzichtet der Gläubiger vor Erlaß des Urteils schlechthin auf die Vollstreckung, dürfte dem prozessualen Begehren für den Fortgang des Prozesses das Rechtsschutzinteresse fehlen.

74) Im Ergebnis auch: Soehring, NJW 1969, 1094; ähnlich Bürck, ZZP 85, 391, 397 ff..

75) NJW 1968, 700.

76) Allerdings soll nach Auffassung des Bundesgerichtshofs die Anwendung des § 767 Abs. 2 im Falle die Parteien eine derartige Vereinbarung während des Prozesses getroffen haben entfallen, weil sich die Einwendung nicht gegen titulierten Anspruch selbst, sondern gegen die Vollstreckung richte.

77) NJW 1969, 1094 Fußnote 13.

keine besondere Bedeutung bei, daß der Verzicht auf den Vollstreckungsanspruch ebenso wie die allgemeinen und die besonderen Vollstreckungsvoraussetzungen oder die sonstigen Vollstreckungshindernisse die Art und Weise der Zwangsvollstreckung betreffen. Schließlich hat der Bundesgerichtshof an anderer Stelle[78] dies selbst damit bestätigt, daß er der Klage aus § 767 ZPO allein die Bedeutung beimißt, einem Vollstreckungstitel die Vollstreckungsfähigkeit schlechthin zu nehmen, was eben nur dann möglich ist, wenn der titulierte Anspruch selbst betroffen ist.

63 Hat der Gläubiger den Pfändungs- und Überweisungsbeschluß in die Lohnforderung des Schuldners bereits bewirkt und verpflichtet er sich *danach,* aus der Pfändung keine Rechte herleiten zu wollen, soweit etwa der Schuldner bestimmte Teilbeträge auf die titulierte Forderung zahlt, so kann der Schuldner diese Vereinbarung nur durch Klageerhebung auf Verzicht auf das Pfandrecht durchsetzen (§ 894 ZPO). Der Gläubiger hat sich nämlich hier unter bestimmten Voraussetzungen zur Aufhebung einer Vollstreckungsmaßnahme bereitgefunden.

c) Die Einstellung der Zwangsvollstreckung.

64 Auch die *Einstellung der Zwangsvollstreckung* zählt zu den Vollstreckungshindernissen. Sie erfolgt durch Beschluß (§ 329 ZPO) mit fakultativ mündlicher Verhandlung und bildet einen Unterfall der *einstweiligen Anordnung* (§ 732 Abs. 2 ZPO). Die Einstellung der Zwangsvollstreckung betrifft entweder die Vollstreckung in einem bestimmten Gegenstand (§§ 766 Abs. 1 Satz 2, 771 Abs. 3, 769 ZPO) oder die Vollstreckung aus einem Titel ganz allgemein (§§ 707, 732 Abs. 2, 767, 769 ZPO). Der Einstellungsbeschluß entfaltet seine Wirkung mit der Verkündung beziehungsweise mit der Herausgabe von der Geschäftsstelle an die Parteien, weil sich das Gericht von dem Augenblick ab einer Einwirkungsmöglichkeit auf die Entscheidung entäußert und damit der Bereich des innerdienstlichen Vorgangs überschritten wird[79]. Die Vollstreckung trotz Einstellungsbeschlusses entbehrt der Zulässigkeit, was mit der Erinnerung aus § 766 ZPO zu rügen ist.

aa) Die Einstellung nach § 707 Abs. 1 ZPO.

65 Die einstweilige Einstellung der Zwangsvollstreckung nach § 707 ZPO kommt in Betracht, wenn der Schuldner bei rechtskräftigem Urteil die Wiedereinsetzung in den vorigen Stand (§ 233 ZPO) oder eine Wiederaufnahme des Verfahrens (§ 578 ZPO) beantragt.

66 Der Schuldner soll vor der Vollstreckung geschützt werden, wenn er mit Aussicht auf Erfolg gegen den Titel vorgehen kann[80]. Für die Praxis ist vor allem die ent-

---

[78] NJW 1960, 2286, 2287.

[79] BGHZ 85, 364 m. w. N.; BGH, VersR 1974, 365; vgl. BAG, MDR 1984, 83; und OLG Frankfurt, NJW 1974, 1389.

[80] BGHZ 28, 981; OLG Düsseldorf, MDR 1974, 52; LAG Frankfurt, DB 1984, 55; Baumbach/Lauterbach, Anh. § 307 Anm. 6 D; Thomas/Putzo, § 707 Anm. 2b; Wieczorek-Schütze, § 707 A III c 3; Zöller-Stöber, § 707 Rz. 3.

sprechende Anwendung des § 707 ZPO über § 719 Abs. 1 ZPO bedeutsam. § 707 ZPO gilt nämlich auch dann, wenn der Verurteilte gegen ein für vorläufig vollstreckbar erklärtes Urteil Einspruch oder Berufung einlegt.

Die Einstellung der Zwangsvollstreckung beschließt das für die Hauptsache zuständige *Prozeßgericht* auf schriftlich zu Protokoll (§ 496 ZPO) oder in der mündlichen Verhandlung gestellten Antrag des Schuldners (§ 297 ZPO). 67

Unschädlich für den Antrag ist, daß die Zwangsvollstreckung noch nicht begonnen hat; beendet darf sie allerdings noch nicht sein, weil dann das Rechtsschutzinteresse für eine Einstellung nicht mehr vorliegt[81]. Außerdem muß der vom Schuldner notwendige Rechtsbehelf bereits geltend gemacht, zulässig sein und schließlich Aussicht auf Erfolg bieten[82]. Das Gericht entscheidet sodann im Rahmen des § 707 ZPO darüber nach freiem Ermessen ohne Bindung an den gestellten Antrag, ob die Zwangsvollstreckung gegen oder ohne Sicherheitsleistung des Schuldners einstweilen eingestellt wird, nur gegen Sicherheitsleistung stattfindet beziehungsweise fortgesetzt werden darf, oder genau bezeichnete Vollstreckungsmaßregeln gegen Sicherheitsleistung durch das Vollstreckungsurteil (§ 776 ZPO) aufzuheben sind[83]. 68

Die Einstellung der Zwangsvollstreckung ohne Sicherheitsleistung ist nur zulässig, wenn der Schuldner glaubhaft macht, die Vollstreckung würde ihm einen nicht zu ersetzenden Nachteil bringen. Die Vollstreckung muß also eine Wirkung auslösen, die nachträglich nicht wieder beseitigt oder ausgeglichen werden kann. Bei arbeitsgerichtlichen Urteilen gegen die Einspruch oder Berufung zulässig ist, darf *nur* unter der Voraussetzung des nicht zu ersetzenden Nachteils die Einstellung der Zwangsvollstreckung erfolgen (§ 62 Abs. 1 ArbGG). 69

Die vorbezeichneten Anordnungen besitzen lediglich Vorläufigkeitscharakter[84] und treten von selbst außer Kraft mit dem Erlaß der Endentscheidung über den Rechtsbehelf beziehungsweise die Klage. Bei Aufhebung des zu vollstreckenden Urteils gilt § 775 Nr. 1 ZPO. Danach ist die Zwangsvollstreckung einzustellen oder einzuschränken, wenn die Ausfertigung einer vollstreckbaren Entscheidung vorgelegt wird, aus der sich ergibt, daß das zu vollstreckende Urteil oder seine vorläufige Vollstreckbarkeit aufgehoben oder daß die Zwangsvollstreckung für unzulässig erklärt oder ihre Einstellung angeordnet ist. Im Fall des § 775 Nr. 1 ZPO ist zugleich die bereits getroffene Vollstreckungsmaßregel aufzuheben (§ 776 Satz 1 ZPO). 70

---

81) Baumbach/Lauterbach, § 707 Anm. 2 B; Thomas/Putzo, § 707 Anm. 4; a. A. wohl Zöller-Schneider, § 707 Rz. 17.

82) Die in der Praxis häufig anzutreffende formularmäßige Einstellung ohne Prüfung der Erfolgsaussicht ist unzulässig. Vgl. BGH, NJW 1967, 566 und Baumbach/Lauterbach, § 707 Anm. 2 E und F m. w. N.

83) Die Befugnis, die Zwangsvollstreckung einzustellen, umfaßt auch ihre Beschränkung etwa in bestimmte Gegenstände BGHZ 18, 219. Eine Sicherheitsleistung bestimmt das Gericht gem. § 108 ZPO nach freiem Ermessen mit der sich aus § 751 Abs. 2 ZPO ergebenden Wirkung. Zur Abänderung des Beschlusses vgl. KG, MDR 1979, 679.

84) Die Anordnungen erfassen auch den Kostenfestsetzungsbeschluß, der auf dem Titel beruht: KG, DGVZ 1966, 103.

71 Gem. § 707 Abs. 2 Satz 2 ZPO soll eine Anfechtung des gerichtlichen Beschlusses nicht stattfinden. Gleichwohl gewährt die Rechtsprechung gegen die Entscheidung das Rechtsmittel der *sofortigen Beschwerde* (§ 793 ZPO) ausnahmsweise dann, wenn für eine Anwendung der §§ 707, 719 ZPO überhaupt kein Raum war, etwa weil § 707 ZPO den zur Entscheidung gestellten Fall nicht erfaßt, oder wenn der Antragsteller den nicht zu ersetzenden Nachteil weder behauptet noch glaubhaft gemacht hat und das Gericht die Zwangsvollstreckung ohne Sicherheitsleistung einstellt[85]. Das gleiche gilt nach herrschender Auffassung im Schrifttum und teilweise vertretener Ansicht in der Rechtsprechung[86], wenn sich das Gericht bei der Ausübung des Ermessens nicht im Rahmen der gesetzlichen Vorschriften bewegt.

72 Überzeugend ist, die sofortige Beschwerde beim Fehlen der Voraussetzungen zu § 707 ZPO zuzulassen, wenn § 707 Abs. 2 Satz ZPO lediglich die Ausübung des Ermessens dem Interesse einer schnellen Verfahrensabwicklung unanfechtbar gestalten will. Soll der eingeräumte Ermessensspielraum überschritten oder unsachgemäß gebraucht werden, ist jedoch nach dem insoweit nicht auslegungsfähigen Wortlaut des § 707 Abs. 2 Satz 2 ZPO die Anfechtung der gerichtlichen Entscheidung ausgeschlossen[87]. So kann auch die fehlende Begründung des Anordnungsbeschlusses keineswegs zur Anfechtung führen[88].

73 Eine weitere Beschwerde gegen die Entscheidung des Landgerichts ist dann zulässig, wenn sich das Beschwerdegericht auf die Prüfung rein verfahrensrechtlicher Fragen beschränken kann, ohne zur Sache selbst Stellung nehmen zu müssen[89].

74 Die entstehenden Kosten des Einstellungsverfahrens sind solche des Rechtsstreits in der Hauptsache, nicht der Zwangsvollstreckung, weshalb der Einstellungsbeschluß *keine* Kostenentscheidung enthält.

bb) Die Einstellung nach § 732 Abs. 2 ZPO.

75 Wenn der Schuldner Erinnerung gegen die *Klauselerteilung* nach § 732 Abs. 1 ZPO bei dem Gericht, von dessen Geschäftsstelle die Vollstreckungsklausel erteilt ist, einlegt, kann das Gericht vor der Entscheidung eine einstweilige Anordnung erlassen. Es kann insbesondere durch Beschluß anordnen, daß die Zwangsvollstreckung gegen oder ohne Sicherheitsleistung einstweilen einzustellen oder nur gegen Sicherheitsleistung fortzusetzen sei (§ 732 Abs. 2 ZPO). Eine Aufhebung von Vollstreckungsmaßnahmen ist anders als bei § 707 ZPO

---

85) H. M.: vgl. Baumbach/Lauterbach, § 707 Anm. 4 B a m. w. zahlr. N. aus der Rechtsprechung; Zöller, § 707 Rz. 22.

86) OLG Karlsruhe, ZZP 75, 140; OLG Koblenz, OLGZ 81, 243.

87) Zöller-Stöber, § 707 Rz. 22.

88) Das OLG Frankfurt, OLGZ 19, 375 (376, 377), meint hierzu, aus der Tatsache der fehlenden Begründung lasse sich nicht schließen, daß eine sorgfältige Prüfung und Abwägung der Parteiinteressen nicht stattgefunden habe; ebenso OLG Zweibrücken, OLGZ 74, 250.

89) KG, NJW 1964, 1032; OLG Frankfurt, OLGZ 69, 375. Dem steht nicht entgegen, daß der Rechtsweg in der Hauptsache bei dem Landgericht endet; vgl. auch OLG Frankfurt NJW 1974, 1339 und OLG Nürnberg, NJW 1982, 392.

nicht statthaft. Der Schuldner muß die Anordnung gem. § 775 Nr. 2 ZPO dem Gerichtsvollzieher oder dem Vollstreckungsgericht vorlegen. Ist nur gegen Sicherheit einstweilen eingestellt, so ist die Leistung derselben nachzuweisen.

Im Gegensatz zu § 707 ZPO verlangt § 732 Abs. 2 ZPO keinen besonderen Antrag des Erinnerungsführers. Das Gericht könnte auch von Amts wegen handeln[90]. Mit der Entscheidung nach § 732 Abs. 1 ZPO entfällt automatisch die einstweilige Anordnung. Über die Kosten ist entsprechend § 97 ZPO zu befinden; sie gehören zu dem zugrunde liegenden Rechtsstreit. **76**

Eine Anfechtung des Beschlusses besteht ebenso wie bei § 707 ZPO grundsätzlich nicht, wenn auch eine entsprechende Regelung im Gesetz fehlt[91]. **77**

§ 732 Abs. 2 ZPO wird entsprechend herangezogen, wenn der Schuldner etwa gegen einen Pfändungs- und Überweisungsbeschluß Vollstreckungserinnerung (§ 766 Abs. 1 ZPO) eingelegt hat. Allerdings entscheidet dann das Vollstreckungsgericht. **78**

cc) Die Einstellung nach § 769 ZPO.

Verwandt mit § 707 ZPO ist § 769 ZPO, wonach ebenfalls zum Schutze des Schuldners einstweilige Anordnungen getroffen werden können. Denn weder die Erhebung der Vollstreckungsgegenklage (§ 767 ZPO), noch die dieser Klage nachgebildete Klage gegen die Zulässigkeit der Vollstreckungsklausel nach § 768 ZPO, beseitigen die Vollstreckbarkeit des Titels. **79**

Auf Antrag des Schuldners kann das Prozeßgericht, sobald die Vollstreckung droht, **80**

anordnen, daß bis zum Erlaß des Urteils über die in §§ 767, 768 ZPO bezeichneten Einwendungen die Zwangsvollstreckung gegen oder ohne Sicherheitsleistung eingestelllt oder nur gegen Sicherheitsleistung fortgesetzt werde und daß bereits getroffene Vollstreckungsmaßregeln gegen Sicherheitsleistung aufzuheben seien. Die tatsächlichen Behauptungen, die den Antrag begründen, sind glaubhaft zu machen[92].

Voraussetzung für die Entscheidung nach § 769 Abs. 1 ZPO ist allerdings, daß die Vollstreckungsgegenklage zumindest beim Prozessgericht eingereicht sein muß[93]. Denn das Gericht hat vor Erlaß der einstweiligen Anordnung im Gläubi- **81**

---

90) Münzberg in Stein/Jonas, § 732 Anm. III. Im arbeitsgerichtlichen Verfahren entscheidet im Regelfall der Vorsitzende allein: § 53 ArbGG.

91) Vgl. etwa OLG Hamm, MDR 1979, 852; OLG Hamburg, JurBüro 1977, 1462.

92) § 769 ist entsprechend auch bei anderen Vollstreckungstiteln als Urteil anzuwenden, soweit auf die §§ 724–793 ZPO verwiesen ist (§ 795 ZPO); ferner im Fall des § 323 ZPO: BGH, LM Nr. 1 zu § 323 ZPO; OLG Frankfurt, FamRZ 1982, 736.

93) OLG Celle, NJW 1967, 1282; OLG Frankfurt, NJW 1967, 576; OLG Karlsruhe, FamRZ 1984, 186; KG, NJW 1956, 917; Thomas/Putzo, § 769 Anm. 4 c; Wieczorek-Schütze, § 769 B II a; Zöller-Schneider, § 769 Rz. 4; Vogel, AnwBl. 1980, 406. In dringenden Fällen lassen die Einreichung eines PKH-(Armenrechts-) Gesuchs ausreichend sein: OLG Stuttgart, NJW 1953, 189 und NJW 1963, 258; Baumbach/Lauterbach, § 769 Anm. 1 a; Münzberg in Stein/Jonas, § 769 Anm. II 1; Weyer, NJW 1967, 1969.

gerinteresse zu prüfen, ob die Klage überhaupt zulässig ist und Aussicht auf Erfolg bietet[94]. Ferner besteht kein Bedürfnis, § 769 Abs. 1 ZPO extensiv zu interpretieren, weil sich der Schuldner in dringenden Fällen an das Vollstreckungsgericht zu wenden vermag, wenn eine rechtzeitige Entscheidung des Prozessgerichts nicht zu erlangen ist.

82 Auch die Einreichung eines Antrages auf Bewilligung von Prozesskostenhilfe beim Prozeßgericht reicht nicht aus[95]. Kann der Schuldner sein PKH-Gesuch nicht rechtzeitig stellen, so bleibt ihm der Weg geöffnet, die Klage einzureichen und nach § 65 Abs. 7 Ziff. 3 u. 4 GKG um Befreiung von der Vorschußpflicht nachzusuchen. Die Klageeinreichung bei einem unzuständigen Gericht ist unschädlich[96].

83 Das Rechtsschutzinteresse für den Antrag nach § 769 ZPO liegt ab Erteilung der vollstreckbaren Ausfertigung des Titels vor. Die für die Einstellung maßgebenden Tatsachen müssen glaubhaft gemacht werden (§ 294 ZPO). Entschieden wird durch zu begründenden Beschluß[97]. Die Anordnung verliert von selbst ihre Kraft mit Erlaß des Urteils.

84 In dringenden Fällen, das heißt, wenn eine Entscheidung des Prozeßgerichts zu spät käme[98] kann auch das Vollstreckungsgericht, und zwar dessen Rechtspfleger (§ 20 Nr. 17 RPflG), eine einstweilige Anordnung im Sinne des § 769 Abs. 1 ZPO erlassen (§ 769 Abs. 2 ZPO), muß aber dabei eine Frist (§ 224 ZPO) bestimmen, innerhalb derer der Schuldner die nach § 769 Abs. 1 ZPO vom Prozeßgericht zu fällende Entscheidung beizubringen hat. Nach fruchtlosem Ablauf der Frist wird die Vollstreckung automatisch fortgesetzt. Sonst tritt die Anordnung des Vollstreckungsgericht mit der Entscheidung des Prozeßgerichts außer Kraft.

85 Nach der herrschenden Meinung sind einstweilige Anordnungen des Prozeßgerichts nach § 769 Abs. 1 ZPO mit der sofortigen Beschwerde jedenfalls insoweit anfechtbar, als es sich entweder um greifbare gesetzeswidrige Entscheidungen handelt oder das Gericht die Voraussetzungen für die zu treffende Ermessungsentscheidung verkannt hat[99]. Für diese, § 707 Abs. 2 Satz 2 ZPO entsprechend anwendende Ansicht sprechen zwei Erwägungen: Der Sinn der vorläufigen Einstellung der Zwangsvollstreckung ist sowohl bei § 707 ZPO wie bei § 769 ZPO, der endgüligen Entscheidung über den Bestand des Titels nicht vorzugreifen und zu vermeiden, daß durch den Fortgang der Vollstreckung eine Situation geschaffen wird, die der entgültigen Entscheidung nicht entspricht. Außerdem bleibt es

---

94) Vgl. Thomas/Putzo, § 769 Anm. 4 c; Zöller-Schneider, § 769 Rz. 6.

95) Vgl. die Nachweise unter Fußnote 93).

96) OLG Zweibrücken, MDR 1979, 324 m. w. N.; OLG Koblenz, FamRZ 1983, 939; anders aber, wenn die Unzuständigkeit offensichtlich und eindeutig ist: VGH München, NJW 1983, 1992.

97) Zur Begründungspflicht vgl. Baumbach/Lauterbach, § 329 Anm. 1 A b m. w. N.; vgl. auch Thomas/Putzo, § 769 Anm. 5 a.

98) LG Frankenthal, RPfleger 1981, 314. § 769 Abs. 2 ZPO ist auch dann bedeutsam, wenn der Schuldner so schnell keinen Rechtsanwalt findet, der sofort nach § 769 Abs. 1 ZPO tätig werden kann.

99) Baumbach/Lauterbach, § 769 Anm. 3 B m. z. N. aus der Rechtsprechung; Thomas/Putzo, § 769 Anm. 7; Zöller-Schneider, § 769 Rz. 13; Schneider, MDR 1980, 529. Vgl. auch die Ausführungen zu § 707 Abs. 1 ZPO (Rzn. 65ff.).

dem Gericht jederzeit vorbehalten, seine Entscheidung nachträglich zu ändern, soweit dies nach dem Bedürfnis der Sachlage erforderlich erscheint.

Gegen die Entscheidung des Rechtspflegers (Vollstreckungsgericht) gibt § 11 Abs. 2 RPflG die *befristete* Erinnerung. Hierüber entscheidet der Richter in eigener Zuständigkeit gem. § 11 Abs. 2 Nr. 3 RPflG[100]. 86

Der Beschluß nach § 769 ZPO enthält keine Kostenentscheidung. Die Kosten sind solche des anhängigen Rechtsstreits. Kommt es hierzu im Fall des § 769 Abs. 2 ZPO nicht, handelt es sich um Kosten der Zwangsvollstreckung (§ 788 Abs. 1 ZPO). 87

dd) Die Einstellung nach § 765 a ZPO.

Die Ausnahmevorschrift des § 765 a ZPO[101], wonach auf Antrag des Schuldners das Vollstreckungsgericht eine Maßnahme der Zwangsvollstreckung durch Beschluß ganz oder teilweise aufheben, untersagen oder einstweilen einstellen kann, wenn die Maßnahme unter voller Würdigung des Schutzbedürfnisses des Gläubigers wegen ganz besonderer Umstände eine Härte bedeutet und mit den guten Sitten nicht vereinbar ist, hat bei der Pfändung des Schuldnereinkommens wegen des ausreichenden Schutzes durch die §§ 850 ff. ZPO keine Bedeutung[102]. 88

d) Die Lohnpfändungsbeschränkungen.

Schließlich zählen zu den Vollstreckungshindernissen die Pfändungsbeschränkungen zum Schutze des Schuldners hinsichtlich seine Arbeitseinkommens nach den §§ 850 ff. ZPO (vgl. Teil B). Wird entgegen den §§ 850 a–i ZPO gepfändet (§ 829 ZPO), so unterliegt diese Vollstreckungsmaßnahme der Erinnerung (§ 766 ZPO). 89

4. Das Rechtsschutzinteresse.

Für den Antrag auf Erlaß eines Pfändungs- und Überweisungsbeschlusses besteht grundsätzlich insoweit kein Rechtsschutzinteresse, als die gepfändete Forderung gewiß und erkennbar nicht im Schuldnervermögen steht[103], etwa weil sie an einen Dritten oder den Gläubiger[104] abgetreten worden ist[105]. Im Fall der 90

---

100) Baumbach/Lauterbach, § 769 Anm. 3 B; Thomas/Putzo, § 769 Anm. 7; Zöller-Schneider, § 769 Rz. 13; vgl. auch LG Frankenthal, RPfleger 1981, 314; vgl. auch Meyer-Stolte, RPfleger 1982, 123.

101) BGHZ 44, 138 (143); OLG Frankfurt, RPfleger 1981, 24; OLG Hamm, WM 1983, 267; Peters, ZZP 89, 499; vgl. auch BVerfG, NJW 1979, 2607.

102) Im Fall der bargeldlosen Lohnzahlung bei Pfändung des Gehaltskontos an: Vgl. § 850 k ZPO; hierzu Rzn. 934 ff.

103) OLG Frankfurt, RPfleger 1978, 229 m. w. N.; KG, MDR 1973, 233; vgl. auch OLG Köln, ZIP 1980, 578, 579; OLG Karlsruhe, WM 1958, 368; LAG Hamm, DB 1970, 114; LG Kempten, RPfleger 1968, 291; a. A.: LAG Berlin, AP Nr. 1 zu § 407 BGB.

104) OLG Karlsruhe, WM 1958, 368; LG Kempten, RPfleger 1968, 291; LAG Hamm, DB 1970, 114; a. A.: LAG Berlin, AP Nr. 1 zu § 407 BGB.

105) Vgl. hierzu aber die Anfechtungsmöglichkeiten nach dem Anfechtungsgesetz vom 21. 7. 1879, insbesondere § 3; jedenfalls die Rechte aus der Abtretung sind pfändbar: vgl. Wieczorek-Schütz § 829 B II b 4.

Abtretung entsteht die künftige Lohnforderung sogleich in der Person des Zessionars und scheidet damit als Vollstreckungsobjekt für einen Pfändungs- und Überweisungsbeschluß aus[106]. Ebenfalls fehlt das Rechtsschutzinteresse, wenn sich der Gläubiger durch Aufrechnung gegenüber dem Schuldner (§§ 387 ff. BGB) befriedigen kann. Dies gilt auch dann, wenn zum Beispiel wegen § 393 BGB nur der Gläubiger aufrechnen könnte. Die hiergegen vorgebrachten Überlegungen von Rimmelspacher/Spellenberg[107] überzeugen nicht. Rimmelspacher/Spellenberg sind der Auffassung, daß eine beiderseitige Aufrechnungsmöglichkeit das Rechtsschutzinteresse nicht entfallen lasse, da die Tilgungszeitpunkte (vgl. § 389 BGB) nicht identisch seien und daher eine Aufrechnung eine zwischenzeitlich eingetretene Erhöhung der Forderung (zum Beispiel Zinsen) des Gläubigers rückwirkend entfallen lasse. Dieses wirtschaftliche Interesse des Gläubigers ist indes nicht schützenswert, da auch der Schuldner durch die Angabe einer Aufrechnungserklärung diese Wirkung erzielen könnte. Im Zeitpunkt der Beantragung eines Pfändungs- und Überweisungsbeschlusses durch den Gläubiger kann dieser nicht darauf vertrauen, eine zwischenzeitliche Forderungserhöhung behalten zu dürfen. Vielmehr können sich Gläubiger und Schuldner als wirtschaftlich befreit ansehen; lediglich die einseitige Erklärung einer Partei ist noch erforderlich. Es ist nicht zu verkennen, das Probleme bei der Prüfung der Aufrechnungsmöglichkeit für das Vollstreckungsgericht entstehen können. Allerdings wird eine Fallgestaltung, bei der nur der Schuldner aufrechnen kann, die seltene Ausnahme sein, so daß die Differenzierung nach der persönlichen Aufrechnungsberechtigung keine unzumutbare Untersuchung der materiellen Rechtslage für das Vollstreckungsgericht bedeutet.

91 Das Rechtsschutzinteresse für eine Lohnpfändung besteht dann, wenn das Arbeitseinkommen bei Erlaß des Pfändungsbeschlusses den pfändungsfreien Grundbetrag nicht übersteigt, da sich das Pfandrecht auch auf die nach der Pfändung fällig werdenden Beträge erstreckt (§ 832 ZPO) und dem Gläubiger insoweit den Rang sichert. Nur wenn in absehbarer Zeit mit der teilweisen Pfändbarkeit künftiger Beträge nicht zu rechnen ist, fehlt das Rechtsschutzinteresse. Ein Rechtsschutzbedürfnis ist auch dann gegeben, wenn die Forderung des Gläubigers nur von geringer Höhe ist[108].

---

106) Vgl. zu dem Zusammentreffen einer stillen Abtretung und einer Pfändung künftiger Lohnforderungen: Tiedtke, DB 1976, 421 ff. Vgl. auch LAG Köln, DB 1985, 1647.

107) JZ 1973, 271 ff.

108) OLG Düsseldorf, NJW 1980, 1171; LG Wuppertal, NJW 1980, 297; vgl. hierzu Morgenstern, NJW 1979, 2277; Schiffhauer, ZIP 1981, 832; Schneider, DGVZ 1978, 166 und DGVZ 1983, 132.

IV. Die Entstehung des Pfandrechts an der Lohnforderung

1. Die Pfändung

Die Pfändung ist ein staatlicher hoheitlicher Akt des Vollstreckungsorgans, der das Vollstreckungsobjekt – hier die Lohnforderung des Arbeitnehmers – der Verfügungsbefugnis des Schuldners entzieht und für eine Verwertung zugunsten des Gläubigers bereitstellt. Man spricht hier von der sogenannten *Verstrikkung,* die bei beweglichen Sachen sogar strafrechtlichen Schutz genießt (§ 136 StGB). Sie entfaltet zivilrechtliche Wirkung, indem sie gem. §§ 135ff. BGB als relatives gerichtliches Veräußerungsverbot einer verbotswidrig vorgenommenen Verfügung des Schuldners über das Vollstreckungsobjekt, soweit diese das Recht des Gläubigers beeinträchtigt, die Wirksamkeit nimmt[1]. 92

Bei den im Gewahrsam des Schuldners befindlichen körperlichen Sachen wird die Pfändung dadurch bewirkt, daß der Gerichtsvollzieher sie in Besitz nimmt (§ 808 Abs. 1 ZPO). Die Pfändung von Geldforderungen – wozu die Lohnforderung des Schuldners gehört – ist mit der Zustellung des Pfändungsbeschlusses an den Drittschuldner als bewirkt anzusehen (§ 823 Abs. 3 ZPO)[2]. Mit der Zustellung an den Drittschuldner (Arbeitgeber des Schuldners) tritt die Verstrickung der Forderung des Arbeitnehmers als Schuldner ein und wird damit zum Zweck der Befriedigung des Gläubigers des Arbeitnehmers sichergestellt. Im Gegensatz zur Vollstreckung in körperliche Sachen (§ 808 ZPO) enthält der Pfändungsbeschluß einen ausdrücklichen Hinweis auf die Verstrickungswirkung, indem er dem Drittschuldner zu verbieten hat, an den Schuldner zu zahlen (Bereitstellung für den Gläubiger: Arrestatorium (§ 829 Abs. 1 Satz 1 ZPO))[3], und dem Schuldner gebieten muß, sich jeder Verfügung über die Forderung, insbesonderer ihrer Einziehung, zu enthalten (Inhibitorium § 829 Abs. 1 Satz 2 ZPO)[4]. 93

a) Die Zustellung an den Drittschuldner.

Die Zustellung des Pfändungsbeschlusses zunächst an den Drittschuldner erfolgt im Parteibetrieb (§ 829 Abs. 2 Satz 1 ZPO), daß heißt auf Betreiben des Gläubigers. Eine Amtszustellung an den Gläubiger wäre ohne Wirkung. Hatte der Gläubiger nicht ausdrücklich in dem Antrag auf Erlaß des Pfändungsbeschlusses erklärt, daß er selbst zustellt (§§ 166, Abs. 2, 168 ZPO), beauftragt die Geschäftsstelle durch ihren Urkundsbeamten im Namen der Partei einen 94

---

1) Vgl. etwa Mohrbutter, S. 199; Schönke/Baur, S. 122; OLG Hamburg, MDR 1958, 432.

2) Sind Gesamthänder Drittschuldner, ist erst gepfändet, wenn dem letzten Drittschuldner zugestellt ist: RGZ 49, 405; Thomas/Putzo, § 829 Anm. 4c. Ist der Gläubiger zugleich Drittschuldner, wird die Pfändung erst durch Zustellung an ihn bewirkt.

3) Fehlt das Verbot an den Drittschuldner, so ist nach h. M. der Pfändungsbeschluß unwirksam: Schönke/Baur, S. 145; Hoche, S. 142; Baumbach/Lauterbach, § 829 Anm. 2 C b; Thomas/Putzo, § 829 Anm. 5

4) Fehlt das Inhibitorium im Pfändungsbeschluß, so wird davon die Wirksamkeit der Verstrickung nicht berührt, weil die Pfändung nach § 829 Abs. 3 ZPO allein mit der Zustellung an den Drittschuldner bewirkt wird.

Gerichtsvollzieher mit der erforderlichen Zustellung unter Übergabe einer Ausfertigung des Pfändungsbeschlusses. Für die ordnungsgemäße Zustellung an den Drittschuldner trägt dann der Gerichtsvollzieher die Verantwortung. Er hat den Zustellungsauftrag beschleunigt zu erledigen (§ 173 GVGH). Die Zustellung besteht in der Übergabe einer beglaubigten Abschrift der dem Gläubiger vom Vollstreckungsgericht erteilten Ausfertigung des Pfändungsbeschlusses (§ 170 Abs. 1 ZPO). Nicht ausreichend ist hierbei der Einwurf in den Briefkasten, das Niederlegen in der Wohnung oder bloßes Vorzeigen durch den Gerichtsvollzieher. Verweigern der Drittschuldner, seine gesetzlichen Vertreter oder die Ersatzpersonen der §§ 181 Abs. 1, 183, 184 ZPO ohne gesetzlichen Grund die Annahme der Zustellung, so darf der Gerichtsvollzieher das Schriftstück einfach im Briefkasten oder vor der Tür zurücklassen (§ 186 ZPO). Grund und Form der Zurücklassung sind gemäß § 191 Nr. 4 ZPO zu beurkunden.

95 Die erforderlichen Beglaubigungen nimmt der Gerichtsvollzieher selbst vor oder der Rechtsanwalt des Gläubigers (§ 170 Abs. 2 ZPO, §§ 53, 55 BRAO). Über die Zustellung der beglaubigten Abschrift der Beschlußausfertigung (§ 169 ZPO) ist eine Urkunde aufzunehmen (§ 190 ZPO), aus der sich unter anderem Ort und Zeit der Zustellung, der Zustellungsadressat, der Zustellungsveranlasser und der Zustellungsempfänger (§ 191 ZPO) ergeben müssen. Diese Feststellungen können möglicherweise für den Rang des Pfandrechts bei mehreren Pfandgläubigern bedeutsam sein.

96 Die Zustellung an den Arbeitgeber als Drittschuldner kann im Wege der Ersatzzustellung erfolgen, etwa an einen im Geschäftslokal anwesenden Arbeitnehmer (§ 183 Abs. 1 ZPO)[5], der allerdings nicht der Schuldner des Gläubigers sein darf (§ 185 ZPO)[6].

97 Gem. § 187 ZPO *kann* das Gericht bei einem Verstoß gegen zwingende Zustellungsvorschriften oder bei fehlender Nachweisung der Zustellung die Zustellung als in dem Zeitpunkt bewirkt ansehen, in dem das Schriftstück dem Beteiligten tatsächlich zugegangen ist[7]. Dies setzt stets voraus, daß der die Pfändung betreibende Gläubiger die Zustellung des Pfändungsbeschlusses bereits eingeleitet hatte. Eine Heilung des Zustellungsmangels scheidet dann aus, wenn der Gläubiger nur eine formlose Mitteilung veranlaßt hatte, oder die Kenntnis des Drittschuldners vom Erlaß des Pfändungsbeschlusses auf andere Weise – etwa durch zufällige Auskunft bei der Geschäftsstelle – erfolgt, weil das Wirksamwerden der Pfändung die Mitwirkung des Gläubigers zwingend voraussetzt (Wille zur Zustellung).

---

[5] Ist etwa der Werkspförtner nach der Organisation des Unternehmens für die Annahme der Post zuständig, so kann auch an diesen die Ersatzzustellung vorgenommen werden: Vgl. BAG, BB 1974, 1535; Dohmen, BB 1962, 486; Bischoff/Rochlitz, S. 35. Die öffentliche Zustellung an den Drittschuldner ist ausgeschlossen (§§ 203–206 ZPO), weil dieser keine Parteistellung innehat (allgemeine Meinung).

[6] BAG, NJW 1981, 1399; a. A. Noack, DGVZ 1981, 33; vgl. auch BGH, NJW 1984, 57.

[7] Vgl. BGH, RPfleger 1980, 183 m. w. N.

b) Die Zustellung an den Schuldner.

Befindet sich der Gerichtsvollzieher im Besitz der Urkunde über die Zustellung an den Gerichtsvollzieher, stellt er sodann unverzüglich ohne weiteren Antrag eine weitere beglaubigte Abschrift der Ausfertigung des Pfändungsbeschlusses mit einer Abschrift der Zustellungsurkunde dem Schuldner bzw. dessen Prozeßbevollmächtigten (§§ 81, 176, 178 ZPO) zu (§ 829 Abs. 1 Satz 2 ZPO). 98

Wohnt der Arbeitnehmer im Ausland, genügt die Zustellung durch Aufgabe zur Post (§ 175 ZPO). Müßte eine öffentliche Zustellung erfolgen (§ 203 Abs. 1 ZPO), kann dies deshalb unterbleiben, weil sie keine Wirksamkeitsvoraussetzung für die Lohnpfändung darstellt. 99

Die Durchführung der Zustellung fällt in die Amtspflicht des Gerichtsvollziehers, so daß er diese auch ohne entsprechende Weisung des Gläubigers und sogar gegen dessen Willen vornehmen muß. Diese in § 829 Abs. 2 Satz 2 ZPO niedergelegte Anordnung findet ihre Rechtfertigung in dem Interesse des Schuldners, von den gesetzlichen Rechtsbehelfen Gebrauch machen zu können. Aus diesem Grunde vermag der Gläubiger dem Gerichtsvollzieher nicht etwa zu untersagen, von der nachfolgenden Zustellung an den Schuldner Abstand zu nehmen, weil er befürchtet, daß der Schuldner die Pfändung vereiteln würde[8]. 100

Weigert sich der Gerichtsvollzieher, die Zustellung an den Drittschuldner vorzunehmen, muß der Gläubiger Erinnerung gem. § 766 Abs. 2 ZPO beim Vollstreckungsgericht einlegen, weil die Zustellung des Beschlusses eine Vollstreckungsmaßnahme darstellt[9]. Für die Entstehung des Pfandrechts an der Lohnforderung ist es unerheblich, ob die Zustellung an den Schuldner erfolgt, wie aus § 829 Abs. 3 ZPO hervorgeht[10]. 101

Nach Eingang der Urkunde über die Zustellung des Beschlusses an den Schuldner übermittelt der Gerichtsvollzieher dem Gläubiger unter Kostenerhebung die Ausfertigung des Pfändungsbeschlusses mit den Zustellungsurkunden an Drittschuldner und Schuldner. 102

c) Die Zustellung durch den Urkundsbeamten der Geschäftsstelle.

Die Geschäftsstelle des Vollstreckungsgerichts (Amtsgericht) kann auch unmittelbar ohne Beauftragung des Gerichtsvollziehers (§ 167 Abs. 1 ZPO) die Post um Bewirkung der Zustellung des Pfändungsbeschlusses ersuchen (§§ 196, 166 Abs. 2, 168 ZPO). Die erforderlichen Abschriften sind durch den Urkundsbeamten der Geschäftsstelle anzufertigen oder zu beglaubigen. Falls die Geschäftsstelle die Post unmittelbar um die Zustellung ersucht, handelt es sich nicht um 103

---

8) Vgl. KG, OLGZ 1967, 41 ff.; bei Pfändung des Anspruchs des Schuldners gegen das Finanzamt auf Zahlung des Lohnsteuerjahresausgleichs, der von einem Antrag des Schuldners abhängt.

9) Baumbach/Lauterbach, § 766 Anm. 3 C m. w. N. aus der Rechtsprechung.

10) H. M., vgl. etwa Baumbach/Lauterbach, § 829 Anm. 3 C; Thomas/Putzo, § 829 Anm. 4 d; Zöller-Stöber, § 829 Rz. 15.

eine Zustellung von Amts wegen. Diese Art der Zustellung bleibt in der Praxis der Lohnpfändung praktisch ohne Bedeutung, weil der Gläubiger im Regelfall zugleich mit dem Pfändungsbeschluß von seinem Auskunftsrecht gegenüber dem Drittschuldner nach § 840 ZPO Gebrauch macht. Da die Erklärungen des Drittschuldners dem *Gerichtsvollzieher* gegenüber abzugeben sind (§ 840 Abs. 3 ZPO)[11], nimmt auch dieser selbst die Zustellung vor. Ein unmittelbares Ersuchen der Geschäftsstelle an die Post mag in eiligen Fällen zweckmäßig erscheinen[12].

2. Die Wirkung der Pfändung

104 Gem. § 804 Abs. 1 ZPO erwirbt der Gläubiger durch die *Pfändung* ein Pfändungspfandrecht an der gepfändeten Lohnforderung des Schuldners.

a) Rechtsnatur des Pfandrechts.

105 Rechtsnatur und Wesen des Pfandrechts sind umstritten. Aus § 804 Abs. 2 ZPO läßt sich vom Wortlaut her nämlich nicht bestimmen, ob bereits der Akt der Beschlagnahme allein das Pfandrecht entstehen läßt, oder ob noch außerdem die nach bürgerlichem Recht zu seiner Entstehung notwendigen Voraussetzungen, das heißt das Bestehen einer Forderung und die Zugehörigkeit des Pfandgegenstandes zum Schuldnervermögen, sowie die für die Vollstreckung vorgesehenen zwingenden Verfahrensvorschriften zur Begründung eines wirksamen Pfändungspfandrechts hinzutreten müssen.

106 Bezüglich dieses Fragenkomplexes werden unterrschiedliche Ansichten diskutiert, wobei sich die Kontroverse in der Literatur von der rein öffentlich-rechtlichen Pfändungspfandrechtstheorie über die gemischt privat-öffentlich-rechtliche Theorie bis hin zur privatrechtlichen Pfändungspfandrechtstheorie bewegt. Wenn auch die damit zusammenhängenden Probleme im Schrifttum umfänglich erörtert werden, so wirken sich im Ergebnis die konstruktiven Unterschiede nur in wenigen Fällen aus. Der Theorienstreit soll daher hier nicht im einzelnen entwikkelt werden[13].

107 Seinem *Wesen* nach ist das Pfändungspfandrecht ein gegen jedermann wirkendes bestimmt begrenztes Herrschaftsrecht an dem Pfandgegenstand zur Sicherung einer Forderung, das als wesentlichen Inhalt das *Verwertungsrecht* in sich birgt (§§ 1204, 1273 BGB). Bei der Forderungspfändung äußert sich dieses Herr-

---

[11] LG Tübingen, MDR 1974, 677. Verlangt der Gläubiger die Erklärung vom Drittschuldner gem. § 840 ZPO nicht gleichzeitig mit der Zustellung des Pfändungsbeschlusses, so sind die durch die nachträgliche Zustellung der Aufforderung entstehenden Kosten nur bei besonderem Anlaß erstattungsfähig: Zöller-Stöber, § 840 Rz. 4; gänzlich ablehnend: Bock/Speck, S. 34.

[12] Zur Zustellung und Vollstreckung nach dem NATO-Truppenstatut: Bauer, JurBüro 1964, 247; Schwenk, NJW 1964, 1000 ff. und NJW 1976, 1656; Auerbach, NJW 1969, 729. Gegen eine ausländische Botschaft als Drittschuldnerin kann ein Pfändungsbeschluß nicht erlassen werden: AG Bonn, MDR 1961, 511; Herzig, JurBüro 1964, 777; bezüglich exterritorialer Ausländer oder ausländischer Staaten s. Zöller-Stöber, § 829 Rz. 33 m. w. N.

[13] Vgl.: Säcker, JZ 1971, 156 ff.; Werner, JR 1971, 278; Noack, JurBüro 1978, 19.

schaftsrecht in der Befugnis des Pfändungsgläubigers zur Ausübung der Rechte des Gläubigers, um sich wegen seiner Forderung befriedigen zu können.

Bei der Forderungspfändung (Lohnpfändung) ist zu beachten, daß die bloße Pfändung *allein* den Pfändungsgläubiger nicht berechtigt, die Bezahlung der Forderung an sich selbst zu verlangen. Dies folgt aus § 835 Abs. 1 ZPO, wonach die gepfändete Geldforderung dem Gläubiger nach seiner Wahl zur Einziehung oder an Zahlungs Statt zum Nennwert zu überweisen ist. Gleichwohl beruht das *Einziehungsrecht* auf der Pfändung und nicht auf dem Überweisungsbeschluß, weil ohne Vorliegen eines wirksamen Pfändungsbeschlusses der Überweisungsbeschluß allein keine Wirkung erzeugt. Es gibt mithin keine selbständige Einziehungsermächtigung aufgrund des Überweisungsbeschlusses (§ 1282 BGB). Der Überweisungsbeschluß verschafft dem Pfändungsgläubiger keine Rechte, sondern nur die Möglichkeit der Durchführung eines Rechts[14]. Es geht darum, wie, in welcher Weise das Recht auf Befriedigung zu realisieren ist. Daß § 835 ZPO lediglich die *Verwertungsart* meint und nicht ein besonderes Einziehungsrecht begründet, zeigt die in § 844 ZPO statuierte Verwertungsalternative. **108**

Nach der herrschenden Meinung reicht für den wirksamen Erlaß eines Überweisungsbeschlusses eine wirksame Pfändung aus[15]; die Entstehung eines Pfändungspfandrechts ist nicht erforderlich[16]. **109**

Im Verhältnis zwischen Schuldner und Drittschuldner spielen diese Unterschiede im Bereich der Lohnpfändung ohnehin keine entscheidende Rolle, weil der dem § 409 BGB nachgebildete § 836 Abs. 2 ZPO den Drittschuldner im Verhältnis zum Schuldner ausreichend schützt. Der Überweisungsbeschluß gilt nämlich, auch wenn er zu Unrecht erlassen ist, zugunsten des Drittschuldners dem Schuldner gegenüber solange als rechtsbeständig, bis er aufgehoben wird und die Aufhebung zur Kenntnis des Drittschuldners gelangt. Steht dem Schuldner die überwiesene Forderung zu, wird der Drittschuldner durch die Leistung an den Pfändungspfandgläubiger solange befreit, bis der durch die Unterstellung geschaffene gute Glaube wegfällt. § 836 Abs. 2 ZPO betrifft seinem Wortlaut nach zwar nicht das Verhältnis des Drittschuldners zum Pfändungspfandgläubiger, wird aber auch dort entsprechend angewendet. Wird der Drittschuldner also von einem die Pfändung und Überweisung aufhebenden Gerichtsbeschluß unterrichtet, so kann er mit befreiender Wirkung an den Schuldner leisten, auch wenn der Beschluß noch keine Rechtskraft erlangt hat[17]. **110**

Im übrigen gewährt das Pfändungspfandrecht an der Lohnforderung dem Gläubiger im Verhältnis zu anderen Gläubigern des Arbeitnehmers dieselben Rechte wie ein Faustpfandrecht (§ 804 Abs. 2 ZPO). Es gilt das Präventions- oder Prioritätsprinzip (§ 804 Abs. 3 ZPO): das durch eine frühere Pfändung (§ 829 Abs. 3 **111**

---

14) Vgl. BGHZ 82, 31.

15) Baumbach/Lauterbach, § 835 Anm. 1; Thomas/Putzo, § 835 Anm. 1 d; Zöller-Stöber, § 835 Rz. 3; Lüke, JuS 1962, 421 (Fn. 16); Stöber, S. 233 Rz. 585; vgl. auch BGH, NJW 1977, 75f.

16) A. A.: Bötticher, MDR 1961, 800.

17) OLG Stuttgart, NJW 1961, 34, 35.

ZPO) begründete Pfandrecht geht dem durch eine spätere Pfändung begründeten vor. Voraussetzung ist dabei, daß der pfändende Gläubiger nicht von der (unüblichen) Möglichkeit der Überweisung an Zahlungs Statt Gebrauch gemacht hat, weil dann im Gegensatz zur Einziehungsüberweisung, bei der die gepfändete und überwiesene Forderung bis zur Befriedigung des Gläubigers im Vermögen des Schuldners verbleibt, die überwiesene Forderung in Höhe ihrer Überweisung in das Vermögen des Gläubigers übergeht (§ 835 Abs. 2 ZPO).

b) Der fehlerhafte Vollstreckungsakt.

112 Die Zwangsvollstreckung bedeutet einen staatlichen Eingriff in das Schuldnervermögen, wenn auch vorwiegend in privatem Gläubigerinteresse. Sie hat sich daher bei ihrer Durchführung nach Form und Voraussetzungen im Rahmen der vorgegebenen gesetzlichen Gestattung zu bewegen. Fehlt es daran, so ist der Vollstreckungsakt mit einem Fehler behaftet. Dieser kann entweder so schwerwiegend sein, daß der Staatsakt überhaupt keine Wirkung erzeugt (Nichtigkeit) oder aber so beschaffen sein, daß der Betroffene seine Beseitigung erst durch die Einleitung eines besonderen Verfahrens erzwingen muß (Anfechtbarkeit). Dieses Problem des fehlerhaften Staatsaktes ist allgemeiner Natur und tritt vorwiegend bei fehlerhaften Verwaltungsakten auf, weshalb die dort geltenden Grundsätze für die Abgrenzung der Fehlerhaftigkeit des Vollstreckungsaktes nutzbar gemacht werden können. Allerdings liegt beim Zwangsvollstreckungsakt eine Besonderheit darin, daß sich seine Fehlerhaftigkeit möglicherweise auf die Verstrickung und das darauf beruhende Pfändungspfandrecht des Gläubigers auswirkt.

113 Vollstreckungsakte sind grundsätzlich als Äußerung staatlicher Hoheitsgewalt im Interesse der Rechtssicherheit und des Vertrauensschutzes wirksam, auch wenn sie gesetzwidrig sind und bei richtiger Handhabung des Gesetzes hätten unterbleiben müssen[18)].

114 Sowohl für Dritte als auch für unmittelbar Beteiligte des Vollstreckungsverfahrens ist das Vertrauen in die Gültigkeit dieser Staatsakte schutzwürdig, was der Gesetzgeber selbst in § 836 Abs. 2 ZPO zumindest angedeutet hat. Daher führt die Fehlerhaftigkeit der Vollstreckung grundsätzlich erst auf entsprechenden Rechtsbehelf hin oder von Amts wegen zur Aufhebung des Vollstreckungsaktes. Solange dies nicht geschieht, bleibt die betreffende Vollstreckungsmaßnahme gültig. Nach der grundlegenden Entscheidung des Bundesgerichtshofs[19)] sind Vollstreckungshandlung nur ausnahmsweise nichtig und ohne Wirkung, nämlich bei grundlegenden Verstößen gegen wesentliche Formvorschriften oder bei Fehlen jeglicher Voraussetzungen für eine Zwangsvollstreckung überhaupt.

115 Wann ein so schwerwiegender Verstoß vorliegt, ist häufig sehr schwer zu beur-

---

18) Vgl. § 43 VwVfG.

19) BGHZ 30, 175; ebenso BGH, DB 1980, 1937; OLG Hamm, NJW 1979, 1664, jeweils m. w. N.; vgl. auch Schönke/Baur, S. 39; Bähr, KTS 1969, 1 ff.; Blomeyer, RdA 1974, 1, 12 f.

teilen. Die bereits erwähnte Parallele zum nichtigen Verwaltungsakt führt hier weiter[20]. Danach liegt ein besonders schwerwiegender Verstoß, der die Nichtigkeit des Vollstreckungsaktes nach sich zieht, zum Beispiel in der Vollstreckung durch ein sachlich oder funktionell unzuständiges Organ[21]. Bei der Vollziehung des Arrestes erläßt nicht das ausschließlich zuständige Arrestgericht (§§ 930 Abs.1 Satz 3, 919 ZPO) den Pfändungsbeschluß, oder der Gerichtsvollzieher pfändet eine Forderung. Gleiches gilt, soweit eine unzutreffende Vollstreckungsart gewählt wird, zum Beispiel die in der Form des § 829 ZPO vorgenommene „Pfändung" der Forderung aus einem Wechsel. Ebenfalls führt das Fehlen eines vollstreckbaren Titels zur Nichtigkeit der Vollstreckung[22], nicht jedoch allein die fehlende Zustellung des Titels[23]. Ferner ist Nichtigkeit anzunehmen, wenn eine nicht bestehende Forderung gepfändet wird. Das kann sein, wenn die betroffene Forderung nicht existiert, oder weil sie von vornherein oder in Folge vorheriger Abtretung aus dem Vermögen des Schuldners ausgeschieden ist[24]. Die Nichtigkeitsfolge betrifft auch die Pfändung einer nach Rechtsverhältnis und Schuldgrund so unbestimmten Forderung, daß sich der Gegenstand der Pfändung nicht mehr feststellen läßt. Fehlt es ganz an der Zustellung des Pfändungsbeschlusses an den Drittschuldner oder enthält der Pfändungsbeschluß kein Arrestatorium, wird die gepfändete Forderung nicht verstrickt[25]. Hingegen ist das Inhibitorium keine Wirksamkeitsvoraussetzung für die wirksame Verstrickung[26]. Schlechthin zur Nichtigkeit führt auch die Zwangsvollstreckung gegen Exterritoriale (§§ 18, 19 GVG) weil diese der deutschen Gerichtsbarkeit nicht unterliegen.

Die Nichtigkeit kann mit einer Feststellungsklage des Inhalts angegriffen werden, **116**
daß keine wirksame Pfändung der Forderung vorliegt. Gegen eine Klage eines Dritten gem. § 771 ZPO spricht, daß ein nichtiger Vollstreckungsakt nicht aufgehoben oder für unzulässig erklärt werden kann; es wird lediglich sein Rechtsschein beseitigt[27].

Ist die Intensität des Gesetzesverstoßes nicht von so schwerwiegender Bedeu- **117**
tung, daß dem Vollstreckungsakt jegliche Wirkung abgesprochen werden muß, so wird der Pfandgegenstand – hier die Lohnforderung des Arbeitnehmers – wirksam beschlagnahmt. Fehlerhafte Pfändungsbeschlüsse bedürfen zu ihrer Beseitigung der Anfechtung im Wege der Erinnerung durch den Schuldner oder Drittschuldner. Bei mehrfacher Pfändung kann auch der im Nachrang befindliche Gläubiger Erinnerung gegen den Pfändungsbeschluß einlegen.

---

20) Vgl. den Katalog des § 44 VwVfG.
21) Hoche, S.135; Sommer, RPfleger 1978, 406, 407.
22) Vgl. BGHZ 70, 317; OLG Hamburg, MDR 1974, 321; Schönke/Baur, S. 39.
23) BGH, NJW 1976, 851.
24) Siehe auch Rzn. 90f.
25) Baumbach/Lauterbach, § 829 Anm. 2 C b; Thomas/Putzo, § 829 Anm. 5; Hoche, S. 142; Schönke/Baur, S.145.
26) RGZ 112, 348, 351; KG, JW 1936, 3335; Baumbach/Lauterbach, § 829 Anm. 2 C c.
27) Schönke/Baur, S.145, weisen zutreffend darauf hin, daß eine Drittwiderspruchsklage des Rechtsinhabers nur klarstellende Bedeutung hat.

c) Die Heilung fehlerhafter Vollstreckungsakte.

118 Die Frage der Konvaleszierung fehlerhafter Vollstreckungsakte ist zum Beispiel für die Rangstellung nachpfändender Gläubiger bedeutsam, wenn der erstpfändende Gläubiger den seiner Pfändung anhaftenden Mangel erst beseitigt, nachdem der nachpfändende Gläubiger ein fehlerfreies Pfandrecht erlangt hat. Handelt es sich um eine nichtige Pfändung, so ist diese nicht reparabel[28)]. Das gesamte Vollstreckungsverfahren bedarf der Wiederholung, wobei die Neuvornahme der Pfändung nicht auf den Zeitpunkt der ersten Pfändung zurückwirkt. Die Rechtsposition des Vollstreckungsgläubigers richtet sich allein nach dem Rang, der dem Zeitpunkt der zweiten, nunmehr fehlerfreien Pfändung entspricht[29)].

119 Unerheblich sind Verstöße gegen reine Dienst- oder Ordnungsvorschriften[30)]. Der Vollstreckungsakt ist in seinem Bestand insoweit unangreifbar, so daß die eventuelle Auswirkung der Nachholung des bisher Versäumten ohne Bedeutung bleibt.

120 Soweit die Heilung fehlerhafter Vollstreckungsakte zur Diskussion steht, geht es um die anfechtbare aber nicht nichtige Pfändung und die Wirkung ihrer nachträglichen Heilung. Strittig ist dabei, ob diese Heilung auf den Zeitpunkt der Vornahme des Vollstreckungsaktes zurückwirkt oder ex nunc eintritt[31]. Im Verhältnis zwischen Pfandgläubiger und Schuldner führt die Behebung des Verfahrensfehlers dazu, daß der Schuldner die Verwertung des Pfandgegenstandes hinnehmen muß, als wenn die Zwangsvollstreckung von Anfang an ordnungsgemäß erfolgt wäre. Der Meinungsstreit gewinnt erst an Bedeutung, wenn es um das Verhältnis des Pfändungsgläubigers zu Dritten in bezug auf Rechte an der Pfandsache geht, insbesondere um die Rangstellung der Gläubiger, die in der Zwischenzeit ein fehlerfreies Pfandrecht an dem Pfandgegenstand erworben haben. Das bessere Recht an der Pfandsache und auf den Erlös hängt im Falle der Gläubigerkonkurrenz allein vom Bestand des Pfändungspfandrechts ab.

121 Die unterschiedliche Bewertung ist eng verknüpft mit den Theorien über die Rechtsnatur des Pfändungspfandrechts, das heißt, ob bereits die fehlerhafte Pfändung ein Pfändungspfandrecht zugunsten des Vollstreckungsgäubigers schafft. Folgt man der öffentlich-rechtlichen Theorie, so ist der fehlerhafte

---

28) Auch nach § 45 VwVfG ist Nichtigkeit unheilbar.

29) Vgl. Mohrbutter, S. 207; Schönke/Baur, S. 40; Bähr, KTS 1969, 2; Naendrup, ZZP 85, 311; Münzberg in Stein/Jonas, Vorbem. § 704 Anm. IX 2; OLG Bremen, NJW 1961, 1824.

30) z. B. Geschäftsanweisung für Gerichtsvollzieher, vgl. Baumbach/Lauterbach, Grundz. 704 Anm. 8 C b.

31) Für die Wirkung ex tunc haben sich unter anderem ausgesprochen: BGHZ 66, 81; OLG Hamburg, MDR 1974, 322; OLG Hamm, NJW 1974, 1516; OLG Frankfurt, MDR 1956, 111; LG München, NJW 1962, 2306; Baumbach/Lauterbach, 1. § 750 Anm. 2; Münzberg in Stein/Jonas, § 750 Anm. I 2; Zeller, § 1 Anm. 88 (4) und § 15 Anm. 42 (3); Bähr, KTS 1969, 3 ff.; Naendrup, ZZP 85, 311. Ex nunc – Wirkung nehmen an: Thomas/Putzo, § 704 Anm. IX 2.; Wieczorek-Schütze, § 750 Anm. D; Zöller-Stöber, Vor § 704 Rz. 35; Stöber, Rz. 749; ders., NJW 1963, 769; ders., RPfleger 1962, 11 (anders allerdings jeweils in Zeller, s. o.); Bruns-Peters, § 19 III 2 b dd; Schönke/Baur, S. 40; Mohrbutter, S. 207 f.; Hoche, S. 83; Furtner, MDR 1964, 460.

Staatsakt und damit das Pfändungspfandrecht wegen der Möglichkeit seiner Anfechtung auflösend bedinngt vorhanden. Holt der Gläubiger die fehlenden Voraussetzungen einer fehlerfreien Vollstreckung nach, dann steht endgültig fest, daß der Pfändungsakt jetzt nicht mehr angegriffen werden kann, was einer Heilung ex tunc gleichkommt. Diese Folgerung kann die gemischt privat-öffentlich-rechtliche Theorie nicht ziehen, weil die formell fehlerhafte Vollstreckung hiernach nur ein (durch die Nichteinlegung eines Rechtsbehelfes durch den Schuldner) aufschiebend bedingtes, das heißt noch nicht vorhandenes Pfandrecht entstehen läßt und der Zeitpunkt der Entstehung des den Rang begründenden Pfandrechts mit der Beseitigung des Vollstreckungsfehlers zusammenfällt. Zutreffenderweise ist davon auszugehen, daß ein fehlerhafter Vollstreckungsakt neben der Vollstreckung ein auflösend bedingtes Pfandrecht erzeugt, das durch einen Rechtsbehelf des Schuldners nach § 766 ZPO beseitigt werden kann. Demnach besteht von Anfang an ein wirksames Pfändungspfandrecht, das durch eine Heilung ex tunc unangreifbar wird[32]. Zwar ist nicht zu verkennen, daß ein (auflösend bedingtes) Pfändungspfandrecht auch dann entsteht, wenn zum Beispiel der Schuldner zwischenzeitlich gezahlt hat. Auch könnte als unbillig empfunden werden, der rechtswidrig erlangten Position des erstpfändenden Gläubigers auch noch durch die Rückwirkung der Heilung einen Rangvorteil gegenüber den Pfändungspfandrechten nachfolgender Gläubiger einzuräumen, die sich selbst in allen Einzelheiten an die gesetzlichen Bestimmungen gehalten haben. Dem ist aber entgegenzuhalten, daß der die Anfechtbarkeit begründende formelle Fehler nicht zwingend vom Gläubiger zu vertreten sein muß. Denkbar ist auch, daß dem Vollstreckungsorgan Versäumnisse zur Last fallen[33]. In diesem Fall kann den erstpfändenden Gläubiger nicht der harte Rangverlust treffen, obgleich er ebenso korrekt gehandelt hat wie der nachpfändende Gläubiger. Ferner entspricht die Annahme eines auflösend bedingten Pfandrechts dem Charakter der Anfechtbarkeit des Vollstreckungsaktes. Anfechtbarkeit bedeutet die grundsätzliche Wirksamkeit bis zur rückwirkenden Vernichtung[34]. Sowohl die hoheitliche Verstrickung als auch die anschließende Verwertung sind öffentlich-rechtlich ausgestaltet. Wenn aber die Verstrickung trotz der Anfechtbarkeit wirksam ist, und die Verwertung mittels des Überweisungsbeschlusses kein wirksames Pfändungspfandrecht, sondern nur eine wirksame Pfändung voraussetzt[35], ist nicht einzusehen, wieso zugunsten des Gläubigers kein Pfändungspfandrecht entstehen soll. Die Differenzierung zwischen öffentlich-rechtlicher Verstrickung und Verwertung einerseits und einem privatrechtlichen Pfandrecht andererseits ist nicht überzeugend begründbar. Vielmehr spricht gerade die Möglichkeit der tatsächlichen Befriedigung durch

---

32) Entsprechend der öffentlich-rechtlichen Theorie, Nachweise s. Fußnote 31).

33) z. B. unterlassene Titel- oder Urkundenzustellungen gem. § 750 Abs. 1 ZPO bzw. § 751 Abs. 2 ZPO.

34) Anders als die „schwebende Unwirksamkeit“ des § 108 Abs. 1 BGB; auch nach § 43 Abs. 2 VwVfG besteht Wirksamkeit des Verwaltungsaktes bis zu seiner Aufhebung oder gem. § 45 Abs. 1 VwVfG grundsätzlich ex tunc möglichen Heilung.

35) Vgl. Rzn. 109 u. 147.

Überweisung der Forderung dafür, auch ein untrennbar mit der Verstrickung verknüpftes (auflösend bedingtes) Pfändungspfandrecht anzuerkennen.

3. Der Umfang der Pfändung

122 Bei der Zwangsvollstreckung durch Pfändung in die Lohnforderung des als Arbeitnehmer beschäftigten Schuldners ist neben den Lohnpfändungsbeschränkungen zu beachten, daß sich die pfändbaren Teile des Arbeitseinkommens nach dem *Nettoeinkommen* (§ 850e Nr.1 ZPO) bestimmen. Der Arbeitgeber als Drittschuldner hat den Bruttolohn festzustellen und dann die in § 850e Nr.1 ZPO vom Gesetzgeber aufgezählten Beträge in Abzug zu bringen. Danach sind für die Berechnung des pfändbaren Einkommens nicht mitzurechnen die nach § 850a ZPO der Pfändung entzogenen Bezüge, wobei § 850d Abs.1 ZPO zugunsten der Unterhaltsgläubiger zu berücksichtigen ist. Ferner sind Steuer- und Sozialbeiträge aufgrund steurrechtlicher und sozialversicherungsrechtlicher Vorschriften (Lohnsteuer, Kirchensteuer, Beiträge zur gesetzlichen Kranken-, Renten- und Arbeitslosenversicherung) abzusetzen. Das gleiche gilt für die auf den Auszahlungszeitraum entfallenden Beträge, die der Schuldner nach den Vorschriften der Sozialversicherungsgesetze zur Weiterversicherung entrichtet oder an eine Ersatzkasse oder an ein Unternehmen der privaten Krankenversicherung leistet, soweit diese den Rahmen des Üblichen nicht übersteigen[36]. Die in § 850e Abs.1 Nr.1 ZPO genannten Abzüge sind auch ohne Erwähnung im Pfändungsbeschluß abzusetzen.

123 Fraglich ist die Behandlung von arbeitgeberseitig gewährten Vorschüssen und Abschlagszahlungen, die in dem Auszahlungszeitraum abzurechnen sind[37]. Eine weitere Frage ist, ob das errechnete Nettoeinkommen hinsichtlich seines pfändbaren Betrages im Falle von Vorschüssen, Abschlagszahlungen oder Abtretungen dem Pfändungsgläubiger voll oder teilweise zur Verfügung steht oder bereits ausgeschöpft ist[38].

124 Die Pfändung des Lohnes erfaßt nach § 832 ZPO auch die nach der Pfändung fällig werdenden Beträge, ohne daß dies besonders im Pfändungsbeschluß vermerkt sein müßte. Der Zweck dieser Vorschrift besteht darin, die Vielheit von Pfändungen der einzelnen, jeweils nach einem bestimmten Zeitraum neu entstehenden Forderungen an Arbeitslohn und ähnlich wiederkehrenden Bezügen zu vermeiden und durch einen einzigen Pfändungs- und Überweisungsbeschluß alle künftig fällig werdenden Bezüge zu erfassen[39]. § 832 ZPO gewinnt auch an Bedeutung, wenn der Schuldner zur Zeit der Zustellung des Pfändungs- und Überweisungsbeschlusses kein pfändbares Einkommen hat und das Einkom-

---

36) Gläubiger und Schuldner können das Vollstreckungsgericht um Klarstellung nach § 11 RPflG ersuchen. Vgl. auch LG Berlin, RPfleger 1962, 217 und Berner, RPfleger 1962, 218. Das LG Berlin will allerdings § 766 ZPO anwenden.

37) BAG v. 11. 2. 1987 – 4 AZR 144/86 –; LAG Düsseldorf, DB 1956, 259; a. A. Bischoff, BB 1952, 434.

38) Vgl. zu den Einzelheiten: Teil B; Rzn. 560ff.

39) BAG, AP Nr.1 zu § 832 ZPO m. Anm. Pohle = DB 1957, 357 m. Anm. von Osthold und AP Nr. 2 zu § 832 ZPO. Der Effekt ist ein zweifacher: Die künftige Forderung ist schon jetzt verstrickt und das Pfandrecht erhält den Rang der Pfändung der ersten Lohnforderung.

men zu einem späteren Zeitpunkt aus der Unpfändbarkeit herauswächst. Steigt das Einkommen, so hat der Drittschuldner (Arbeitgeber) aufgrund des früher erlassenen Pfändungs- und Überweisungsbeschlusses die nunmehr der Pfändung unterliegenden Lohnteile an den Gläubiger abzuführen[40]. Tritt ein Betriebsinhaberwechsel in Gestalt einer Universalsukzession oder Einzelrechtsnachfolge ein[41], und wird das Arbeitsverhältnis mit dem Arbeitnehmer fortgesetzt, bleibt es beim Pfandgegenstand des § 832 ZPO.

Für die Anwendung des § 832 ZPO genügt es, daß die wiederkehrenden Ansprü- **125**
che des Arbeitnehmers gegen den Arbeitgeber aus einem *einheitlichen* Arbeitsverhältnis entspringen. Hierbei muß es sich nicht um einen einheitlichen Arbeitsvertrag handeln; es genügt vielmehr, daß das Arbeitsverhältnis noch als einheitliches nach der Verkehrsauffassung betrachtet werden kann, wenn es sich auch aus mehreren Arbeitsverträgen zusammensetzt. Kurze Unterbrechungen des Arbeitsverhältnisses, die nach der Verkehrsauffassung seine Einheitlichkeit nicht berühren, stehen der Anwendung des § 832 ZPO nicht entgegen[42], insbesondere, wenn die Parteien bei der Beendigung des Arbeitsvertrages eine kurzfristige Wiederbeschäftigung des Arbeitnehmers vereinbart haben[43]. Kommt es nach einer Beendigung des Vertrages zu einer späteren Neubegründung des Arbeitsverhältnisses mit gänzlich oder zum Teil anderen Arbeitsbedingungen, so fehlt es an der wirtschaftlichen Einheit für die Anwendung des § 832 ZPO. Das gleiche gilt, wenn nicht die Identität des Arbeitsverhältnisses gewahrt bleibt, etwa weil der Arbeitnehmer von der Muttergesellschaft zur Tochtergesellschaft überwechselt[44].

Die Pfändung des Arbeitseinkommens betrifft auch das Einkommen, daß der **126**
Schuldner infolge Versetzung in ein anderes Amt, der Übertragung eines neuen Amtes oder einer Gehaltserhöhung bezieht (§ 833 Abs. 1 ZPO). Wechselt dagegen der Dienstherr, so erstreckt sich die Pfändung des bisherigen Diensteinkommens nicht auf das vom neuen Dienstherrn zu zahlende Einkommen (§ 833 Abs. 2 ZPO). Eine Änderung des Dienstherren liegt etwa vor beim Übertritt vom Landes- oder Kommunaldienst in den Bundesdienst und umgekehrt[45].

---

40) Das Rechtsschutzinteresse für eine Lohnpfändung wäre nur dann zu verneinen, wenn in absehbarer Zeit mit einer Erhöhung der Bezüge des Arbeitnehmers nicht gerechnet werden kann: OLG Celle, NdsRPfl 1953, 108.

41) LAG Hamm, DB 1976, 440; vgl. dazu Gaul, Betriebsinhaberwechsel und Arbeitsverhältnis, S. 73 ff. Zur gesamtschuldnerischen Haftung des bisherigen und des neuen Arbeitgebers: § 613 a Abs. 2 BGB.

42) BAG, AP Nr. 1 und 2 zu § 832 ZPO; LAG Düsseldorf, BB 1969, 137; Bischoff/Rochlitz, S. 131, 132; Süsse, BB 1970, 671 ff.; Baur, DB 1968, 251 ff. m. w. N. Hierzu gehört auch der Fall, daß der Arbeitnehmer in anderer Funktion an einem anderen Arbeitsplatz weiterbeschäftigt wird.

43) LG Lübeck, NJW 1954, 1125; vorübergehende Entlassung wegen Arbeitsmangels; vgl. Baur, DB 1968, 251; Riesel, MDR 1958, 897; Leininger, BB 1958, 122; Quardt, JurBüro 1958, 146. Vorübergehende Verbüßung einer kurzen Freiheitsstrafe: LG Essen, MDR 1963, 226. Baueinstellung wegen winterlicher Witterung: LAG Bremen, Rpfleger 1957, 302 und Berner, ebenda.

44) LAG Baden-Württemberg, AP Nr. 3 zu § 832 ZPO. Das Pfandrecht bleibt schließlich auch dann bestehen, wenn das Arbeitsverhältnis nur zu dem Zweck gelöst wurde, um der Pfändung den Boden zu entziehen, und der Arbeitnehmer schon nach kurzer Zeit wieder eingestellt wird: ArbG Bremen, BB 1955, 802. Vgl. auch § 1 Abs. 1 S. 23 BeschFG.

45) Zöller-Stöber, § 833 Anm. 2; Thomas/Putzo, § 833.

V. Die Rechtsstellung der Beteiligten nach der Pfändung

1. Die Stellung des Gläubigers

127 Das mit der wirksamen Pfändung einer Forderung neben der Beschlagnahme entstehende Pfändungspfandrecht zugunsten des vollstreckenden Gläubigers räumt ihm lediglich das Recht ein, alle Rechtshandlungen vorzunehmen, die die Einziehung der Forderung *vorbereiten* und *sichern*. Wie § 835 ZPO beweist, darf der Gläubiger nicht schon bei bloßer Pfändung Befriedigung aus der gepfändeten Lohnforderung suchen. Seine Rechtsstellung ist mithin der eines Pfandgläubigers nach dem BGB vor der Pfandreife ähnlich.

128 Ist also die Forderung des Schuldners nur gepfändet[1)], so kann der Gläubiger lediglich Zahlung an sich und den Schuldner gemeinsam oder Hinterlegung der Leistung für beide verlangen[2)]. Desgleichen ist er befugt, etwa zur Sicherung der gepfändeten Forderung einen Arrest zu erwirken. Da der Gläubiger alles tun darf, um sein Pfandrecht und damit die gepfändete Forderung zu erhalten, darf er zum Beispiel gegen den Drittschuldner auf Feststellung des Bestehens der gepfändeten Forderung klagen, die Forderung im Konkurs des Drittschuldners, in dessen Vergleichsverfahren, in der Zwangsverwaltung und Zwangsversteigerung, anmelden[3)]. Allerdings kann eine Konkursquote oder Vergleichsdividende oder ein Erlös aus der Zwangsversteigerung und Zwangsverwaltung nur vom Gläubiger und Schuldner gemeinsam entgegengenommen werden. Erfolgt die gemeinsame Einziehung der Forderung, so erwirbt der Pfandgläubiger nach dem Surrogationsprinzip (§ 1287 BGB) ein Pfandrecht am Erlös, während der Schuldner Eigentümer des Erlöses wird. Die Rechtsstellung des Gläubigers vor Überweisung der Forderung verpflichtet ihn auch gegenüber dem Schuldner, an der Kündigung und zur Einziehung für beide mitzuwirken[4)].

2. Die Stellung des Schuldners.

129 Der Schuldner bleibt Inhaber der Forderung. Er hat sich indes jeder Verfügung über die Forderung, insbesondere ihrer Einziehung zu enthalten (§ 829 Abs. 1 Satz 2 ZPO). Aus diesem Grunde darf der Schuldner nichts veranlassen, was die Rechtsstellung des Gläubigers beeinträchtigen könnte, insbesondere hat er von einer Einziehung, Aufrechnung, einem Erlaß oder einer Stundung der Forderung Abstand zu nehmen; verfügt der Schuldner gleichwohl in verbotener Weise, so führt dies zu einer relativen Unwirksamkeit gegenüber dem Pfändungsgläubiger gem. §§ 135, 136 BGB. Dem Gläubiger steht es allerdings frei, eine verbotene Verfügung seines Schuldners zu genehmigen.

---

1) Hier sei allerdings betont, daß in der Praxis Pfändung und Überweisung (gleich Verwertung, siehe hierzu Rzn. 138 ff.) in einem Beschluß zusammengefaßt werden.

2) RGZ 108, 320; Baumbach/Lauterbach, § 829 Anm. 5 A; Thomas/Putzo, § 829 Anm. 6 c; Wieczorek-Schütze, § 829 Anm. G IV; Zöller-Stöber, § 829 Rz. 17; Stöber, Rz. 556.

3) Vgl. die Nachweise unter Fußnote 2).

4) RGZ 49, 201.

Da der Schuldner jedoch alle Maßnahmen ergreifen darf, welche die Rechte des Gläubigers nicht beeinträchtigen, ist es ihm erlaubt, die noch nicht fällige Forderung zu kündigen, gegen den Drittschuldner auf Feststellung zu klagen, die Forderung im Konkurs anzumelden oder einen Arrest zu erwirken. Im Falle eines Prozesses des Schuldners gegen den Drittschuldner wirkt das ergehende Urteil nicht mit Rechtskraft gegen den Pfändungsgläubiger[5]. Wird ein bereits rechtshängiger Anspruch gepfändet, so muß der Schuldner seinen Klageantrag auf Zahlung an den Gläubiger und sich gemeinsam anpassen. Betreibt der Schuldner die Vollstreckung nach Pfändung der titulierten Forderung so vermag der Drittschuldner sich gegen den zur Vollstreckung nicht mehr berechtigten Schuldner mit der Vollstreckungsgegenklage aus § 767 ZPO zur Wehr zu setzen. Ist der Schuldner bereits im Besitz eines Titels gegen den Drittschuldner, so berechtigt die wirksame Pfändung der titulierten Forderung den Gläubiger zur Umschreibung der Vollstreckungsklausel (§ 727 Abs.1 ZPO). 130

Die Rechtsstellung des Arbeitnehmers zum Arbeitgeber wird durch die Pfändung der Lohnforderung nicht tangiert, so daß der Gläubiger nicht etwa an dem Arbeitsverhältnis seines Schuldners beteiligt ist. Es bleibt dem Arbeitnehmer als Schuldner überlassen, sein Arbeitsverhältnis durch Kündigung aufzulösen oder mit seinem Arbeitgeber eine einverständliche Regelung über die Beendigung des Arbeitsverhältnisses zu treffen. Ebensowenig könnte der Gläubiger verhindern, daß der Arbeitnehmer etwa unbezahlten Urlaub nimmt oder aus sonstigen Gründen vom Arbeitgeber unter Fortfall seiner Bezüge beurlaubt wird. Auch eine unberechtigte fristlose Kündigung oder eine sozialwidrige Kündigung im Sinne des Kündigungsschutzgesetzes muß der Gläubiger der gepfändeten Lohnforderung hinnehmen, wenn sich nicht der Arbeitnehmer als sein Schuldner zur Wehr setzt. 131

3. Die Stellung des Drittschuldners.

Der Drittschuldner darf wegen des Arrestatoriums (§ 829 Abs.1 Satz 1 ZPO) nach der Forderungspfändung nicht mehr an den Schuldner allein leisten. Zahlt etwa der Arbeitgeber dem Arbeitnehmer den gepfändeten Lohn aus, so tritt damit keine Erfüllungswirkung (§ 362 BGB) hinsichtlich des Lohnanspruchs ein. Dem Gläubiger gegenüber wird er wegen §§ 135, 136 BGB nicht befreit. Dieser kann nach Überweisung der Forderung nochmals Zahlung verlangen und bis zur Überweisung der Hinterlegung für sich allein[6]. 132

In analoger Anwendung der §§ 1275, 407 BGB leistet der Drittschuldner an den Schuldner aber dann mit befreiender Wirkung, wenn er – etwa bei Ersatzzustellung – die Pfändung der Forderung nicht kannte[7]. Den gleichen Schutz genießt der Drittschuldner, der nach Zustellung des Pfändungsbeschlusses wegen sei- 133

---

5) RGZ 83, 120; vgl. auch Stöber, RPfleger 1963, 340.
6) RGZ 77, 257; RG, JW 1912, 753; BGH, DB 1983, 1146.
7) H. M.: RGZ 87, 412; KG, JW 1936, 2000; Baumbach/Lauterbach, § 829 Anm. 7 A; Thomas/Putzo, § 829 Anm. 6 d; Stöber, Rz. 566; vgl. auch BGH, DB 1983, 1146.

ner verschiedenen Zahlstellen unter Anwendung aller ihm zumutbaren Anstrengungen die Leistung an den Schuldner nicht mehr zu verhindern vermochte[8]. In beiden Fällen trifft den Drittschuldner allerdings die Beweislast.

134 Will der Drittschuldner leisten, so muß er an den Pfandgläubiger und seinen Gläubiger (Schuldner) gemeinsam zahlen. Der Drittschuldner ist berechtigt, gem. § 372 BGB zu hinterlegen und wird von seiner Schuld befreit, wenn diese Hinterlegung unter Verzicht auf Rücknahme erfolgt (§ 378 BGB).

135 Im übrigen berührt die Pfändung die Rechtsstellung des Drittschuldners nicht. Seine Position wird durch die Pfändung vor allem nicht verschlechtert, so daß ihm alle Einwendungen und Einreden erhalten bleiben, die bereits zum Zeitpunkt der Pfändung begründet waren. Da nämlich der Drittschuldner ohne sein Zutun genötigt wird, nunmehr an einen anderen Gläubiger leisten zu müssen, wäre es unbillig, ihm daraus einen Nachteil erwachsen zu lassen. Die Lage des Drittschuldners gleicht der des Schuldners nach Abtretung einer Forderung (§ 398 BGB), weshalb die Gegenrechte – wie bei § 404 BGB – auch dem Pfandgläubiger gegenüber wirken. Das bedeutet: Dem Drittschuldner bleibt zum Beispiel das Recht der Aufrechnung für Erfüllungswirkung erhalten, soweit die hierzu notwendigen gesetzlichen Voraussetzungen bereits im Zeitpunkt der Pfändung vorlagen (§ 392 BGB)[9]. Aufrechnungsvereinbarungen, die zwischen Schuldner und Drittschuldner getroffen sind, behalten ihren Bestand auch im Verhältnis zwischen Pfandgläubiger und Pfanddrittschuldner[10]. Möglicherweise hat der Drittschuldner ein Zurückbehaltungsrecht, das er geltend machen darf. Sämtliche dilatorischen und peremtorischen Einreden sowie Einwendungen, die den Bestand der Forderung betreffen, können vom Drittschuldner vorgebracht werden, etwa Erlaß, Stundung, Erfüllung, Verjährung, Abtretung vor Pfändung, usw.[11].

---

8) Münzberg in Stein/Jonas, § 829 Anm. VII. Fraglich ist, ob der Gläubiger es trotz einer Pfändung gegen sich gelten lassen muß, wenn der Schuldner im Ausland die Leistung des Drittschuldners erzwingt: Vgl. hierzu Wieczorek-Schütze, § 829 Anm. G III b 3, verneinend: RGZ 140, 340, 344.

9) BHG, BB 1976, 853; vgl. ArbG Wetzlar, DB 1985, 288. Der Drittschuldner kann nicht mit solchen Forderungen aufrechnen, die er erst nach Zustellung des Pfändungsbeschlusses erlangt hat. Eine bereits vor der Pfändung bestehende Aufrechnungsmöglichkeit kann ihm durch die Pfändung nicht mehr genommen werden. Problematisch ist allerdings, wenn der Drittschuldner nach Zustellung des Pfändungsbeschlusses an den Schuldner zahlt und sich später bei Inanspruchnahme durch den Pfandgläubiger auf die Aufrechnungsmöglichkeit beruft. Vgl. hierzu BGH, NJW 1972, 428 und NJW 1980, 585; OLG Düsseldorf, NJW 1962, 1920 (bejahend wegen § 392 BGB); demgegenüber OLG Hamburg, MDR 1958, 432; LG Saarbrücken, NJW 1978, 2055; Thomas/Putzo, § 829 Anm. 6 d; Wieczorek-Schütze, § 829 G II b 1; Denck, NJW 1979, 2378, Reinicke, NJW 1972, 793 ff. und 2378 (verneinend); vgl. auch Börner, NJW 1961, 1505 ff.

10) RGZ 85, 351; BAG, NJW 1967, 459 und RPfleger 1966, 255: Die vor der Pfändung getroffene Aufrechnungsvereinbarung geht der Pfändung dann vor, wenn die zur Aufrechnung gestellte Forderung vor der Beschlagnahme erworben ist und nicht nach der Beschlagnahme und auch nicht später als die gepfändete Lohnforderung fällig wird. Vgl. dazu auch BAG, AP Nr. 1 zu § 392 BGB = RdA 1960, 77.

11) BGHZ 70, 320. Den Beweis hat der Drittschuldner zu führen: BGH, NJW 1956, 912. Vgl. auch BGH, DB 1985, 1523.

In diesem Zusammenhang müssen auch *tarifliche Ausschlußfristen* Beachtung finden[12], die im Rahmen einer Drittschuldnerklage zu prüfen sind. Soweit ein Tarifvertrag die schriftliche Geltendmachung vorschreibt, ist diese tarifliche Formvorschrift durch die Zustellung des Arrestatoriums an den Drittschuldner gewahrt. Verlangt der Tarifvertrag zur Rechtswahrung nach der schriftlichen oder mündlichen Geltendmachung die Klageerhebung binnen einer weiteren Frist, so hat der Gläubiger zur Wahrung seiner Rechte diese Frist einzuhalten. 136

Zulässig wäre ebenfalls eine negative Feststellungsklage des Drittschuldners gegen den Gläubiger[13]. Einwendungen, die der Schuldner nach § 767 ZPO geltend machen muß, die den titulierten Anspruch selbst betreffen und auf Unzulässigkeit der Zwangsvollstreckung aus dem Titel gehen, vermag der Drittschuldner dem Gläubiger nicht entgegenzuhalten[14]. 137

---

12) Ausführlich hierzu: Schaub, NJW 1965, 2329. Zur Frage der Anwendbarkeit des § 390 Satz 2 BGB auf tariflich verfallene Forderungen: Rz. 260 a FN. 17 m. w. N.
13) OLG München, NJW 1958, 68 Baumbach/Lauterbach, § 829 Anm. 7 B b.
14) BAG, NJW 1964, 687.

VI. Die Verwertung der gepfändeten Lohnforderung

1. Der Überweisungsbeschluß

138 Das Recht des Gläubigers, sich aus der gepfändeten Forderung befriedigen zu dürfen, wird erst durch einen weiteren Vollstreckungsakt geschaffen[1], nämlich durch die Überweisung der gepfändeten Geldforderung (§ 835 ZPO)[2]. Die Überweisung der Forderung ähnelt als Akt der Verwertung der Versteigerung bei der Fahrnisvollstreckung.

139 Durch den Überweisungsbeschluß wird die gepfändete Forderung dem Gläubiger nach seiner Wahl zur Einziehung oder an Zahlungs Statt zum Nennwert überwiesen (§ 835 Abs. 1 ZPO). Da die Überweisung der Forderung zur Einziehung der übliche Weg der Forderungsverwertung ist, wird sie auch beschlossen, wenn der Gläubiger lediglich ohne weitere Angabe die Überweisung der Forderung verlangt.

140 Voraussetzung für den Überweisungsbeschluß ist ein *Antrag* des Gläubigers, der regelmäßig gleichzeitig mit dem Antrag auf Erlaß des Pfändungsbeschlusses gestellt wird. Zuständig für die Überweisungsanordnung ist der Rechtspfleger des Vollstreckungsgerichts, der den Pfändungsbeschluß und die Überweisungsanordnung regelmäßig in *einem* Beschluß erläßt. Allerdings kann die Überweisungsanordnung dem Pfändungsbeschluß nachfolgen. Bei derartiger gesonderter Überweisung ist es wegen Artikel 103 Abs. 1 GG geboten, den Schuldner vorher zu hören[3], weil es jetzt wegen der Sicherungsfunktionen der Pfändung auf das Überraschungsmoment nicht mehr ankommt.

141 Darf der Schuldner gem. § 713 Abs. 2 ZPO durch Sicherheitsleistung oder durch Hinterlegung die Vollstreckung abwenden, so findet gem. § 839 ZPO die Überweisung gepfändeter Geldforderungen nur zur Einziehung und nur mit der Wirkung statt, daß der Drittschuldner den Schuldbetrag zu hinterlegen hat. Daß der Drittschuldner hinterlegen muß, bedarf der Aufnahme in den Überweisungsbeschluß. Der Schuldner erwirkt die Forderung gegen die Hinterlegungsstelle, der Gläubiger ein Pfandrecht an dieser Forderung (§ 233 BGB)[4].

---

1) Strenggenommen wird kein Recht geschaffen, sondern nur die Möglichkeit, ein Recht durchzuführen: Vgl. BGHZ 82, 31.

2) Die strenge Unterscheidung zwischen der nur sichernden Funktion des Pfandrechts an der Forderung und der Möglichkeit der Pfandverwertung wird bedeutsam bei der Arrestvollziehung (§ 930 Abs. 1 ZPO).

3) Vgl. auch Münzberg, RPfleger 1982, 329 und LG Düsseldorf, RPfleger 1982, 112.

4) Thomas/Putzo, § 839 Anm.; Wieczorek-Schütze, § 839 Anm. B. Wurde die Zwangsvollstreckung nach erfolgter Einziehung gem. § 719 gegen Sicherheitsleistung eingestellt und hat der Schuldner keine Sicherheit geleistet, so ist § 839 ZPO nicht anwendbar; LG Hamburg, MDR 1952, 45.

Der bloße Vorbehalt reicht aus. Nicht notwendig ist, daß der Schuldner die Sicherheit bereits geleistet hat. Hat der Schuldner die Sicherheit aber geleistet, so kann er die Aufhebung des Pfändungs- und Überweisungsbeschlusses verlangen (§§ 775 Nr. 3, 776 ZPO), weil die Voraussetzungen für die vorläufige Vollstreckbarkeit des Urteils nicht mehr vorliegen. Erst nach Eintritt der Rechtskraft kann der Gläubiger erneut vollstrecken.

Nur zur Einziehung wird überwiesen, wenn die Forderung gem. § 399 BGB nicht abtretbar ist (§ 851 Abs. 2 ZPO), wenn die gepfändete Forderung von einer Gegenleistung abhängt, und wenn die Titelforderung noch nicht fällig ist (§ 751 Abs. 1 ZPO). 142

Da die Vorschriften der §§ 829 Abs. 2 und 3 ZPO auf die Überweisung entsprechend anzuwenden sind (§ 835 Abs. 3 ZPO), wird der Überweisungsbeschluß mit Zustellung an den Drittschuldner bewirkt. Die Zustellung erfolgt ebenso wie beim Pfändungsbeschluß im Parteibetrieb. Hier gilt im einzelnen das zum Pfändungsbeschluß Gesagte entsprechend (vgl. Rzn. 94 ff.). Ebenso wie beim Pfändungsbeschluß ist für die Bewirkung der Überweisungsanordnung die Zustellung an den Schuldner unwesentlich. 143

Der Inhalt des Überweisungsbeschlusses richtet sich nach der Wahl des Gläubigers, das heißt zur Einziehung oder an Zahlungs Statt. Die Aufnahme eines Vermerks über die Geldempfangsvollmacht des Prozeßbevollmächtigten gehört ebensowenig in den Überweisungsbeschluß[5] wie der Vermerk, daß die gepfändete Forderung postgebührenfrei überwiesen wird[6]. Das Recht eines Dritten, die Leistung empfangen zu dürfen, bedarf nämlich der Umschreibung des Titels. Die Hinzufügung des Wortes „postgebührenfrei" dehnt den Überweisungsbeschluß in unzulässiger Weise aus. 144

Dargelegt wurde bereits, daß der wirksame Erlaß einer Überweisungsanordnung eine Pfändung voraussetzt, weil der Überweisungsbeschluß allein kein Recht auf Befriedigung verschafft, sondern quasi als Anhängsel nur aussagt, in welcher Weise das Recht auf Befriedigung realisierbar ist. Diese Erwägung führt zu folgenden rechtlichen Konsequenzen: Der vor dem Pfändungsbeschluß zugestellte Überweisungsbeschluß bleibt ohne Wirkung. Eine Überweisung darf nicht mehr erfolgen, falls die Vollstreckung bereits eingestellt ist. Geht etwa die Überweisung weiter als die Pfändung, so führt dies nicht etwa zu einer Ausdehnung der Pfändung[7]. Umgekehrt berührt eine unwirksame Überweisung nicht die Wirksamkeit der vorher ausgebrachten Pfändung der Forderung, so daß auch eine etwaig weitergehende Pfändung bis zu deren Verzicht durch den Gläubiger (§ 843 ZPO) aufrechterhalten bleibt. Der Rang mehrerer Pfandgläubiger richtet sich allein nach der Pfändung. 145

Vor Erlaß der Überweisungsanordnung hat der Rechtspfleger zu untersuchen, ob noch eine wirksame Pfändung der Forderung vorliegt. Ist etwa der Vollstrek- 146

---

5) Berner, RPfleger 1964, 366; Zöller-Stöber, § 835 Rz. 5; LG Essen, RPfleger 1959, 166; a. A. Baumbach/Lauterbach, § 835 Anm. 4 A; LG Nürnberg, RPfleger 1964, 380. Es besteht nämlich kein Anspruch des Gläubigers, daß das Vollstreckungsorgan (Rechtspfleger) mit dem zu zahlenden Geldbetrag in bestimmter Weise verfahren müßte. Für das Vollstreckungsgericht ist es zudem unerheblich, ob der Drittschuldner auch an einen bevollmächtigten Vertreter des Gläubigers befreiend leisten darf. Hat der Gläubiger etwa die Vollmacht widerrufen, so wird der Drittschuldner nicht frei, falls er sich nicht auf die Tatbestände der §§ 170 ff. BGB berufen kann. Vgl. hierzu überzeugend: Bock/Speck, S. 27.

6) LG Essen, RPfleger 1959, 166; Schopp, RPfleger 1966, 326; Bock/Speck, S. 28; Zöller-Stöber, § 835 Rz. 5

7) Münzberg in Stein/Jonas, § 835 Anm. 1; a. A. Wieczorek-Schütze, § 835 Anm. B III.

kungstitel weggefallen, die Zwangsvollstreckung für unzulässig erklärt oder eingestellt, muß er den Antrag auf Überweisung der Forderung zurückweisen.

147 Nach der herrschenden Meinung reicht für den wirksamen Erlaß eines Überweisungsbeschlusses eine wirksame Pfändung aus[8]; die Entstehung eines Pfändungspfandrechtes ist nicht erforderlich[9]. Allerdings bleibt bei Unwirksamkeit der Forderungspfändung der davon abhängende Überweisungsbeschluß rechtlich ebenfalls wirkungslos, abgesehen davon, daß er als Formalakt zugunsten des Drittschuldners gem. § 836 Abs. 2 ZPO im Verhältnis zum Schuldner als existent gilt. Nach der hier vertretenen Auffassung, nach der auch ein angreifbarer Vollstreckungsakt ein auflösend bedingtes Pfändungspfandrecht erzeugt[10], ist eine Differenzierung entbehrlich, da jedenfalls der Überweisungsbeschluß — auslösend bedingt - wirksam ist. Auch bei dieser Frage sind die Grundsätze der Anfechtbarkeit konsequent anzuwenden. Wenn der fehlerhafte Pfändungsakt nicht angegriffen wird, läuft das gesamte Zwangsvollstreckungsverfahren bis zur Befriedigung des Gläubigers normal ab. Mithin ergeben sich für das Verwertungsverfahren keine Unterschiede zum Pfändungsverfahren.

148 Ist nur ein Teil der Forderung gepfändet und überwiesen, so darf dem Pfandgläubiger auf entsprechenden Antrag hin hinsichtlich des überwiesenen Teils das Vorrecht vor dem Rest eingeräumt werden[11]. Lassen sich mehrere Gläubiger eine Forderung überweisen, so berechtigt dies den Drittschuldner und verpflichtet ihn sogar auf Verlangen eines der Gläubiger, den Schuldbetrag zu hinterlegen (§ 853 ZPO). Hinterlegt wird zugunsten aller Pfandgläubiger, wobei Wirksamkeitsvoraussetzung der Hinterlegung die Anzeige der mehrfachen Pfändung und Hinterlegung, sowie Aushändigung der Pfändungsbeschlüsse an das Vollstrekkungsgericht (§§ 828, 802 ZPO) ist, das zuerst gepfändet hat.

149 Nach Pfändung und Überweisung einer Forderung kann der nachpfändende Gläubiger nur den Teil der Forderung pfänden und sich überweisen lassen, der die Forderung des erstpfändenden Gläubigers übersteigt.

a) Die Überweisung zur Einziehung.

150 Läßt sich der Gläubiger die Forderung seines Schuldners zur Einziehung überweisen, so verbleibt sie im Vermögen des Schuldners[12]. Trotz Inhaberschaft der Forderung ist er gehindert, zum Nachteil des Gläubigers verfügen zu können[13]. So entfällt das Recht des Schuldners, gegen den Drittschuldner auf Leistung an sich selbst klagen zu dürfen. Eine Klage auf Feststellung des Bestehens der

---

8) Baumbach/Lauterbach, § 835 Anm. 1; Thomas/Putzo, § 835 Anm. 1 d; Zöller-Stöber, § 835 Rz. 3; Lüke, JuS 1962, 421 Fn. 16; Stöber, Rz. 585; vgl. auch BGH, NJW 1977, 75, 76.

9) A. A.: Bötticher, MDR 1961, 800.

10) Vgl. Rz. 121.

11) Die §§ 373 ff. gelten nicht. Wegen der Unmöglichkeit der Rücknahme erübrigt sich ein Rücknahmeverzicht: Thomas/Putzo, § 853 Anm. 1 d.

12) BGHZ 82, 31; BGH, NJW 1978, 1914.

13) Er darf vor allem nicht die Forderung einziehen.

Schuld und eine Leistungsklage auf Zahlung an den Gläubiger ist dagegen nach allgemeiner Ansicht zulässig[14].

Aus dem Vorhergesagten folgt, daß die Überweisungsanordnung keinen Forderungsübergang auf den Gläubiger schafft, sondern nur die *Ermächtigung* beinhaltet, das gepfändete Forderungsrecht im eigenen Namen geltend zu machen[15]. Die Überweisung der Forderung zur Einziehung wirkt nicht wie eine Abtretung und ist mithin nicht mit Befriedigungswirkung ausgestattet. Führt die Einziehung nicht zur Befriedigung, so bleibt der Schuldner immer noch aus der alten Schuld verhaftet. Aus diesem Grunde beendet die Überweisung zur Einziehung nicht die Zwangsvollstreckung. Der Gläubiger kann sich später die Forderung noch an Zahlungs Statt überweisen lassen[16]. **151**

Dem Einziehungsrecht des Gläubigers ist der Charakter eines selbständigen Rechts abzusprechen; als untrennbar mit der Pfändung verbunden läßt sich das Einziehungsrecht weder für sich allein abtreten noch pfänden[17]). Will ein Gläubiger des Pfandgläubigers in die durch die Pfändung und Überweisung erlangte Rechtsstellung eintreten, so muß er die Forderung des Pfandgläubigers gegen den Schuldner pfänden und sich zur Einziehung überweisen lassen, womit er gleichzeitig das Pfändungspfandrecht und Einziehungsrecht an der Forderung des Schuldners gegen den Drittschuldner erwirbt. **152**

aa) Die Rechtsstellung des Gläubigers

Nach der Überweisung der Forderung zur Einziehung gestaltet sich die Rechtsstellung der Beteiligten folgendermaßen: Dem Gläubiger sind im Verhältnis zum Drittschuldner alle Rechtshandlungen gestattet, die der Schuldner vornehmen könnte, sofern dies der Befriedigung des Gläubigers dient. Der Gläubiger kann demnach die Forderung im eigenen Namen anstelle des Schuldners geltend machen, für sich einziehen und auf Leistung an sich klagen. Ihm steht das Recht der Kündigung und Aufrechnung mit einer eigenen Forderung zu[18]. Hierbei ist **153**

---

[14] RGZ 83, 118, 119; Baumbach/Lauterbach, § 835 Anm. 5 A; Thomas/Putzo, § 836 Anm. 1 a; Wieczorek-Schütze, § 835 F V c. Der Schuldner könnte auch gegen den Drittschuldner einen Arrest erwirken: RGZ 27, 282. Ein gegen den Schuldner ergehendes klageabweisendes Urteil wirkt aber nicht mit Rechtskraft gegen den Gläubiger. Die herrschende Meinung begegnet aber Bedenken im Hinblick auf die Schadensersatzregelung des § 842 ZPO, der bei der Möglichkeit einer Klage auf Leistung an den Gläubiger gegenstandslos würde; jedenfalls würde danach eine unterlassene Leistungsklage ein erhebliches Mitverschulden gem. § 254 BGB begründen müssen. Im übrigen dürfte es dem nicht zu beteiligenden (§§ 834, 829 Abs. 3 ZPO) Schuldner in der Praxis Schwierigkeiten bereiten, den zur Zeit der Klage rangbesten Gläubiger herauszufinden; vgl. hierzu auch ArbG Wesel, Urteil vom 6. 5. 1983, (4) 1 Ca 1501/82.

[15] Der Überweisungsbeschluß ersetzt die förmlichen Erklärungen, die nach materiellem Recht zur Abtretung der betreffenden Forderung erforderlich sein würden.

[16] Der umgekehrte Weg ist aber ausgeschlossen, weil mit der Überweisung an Zahlungs Statt die Forderung aus dem Vermögen des Schuldners bereits ausgeschieden ist: RGZ 18, 398; Baumbach/Lauterbach, § 835 Anm. 2 A; Thomas/Putzo, § 835 Anm. 3; Zöller-Stöber, § 835 Rz. 7.

[17] Wieczorek-Schütze, § 835 F IV c; Schönke/Baur, S. 150; a. A. BAG, DB 1980, 835 und LG Osnabrück, NJW 1956, 1076, die die Pfändung des Einziehungsrechts ohne gleichzeitige Pfändung der Forderung zulassen wollen.

[18] BHGZ 82, 31 m. w. N.

der Schuldner dem Gläubiger gegenüber verpflichtet, die zur Geltendmachung notwendigen Auskünfte zu erteilen und die über die Forderung vorhandenen Urkunden herauszugeben (§ 836 Abs. 3 ZPO)[19]. Erteilt der Schuldner die Auskunft nicht freiwillig, ist eine Klage und anschließende Zwangsvollstreckung nach § 888 ZPO erforderlich; im Pfändungsverfahren kann die Auskunft nicht erzwungen werden[20].

153a Befinden sich die Urkunden im Besitz eines nicht herausgabebereiten Dritten, so ist der Gläubiger aufgrund der Überweisungsanordnung legitimiert, gegen den Dritten auf Herausgabe zu klagen, ohne das es noch der Überweisung der Ansprüche gegen den Dritten auf Herausgabe bedarf. Mit der Überweisung der Forderung geht der Herausgabeanspruch als ein Zubehör der Forderung bereits auf den Gläubiger über.

154 Neben dem Auskunftsanspruch gegen den Schuldner besitzt der Gläubiger gem. § 840 ZPO einen weiteren Auskunftsanspruch gegen den Drittschuldner. Auf Verlangen des Gläubigers hat der Drittschuldner zu erklären, ob und inwieweit er die Forderung als begründet anerkennt und zur Zahlung bereit ist, ob und welche Ansprüche andere Personen an die Forderung stellen, ob und wegen welcher Ansprüche die Forderung bereits für andere Gläubiger gepfändet ist. Diese Auskünfte sollen dem Gläubiger Klarheit darüber verschaffen, ob und inwieweit er seine Befriedigung durchzusetzen vermag (Rzn. 216 ff.).

155 Der Gläubiger darf andere Leistungen für die gepfändete Forderung an Erfüllungs Statt annehmen und dem Drittschuldner die Schuld erlassen, wenn er dadurch befriedigt wird[21]. Hat der Gläubiger — was zulässig ist[22] — über den Betrag seiner eigenen titulierten Forderung hinaus eine Forderung des Schuldners beschlagnahmt und sich zur Einziehung überweisen lassen, so beschränken sich seine Rechte auf den in Höhe der eigenen Forderung entsprechenden Betrag. Dem Gläubiger ist verboten, den Mehrbetrag unter dem Vorbehalt seiner Erstattung an den Gläubiger einzuziehen[23]. Der Gläubiger darf aber — auch gegen eine ihn treffende Verbindlichkeit[24] — aufrechnen und kündigen[25]. Bei der Aufrechnung sind gegebenenfalls tarifliche Ausschlußfristen zu beachten[26].

156 Dienen die Gläubigermaßnahmen nicht der Befriedigung, entfalten sie im Ver-

---

[19] Diese Verpflichtung des Schuldners besteht unabhängig von der Auskunftspflicht des Drittschuldners nach § 840 ZPO. Schönke/Baur S. 150; vgl. LG Hamburg, RPfleger 1982, 387; a. A. AG Bonn, RPfleger, 1963, 125. § 836 Abs. 3 ZPO bildet auch die Grundlage für die Herausgabevollstreckung (§ 883 ZPO). Der Beschluß muß notfalls ergänzt werden: LG Limburg, DGVZ 1975, 11; AG Dortmund, DGVZ 1980, 29; vgl. Baumbach/Lauterbach, § 836 Anm. 3 B mit Beispielen und Nachweisen.

[20] LG Hamburg, RPfleger 1982, 387.

[21] RGZ 169, 54.

[22] Vgl. Rz. 53.

[23] Stöber S. 203, Rz. 603; Baumbach/Lauterbach, § 835 Anm. 4 B.

[24] BGH, NJW 1978, 1914.

[25] BGHZ 82, 31; BGH, NJW 1978, 1914. Er darf auch Sparguthaben abheben (LG Essen, MDR 1973, 323) und einen Lohnsteuerjahresausgleich beantragen (BFH, BB 1973, 1198; FG Düsseldorf, MDR 1978, 964).

[26] Zur analogen Anwendung von § 390 Satz 2 BGH siehe Rz. 260 a FN. 17 m. w. N.).

hältnis zum Schuldner ohne dessen Zustimmung keine Wirkung. Würde etwa der Gläubiger dem Drittschuldner die Forderung des Schuldners stunden, erlassen, Teilzahlungen bewilligen oder einen Nachlaß gewähren, so überstiege ein derartiges Verhalten die rechtliche Gestattung aus dem Pfändungspfandrecht, sich befriedigen zu dürfen. Ebensowenig schmälert eine vergleichsweise Regelung zwischen Gläubiger und Drittschuldner die Rechtsposition des Schuldners. Dieser kann allerdings gem. § 185 BGB seine Genehmigung erteilen.

Den Gläubiger treffen aus dem Pfändungsbeschluß und der Überweisungsan- 157
ordnung zur Einziehung gegenüber dem Schuldner auch Pflichten. Für den Schuldner besteht nämlich ein schutzwürdiges Interesse daran, die Beitreibung seiner Forderung möglichst nicht zu verzögern, solange der Drittschuldner solvent ist. Verzögert der Gläubiger die Beitreibung der zur Einziehung überwiesenen Forderung, so haftet er dem Schuldner für den daraus entstandenen Schaden (§ 842 ZPO). Diese Beitreibungspflicht obliegt dem Gläubiger sowohl für die außergerichtliche wie für die prozessuale Geltendmachung im Rahmen des titulierten Anspruchs. Zur Haftungsauslösung gehört, daß die Verzögerung schuldhaft (§ 276 BGB) geschehen ist. Hierbei kann ein mitwirkendes Verschulden des Schuldners ins Gewicht fallen (§ 254 BGB), sofern er selbst klagen konnte und durch die Nichterhebung der Klage zu Schaden gekommen ist[27)].

bb) Die Rechtsstellung des Schuldners

Nach der Überweisung der Forderung zur Einziehung entfällt das Recht des 158
Schuldners, die Leistung einziehen zu dürfen[28)], obwohl er Inhaber der Forderung bleibt. Die Rechtshandlungen des Schuldners in bezug auf seine Forderung entbehren nur dann nicht der Wirksamkeit gegenüber dem Gläubiger (§§ 135, 136 BGB), wenn sie seine Rechtsposition nicht beeinträchtigen. Deshalb bestehen für den Schuldner keine rechtlichen Hindernisse, gegen den Drittschuldner auf Zahlung an den Gläubiger zu klagen oder einen Feststellungsprozeß über das Bestehen der gepfändeten Forderung gegen den Drittschuldner zu führen[29)], zumal der Schuldner regelmäßig ein erhebliches Eigeninteresse an der Befriedigung seines Gläubigers aus der gepfändeten Forderung haben wird. Die zu den allgemeinen Prozeßvoraussetzungen gehörende Prozeßführungsbefugnis des Schuldners[30)] als Gestattung der Prozeßführung im eigenen Namen wird nach allgemeiner Ansicht trotz fehlender Aktivlegitimation als gegeben angesehen[31)]. Bei der Klage des Drittschuldners gegen den Schuldner auf Lei-

---

27) Vgl. auch Fußnote 14, S. 65.

28) Rzn. 129 ff. Auch eine Einziehung „unbeschadet der Rechte des Pfandgläubigers" wäre unstatthaft: RGZ 77, 141, 144; vgl. auch Schneider, JurBüro 1966, 191.

29) Siehe Fußnote 14, S. 65.

30) BGHZ 36, 187; Lüke, ZZP 76, 1 ff.; Sinaniotis, ZZP 79, 95 ff.; Diederichsen, ZZP 76, 400. Bei fehlender Prozeßführungsbefugnis wird die Klage als unzulässig abgewiesen: BGH, NJW 1962, 633.

31) Vgl. dazu Zöller-Vollkommer, Vorbem. zu § 50 ZPO Rz. 30. Dies ist von der Konstruktion her problematisch, weil der Schuldner Inhaber der Forderung bleibt und nur durch die Überweisungsanordnung die Einziehungsermächtigung insoweit einbüßt, als er den Gläubiger benachteiligt. Zu dem Problemkreis auch: Berg, JuS 1955, 461 ff.

stung kann der Schuldner ein Zurückbehaltungsrecht mit der Maßgabe der Leistung an den Pfändungspfandgläubiger ausüben.

159 Wird der Anspruch des Schuldners erst *nach Rechtshängigkeit* vom Gläubiger gepfändet und zur Einziehung überwiesen, so beeinflußt dies den Prozeß nicht. Der Prozeß wird zwischen den bisherigen Parteien unverändert fortgeführt (§ 265 Abs. 2 ZPO). Der Gläubiger ist nicht befugt, ohne Zustimmung des Gegners (Drittschuldners) als Hauptpartei anstelle des Schuldners den Prozeß zu übernehmen. Der Schuldner führt kraft gesetzlicher Prozeßstandschaft den Prozeß weiter, muß aber wegen der veränderten materiellen Rechtslage (Verlust der Verfügungsbefugnis) den Klageantrag auf Zahlung an den Gläubiger anpassen, worauf das Gericht gem. § 139 ZPO hinzuwirken hat. Stellt der Schuldner den Klageantrag nicht um, ist die Klage wegen fehlender materieller Verfügungsbefugnis (Aktivlegitimation) als unbegründet abzuweisen. Abgesehen von der Abweisung der Klage wegen mangelnder Aktivlegitimation wirkt das Urteil mit Rechtskraft für und gegen den Pfandgläubiger (§ 325 ZPO). Will der Pfandgläubiger auf das Verfahren einwirken, so kann er sich als Nebenintervenient am Prozeß beteiligen (§§ 265 Abs. 2, 66 ZPO). Eine streitgenössische Nebenintervention ist aber kraft Gesetzes ausgeschlossen.

160 Ergeht gegen den Drittschuldner ein obsiegendes Urteil, so kann sich der Pfandgläubiger als Rechtsnachfolger im Sinne des § 727 ZPO die Vollstreckungsklausel umschreiben lassen.

161 Wird der Pfändungs- und Überweisungsbeschluß erst nach Erlaß des Urteils ausgebracht, so verpflichtet dies den Drittschuldner, nur noch an den Pfandgläubiger zu leisten. Betreibt gleichwohl der Schuldner weiterhin die Zwangsvollstreckung aus dem Titel, so bleibt dem Drittschuldner nur die Möglichkeit, im Wege der Vollstreckungsgegenklage gem. § 767 ZPO die Unzulässigkeit der Zwangsvollstreckung geltend zu machen.

162 Keinen rechtlichen Bedenken begegnet es, wenn der Schuldner gegen den Drittschuldner wegen der gepfändeten Forderung einen Arrest erwirkt[32]. Hinterlegung kann der Schuldner nur im Fall des § 839 ZPO verlangen[33].

cc) Die Rechtsstellung des Drittschuldners

163 Zahlt der Drittschuldner an den Gläubiger, so gilt insoweit die Vollstreckungsforderung des Gläubigers gegen den Schuldner als erfüllt (§§ 815 Abs. 3, 819 ZPO entsprechend). Zahlt der Drittschuldner versehendlich an den Gläubiger, obgleich die Forderung des Schuldners gegen den Drittschuldner vorher abgetreten oder für einen anderen Gläubiger gepfändet worden ist, steht dem Drittschuldner ein Bereicherungsanspruch gegen den Gläubiger zu[34].

---

32) RGZ 27, 282. Zu § 929 Abs. 2 ZPO vgl. OLG Frankfurt, DB 1985, 1991.

33) RGZ 77, 141, 144; vgl. auch den Wortlaut des § 853 ZPO, hierzu ArbG Wesel, Urteil vom 6. 5. 1983, (4) 1 Ca 1501/82.

34) BGHZ 82, 28, 33 m. w. N.; vgl. auch Lieb, ZIP 1982, 1153.

Entsprechend § 404 BGB kann der Drittschuldner dem Gläubiger die Einwendungen entgegensetzen, die zur Zeit der Pfändung gegen den bisherigen Gläubiger (Schuldner) begründet waren. Zu diesen Einwendungen gehören alle Einreden, wie die Verjährungseinrede, die Einrede der Arglist, die Berufung auf das Versprechen, die Zwangsvollstreckung nicht zu betreiben, die Bereicherungseinrede, die Berufung auf die Vereinbarung eines Gerichtsstandes[35]. Zu den Einwendungen zählen die Berufung auf rechtshindernde oder rechtsvernichtende Tatsachen, etwa daß die Forderung bereits erfüllt oder vor Pfändung abgetreten ist. 164

Zur Zeit der Pfändung begründet sind alle Einwendungen bereits dann, wenn sie damals auch nur dem Rechtsgrunde nach in dem Schuldverhältnis zwischen dem Drittschuldner (Arbeitgeber) und Schuldner (Arbeitnehmer) begründet waren. Nicht erforderlich ist, daß alle zur Wirksamkeit der Einwendung notwendigen Tatsachen zur Zeit der Pfändung bereits vorlagen, wohl aber muß ihre Grundlage bestanden haben[36]. Das bedeutet, daß alle Einreden, die infolge späterer Entwicklung der Verhältnisse entstehen, auch gegenüber dem Pfandgläubiger wirken, soweit sie im Vertrag begründet sind, mögen auch die einzelnen Erfordernisse erst nach der Pfändung erfüllt sein. 165

Nach Maßgabe des § 392 BGB ist die Aufrechnung des Drittschuldners gegenüber dem Schuldner gestattet[37]. Die Pfändung einer Forderung enthält nicht nur ein Veräußerungsverbot für den Schuldner, sondern auch ein Erfüllungsverbot für den Drittschuldner. Als Veräußerungsverbot würde die Beschlagnahme der Forderung nur die Annahme der Erfüllung und die Aufrechnung von seiten des Gläubigers ausschließen. Als Erfüllungsverbot steht sie auch der Aufrechnung einer Gegenforderung von seiten des Drittschuldners entgegen, weil durch eine solche Aufrechnung die in Beschlag genommene Forderung erlischt. Die Aufrechnung soll aber nicht unbedingt ausgeschlossen sein; sie bleibt zulässig, soweit der Drittschuldner zur Zeit der Beschlagnahme berechtigt annehmen konnte, daß er sich durch Aufrechnung seiner Gegenforderung von der in Beschlag genommenen Forderung werde befreien können. Darauf konnte er nicht rechnen, wenn ihm die Gegenforderung zur Zeit der Beschlagnahme noch nicht zustand, weshalb die Aufrechnung nach § 392 BGB für den Drittschuldner ausgeschlossen bleibt, wenn er die Gegenforderung erst nach der Beschlagnahme erworben hat. 166

Die Aufrechnung ist auch dann ausgeschlossen, wenn die Gegenforderung erst nach der Beschlagnahme und später als die in Beschlag genommene Forderung fällig geworden ist. Ist also die Gegenforderung vor der Beschlagnahme fällig geworden, so ist der Drittschuldner nach der Beschlagnahme in jedem Fall zur Aufrechnung befugt. Wurde die Gegenforderung des Drittschuldners erst nach der Beschlagnahme fällig, so hätte er zwar vor der Beschlagnahme nicht auf- 167

---

[35] RGZ 89, 214. Zur Beweislast: BGH, NJW 1956, 912. Vgl. auch BGH, DB 1985, 1523.
[36] RGZ 77, 157; RGZ 124, 114; BGHZ 25, 27; MK-Roth, § 404 Rz. 12 m. w. N.
[37] Zu den Einzelheiten: Börner, NJW 1961, 1505 ff., 1507; vgl. auch LG Aachen, ZIP 1981, 784, 787.

rechnen, aber darauf vertrauen können, sich durch Aufrechnung von seiner Schuld zu befreien, wenn seine Forderung vor der gepfändeten Forderung fällig wurde. Die wirksame Aufrechnung führt gem. § 389 BGB dazu, daß die Forderungen, soweit sie sich decken, als in dem Zeitpunkt erloschen gelten, in welchem sie zur Aufrechnung geeignet einander gegenübergetreten sind. Auf dieses rückwirkende Erlöschen der Forderung vermag sich der Drittschuldner gegenüber dem Gläubiger zu berufen. Die Aufrechnung kann auch dem Pfandgläubiger gegenüber erklärt werden (§ 406 BGB).

168 Vereinbaren der Drittschuldner und der Schuldner, daß der Drittschuldner von der Möglichkeit der Aufrechnung mit seiner Gegenforderung nur in beschränktem Maße oder überhaupt nicht Gebrauch machen wolle, so hindert eine derartige Vereinbarung die Aufrechnung auch gegenüber dem Pfändungsgläubiger, soweit nicht die Vereinbarung ein Entgegenkommen allein gegenüber dem Schuldner enthält, aber nicht ohne weiteres auch für Gläubiger des Schuldners Geltung haben sollte, die seine Forderung pfänden[38)].

169 Außer den in § 404 BGB bezeichneten Einwendungen stehen dem Drittschuldner selbstverständlich alle Einwendungen zu, welche auf dem Verhältnis zu dem Pfandgläubiger als neuem Gläubiger beruhen; ebenso solche Einwendungen, welche sich gegen die Wirksamkeit der Pfändung oder Überweisung richten. Nicht jedoch darf sich der Drittschuldner auf Einwendungen berufen, die der Titelschuldner im Wege der Vollstreckungsgegenklage geltend machen muß, das heißt, die Titelforderung des Gläubigers ist für den Drittschuldner nicht angreifbar[39)].

170 Gem. § 836 Abs. 1 ZPO gilt ein Überweisungsbeschluß, auch wenn er zu Unrecht erlassen ist, zugunsten des Drittschuldners dem *Schuldner* gegenüber solange als rechtsbeständig, bis er aufgehoben wird und die Aufhebung zur Kenntnis des Drittschuldners gelangt. Die Vorschrift bezweckt entsprechend § 409 BGB den Schutz des Drittschuldners, der im Vertrauen auf die Wirksamkeit des Überweisungsbeschlusses über die gepfändete Forderung verfügt hat. Zu Unrecht erlassen ist ein Überweisungsbeschluß im Sinne dieser Vorschrift insbesondere auch dann, wenn die gepfändete Forderung der Pfändung nicht unterworfen ist[40)]. Dieser Schutz tritt auch zugunsten des Drittschuldners gegenüber einem anderen (nachrangigen) Pfändungsgläubiger ein[41)]. Der Drittschuldner wird nach dem

---

38) RAG, ARS 40, 174 ff. mit kritischer Anmerkung von Volkmar, S. 179 ff. Die hiergegen von Volkmar vorgetragenen Bedenken, damit würde einer Gläubigerbenachteiligung Vorschub geleistet, greifen nicht durch, weil der Gläubiger im Wege der Gläubigeranfechtung gegen Benachteiligung geschützt wird. Eine ähnliche Situation tritt ein, wenn etwa eine Lohnabtretung in Gläubigerbenachteiligungsabsicht erfolgt; vgl. RGZ 142, 141 ff. Eine etwaige Lohnschiebung kann vom Pfandgläubiger im Klagewege durch Anfechtung der Abtretung festgestellt werden. Zur Frage einer vertraglich vereinbarten Tilgungsbefugnis: OLG Stuttgart, NJW 1960, 204; auch Trinkner, DB 1967, 35 m. w. N.; vgl. auch BGH, NJW 1970, 42; BAG, BB 1967, 35; zur Aufrechnungsvereinbarung, deren Wirksamkeit gegenüber dem Pfandgläubiger von den Voraussetzungen des § 392 BGB abhängen soll vgl. Rz. 970.

39) BAG, AP Nr. 1 zu § 776 ZPO; BAG, NJW 1964, 688; RGZ 93, 74, 77.

40) BAG, NJW 1966, 222, 223.

41) BGH NJW 1976, 1453; hierzu Denck, JuS 1979, 408 ff.

klaren Wortlaut des § 836 Abs. 2 ZPO solange geschützt, als der Pfändungs- und Überweisungsbeschluß nicht aufgehoben worden ist, so daß es nicht darauf ankommt, ob der Drittschuldner in Unkenntnis von der etwaigen Unwirksamkeit der Pfändung gehandelt haben muß[41a)].

§ 836 Abs. 2 ZPO enthält jedoch keinen Vertrauensschutz in dem Bestand der gepfändeten angeblichen Forderung. Steht die Forderung nicht dem Schuldner, sondern einem Dritten zu, so leistet der Drittschuldner im Verhältnis zum Dritten an den Gläubiger nicht mit befreiender Wirkung. **171**

Erfährt der Drittschuldner von der Aufhebung des Pfändungs- und Überweisungsbeschlusses, sei dies durch Zustellung durch formlose Mitteilung oder Vorlegung der beglaubigten Abschrift eines Gerichtsbeschlusses durch den Schuldner, entfällt der Schutz des guten Glaubens im Sinne des § 836 Abs. 2 ZPO mit der Folge, daß der Drittschuldner an den Pfandgläubiger nicht mehr mit schuldbefreiender Wirkung leisten kann und es dann bei der Rechtslage verbleibt, die vor Zustellung des Pfändungs- und Überweisungsbeschlusses bestanden hat[42)]. **172**

Der Drittschuldner kann nach den auch im Vollstreckungsverfahren anwendbaren Grundsätzen des bürgerlichen Rechts (§§ 412, 407 BGB) an den Schuldner in gleicher Weise mit schuldbefreiender Wirkung leisten, wie der Schuldner bei einer Forderungsabtretung an seinen Altgläubiger nach dem Widerruf der Anzeige über die Forderungsabtretung[43)]. **173**

b) Die Überweisung an Zahlungs Statt

Durch die Überweisung an *Zahlungs Statt*[44)] scheidet die Forderung aus dem Vermögen des Schuldners aus und geht in das Vermögen des Gläubigers über, als ob sie abgetreten worden wäre[45)]. Sie verschafft dem Pfandgläubiger die volle Gläubigerstellung, die vordem der Schuldner innehatte, der damit als Gläubiger der Forderung ausscheidet. Mit der Forderung gehen daher auch die Nebenrechte, insbesondere Pfandrechte (§ 401 BGB) auf den Gläubiger über, ohne daß der Schuldner gem. § 838 ZPO vom Gläubiger eine Sicherheit verlangen könnte. **174**

41a) Vgl. aber auch BAG, NJW 1977, 75, 77.

42) Vgl. aber auch BGHZ 82, 28ff. betreffend Kondiktionsansprüche gegenüber dem Gläubiger.

43) OLG Stuttgart, NJW 1961, 34, 35 mit zustimmender Anmerkung von Riedel; Thomas/Putzo, § 836 Anm. 2. Dies ist insbesondere für den Fall der Ersatzzustellung bedeutsam. Der Drittschuldner kann sich auf die Unkenntnis der Zustellung des Pfändungs- und Überweisungsbeschlusses analog § 407 BGB berufen: RGZ 87, 412; Palandt-Heinrichs, § 407 Anm. 3; vgl. aber auch BGH, NJW 1977, 581 und NJW 1984, 608; BAG, NJW 1981, 1062; OLG Koblenz, VersR 1980, 971; LG Göttingen, VersR 1982, 1186.

44) Vgl. zu einer Anhörung: Münzberg, RPfleger 1982, 329.

45) RGZ 18, 398; Schönke/Baur, S. 150; Hoche, S. 144. § 365 BGB gilt nicht für § 835 ZPO, weil die datio in solutum nur rechtsgeschäftlich begründet werden kann. Vgl. dazu Erman-Westermann, § 365 Anm. 1.

175 Soweit die überwiesene Forderung besteht, ist der Gläubiger wegen seiner Forderung gegen den Schuldner als befriedigt anzusehen (§ 835 Abs. 2 ZPO). Diese Wirkung tritt unabhängig davon ein, ob die Forderung beitreibbar ist oder nicht. Aus dieser Erwägung heraus wird eine Überweisung an Zahlungs Statt für den Pfandgläubiger nur dann sinnvoll sein, wenn die Realisierung der Forderung außer Zweifel steht. Wie aus dem Wortlaut des § 835 Abs. 2 ZPO deutlich hervorgeht, tritt die Wirkung der Befreiung des Schuldners allerdings nur dann ein, wenn die überwiesene Forderung zur Zeit der Überweisung wirklich bestanden hat (Verität). War die Forderung vordem etwa abgetreten oder bereits erfüllt, ist der Gläubiger nicht als befriedigt anzusehen. Das gleiche gilt, wenn der Forderung Einwendungen oder Einreden gem. §§ 404 ff. BGB wirksam entgegengesetzt worden sind, die sich nicht aus der Person des Pfändungsgläubigers ergaben. Bei derartiger Sachlage behält der Pfändungsgläubiger seine Forderung gegen den Schuldner. Die Kosten der Beitreibung gehen zu Lasten des Gläubigers, weil er anstelle der erloschenen Forderung gegen seinen Schuldner die überwiesene Forderung als eigene geltend macht. Hat der Schuldner den Gläubiger bereits befriedigt, den Vollstreckungstitel sich nicht aushändigen lassen und betreibt der Gläubiger durch Ausbringung einer Pfändung und Überweisung an Zahlungs Statt die Vollstreckung in das Schuldnervermögen weiter, so findet § 835 Abs. 2 ZPO keine Anwendung, wenngleich der Drittschuldner gem. § 836 Abs. 2 ZPO im Verhältnis zum Schuldner geschützt wird und bei Leistung an den Pfandgläubiger seine Schuld gegenüber dem Schuldner befreiend erfüllt. Nach Zahlung durch den Drittschuldner bleibt dem Schuldner nur die Leistungsklage gegen den Gläubiger wegen ungerechtfertigter Bereicherung in sonstiger Weise aus § 812 Abs. 1 Satz 2 2. Alternative BGB.

176 Betreibt der Gläubiger die Vollstreckung trotz Überweisung einer Forderung an Zahlungs Statt weiter, so ist es nicht Aufgabe des Vollstreckungsgerichts zu überprüfen, ob der Gläubiger bereits befriedigt ist; vielmehr hat sich der Schuldner durch Erhebung einer Vollstreckungsgegenklage gem. § 767 ZPO gegen die weitere Durchführung der Vollstreckung zu wenden.

177 Da die Zwangsvollstreckung mit der in § 835 Abs. 2 statuierten Tilgungswirkung bei der Überweisung an Zahlungs Statt beendet ist, können die Kosten der Betreibung nicht mehr dem § 788 ZPO als Kosten der Zwangsvollstreckung unterfallen. Die Beitreibungskosten sind dann vom Drittschuldner einzufordern.

178 Wegen der Befriedigungswirkung der Überweisung an Zahlungs Statt ist ein Verzicht auf die Rechte aus der Pfändung und Überweisung denknotwendig ausgeschlossen; ebensowenig kann sich der Gläubiger wegen einer verzögerlichen Beitreibung dem Schuldner gegenüber gem. § 842 ZPO schadensersatzpflichtig machen.

179 Hat aufgrund eines vorläufig vollstreckbaren Urteils eine Überweisung an Zahlungs Statt stattgefunden, so ist bei Aufhebung des Urteils der Gläubiger zur Rückübertragung der Forderung an den Schuldner verpflichtet (§ 717 Abs. 2 ZPO). Gehen mehrere Gläubiger gegen den Schuldner vor, so sind beide Arten

der Überweisung der gepfändeten Forderung zulässig. Hinsichtlich der Rangfolge kommt es allein auf den Rang der Pfändungen[46], nicht den der Überweisungen an.

In diesem Falle ist der Drittschuldner berechtigt und auf Verlangen eines Gläubigers verpflichtet, den Schuldbetrag zu hinterlegen (§ 853 ZPO). Der Leistungsklage eines nachrangigen Gläubigers vermag der Drittschuldner die Einrede einer vorrangigen Pfändung entgegenzusetzen. Dem Empfänger einer Überweisung an Zahlungs Statt steht gegen Vollstreckungsmaßnahmen nachfolgender Gläubiger die Klage aus § 771 ZPO zu. 180

c) Zusammentreffen mehrerer Pfändungen

Derselbe Lohnanspruch kann für mehrere Titel-Gläubiger ebenso gepfändet werden wie die gleiche Sache des Schuldners für mehrere Gläubiger. Ein Gläubiger, dem mehrere titulierte Forderungen gegen den Schuldner zustehen, könnte die Lohnforderung des Schuldners mehrfach pfänden und sich überweisen lassen. 181

Der Zulässigkeit der Mehrfachpfändung einer Forderung steht nicht entgegen, daß sie bereits anderen Gläubigern überwiesen wurde. Soweit die nochmalige Pfändung und Überweisung eine bereits zur Einziehung überwiesene Forderung trifft, bestehen keine Bedenken, weil die Forderung Bestandteil des Schuldnervermögens bleibt und allein der Pfändungsrang darüber entscheidet, ob der nachpfändende Gläubiger Befriedigung erlangt. Schwieriger ist die Rechtslage bei der an Zahlungs Statt überwiesenen Forderung. Diese scheidet aus dem Vermögen des Schuldners aus und entfällt mithin als Zugriffsobjekt für später pfändende Gläubiger. Würde also mit Sicherheit feststehen, daß der nachpfändende Gläubiger eine nichtige Pfändung ausbringt, dürfte der Rechtspfleger mangels Rechtsschutzinteresses den Pfändungs- und Überweisungsbeschluß nicht erlassen[47]. Diese Sicherheit fehlt im Regelfall. Abgesehen davon braucht der nachpfändende Gläubiger den Bestand der Lohnforderung nur schlüssig zu behaupten; dem Vollstreckungsgericht obliegt nicht die Prüfung, ob die Forderung tatsächlich besteht. Aus diesem Grunde ist weiteren Anträgen auf Pfändung und Überweisung regelmäßig stattzugeben[48]. Der nachfolgende Gläubiger kann nach §§ 853, 856 ZPO verfahren. 182

Bei der Forderungspfändung geschieht die Mehrfachpfändung nicht durch die Anschlußpfändung wie bei beweglichen Sachen (§ 826 ZPO); es bedarf für jeden Gläubiger eines besonderen Pfändungs- und Überweisungsbeschlusses. 183

aa) Das Prioritätsprinzip

Der *Rang* mehrerer Pfändungspfandrechte an der mehrfach gepfändeten Forderung bestimmt sich gem. § 804 Abs. 3 ZPO grundsätzlich nach dem Prioritäts- 184

---

46) RGZ 164, 162, 169.
47) Vgl. zum mangelnden Rechtsschutzinteresse: Rzn. 90f. m. w. N.
48) So auch Wieczorek-Schütze, § 835 Anm. H I.

prinzip. Derjenige Gläubiger ist vom Drittschuldner vorrangig zu befriedigen, dessen Pfändungsbeschluß *zuerst* dem Drittschuldner zugestellt wurde (§ 829 Abs. 3 ZPO). Nach dem Prioritätsprinzip hat der Drittschuldner auch dann zu verfahren, wenn mehrere zeitlich aufeinanderfolgende Verfügungen des Gerichts mit rechtsgeschäftlichen Verfügungen des Schuldners (z. B. Abtretung) zusammentreffen. Gem. § 135 Abs. 1 Satz 2 BGB werden rechtsgeschäftliche Verfügungen den Verfügungen des Gerichts gleichgestellt, das heißt, der Schuldner darf einer durch Pfändungs- und Überweisungsbeschluß ausgesprochenen gerichtlichen Verfügung keine stärkere Bedeutung beimessen als einer Verfügung des Schuldners. Reicht die mehrfach gepfändete oder abgetretene Forderung zur Befriedigung aller Gläubiger nicht aus, genießt der frühere Pfändungs- oder Abtretungsgläubiger kraft des besseren Pfändungs- oder Abtretungsrechts Befriedigungsvorrang. Dies gilt selbstverständlich ebenfalls für das Verhältnis der Pfändungspfandrechte zu Vertragspfandrechten[49].

185 Gem. §§ 832, 833 ZPO erstreckt sich das Pfandrecht und damit sein Rang bei der Pfändung einer Lohn- oder Gehaltsforderung auch auf die nach der Pfändung fällig werdenden Beträge sowie das Einkommen, das der Schuldner infolge der Versetzung in ein anderes Amt, der Übertragung eines anderen Amtes oder einer Gehaltserhöhung zu beziehen hat.

186 Bei gleichem Rang mehrerer Pfändungsgläubiger, das heißt bei gleichzeitiger Zustellung, wird die Forderung nicht nach Kopfteilen, sondern nach dem Verhältnis der vollstreckbaren titulierten Beträge aufgeteilt (vgl. § 10 Abs. 1 ZVG). Haben zum Beispiel A und B mit Gleichrang eine Forderung des S gegen D in Höhe von DM 600,— gepfändet und beträgt der titulierte Anspruch des A DM 1.000,—, der des B DM 2.000,—, so erhält A DM 200,— und B DM 400,—.

187 Eine Einschränkung dieses Prioritätsprinzips im Lohnpfändungsverfahren findet sich in § 850 d ZPO. Die §§ 850 ff. ZPO teilen das Arbeitseinkommen des Schuldners dreifach auf: in den Betrag, der dem Schuldner für seinen eigenen notwendigen Unterhalt stets verbleiben muß, in den Betrag, über den zugunsten von Unterhaltsgläubigern verfügt werden darf (§ 850 d ZPO) und schließlich in den Betrag, der vorwiegend zur Erfüllung gewöhnlicher Ansprüche und nicht bevorrechtigter Ansprüche von Unterhaltsberechtigten dient (§ 850 c ZPO). Treffen nun mehrere Verfügungen zugunsten von Unterhaltsberechtigten zusammen, so stellt der Gesetzgeber in § 850 d Abs. 2 lit. a - c ZPO eine Befriedigungsanordnung auf, die unabhängig von der Priorität der Pfändung vom Vollstreckungsgericht zu beachten ist. Das kann der Fall sein, wenn mehrere gleichrangige Unterhaltsgläubiger pfänden oder wenn ein Unterhaltsgläubiger der Gruppe § 850 d Abs. 2 lit. b und c ZPO zeitlich vor einem besserrangigen Unterhaltsgläubiger der Gruppe § 850 d Abs. 2 lit. a ZPO pfändet. Trotz der Priorität müssen die rangschlechteren Unterhaltsberechtigten in der Weise zurücktreten, daß die Beitreibung des besserrangigen Gläubigers für seinen laufenden Unterhalt möglich

[49] BGH, NJW 1969, 1347.

bleibt[50]. Nach dem Sinngehalt des Gesetzes sollen diejenigen Unterhaltsberechtigten, die nach herrschender Lebensauffassung dem Schuldner näher stehen, eine Privilegierung vor anderen Gläubigern erfahren. Treffen allerdings mehrere Unterhaltsgläubiger und gewöhnliche Gläubiger zusammen, dann gilt hinsichtlich des nach § 850 c ZPO pfändbaren Betrages der Grundsatz der Priorität.

bb) Die Hinterlegung

Haben mehrere Gläubiger gepfändet, so muß der Drittschuldner die Gläubiger in der Reihenfolge ihres Ranges befriedigen, falls ihn nicht das Vollstreckungsgericht ausdrücklich nach § 839 ZPO zur Hinterlegung des Schuldbetrages angewiesen hat. Sind die Rangverhältnisse der Pfändungsgläubiger nicht eindeutig, läuft der Drittschuldner Gefahr, bei Auszahlung des gepfändeten Betrages an einen noch nicht berechtigten Gläubiger doppelt in Anspruch genommen zu werden. Deshalb räumt § 853 ZPO im Gegensatz zur Hinterlegung nach § 372 BGB einen absoluten Hinterlegungsgrund ein, der lediglich die Tatsache voraussetzt, daß eine Forderung für mehrere Gläubiger gepfändet (Hinterlegungsrecht) beziehungsweise für sie gepfändet und ihnen zur Einziehung oder an Zahlungs Statt überwiesen wurde (Hinterlegungspflicht auf Verlangen). **188**

Jeder Pfändungsgläubiger darf im Fall der mehrfachen Pfändung der Forderung nach erfolgter Überweisung (§ 835 ZPO) vom Drittschuldner gem. § 853 ZPO die Hinterlegung des Betrages verlangen und notfalls durch Klage gem. § 856 ZPO erzwingen. Dieser Klage könnte der Drittschuldner durch Zahlung an den besserrangigen Gläubiger ausweichen. Dem Schuldner ist der Streit zu verkünden (§ 841 ZPO). Gegenüber nicht am Prozeß beteiligten Pfandgläubigern trifft den Drittschuldner die Antragslast der Beiladung zum Termin zur mündlichen Verhandlung (§ 856 Abs. 3 ZPO). Ob sich die beigeladenen Gläubiger anschließen, bleibt ihnen anheim gestellt. **189**

Bei mehrfacher Pfändung und Überweisung besteht eine Konkurrenz der Pfändungsgläubiger, für die § 804 Abs. 2 in Verbindung mit § 1290 BGB nicht eingreift, wonach zur Einziehung nur derjenige Gläubiger berechtigt wäre, dessen Pfandrecht den übrigen Pfandrechten vorgeht. Die Gläubigerkonkurrenz wickelt sich im Fall der Mehrfachpfändung eigenständig nach ZPO-Grundsätzen ab (§ 853 ZPO). Jeder Pfandgläubiger hat ein Einziehungsrecht, der Nachrangige nur unbeschadet der Rechte des Vorrangigen. Klagt der erstrangige Gläubiger auf Leistung, so bleibt dem Drittschuldner der Weg der Hinterlegung geöffnet (§ 853 ZPO)[51]. Trifft eine derartige Leistungsklage mit einer Hinterlegungsklage eines nachrangigen Gläubigers zusammen, so können folgende Fallgestaltungen auftreten: Wird zunächst der Hinterlegungsklage stattgegeben und hinterlegt der Drittschuldner, so müßte der Gläubiger auf seinen prozessualen Anspruch verzichten (§ 306 ZPO), um in entsprechender Anwendung des § 93 ZPO Kosten zu **190**

---

50) Zu den Einzelheiten: Vgl. Rzn. 606 ff.

51) Der Schuldner kann auch noch nach Verurteilung hinterlegen. Einer Vollstreckung ist dann mit § 767 ZPO zu begegnen; vgl. Wieczorek-Schütze, § 853 Anm. B III.

sparen, soll die Klage nicht als unbegründet abgewiesen werden[52]. Hat dagegen die Leistungsklage Erfolg, bevor über die Hinterlegungsklage durch Urteil erkannt ist, wird die Hinterlegungsklage gegenstandslos, wenn die Leistung nur dem ersten Gläubiger zustand. Die Leistungsklage eines rangschlechteren Gläubigers unterliegt der Abweisung, wenn der Drittschuldner die vorangehenden Rechte nachweist.

191 Klagt ein Pfandgläubiger auf Hinterlegung, so kann sich jeder Gläubiger, für den der Anspruch gepfändet ist, dem Kläger in jeder Lage des Rechtsstreits als Streitgenosse anschließen. Es besteht notwendige Streitgenossenschaft (§ 62 ZPO), weil das Urteil gem. § 856 Abs. 4 ZPO Rechtskraft für und gegen sämtliche Gläubiger schafft. Bei verurteilender Entscheidung gilt für nicht am Rechtsstreit als Kläger Beteiligte § 727 ZPO entsprechend. Gegen Pfändungsgläubiger wirkt das Urteil nur, soweit sie geklagt, sich angeschlossen haben oder beigeladen wurden (§ 856 Abs. 5 ZPO). Eine Rechtskrafterstreckung auf den Schuldner besteht nicht[53].

192 Die Hinterlegung bildet die geschuldete Leistung des Drittschuldners selbst, das heißt, sie wirkt wie eine Zahlung. Der hinterlegte Betrag scheidet aus dem Vermögen des Drittschuldners aus. Seine Rücknahme ist ausgeschlossen. Damit befreit sich der Drittschuldner bei mehreren Pfändungen von der Haftung, ohne die Rechtmäßigkeit der Pfändungen nachprüfen zu müssen. Bedingung für diese Befreiungswirkung ist jedoch, daß zum Hinterlegungszeitpunkt mehrere Pfändungen der Forderung vorliegen, wobei § 407 BGB analog den Drittschuldner bei Unkenntnis des Wegfalls einer Pfändung schützt. Die Annahme des Pfandbetrages durch die Hinterlegungsstelle reicht nicht aus. Keiner Begründung bedarf es, daß sich die Hinterlegungsberechtigung nur auf den gepfändeten Betrag, nicht etwa auf den gesamten Lohn des Arbeitnehmers als Schuldner erstreckt.

193 Die Wirksamkeit der Hinterlegung nach § 853 ZPO setzt weiter voraus, daß sie der Drittschuldner dem Amtsgericht unter genauer Angabe der berechtigten Gläubiger und unter Übersendung der zugestellten Pfändungsbeschlüsse anzeigt. Zuständig für die Anzeige ist das Amtsgericht, dessen Beschluß dem Drittschuldner zuerst zugestellt wurde, unabhängig davon, ob dieses Amtsgericht für die Lohnpfändung örtlich zuständig war[54]. Wurde der zuerst zugestellte Beschluß von einem höheren Gericht erlassen, so ist die Anzeige an dieses

---

52) Wieczorek-Schütze, § 853 Anm. B III, weist überzeugend darauf hin, daß hier kein Fall von Rechtshängigkeitskollision vorliegt. Nur die rechtskräftige Verurteilung zur Hinterlegung schließt die Leistung aus.

53) RGZ 83, 117.

54) RGZ 36, 360, 361; Wieczorek-Schütze, § 853 Anm. C II b. Verweigert das Amtsgericht die Annahme der Anzeige, so steht dem Drittschuldner die sofortige Beschwerde nach § 793 ZPO zu. Bei gleichzeitiger Zustellung durch mehrere Gerichte hat der Drittschuldner die Wahl (§ 35 ZPO entsprechend).

Gericht zu erstatten und von diesem an das zuständige Amtsgericht im Hinblick auf § 872 ZPO weiterzuleiten[55].

Da § 374 Abs. 2 BGB im Verfahren nach § 853 ZPO keine Anwendung findet, ist eine Anzeige an die Gläubiger zwar zweckmäßig, aber nicht vorgeschrieben. **194**

Die Hinterlegung richtet sich nach der Hinterlegungsordnung (HO) vom 10. 3. 1937 (RGBl. I S. 285) zuletzt geändert am 20. 8. 1975 (BGBl. I S. 2189). Weder die HO noch die ZPO geben Aufschluß über die zuständige Hinterlegungsstelle des § 853 ZPO. Aus § 853 ZPO läßt sich keine ausschließliche Zuständigkeit eines bestimmten Amtsgerichts als Hinterlegungsstelle ableiten. § 853 ZPO bestimmt allerdings die ausschließliche Zuständigkeit des Verteilungsgerichts (§§ 873, 802 ZPO). Hat der Drittschuldner nicht beim Verteilungsgericht hinterlegt, so kann jede Hinterlegungsstelle nach § 4 HO eine bei ihr anhängige Sache an das Verteilungsgericht geben. In diesem Falle muß der Drittschuldner, um die Annahme der Hinterlegung durch entsprechende Verfügung zu erwirken, außer der Angabe des Hinterlegungsgrundes (mehrfache Pfändung und Überweisung) Mitteilung von der voranzugehenden Anzeige an das Verteilungsgericht machen. **195**

Durch die Hinterlegung wird ein öffentlich-rechtliches Verwahrungsverhältnis begründet, das die Hinterlegungsstelle zur Herausgabe des hinterlegten Gegenstandes an die Gläubiger verpflichtet und seinem Wesen nach ein Vertrag zugunsten Dritter ist[56]. **196**

Treffen Pfändungen mit Abtretungen zusammen und hat der Schuldner die gepfändete Forderung bereits vorher abgetreten, so kann § 853 ZPO allenfalls für den nicht abgetretenen Teil der Lohnforderung anwendbar sein. Folgt die Abtretung den Pfändungen nach, gilt § 853 ZPO. **197**

Liegen die Voraussetzungen des § 372 BGB vor, so ist der Drittschuldner ebenfalls zur Hinterlegung berechtigt. Dies kann für eine Vorpfändung (§ 845 ZPO), die Pfändung *ohne* Überweisung (Leistung an Gläubiger und Schuldner gemeinsam) oder für eine Arrestpfändung (§§ 829, 928, 930 Abs. 1 ZPO) bedeutsam sein[57]. **198**

Die Annahme der Hinterlegung bedarf einer Verfügung der Hinterlegungsstelle (§ 6 Satz 1 HO). Nach Erlaß der Annahmeverfügung hat der Hinterleger innerhalb der ihm aufgegebenen Frist den Pfandbetrag bei der Hinterlegungskasse einzuzahlen. Handelt es sich um ein Verfahren mit fortlaufender Lohnpfändung, kann der Drittschuldner die jeweils monatlich abzuführenden Beträge aufgrund der ersten Annahmeverfügung einzahlen, ohne jeweils eine erneute Annahme- **199**

---

55) Thomas/Putzo, § 853 Anm. 1 e; Zöller-Stöber, § 853 Rz. 4; a. A. Wieczorek-Schütze, § 835 Anm. C II b 1: Amtsgericht; Baumbach/Lauterbach, § 853 Anm. 2 F hält beide Gerichte für zuständig; vgl. auch LG Berlin, RPfleger 1981, 453.

56) Bock/Speck, S. 288 ff.

57) Dies gilt auch nach Einstellung der Zwangsvollstreckung und Anordnung der Aussetzung der Vollziehung des Pfändungs- und Überweisungsbeschlusses.

verfügung herbeiführen zu müssen. Das Eigentum an der hinterlegten Summe geht auf den Fiskus über. Entsprechend der Rangordnung ihrer Pfandrechte erwerben die Pfandgläubiger nach dem Surrogationsprinzip an dem Recht des Schuldners auf Zahlung gegen die Hinterlegungsstelle ein Pfandrecht. Hierbei ist unerheblich, ob der Anspruch des Schuldners nach wie vor auf eine Lohnforderung gerichtet oder öffentlich-rechtlicher Natur ist[58]. Auf jeden Fall bleibt auch hier der Zweckgedanke der Lohnpfändungsschutzbestimmungen erhalten, so daß die Hinterlegungsstelle die §§ 850ff. ZPO zu beachten hat[59].

200 Die Auszahlung bedarf gem. § 12 HO einer Verfügung der Hinterlegungsstelle. Sie ergeht auf Antrag, wenn die Berechtigung des Empfängers nachgewiesen ist (§ 13 Abs. 1 HO). Die Kosten der berechtigten Hinterlegung trägt der Schuldner. Der Drittschuldner kann sie vom hinterlegten Betrag abziehen, anderenfalls sind sie im Verteilungsverfahren vorweg von der Verteilungsmasse abzuziehen und dem Drittschuldner gutzubringen. Im Verhältnis von Gläubiger und Schuldner sind sie Vollstreckungskosten nach § 788 ZPO[60].

201 Reicht der hinterlegte Betrag für alle Gläubiger aus, so brauchen sie sich nur gegenseitig die Auszahlung zu bewilligen (§ 13 Abs. 2 Nr. 1 HO); sonst kommt es zum Verteilungsverfahren (§§ 872ff. ZPO).

cc) Das Verteilungsverfahren

202 Die nach § 853 ZPO vorgenommene Hinterlegung ist Grundlage für das vom Verteilungsgericht (Amtsgericht des § 853 ZPO) als Offizialverfahren[61] abzuwickelnde Verteilungsverfahren (§ 873 ZPO)[62], falls der hinterlegte Betrag nicht zur Befriedigung sämtlicher Pfändungsgläubiger ausreicht (§ 872 ZPO).

203 Den aus der Anzeige ersichtlichen Gläubigern ist von Amts wegen die Aufforderung zuzustellen (§ 329 Abs. 3 ZPO), binnen einer Frist von 2 Wochen (§ 222 ZPO) eine Berechnung ihrer Forderung zu Kapital, Zinsen, Kosten und sonstigen Nebenforderungen einzureichen: § 873 ZPO. Läuft die Frist fruchtlos ab, so

---

[58] Vgl. KG, JW 1933, 231 mit Anmerkung von Nipperdey; vgl. auch Bülow/Mecke, Vorbem. Anm. 10.

[59] Ein etwaig verbleibender Anspruch des Schuldners gegen die Hinterlegungsstelle kann mit den Beschränkungen der §§ 850ff. ZPO gepfändet werden. Hat der Drittschuldner mehr hinterlegt, als er schuldet, kann er gegen die Pfandgläubiger aus § 812 BGB vorgehen.

[60] Thomas/Putzo, § 853 Anm. 2c; Wieczorek-Schütze, § 853 Anm. D; Zöller-Stöber, § 853 Rz. 3. Wird der Kostenabzug unterlassen, steht dem Drittschuldner entweder § 874 Abs. 2 ZPO oder § 812 BGB offen: OLG Frankfurt, RPfleger 1977, 184.

[61] Es ist ohne Antrag von Amts wegen zu betreiben. Die beteiligten Gläubiger können ihre Rechte nur in diesem Verfahren und nicht durch gesonderte Klage geltend machen: RGZ 131, 203; vgl. auch OLG Koblenz, ZIP 1983, 745.

[62] Zuständig ist der Rechtspfleger des in § 853 ZPO bezeichneten Amtsgerichts: § 20 Nr. 17 RpflG, der einen Beschluß des Inhalts erläßt, daß über die dem Schuldner von verschiedenen Gläubigern gepfändeten, durch den Drittschuldner (Arbeitgeber) bei der Hinterlegungsstelle des Amtsgerichts hinterlegten Lohnbeträge gem. §§ 872ff. ZPO das Verteilungsverfahren eingeleitet wird. Der ablehnende Beschluß ist mit befristeter Erinnerung binnen 2 Wochen anfechtbar und bedarf der förmlichen Zustellung an den Drittschuldner: OLG Frankfurt, RPfleger 1977, 184. Vgl. auch LG Gießen, NJW 1967, 1138, 1139 zu der Frage der Zulässigkeit des Verteilungsverfahrens bei gleichzeitiger Hinterlegung nach § 853 ZPO und § 372 BGB.

berechnet das Gericht die Forderung selbständig anhand der Anzeige und ihren Unterlagen (§ 874 Abs. 3 ZPO)[63].

Nach Ablauf der Zweiwochenfrist fertigt das Verteilungsgericht einen Verteilungsplan, worin die Gläubiger mit ihren nach der Pfändung berechtigten Ansprüchen nach der Rangfolge ihrer Pfandrechte aufzunehmen sind (§ 874 Abs. 2 ZPO). Sodann wird ein Verteilungstermin anberaumt (§ 875 ZPO), zu welchem die beteiligten Gläubiger zu laden sind. In diesem Termin wird auch über einen von einem Gläubiger gegen den Teilungsplan vorher schriftlich oder zu Protokoll der Geschäftsstelle oder mündlich im Termin erhobenen Widerspruch verhandelt (§ 876 ZPO). Erfolgt ein Widerspruch, so hat sich jeder davon betroffene Gläubiger in der mündlichen Verhandlung sofort zu erklären. Der Widerspruch kann darauf gestützt werden, daß der Rang eines Gläubigers unrichtig oder ein Pfändungspfandrecht mangels Zustellung des Titels oder Pfändungsbeschlusses überhaupt nicht entstanden sei. Zu den Aufgaben des Vollstrekkungsgerichts gehört es dabei jedoch nicht, materiell-rechtliche Fragen zu erörtern, insbesondere kommt es weder zu einer Nachprüfung des der Vollstreckung zugrunde liegenden Anspruchs des Gläubigers gegen den Schuldner noch des den Gegenstand der Vollstreckung bildenden Anspruchs des Schuldners gegen den Drittschuldner, noch zu einer Überprüfung, ob ein materielles Pfändungspfandrecht entstanden ist[64]. Freilich können die Beteiligten des Verteilungsverfahrens auch über materielle Fragen eine Einigung erzielen, indem kein Widerspruch erhoben oder derselbe vom Betroffenen anerkannt wird. Dann kommt der ursprüngliche oder berichtigte Plan zur Ausführung (§ 876 Abs. 1 Satz 3 ZPO)[65], in dem das Gericht die Hinterlegungsstelle gem. § 15 HO entsprechend dem Plan um Auszahlung an die Gläubiger ersucht. **204**

Erledigt sich der Widerspruch nicht in der vorerwähnten Weise, gelangt der Plan *insoweit* zur Ausführung, als ihn der Widerspruch nicht betrifft. Im übrigen bleibt er unausgeführt; die Hinterlegungsmasse bleibt hinterlegt. Eine Sachentscheidung des Verteilungsgerichts über den Widerspruch ist ausgeschlossen[66]. Über materiell-rechtliche Einwendungen darf im Verteilungsverfahren nicht entschieden werden; diese müssen in einer Klage nach § 878 ZPO geklärt werden. **205**

---

63) Das Verteilungsgericht ist aber dann für eine Verteilung nicht zuständig, wenn der hinterlegte Betrag zur Befriedigung aller Gläubiger ausreicht. Bei derartiger Sachlage ordnet der Rechtspfleger ohne förmliches Verteilungsverfahren die Auszahlung an die Gläubiger an. Die Frist des § 874 ZPO läuft mit der Unterzeichnung des Planes. Bis dahin ist eine nachträgliche Ergänzung der Forderung möglich: Thomas/Putzo, § 874 Anm.

64) Letzteres ist vor allem bedeutsam, wenn in einer Zeit vorübergehender Unterbrechung des Arbeitsverhältnisses der Pfändungsbeschluß an den Arbeitgeber zugestellt wurde und die Frage des § 832 ZPO im Raum steht.

65) Ist der beeinträchtigte Gläubiger im Termin nicht anwesend, so gilt der Widerspruch als bestritten (§ 877 Abs. 2 ZPO: RGZ 166, 249). Die Nichterhebung des Widerspruches gilt als Billigung des Planes (§ 877 Abs. 1 ZPO), führt aber nicht zu außerprozessualem Verzicht auf die Bereicherung: BGHZ 4, 87.

66) H. M.: OLG Hamm, JMBl. NW 1962, 97 m. w. N.; LG Münster, MDR 1966, 1011; Baumbach/Lauterbach, § 876 Anm. 2 B; Thomas/Putzo, § 876 Anm. 1; Zöller-Stöber, § 876 Rz. 5.

206 Wohl ist denkbar, gegen den im Termin festgestellten Plan als eine Entscheidung im Zwangsvollstreckungsverfahren formelle Einwendungen gegen die Art und Weise seiner Aufstellung durch sofortige Erinnerung nach § 11 Abs. 1 Satz 2 Rechtspflegergesetz[67] (§ 577 Abs. 2 ZPO) mit anschließender sofortiger Beschwerde zu erheben, wenn etwa die Anmeldung eines Gläubigers unberücksichtigt geblieben oder seine Forderung zu niedrig angesetzt ist, oder etwa das Verteilungsgericht gesetzwidrig über den Widerspruch entschieden hat. Der Rechtspfleger hat die Sache dem Richter vorzulegen. Hilft dieser nicht ab, weil er die Erinnerung für unzulässig oder unbegründet erachtet, legt er die Erinnerung dem Rechtsmittelgericht vor. In diesem Fall gilt die Erinnerung als Beschwerde gegen die Entscheidung des Rechtspflegers. Auf die begründete Erinnerung hin wird der Rechtspfleger angewiesen, einen neuen Teilungsplan aufzustellen.

207 Sein sachliches Widerspruchsrecht gegen den Teilungsplan muß der widersprechende Gläubiger gegen den beteiligten Gläubiger im Wege der Widerspruchsklage nach § 878 ZPO verfolgen[68]. Diese ist binnen einer Frist von einem Monat, die mit dem Terminstag beginnt, dem Verteilungsgericht nachzuweisen[69], anderenfalls ordnet das Verteilungsgericht die Ausführung des Plans an. Die Versäumung der Klagefrist[70] und die Ausführung des Plans hindern den Gläubiger nicht, Bereicherungsklage (§ 812 BGB) gegen einen anderen Gläubiger wegen besserer Berechtigung zu erheben (§ 878 Abs. 2 ZPO). Gleiches gilt, wenn schon der Widerspruch versäumt wurde, oder ein Gläubiger klagt, der nicht sogleich Pfändungspfandgläubiger ist und deshalb im Verteilungsverfahren nicht berücksichtigt werden konnte.

208 Bei rechtzeitiger Klagenachweisung seitens des widersprechenden Gläubigers bleibt die Streitmasse bis zur Entscheidung des Prozesses durch Hinterlegung eingefroren.

209 Zuständig für die Klage ist das Verteilungsgericht oder das übergeordnete Land-

---

67) H. M.: Baumbach/Lauterbach, § 876 Anm. 1 B; Thomas/Putzo, § 876 Anm. 3; Wieczorek-Schütze, § 876 Anm. B II a 1. A. A.: Hoche, S. 161, der § 766 ZPO anwenden will.

68) Nach h. M. handelt es sich um eine prozessuale Gestaltungsklage; vgl. Baumbach/Lauterbach, § 878 Anm. 2 A; Thomas/Putzo, § 878 Anm. 1 a; Zöller-Stöber, § 878 Rz. 1; Schuler, NJW 1961, 1601 ff. Entsprechend § 880 ZPO müßte der Antrag lauten: „Der Teilungsplan des Verteilungsgerichts wird aufgehoben und angeordnet, daß der Kläger in dem Verteilungsverfahren . . . mit seiner Forderung zu . . . vor derjenigen des Beklagten zu . . . zu befriedigen ist." Mehrere Betroffene können (müssen nicht) gleichzeitig verklagt werden. Sie gewöhnliche Streitgenossen.

69) Der Nachweis ist geführt, wenn die Klage eingereicht, Kostenvorschuß bezahlt oder ein Prozeßkostenhilfegesuch eingereicht ist: OLG Neustadt, NJW 1961, 1268; OLG Hamm, NJW 1965, 825; Thomas/Putzo, § 878 Anm. 1 d; Münzberg in Stein/Jonas, § 878 Anm. I 3 a; Schuler, NJW 1961, 1601; OLG Bremen, MDR 1982, 762 m. w. N.; Wieczorek-Schütze, § 878 Anm. A I b 2 und Baumbach/Lauterbach, § 878 Anm. 1 B verlangen unter Hinweis auf § 253 Abs. 1 ZPO zusätzlich die Zustellung der Klage.

70) Eine Wiedereinsetzung in den vorigen Stand ist ausgeschlossen, da keine Notfrist vorliegt (§ 233 ZPO). Der nach Fristablauf geführte Nachweis hindert die Ausführung des Plans nicht. Die Klage ist auch nach versäumter Frist zulässig, da es sich um keine Notfrist handelt, aber nur bis zur Ausführung des Plans. Sodann muß der Gläubiger auf eine Bereicherungsklage übergehen. Zur Zulässigkeit einer einstweiligen Verfügung bei derartiger Sachlage: vgl. Schuler, NJW 1961, 1601 ff.

gericht, wenn der Streitgegenstand nicht zur Zuständigkeit des Amtsgerichts gehört (§§ 879, 802 ZPO). Zur Zulässigkeit der Klage gehört auch die Erhebung des Widerspruchs.

Begründet ist die Klage, wenn dem Kläger ein besseres Recht zusteht als dem Beklagten, oder wenn die vollstreckbare Forderung des Beklagten ganz oder teilweise nicht besteht, oder die für den Beklagten vorgenommene Pfändung der Wirksamkeit entbehrt[71]. Den widersprechenden Gläubiger trifft dabei die Darlegungs- und Beweislast[72]. Der Kläger vermag gegenüber dem Beklagten auch die Einwendungen geltend zu machen, die dem Schuldner gegen die Forderung des Beklagten zustehen[73]. Liegt ein rechtskräftiges oder vorläufig vollstreckbares Urteil vor, ist § 767 Abs. 2 ZPO zu beachten[74]. 210

2. Andere Verwertungsart nach § 844 ZPO

Ist die gepfändete Forderung bedingt oder betagt oder ist ihre Einziehung wegen der Abhängigkeit von einer Gegenleistung oder aus anderen Gründen mit Schwierigkeiten verbunden, so kann das Gericht auf Antrag anstelle der Überweisung eine andere Art der Verwertung anordnen (§ 844 Abs. 1 ZPO). Vor dem Beschluß, durch den dem Antrag stattgegeben wird, ist der Gegner zu hören (§ 844 Abs. 2 ZPO). Gegner kann hierbei jeder Schuldner oder Gläubiger, keinesfalls aber der Drittschuldner sein. 211

Die andere Art der Verwertung setzt einen wirksamen Pfändungsbeschluß voraus; sie ist auch noch nach Erlaß des auf Einziehung lautenden Überweisungsbeschlusses gestattet. Zur Durchführung bedarf es eines schriftlichen oder zu Protokoll gestellten Antrags, der mit dem Pfändungsantrag verbunden werden darf. Antragsberechtigt sind der Schuldner, der Gläubiger und bei Pfändung auf Veranlassung mehrerer Gläubiger auch der nachpfändende Gläubiger. 212

Zuständig für den Antrag ist das Vollstreckungsgericht (§ 764 Abs. 2 ZPO) und bei ihm der Rechtspfleger (§ 20 Nr. 17 RpflG). 213

Unter den möglichen Anordnungen einer anderen Art der Verwendung sind der freihändige Verkauf, die Überweisung der bedingten oder betagten Forderung an Zahlungs Statt zum Schätzwert an den Pfandgläubiger[75], oder die öffentliche Versteigerung durch den Gerichtsvollzieher oder einen privaten Versteigerer zu 214

---

71) RGZ 153, 205; RGZ 52, 334 (Gläubigeranfechtung); RGZ 71, 426 (Verpflichtung zur Einräumung des Vorrangs); vgl. auch BGH, NJW 1974, 2284 und NJW 1971, 2226.

72) BGH, WM 1970, 1345.

73) RGZ 121, 352; nicht jedoch noch nicht ausgeübte Gestaltungsrechte: BGH, NJW 1974, 2284.

74) BGH, NJW 1974, 2284; vgl. auch Huber, JuS 1972, 621; a. A. Münzberg in Stein/Jonas, § 878 Anm. II 2.

75) RGZ 164, 162, 171 (freihändiger Verkauf); BGH, MDR 1964, 999 (Versteigerung der Forderung); Schönke/Baur, S. 131. Die Vorpfändung nach § 845 ZPO reicht für den Antrag nach § 844 ZPO nicht aus: KG, HRR 31, 703. Eine Vereinbarung zwischen Gläubiger und Schuldner vermag die Anordnung nach § 844 ZPO nicht zu ersetzen: Wieczorek-Schütze, § 844 Anm. A II a 1.

nennen. Versteigert der Gerichtsvollzieher, dann sind die §§ 816 ff. ZPO entsprechend anzuwenden[76].

215 Die Anordnung der Art der Verwertung steht im Ermessen des Gerichts[77]. Sie geschieht durch Beschluß nach fakultativ mündlicher Verhandlung, der dem Gläubiger, Schuldner und Drittschuldner förmlich zuzustellen ist (§ 329 Abs. 3 ZPO). Gegen diesen Beschluß steht jedem, der durch ihn beschwert wird, als Rechtsbehelf die befristete Erinnerung (§ 11 Abs. 1 Satz RpflG) mit anschließender sofortiger Beschwerde nach § 793 ZPO zu[78]. Hat der Rechtspfleger dem Richter den Antrag zur Entscheidung vorgelegt (§ 5 RpflG), so ist gegen dessen Entscheidung die sofortige Beschwerde gegeben.

---

76) Vgl. Eickmann, DGVZ 1984, 65 m. w. N.

77) Allgemeine Ansicht: Thomas/Putzo, § 844 Anm. 2 b. Das gilt nicht für die Voraussetzungen des § 844 ZPO.

78) OLG Frankfurt, BB 1976, 1147 m. w. N.; Thomas/Putzo, § 844 Anm. 3; Zöller-Stöber, § 844 Rz. 5 = Zöller-Stöber, § 825 Rz. 12. Der Beschwerte kann auch der Drittschuldner sein: OLG Frankfurt, BB 1976, 1147; Thomas/Putzo, § 844 Anm. 2 c; a. A. Wieczorek-Schütze, § 844 Anm. B IV c, der dem Drittschuldner die Klage aus §§ 771, 805 ZPO anempfiehlt, wenn seine Rechte betroffen sind.

VII. Die Auskunftspflicht des Drittschuldners

Werden im Gewahrsam des Schuldners befindliche körperliche Sachen gem. § 808 Abs. 1 ZPO durch Inbesitznahme des Gerichtsvollziehers gepfändet, so gibt der Gewahrsam des Schuldners dem Gläubiger einen Anhalt dafür, daß er die Zwangsvollstreckung in das Vermögen des Schuldners und nicht in fremdes Vermögen betreibt. Da ein derartiger gegenständlicher Anhalt bei der Pfändung einer Forderung nicht besteht, gewährt § 840 ZPO dem Gläubiger einen Anspruch auf Auskunftserteilung gegenüber dem Drittschuldner, um in Erfahrung zu bringen, ob der Drittschuldner seine Verpflichtung gegenüber dem Schuldner anerkennt, ob dritte Personen die Forderung für sich in Anspruch nehmen oder ob ein Verteilungsverfahren in Aussicht steht. Der Gläubiger soll durch die Auskunft des Drittschuldners in die Lage versetzt werden, die Befriedigungsaussicht in die gepfändete Forderung abschätzen zu können, um irreale Vollstreckungsmaßnahmen zu vermeiden und zu erwägen, weitere Vermögensgegenstände des Schuldners zu pfänden[1]. **216**

1. Voraussetzungen der Erklärungspflicht

Die Anwendung des § 840 ZPO setzt zunächst einen wirksamen und zugestellten Pfändungsbeschluß voraus, der erst die Auskunftspflicht des Drittschuldners (Arbeitgeber) begründet[2]. Eines Überweisungsbeschlusses nach § 835 ZPO bedarf es nicht. Die sogenannte Vorpfändung gem. § 845 ZPO reicht für eine Auskunftserteilungpflicht eines Drittschuldners nicht aus[3]. Fehlt es an einer wirksamen Pfändung der Forderung, so kann der Drittschuldner wegen Verletzung seiner Auskunftspflicht, sei es, daß er die Erklärung gar nicht, verspätet oder schuldhaft falsch abgegeben hatte, nicht auf Schadensersatz in Anspruch genommen werden. **217**

Eine weitere Voraussetzung für die Auskunftserteilungspflicht ist das *Verlangen* des Gläubigers auf Erteilung der Auskunft. Gem. § 840 Abs. 2 ZPO muß die Aufforderung zur Abgabe der Drittschuldnererklärung in die Zustellungsurkunde aufgenommen werden[4]. Da die Erklärungen des Drittschuldners bei Zustellung des Pfändungsbeschlusses an den Gerichtsvollzieher zu erfolgen haben, ist es unstatthaft, dem Drittschuldner die Aufforderung zur Auskunft durch die Post **218**

---

1) BGH, NJW 1984, 1901. Die Auskunftspflicht durchbricht das Bankgeheimnis: Mohrbutter, RPfleger 1954, 621, 623; Sichtermann, MDR 1952, 146; Wolff, DB 1968, 695, 697; a. A. Nebelung, BB 1953, 781; vgl. auch Bauer, JurBüro 1973, 697.

2) BGH, NJW 1977, 1199; RGZ 27, 346; Wieczorek-Schütze, § 840 Anm. B I b; Heidecker, BB 1960, 506; Stöber, Rz. 628; Bischoff/Rochlitz, S. 88.

3) BGH, NJW 1977, 1199; Bischoff/Rochlitz, S. 88, 89; Stöber, Rz. 628; Wolff, DB 1968, 695, 697; Noack, RPfleger 1967, 138.

4) Anders bei § 316 AO: Die Aufforderung zur Abgabe dieser Erklärung kann in die Pfändungsverfügung aufgenommen werden. Vgl. auch 6 Abs. 2 JBeitrO, wonach die Aufforderung in den Pfändungsausschuß aufzunehmen ist.

zustellen zu lassen[5]. Eine private Aufforderung des Gläubigers zur Erklärung verpflichtet nicht und kann keine Schadensersatzpflicht auslösen. Eine gleichwohl erteilte Auskunft kann im Fall der Unrichtigkeit eine Haftung aus §§ 823ff. begründen[6].

219 Erklärungsempfänger ist der Drittschuldner, wobei eine Ersatzzustellung ausreicht, um die Auskunftspflicht nach § 840ZPO auszulösen.

220 Sind die Voraussetzungen für ein berechtigtes Auskunftsverlangen des Gläubigers gegeben, so wird die Pflicht des Drittschuldners aus § 840 ZPO nicht berührt, wenn es zur Einstellung der Vollstreckung aus dem Titel kommt (§ 775 ZPO), soweit die Wirksamkeit des Pfändungsaktes bestehen bleibt.

221 Das Aufforderungsverlangen des Gläubigers ist vom Inhalt her durch die Auskunftspflicht des Drittschuldners aus § 840 Abs. 1 Nr. 1—3 ZPO begrenzt. Darüber hinaus ist die Aufforderung unwirksam und der Drittschuldner nicht gehalten, Auskunft zu erteilen[7].

2. Frist und Umfang der Erklärung

222 Der Drittschuldner hat die Erklärung binnen 2 Wochen von der Zustellung des Pfändungsbeschlusses gerechnet dem Gläubiger oder einem von ihm zur Empfangnahme ermächtigten Vertreter, insbesondere dem Gerichtsvollzieher. Die Fristberechnung erfolgt nach den §§ 222 ZPO, 187ff. BGB. Für die Einhaltung dieser Zwei-Wochen-Frist reicht entgegen der herrschenden Meinung die rechtzeitige Absendung der Erklärung aus, weil die vom Gesetz vorgesehene Überlegungsfrist des Drittschuldners über Gebühr beschränkt würde, wenn die Erklärung innerhalb der Frist dem Gläubiger zugegangen sein müßte[8]. Erklärt sich der Drittschuldner bereits bei der Zustellung durch den Gerichtsvollzieher, so sind die Erklärungen in die Zustellungsurkunde aufzunehmen und vom Drittschuldner zu unterschreiben (§ 840 Abs. 3 Satz 2 ZPO). Auf die Wirksamkeit einer solchen Erklärung hat es keinen Einfluß, daß sie dem Gerichtsvollzieher möglicherweise mündlich abgegeben worden ist, oder sich der Drittschuldner weigert, die in die Zustellungsurkunde aufgenommene Erklärung unterschriftlicht zu bestätigen. Denn aus § 840 ZPO läßt sich nicht entnehmen, daß der Drittschuldner bei seiner Erklärung eine bestimmte Form einzuhalten hat, so daß mündliche Erklärungen ausreichen.

---

5) Baumbach/Lauterbach, § 840 Anm. 1 B; Thomas/Putzo, § 840 Anm. 1 a bb; Münzberg in Stein/Jonas, § 840 Anm. 4; Wieczorek-Schütze, § 840 Anm. B II; Zöller-Stöber, § 840 Rz. 3; Stöber, Rz. 633; RGZ 60, 330; ArbG Rendsburg, BB 1961, 1322; a. A. Bock/Speck, S. 33, 34; LG Schweinfurt, DGVZ 1956, 71; Sebode, DGVZ 1958, 49. Ohne das Erklärungsverlangen nach § 840 ZPO kann die Zustellung des Pfändungsbeschlusses durch die Post erfolgen.

6) RGZ 60, 331; LAG Baden-Württemberg, AP Nr. 3 zu § 183 ZPO; Wieczorek-Schütze, § 840 Anm. B IV c;a. A. LG Tübingen, MDR 1974, 677.

7) Vgl. auch BGH, BB 1980, 330; BGHz 80, 29; BGHZ 86, 29; Bauer, JurBüro 1975, 437.

8) So auch Zöller-Stöber, § 840 Rz. 9 und Stöber, Rz 637; a. A.: Thomas/Putzo, § 840 Anm. 1 c; Wieczorek-Schütze, § 840 Anm. D I; OLG Düsseldorf, WM 1980, 203; wohl auch BGH, NJW 1981, 990.

Der Umfang der Erklärungspflicht wird durch § 840 Abs. 1 Nr. 1–3 ZPO bestimmt: Der Gläubiger hat Auskunft zu erteilen, ob und inwieweit er die Forderung als begründet anerkennt und Zahlung zu leisten bereit ist; ob und welche Ansprüche andere Personen an die Forderung geltend machen; ob und wegen welcher Ansprüche die Forderung bereits für andere Gläubiger gepfändet ist. 223

Die Frage der Leistungsbereitschaft (§ 840 Abs. 1 Nr. 1 ZPO) umfaßt Bestand, Art und Höhe des Rechts, soweit es der Beschlagnahme unterliegt. Einreden und Bedingungen, welche die gepfändete Forderung betreffen, sind damit bekanntzugeben. Nicht notwendig ist, daß der Arbeitgeber Erklärungen über die Lohnsteuer, Sozialversicherungsbeiträge, Auslösung, Schmutzzulagen oder den Familienstand des Arbeitnehmers gegenüber dem Gläubiger abgibt. Eine derartige erweiterte Auskunftspflicht ginge über den Zweck des § 840 ZPO hinaus, der dem Gläubiger lediglich eine Abschätzung seiner Befriedigungsaussichten ermöglichen soll. Abgesehen davon würde der Arbeitgeber in unzumutbarer Weise belastet, weil er dem Gläubiger jede Veränderung mitzuteilen hätte. Es tritt damit auch keine unbillige Beschneidung der Gläubigerinteressen ein, da der Gläubiger über einen weiteren Auskunftsanspruch gegen den Arbeitnehmer als Schuldner gem. § 836 Abs. 3 ZPO verfügt, der es ihm ermöglicht, alle für die Forderung erheblichen Einzelheiten zu erfahren, was nötigenfalls durch Zwangsvollstreckung durchsetzbar ist.[9]. 224

Erkennt der Drittschuldner die Forderung als begründet an, so ist zweifelhaft, ob diese Erklärung zusätzlich von rechtserheblicher Bedeutung ist. Hierzu wird überwiegend die Auffassung vertreten, daß auch in einem vorbehaltlosten Anerkennen des Drittschuldners nur eine Auskunft tatsächlicher Art zu erblicken ist, der lediglich eine indizielle Bedeutung zukommt.[10]. Von einem abstrakten Schuldversprechen oder Schuldanerkenntnis kann nämlich nur gesprochen werden, wenn der erkennbare Wille des Drittschuldners vorhanden ist, ein von dem Schuldgrund gelöstes selbständiges neben dem ursprünglichen Schuldgrund stehendes Schuldversprechen abzugeben. Hierfür bestehen im Regelfall bei der Erklärung nach § 840 Abs. 1 Nr. 1 ZPO keine Anhaltspunkte, weil sich der Drittschuldner gerade nicht unabhängig von dem Schuldgrund zu einer Leistung an den Pfändungspfandgläubiger als Erklärungsempfänger verpflichten will. Ebenso scheidet ein deklaratorisches Anerkenntnis aus, das nach dem Willen der vertragschließenden Teile ohne Rücksicht auf das Bestehen oder Nichtbestehen der Schuld für die Zukunft eine klare Rechtslage schaffen soll und damit auch der Rückforderung über eine ungerechtfertigte Bereicherung nicht 225

---

9) Vgl. auch OLG München, NJW 1975, 174, 175 und LG Aachen, ZIP 1981, 784, 787.

10) BGH, NJW 1978, 44 und NJW 1978, 1914; LAG Hamm, BB 1965, 1189; LG Aachen, ZIP 1981, 784; Baumbach/Lauterbach, § 840 Anm. 2 B a; Thomas/Putzo, § 840 Anm. 1 c; Zöller-Stöber, § 840 Rz. 5; Benöhr, NJW 1976, 174; Bruns/Peters, § 23 IX 4; Flieger, MDR 1978, 797; Linke, ZZP 87, 284, 315; Marburger, JR 1972, 7; Mohrbutter, S. 256; Stöber, Rz. 646. Demgegenüber nehmen ein den Anspruch selbständig begründendes Schuldanerkenntnis an: OLG Köln, DB 1964, 1441; OLG München, NJW 1975, 174; OLG Braunschweig, NJW 1977, 1888; Bischoff/Rochlitz, S. 90; Riedel, JurBüro 1963, 260; Münzberg in Stein/Jonas, § 840 Anm. III; Wieczorek-Schütze, § 840 Anm. D IV a 2.

zugänglich wäre[11]. Damit verliert gleichwohl die Erklärung des Drittschuldners nicht jegliche rechtliche Bedeutung. In der Anerkennung der Forderung kann ein Verzicht des Drittschuldners auf die ihm nach §§ 404, 406 BGB auch gegenüber dem Pfändungspfandgläubiger zustehenden Einwendungen gesehen werden. Diese Auslegung entspricht dem Wortlaut des § 840 Abs. 1 Nr. 1 ZPO, der erkennbar von einer Bewertung des Drittschuldners ausgeht und nicht nur eine Wissenserklärung rein tatsächlicher Natur verlangt. Der rechtsgeschäftliche Verzichtswille reicht indes nur so weit, als ihm selbst die Einwendungen bekannt waren oder bekannt sein mußten.

226 Da der Drittschuldner gem. § 840 Abs. 1 Nr. 2 ZPO auch Auskunft darüber zu erteilen hat, ob und welche Ansprüche andere Personen an die gepfändete Forderung stellen, muß er die Abtretungs- und Verpfändungsgläubiger im einzelnen genau nach Anspruchsgrund, Gläubiger und Höhe bezeichnen[12]. Dazu gehört auch, inwieweit der Drittschuldner selbst durch eine Lohnvorausabtretung begünstigt ist.

227 Schließlich trifft den Drittschuldner gem. § 840 Abs. 1 Nr. 3 ZPO die Auskunftspflicht darüber, ob und wegen welcher Ansprüche die Forderung bereits für andere Gläubiger gepfändet ist. Es sind danach die Pfändungen detailliert und nach Rechtsgrundlage und Höhe der Ansprüche anzugeben, weil der Pfändungspfandgläubiger wissen muß, ob der Lohnanspruch des Arbeitnehmers wegen gewöhnlicher Geldforderungen oder wegen Unterhaltsforderungen bereits gepfändet ist. Hat der Drittschuldner gem. § 853 ZPO hinterlegt, so ist dies dem Pfandgläubiger ebenfalls mitzuteilen.

228 Weigert sich der Drittschuldner, seine Auskunfstpflicht gem. § 840 ZPO zu genügen, so ist fraglich, ob die Erfüllung durch eine *Leistungsklage* erzwungen werden kann. Die herrschende Ansicht[13] hat schon immer zutreffenderweise die Durchsetzbarkeit im Klageweg verneint. Nunmehr hat auch der Bundesgerichtshof[14] in diesem Sinne entschieden. Gegen eine einklagbare Pflicht zur Abgabe der Erklärung spricht zunächst, daß den Parteien eines Zivilprozesses grundsätzlich keine Handlungspflichten, sondern nur Handlungslasten obliegen, und daß prozessuale Obliegenheiten nicht im Wege der Klage erzwingbar sind. Damit ist davon auszugehen, daß in § 840 Abs. 1 ZPO nur eine derartige Obliegenheit statuiert wird, deren Verletzung lediglich zu Rechtsnachteilen für den

---

11) Dagegen kann das Schuldanerkenntnis aus § 781 BGB kondiziert werden.

12) LAG Hannover, NJW 1974, 768.

13) LAG Frankfurt, DB 1956, 24; OLG München, NJW 1975, 174; LG Braunschweig, MDR 1955, 490; LG Mainz, NJW 1973, 1134; LG Nürnberg-Fürth, ZZP 96, 118; ArbG Wesel, BB 1968, 753; Brehm, JZ 1984, 675; Deubner, Jus 1967, 417; Liesecke, WM 1975, 314, 319; Mohrbutter, S. 255 und RPfleger 1954, 623; Prost, NJW 1958, 485; Schmidt, JR 1951, 558; Sichtermann, MDR 1952, 146; Stöber, Rz. 652; Wenzel, MDR 1966, 971; Münzberg in Stein/Jonas, § 840 Anm. IV 1; Zöller-Stöber, § 840 Rz. 15; wohl auch Baumbach/Lauterbach, § 840 Anm. 1 A. A. A.: LAG Baden-Württemberg, BB 1968, 1831; OLG Köln, JurBüro 1979, 291; Heers, DB 1971, 1525; Linke, ZZP 87, 284, 289; Schalhorn, JurBüro 1970, 564; Schneider, JurBüro 1967, 265; Schreiber, JR 1977, 464; Schumann, NJW 1982, 1272; Thomas/Putzo, § 840 Anm. 1 d; Wieczorek-Schütze, § 840 Anm. A.

14) NJW 1984, 1901; vgl. auch BAG, DB 1985, 766.

Drittschuldner (=Handlungsbelasteten) führt. Soweit die Zivilprozeßordnung ausnahmsweise materiell-rechtliche Anspruchsgrundlagen enthält (z. B. §§ 717 Abs. 2, 836), sind diese als solche sprachlich klar kenntlich gemacht. Gerade die Gegenüberstellung zu der Parallelnorm des § 836 Abs. 3 ZPO, die eine Auskunftspflicht des Schuldners anordnet, zeigt deutlich, daß der Gesetzgeber mit § 840 ZPO eine abweichende Zielvorstellung verbunden hat. Formulierungen der Vorschriften und Anordnung der Schadensersatzpflicht in § 840 Abs. 2 Satz 2 ZPO belegen, daß mit § 836 Abs. 3 ZPO eine echte einklagbare Verpflichtung geschaffen worden ist, während für die Realisierung der Auskunftspflicht aus § 840 Abs. 1 ZPO die Anordnung von Schadensersatz als ausreichend angesehen wird. § 840 Abs. 2 Satz 2 ZPO wäre überflüssig, wenn die Auskunft des Drittschuldners einklagbar wäre. Gegen die Annahme einer bloß klarstellenden Funktion des § 840 Abs. 2 Satz 2 ZPO spricht, daß diese Regelung in § 836 Abs. 3 ZPO unterblieben ist, obgleich auch der Schuldner bei Verletzung seiner Auskunftspflicht schadensersatzpflichtig ist[15)]. Ferner ist eine Auskunftsklage gegen den Drittschuldner überflüssig, da der Gläubiger alle zur Durchsetzung der Forderung erhebliche Umstände und Daten von dem Schuldner gem. § 836 Abs. 3 ZPO erfahren kann[16)]; hierneben bedarf es keiner weiteren Möglichkeit einer Auskunftsklage gegen den Drittschuldner. Es ist also nicht zutreffend, daß die Zahlungsklage allein auf als Tatsachen behauptete Vermutungen gestützt werden muß, um nicht unschlüssig zu sein[17)]. Es besteht auch keine Veranlassung, dem Gläubiger erheblich mehr Rechte einzuräumen als einem Zessionar im Falle einer Abtretung. Gem. § 402 BGB kann dieser nur den Zedenten auf Auskunft in Anspruch nehmen, nicht jedoch den Schuldner. Eine Aufwertung des § 840 Abs. 1 ZPO zum einklagbaren Auskunftsanspruch würde eine nicht mehr zu vertretende weitere Begünstigung des Pfändungsgläubigers bedeuten. Zweck des § 840 ZPO ist, den Gläubiger über seine Befriedigungsaussichten zu informieren. Unterläßt der Drittschuldner die Erklärung, muß und kann der Gläubiger von einem Anspruch ausgehen und muß wegen § 842 ZPO Zahlungsklage erheben. Wird die Auskunft im Prozeß nachgeholt und ergibt sich hieraus die Erfolglosigkeit der Klage, sind die Prozeßkosten als Schadensposition vom Drittschuldner gem. § 840 Abs. 2 Satz 2 ZPO zu ersetzen[18)].

Eine Verpflichtung des Gläubigers zur Erstattung der Kosten des Drittschuldners **229**
für die Erklärung besteht mangels Rechtsgrundlage nicht[19)].

---

15) H. M.; vgl. zum Beispiel Baumbach/Lauterbach, § 836 Anm. 3 A.

16) Abgesehen von dem seltenen Fall der Unkenntnis des Schuldners von Pfändungsakten oder Gegenrechten des Drittschuldners.

17) So aber Heers, DB 1971, 1525, 1526.

18) BGH, NJW 1981, 990; näheres siehe nachfolgend unter Rzn. 230 ff.

19) BAG, DB 1985, 766; vgl. auch Huken, KKZ 1982, 227; jedenfalls ist ein Zurückbehaltungsrecht des Drittschuldners wegen der Kosten stets abgelehnt worden: Cebulka, AnwBl. 1979, 409; Gutzmann, BB 1976, 700; Linke, ZZP 87, 284, 289; Olschewski, MDR 1974, 714; Schalhorn, JurBüro 1973, 189.

3. Die Haftung aus § 840 Abs. 2 Satz 2 ZPO

230 Hatte der Drittschuldner auf ausdrückliches Verlangen des Gläubigers hin keine Auskunft erteilt und erhebt der Gläubiger Zahlungsklage, so führt häufig die Rechtsverteidigung des Drittschuldners im Prozeß dazu, daß der Gläubiger die Aussichtslosigkeit seiner Klage erkennt. Diesen Fall hat § 840 Abs. 2 ZPO vor allem im Auge. Denn der Gläubiger hätte den Prozeß nicht angestrengt, wenn ihm die Aussichtslosigkeit seines prozessualen Vorgehens bekannt gewesen wäre. Nimmt der Gläubiger nunmehr die Klage zurück, so trägt er kraft Gesetzes (§ 269 Abs. 3 Satz 2 ZPO) die Kosten des Rechtsstreits. Erklärt der Gläubiger die Hauptsache für erledigt, so braucht sich der Drittschuldner der Erledigungserklärung nicht anzuschließen (§ 91 a ZPO), sondern beharrt auf Abweisung der Klage, weil die Klage von vornherein unbegründet war[20]. Eine wirksame Erledigungserklärung liegt nicht vor, wenn die Klage nämlich ursprünglich unzulässig oder unbegründet gewesen ist. In diesem Fall ist die Klage entsprechend dem Antrag des Beklagten abzuweisen, ohne daß dieser noch ein besonderes Rechtsschutzinteresse für eine solche Entscheidung dartun müßte[21]. Gegebenenfalls muß durch Beweisaufnahme abgeklärt werden, ob die Klage ursprünglich zulässig und begründet war[22]. Über die Kosten des Prozesses ist dann nach § 91 ZPO, nicht nach § 91 a ZPO zu entscheiden. Abgesehen davon hat das Gericht bei einer einseitigen Erledigungserklärung stets zu prüfen, ob die Hauptsache tatsächlich erledigt ist. Fehlt es bereits hieran, so ist die Klage abzuweisen. Dem Kläger bleibt allerdings die Befugnis vorbehalten, neben dem einseitigen Erledigungsantrag hilfsweise an seinem früheren Klagebegehren festzuhalten. Dann ist darüber zu entscheiden, nachdem sich die fehlende Erledigung herausgestellt hat.

231 Schließt sich der Drittschuldner der Erledigungserklärung des Gläubigers an, ist nur noch gem. § 91 a ZPO über die Kosten zu entscheiden, wobei die Richtigkeit derartiger gemeinsamer Parteierklärungen keiner Nachprüfung durch das Gericht unterliegt[23]. Der aus § 840 Abs. 2 Satz 2 ZPO begründbare Kostenerstattungsanspruch des Gläubigers ist bei der Kostenentscheidung nach § 91 a ZPO zu berücksichtigen, weil das Gericht über die Kosten nach Billigkeit zu entscheiden hat[24]. Der Drittschuldner haftet für die dem Gläubiger deshalb entstandenen Prozeßkosten, weil er keine Auskunft erteilt hat, so daß den Drittschuldner in einem Zweitprozeß ohnehin eine materiell-rechtliche Ausgleichungspflicht der Kosten träfe. Dieser Schadensersatzanspruch kann jetzt zur Ausgleichung bei

---

20) BGH, VersR 1980, 385 und NJW 1981, 686; vgl. auch Beuermann, DRiZ 1978, 311 f. m. w. N. Grundlegende Erwägung ist dabei, daß der Kläger durch eine einseitige Erledigungserklärung nicht die Abweisung einer unzulässigen oder unbegründeten Klage umgehen darf. Vgl. auch Mössner, NJW 1970, 175 ff. m. ausführlichen Nachweisen.

21) BGH, VersR 1982, 296 m. w. N.

22) BGH, NJW 1969, 237; Baumbach/Lauterbach, § 91 a Anm. 2 D b.

23) BGH, WPM 1977, 332; vgl. auch OLG Frankfurt, MDR 1981, 676.

24) A. A.: Schneider, JurBüro 1967, 350. Wie hier: Tschischgale, JurBüro 1964, 849, 850; OLG Nürnberg, NJW 1975, 2206; einschränkend OLG Köln, NJW 1978, 111; vgl. auch BGH, MDR 1981, 126 m. w. N.

§ 91 a ZPO herangezogen werden, so daß nun doch der Drittschuldner die Prozeßkosten zu tragen hat.

Schließt sich der Drittschuldner der Erledigungserklärung des Gläubigers nicht an, bleibt diesem nur, die Klage zurückzunehmen, oder eine negative Sachentscheidung hinzunehmen. Die Kosten dieses Rechtsstreits sind dann nach § 840 Abs. 2 Satz 2 ZPO vom Drittschuldner zu erstatten, jedoch gem. § 254 BGB begrenzt auf diejenigen Kosten, die auch bei einer möglichen unverzüglichen Klagerücknahme nach zutreffender Auskunftserteilung entstanden wären. Die Möglichkeit der Umstellung der Zahlungsklage auf eine materiell-rechtliche Kostenerstattung[25)] scheitert daran, daß gem. § 253 Abs. 2 Ziff. 2 ZPO ein bestimmter Antrag erforderlich ist[26)]. Die Kosten des bisherigen laufenden Prozesses sind indes erst mit der Kostenfestsetzung bezifferbar und gem. § 16 BRAGO und § 12 Abs. 4 ArbGG noch gar nicht bzw. gem. § 61 GKG nur teilweise fällig. Eine Vermögenseinbuße, die zu ersetzen wäre, ist daher in diesem Zeitpunkt noch nicht eingetreten[27)]. Auch entstünden Berechnungsprobleme, da materiell-rechtlicher Anspruch einerseits und späterer prozessualer Kostenausspruch andererseits zu berücksichtigen wären. Der Bundesgerichtshof hat es daher für zulässig gehalten, zu einer Feststellungsklage des Inhalts überzugehen, daß der Drittschuldner für den aus der Nichterfüllung der Auskunftsverpflichtung entstandenen Schaden haftet[28)]. Einem solchen Feststellungsantrag fehlt jedoch das gem. § 256 ZPO erforderliche Feststellungsinteresse. Die Schadensersatzpflicht des Drittschuldners und damit das Rechtsverhältnis zwischen Gläubiger und Drittschuldner ist in § 840 ZPO geregelt; eine darüber hinausgehende Feststellung würde das Urteil nicht treffen. Die Wiederholung des Gesetzeswortlautes vermag aber ein Interesse an einer richterlichen Entscheidung nicht zu begründen. Entscheidend tritt hinzu, daß dem Gläubiger mit einem solchen Urteil nicht gedient ist; es ist nicht zu erwarten, daß der Drittschuldner auf ein Feststellungsurteil hin freiwillig leistet. Er hat nämlich durch sein Schweigen auf das Auskunftsverlangen gem. § 840 ZPO gezeigt, daß er ohne staatlichen Zwang nicht zur Erfüllung gesetzlicher Pflichten bereit ist. Damit ist ohnehin ein weiterer (Zahlungs-) Rechtsstreit nicht zu umgehen, den der Bundesgerichtshof aus Gründen der Prozeßökonomie vermeiden will. Da auch eine analoge Anwendung von § 91 a ZPO und § 93 ZPO abzulehnen ist[29)], ist der Gläubiger stets auf einen zweiten Prozeß angewiesen. 232

Bei der Pfändung einer Lohnforderung ist für den Zahlungsprozeß das Arbeitsgericht ausschließlich zuständig, wie sich aus §§ 3 2. Alternative, 2 Abs. 1 Nr. 3 a ArbGG ergibt. Hat der Drittschuldner bereits in der Güteverhandlung (§ 54 ArbGG) oder vor Stellung der Anträge in der Verhandlung vor der Kammer (§ 57 ArbGG) die Auskunft erteilt, so kann der Gläubiger die Klage zurücknehmen, 233

25) Wohl gem. § 264 Ziff. 3 ZPO unbedenklich, jedenfalls gem. § 263 ZPO sachdienlich.
26) Vgl. LAG Hamm, MDR 1982, 695 m. w. N.
27) Vgl. aber §§ 17 BRAGO, 65 Abs. 1 GKG.
28) NJW 1981, 990; vgl. auch BGH, NJW 1979, 276.
29) Vgl. insoweit zutreffend BGH, NJW 1981, 990, 991 m. w. N.

ohne die Gebühr nach dem Wert des Streitgegenstandes tragen zu müssen (§ 12 Abs. 1 ArbGG)[30]. Das bedeutet, daß er bis zu diesem Zeitpunkt anstelle einer Gerichtsgebühren auslösenden Erledigungserklärung die Klage zurücknehmen muß, um nicht gem. § 254 BGB die Gebühren für den Beschluß nach § 91 a ZPO[31] selbst tragen zu müssen.

234 Soweit der Gläubiger Schadensersatzansprüche gegen den Drittschuldner gem. § 840 Abs. 2 Satz gerichtlich verfolgen will, die aus Anlaß einer Lohnpfändung dem Pfändungsgläubiger vom Drittschuldner verursacht werden, so sind nach einer älteren Entscheidung des Bundesarbeitsgerichts[32] die Gerichte für Arbeitssachen ausschließlich sachlich zuständig. Diese Ansicht ist abzulehnen. Das Bundesarbeitsgericht hat zwar zutreffend erkannt, daß sich die Anspruchsgrundlage des § 840 Abs. 2 Satz 2 ZPO nicht unter §§ 2, 3 ArbGG subsumieren läßt. Insoweit handelt der Gläubiger nämlich nicht als Nachfolger hinsichtlich der Einziehungsberechtigung des Arbeitnehmers kraft der Überweisung der gepfändeten Forderung, sondern macht einen eigenen, nur ihm zustehenden Anspruch geltend. Das Bundesarbeitsgericht meint indes, wegen eines „Sachzusammenhanges“ und einer „Sachnähe“ sei das „beschleunigte und verbilligte Verfahren der Arbeitsgerichte“ anzuwenden. Eine andere Zuständigkeit führe zu einem befremdlichen Ergebnis. Dem ist nicht beizupflichten. Die originäre — auch mit §§ 823, 826 BGB zu begründende — Forderung des Gläubigers steht in keinem Zusammenhang mit dem Arbeitsverhältnis zwischen Schuldner und Drittschuldner. Der Ausnahmecharakter von § 2 Abs. 3 ArbGG verbietet eine extensive Auslegung[33]. Auch die angeführten Praktikabilitätsüberlegungen treffen nicht zu. Es ist vielmehr rein zufällig, ob die Schadensposition aus Kosten eines Vorprozesses herrührt, oder ob ausgerechnet eine Lohnforderung Pfandgegenstand ist, deren Eintreibung die Zuständigkeit des Arbeitsgerichts begründet. Bei einer Differenzierung würde die Schadensersatzpflicht des Drittschuldners aus § 840 Abs. 2 Satz 2 ZPO ganz überwiegend vor den ordentlichen Gerichten und ausnahmsweise vor Arbeitsgerichten geklärt werden. Der vom Bundesarbeitsgericht angenommene Sachzusammenhang besteht demnach zwar, aber entgegen seiner Ansicht zugunsten der ordentlichen Gerichte. Eine Zuständigkeit der Arbeitsgerichte kann daher — jedoch nicht als ausschließliche — allenfalls dann angenommen werden, wenn in einem laufenden Zahlungsprozeß gegen den Drittschuldner nunmehr statt der Lohnforderung Schadensersatz verlangt wird[34].

---

30) Es sind lediglich die Zustellungsauslagen zu erstatten.

31) Gebührenverzeichnis Anlage 1 zu § 12 ArbGG Ziff. 2117, 2118.

32) BAG, NJW 1961, 92; vgl. auch BAG, AnwBl. 1978, 310; LG Hamburg, MDR 1965, 587; a. A. Thomas/Putzo, § 840 Anm. 2 c. Wie die Entscheidung des LG Tübingen in NJW 1982, 1890 zeigt, halten sich auch ordentliche Gerichte für zuständig. Ob das Bundesarbeitsgericht an dieser Ansicht festhalten wird, erscheint in Anbetracht der zutreffenden Entscheidungsgründe des Urteils vom 31. 10. 1984 (DB 1985, 766) zweifelhaft.

33) Vgl. auch LAG Frankfurt, NJW 1956, 1335; Tschischgale, JurBüro 1964, 851; Deubner, JUS 1967, 420; Wenzel, MDR 1966, 972.

34) Nach LAG Frankfurt, NJW 1956, 1334, und Wieczorek-Schütze, § 840 Anm. A I, sind nur die ordentlichen Gerichte zuständig.

Umstritten ist in diesem Zusammenhang, ob sachlich-rechtliche Ansprüche auf Erstattung von Prozeßkosten dem Umfang nach den Beschränkungen des prozessualen Kostenerstattungsanspruchs unterworfen sind, das heißt, ob der Pfandgläubiger entgegen § 12 a Abs. 1 Satz 1 ArbGG einen Anspruch auf Entschädigung wegen Zeitversäumnis und auf Erstattung der Kosten für die Zuziehung eines Prozeßbevollmächtigten oder Beistandes geltend machen kann. Der 5. Senat des Bundesarbeitsgerichts hat in ständiger Rechtsprechung unter dem Blickwinkel der Spezialität des prozessualen gegenüber dem materiell-rechtlichen Kostenerstattungsanspruch die Erstattung der Anwaltskosten erster Instanz als Schadensersatzanspruch aus § 840 Abs. 2 Satz 2 ZPO abgelehnt, wenn die gepfändete Forderung im Arbeitsgerichtsprozeß einzuklagen war[35]. Diese Entscheidung ist teilweise auf Zustimmung[36], überwiegend jedoch auf Kritik gestoßen[37]. Dem Bundesarbeitsgericht wird entgegengehalten, der Entlastungszweck des § 12 a Abs. 1 Satz 1 ArbGG würde verfälscht, wenn die Anwendung dieser Bestimmung zu einer Prämie für Nachlässigkeit und Rücksichtslosigkeit gegenüber Dritten führe. Auch habe das Bundesarbeitsgericht die rechtssystematische Verschiedenheit des Schadensersatzanspruchs nach § 840 Abs. 2 Satz 2 ZPO und des prozessualen Kostenerstattungsanspruchs verkannt. 235

Das Bundesarbeitsgericht hat durchaus zutreffend zwischen dem reinen prozessualen Kostenerstattungsanspruch und dem materiell-rechtlichen Kostenerstattungsanspruch differenziert und dargelegt, daß beide Kostenerstattungsansprüche ihrem Entstehungsgrund nach rechtssystematisch scharf zu unterscheiden sind. Dies liegt bereits in den unterschiedlichen Voraussetzungen begründet. Während nämlich der prozessuale Anspruch *allein* an die Tatsache des Obsiegens anknüpft, ist für die Anwendung des § 840 Abs. 2 Satz 2 ZPO in Verbindung mit §249 BGB für den materiell-rechtlichen Anspruch ein *Verschulden* des Drittschuldners[37a] erforderlich. Würde man allein auf diese Unterschiedlichkeiten abstellen, so wäre übersehen[38], daß verschiedene, auf dasselbe Ziel gerichtete Ansprüche, einander beeinflussen können[39]. Es ist also durchaus möglich, daß der materiell-rechtliche Kostenerstattungsanspruch dem prozessualen Anspruch angeglichen werden kann, mit der Folge, daß beiden Ansprüchen derselbe sachliche Inhalt dahin beizugeben ist, daß auch der sach- 236

---

35) BAG, AP Nr. 3 zu § 61 ArbGG 1953 Kosten mit ablehnender Anmerkung von Bötticher; BAG, AP Nr. 10 zu § 61 ArbGG 1953 Kosten mit ablehnender Anmerkung von Grunsky; BAG, NJW 1973, 1061; BAG, AnwBl. 1978, 310.

36) Wenzel, MDR 1966, 974; Stöber, Rz. 962 m. w. N.; Zöller-Stöber, § 840 Rz. 14; LAG Köln, MDR 1965, 238.

37) LAG Stuttgart, AR-Blattei, Lohnpfändungsentscheidung 7; LG Hamburg, MDR 1965, 587; LG Tübingen, NJW 1982, 1890; ArbG Siegburg, BB 1964, 1172; Meyer, BB 1964, 557; Stehl, NJW 1966, 1349; Schneider, JurBüro 1967, 350; Schaub, NJW 1968, 480, 483; Lüke, SAE 1970, 39; Güntner, NJW 1971, 1976; Grunsky, § 12 a Rz. 3; Baumbach/Lauterbach, § 840 Anm. 3; Thomas/Putzo, § 840 Anm. 2 b; Münzberg in Stein/Jonas, § 840 Fußnote 30).

37a) Zur Beweislast: BAG, DB 1981, 638.

38) Darauf weist Grunsky, Anm. zu BAG, AP Nr. 10 zu § 61 ArbGG 1953 Kosten, überzeugend m. weiteren Beispielen hin.

39) Vgl. etwa BGH, NJW 1964, 545.

lich-rechtliche Erstattungsanspruch auf den Inhalt beschränkt bleibt, den der ihm entsprechende verfahrensrechtliche Anspruch hierbei hat. Die prozessuale Kostenerstattungspflicht ist nämlich so ausgestaltet, daß sie die Pflicht zum Ersatz der Prozeßkosten abschließend regelt. Über das Maß der nach den prozessualen Vorschriften erstattungsfähigen Kosten hinaus kann dann eine Erstattung aus sachlich-rechtlichen Erwägungen nicht verlangt werden. Grunsky[40)] und ihm folgend das Landgericht Tübingen[41)] stellen in diesem Zusammenhang zu Recht die Frage, ob es der Zweck des § 12 a Abs.1 Satz 1 ArbGG gebiete, auch den materiell-rechtlichen Kostenerstattungsanspruch den dort vorgesehenen Beschränkungen zu unterwerfen. Grunsky wäre zuzustimmen, wenn es bei § 12 a Abs.1 Satz 1 ArbGG allein darum ginge, dem Arbeitnehmer die Angst zu nehmen, bei einer gerichtlichen Verfolgung seines Rechts ein ihm unzumutbares Kostenrisiko auf sich zu nehmen[42)]. Daß nicht diese soziale Tendenz der Intention des § 12 a Abs.1 Satz 1 ArbGG entspricht, folgt bereits daraus, daß diese Vorschrift auch den obsiegenden Arbeitnehmer die Erstattung seiner Anwaltskosten verwehrt. Die ratio des § 12 a Abs.1 Satz 1 ArbGG ist allein darauf gerichtet, das arbeitsgerichtliche Verfahren erster Instanz unabhängig vom Obsiegen oder Unterliegen der Parteien *zu verbilligen.* Aus diesem Grunde ist die Vorschrift einer restriktiven Interpretation dahingehend nicht zugänglich, es bei der allgemeinen Kostenerstattungspflicht nach § 91 ZPO zu belassen, wenn kein Arbeitnehmer an dem arbeitsgerichtlichen Verfahren beteiligt ist. Die gleichen Erwägungen treffen zu, wenn etwa der Pfandgläubiger trotz erteilter Auskunft nach § 840 ZPO den Drittschuldner willkürlich mit einem Prozeß überzieht und dem Drittschuldner dadurch Anwaltskosten entstehen. Hier bliebe ein Kostenerstattung dem Umfang nach gem. § 12 a Abs.1 Satz 1 ArbGG beschränkt. Abgesehen von diesen Erwägungen ist die herrschende Meinung auch selbst inkonsequent, wenn der Pfändungspfandgläubiger mit seiner Zahlungsklage obsiegt. Die herrschende Meinung nimmt nämlich an, daß der obsiegende Pfändungspfandgläubiger seine Anwaltskosten *nicht* ersetzt erhält, weil das gesetzlich geregelte Kostenfestsetzungsverfahren der einzige Weg für die prozessuale Durchsetzbarkeit der Kosten sei und ein neben dem prozessualen Kostenerstattungsanspruch bestehender bürgerlich-rechtlicher Schadensersatzsanspruch den prozeß-rechtlichen Bestimmungen auch über den Umfang der Kostenerstattungspflicht unterliege[43)]. Hierbei kann nicht ins Gewicht fallen, ob § 286 BGB oder § 840 Abs. 2 Satz 2 ZPO die Anspruchsgrundlage bildet. In beiden Fällen handelt es sich um eine Verschuldenshaftung. Schließlich ist zu berücksichtigen, daß auch der Arbeitnehmer, der — erfolgreich oder erfolglos — seinen Lohn einklagt, seine Anwaltskosten nicht erstattet erhält. Wenn also der

---

40) In Anmerkung zu BAG, AP Nr.10 zu § 61 ArbGG 1953 Kosten.

41) NJW 1982, 1890.

42) Deshalb hält es Grunsky (a. a. O) für unverständlich, dem obsiegenden Arbeitnehmer die Erstattung von Anwaltskosten zu versagen.

43) Vgl. dazu Stahl, NJW 1966, 1349; Wenzel, MDR 1966, 973; RGZ 130, 217. Auf diesen Widerspruch weist Grunsky (a. a. O.) überzeugend hin.

Gläubiger auf der Grundlage des gleichen Kenntnisstandes wie der Schuldner (§ 836 Abs. 3 ZPO) einen Zahlungsprozeß führt, kann er im Ergebnis nicht anders zu behandeln sein.

Wegen der Frage, ob derartige Prozeßkosten vom Schuldner gem. § 788 ZPO dem Gläubiger zu erstatten sind, vgl. unten Rzn. 346 ff.

VIII. Die Vorpfändung nach § 845 ZPO

237 Die Durchführung der Zwangsvollstreckung des Gläubigers in eine Lohnforderung seines Schuldners erfährt durch die notwendige Zustellung des Titels, die Erteilung einer vollstreckbaren Ausfertigung, sowie die notwendige Zustellung weiterer Urkunden gem. §§ 750, 751 Abs. 2, 765 ZPO unter Umständen eine derartige Verzögerung, daß der Arbeitnehmer über den pfändbaren Lohnteil vor Ausbringung des Pfändungs- und Überweisungsbeschlusses bereits anderweitig verfügt haben kann. Diese Erwägung und der Umstand, daß der Pfandgläubiger auf eine beschleunigte Durchführung des Pfändungsverfahrens in eine Forderung seines Schuldners keinen Einfluß zu nehmen vermag, führten zu der gesetzlichen Gestattung einer *privaten* Zwangsvollstreckungsmaßnahme des Gläubigers in Gestalt der *Vorpfändung* gem. § 845 ZPO. Schon vor der Pfändung kann der Gläubiger aufgrund eines vollstreckbaren Schuldtitels durch den Gerichtsvollzieher dem Drittschuldner und dem Schuldner eine Benachrichtigung, daß die Pfändung bevorstehe,zustellen lassen mit der Aufforderung an den Drittschuldner, nicht an den Schuldner zu zahlen, und mit der Aufforderung an den Schuldner, sich jeder Verfügung über die Forderung, insbesondere ihrer Einziehung, zu enthalten. Die Bedeutung einer derartigen Vorpfändung liegt im wesentlichen darin, daß sie in ihrer Wirkung einer auflösend bedingten Arrestpfändung gleichkommt und damit dem Gläubiger nach Ausbringung des Pfändungsbeschlusses innerhalb der in § 845 Abs. 2 ZPO vorgeschriebenen Drei-Wochen-Frist den Rang des Pfandrechts zum Zeitpunkt der Vorpfändung wahrt. Denn grundsätzlich richtet sich der Rang des Pfandrechts gem. § 804 Abs. 3 ZPO nach der Priorität der Pfändung.

1. Die Voraussetzungen der Vorpfändung

238 Die Durchführung der Vorpfändung setzt voraus, daß überhaupt ein auf eine Goldforderung gerichteter Vollstreckungstitel besteht[1]. Aus den vorerwähnten Gründen der Beschleunigung bedarf es nicht der vorherigen Erteilung einer vollstreckbaren Ausfertigung und der Zustellung des Schuldtitels (§ 845 Abs. 1 Satz 2 ZPO). Damit wird der Gläubiger zugleich auch von der vorherigen Zustellung derjenigen Urkunden befreit, von denen sonst nach § 750 Abs. 2 ZPO und § 765 ZPO die Durchführung der Vollstreckung abhängt[2]. Ebensowenig hindert demnach die noch nicht erfolgte Umschreibung des Titels auf den Rechtsnachfolger die Durchführung der Vorpfändung[3].

---

1) Der körperliche Besitz ist nicht erforderlich: LG Frankfurt, RPfleger 1983, 32 m. w. N.

2) Vgl. Noack, RPfleger 1967, 136 ff. und DGVZ 1974, 161, jeweils m. w. N.; Baumbach/Lauterbach, § 845 Anm. 1 B; Thomas/Putzo, § 845 Anm. 2 b; Wieczorek-Schütze, § 845 Anm. A III. Die Wochenfrist des § 798 ZPO braucht nicht abgelaufen zu sein: h. M. BGH, NJW 1982, 1150; OLG Düsseldorf, NJW 1975, 2210; Thomas/Putzo, § 845 Anm. 2 a bb; a. A.: Wieczorek-Schütze, § 845 Anm. A II b 1; Zöller-Stöber, § 845 Rz. 2.

3) RGZ 71, 179; BGH, JR 1956, 186; Baumbach/Lauterbach, § 845 Anm. 1 B; Thomas/Putzo, § 845 Anm. 2 b.

Notwendige Voraussetzung für die Anwendung des § 845 ZPO ist indes, daß Vollstreckungsreife der titulierten Geldforderung vorliegt, das heißt, die besonderen Vollstreckungsvoraussetzungen[4] müssen erfüllt sein. Bei einer Verurteilung Zug um Zug (§ 765 ZPO) muß der Gläubigerverzug des Schuldners feststehen. Hängt die Vollstreckung von einer dem Gläubiger obliegenden Sicherheitsleistung ab, bedarf es der Leistung der angeordneten Sicherheit vor der Pfändungsankündigung des § 845 ZPO. Ist der Anspruch des Titels betagt, insbesondere bei Verurteilungen zu künftigen Leistungen, muß die Frist des § 751 Abs. 1 ZPO abgelaufen sein. Der Gläubiger braucht allerdings die Erfüllung dieser Voraussetzungen nicht nachzuweisen. Werden die vorbezeichneten Voraussetzungen nicht beachtet, so entsteht erst durch die nachfolgende gerichtliche Pfändung ein Pfandrecht des Gläubigers. 239

Gleichermaßen stehen Vollstreckungshindernisse[5] einer wirksamen Vorpfändung im Wege. Dies gilt etwa bei vollstreckungsbeschränkenden Abreden, der Einstellung der Zwangsvollstreckung oder bei fehlendem Rechtsschutzinteresse des Gläubigers. Bei der Vorpfändung einer Lohnforderung sind zudem die Pfändungsgrenzen zu beachten. Verstöße gegen bestehende Pfändungsbeschränkungen können mit der Erinnerung nach § 766 ZPO gegen die Vorpfändung gerügt werden[6]. 240

2. Die Durchführung der Vorpfändung

Nach Erlaß des vollstreckbaren Schuldtitels beantragt der Gläubiger bei dem für den Geschäftssitz des Drittschuldners (Arbeitgeber) örtlich zuständigen Gerichtsvollzieher[7], dem Drittschuldner (Arbeitgeber) und Schuldner (Arbeitnehmer) die Benachrichtigung zuzustellen, daß wegen des aus dem Schuldtitel sich ergebenden Anspruchs die gerichtliche Pfändung der Forderung[8] bevorsteht, die der Schuldner gegen den Drittschuldner besitzt. Zum notwendigen Inhalt der Benachrichtigung gehört sowohl die Aufforderung an den Drittschuldner, nicht an den Schuldner zu leisten, als auch die Aufforderung an den Schuldner, nicht mehr über die Forderung zu verfügen. Insoweit tritt die schriftliche Erklärung des Gläubigers an die Stelle des Pfändungsbeschlusses. Fehlt also eines dieser Merkmale der Vorpfändung, so bleibt sie ohne Wirkung. Unschädlich ist allerdings – ebenso wie bei der Bewirkung der Pfändung (§ 829 Abs. 3 ZPO) –, daß die Pfändungsankündigung dem Schuldner nicht zugestellt wurde. 241

Bei der Zustellung einer Vorpfändung handelt der Gerichtsvollzieher nur als Zustellungs- und nicht als Vollstreckungsorgan[9]. Ihm wird in der Vorpfändung 242

---

4) Vgl. Rzn. 41 ff. A. A. bezüglich der Wartefrist des § 750 Abs. 3: KG, MDR 1981, 412; Münzberg, DGVZ 1979, 164; Thomas/Putzo, § 845 Anm. 2 a bb.

5) Vgl. Rz. 52 ff.

6) LG Marburg, DGVZ 1983, 120 m. w. N.

7) In der Regel unter Einschaltung der Verteilungsstelle für Gerichtsvollzieheraufträge beim zuständigen Amtsgericht.

8) Zur Bestimmtheit der Forderung vgl. OLG Düsseldorf, MDR 1974, 409.

9) Anders ist dies, wenn der Gerichtsvollzieher gem. § 845 Abs. 1 Satz 2 ZPO beauftragt worden ist, die Benachrichtigung selbst anzufertigen. Dann handelt er selbständig als staatliches Zwangsvollstreckungsorgan. Vgl. Arnold, MDR 1979, 358, 360; Gilleßen-Jakobs, DGVZ 1979, 103, 104; Hornung, RPfleger 1979, 284; a. A. Münzberg, DGVZ 1979, 161: Vertreter des Gläubigers.

das Bestehen eines Titels nur angezeigt, nicht aber nachgewiesen. Deshalb kann der Gläubiger im Zuge der Vorpfändung nicht die Fragen aus § 840 ZPO dem Drittschuldner zur Beantwortung vorlegen lassen.

243 Da die Verstrickung der Lohnforderung die Zustellung der Benachrichtigung des Gläubigers durch den Gerichtsvollzieher voraussetzt, wird sie wesentlicher Bestandteil der Vollstreckungsmaßnahme, so daß bei Weigerung des Gerichtsvollziehers die Zustellung durch Erinnerung gem. § 766 Abs. 2 ZPO erzwungen werden kann[10].

3. Die Wirkung der Vorpfändung.

244 Die Vorpfändung wirkt vom Zeitpunkt der Zustellung an gegen den Arbeitgeber wie eine Arrestpfändung (§§ 845 Abs. 2, 930, 804 ZPO)[11]. Sie ist ein selbständiger Vollstreckungsakt,muß aber durch einen späteren Pfändungsbeschluß bestätigt werden, der innerhalb von 3 Wochen dem Drittschuldner zugestellt werden muß. Der Gläubiger erlangt zunächst ein auflösend bedingtes Pfandrecht. Erfolgt innerhalb von 3 Wochen ab ordnungsgemäßer Zustellung (§ 222 ZPO) die gerichtliche Pfändung der Forderung, so gilt die Pfändung bereits mit der Zustellung der Pfändungsankündigung an den Drittschuldner als bewirkt. Die Frist gilt mit dem Tage, an dem die Benachrichtigung nach § 845 ZPO zugestellt ist. Verfügt der Schuldner zwischen der Vor- und gerichtlichen Pfändung über die Forderung, ist dies dem Pfandgläubiger gegenüber unwirksam. Haben andere Gläubiger nach Zustellung der Pfändungsankündigung einen Pfändungsbeschluß ausgebracht, so geht der vorpfändende Gläubiger dem später pfändendem vor.

245 Diese rangsichernde Wirkung behält die Vorpfändung indes nur dann, wenn die endgültige Pfändung der Forderung noch erfolgen kann. Käme es zur Einstellung der Zwangsvollstreckung aus dem Titel, oder treten sonst Umstände ein, die nunmehr jede Pfändung verbieten, verliert die Vorpfändung mit dem Zeitablauf ihre Wirkung[12].

246 Im übrigen handelt es sich bei der Vorpfändung und der anschließenden gerichtlichen Pfändung um zwei voneinander völlig getrennte Vollstreckungsakte, die jeder für sich wirksam vorgenommen sein müssen und einander von ihrem Inhalt her nicht ergänzen können. Erhöht sich in der Zwischenzeit die vorgepfändete Forderung, so erstreckt sich die Vollpfändung auf den erhöhten Betrag[13].

---

10) So überzeugend Noack, RPfleger 1967, 138 und DGVZ 1974, 161, 162; Wieczorek-Schütze, § 845 Anm. C II b 1 unter Hinweis auf KG, JR 49, 151; Zöller-Stöber, § 845 Rz. 8. Anderenfalls bliebe dem Gläubiger nur die Dienstaufsichtsbeschwerde. Vgl. auch LG Marburg, DGVZ 1983, 151.

11) Vgl. BGHZ 87, 166, 168.

12) RGZ 42, 365; RGZ 151, 265. Das würde etwa auch dann gelten, wenn über das Vermögen des Schuldners der Konkurs oder ein Vergleichsverfahren eröffnet wird: Zöller-Stöber, § 845 Rz. 5. Wird ein rechtzeitig erlassener Pfändungsbeschluß aufgehoben, führt die nach Ablauf der 3 Wochen eintretende Bestätigung im Beschwerdeverfahren nicht nur Rangsicherung: Noack, RPfleger 1967, 137.

Als Pfändungsakt unterliegt die Vornahme der Vorpfändung der Erinnerung nach § 766 ZPO, ohne daß abgewartet werden müßte, ob die Pfändung nachfolgt. Hat die Erinnerung Erfolg, ist dem Gläubiger und dem Drittschuldner die Entscheidung von Gerichts wegen zuzustellen, dem Schuldner die Aufhebung mitzuteilen (§ 329 Abs. 3 ZPO). Die Zustellung an den Drittschuldner löst die Verstrickung der vorgepfändeten Forderung. Wird die Erinnerung zurückgewiesen, so ist gegen diesen Beschluß die sofortige Beschwerde zulässig[14]. Die Erinnerung kann darauf gestützt werden, daß die Vorpfändung ohne Vollstreckungstitel erfolgt ist, die besonderen Vollstreckungsvoraussetzungen gefehlt oder Vollstreckungshindernisse bestanden haben. Kommt es innerhalb der Drei-Wochen-Frist zur endgültigen Pfändung, so ist die Erinnerung nur noch gegen den gerichtlichen Pfändungsbeschluß gegeben. Etwas anderes gilt allerdings dann, wenn lediglich die Vorpfändung Mängel aufweist und mit ihrer Aufhebung die rangsichernde Wirkung beseitigt werden soll. Ob die Kosten für die Zustellung einer Vorpfändung vom Schuldner zu tragen sind, richtet sich nach § 788 ZPO[15]. 247

---

13) Schütz, NJW 1965, 1009 ff.

14) Noack, RPfleger 1967, 137; Zöller-Stöber, § 845 Rz. 8; OLG Hamm, RPfleger 1971, 113. Fraglich ist, ob der Schuldner bei einer nicht aufrechterhaltenen Vorpfändung Ersatz nach § 945 ZPO verlangen kann.

15) Vgl. Rzn. 346 ff.

IX. Der Verzicht des Pfandgläubigers

248 Der Gläubiger kann auf die durch Pfändung und Überweisung zur Einziehung erworbenen Rechte unbeschadet seines Anspruchs verzichten (§ 843 ZPO). Es handelt sich dabei um eine einseitige prozessuale Willenserklärung des Gläubigers, die dem Schuldner gegenüber abzugeben ist (§ 843 Satz 2 ZPO). Nach überwiegender Meinung im Schriftum und in der Rechtsprechung kann der Verzicht als formloses Rechtsgeschäft vorgenommen werden[1)], obwohl § 843 Satz 2 ZPO vorschreibt, daß die Verzichtleistung durch eine dem Schuldner *zuzustellende* Erklärung erfolgt. Der h. M. ist beizupflichten, weil der Schuldner auf die förmliche Zustellung verzichten kann und im übrigen gem. § 187 ZPO etwaige Zustellungsmängel unter Umständen heilbar sind[2)]. Gem. § 843 Satz 3 ZPO ist die Erklärung auch dem Drittschuldner zuzustellen. Hiervon hängt die Wirksamkeit des Verzichts nicht ab; die Zustellung hat hier nur die Bedeutung einer Benachrichtigung. Allerdings wird der Drittschuldner (Arbeitgeber) in entsprechender Anwendung des § 409 BGB geschützt, wenn er an den Schuldner (Arbeitnehmer) leistet, nachdem der Pfandgläubiger den Verzicht angezeigt hat[3)]. Erfolgt keine Unterrichtung des Drittschuldners über den Verzicht des Gläubigers, leistet der Drittschuldner in Unkenntnis des Verzichts mit befreiender Wirkung weiterhin an den Pfandgläubiger (§§ 407, 408 BGB)[4)].

249 Vom Umfang her kann sich der Verzicht auf die Pfändung oder nur auf die Überweisung erstrecken. Verzichtet der Pfandgläubiger auf die Pfändung, so wird damit zwangsläufig auch die Überweisung betroffen. Der Verzicht auf die Überweisung berührt die Pfändung nicht[5)]. Hatte sich der Gläubiger die Forderung nicht zur Einziehung, sondern an Zahlungs Statt überweisen lassen, ist ein Verzicht ausgeschlossen, weil sie wie eine Abtretung wirkt und der Gläubiger zugleich wegen der Vollstreckungsforderung als befriedigt gilt. Ein Verzicht ist dann nur gegenüber dem Drittschuldner in Gestalt eines Erlaßvertrages möglich.

250 Bei Zugang der formlos möglichen Verzichtserklärung an den Schuldner erlischt das Pfändungspfandrecht; die Verstrickung wird zugleich beseitigt, ohne das es der förmlichen Aufhebung des Pfändungsbeschlusses bedarf. Für den Schuldner besteht dann ein rechtliches Interesse an der förmlichen Aufhebung, wenn der Drittschuldner (Arbeitgeber) wegen der Existenz des Pfändungs- und Überweisungsbeschlusses den Lohn weiterhin einbehält[6)].

---

1) Zöller-Stöber, § 843 Anm.; Wieczorek-Schütze, § 843 Anm. B I; RGZ 139, 172; BAG, AP Nr. 1 zu § 776 ZPO mit Anm. von Pohle; a. A. Thomas/Putzo, § 843, wegen der öffentlich-rechtlichen Natur des Pfändungspfandrechts.

2) Vgl. Wieczorek-Schütze, § 843 Anm. B I; RGZ 139, 172.

3) Stöber, S. 270.

4) Der Schuldner kann sich dann bei dem Gläubiger im Wege der Bereicherungsklage schadlos halten. A. A. Stöber, Rz. 680, der einen Schadensersatzanspruch konstruiert.

5) Thomas/Putzo, § 843 Anm.

6) Ebenso Stöber, S. 271 Rz. 682 m. w. N. unter Fußnote 13.

X. Die Klage des Gläubigers gegen den Drittschuldner

Der staatliche Pfändungs- und Überweisungsakt der Lohnforderung berechtigt den Gläubiger, anstelle des Arbeitnehmers gegen den Arbeitgeber als Drittschuldner im Wege der Klage vorzugehen, sofern sich der Drittschuldner seiner Leistungspflicht widersetzt[1]. Bei einer Überweisung zur Einziehung (§ 835 Abs. 1 ZPO) trifft den Gläubiger sogar eine Pflicht, die – gegebenenfalls klageweise – Beitreibung der überwiesenen Forderung nicht verzögerlich zu betreiben (§ 842 ZPO). 251

1. Verfahrensrechtliche Voraussetzungen

Sachlich zuständig für die Erhebung der Drittschuldnerklage sind die Gerichte für Arbeitssachen, da die gepfändete Forderung in einem Arbeitsverhältnis ihre Grundlage hat (§§ 3 in Verbindung mit 2 Abs. 1 Nr. 3 a ArbGG). Dies gilt auch dann, wenn der Gläubiger nach § 850 h ZPO (verschleiertes Arbeitseinkommen) gegen den Drittschuldner vorgeht[2], obwohl nur ein fingiertes Arbeitseinkommen gepfändet worden ist. 252

Die *örtliche* Zuständigkeit des anzugehenden Gerichts bestimmt sich nach den allgemeinen Vorschriften der ZPO (§§ 12, 13, 29 ZPO, 46 Abs. 2 ArbGG)[3]. Unter mehreren zuständigen Gerichten hat der Kläger die Wahl (§ 35 ZPO), die er mit der Klageerhebung ausübt. Eine Vereinbarung über den Gerichtsstand oder den Erfüllungsort ist nur in den engen Grenzen der §§ 29 Abs. 2, 38 ZPO zulässig. 253

Da der Berechnung des pfändbaren Arbeitseinkommens der Nettolohn zugrunde liegt (§ 850 e Nr. 1 ZPO), ist in dem Klageantrag die Verurteilung zur Zahlung eines Netto-Betrages aufzunehmen. Bei berechtigter Besorgnis, daß der Drittschuldner sich der rechtzeitigen Leistung auch in Zukunft entziehen werde, gestattet § 259 ZPO auch die Klage auf künftige Lohnzahlungen[4]. 254

Hat der Pfandgläubiger in eine bereits rechtshängige (§ 261 ZPO) Forderung des Schuldners vollstreckt, so verliert der Schuldner nicht das Recht zur weiteren prozessualen Geltendmachung (§ 265 Abs. 2 ZPO). Eine Übernahme des Prozeßes durch desn Pfandgläubiger anstelle des Schuldners als Hauptpartei hängt von der Gestattung des Prozeßgegners (Drittschuldners) ab (§ 265 Abs. 2 ZPO). Einem eigenständig vom Gläubiger geführten Prozeß könnte der Drittschuldner mit der Einrede der Rechtshängigkeit begegnen (§ 261 Abs. 3 Nr. 1 ZPO). Trotz 255

---

1) Der Drittschuldner braucht die Klage nicht abzuwarten, er kann negative Feststellungsklage erheben: OLG München, NJW 1958, 68; vgl. auch Stöber, Rz. 674.

2) Thomas/Putzo, § 850 h Anm. 1 c; Oehmann, AR-Blattei, Lohnpfändung III., III Klage aus Lohnpfändung B; vgl. auch BGH, NJW 1977, 853.

3) Zum Erfüllungsort im Arbeitsverhältnis: Gaul, Leistungs- und Erfüllungsort im Arbeitsverhältnis, S. 42 ff. vgl. auch LAG Bayern/Nürnberg, BB 1969, 1271; BayObLG, BB 1983, 1696; Süsse, AuR 1970, 47; Tappermann, NJW 1973, 2095; Rewolle, BB 1979, 170.

4) Vgl. BAG, FamRZ 1983, 900 m. w. N. und Vossen, DB 1985, 385 ff. u. 439 ff. Zur Fassung des Antrags: Süsse, BB 1970, 672.

Rechtskrafterstreckung (§ 325 ZPO) kann der Gläubiger dem Rechtsstreit des Schuldners gegen den Drittschuldner nur als einfacher Streithelfer beitreten (§ 265 Abs. 2 Satz 3 ZPO).

256 Durch die Überweisung der Forderung zur Einziehung ist der Gläubiger befugt, die Forderung im eigenen Namen gegen den Drittschuldner einzuklagen. Fraglich ist, ob hierbei Prozeßführungsbefugnis und Sachlegitimation zusammenfallen, oder ob der Pfandgläubiger in Prozeßstandschaft auftritt. Bei mangelnder Prozeßführungsbefugnis müßte die Klage als unzulässig abgewiesen werden, während die fehlende Aktivlegitiomation zur Abweisung der Klage als unbegründet führte. In Anbetracht der geringen praktischen Relevanz kann eine unterscheidende Darstellung unterbleiben.

257 Zu den Zulässigkeitsvoraussetzungen der Drittschuldnerklage gehört *nicht*, daß der klagende Gläubiger dem Schuldner gem. § 841 ZPO den Streit verkündet[5]. § 841 ZPO statuiert keine Prozeßvoraussetzungen, sondern beinhaltet eine materiell-rechtliche Verpflichtung des Gläubigers gegenüber dem Schuldner, deren Verletzung Schadensersatzansprüche des Schuldners gegen den Gläubiger auszulösen vermag. Die Streitverkündung liegt allein im Interesse des Schuldners, nicht des Drittschuldners, weshalb das Gericht weder von Amts wegen noch auf Hinweis des Drittschuldners das Vorliegen der Streitverkündung prüft. Ebensowenig besteht eine Hinweispflicht des Gerichts aus § 139 ZPO an den Gläubiger, wenn er die Streitverkündung unterläßt[6].

2. Die materiell-rechtliche Lage

258 Zur schlüssigen Begründung der Drittschuldnerklage gehört im wesentlichen, daß der Kläger den titulierten Anspruch nebst Zinsen und Kosten bekanntgibt und darlegt, daß wegen dieser Forderungen ein Pfändungs- und Überweisungsbeschluß erwirkt und dem Drittschuldner (Beklagten) zu einem bestimmten Zeitpunkt zugsestellt worden ist. Darüber hinaus bedarf es des Vortrags, daß der Schuldner (und Streitverkündete) bei dem beklagten Drittschuldner in einem Arbeitsverhältnis steht und ein monatliches (wöchentliches, tägliches) Nettoarbeitsentgelt bezieht, das von dem Pfändungs- und Überweisungsbeschluß in bestimmter Höhe erfaßt wurde (§ 850 c ZPO), und daß der Beklagte unter Berücksichtigung der Lohnfälligkeitstermine der Zahlung an den Gläubiger nicht nachgekommen ist[7].

259 Gegenüber der Klage kann sich der Drittschuldner in mehrfacher Hinsicht verteidigen: Seine Einwendungen können sich gegen die Gültigkeit und Wirksamkeit der Pfändung selbst richten; er kann aber auch alle Einwendungen geltend machen, die ihm entweder unmittelbar gegen den Gläubiger (Kläger) oder gegen

---

[5] So aber wohl Süsse, BB 1970, 672 unter I 3.; vgl. auch Stöber Rz. 659 ff.

[6] So aber Süsse, BB 1970, 672; Oehmann, AR-Blattei Lohnpfändung III., III Klage aus Lohnpfändung, C. Wie hier: Hoche, S. 152.

[7] Zum Aufbau vergleiche Süsse, BB 1970, 673. Wenn Süsse allerdings vorschlägt, von einem „rechtskräftigen" Pfändungs- und Überweisungsbeschluß zu sprechen, ist ihm nicht beizutreten.

den Schuldner (Arbeitnehmer) zustehen. Grundsätzlich versagt sind dem Drittschuldner alle diejenigen Einwendungen, die der Schuldner im Wege der Vollstreckungsgegenklage (§ 767 ZPO) gegen den Gläubiger geltend machen muß[8]. Stützt sich der Drittschuldner zu seiner Rechtsverteidigung auf formelle Fehler bei der Durchführung des Pfändungs- und Überweisungsbeschlusses, so bestreitet er letztlich die Sachlegitimation des Gläubigers, die von der behaupteten Einziehungsermächtigung (§ 835 Abs. 1 ZPO) abhängt. Das ist der Fall, wenn die allgemeinen und besonderen Vollstreckungsvoraussetzungen (Titel, Klausel, Zustellung, die Zug-um-Zug-Leistung des Gläubigers, die Sicherheitsleistung) nicht vorliegen, trotz bestehender Vollstreckungshindernisse gepfändet wurde (vollstreckungsbeschränkende Abreden, Einstellung der Zwangsvollstreckung), es an der Zustellung des Pfändungs- oder Überweisungsbeschlusses an den Drittschuldner mangelt oder die Pfändung deshalb der Wirksamkeit entbehrt, weil die Beteiligten oder die zu pfändende Forderung nicht bestimmt genug bezeichnet sind[9]. Nach der hier vertretenen Auffassung scheitert die Wirksamkeit des Überweisungsbeschlusses nicht an einem möglicherweise fehlerhaften und damit angreifbaren Pfändungsakt. Daher muß der Drittschuldner sämtliche Einwendungen, die die Wirksamkeit der Pfändung selbst betreffen, durch Erinnerung (§ 766 ZPO) und notfalls mit sofortiger Beschwerde (§ 793 ZPO) gelten machen, weil das Pfändungspfandrecht zugunsten des Gläubigers bis zur Vernichtung des Vollstreckungsaktes erhalten bleibt[10]. Bestritten ist allerdings in diesem Zusammenhang, ob sich der Drittschuldner im Prozeß darauf berufen kann, daß der Lohn aufgrund des Pfändungsschutzes über die im Pfändungsbeschluß gezogenen Grenzen hinaus ganz oder teilweise unpfändbar sei. Der 5. Senat des Bundesarbeitsgerichts[11] hat hierzu ausgeführt, daß im Fall bei einer Lohnpfändung für Unterhaltsansprüche der pfändungsfreie Betrag des Arbeitseinkommens durch das Vollstreckungsgericht nach näherer Maßgabe des § 850 d ZPO besonders festgelegt wird, der Drittschuldner im Einziehungserkenntnisverfahren vor den Arbeitsgerichten sich nicht darauf berufen könne, das pfändbare Arbeitseinkommen des Schuldners sei vom Vollstreckungsgericht wegen Nichtberücksichtigung wesentlicher Umstände unrichtig festgesetzt wurden. Der Drittschuldner könne eine Unrichtigkeit der nach § 850 d ZPO durch das Vollstreckungsgericht festgesetzten Pfändungsgrenze nur im Wege der Erinnerung und der sofortigen Beschwerde geltend machen[12]. Hierzu führt der 5. Senat drei Gesichtspunkte an: Der in § 850 d ZPO vorgesehene besondere pfändungsfreie Betrag beruht auf einem konstitutiven Ausspruch des Vollstreckungsgerichts; die Zuständigkeit der Vollstreckungsgerichte ist eine ausschließliche (§ 802 ZPO) und dieser Zuständigkeitsregelung wird erst in vol-

---

8) BAG, NJW 1964, 687; Blomeyer, RdA 1974, 1, 2f.

9) Vgl. zu den allgemeinen und besonderen Vollstreckungsvoraussetzungen: Rzn. 13ff., 41 ff.; zu den Vollstreckungshindernissen: Rzn. 52ff.; zur Zustellung an den Drittschuldner: Rzn. 94ff.; zu den Bestimmtheitserfordernissen: Rzn. 33ff.

10) Vgl. oben Rzn. 105ff., 121 u. 147.

11) BAG, AP Nr. 4 zu § 850 d ZPO mit zustimmender Anmerkung von Pohle; BAG, AP Nr. 8 zu § 850 d ZPO mit zustimmender Anmerkung von Bötticher; BAG, DB 1971, 1165ff.

12) Siehe auch BGH, RPfleger 1978, 249.

lem Umfang Rechnung getragen, wenn nichtsachkundige Gerichte an die konstitutiven Entscheidungen eines sachkundigen Gerichts gebunden sind; es ist nicht prozeßökonomisch, dem Drittschuldner zu gestatten, neben dem ihm möglichen Weg aus §§ 766 Abs. 1, 793 ZPO sich auch noch im Erkenntnisverfahren gegen die Richtigkeit der nach § 850 d ZPO festgesetzten besonderen Pfändungsgrenze zu wehren. Diese Erwägungen des Bundesarbeitsgerichts sind überwiegend auf Zustimmung in der Literatur gestoßen[13]. Kritisch hierzu hat sich Baur[14] geäußert, der zu Recht darauf hinweist, daß die von der h. M. vorgetragenen Gründe der Prozeßökonomie nicht durchschlagen, weil nicht einsichtig sei, warum der Drittschuldner nicht solle rügen dürfen, daß dem Gläubiger infolge der Nichtbeachtung des Pfändungsverbots materiell-rechtlich kein Pfandrecht und damit keine Einziehungsermächtigung zusteht. Dem ist noch hinzuzufügen, daß im Falle der Klageerhebung durch den Gläubiger der Drittschuldner nach erfolgreicher Erinnerung auf der Erhebung einer Vollstreckungsgegenklage (§ 767 ZPO) angewiesen wäre[15]. Damit verkehrt sich das Argument der Prozeßökonomie in sein Gegenteil. Schließlich ist durchaus zweifelhaft, ob der Drittschuldner überhaupt Erinnerung einlegen kann, weil nach der h. M. trotz Nichtbeachtung der Unpfändbarkeit die Einziehungsermächtigung durch den Überweisungsbeschluß wirksam ist und damit der Drittschuldner an den Empfangsberechtigten zahlt.

260 Im Streit der Meinungen wird man zu differenzieren haben, ob das Vollstreckungsgericht durch rechtsgestaltenden Beschluß die Pfändungsgrenze festsetzt, oder die Pfändungsgrenzen völlig unbeachtet läßt. Würde der Gläubiger also einen Pfändungs- und Überweisungsbeschluß erwirken, wonach das gesamte Arbeitseinkommen des Schuldners gegen den Drittschuldner gepfändet und zur Einziehung überwiesen wird, so vermag sich der Drittschuldner im Prozeß darauf zu berufen, daß die gepfändete Forderung nach § 850 c Abs. 1 ZPO unpfändbar ist. Hat das Vollstreckungsgericht dagegen — wie im Fall des § 850 d ZPO oder bei der Härteklausel des § 850 f ZPO — den unpfändbaren Teil des Arbeitseinkommens durch rechtsgestaltenden Beschluß festgelegt, so ist das Prozeßgericht an diese Gestaltung gebunden. Aus diesem Grunde ist der Entscheidung des Bundesarbeitsgerichts zu § 850 d ZPO beizupflichten. Denn welche Beträge dem Schuldner bei der Unterhaltspfändung als notwendiger Lebensunterhalt für sich und seine Angehörigen zu belassen sind, ist aus dem Gesetz nicht zu entnehmen und bedarf einer Entscheidung, die unter Berücksichtigung der besonderen Verhältnisse des Einzelfalles getroffen werden muß. Das gleiche gilt, wenn das Vollstreckungsgericht nach § 850 f ZPO auf Antrag des Schuldners oder Gläubigers verfährt. Die Bindung des Prozeßgerichts (Arbeits-

---

13) Vgl. etwa Pohle, Anm. zu AP Nr. 4 zu § 850 d ZPO; derselbe, JZ 1962, 345; Bötticher, Anm. zu AP Nr. 8 zu § 850 d ZPO; derselbe, MDR 1961, 800; Lüke, JuS 1962, 420 ff.; Baumbach/Lauterbach, § 850 d Anm. 2 C c; Wieczorek-Schütze, § 850 d Anm. D III; Zöller-Stöber, § 850 d Rz. 13; Mohrbutter, S. 263, 264; Berner, RPfleger 1961, 289 und RPfleger 1964, 329; Marienhagen, BB 1961, 533; Bischoff/Rochlitz, S. 94; Süsse, BB 1970, 673; ebenso LAG Niedersachsen, DAVorm 1977, 578.

14) Schönke/Baur, S. 109 und Fälle und Lösungen S. 28.

15) So zutreffend Pohle, JZ 1962, 345.

gerichts) tritt also nicht aus prozeßökonomischen Gründen ein, sondern allein deshalb, weil für die Entscheidung aus § 850 d ZPO oder § 850 f ZPO die ausschließliche Zuständigkeit des Vollstreckungsgerichts gegeben ist, und es eine Kompetenzüberschreitung des Arbeitsgerichts darstellte, sollte es die Entscheidung des Vollstreckungsgerichts auf seine Rechtmäßigkeit hin überprüfen. In diesem Fall geht es nicht um eine bloße Berechnungsfrage, sondern – wie das BAG zu Recht formuliert hat – um den konstitutiven Akt der Festsetzung des pfändungsfreien Betrages, der eben gerade nicht zahlenwertmäßig aus dem Gesetz ablesbar ist. Angesichts dieser Erwägungen überzeugt die weitere Folgerung des Bundesarbeitsgerichts, daß die Gerichte für Arbeitssachen im Einziehungserkenntnisverfahren auch insoweit an die Entscheidung des Vollstreckungsgerichts gebunden sind, wenn das Vollstreckungsgericht nach § 850 d ZPO festgesetzte Pfändungsgrenze zugunsten des Schuldners nachträglich abändert[16].

Abgesehen davon vermag sich der Drittschuldner darauf zu berufen, eine Forde- **260a**
rung des Schuldners (Arbeitnehmers) habe mangels Gegenleistung des Arbeitnehmers nicht bestanden, die Forderung sei vor der Pfändung durch Erfüllung oder Aufrechnung erloschen. Auch nach der Pfändung besteht die Möglichkeit der Aufrechnung nach Maßgabe des § 392 BGB gegenüber dem Schuldner, wobei die Aufrechnungserklärung gegenüber dem Pfandgläubiger entsprechend § 406 BGB abgegeben werden darf. Gleichermaßen ist die Aufrechnung mit einer eigenen Gegenforderung gegen den Überweisungsgläubiger selbst statthaft. Der Einwand der mangelnden Gegenseitigkeit (§ 387 BGB) ist dem Pfandgläubiger versagt, weil der Drittschuldner den Gläubiger auf jeden der zulässigen Erfüllungswege befriedigen darf[17].

Haben mehrere Gläubiger eine Lohnforderung gepfändet, so richtet sich die Rei- **261**
henfolge ihrer Befriedigung nach dem Prioritätsprinzip des § 804 Abs. 3 ZPO. Der Drittschuldner muß im Einziehungserkenntnisverfahren den Vorrang weiterer Pfändungen vor der Lohnpfändung des Klägers darlegen und unter Beweis stellen[18]. Dem beklagten Drittschuldner bleibt auch noch während des Prozesses die Möglichkeit der Hinterlegung nach § 853 ZPO[19].

Grundsätzlich verschlossen sind dem Drittschuldner Einwendungen, die den **262**

---

16) Wie Fußnote 11.

17) Vgl. Hoche, S. 105. Zu den Einzelheiten: Rzn. 132 ff. u. 163 ff. m. w. N. Zur Frage der Anwendbarkeit des § 390 Satz 2 BGB auf tariflich verfallene Forderungen: LAG Bremen, DB 1964, 738; LAG Hannover, ARSt 1964 Nr. 423; Etzel, BB 1968, 1291 ff. m. w. N.; ablehnend: BAG, AP Nr. 3 zu § 390 BGB und DB 1974, 585; BGH, DB 1974, 586; LAG Düsseldorf, BB 1967, 669; Stahlhacke, BB 1967, 760; Schaub, NJW 1967, 91; Schmidt, DB 1966, 1769; Zöllner, Anm. zu AP Nr. 2 zu § 390 BGB. Der Auffassung des BAG und des BGH ist zu folgen, weil mit Ablauf der tariflichen Ausschlußfrist die Forderung untergeht, während sie bei der Verjährung nur einredebehaftet ist. Dies läßt sich nicht mit der Behauptung wegdiskutieren – wie Eetzel, BB 1968, 1293 meint –, der Zweck des § 390 Satz 2 BGB erfordere die Annahme, daß Forderungen mit Ablauf der tariflichen Ausschlußfrist nicht in vollem (?) Umfange erlöschen würden. Daran scheitert eben gerade der Analogieschluß.

18) LAG Düsseldorf, BB 1966, 34.

19) Vgl. Rzn. 188 ff.

titulierten Anspruch gegen den Schuldner betreffen[20]. Hiervon hat das Bundesarbeitsgericht zwei Ausnahmen zugelassen: Handelt es sich bei dem Vollstreckungstitel um einen Prozeßvergleich, so kann der Drittschuldner geltend machen, daß dieser durch einen späteren Prozeßvergleich wieder aufgehoben worden ist[21]. Zulässig wäre auch der Einwand, der Prozeßvergleich als Vollstreckungstitel sei wegen Verstoßes gegen die guten Sitten nichtig[22]. Diesen Entscheidungen ist beizutreten. An die Stelle der Forderung beim Vertragspfandrecht tritt beim Pfändungspfandrecht der rechtskräftige Titel, der die grundsätzlich unwiderlegliche Vermutung dafür begründet, daß der Anspruch im Zeitpunkt des Schlusses der mündlichen Verhandlung, in der Einwendungen nach den Vorschriften der ZPO spätestens geltend gemacht werden mußten (§ 767 Abs. 2 ZPO), tatsächlich bestanden hat[23]. Davon kann jedoch dann nicht mehr ausgegangen werden, wenn der Titel zwischenzeitlich beseitigt oder offenbar nichtig ist, weil es dann an einer ordnungsgemäßen Pfändung und Überweisung fehlen würde.

263 Da der Pfändungs- und Überweisungsbeschluß dem Gläubiger nicht die Ermächtigung einräumt, die Rechtsstellung seines Schuldners zu verschlechtern, kann eine vergleichsweise Regelung vor dem Prozeßgericht mit dem Drittschuldner, die dem Schuldner zum Nachteil gereicht, Schadensersatzansprüche des Schuldners auslösen. Etwas anderes gilt dann, wenn der Gläubiger die überwiesene Forderung in voller Höhe des überwiesenen Betrages auf die gegen den Schuldner zu vollstreckende Forderung anrechnet[24], oder der Schuldner dem Gläubiger gegenüber zustimmt. Die Wirksamkeit des Prozeßvergleichs selbst (§ 794 Nr. 1 ZPO) wird davon nicht berührt. Ebensowenig erfährt die Rechtsstellung eines weiteren Pfändungspfandgläubigers durch eine vergleichsweise Regelung zwischen Gläubiger und Drittschuldner vor dem Arbeitsgericht eine Beeinträchtigung.

264 Hat sich der Drittschuldner in einem Prozeßvergleich zu bestimmten wiederkehrenden Leistungen an einen Pfändungsgläubiger verpflichtet, und fehlt ein Hinweis, ob sich diese Verpflichtung über den Zeitpunkt der Beendigung des Arbeitsverhältnisses erstreckt, so ist zwischen der Zahlung von Rückständen aus der Lohnpfändung und der Zahlung der laufend fällig werdenden Pfändungsbeträge zu differenzieren. Soweit es um rückständige Pfändungsbeträge geht, bleibt die Beendigung des Arbeitsverhältnisses auf die Verpflichtung des Drittschuldners aus dem Vergleich ohne Einfluß; handelt es sich dagegen um laufende Pfändungsbeträge, so ist im Zweifel anzunehmen, daß die Verpflichtung nicht über den Zeitpunkt hinaus bestehen soll, zu dem das Arbeitsverhältnis endet[25].

---

20) BAG, AP Nr. 1 zu § 776 ZPO unter III 3; BAG, NJW 1964, 687; BAG, AP Nr. 20 zu § 794 ZPO; vgl. auch BGH, DB 1976, 764.
21) BAG, AP Nr. 1 zu § 776 ZPO.
22) BAG, AP Nr. 2 zu § 829 ZPO.
23) Vgl. Säcker, JZ 1971, 162.
24) Hoche, S. 156; RGZ 169, 54; OLG Karlsruhe, OLGZ 15, 394.
25) BAG, AP Nr. 14 zu § 794 ZPO mit zustimmender Anmerkung von Schumann; Süsse, BB 1970, 675.

3. Die Streitverkündung nach § 841 ZPO

Nach § 841 ZPO ist der Pfandgläubiger, der die Forderung im Klagewege gegen den Drittschuldner (Arbeitgeber) verfolgt, verpflichtet, dem Arbeitnehmer als Schuldner gerichtlich den Streit zu verkünden, sofern nicht eine Zustellung im Ausland oder eine öffentliche Zustellung erforderlich wird. **265**

§ 841 ZPO bezweckt die Interessenwahrung des Schuldners, weil er Inhaber der vom Pfandgläubiger geltend gemachten Forderung bleibt und es aus diesem Grunde in der Regel in seinem Interesse liegt, daß die vom Pfandgläubiger gegen den Drittschuldner erhobene Klage Erfolg hat. Um auf den Prozeß Einfluß nehmen zu können, gestattet der Gesetzgeber daher den Beitritt des Schuldners als Streitgehilfe. **266**

Da die Pflicht zur Streitverkündung allein aus Rücksichtnahme auf die Belange des Schuldners besteht, kann sich der Drittschuldner in dem gegen ihn geführten Prozeß nicht darauf berufen, der Gläubiger habe bisher die Streitverkündung unterlassen. Bereits dargelegt wurde, daß die Erfüllung des § 841 ZPO nicht etwa eine Verfahrensvoraussetzung der Drittschuldnerklage darstellt. Der Verstoß gegen § 841 ZPO kann zu einer Schadensersatzverpflichtung des Gläubigers gegenüber dem Schuldner führen, sofern es etwa zur Abweisung der Klage kommt und der Gläubiger nicht den Nachweis führt, daß dies auch bei Einschaltung des Schuldners in den Prozeß geschehen wäre[26]. **267**

Die Vornahme der Streitverkündung erfolgt nach § 73 ZPO. Sie ist Prozeßhandlung und muß schriftlich eingereicht oder mündlich zu Protokoll der Geschäftsstelle angebracht werden (§§ 73, 496 ZPO, 46 Abs. 2 Satz 1 ArbGG). Vom Inhalt her bedarf es der Erklärung, daß der Streit verkündet wird, welcher Anlaß der Streitverkündung zugrunde liegt und in welcher Lage sich der Rechtsstreit befindet, wozu etwa gehört, welche Entscheidungen schon ergangen sind oder welche Termine anstehen. **268**

Der die Streitverkündung enthaltene Schriftsatz ist dem Dritten (Arbeitnehmer) von Amts wegen (§§ 270 Abs. 1, 496 ZPO, 46 Abs. 2 Satz 1 ArbGG) zuzustellen (in der Regel formlos gem. § 270 Abs. 2 ZPO)[27] und dem Gegner des Streitverkünders (Arbeitgeber) in Abschrift mitzuteilen. Die Streitverkündung wird mit der Zustellung an den Arbeitnehmer wirksam (§ 73 Satz 3 ZPO)[28]. **269**

Lehnt der Arbeitnehmer den Beitritt ab oder erklärt er sich überhaupt nicht, so wird der Rechtsstreit ohne Rücksicht auf ihn zwischen den Pfandgläubiger und den Drittschuldner fortgesetzt (§ 74 Abs. 2 ZPO)[29]. Tritt der Arbeitnehmer dem Rechtsstreit bei, so bekleidet er die Stellung eines Nebenintervenienten. **270**

---

26) Hoche, S. 152; RGZ 83, 121.

27) Vgl. OLG Köln, NJW 1981, 2263, 2264.

28) Die Mitteilung an den Prozeßgegner (§ 73 Satz 2 ZPO) ist für die wirksame Streitverkündung nicht erforderlich: Thomas/Putzo, § 73 Anm. 1 c. Mängel im Beitritt können im übrigen nach § 295 ZPO geheilt werden: Zöller-Vollkommer, § 73 Rz. 2.

29) Im Folgeprozeß muß die Zulässigkeit der Streitverkündung geprüft werden, um festzustellen, ob die Streitverkündung die prozessualen und sachlich-rechtlichen Folgen ausgelöst hat: BGHZ 65, 127, 131; BGH VersR 1962, 952; OLG Bamberg, OLGZ 79, 210.

271 Die Wirkung der Nebenintervention ergibt sich aus § 68 ZPO. Im späteren Prozeß vermag der Nebenintervenient der streitverkündenden Partei gegenüber ohne deren Zustimmung Einwendungen tatsächlicher und rechtlicher Art nicht mehr vorzubringen, soweit sie im Vorprozeß geltend gemacht werden konnten. Etwas anderes gilt dann, wenn der Nebenintervenient im Rechtsstreit gegen die unterstützte Partei behauptet und nötigenfalls beweist, verhindert gewesen zu sein, bestimmte Angriffs- und Verteidigungs- oder Beweismittel geltend zu machen oder ihm Angriffs- und Verteidigungsmittel unbekannt waren, die von der unterstützten Partei absichtlich oder grob fahrlässig nicht vorgebracht wurden[30].

272 Dem Arbeitnehmer steht es nach Streitverkündung nicht nur frei, ob er untätig bleibt, sondern auch, ob er dem Gläubiger oder dem Drittschuldner, seinem Arbeitgeber, als Streitgehilfe beitritt[31]. Letzterenfalls ist die Nebenintervention allerdings nur zulässig, wenn der Arbeitnehmer ein rechtliches Interesse am Sieg des von ihm unterstützten Arbeitgebers glaubhaft macht. Dies wird bei Streitigkeiten aus § 850 h Abs. 2 ZPO gegeben sein, weil der Arbeitnehmer regelmäßig kein rechtliches Interesse am Obsiegen seines Gläubigers, sondern nur ein solches an dem des Drittschuldners hat.

273 Der Beitritt des Nebenintervenienten erfolgt durch Einreichung eines Schriftsatzes bei dem Arbeitsgericht oder zu Protokoll der Geschäftsstelle des Arbeitsgerichts (§§ 70, 496 ZPO, 46 Abs. 2 Satz 1 ArbGG). Der die Beitrittserklärung enthaltene Schriftsatz ist beiden Parteien zuzustellen (§ 70 Abs. 1 Satz 2 ZPO). Mängel der Form, des Inhalts oder der Zustellung können über § 295 ZPO geheilt werden[32].

274 Tritt der Arbeitnehmer dem Rechtsstreit bei, so handelt er im eigenen Namen, allerdings nicht als Partei[33], so daß er als Zeuge vernommen werden kann. Ihm steht es frei, Angriffs- und Verteidigungsmittel geltend zu machen und alle Prozeßhandlungen wirksam vorzunehmen, soweit nicht seine Erklärungen und Handlungen mit Erklärungen und Handlungen der Hauptpartei in Widerspruch stehen (§ 67 ZPO)[34]. Ist zum Beispiel die unterstützte Partei säumig, so wendet der Streitgehilfe die Säumnisfolgen ab, wenn er verhandelt[35]. Er ist zu jedem Termin zu laden; ihm sind alle Schriftsätze zu übermitteln beziehungsweise zuzustellen. Materiell-rechtliche Willenserklärungen sind dem Streitgehilfen nur

---

30) Vgl. ausführlich Wieser, ZZP 79, 246ff.; vgl. auch BGH, NJW 1982, 281, 282 und BGHZ 85, 252, jeweils m. w. N. Zum Umfang der Interventionswirkung bei Teilklagen: BGH, NJW 1969, 1480, 1481. Die Interventionswirkung tritt auch ein, wenn der Arbeitnehmer nicht dem Rechtsstreit beitritt. Statt der Zeit des Beitritts entscheidet die Zeit, zu welcher der Beitritt infolge der Streitverkündung möglich war (§ 74 Abs. 3 ZPO).

31) BGHZ 85, 252, 255; LAG Baden-Württemberg, AP Nr. 3 zu § 850 h ZPO; OLG Celle, NdsRpfl 1964, 205. Zur Zulässigkeit der Nebenintervention: BAG, NJW 1968, 73.

32) Der Schriftsatz muß enthalten: Die Bezeichnung der Parteien und des Rechtsstreits, die Interessenangabe des Nebenintervenienten und die Erklärung des Beitritts. Die Angabe des Interesses ist bei § 841 ZPO nur dann bedeutsam, wenn der Arbeitnehmer dem Arbeitgeber beitritt.

33) BGH, NJW 1981, 2062; vgl. auch LAG Kiel, DB 1984, 1630.

34) BGHZ 89, 124; BGH, NJW 1983, 2378; vgl. auch Fuhrmann, NJW 1982, 978.

35) Unstreitig: Thomas/Putzo, § 67 Anm. 2 b.

aus eigenem Recht gestattet, so daß er nur mit eigenen Forderungen aufrechnen darf[36] und nicht befugt ist, mit Wirkung für und gegen die Partei einen Prozeßvergleich abzuschließen. Einem Beitritt des Streitverkündeten zu einem Prozeßvergleich steht nichts im Wege.

---

[36] BGH, NJW 1966, 930: Mit einer Forderung, die ihm nicht selbst zusteht, kann der Nebenintervenient nicht aufrechnen.

XI. Rechtsbehelfe im Lohnpfändungsverfahren

275 Die im Verfahren der Lohnpfändung rechtlich Betroffenen haben je nach ihrer Rechtsposition die Möglichkeit, das Zwangsvollstreckungsverfahren in die Lohnforderung des Schuldners durch das Vollstreckungsgericht (§ 764 ZPO), durch das Prozeßgericht des ersten Rechtszuges (§ 767 ZPO) oder durch das Gericht, in dessen Bezirk die Zwangsvollstreckung erfolgt, auf seine Rechtmäßigkeit und Zulässigkeit hin überprüfen zu lassen[1)]. Richten sich die Angriffe gegen das Verfahren des Vollstreckungsorgans und die Berechtigung der Zwangsvollstreckung im ganzen, so ist die *Erinnerung* der gegebene Rechtsbehelf. Mit ihr werden formelle Einwendungen gegen die Art und Weise der Zwangsvollstreckung erhoben. Dem festgestellten materiellen Leistungsanspruch kann der Schuldner mit der sogenannten Vollstreckungsabwehr- oder Vollstreckungsgegenklage des § 767 ZPO mit Einwendungen begegnen, die rechtsvernichtend oder rechtshemmend wirken. Mit dieser Klage greift der Schuldner die Vollstreckbarkeit des Titels selbst an. Wenn sich auch die Vollstreckungsbefugnis dess Gläubigers und die Vollstreckungsgewalt des Staates auf das nach dem Titel haftende Vermögen beschränken[2)], so ist nicht ausgeschlossen, daß die Vollstreckung in das Vermögen eines Dritten übergreift, weil häufig nicht erkennbar ist, ob der Gegenstand der Vollstreckung zum Vermögen des Schuldners gehört. Läßt der Gläubiger eine Forderung beschlagnahmen, die nicht dem Schuldner gehört, so vermag der Dritte als Forderungsinhaber den Schein einer wirksamen Vollstreckung in diese Forderung mit der Drittwiderspruchsklage aus § 771 ZPO auszuräumen[3)]. Die Zwangsvollstreckung ist in ihrem Erfolg auch dann unzulässig[4)], wenn bei der Ausschüttung eines hinterlegten Betrages ein vorrangiger Pfandrechtsgläubiger übergangen werden soll. Hier kann der widersprechende Gläubiger sein sachliches Widerspruchsrecht gegen den beteiligten Gläubiger im Wege der Widerspruchsklage nach § 878 ZPO verfolgen[5)].

276 Die zwingenden öffentlich-rechtlichen prozessualen Rechtsbehelfe schalten daneben materiell-rechtliche Klagen zur Beseitigung der Vollstreckung als unzulässig aus[6)].

---

1) Vgl. auch Gaul, ZZP 85, 251 ff.

2) Münzberg in Stein/Jonas, § 771 Anm. 1 a.

3) Münzberg in Stein/Jonas, § 771 Anm. II a; Schönke/Baur, S. 197, 215; Thomas/Putzo, § 771 Anm. 6 b; Haase, JuS 1967, 561 ff.; Hoche, S. 322; vgl. auch BGH, NJW 1977, 384 und WM 1981, 648.

4) Blomeyer, RPfleger 1969, 279 ff., differenziert zu Recht zwischen der Vornahmezulässigkeit der Zwangsvollstreckung, die sich nach formellem Prozeßrecht richtet, und der Erfolgszulässigkeit der Zwangsvollstreckung, die die materielle Berechtigung des Gläubigers betrifft.

5) Vgl. Rzn. 207 ff.

6) H. M.: Vgl. Schönke/Baur, S. 197; RGZ 67, 310 ff.; RGZ 108, 260 ff. So schließt etwa die Drittwiderspruchsklage eine Unterlassungsklage nach § 1004 BGB oder eine Herausgabeklage nach § 985 BGB aus.

1. Rechtsbehelfe des Gläubigers

Die Rechtsstellung des Gläubigers im Zwangsvollstreckungsverfahren wird beeinträchtigt, wenn der Rechtspfleger den Erlaß eines Pfändungs- und Überweisungsbeschlusses ablehnt, oder auf eine Erinnerung des Schuldners oder Drittschuldners der Pfändungs- und Überweisungsbeschluß durch richterlichen Ausspruch aufgehoben wird. 277

a) Die Erinnerung des Gläubigers.

Lehnt der Rechtspfleger den Erlaß eines Pfändungs- und Überweisungsbeschlusses ab (§ 20 Nr. 17 RpflG) so handelt es sich um eine Entscheidung[7)] auf dem Gebiet der Zwangsvollstreckung, die im Beschlußwege ergeht und dem Gläubiger zugestellt werden muß (§ 329 Abs. 3 ZPO). Hiergegen hat der Gläubiger die *sofortige* Erinnerung gem. § 11 Abs. 1 Satz 2 RpflG, die binnen einer Notfrist von 2 Wochen nach Zustellung einzulegen ist (§ 577 Abs. 2 ZPO entsprechend)[8)]. Ebenfalls findet die sofortige Erinnerung statt gegen eine Aufhebung des Pfändungsbeschlusses durch den Rechtspfleger im Wege der Abhilfe auf eine Erinnerung des Schuldners[9)], sowie dann, wenn der Pfändungsbeschluß nach Anhörung des Schuldners erlassen worden ist[10)], selbst wenn diese Anhörung unzulässig oder unnötig war[11)]. 278

Der Rechtspfleger kann der Erinnerung nicht abhelfen und hat sie dem Richter binnen Wochenfrist (§ 571 ZPO, 11 Abs. 4 RpflG) vorzulegen (§ 11 Abs. 2 RpflG). Will der Richter die Entscheidung des Rechtspflegers nicht abändern, so hat er die Erinnerung als sofortige Beschwerde gegen die Entscheidung des Rechtspflegers dem übergeordneten Gericht vorzulegen (§ 11 Abs. 2 Satz 2 und 3 RpflG). Für das Verfahren vor dem Beschwerdegericht gilt fakultativ mündliche Verhandlung (§ 573 Abs. 1 ZPO). Die Entscheidung ergeht stets durch zu begründenden Beschluß (§ 329 ZPO). Das Beschwerdegericht kann die Beschwerde als unzulässig verwerfen (§ 574 ZPO) oder als unbegründet zurückweisen. Will das Beschwerdegericht der Beschwerde stattgeben, so ist es in der Lage, selbst den Pfändungsbeschluß zu erlassen oder das Vollstreckungsgericht zum Erlaß nach § 575 ZPO anzuweisen[12)]. 279

---

7) Es ist zwischen Vollstreckungsakten des Gerichts als Ausübung staatlichen Zwangs und Entscheidungen des Vollstreckungsgerichts zu unterscheiden: Vgl. Blomeyer, RPfleger 1969, 279; ders., RdA 1974, 1, 8f.; Münzberg in Stein/Jonas, § 766 Anm. 2; Thomas/Putzo, § 793 Anm. 2; Gaul, ZZP 85, 251; Stöber, RPfleger 1974, 52, 53; Kümmerlein, RPfleger 1971, 11.

8) Blomeyer, RdA 1974, 1, 8; Bock/Speck, S. 40, 41; Mohrbutter, S. 249, anders S. 109; Stöber, Rz. 723; Zöller-Stöber, § 766 Rz. 3; KG, RPfleger 1960, 18; OLG Celle, NdsRPfl 1963, 154; OLG Koblenz, RPfleger 1973, 65; LG Koblenz, BB 1977, 1070. A. A. Schönke/Baur, S. 200, die in der Ablehnung des Vollstreckungsaktes keine Entscheidung, sondern nur ein Untätigsein sehen und deshalb die unbefristete Erinnerung nach § 11 RpflgG befürworten.

9) OLG Koblenz, RPfleger 1973, 65 und MDR 1983, 413; Stöber, RPfleger 1974, 52, 54. A. A.: LG Koblenz, BB 1977, 1070; LG Lübeck, RPfleger 1974, 76. Zu der Abhilfemöglichkeit vgl. Rz. 298.

10) OLG Bamberg, NJW 1978, 1389; LG Nürnberg-Fürth, RPfleger 1977, 32; LG Berlin, RPfleger 1977, 222; OVG Münster, NJW 1980, 1709.

11) OLG Hamm, MDR 1975, 938; KG, RPfleger 1978, 334.

12) Zu den Entscheidungsmöglichkeiten des Beschwerdegerichts: BGH, NJW 1969, 1253; LG Aurich, RPfleger 1972, 413.

280 Die Kosten des Verfahrens trägt bei Verwerfung und bei Zurückweisung der Beschwerde der Beschwerdeführer (§ 97 ZPO). Nimmt der Beschwerdeführer die Beschwerde vor einer gerichtlichen Verfügung zurück, so entstehen gem. § 11 Abs. 6 Satz 2 RpflG keine Gerichtskosten. Gibt das Beschwerdegericht der Beschwerde statt, so sind die Kosten unmittelbare Kosten der Zwangsvollstrekkung und demgemäß nach § 788 ZPO mit dem Haupttitel beitreibbar.

281 Hält der Richter bei dem Vollstreckungsgericht die Weigerung des Rechtspflegers zu vollstrecken für unzutreffend, so kann er zugleich mit der Entscheidung über die Erinnerung selbst den Pfändungsbeschluß erlassen. Da es sich hier um ein einseitiges Erinnerungsverfahren handelt und die Anordnung des ersten Zugriffs überprüft wird, ist entsprechend § 834 ZPO der Schuldner nicht zu hören. Eine Erstattung außergerichtlicher Kosten nach §§ 91 ff. ZPO ist ausgeschlossen; die Kosten sind solche der Vollstreckung und unterfallen dem § 788 ZPO[13]. Das Erinnerungsverfahren ist gerichtsgebührenfrei (§ 11 Abs. 6 Satz 1 RpflG).

282 Erläßt der Richter bei dem Vollstreckungsgericht den Pfändungs- und Überweisungsbeschluß oder wird dieser auf seine Anordnung hin vom Rechtspfleger erlassen, ohne daß der Schuldner gehört worden ist (§ 834 ZPO), so handelt es sich um einen Vollstreckungsakt des Gerichts, der vom Schuldner mit der Erinnerung nach § 766 ZPO anzugreifen ist[14]. Das gleiche gilt, wenn das Beschwerdegericht die Vollstreckungsmaßnahme ohne Anhörung des Schuldners getroffen hat[15].

283 Zweifel bestehen indes, wenn der Schuldner vor dem Beschwerdegericht Gelegenheit zur Äußerung erhält, gleichviel ob dies notwendig, freigestellt oder sogar verboten war. Auf jeden Fall liegt eine Entscheidung vor, wenn der Richterspruch nach Anhörung der Parteien auf einer tatsächlichen oder rechtlichen Würdigung des beiderseitigen Vorbringens beruht. Aus diesem Grunde will ein Teil der Literatur dem Schuldner die weitere sofortige Beschwerde (§§ 793, 568 Abs. 2 ZPO) einräumen, wenn das Beschwerdegericht der ersten Beschwerde des Gläubigers stattgegeben hat[16]. Dagegen wird eingewendet, der Schuldner müsse die Pfändung als Beginn des Vollstreckungsaktes abwarten und sei erst dann berechtigt, Erinnerung, nicht aber sofortige Beschwerde einzulegen[17]. Bei der Beurteilung der Beschwerde- oder Erinnerungsmöglichkeit ist zu berücksichtigen, daß sich der Angriff des Schuldners jeweils gegen verschiedene gerichtliche Akte richtet. Einmal stellt das Beschwerdegericht fest, daß die Weigerung

---

13) Thomas/Putzo, § 766 Anm. 9; a. A. Zöller-Stöber, § 766 Rz. 34; Baumbach/Lauterbach, § 766 Anm. 3 E.

14) Münzberg in Stein/Jonas, § 766 Anm. 2; Wieczorek-Schütze, § 766 Anm. B IV c 2. Gegen die darauf ergangene Entscheidung hat der Schuldner die sofortige Beschwerde gem. § 793 ZPO.

15) Wie Fn. 14 und Baumbach/Lauterbach, § 766 Anm. 4 b; Stöber, Rz. 727; OLG Düsseldorf, MDR 1956, 492; OLG Hamm, RPfleger 1957, 24; a. A. Thomas/Putzo, § 766 Anm. 8 c.

16) Wieczorek-Schütze, § 766 Anm. B IV c 2 unter Hinweis auf RG, JW 1893, 486; Bock/Speck, S. 43.

17) Stöber, Rz. 738 unter Hinweis auf OLG Düsseldorf, MDR 1956, 492; OLG Hamm, RPfleger 1957, 24; Berner, RPfleger 1960, 252.

des Rechtspflegers beziehungsweise Richters, den Pfändungs- und Überweisungsbeschluß zu erlassen, unzulässig gewesen ist; zum anderen erläßt das Beschwerdegericht den Pfändungs- und Überweisungsbeschluß selbst oder weist das Vollstreckungsgericht zu einem entsprechenden Erlaß an. Dem Schuldner, der vor dem Beschwerdegericht – wenn auch unzulässig (§ 834 ZPO)[18] – Gelegenheit zur Äußerung hat, steht es somit frei, sowohl sofortige weitere Beschwerde gegen die Entscheidung des Beschwerdegerichts einzulegen oder den Vollstreckungsakt abzuwarten und sich hiergegen mit der Erinnerung aus § 766 ZPO zu wenden. Erläßt das Beschwerdegericht den Pfändungs- und Überweisungsbeschluß selbst, so ist die Erinnerung an das Beschwerdegericht zu richten[19]. Hierfür sprechen zwei Gesichtspunkte: Die Erinnerung stellt kein Rechtsmittel im technischen Sinne dar, sondern soll das Gericht anhalten, seine Anordnung oder Entscheidung erneut zu überprüfen. Das Beschwerdegericht tritt an die Stelle des Amtsgericht und wird damit gleichzeitig zum Vollstreckungsgericht im Sinne des § 764 Abs. 2 ZPO[20]. Andernfalls müßte das Amtsgericht auf die Erinnerung des Schuldners hin die Entscheidung des ihm übergeordneten Beschwerdegerichts einer Überprüfung unterziehen, was schon deshalb unzweckmäßig erscheint, weil die Sache auf die sofortige Beschwerde hin wieder zu der Beschwerdekammer gelangt. Hat jedoch das Amtsgericht sich auf Anweisung des Beschwerdegerichts gehandelt, ist es zwar an die Entscheidung des Beschwerdegerichts gebunden, erläßt aber den Pfändungs- und Überweisungsbeschluß als eigenen Vollstreckungsakt mit der Folge, daß der Schuldner die Erinnerung an das Amtsgericht (Vollstreckungsgericht) zu richten hat.

b) Die sofortige Beschwerde

Gem. § 793 ZPO findet die sofortige Beschwerde gegen *Entscheidungen,* die im Zwangsvollstreckungsverfahren ohne mündliche Verhandlung eingehen können, statt. **284**

Von einer Entscheidung kann nur dann gesprochen werden, wenn das Gericht die Parteien kraft Gesetzes hören mußte (etwa § 844 Abs. 2 ZPO) oder tatsächlich gehört hat, der Beschluß des Vollstreckungsgerichts also nicht nur eine Zwangsvollstreckungsmaßnahme darstellt, sondern auf einer tatsächlichen oder rechtlichen Würdigung des beiderseitigen Vorbringens beruht[21]. **285**

Im § 793 ZPO ist eine der Zulässigkeitsvoraussetzungen, nämlich die Statthaftigkeit der sofortigen Beschwerde geregelt, während die weiteren Zulässigkeitsvoraussetzungen aus den §§ 567 – 577 ZPO ableiten. **286**

---

18) Auch für das Beschwerdegericht gilt § 834 ZPO: KG, NJW 1980, 1341.

19) So Münzberg in Stein/Jonas, § 766 Anm. III 1; a. A. OLG Hamm, RPfleger 1957, 24; Schönke/Baur, S. 201.

20) Daß entgegen dem Wortlaut des § 764 Abs. 2 ZPO auch das Landgericht Vollstreckungsgericht sein kann, ist unmittelbar § 930 Abs. 1 Satz 3 ZPO zu entnehmen.

21) Vgl. zur Abgrenzung die Nachweise unter Fußnote 7 auf S. 108.

287 Die sofortige Beschwerde ist statthaft, wenn sie sich gegen Entscheidungen des Richters oder dagegen richtet, daß der Rechtspfleger in der Zwangsvollstreckung zum Beispiel den Erlaß eines Pfändungs- und Überweisungsbeschlusses abgelehnt, und der Richter auf die sofortige Erinnerung des Gläubigers nicht abgeholfen hat (§ 11 Abs. 2 RpflG). Eine Entscheidung im Sinne des § 793 ZPO liegt immer dann vor, wenn der Schuldner oder der Drittschuldner über eine Erinnerung nach §§ 11 RpflG, 766 ZPO die Aufhebung des Pfändungs- und Überweisungsbeschlusses durch einen Beschluß des Richters erreichen (§ 20 Nr. 17 RpflG).

288 Mangelt es an der Statthaftigkeit der sofortigen Beschwerde, was das Beschwerdegericht von Amts wegen zu prüfen hat (§ 574 ZPO), so ist sie als unzulässig zu verwerfen[22].

289 Als unzulässig verworfen werden muß die sofortige Beschwerde auch dann, wenn sie nicht in der gesetzlichen Form und Frist eingelegt wurde, oder — wie es stets bei Rechtsmitteln der Fall sein muß — die Beschwer fehlt.

290 Die sofortige Beschwerde ist binnen einer mit der Zustellung der anzufechtenden Entscheidung beginnenden Notfrist von 2 Wochen (§§ 577 Abs. 2, 223 ZPO)[23] bei dem Gericht, von dem die angefochtene Entscheidung ergangen ist, in dringenden Fällen auch bei dem Beschwerdegericht, einzulegen (§ 569 Abs. 1 ZPO).

291 Die Beschwerde wird durch Einreichung einer Beschwerdeschrift eingelegt. Sie kann auch durch Erklärung zu Protokoll der Geschäftsstelle eingelegt werden, wenn ein Erinnerungsverfahren nach § 766 ZPO vorausgegangen ist (§ 569 Abs. 2 ZPO). Da die Beschwerdeeinlegung zu Protokoll der Geschäftsstelle erfolgen kann, wenn die Sache beim Amtsgericht anhängig war, gilt nach § 78 Abs. 2 ZPO Befreiung vom Anwaltszwang[24].

292 Ist die Beschwerde zulässig, so prüft das Beschwerdegericht, ob die eingelegte Erinnerung des Schuldners oder Drittschuldners gegen den Pfändungs- und Überweisungsbeschluß zulässig war, oder sich der Rechtspfleger zu Recht geweigert hat, den Pfändungs- und Überweisungsbeschluß zu erlassen. Im Rahmen dieser Prüfung muß das Beschwerdegericht abklären, ob die allgemeinen und besonderen Vollstreckungsvoraussetzungen zum Erlaß des Pfändungs- und Überweisungsbeschlusses vorliegen und keine Vollstreckungshindernisse bestehen. Maßgebend ist dabei der *Jetztzeitpunkt,* wobei neue Tatsachen und

---

22) Entscheidungen, die lediglich das Vollstreckungsverfahren vorbereiten, wie etwa die Erteilung einer vollstreckbaren Ausfertigung, sind nicht mit der sofortigen Beschwerde angreifbar. Außerdem muß es sich um eine Zwangsvollstreckungsentscheidung handeln, die ohne mündliche Verhandlung ergehen kann, unabhängig davon, ob tatsächlich eine mündliche Verhandlung stattgefunden hat oder nicht. Zur Frage der Zulässigkeit einer sofortigen Beschwerde gegen Entscheidungen über die einstweilige Einstellung der Zwangsvollstreckung: Rz. 85 m. w. N.

23) Daher ist die Wiedereinsetzung bei Versäumung statthaft: § 233 ZPO.

24) Vgl. Bergerfurth, RPfleger 1978, 205 unter Fußnote 5; Hoche, S. 299. Für das Beschwerdeverfahren vor dem Landgericht gilt fakultativ mündliche Verhandlung (§ 573 Abs. 1 ZPO). Wird mündliche Verhandlung anberaumt, so besteht Anwaltszwang (§ 78 Abs. 1 ZPO). Vgl. aber die Erleichterung bei § 573 Abs. 2 ZPO, wenn das Beschwerdegericht eine schriftliche Erklärung anordnet.

Beweise bis zum Erlaß der Entscheidung vorgetragen werden können (§ 570 ZPO)[25].

Außer im Fall der Ablehnung des Rechtspflegers zu vollstrecken[26], ist dem Gegner des Beschwerdeführers vor der Entscheidung rechtliches Gehör zu gewähren, wenn auch die Anhörung des Beschwerdegegners – von Ausnahmefällen abgesehen – in der ZPO nicht vorgesehen ist. Eine Pflicht zur mindestens schriftlichen Anhörung des Beschwerdegegners folgt aber aus dem Verfassungsgrundsatz des rechtlichen Gehörs gem. Art. 103 Abs. 1 GG unmittelbar. Abgesehen von dem eben erwähnten Sonderfall, bei dem es wegen des Überraschungseffektes gem. § 834 gesetzlich geboten ist, von einer Anhörung abzusehen, widerspricht es rechtsstaatlichen Grundsätzen, einen Prozeßbeteiligten mit einem Beschwerdebeschluß zu überraschen, ohne daß er überhaupt von dem Beschwerdeverfahren Kenntnis hatte[27]. 293

Da für das Beschwerdeverfahren fakultativ mündliche Verhandlung gilt (§ 573 Abs. 1 ZPO), wird durch zu begründenden Beschluß entschieden. Über streitige Tatsachen ist Beweis zu erheben. Die Kostenentscheidung[28] folgt aus § 97 ZPO, soweit die Beschwerde ohne Erfolg bleibt[29]. Hat die sofortige Beschwerde des Gläubigers Erfolg, wird keine Gerichtsgebühr erhoben[30]. Die außergerichtlichen Kosten sind dem Beschwerdegegner nach § 91 ZPO aufzuerlegen[31]. 294

Das Beschwerdegericht darf sich hinsichtlich seines Entscheidungsausspruchs nicht damit begnügen, den Beschluß des Amtsgerichts (Vollstreckungsgerichts) aufzuheben, wenn es die Pfändung für zulässig erachtet. War nämlich zunächst ein Pfändungs- und Überweisungsbeschluß ergangen und auf eine Erinnerung nach § 766 ZPO aufgehoben worden, so würde die Beseitigung dieser Entscheidung allein den ursprünglich ergangenen Pfändungs- und Überweisungsbeschluß nicht wieder herstellen können. Durch die Aufhebung des Pfändungsbeschlusses sind sowohl die Pfandverstrickung als auch das Pfändungspfandrecht erloschen. Die Beschwerdekammer hat daher unter Aufhebung des Erinnerungsbeschlusses einen neuen Pfändungsbeschluß zu erlassen, oder die Sache mit der Anordnung zurückzuverweisen, die Pfändung erneut vorzunehmen, wobei in beiden Fällen die Vollstreckungsmaßnahme nicht mit rückwirkender 295

---

25) Vgl. BayObLG, MDR 1981, 409. §§ 296, 528, 530 ZPO sind unanwendbar: BVerfG, NJW 1982, 1635 m. w. N.; vgl. hierzu Schumann, NJW 1982, 1612. Analog §§ 263, 264 ZPO kann der Antrag bis zum Erlaß der Entscheidung geändert werden: Thomas/Putzo, § 570 Anm. 2.

26) LG Aurich, RPfleger 1962, 413; KG, NJW 1980, 1341.

27) BVerfG, NJW 1974, 133; vgl. auch BVerfGE 42, 364 = RPfleger 1977, 13 und RPfleger 1978, 127; Leibholz/Rinck, Art. 103, Rz. 10 a. Etwas anderes gilt, wenn die Beschwerde als unzulässig verworfen wird oder von vornherein unbegründet ist, weil dann ein Eingriff in die Rechtsposition des Beschwerdegegners nicht zu befürchten ist.

28) Vgl. zu den Kosten der Beschwerde: Guelt, MDR 1970, 896 m. w. N.

29) Baumbach/Lauterbach, § 573 Anm. 3 E; Zöller-Schneider, § 567 Rz. 60; OLG München, NJW 1959, 393; a. A. LG Essen, RPfleger 1955, 164. § 515 Abs. 3 ZPO gilt sinngemäß, wenn die Beschwerde zurückgenommen wird: BGH, LM § 515 ZPO Nr. 1.

30) Ebenfalls bei Rücknahme der Beschwerde, vgl. Kostenverzeichnis Nrn. 1181, 1920.

31) Zöller-Schneider, § 567 Rz. 60; Baumbach/Lauterabach, § 573 Anm. 3 E.

Kraft ausgestattet ist[32]. Inzwischen begründete Rechte Dritter an der neu gepfändeten Forderung gehen demgemäß vor. Um die dadurch mögliche Benachteiligung eines Gläubigers zu vermeiden, sollte die Vollziehung einer beschwerdefähigen Entscheidung bis zum Ablauf einer bestimmten Frist entsprechend § 572 Abs. 2 beziehungsweise Abs. 3 ZPO ausgesetzt werden[33].

296 Gegen die Entscheidung des Landgerichts als Beschwerdegericht hat der Gläubiger die sofortige weitere Beschwerde an das Oberlandesgericht innerhalb von 2 Wochen seit Zustellung des Beschlusses, soweit in dem Beschluß ein neuer selbständiger Beschwerdegrund enthalten ist (§ 568 Abs. 2 ZPO). Der neue selbständige Beschwerdegrund stellt eine besondere Zulässigkeitsvoraussetzung der weiteren Beschwerde dar und ist nach dem ganzen Inhalt (Formel und Gründe) beider Entscheidungen festzustellen[34]. Soweit also die Entscheidung des Landgerichts mit der des Amtsgerichts inhaltlich übereinstimmt, ist die weitere Beschwerde unzulässig. Ein neuer selbständiger Beschwerdegrund liegt dann vor, wenn die Beschwerde als unzulässig verworfen wurde (§ 574 ZPO), es sei denn, das der Grund der Unzulässigkeit derselbe ist, der der ersten angefochtenen Entscheidung zugrunde liegt[35]. Beruht die Beschwerdeentscheidung auf wesentlichen Verfahrensverstößen, die neu sind, läßt die Rechtsprechung ebenfalls die sofortige weitere Beschwerde zu[36]. Gleiches gilt, wenn das Amtsgericht ein Gesuch als unzulässig, das Landgericht es als unbegründet abgewiesen hat oder umgekehrt[37].

2. Rechtsbehelfe des Schuldners

297 Dem Arbeitnehmer als Schuldner des Gläubigers stehen bei einer Lohnpfändung zwei prozessuale Rechtsbehelfe zur Verfügung, je nachdem, ob er Verfahrensmängel rügt oder sich gegen den titulierten Anspruch selbst mit materiellen Einwendungen zur Wehr setzt.

a) Die Erinnerung nach §§ 11 RpflG, 766 ZPO

298 Erläßt der Rechtspfleger bei dem Vollstreckungsgericht einen Pfändungs- und Überweisungsbeschluß in die Lohnforderung des Schuldners, so kann er die Unzulässigkeit oder die Mangelhaftigkeit dieser Vollstreckungsmaßnahme mit der Erinnerung aus § 766 ZPO angreifen. Nach fast einhelliger Meinung wird die unbefristete Erinnerung gem. § 11 Abs. 1 Satz 1 RpflG von § 766 ZPO als lex spe-

---

32) BGH, NJW 1976, 1453; OLG Hamm, RPfleger 1976, 298; OLG Saarbrücken, OLGZ 1971, 425; Schönke/Baur, S. 202.

33) So Schönke/Baur, S. 202; Stöber, Rz. 742; Zöller-Stöber, § 766 Rz. 30; Hoche, S. 300; Schneider, MDR 1984, 371. Die Formulierung könnte lauten: Der Beschluß ist erst nach Rechtskraft wirksam. Münzberg in Stein/Jonas, § 766 Anm. III 5 weist mit Recht darauf hin, daß mit der Aufhebung der Vollstreckungsmaßnahme der Beschwerdezug praktisch vielfach illusorisch wäre.

34) Thomas/Putzo, § 568 Anm. 3; vgl. auch Schneider, AnwBl. 1978, 338 und MDR 1979, 881.

35) KG, NJW 1968, 2245 und RPfleger 1969, 138 mit Anmerkung Mes; OLG Stuttgart, RPfleger 1961, 21.

36) BVerfG, NJW 1969, 538 m. w. N. Etwa bei Versagung des rechtlichen Gehörs, Nichtbeachtung vorgetragener Tatsachen, Beachtung nicht vorgetragener Umstände.

37) RGZ 32, 57; vgl. auch OLG Hamm, NJW 1976, 758.

cialis verdrängt[38]. § 11 Abs.1 Satz 1 RpflG ist nämlich einmal nicht speziell auf die Vollstreckungserinnerung zugeschnitten und läßt zum anderen expressis verbis die Erinnerung gegen *Entscheidungen* des Rechtspflegers zu. Der Pfändungs- und Überweisungsbeschluß ist im oben beschriebenen Sinne (Rz. 285) indes keine Entscheidung, sondern lediglich eine Vollstreckungsanordnung. Der Unterschied in der Anwendung beider Vorschriften liegt letztlich darin, daß bei Anwendung des § 11 Abs.1 Satz 1 RpflG der Rechtspfleger durch Änderung seiner Entscheidung einer Erinnerung abhelfen kann (§ 11 Abs. 2 RpflG), während bei Anwendung des § 766 ZPO diese Abhilfemöglichkeit gesetzlich nicht vorgesehen ist. Diese Unterscheidung wird in der Praxis nicht getroffen. Es ist anerkannt, daß — trotz des Vorrangs von § 766 ZPO — der Rechtspfleger befugt ist, einen von ihm erlassenen Pfändungs- und Überweisungsbeschluß aufzuheben, wenn er die Erinnerung des Schuldner für begründet erachtet[39]. Dem steht nicht entgegen, daß nach § 20 Nr. 17 a RpflG der Richter für die Entscheidung über die Erinnerung nach § 766 ZPO berufen ist. Mit dieser Vorschrift wird lediglich angeordnet, daß zum einen der Richter in jedem Fall entscheiden muß, also eine unbegründete Erinnerung nicht etwa — wie bei der befristeten Durchgriffserinnerung — dem Beschwerdegericht zur Entscheidung vorlegen darf[40], und zum anderen klargestellt, daß der Rechtspfleger eine nach seiner Ansicht unbegründete Erinnerung nicht durch Beschluß zurückweisen darf[41]. Zudem ist zu berücksichtigen, daß das Rechtspflegergesetz 1969 eine weitergehende Entlastung des Richters zum Ziele hat[42]. Will der Rechtspfleger der Erinnerung nicht abhelfen, dann muß er sie gem. § 11 Abs. 2 RpflG in entsprechender Anwendung des § 571 ZPO (§ 11 Abs. 4 RpflG) binnen Wochenfrist dem Richter zur Entscheidung nach § 766 ZPO vorlegen[43].

Das Angriffsobjekt des Rechtsbehelfs der Erinnerung ist die Nichteinhaltung **299**
sämtlicher Normen, die das Vollstreckungsorgan (hier der Rechtspfleger) bei der Vornahme des Vollstreckungsaktes (Pfändungs- und Überweisungsbeschlusses) zu beachten hat. Die Funktion des § 766 ZPO besteht also in einer Kontrolle,

---

38) Baumbach/Lauterbach, § 766 Anm. II B b aaa; Thomas/Putzo, § 766 Anm. 1 b; Zöller-Stöber, § 766 Rz. 3; Stöber, RPfleger 1974, 52, 65; Neumüller, S. 53, vgl. auch S. 98; ebenso OLG Hamm, RPfleger 1973, 222 und MDR 1974, 239; OLG Koblenz, RPfleger 1973, 65 und RPfleger 1978, 227; OLG Frankfurt, RPfleger 1979, 111 KG, RPfleger 1973, 32; wohl auch Schönke/Baur, S. 26 und S. 200; a. A. Kümmerlein, RPfleger 1971, 11 ff.; LG Trier, JurBüro 1972, 334; vgl. auch LG Koblenz, BB 1977, 1070, 1071.

39) Baumbach/Lauterbach, § 766 Anm. 3 D; Thomas/Putzo, § 766 Anm. 3 c; Zöller-Stöber, § 766 Rz. 24; OLG Koblenz, RPfleger 1978, 226; OLG Frankfurt, RPfleger 1979, 111 m. w. N. Die Entscheidung über den Abänderungsantrag gem. § 850 g ZPO trifft ebenfalls der Rechtspfleger.

40) OLG Hamm, MDR 1974, 239; vgl. auch OLG Hamm, KTS 1977, 178; LG Kiel SchlHA 1983, 76.

41) A. A. LG Essen, RPfleger 1960, 248.

42) Am 1. 7. 1970 trat das RPflegerG vom 5. 11. 1969 (BGBl. I 2065) an die Stelle des Gesetzes über Maßnahmen auf dem Gebiet der Gerichtsverfassung und des Verfahrensrechts (RPflegerG) vom 8. 2. 1957. Vgl. dazu: Zimmermann, NJW 1970, 1357; Marquart, RPfleger 1970, 1 ff.

43) Vgl. zur Erinnerung, wenn das Arrestgericht gem. § 930 ZPO als Vollstreckungsgericht entschieden hat: OLG Frankfurt, RPfleger 1980, 485.

44) Koch, JR 1966, 416 ff.; Schönke/Baur, S. 199 f.; J. Blomeyer, RPfleger 1969, 280 ff. und RdA 1974, 1, 3; Stöber, Rz. 715; BGH, NJW 1968, 701.

ob die Voraussetzungen für die Durchführung der Zwangsvollstreckung im Einzelfall vorliegen[44]. Damit klärt sich gleichzeitig das Verhältnis von § 766 ZPO zum materiellen Recht. Die Frage der materiell-rechtlichen Berechtigung der Zwangsvollstreckung findet bei der Vornahme des einzelnen Vollstreckungsaktes keine Beachtung. Der Gesetzgeber stellt für materielle Einwendungen gegen den titulierten Anspruch selbst oder für die Vollstreckung in schuldnerfremdes Vermögen das Erkenntnis-Klageverfahren der §§ 767, 771 ZPO zur materiell-rechtlichen Korrektur bereit. J. Blomeyer hat hierfür zutreffend die Begriffe Vornahme-Zulässigkeit und Ergebnis-Zulässigkeit der Vollstreckung geprägt[45]. Im Hinblick auf die Forderungspfändung ist hier auf eine Besonderheit aufmerksam zu machen: Stets wird nur die angeblich dem Schuldner zustehende Forderung gepfändet und überwiesen, wobei offenbleibt, ob dem Schuldner die Forderung tatsächlich zusteht und ob sie überhaupt existiert. Besteht die gepfändete Forderung nicht oder gehört sie nicht zum Vermögen des Schuldners, dann entbehrt der Vollstreckungsakt – im Gegensatz zu der Vollstreckung in Fahrnis – schlechthin der Wirksamkeit und der wahre Inhaber der Forderung, vor allem auch der Drittschuldner , kann sich auf diese Rechtsfolge berufen. Im Fall der Zwangsvollstreckung in schuldnerfremde körperliche Gegenstände muß der Drittberechtigte den Weg der Interventionsklage aus § 771 ZPO beschreiten, um den Beschlagnahmeakt zu beseitigen und den Verwertungsakt zu verhindern. Diese Situation liegt bei der Forderungspfändung nicht vor. Der Dritte vermag seine Forderung weiterhin geltend zu machen und im Klagewege durchzusetzen, ohne erst über § 771 ZPO ihre Entstrickung zu betreiben, weil die Vollstreckung schlechthin ins Leere gegangen ist. Wenn die h. M. bei diesem Sachverhalt für den Drittberechtigten die Klage aus § 771 ZPO befürwortet, so ist dies nur deshalb gerechtfertigt, um den bestehenden Schein einer wirksamen Beschlagnahme zu beseitigen[46]. Denn auch die nichtige Pfändung kann das Recht des Interventionsklägers gefährden oder zumindest beeinträchtigen. Aus diesem Grunde hat bereits das Reichsgericht[47] die Interventionsklage trotz Nichtigkeit eines Vollstreckungsaktes zugelassen.

300 Nach dem Vorhergesagten ist die Erinnerung des Schuldners als zulässig mit allen Einwendungen, die die Vornahme der Zwangsvollstreckung betreffen, soweit es sich nicht um die materiell-rechtliche Rechtfertigung der Zwangsvollstreckung handelt. Der Schuldner kann mit der Erinnerung rügen, daß die allgemeinen Vollstreckungsvoraussetzungen nicht vorliegen (Rzn. 13 ff.), die besonderen Vollstreckungsvoraussetzungen nicht gegeben sind (Rzn. 41 ff.), Voll-

---

[45] In RPfleger 1969, 282 und RdA 1974, 1, 3.

[46] Vgl. etwa: BGH, JuS 1981, 773; vgl. auch BFH, BB 1981, 899; Thomas/Putzo, § 771 Anm. 6 b m. w. N.; a. A. J. Blomeyer, RdA 1974, 1, 6 f.

[47] RGZ 81, 190; RGZ 122, 84; OLG Bamberg, JR 1955, 25; OLG Hamburg, MDR 1959, 933. Daneben besteht für den Drittberechtigten die Erinnerung nach § 766 ZPO. Damit wird indes nicht das Rechtsschutzinteresse für die Interventionsklage genommen. Denn bei § 771 ZPO verteidigt der Betroffene sein materielles Recht, während er bei § 766 ZPO im Wege der Erinnerung den Verstoß gegen formale Vorschriften rügt. Etwas anderes mag denn gerechtfertigt sein, wenn der Pfändungsakt *zweifelsfrei* nichtig ist, was regelmäßig nicht der Fall sein wird.

streckungshindernisse bestehen (Rzn. 52ff.), wozu die vollstreckungsbeschränkenden Abreden ebenso gehören wie die Lohnpfändungsbeschränkungen der §§ 850ff. ZPO.

Die Erinnerung des Schuldners gegen den Vollstreckungsakt der Lohnpfändung ist erst zulässig, nachdem die Zwangsvollstreckung bereits begonnen hat[48] und nicht mehr zulässig, wenn die Zwangsvollstreckung bereits beendet ist[49]. Ob es sich hierbei um eine Frage des Rechtsschutzbedürfnisses handelt[50], oder um die Statthaftigkeit des Erinnerungsverfahrens, mag dahinstehen, weil beides zur Zulässigkeit der Erinnerung gehört[51]. 301

Funktionell zuständig zur Entscheidung über die Erinnerung ist das Vollstreckungsgericht[52]. Sachlich zuständig ist das Amtsgericht (§§ 764, 828 Abs. 2 ZPO), das durch den Richter entscheidet. Hinsichtlich der örtlichen Zuständigkeit gilt § 828 ZPO[53]. 302

Die Einlegung der Erinnerung erfolgt schriftlich oder zu Protokoll der Geschäftsstelle. Sie ist an keine Frist gebunden. Der Antrag hat dahin zu lauten, die Zwangsvollstreckung aus dem Pfändungs- und Überweisungsbeschluß für unzulässig zu erklären. Da das Vollstreckungsgericht zugleich Vollstreckungsorgan bei der Lohnpfändung ist, stellt der Ausspruch der Unzulässigkeit des Pfändungsbeschlusses bereits dessen formelle Aufhebung dar; gleichwohl sollte klarstellend beantragt werden, den Pfändungs- und Überweisungsbeschluß aufzuheben. In entsprechender Weise lautet die Beschlußformel. Die Erinnerung kann als Prozeßhandlung jederzeit zurückgenommen werden[54]. 303

Da die Erinnerung kein Rechtsmittel im technischen Sinne ist, vielmehr eine formlose Gegenvorstellung beinhaltet[55], kann nicht zwischen der Zulässigkeit und der Begründetheit der Erinnerung unterschieden werden[56]. Bei Zulässigkeit 304

---

48) Münzberg in Stein/Jonas, § 766 Anm. 3; Schönke/Baur, S. 201. Auch die Vorpfändung nach § 845 ZPO stellt bereits einen Vollstreckungsakt dar und ist mit der Erinnerung angreifbar: Zöller-Stöber, § 845 Rz. 8. Ausnahmsweise ist die Erinnerung bereits bei drohendem Vollstreckungsakt zulässig, wenn sie in der Vollstreckung erlittene Nachteile (Vollstreckung aus Räumungstitel) nicht voll ausgleichen würde: OLG Hamm, DGVZ 1983, 137 m. w. N.; LG Darmstadt, DGVZ 1977, 90; vgl. auch LG Düsseldorf, RPfleger 1982, 112.

49) LG Aachen, RPfleger 1962, 449; AG Köln, DGVZ 1978, 130. Tritt die Beendigung der Vollstreckung nach der Entscheidung über die Erinnerung ein, so wird eine eingelegte Beschwerde gegenstandslos. Solange die Forderung noch nicht eingezogen ist, ist die Vollstreckung noch nicht beendet.

50) Thomas/Putzo, § 766 Anm. 5f.

51) Für das Letztere spricht der Wortlaut des § 766 ZPO. Fehlt es an der Zulässigkeit, so wird die Erinnerung als unzulässig verworfen.

52) Das heißt bei Arrestpfändung das Arrestgericht gem. § 930 Abs. 1 Satz 3 ZPO; vgl. hierzu OLG Frankfurt, RPfleger 1980, 485.

53) Bei der Vorpfändung nach § 845 ZPO bleibt es bei der Zuständigkeit aus § 764 Abs. 2 ZPO. Es entscheidet das Amtsgericht, in dessen Bezirk die Zustellung erfolgt ist.

54) Thomas/Putzo, § 766 Anm. 5 c. Es müssen also auch die allgemeinen Prozeßhandlungsvoraussetzungen vorliegen, etwa die Parteifähigkeit, die Prozeßfähigkeit sowie eine Vollmacht im Fall der Vertretung.

55) Schönke/Baur, S. 199.

56) So aber Thomas/Putzo, § 766 Anm. 6.

der Erinnerung wird die Zulässigkeit des Antrags auf Durchführung des Pfändungs- und Überweisungsbeschlusses an den Rechtspfleger durch das Vollstreckungsgericht einer Nachprüfung unterzogen. Hierbei kommt es auf den Jetztzeitpunkt an. Hierauf hat bereits Säcker[57)] zutreffend hingewiesen, weil die gegen die Forderungspfändung eingelegte Erinnerung sich nicht in einer bloßen Rechtmäßigkeitskontrolle der in der Vergangenheit vorgenommenen Vollstrekkungsmaßnahme erschöpft, sondern zugleich der Prüfung dient, ob die Voraussetzungen für die Aufrechterhaltung und Weiterführung der getroffenen Vollstreckungsmaßnahme unter den im Entscheidungszeitpunkt stehenden Verhältnissen noch vorliegen. Das Vollstreckungsgericht muß demnach darüber entscheiden, ob die Aufrechterhaltung des Pfändungs- und Überweisungsbeschlusses rechtswidrig ist.

305 Die Entscheidung über die Erinnerung ergeht stets durch Beschluß. Es besteht fakultativ mündliche Verhandlung (§ 765 Abs. 3 ZPO). Dem Gegner des Erinnerungsführers muß rechtliches Gehör gewährt werden, das heißt, ihm ist ausreichende Gelegenheit zur Stellungnahme einzuräumen[58)]. Über beweisbedürftige Tatsachen hat nach den allgemeinen Regeln eine Beweiserhebung zu erfolgen, weil das Gesetz eine Glaubhaftmachung im Verfahren nach § 766 ZPO nicht genügen läßt.

306 Ergeht die Entscheidung aufgrund mündlicher Verhandlung, so ist sie zu verkünden (§ 329 Abs. 1 ZPO). Der ohne mündliche Verhandlung ergehende Erinnerungsbeschluß ist existent und damit beschwerdefähig, sobald er aus dem inneren Gerichtsbetrieb hinausgegangen ist[59)]. Verwirft er die Erinnerung als unzulässig oder weist er sie zurück, so bedarf der Beschluß der förmlichen Zustellung von Amts wegen (§§ 208 ff., 329 Abs. 3 ZPO) an den Schuldner (Arbeitnehmer) als Erinnerungsführer. Der der Erinnerung stattgebende Beschluß muß von Amts wegen förmlich an den Gläubiger zugestellt werden (§ 329 Abs. 3 ZPO). Erst die förmliche Zustellung setzt die Frist der sofortigen Beschwerde gem. §§ 577 Abs. 2, 793 ZPO in Lauf.

307 Der Beschluß nach § 766 ZPO im Erinnerungsverfahren ist ebenso wie ein Urteil einer echten Rechtskraft fähig. Der Beschluß ist nämlich gem. §§ 793, 577 ZPO nur mit der befristeten Beschwerde anfechtbar und unterliegt gem. § 577 Abs. 3 ZPO nicht der Abänderung durch das Amtsgericht/Vollstreckungsgericht. Er erwächst folglich in formelle Rechtskraft, wozu nach herrschender Auffassung

---

57) NJW 1966, 2345, 2347. Dies läßt sich zwanglos jedenfalls für die Forderungspfändung dem Gesetz selbst entnehmen. § 850 g ZPO gestattet nämlich die Berücksichtigung veränderter Voraussetzungen für die Bemessung des unpfändbaren Teils des Arbeitseinkommens. Die Erinnerung des Schuldners wird also zurückgewiesen, wenn der gerügte Mangel während des Erinnerungsverfahrens wegfällt. Andererseits ist ihr Erfolg beschieden, wenn etwa die zunächst nur behauptete Einstellung der Zwangsvollstreckung erst während des Verfahrens nach § 766 ZPO erfolgt.

58) Allgemeine Meinung: Vgl. etwa Münzberg in Stein/Jonas, § 766 Anm. III 3; Schönke/Baur, S. 201.

59) Z. B. Einlegen in das Fach des Rechtsanwalts oder Ablegefach der Geschäftsstelle: BGHZ 85, 364 m. w. N. und VersR 1974, 365; vgl. auch BAG, MDR 1984, 83; OLG Frankfurt, NJW 1974, 1389.

die innere, materielle Rechtskraft hinzutritt[60]. Die Rechtskraftwirkung entfaltet sich allerdings nur für und gegen den Erinnerungsführer und den als Partei gehörten Gegner[61]. Der sachliche und zeitliche Bereich der Rechtskraft bleibt hier - wie Münzberg[62] überzeugend hervorhebt – auf die vom Gericht beschiedenen Mängelrügen beschränkt, die den eigentlichen Entscheidungsgegenstand bilden.

Über die Kosten des Erinnerungsverfahrens ist unter Anwendung der §§ 91 ff. ZPO zu entscheiden. Die Kosten dieses Verfahrens gehören nicht zu den Kosten der Zwangsvollstreckung nach § 788 ZPO[63]. Letzteres ist nur dann der Fall, wenn es sich um ein einseitiges Erinnerungsverfahren handelt, das heißt, der Gläubiger sich gegen die Zurückweisung seines Antrags auf Erlaß des Pfändungs- und Überweisungsbeschlusses im Wege der Erinnerung wendet. Gerichtsgebühren werden für die Erinnerung nicht erhoben. **308**

Vor der Entscheidung über die Erinnerung ist das Vollstreckungsgericht befugt, die in § 732 Abs. 2 ZPO bezeichneten Anordnungen zu erlassen, insbesondere also die Zwangsvollstreckung gegen oder ohne Sicherheitsleistung einstweilen einzustellen oder nur gegen Sicherheitsleistung fortsetzen zu lassen (§ 766 Abs. 1 Satz 2 ZPO; vgl. hierzu Teil A III 3 c, bb). **309**

b) Die Vollstreckungsgegenklage nach § 767 ZPO

Als prozessuale Gestaltungsklage[64] räumt die Vollstreckungsgegenklage[65] oder Vollstreckungsabwehrklage[66] dem Arbeitnehmer als Schuldner die Möglichkeit ein, die Zwangsvollstreckung in die ihm zustehende Lohnforderung auf ihre Erfolgszulässigkeit hin[67] überprüfen zu lassen. Während im Erinnerungsverfahren (§ 766 ZPO) und einer sich anschließenden sofortigen Beschwerde (§§ 793, 577 ZPO) die formale Zulässigkeit der Zwangsvollstreckung durch den Rechtspfleger beurteilt wird, geht es bei der Klage aus § 767 ZPO um rechtsver- **310**

---

60) OLG München, NJW 1956, 187; OLG Stuttgart, Justiz 1983, 301; LG Stuttgart, ZZP 69, 451; Thomas/Putzo, § 766 Anm. 3 a; Münzberg in Stein/Jonas, § 766 Anm. III 7.

61) Vgl. aber J. Blomeyer, Erinnerungsbefugnis Dritter in der Mobiliarzwangsvollstreckung (1966), S. 147 ff.

62) Münzberg in Stein/Jonas, § 766 Anm. III 7. Es besteht kein Ausschluß von Einwendungen nach dem Vorbild des § 767 Abs. 2 ZPO.

63) H. M.: Vgl. Zöller-Stöber, § 766 Rz. 34; Schönke/Baur, S. 202; KG, MDR 1960, 236. A. A.: Thomas/Putzo, § 766 Anm. 9, die § 788 Abs. 1 ZPO anwenden wollen.

64) Das angestrebte Urteil soll nicht eine bereits bestehende Unzulässigkeit der Zwangsvollstreckung feststellen, die bereits aus § 767 ZPO geltend gemacht werden könnte, sondern führt diese erst herbei: Münzberg in Stein/Jonas, § 767 Anm. I 1; A. Blomeyer, AcP 165, 481 ff.; Schönke/Baur, S. 205; RGZ 165, 374 ff.; BGHZ 22, 54, 56. Vgl. zu der Frage, ob das Urteil der Vollstreckungsgegenklage zugleich auch rechtskräftig feststellt, daß der Anspruch des Gläubigers ganz oder teilweise weggefallen ist oder im Fall der Klageabweisung noch bestand: Münzberg, a. a. O. m. w. N. in Fußnote 8, 9, 10. Zum Meinungsstand: A. Blomeyer, a. a. O. Nach BGH, NJW 1968, 156, 157 soll entgegen dem Wortlaut des § 322 Abs. 2 ZPO jedenfalls bei der Klage aus § 767 ZPO auch die Aberkennung einer vom Kläger erklärten Aufrechnung in materielle Rechtskraft erwachsen.

65) Die Bezeichnung stammt von Kohler, AcP 72, 1 und AcP 80, 141.

66) So Reichel, AcP 133, 20 und A. Blomeyer, AcP 165, 481 ff.

67) J. Blomeyer, RPfleger 1969, 279 ff. und RdA 1974, 1, 3.

nichtende, rechtshemmende oder rechtshindernde Einwendungen gegen den im Vollstreckungstitel ausgewiesenen materiellen Anspruch. Das Ziel dieser Klage liegt darin, die Vollstreckbarkeit aus dem Titel gänzlich oder teilweise, endgültig oder zeitweilig zu beseitigen, indem die Zwangsvollstreckung in jeder Form durch gestaltendes Urteil entsprechend dem Begehr des Klägers für unzulässig erklärt werden soll[68]. Nicht ist Gegenstand der Vollstreckungsgegenklage die Bekämpfung einzelner bestimmter Vollstreckungsmaßnahmen[69].

311 Mag der Arbeitnehmer als Schuldner wirtschaftlich primär die Beseitigung der Lohnpfändung anstreben, so greift er den Pfändungs- und Überweisungsbeschluß mit der Klage aus § 767 ZPO rechtlich nur *mittelbar* an, wenn die Zwangsvollstreckung aus dem Titel durch Urteil unterbunden werden soll. Solange der Titel nämlich existiert, bleibt der Vollstreckungsakt der Lohnpfändung als staatliche Tätigkeit durchführbar und bestandskräftig, weil der Rechtspfleger als Vollstreckungsorgan die materielle Berechtigung des titulierten Anspruchs bei der Vollstreckungsmaßnahme nicht berücksichtigen darf und damit der Vollstrekkungsakt bei Vorliegen seiner sonstigen notwendigen Voraussetzungen rechtlich nicht zu beanstanden ist. Erst ein obsiegendes Urteil, das dem Titel die Vollstreckbarkeit entzieht, verschafft dem Arbeitnehmer als Schuldner die endgültige Beseitigung der Lohnpfändung (§§ 775, 776 ZPO)[70].

312 Da die Klage aus § 767 ZPO der Beseitigung der wegen eines sachlich-rechtlichen Anspruchs gewährten Vollstreckbarkeit dient, richtet sie sich nicht gegen die Rechtskraft des Titels. Dies verdeutlicht der Gesetzgeber durch die in § 767 Abs. 2 ZPO statuierte Präklusionswirkung. Der Schuldner kann bei Titeln, die in materielle Rechtskraft erwachsen, die Klage nur auf solchen Einwendungen stützen, die nach der letzten mündlichen Tatsachenverhandlung entstanden sind. Damit klärt sich auch das Verhältnis von § 767 ZPO zur Abänderungsklage nach § 323 ZPO[71] und zur Wiederaufnahmeklage nach den §§ 579, 580 ZPO, weil bei diesen Klagen eine Durchbrechung der Rechtskraft angestrebt wird[72].

313 Aus dem Ziel der Vollstreckungsabwendung folgt, daß als Angriffsobjekt der Vollstreckungsgegenklage ausschließlich Titel mit vollstreckbarem Inhalt in Betracht kommen[73]. Hierzu zählen alle Leistungsurteile, die Vollstreckungstitel aus § 794

---

68) BGH, NJW 1957, 23 und FamRZ 1984, 879 m. w. N.

69) H. M., vgl. etwa Hoche, S. 305, 306; Schönke/Baur, S. 205; BGH, NJW 1960, 2286.

70) Münzberg in Stein/Jonas, § 767 Anm. I.

71) Vgl. BGH, RPfleger 1978, 129; BGH, NJW 1981, 978; OLG Bamberg, FamRZ 1980, 617; OLG Oldenburg, FamRZ 1980, 1002; OLG Hamm, FamRZ 1980, 1060; OLG Düsseldorf, FamRZ 1980, 793, 794; Schönke/Baur, S. 213; Thomas/Putzo, § 767 Anm. 2 b; Köhler, FamRZ 1980, 1088; Meister, FamRZ 1980, 866; Völp, GRUR 1984, 489. Behauptet etwa der zur Unterhaltsleistung verpflichtete Arbeitnehmer, daß sich nach Rechtskraft des Urteils die Verhältnisse zu seinen Ungunsten verschlechtert haben, so kann er für die Zukunft Herabsetzung des Unterhalts durch eine Klage nach § 323 ZPO verlangen. Vgl. zur Verbindung der Klagen aus § 323 und § 767 ZPO: BGH, FamRZ 1979, 573 mit Anmerkung von Baumgärtel, S. 791.

72) Vgl. auch Gilles, ZZP 83, 81. Zur Beseitigung eines sittenwidrig erschlichenen oder vollstreckten unrichtigen Urteils: F. Gaul, JuS 1962, 1 ff.; Lukes, ZZP 72, 99; dagegen OLG Karlsruhe, OLGZ 76, 333.

73) Die Klage aus § 767 ZPO ist unzulässig bei Feststellungs- und Gestaltungsurteilen: RGZ 100, 98 ff.; Thomas/Putzo, § 767 Anm. 3 a.

ZPO, soweit sie einen vollstreckungsfähigen Inhalt besitzen, wie etwa Prozeßvergleiche, Kostenfestsetzungsbeschlüsse, Vollstreckungsbescheide, vollstreckbare Urkunden, schließlich sonstige Vollstreckungstitel wie der Auszug aus der Konkurstabelle (§ 164 Abs. 2 KO)[74].

Daraus folgt für die Durchführung der Vollstreckungsgegenklage, daß ein wirksamer Vollstreckungstitel vorhanden sein muß[75]. Wird die Vollstreckung aus einem nicht vollstreckbaren Titel betrieben, so steht dem Schuldner hiergegen der Rechtsbehelf des § 732 ZPO zu, der dann dazu führt, daß die erteilte Vollstreckungsklausel aufgehoben wird. Mit der Vollstreckungsgegenklage können nur Einwendungen gegen den dem Titel zugrunde liegenden materiellen Anspruch, nicht aber solche gegen die Wirksamkeit des Vollstreckungstitels selbst geltend gemacht werden. **314**

Problematisch ist in diesem Zusammenhang, ob dieser Grundsatz auch dann gilt, wenn die geltend gemachte Einwendung gegen den materiellen Anspruch *gleichzeitig* die Wirksamkeit des Titels beeinträchtigt, wie dies bei einem Prozeßvergleich der Fall ist[76]. **315**

Die Frage, ob die materiell-rechtliche Unwirksamkeit eines Prozeßvergleichs auch die prozeßbeendende Wirkung beseitigt, ob also der Streit um die Wirksamkeit des Vergleichs in einem neuen Rechtsstreit zu führen ist, oder ob der durch den Vergleich beendete Rechtsstreit fortgesetzt werden muß, ist vom Bundesgerichtshof dahin entschieden worden, daß die Rechtswirksamkeit eines gerichtlichen Vergleichs dann in Fortsetzung des bisherigen Rechtsstreits abzuklären ist, wenn seine *anfängliche* Nichtigkeit (sei es aufgrund einer Anfechtung, sei es als von vornherein bestehende) geltend gemacht wird[77]. Denn in einer Regel muß davon ausgegangen werden, daß nur eine sachlich-rechtlich wirksame Vereinbarung dem Vergleich die Wirkung einer den Rechtsstreit erledigenden Prozeßhandlung verleihen soll. **316**

Die verfahrensrechtliche Wirkung des Prozeßvergleichs kann demgegenüber durch eine übereinstimmende Verzichtserklärung auf die Rechte aus dem Vergleich oder etwa im Falle des Rücktritts gem. § 326 BGB nicht beseitigt werden, weil im Gegensatz zu den vorerwähnten Fällen ein mangelfreier Prozeßvergleich vorliegt und nur die materiell-rechtlichen Wirkungen des Prozeßvergleichs durch **317**

---

74) BGH, NJW 1967, 2014; OLG Hamburg, JZ 1959, 446; OLG Düsseldorf, NJW 1966, 2367 und OLGZ, 248; Kühne, NJW 1967, 1115; Schönke/Baur, S. 205, 206.

75) BGH, NJW 1957, 23: Unwirksamkeit der Unterwerfung unter die sofortige Zwangsvollstreckung in einer notariellen Urkunde wegen mangelnder Bestimmtheit ihres Inhalts; BGH, NJW 1955, 182: Unterhaltsvergleich nach Rechtskraft des Scheidungsurteils. Vgl. auch OLG Braunschweig, FamRZ 1979, 929; LG Düsseldorf, DGVZ 1981, 93.

76) Nach h. M. ist der gerichtliche Vergleich eine Prozeßhandlung, deren Wirksamkeit sich nach den Grundsätzen des Verfahrensrechts bestimmt, zugleich aber ein privatrechtlicher Vertrag, auf den die Regeln des materiellen Rechts anwendbar sind: BGH in ständiger Rechtsprechung, zuletzt BGHZ 79, 71 ff.; Joachim, BB 1960, 986 ff.; vgl. auch Struck, JuS 1975, 762.

77) BGHZ 41, 311; BGH, NJW 1966, 1658 und NJW 1967, 2014 und NJW 1971, 467 und FamRZ 1984, 879; vgl. auch OLG Köln, AnwBl. 1982, 114. Undifferenziert und daher hinsichtlich des Leitsatzes bedenklich: OLG Düsseldorf, NJW 1966, 2367.

nachträgliche übereinstimmende Erklärungen der Parteien oder die Ausübung eines Gestaltungsrechts abgeändert oder beseitigt werden[78]. Bei derartiger Sachlage ist die Frage der Wirksamkeit des Vergleichs nicht durch Fortsetzung des durch den Vergleich erledigten Rechtsstreit zu entscheiden.

318 Aus dieser Rechtsprechung des Bundesgerichtshofes ergibt sich, daß jedenfalls die nachträglich eintretende Unwirksamkeit der materiellen Seite des Vergleichs nicht durch die Fortsetzung des ursprünglichen Verfahrens festzustellen ist. Betreibt der Gläubiger in diesem Fall gleichwohl die Zwangsvollstreckung aus dem Prozeßvergleich weiter, so kann sich der Schuldner im Wege der Klage nach § 767 ZPO zur Wehr setzen. Hinsichtlich der anfänglichen Nichtigkeit eines Prozeßvergleichs bedarf es für die Anwendung des § 767 ZPO der Prüfung, ob Angriffsobjekt der Klage die Wirksamkeit des Vollstreckungstitels selbst oder seine Vollstreckbarkeit sein soll. Macht nämlich der Schuldner die Nichtigkeit des Prozeßvergleichs geltend, so ist dies Mittel zu dem Zweck, eine neue Entscheidung über den Anspruch des ursprünglichen Klageverfahrens zu ermöglichen. Mit der Erhebung der Klage aus § 767 ZPO will der Kläger nichts an dem Abschluß des vorangegangenen Klageverfahrens ändern, sondern nur die Vollstreckbarkeit des Titels aus der Welt schaffen.

319 Von einem mangelnden Rechtsschutzbedürfnis kann allenfalls dann gesprochen werden, wenn die aus dem Vergleich verpflichtete Partei sich mit der Vollstreckungsgegenklage *ausschließlich* gegen die Wirksamkeit des Vergleichs wendet[79]. Macht dagegen der Kläger *auch* geltend, die durch den Vergleich begründete Forderung sei nachträglich in Wegfall geraten, dann ist ohnehin wegen *dieser* Einwendung das Verfahren nach § 767 ZPO durchzuführen. Aus diesem Grunde besteht für den Kläger ein Rechtschutzbedürfnis, im Verfahren nach § 767 ZPO neben dem nachträglichen Wegfall der Verpflichtung die Nichtigkeit oder Vernichtung des Vergleichs vorzutragen[80].

320 Parteien der Vollstreckungsgegenklage sind der Vollstreckungsschuldner, gegen den der Titel wirksam ist, und der Vollstreckungsgläubiger, der nach dem Urteil oder der Klausel (§ 727 ZPO) Gläubiger ist[81]. Dem Arbeitgeber als Drittschuldner steht die Vollstreckungsgegenklage nicht zu[82]. Der Drittschuldner kann sich im Einziehungserkenntnisverfahren gegenüber dem Titelgläubiger

---

78) BGHZ 41, 310, 313; BGH, NJW 1966, 1658: Wegfall der Geschäftsgrundlage. So auch BAG, AP Nr. 16 zu § 794 ZPO mit Anmerkung von Münzberg; vgl. dazu auch Stötter, NJW 1967, 1111 ff. A. A. aber für den Fall des Rücktritts: BAG, AP Nr. 2 zu § 794 ZPO und OLG Hamburg, NJW 1975, 225: Der Rücktritt versetze den Prozeß in die Lage vor Abschluß des Vergleichs, so daß folglich das alte Verfahren nocht anhängig sei; dagegen aber überzeugend Pohle, Anm. zu AP Nr. 2 zu § 794 ZPO. Vgl. zur Beseitigung eines Prozeßvergleichs durch Parteiabsprache: Lüke, JuS 1965, 482.

79) BGH, NJW 1967, 2014 und NJW 1971, 467.

80) Kühne, NJW 1967, 1116 will mit beachtlichen Argumenten in jedem Fall die Vollstreckungsgegenklage zulassen, soweit sich der Vergleichsschuldner gegen die Vollstreckbarkeit zur Wehr setzt. Kühne ist allerdings entgegenzuhalten, daß der Kläger die Klage mit dem *umfassenderem* Rechtsschutz fortsetzen muß und damit das Rechtsschutzinteresse für eine Klage aus § 767 ZPO fehlen kann.

81) Zur Klägerrolle vgl. OLG Frankfurt, MDR 1982, 934. Zur Beklagtenrolle vgl. BPatG, GRUR 1982, 484; OLG Frankfurt, FamRZ 1983, 1268; KG, FamRZ 1984, 505.

82) BAG, NJW 1964, 689.

auch nicht auf Einwendungen berufen, die der Titelschuldner im Wege der Vollstreckungsgegenklage geltend machen muß.

Das Verfahren der Vollstreckungsgegenklage richtet sich nach dem gewöhnlichen Prozeßverfahren der allgemeinen Vorschriften der ZPO, wobei einige Besonderheiten bestehen. 321

Der Antrag hat dahin zu lauten, daß die Zwangsvollstreckung aus dem genau bezeichneten Vollstreckungstitel für unzulässig erklärt wird. Richten sich die Einwendungen nur gegen einen Teil des Anspruchs, ist der Antrag entsprechend zu beschränken[83]. 322

Greift die Klage aus § 767 ZPO ein Urteil an, so ist das Gericht des Vorprozesses erster Instanz örtlich und sachlich ausschließlich zuständig (§§ 767 Abs. 1, 802 ZPO) und zwar ohne Rücksicht auf den Streitwert[84]. Handelt es sich bei dem Titel um einen Vollstreckungsbescheid, so ist für die Klage örtlich ausschließlich das Gericht zuständig, das den Vollstreckungsbescheid erlassen hat, je nach der Höhe des Streitwerts gehört die Klage vor das Amtsgericht oder Landgericht (§§ 794 Nr. 4, 796 Abs. 3 ZPO). Auch bei vollstreckbaren Urkunden richtet sich die örtliche Zuständigkeit nach § 797 Abs. 5 ZPO (allgemeiner Gerichtsstand des Schuldners) und die sachliche Zuständigkeit nach dem Wert des zu vollstreckenden Anspruchs[85]. Die Vollstreckungsgegenklage gegen einen Prozeßvergleich muß vor dem Gericht erhoben werden, bei dem der durch Vergleich erledigte Rechtsstreit in erster Instanz anhängig war[86]. Hat sich ein Arbeitnehmer gegenüber seinem Arbeitgeber in notarieller Urkunde der sofortigen Zwangsvollstreckung wegen einer Forderung, die zur Zuständigkeit der Arbeitsgerichte gehört, unterworfen, so sind für die Vollstreckungsgegenklage die Arbeitsgerichte ausschließlich sachlich zuständig[86a]. 323

Das Rechtsschutzbedürfnis für die Klage aus § 767 ZPO tritt mit dem Bestand des Vollstreckungstitels ein und fällt erst mit vollständiger Beendigung der Zwangsvollstreckung weg, insbesondere nachdem die vollstreckbare Ausfertigung an den Gläubiger ausgehändigt worden ist. Der bloße Verzicht des Gläubigers auf seine Rechte aus dem Vollstreckungstitel ohne dessen Herausgabe an den Schuldner beseitigt das Rechtsschutzinteresse nicht[87]. 324

---

83) BGH, NJW 1960, 2286, 2287. Der Antrag darf nicht auf die Unzulässigkeit einzelner Vollstrekkungsmaßnahmen gerichtet sein. Dem Prozeßbevollmächtigten in erster Instanz ist die Klage zuzustellen, weil die in diesem Verfahren erteilte Vollmacht auch für die Vollstreckung gilt (§§ 178 Satz 1, 176, 81 ZPO).

84) Stammt der Titel von einem Arbeitsgericht, so ist dieses örtlich und sachlich zuständig; vgl. Baumbach/Lauterbach, § 767 Anm. 3 D m. w. N. zur Zuständigkeit; vgl. auch BGH, ZZP 87, 447.

85) Vgl. aber KG, JW 1936, 2820 und JW 1938, 2671 (am Ende).

86) BGH, NJW 1980, 189; Schönke/Baur, S. 210; Baumbach/Lauterbach, § 795 Anm. 2 H; Münzberg in Stein/Jonas, § 795 Anm. II 4; Zöller-Stöber, § 795 Anm.; a. A.: OLG München, NJW 1961, 2265.

86a) OLG Frankfurt, DB 1985, 751.

87) BGH, NJW 1955, 1556; BGH, WM 1975, 1213 OLG Celle, FamRZ 1984, 56. Die Zwangsvollstrekkung droht regelmäßig schon dann, sobald ein Vollstreckungstitel vorliegt, also auch schon vor Erteilung oder Umschreibung der Vollstreckungsklausel bis zur endgültigen Befriedigung des Gläubigers: RGZ 134, 156, 162; OLG Celle, NdsRPfleger 1963, 37. Zu einer Klage aus § 812 nach Beendigung der Vollstreckung: BGH, NJW 1980, 141 m. w. N.

325 Besondere Prozeßvoraussetzung für die Klage aus § 767 ZPO ist, daß der Kläger sich auf Einwendungen gegen die Zwangsvollstreckung stützt, die den durch den Titel festgestellten Anspruch selbst betreffen[88]. So kann sich der Arbeitnehmer als Schuldner darauf berufen, die gegen ihn gerichtete Forderung sei erfüllt, er habe unter Verzicht auf Rücknahme hinterlegt, die Forderung sei erlassen oder der Gläubiger habe auf seinen Anspruch verzichtet[89]. Ebenso könnte der Arbeitnehmer die Rechtszuständigkeit des vollstreckenden Gläubigers mit der Behauptung angreifen, der titulierte Anspruch sei zwischenzeitlich für einen anderen gepfändet und zur Einziehung überwiesen worden. Nicht zur Zulässigkeit der Klage aus § 767 ZPO gehört als besondere Prozeßvoraussetzung, daß der Schuldner (Arbeitnehmer) Tatsachen behauptet, die nicht gem. § 767 Abs. 2 ZPO ausgeschlossen sind[90]. Handelt es sich bei dem Vollstreckungstitel um ein Endurteil, dann kann nämlich der Kläger die Klage nur auf solche Einwendungen stützen, deren Gründe erst nach dem Schluß der letzten mündlichen Verhandlung, in der sie hätten spätestens geltend gemacht werden müssen, entstanden sind (§ 767 Abs. 2 ZPO). Unter dem Schluß der mündlichen Verhandlung ist der Schluß der Verhandlung erster Instanz oder, wenn zulässigerweise Berufung eingelegt worden ist, der Schluß der mündlichen Verhandlung in der Berufungsinstanz zu verstehen. Im Prozeßverfahren verspätet vorgebrachte oder als unzulässig verworfene Einwendungen können durch die Klage aus § 767 ZPO nicht mehr geltend gemacht werden[91].

326 Für die Präklusionswirkung aus § 767 Abs. 2 ZPO kommt es nicht darauf an, wann der Schuldner (Kläger) von den Tatsachen, auf die er die Einwendungen stützt, Kenntnis erhalten hat, sondern allein darauf, wann diese Tatsachen *entstanden* sind[92]. In diesem Zusammenhang besteht Streit in Literatur und Recht-

---

88) Vgl. BGH, LM Nr. 15 zu § 767 ZPO. Nicht unter § 767 ZPO fallen die *formellen* Einwendungen, die die Zulässigkeit der Vollstreckungsklausel (§ 732 ZPO) oder die Art und Weise der Zwangsvollstreckung betreffen (§ 766 ZPO). Hierzu zählen auch die sogenannten vollstreckungsbeschränkenden Vereinbarungen (vgl. Rzn. 54 ff.). Anders aber BGH, NJW 1968, 700 hinsichtlich eines auf zeitliche Unterlassung der Vollstreckung gerichteten Vertrags.

89) Vgl. die Beispiele bei Schönke/Baur, S. 208; Münzberg in Stein/Jonas, § 767 Anm. II 1 mit ausführlichen Rechtsprechungsnachweisen; Wieczorek-Schütze, § 767 Anm. C II; Zöller-Schneider, § 767 Rz. 12 ff.

90) So aber Haase, JuS 1967, 561 allerdings ohne jede Begründung. Mit der Klage aus § 767 ZPO soll weder die formelle Rechtskraft beseitigt werden, weil der Klageantrag nicht auf Aufhebung des früheren Urteils gerichtet ist, noch die materielle Rechtskraft angetastet werden, die sich auf den Streitgegenstand des Vorprozesses gemäß dem Sachverhalt zum Schluß der mündlichen Verhandlung bezieht. Es geht also bei § 767 Abs. 2 ZPO um die Frage, ob der Schuldner jetzt mit der vorgetragenen Einwendung gehört werden kann, und das kann er nur, wenn sie nach Schluß der mündlichen Verhandlung entstanden ist. Ist die Einwendung nach § 767 Abs. 2 ZPO nicht zulässig, so wird die Klage als unbegründet abgewiesen.

91) Baumbach/Lauterbach, § 767 Anm. 4 A; Bötticher, MDR 1963, 934. Ist die Berufung zulässig, so kann der Schuldner wählen, ob er wegen der nach der mündlichen Verhandlung in erster Instanz entstandenen Einwendungen Berufung einlegt oder Klage nach § 767 ZPO erhebt; vgl. OLG Hamburg, JurBüro 1977, 1462. Legt er Berufung ein, fehlt der daneben erhobenen Klage aus § 767 ZPO das Rechtsschutzinteresse. Unbenommen bleibt dem Schuldner auch eine Klage auf Feststellung, daß der titulierte Anspruch nicht besteht: Münzberg in Stein/Jonas, § 767 Anm. I 4.

92) Dies gilt nicht, wenn es für die Entstehung der Tatsache auf die *Kenntnis* ankommt, wie etwa bei § 407 BGB.

sprechung, auf welchen Zeitpunkt bei Einwendungen abzustellen ist, die auf der Ausübung eines Gestaltungsrechts, wie Anfechtung, Aufrechnung, Rücktritt beruhen. Münzberg[93] geht davon aus, daß der *gesamte* Tatbestand der Einwendung oder Einrede erfüllt sein müsse, um im Sinne des § 767 Abs. 2 ZPO entstanden zu sein. Ein Gestaltungsrecht sei jedoch vor seiner Ausübung grundsätzlich weder ein Einwand noch könne es als Einrede materiellen Rechts vorgeschützt werden. Dies gelte für alle Einwendungen, deren Entstehung von einer empfangsbedürftigen Willenserklärung des Schuldners abhängig seien, also für Anfechtung, Rücktritt wegen Verzugs, Unmöglichkeit der Gegenleistung oder positiver Forderungsverletzung, Behandlung, insbesondere auch für die Aufrechnung. Würden solche Willenserklärungen schon vor dem in § 767 ZPO bestimmten Zeitpunkt vollzogen, aber nicht mehr rechtzeitig im Prozeß geltend gemacht, so könnten sie nicht mehr den Grund einer nach § 767 ZPO zulässigen Einwendung bilden. Ob sie aber noch danach mit Erfolg vergenommen werden könnten, sei ausschließlich eine Frage des materiellen Rechts und nicht des § 767 ZPO[94]. Entgegen dieser als im Schrifttum herrschend zu bezeichnenden Auffassung läßt die Rechtsprechung den Zeitpunkt der Anfechtungsmöglichkeit beziehungsweise den Eintritt der Aufrechnungslage entscheidend sein[95]. Hierbei sei unerheblich, ob der Schuldner den Tatbestand, auf dem sein Gestaltungsrecht beruht, nicht gekannt hat, mag auch die Unkenntnis unverschuldet sein[96]. Der Bundesgerichtshof stellt entscheidend darauf ab, daß § 767 Abs. 2 ZPO von seiner Intention her den rechtskräftigen Titel in weitem Umfange vor nachträglichen Einwendungen schützen und die Hindernisse begrenzen will, die der Vollstreckung aus dem Titel bereitet werden können. Damit sei nach dem Gesetz allein der objektive Sachverhalt maßgebend, so daß eine Berücksichtigung subjektiver Gesichtspunkte nicht begründbar sei. § 767 Abs. 2 ZPO halte bewußt die nachträglichen Einwendungen gegen den Vollstreckungtitel in engsten Grenzen und nehme gewisse Härten, die daraus für den Schuldner entstehen könnten, in Kauf.

Soweit es um die Aufrechnung geht, ist der Rechtsprechung des Bundesgerichtshofes zuzustimmen, weil der Schuldner die zur Aufrechnung gestellte Forderung weiterhin im Klagewege gegen den Gläubiger geltend zu machen vermag; er verliert im Ergebnis nur *eine* Befriedigungsmöglichkeit. Abgesehen **327**

93) In Stein/Jonas, § 767 Anm. II 2 c.

94) So wie Münzberg haben sich entschieden: Lent, DR 1942, 869; Bötticher, MDR 1963, 935; Bruns/Peters, § 1413; Schuler, NJW 1956, 1497; Grunsky, JZ 1965, 392; A. Blomeyer, Zivilprozeßrecht § 90 II 2 (außer für Aufrechnung); Haase, JuS 1967, 561; Schönke/Baur, S. 208 mit dem weiteren Hinweis, daß der zur Rechtsgestaltung Berechtigte nicht zur Abgabe der gestaltenden Willenserklärung zu einem Zeitpunkt gezwungen werden könnte, wo nach materiellem Recht keine Veranlassung bestand; Thomas/Putzo, § 767 Anm. 6 c, bb.

95) BAG, NJW 1956, 1007; BGH, NJW 1964, 1797; BGH, MDR 1965, 374; BGH, NJW 1980, 2527; OLG Schleswig, SchlHA 1979, 127; OLG Karlsruhe, FamRZ 1982, 400; ebenso bereits das RG in ständiger Rechtsprechung: RGZ 64, 228; RG, JW 1913, 103; ebenso Baumbach/Lauterbach, § 767 Anm. 4 B a; Zöller-Schneider, § 767 Rz. 14. Vgl. aber neuerdings BGH, DB 1985, 1887.

96) Eine Mittelmeinung hält die Klage aus § 767 ZPO dann für möglich, wenn dem Schuldner die Voraussetzungen für die Ausübung des Gestaltungsrechts erst nach dem in § 767 Abs. 2 ZPO genannten Zeitpunkt bekannt geworden sind: OLG Stuttgart, NJW 1955, 1562.

davon hätte es der Schuldner – folgte man der h. M. im Schrifttum – in der Hand, durch die verzögerliche Geltendmachung der Aufrechnung über § 767 ZPO die Zügigkeit der Vollstreckung zu blockieren. Das gleiche gilt für die Anfechtung und sonstige Gestaltungsrechte, soweit dem Schuldner die tatsächlichen Voraussetzungen bereits im Vorprozeß bekannt waren. Allerdings bedeutet es eine erhebliche Härte für den Schuldner, wenn er im Fall der Anfechtung wegen Irrtums oder arglistiger Täuschung den Anfechtungsgrund während des Rechtsstreits nicht gekannt hat und nun den Ausschluß mit der Anfechtung nach § 767 Abs. 2 ZPO hinnehmen muß, wenn man allein auf die objektive Möglichkeit der Anfechtung während des Rechtsstreits abhebt[97)]. Verleiht man dem Argument der Rechtssicherheit und des Rechtsfriedens größeres Gewicht als der materiellen Gerechtigkeit, so erscheint es gerechtfertigt, den Schuldner mit dieser Härte zu belasten, dies insbesondere dann, wenn er bereits während des Prozesses von den die Einwendung tragenden Tatsachen Kenntnis hat. Das hiergegen vorgebrachte Argument von Schönke/Baur[98)], der zur Rechtsgestaltung Berechtigte könne nicht zur Abgabe der gestaltenden Willenserklärung gezwungen werden, vermag nicht zu überzeugen, weil auch sonst die Zivilprozeßordnung (§§ 282, 528 ZPO) dem Schuldner nicht anheim stellt, zu welchem Zeitpunkt er seine Verteidigungsmittel vorzutragen gedenkt. Auch eine zurückhaltende Anwendung des § 769 ZPO – wie Münzberg[99)] meint – ist kein schlagendes Argument für die von ihm gestützte überwiegende Meinung, weil die Einstellung der Zwangsvollstreckung nach § 769 ZPO verfügt wird, wenn die Klage zulässig ist und Aussicht auf Erfolg hat.

328 Handelt es sich bei dem Vollstreckungstitel um ein *Versäumnisurteil,* so werden gem. § 767 Abs. 2 ZPO nur solche Einwendungen zugelassen, die bis zum Ablauf der Einspruchsfrist nicht mehr geltend gemacht werden konnten. Zweifelhaft ist hierbei, ob es darauf ankommt, daß die Einwendung, als sie entstand, mit dem Einspruch (§ 338 ZPO) nicht mehr geltend gemacht werden konnte, oder darauf, daß sie jedenfalls jetzt wegen Ablaufs der Einspruchsfrist nicht mehr vorgetragen werden kann[100)]. Für die erstere Auffassung sprechen zwei Gesichtspunkte: Einmal wollte der Gesetzgeber durch § 767 Abs. 2 ZPO bewirken, daß solche Einwendungen möglichst im anhängigen Verfahren durch Einspruch vorgebracht werden. Bei anderer Auslegung verlöre zudem die Beschränkung des § 767 Abs. 2 ZPO für Versäumnisurteile jegliche praktische Bedeutung.

329 Gegenüber *Vollstreckungsbescheiden* sind alle Einwendungen ausgeschlos-

---

97) Der BGH, NJW 1964, 1798 will dem Schuldner wohl den Weg über § 826 BGB weisen, sich gegen die sittenwidrige Ausnutzung eines unrichtigen Urteils zur Wehr zu setzen.

98) Lehrbuch S. 208.

99) In Stein/Jonas § 767 Anm. II 2. Die entsprechende Anwendung der §§ 279, 529 (a. F.) erwägt Bötticher, MDR 1963, 935.

100) Für die erstere Ansicht: BGH, NJW 1982, 1812 m. w. N.; Baumbach/Lauterbach, § 767 Anm. 4 C; Thomas/Putzo, § 767 Anm. 6 a; Schönke/Baur, S. 208 und die bei Münzberg in Stein/Jonas, § 767 Fußnote 113 angeführte Literatur. Für die letztere Ansicht haben sich ausgesprochen: Hoche, S. 316; Münzberg in Stein/Jonas, § 767 Anm. II 3; Bruns/Peter, § 14 I 2.

sen, die vor der Zustellung des Vollstreckungsbescheids entstanden sind oder die nicht durch Einspruch geltend gemacht werden können (§ 796 Abs. 2 ZPO).

Dem vorerwähnten Sinn des § 767 Abs. 2 ZPO entsprechend besteht die Notwendigkeit der Beschränkung von Einwendungen nicht für diejenigen Vollstrekkungstitel, die der materiellen Rechtskraft nicht fähig sind. So vermag der Schuldner gegenüber vollstreckbaren gerichtlichen oder notariellen Urkunden die Klage auf § 767 ZPO auf Einwendungen aller Art ohne Rücksicht auf ihren Entstehungszeitpunkt zu stützen (§ 797 Abs. 4 ZPO). Auch gegenüber gerichtlichen Vergleichen sind materielle Einwendungen ohne die Beschränkung aus § 767 Abs. 2 ZPO zulässig[101]. **330**

Bei *Kostenfestsetzungsbeschlüssen* wird zwar mit materieller Rechtskraft über die *Höhe* der Kostenschuld entschieden (§ 104 ZPO). Nicht mit materieller Rechtskraft ist der *Grund* des Kostenerstattungsanspruchs festgelegt, weil der Richter des Erkenntnisprozesses die Kostenfolge lediglich gem. §§ 91 ff. ZPO ausspricht. Die entsprechende Anwendung des § 767 Abs. 2 ZPO (§§ 795, 794 Abs. 1 Nr. 2 ZPO) ist hier dahin zu interpretieren, daß die in § 767 Abs. 2 ZPO angeordnete Ausschlußwirkung nur eintreten kann, wenn der Schuldner bereits Gelegenheit und Anlaß hatte, seine Einwendungen in einem früheren gerichtlichen Verfahren geltend zu machen. Das ist bei Kostenfestsetzungsbeschlüssen nach § 104 ZPO nicht der Fall, weil weder im Klageverfahren noch im Kostenfestsetzungsverfahren die Einwendungen des Gegners, soweit sie sich gegen seine Erstattungspflicht richten, Berücksichtigung finden[102]. **331**

Nach § 767 Abs. 3 ZPO muß der Schuldner eines vollstreckbaren Anspruchs in der von ihm zu erhebenden Vollstreckungsgegenklage alle Einwendungen geltend machen, die er zur Zeit der Erhebung der Klage geltend zu machen imstande war. Diese dem Konzentrationsgrundsatz dienende Eventualmaxime will verhindern, daß die Zwangsvollstreckung durch mehrere aufeinanderfolgende Abwehrklagen verschleppt wird, wo eine Erledigung der verschiedenen Einwendungen in *einem* Rechtsstreit möglich wäre. Das bedeutet nun nicht, daß der Schuldner in der Klageschrift sämtliche Einwendungen vorbringen müßte. Ihm bleibt die Möglichkeit, noch im Laufe des Verfahrens Einwendungen, auf die er seine Klage ursprünglich nicht gestützt hat, oder Einwendungen, auf die er seine Klage noch nicht stützen konnte, weil sie erst während des Verfahrens entstanden sind, zur Vermeidung der Präklusion nachzuschieben[103]. **332**

Problematisch ist allerdings in diesem Zusammenhang, ob nachgeschobene **333**

---

101) Schönke/Baur, S. 209; BGH, NJW 1953, 345; BAG, DB 1968, 671; BAG, BB 1980, 728.

102) OLG Hamm, NJW 1956, 1763 mit ausführlicher Begründung. Diese Situtation tritt etwa auf, wenn der Kläger für den Fall des Obsiegens mit dem Beklagten eine Verzichtsvereinbarung auf Kostenerstattung getroffen hat. Anders verhält es sich dagegen, wenn der Schuldner sich gegen die Höhe des Kostenfestsetzungsbeschlusses wendet, weil dieser Einwand in das Kostenfestsetzungsverfahren gehört. Vgl. auch BGH, MDR 1976, 914 m. w. N. bezüglich der Festsetzung nach § 19 BRAGO.

103) BGH, NJW 1967, 107 ff.; vgl. dazu die Anmerkung von Schlechtriem, NJW 1967, 108, 109 mit weiteren ausführlichen Nachweisen; OLG Celle, NJW 1963, 932.

Einwendungen zwar nicht an § 767 Abs. 3 ZPO, wohl aber an den Voraussetzungen des § 263 ZPO (Klageänderung) scheitern. Für die Anwendung des § 263 ZPO bliebe kein Raum, wenn der Streitgegenstand der Vollstreckungsgegenklage hinsichtlich aller in Betracht kommenden Einwendungen ein einheitlicher wäre[104]. Nach in der Rechtsprechung h. M. stellt jedoch jede nachträglich vorgebrachte materiell-rechtliche Einwendung als Veränderung des Klagegrundes eine Klaggeänderung dar[105], mit der Folge, daß die Voraussetzungen des § 263 ZPO auch hier zu prüfen sind. Ist demnach die Klageänderung mangels Einwilligung des Beklagten oder mangels Sachdienlichkeit unzulässig, verliert der Schuldner die Möglichkeit der Vollstreckungsgegenklage, ohne daß seine Einwendung sachlich geprüft wird. Ihm bleibt nur der Weg der Zahlungsklage[106]. Eine zweite Vollstreckungsgegenklage läßt sich mithin nur auf Einwendungen stützen, die im ersten Prozeß nicht geltend gemacht werden konnten[107].

334 Ist der titulierte Anspruch erloschen, so besteht eine Verpflichtung des Gläubigers zur Herausgabe des Schuldtitels. Der Schuldner kann die Herausgabe im Klagewege erzwingen. Hierfür fehlt zwar eine ausdrückliche gesetzliche Norm; lediglich § 757 Abs. 1 ZPO hält den Gerichtsvollzieher nach Empfang der Leistungen zur Auslieferung der vollstreckbaren Ausfertigung nebst Quittung an den Schuldner an. Daraus läßt sich der allgemeine Rechtsgedanke zur Herausgabe des Titels herleiten, wenn die titulierte Forderung vollständig erloschen ist[108]. Soweit die Zwangsvollstreckung gem. § 767 ZPO endgültig für unzulässig erklärt

---

104) So wohl Münzberg in Stein/Jonas, § 767 Anm. V, der eine Änderung des Streitgegenstandes (Berechtigung der Zwangsvollstreckung) nur dann annimmt, wenn sich mit dem materiell-rechtlichen Einwand die Wirkung des erstrebten Urteils ändern würde. Somit sollen alle nach § 767 ZPO zulässigen Einwendungen von vornherein zum Streitgegenstand zählen, soweit mit ihnen die gleiche Urteilswirkung erstrebt wird. Diese Auffassung läßt sich nur halten, wenn man § 767 ZPO den Inhalt einer negativen Feststellungsklage beigibt, die das Vollstreckungsrecht des beklagten Gläubigers verneint: RGZ 72, 143 ff. Dies ist aber – wie oben begründet – nicht der Fall. Vgl. aber Bötticher, MDR 1963, 932, der auch bei der prozessualen Gestaltungsklage einen einheitlichen Streitgegenstand annimmt. Dieser sei das Begehren des Klägers auf Rechtsänderung schlechthin, so daß die einzelnen Gründe lediglich verschiedene Begründungen dieses Begehrens darstellten. Dieser Ansicht ist – unabhängig davon, ob der Streitgegenstand der Gestaltungsklage durch den behaupteten Gestaltungsgrund individualisiert wird – entgegenzuhalten, daß § 767 Abs. 3 ZPO überflüssig wäre, wollte man den Streitgegenstand als einen einheitlichen auffassen. Die Rechtskraft eines klageabweisenden Urteils würde also spätere Einwendungen des Schuldners von vornherein unzulässig machen. Vgl. zu den Streitgegenstandslehren: Schwab, JuS 1965, 91 ff.

105) BGH, NJW 1966, 1362; BGH, BB 1969, 776; OLG Celle, MDR 1963, 932 m. w. N. Dies ist der Fall, wenn sich der Schuldner zunächst auf Stundung, und nachdem sich diese in der Beweisaufnahme nicht erweisen läßt, auf Aufrechnung beruft. Gegen den BGH sind: Münzberg in Stein/Jonas, § 767 Anm. V; Baumgärtel/Scherf, JR 1968, 368; Bötticher, MDR 1963, 932 und JZ 1966, 614; sowie Baumbach/Lauterbach, § 767 Anm. 5 unter Berufung auf den Häufungsgrundsatz: „muß".

106) Im Hinblick auf die erst nach Rechtshängigkeit entstandenen und unverzüglich erhobenen Einwendungen hat der BGH (NJW 1966, 1363) jedenfalls für den Einwand der Erfüllung (§ 362 BGB) die Frage offengelassen, ob ein mangels *Sachdienlichkeit* nicht zugelassener Einwand vom Schuldner in einer neuen Vollstreckungsgegenklage verfolgt werden darf. Der Schuldner könnte allerdings eine Klage aus § 812 BGB nach Beendigung der Vollstreckung erheben.

107) Schönke/Baur, S. 210; BGHZ 61, 25; vgl. auch Gerhardt, ZZP 96, 283 und Münzberg, ZZP 87, 454.

108) OLG Düsseldorf, MDR 1953, 557; OLG Nürnberg, NJW 1965, 1867; Hoche, S. 318; Münzberg in Stein/Jonas, § 724 Anm. I 4; Lüke, JZ 1956, 475.

worden ist oder zur Befriedigung des Gläubigers geführt hat, bestehen gegen das Herausgabeverlangen keine rechtlichen Bedenken. Kann noch Klage aus § 767 ZPO erhoben werden, so wird der Anspruch auf Herausgabe des Titels durch § 767 ZPO nicht präkludiert[109]. Der Ausschluß der Einwendungen aus § 767 Abs. 2 und 3 ZPO ist jedoch auch im Herausgabeprozeß zu beachten.

Mit der Erhebung der Vollstreckungsgegenklage wird die Vollstreckbarkeit des Titels nicht aufgehoben oder eine bereits begonnene Zwangsvollstreckung gehemmt. Auf Antrag des Schuldners kann das Prozeßgericht bis zum Erlaß des Urteils die Zwangsvollstreckung gegen oder ohne Sicherheitsleistung einstellen oder bestimmen, daß sie nur gegen Sicherheitsleistung fortgesetzt wird und daß bereits getroffene Vollstreckungsmaßregeln gegen Sicherheitsleistung aufzuheben seien (§ 769 ZPO) (vgl. zu den Einzelheiten Rzn. 79 ff.). 335

3. Rechtsbehelfe des Drittschuldners

Grundsätzlich wird durch die Pfändung die Rechtsstellung des Drittschuldners nicht verschlechtert, so daß ihm alle Einwendungen und Einreden erhalten bleiben, die bereits zum Zeitpunkt der Pfändung gegenüber dem Schuldner (Arbeitnehmer) begründet waren[110]. Der Arbeitgeber als Drittschuldner vermag sich auf sämtliche Einreden sowie auf Einwendungen, die den Bestand der Lohnforderung des Arbeitnehmers betreffen, zu berufen. In diesem Zusammenhang könnte er geltend machen, daß die gepfändete Lohnforderung überhaupt nicht entstanden ist, weil der Arbeitnehmer vor Zustellung des Pfändungs- und Überweisungsbeschlusses aus dem Arbeitsverhältnis ausgeschieden ist, der Lohnanspruch erfüllt, verfallen oder durch Vergleich seine Erledigung gefunden hat. Einwendungen, die den titulierten Anspruch gegen den Schuldner betreffen, und von diesem nach § 767 ZPO geltend zu machen sind, kann der Drittschuldner dem Gläubiger nicht entgegensetzen[111]. 336

Schließlich ist der Drittschuldner befugt, zu seiner Rechtsverteidigung dem Pfändungspfandgläubiger der Lohnforderung sämtliche formellen Fehler bei der Durchführung des Pfändungs- und Überweisungsbeschlusses entgegenzuhalten, weil er damit die Sachlegitimation des Gläubigers, die von seiner behaupteten Einziehungsermächtigung abhängt (§ 835 Abs. 1 ZPO), bestreitet[112]. Dazu gehört auch der Vortrag des Drittschuldners, das Vollstreckungsgericht habe die Pfändungsgrenzen mißachtet. Eine Ausnahme hiervon gilt allerdings dann, wenn das Vollstreckungsgericht durch rechtsgestaltenden Beschluß die Pfändungsgrenze festsetzt[113]. Bei derartiger Sachlage bleibt dem Drittschuldner nur der Weg der Erinnerung (§ 766 ZPO), um den konstitutiven Akt der Festsetzung 337

---

109) Münzberg in Stein/Jonas, § 724 Anm. I 4. Ablehnend Lüke, JZ 1956, 475; vgl. auch Schönke/Baur, S. 212.

110) Vgl. zu den Einzelheiten: Rzn. 132 ff., 163 ff.

111) BAG, NJW 1964, 687. Wohl kann der Drittschuldner geltend machen, ein Prozeßvergleich sei als Vollstreckungstitel wegen Verstoßes gegen die guten Sitten nichtig: BAG, AP Nr. 2 zu § 829 ZPO.

112) Vgl. RZN. 258 ff.

113) Etwa im Fall des § 850 d ZPO: Rz. 259.

des pfändungsfreien Betrages anzugreifen[114]. Die vorerwähnten Einwendungen zielen im Ergebnis auf eine Verneinung der materiellen Berechtigung des Pfandgläubigers ab und bilden praktisch die Rechtsverteidigung des Drittschuldners, wenn ihn der Pfandgläubiger auf Zahlung der gepfändeten Lohnforderung in Anspruch nimmt. Sie stellen im eigentlichen Sinne keine Rechtsbehelfe dar; vielmehr dienen sie ausschließlich der Abwehr, soweit der Gläubiger beim Drittschuldner Befriedigung sucht.

338 Der Drittschuldner braucht aber nicht untätig zu bleiben, bis der Gläubiger die gepfändete und zur Einziehung überwiesene Lohnforderung durchzusetzen sucht. Er kann die Lohnpfändung – ebenso wie der Schuldner – mit der Erinnerung (§ 11 RpflG beziehungsweise § 766 ZPO) angreifen und möglicherweise damit ihre Aufhebung erzwingen. Es gelten hierbei die gleichen Verfahrensgrundsätze wie bei der Erinnerung des Schuldners (vgl. Rzn. 298 ff.). Die Erinnerung des Drittschuldners ist also nur zulässig mit formellen Einwendungen gegen den Pfändungs- und Überweisungsbeschluß, nicht jedoch mit Einwendungen, die die materiell-rechtliche Rechtfertigung der Lohnpfändung betreffen. Der Drittschuldner kann demnach im Erinnerungsverfahren rügen, daß die allgemeinen und besonderen Vollstreckungsvoraussetzungen fehlen, daß die gepfändete Forderung nicht genau genug bezeichnet ist, daß die Lohnpfändungsbeschränkungen der §§ 850 ff. ZPO nicht eingehalten sind, spezielle Vollstreckungshindernisse bestehen – etwa weil die Zwangsvollstreckung zwischenzeitlich eingestellt wurde (§§ 732, 769 ZPO) –, oder die Pfändung deshalb an einem Mangel leidet, weil eine ordnungsgemäße Zustellung an den Drittschuldner nicht erfolgt ist[115]. Besteht die gepfändete Lohnforderung nicht oder war sie bereits vor Zustellung des Pfändungs- und Überweisungsbeschlusses vom Schuldner an einen Dritten abgetreten worden, so geht die Pfändung ins Leere und ist nichtig[116]. Von der h. M. wird auch diesem Fall dem Drittschuldner der Rechtsbehelf der Erinnerung nach § 766 ZPO zugestanden[117]. Dem steht nicht entgegen, daß der Gläubiger das Bestehen der Geldforderung nur schlüssig zu behaupten hat und dem Vollstreckungsgericht nicht die Kontrolle obliegt, ob die Forderung tatsächlich besteht. Da nämlich der Pfändungsakt nichtig ist, leidet er zugleich an einem formellen Fehler, der den Weg zu § 766 ZPO eröffnet. Im Rahmen dieser Prüfung unter dem Blickwinkel des formellen Mangels ist dann allerdings die materielle Rechtslage zu untersuchen.

---

114) BAG, AP Nr. 4 zu § 850 d ZPO.

115) Zugestellt ist zum Beispiel nicht, wenn der Gerichtsvollzieher dem Drittschuldner den Pfändungs- und Überweisungsbeschluß lediglich vorzeigt, ohne eine beglaubigte Abschrift der dem Gläubiger erteilten Ausfertigung zu übergeben: Rzn. 94 ff. mit ausführlichen Nachweisen.

116) BGHZ 56, 339, 350; OLG Hamm, RPfleger 1962, 451; OLG Celle, MDR 1966, 595.

117) BGHZ 69, 144, 148 f.; OLG Frankfurt, RPfleger 1978, 229; OLG München, JurBüro 1982, 1417; KG, RPfleger 1976, 144; Baumbauch/Lauterbach, § 829 Anm. 7 B b; Thomas/Putzo, § 829 Anm. 8 b aa; Zöller-Stöber, § 829 Rz. 26; Stöber, S. 285 Rz. 716 aber anderer Ansicht auf S. 196 Rz. 487. Ebenso Reinel, NJW 1978, 272; Denck, ZZP 92, 71, 79 f.; vgl. auch J. Blomeyer, RdA 1974, 1, 7 f.; vgl. auch BGH, NJW 1979, 2046. Damit wird im Regelfall eine negative Feststellungsklage gem. § 256 ZPO (RGZ 66, 70) mangels Rechtsschutzbedürfnis ausgeschlossen sein, vgl. BGH a. a. O.

4. Rechtsbehelfe unbeteiligter Dritter

339 Der Vollstreckungszugriff des Gläubigers beschränkt sich auf das nach dem Titel haftende Vermögen[118]; nur wenn sich der Gläubiger bei der Vollstreckung in diesen Kreisen bewegt, ist die Vollstreckung erfolgszulässig. Bei dem Erlaß des Vollstreckungsaktes fehlt dem Vollstreckungsorgan jedoch häufig eine sichere Kenntnis und Feststellung darüber, ob das Vollstreckungsobjekt auch tatsächlich zum Schuldnervermögen gehört. Gleichwohl muß das Vollstreckungsorgan auf Antrag des Gläubigers handeln, ohne die Erfolgszulässigkeit der Vollstrekkungsmaßnahme prüfen zu dürfen, wenn bestimmte *äußere* Feststellungen auf die Zugehörigkeit des Vollstreckungsobjektes zum Schuldnervermögen schließen lassen[119]. Dies ist etwa bei der Pfändung von Fahrnis durch den Gerichtsvollzieher der Gewahrsam des Schuldners (§ 808 ZPO), bei der Vollstreckung in Grundstücke die Eintragung des Schuldners im Grundbuch als Eigentümer. Für die Forderungspfändung genügt die *schlüssige* Behauptung des Gläubigers, daß die zu pfändende Forderung besteht *und* dem Schuldner zusteht. Greift die Zwangsvollstreckung in das Vermögen eines Dritten ein, so vermag der Schuldner diesen Mangel weder durch Erinnerung nach § 766 noch durch eine Klage gegen den Gläubiger gelten zu machen; vielmehr steht dem benachteiligten Dritten zur Beseitigung der Vollstreckung lediglich der Weg der sogenannten Drittwiderspruchsklage nach § 771 ZPO offen[120]. Danach ist der Widerspruch gegen die Zwangsvollstreckung im Wege der Klage gelten zu machen, wenn der Dritte behauptet, daß ihm an dem Gegenstand der Zwangsvollstreckung ein die Veräußerung hinderndes Recht zusteht[121]. Da es nun strenggenommen kein die Veräußerung hinderndes Recht gibt, wird § 771 ZPO dahingehend interpretiert, daß Gegenstände, die dem Schuldner nicht gehören oder die er aus einem sonstigen Grunde im Verhältnis zu einem Dritten nicht veräußern darf, auch nicht der Befriedigung seiner Gläubiger dienen sollen[122]. Hierzu gehört die Inhaberschaft einer Forderung als ein dem Eigentum paralleles Recht[123]. Vorerwähnt wurde bereits (vgl. Rz. 299), daß die Vollstreckung ins Leere geht und damit

---

118) Münzberg in Stein/Jonas, § 771 Anm. I a m. w. N.

119) Anderenfalls würde die Vollstreckung in das Vermögen des Schuldners wesentlich erschwert werden: Schönke/Baur, S. 213.

120) Neben § 771 ZPO sind Klagen gegen den Gläubiger mit materiell-rechtlichen Anspruchsgrundlagen – etwa aus §§ 812, 1004 BGB – ausgeschlossen: RGZ 67, 312; RGZ 108, 262; RGZ 131, 203 ff.; Schönke/Baur, S. 220. Münzberg in Stein/Jonas, § 771 Anm. VII 1 weist in diesem Zusammenhang darauf hin, daß für eine Festellungsklage in bezug auf den Staatsakt das Rechtsschutzinteresse fehlt, weil die Entscheidung ohne Einfluß auf die Zwangsvollstreckung wäre. Allerdings will der BGH, BB 1970, 149 ff. die Klage aus § 812 Abs. 1 Satz 1 2. Alternative BGB auf Freigabe der Forderung aus dem Bankguthaben zulassen, im Fall für mehrere Pfandgläubiger von der Bank als Drittschuldner für die Forderungsprätendenten ein gemeinsames Konto angelegt worden ist. Die Beteiligten seien in einem solchen Fall nicht genötigt, statt dessen den Weg einer formalen Hinterlegung über § 853 ZPO zu wählen und den Streit nach §§ 872, 878 ZPO auszutragen. Der Pfändungsgläubiger seinerseits kann der Drittwiderspruchsklage nach § 771 ZPO durch eine negative Feststellungsklage zuvorkommen: RGZ 73, 276; vgl. BGHZ 69, 144, 148.

121) Zur Beweislast vgl. BGH, NJW 1979, 42; LG Köln, DB 1981, 883.

122) RGZ 116, 366; Münzberg in Stein/Jonas, § 771 Anm. II 1; Schönke/Baur, S. 214; Hoche, S. 322; vgl. OLG Hamm, NJW 1977, 1159.

123) Allgemeine Ansicht: Vgl. die Nachweise bei Münzberg in Stein/Jonas, § 771 Anm. II 1 a bei Fußnote 53.

der Wirksamkeit entbehrt, wenn der Gläubiger eine nicht existente Forderung oder eine Forderung pfändet, die dem Schuldner nicht mehr zusteht, weil sie etwa vor Erlaß des Pfändungs- und Überweisungsbeschlusses an einen Dritten abgetreten war. Angesichts dessen besteht überhaupt kein Beschlagnahmeakt, den es für den Dritten zu beseitigen gilt. Der Dritte wird keineswegs gehindert, die an ihn abgetretende Forderung gegenüber dem Drittschuldner klageweise zu verfolgen. Gleichwohl gewährt die h. M. im Schrifttum und in der Rechtsprechung dem Drittberechtigten die Klage aus § 771 ZPO, weil die Inhaberschaft der Forderung des Dritten durch die — wenn auch scheinbare — Pfändung gefährdet wird[124]. Hierbei ist es gleichgültig, ob der Dritte von vornherein Inhaber der Forderung war oder es erst durch Abtretung geworden ist[125]. Einen typischen Fall hierfür bildet die Sicherungsabtretung des pfändbaren Lohn- oder Gehaltsteiles aus dem gegenwärtigen und jedem künftigen Arbeitsverhältnis an Banken oder sonstige Kreditinstitute, die dem Arbeitnehmer einen Kredit gewährt haben[126]. Wird in die zur Sicherheit abgetretene Forderung des Schuldners vollstreckt, so kann der Treuhänder gegen den Gläubiger des Treugebers Klage aus § 771 ZPO erheben[127].

340 Zu dem Verfahren der Interventionsklage nach § 771 ZPO gilt folgendes: Ihrem Wesen nach ist sie eine prozessuale Gestaltungsklage[128], weil ihr praktisches Ziel auf den Ausspruch der Unzulässigkeit der staatlichen Zwangsvollstreckung gerichtet ist. Der Antrag ist darauf zu richten, daß die Zwangsvollstreckung aus dem genau bezeichneten Titel in den genau bezeichneten Gegenstand (Forderung) für unzulässig erklärt wird[129]. Die Klage ist bei dem Gericht zu erheben, in dessen Bezirk die Zwangsvollstreckung erfolgt. Gem. § 802 ZPO ist damit die örtliche Zuständigkeit eine ausschließliche. Sachlich zuständig ist das Amts- oder Landgericht, je nach dem Wert des Streitgegenstandes[130].

---

124) BGH, NJW 1977, 384; BGH, WM 1981, 648; BFH, BB 1981, 899; Münzberg in Stein/Jonas, § 771 Anm. II a; Thomas/Putzo, § 771 Anm. 6 b; Schönke/Baur, S. 197, 215; Hoche, S. 322; J. Blomeyer, RPfleger 1959, 282 Fußnote 20); Haase, JuS 1967, 561.

125) RGZ 67, 311; RGZ 101, 6 ff.; Münzberg in Stein/Jonas, § 771 Anm. II 1 a.

126) Vgl. zu den Einzelheiten Börker, NJW 1970, 1104 ff. Vgl. auch Rzn. 956 ff.

127) H. M.: Vgl. RGZ 124, 73; BGHZ 12, 232 ff.; Schönke/Baur, S. 216 m. w. N. A.A. Münzberg in Stein/Jonas, § 771 Anm. II 1 a, aber wohl nur für die Sicherungsübereignung von Fahrnis, weil hier in Wahrheit eine verschleierte Bestellung eines besitzlosen Pfandrechts vorläge. Für die uneigennützige Verwaltungstreuhand (Forderungsabtretung zur Einziehung) besteht ein Interventionsrecht für den Treugeber, wenn Gläubiger des Treuhänders in die Forderung vollstrecken. Das Treugut gehört noch wirtschaftlich zum Vermögen des Treugebers: BGH, NJW 1959, 1223; vgl. auch BGHZ 72, 141; OLG Hamm, NJW 1977, 1160; OLG Karlsruhe, NJW 1977, 1069. Zur Abgrenzung von uneigennütziger Verwaltungstreuhand und eigennütziger Sicherungstreuhand: BGH, WM 1969, 935; Henckel, ZZP 84, 456; Gerhardt, ZZP 96, 283.

128) H. M.: Vgl. die Nachweise bei Münzberg in Stein/Jonas, § 771 Anm. I 1 c; Thomas/Putzo, § 771 Anm. 1 a; BGHZ 58, 212. Münzberg a. a. O. weist überzeugend darauf hin, daß die Klage aus § 771 ZPO ein Seitenstück der Vollstreckungsgegenklage nach § 767 ZPO darstellt. Hier wird im Verhältnis zu dem klagenden Dritten der einzelne Vollstreckungsakt für unzulässig erklärt, dort die Vollstreckung wegen Fehlens hinter dem Titel stehenden Anspruchs als Ganzes. Siehe auch A. Blomeyer, AcP 165, 481; Schönke/Baur, S. 218.

129) RGZ 67, 313. § 771 ZPO kommt bei sämtlichen Vollstreckungstiteln zur Anwendung: Thomas/Putzo, § 771 Anm. 3; Münzberg in Stein/Jonas, § 771 Anm. III 2.

130) Vgl. § 23 Ziff. 1 GVG.

Da gem. § 771 Abs. 1 ZPO das Recht des Dritten in dem Gegenstand der Zwangsvollstreckung bestehen muß, ist die Klage aus § 771 ZPO erst zulässig, wenn die Vollstreckung in die Forderung bereits begonnen hat. Hierfür reicht die Vorpfändung nach § 845 ZPO aus, weil sie bereits einen Akt der Zwangsvollstreckung darstellt[131]. Ferner darf die Zwangsvollstreckung noch nicht beendet, das heißt der Gläubiger befriedigt sein[132]. 341

Versäumt der Dritte aus Unkenntnis oder eigenem Verschulden die Klage aus § 771 ZPO, so steht ihm nach h. A. ein Bereicherungsanspruch gegen den pfändenden Gläubiger auch nach beendigter Zwangsvollstreckung zu[133]. Dies wird im Fall der Forderungspfändung für den Dritten nur dann praktisch, wenn der Drittschuldner mit befreiender Wirkung gegenüber dem Dritten an den Pfandgläubiger gezahlt hat (§ 407 BGB), weil der Drittschuldner bei Kenntnis der Abtretung weiterhin dem Dritten gegenüber verpflichtet bleibt. § 836 Abs. 2 ZPO schützt in diesem Fall den Drittschuldner nicht, weil hierin nur das Verhältnis Drittschuldner zum Schuldner beziehungsweise Pfändungsgläubiger geregelt wird. 342

Da mit der Klage aus § 771 ZPO allein die Zwangsvollstreckung nicht gehemmt wird, kann der Dritte gleichzeitig mit der Klage den Antrag auf einstweilige Einstellung der Zwangsvollstreckung stellen (§ 771 Abs. 2 ZPO). Die Vorschriften der §§ 769, 770 ZPO sind entsprechend anzuwenden. 343

Das ergehende Urteil schafft keine Rechtskraft hinsichtlich des zugrunde liegenden materiellen Rechts (Inhaberschaft der Forderung), weil es nicht das Bestehen oder Nichtbestehen des abstrakten Gestaltungsgrundes feststellt, sondern zwischen den Prozeßparteien verbindlich abklärt, ob die vom Gläubiger vorgenommene Vollstreckung in die Forderung erfolgszulässig gewesen ist oder nicht[134]. 344

Problematisch ist die Kostenentscheidung, wenn der beklagte Gläubiger die „gepfändete" Forderung nach Klageerhebung „freigibt" oder sofort anerkennt (§ 93 ZPO). Der Pfändungsgläubiger hat den Prozeß im Sinne des § 93 ZPO veranlaßt, wenn ihm der Dritte die tatsächlichen Grundlagen der Inhaberschaft seiner Forderung wahrscheinlich gemacht hat, wobei dem Pfandgläubiger eine genaue Prüfung zugebilligt werden muß, ehe er sich für die „Freigabe" der Forderung entscheiden muß. Je nach Sachlage kann auch ein sofortiges Anerkenntnis im Sinne des § 93 ZPO vorliegen, wenn die Freigabe erst nach Durchführung einer Beweisaufnahme erfolgt[135]. 345

---

131) Es handelt sich hierbei um eine Frage des Rechtschutzinteresses: Thomas/Putzo, § 771 Anm. 5 c. Die formelle Gültigkeit des Vollstreckungsaktes ist nicht Voraussetzung der Widerspruchsklage: BGH, WM 1981, 649.

132) RGZ 80, 189. Endet die Vollstreckung während des Prozesses, so ist die Hauptsache erledigt.

133) RGZ 156, 399; BGH, NJW 1959, 1223; vgl. auch BGHZ 66, 150, 156.

134) Hoche, S. 321; Münzberg in Stein/Jonas, § 771 Anm. I 1 c; BGH, NJW 1979, 929; OLG Stuttgart, FamRZ 1982, 401.

135) Im einzelnen streitig: OLG Köln, MDR 1957, 754 und MDR 1963, 141; OLG Frankfurt, MDR 1973, 60; Schönke/Baur, S. 219. Der Beklagte braucht nicht auf die bloße Behauptung des Klägers, ihm stünde die Forderung zu, freizugeben.

XII. Die Kosten der Zwangsvollstreckung in die Lohnforderung

346 Die Kosten der Zwangsvollstreckung fallen, soweit sie notwendig waren (§ 91 ZPO), dem Schuldner zur Last und können zugleich mit dem zur Zwangsvollstreckung stehenden Anspruch beigetrieben werden (§ 788 ZPO). Kommt der Schuldner dem ihn verurteilenden Erkenntnis freiwillig nicht nach[1], so sollen ihn auch nach dem Veranlassungsprinzip die Vollstreckungskosten treffen. Gesamtschuldner hinsichtlich der Prozeßkosten sind aber keineswegs stets auch Gesamtschuldner für die Vollstreckungskosten (vgl. § 425 BGB)[2].

347 Zu den Kosten der Zwangsvollstreckung in die Lohnforderung des Arbeitnehmers gehören alle Aufwendungen des Gläubigers, die durch die Einleitung und Durchführung des Lohnpfändungsverfahrens entstehen und diesem Verfahren unmittelbar dienen. Das sind auch die Kosten für die Ausfertigung und Zustellung des Urteils (§§ 724, 750 ZPO)[3], die Kosten der Erteilung der Vollstreckungsklausel (§§ 726 ff. ZPO) und auch die zur Ermittlung der Anschrift und des Arbeitsplatzes des Arbeitnehmers anfallenden Aufwendungen[4] als Kosten zur Vorbereitung der Vollstreckung in die Lohnforderung.

348 Diese Kosten sind indes nur soweit zu erstatten, als sie *notwendig* waren, daß heißt, es sich um Kosten handelt, die der Gläubiger zur Zeit ihrer Aufwendung für notwendig halten konnte. Hatte der Arbeitnehmer als Schuldner den Gläubiger bereits vor Beginn der Vollstreckung in die Lohnforderung befriedigt, so trägt er die Kosten der Vollstreckung nur, wenn er durch sein Verhalten die Notwendigkeit der Zwangsvollstreckung veranlaßt hat[5]. Erfüllt der Gläubiger die formellen Voraussetzungen der Vollstreckung erst nach der Beantragung einer Vollstreckungsmaßnahme, leistet der Schuldner sodann unverzüglich freiwillig, so besteht keine Erstattungspflicht der bis dahin entstandenen Vollstreckungskosten[6]. Vermeidbar und damit nicht erstattungsfähig sind auch die Kosten einer

---

1) § 788 ZPO findet bei allen Titeln Anwendung, die nach der ZPO vollstreckt werden: Thomas/Putzo, § 788 Anm. 1 b; Göttlich, JurBüro 1959, 231.

2) OLG München, NJW 1974, 957; OLG Köln, MDR 1977, 850; vgl. LG Berlin, RPfleger 1982, 485 und Alisch, DGVZ 1984, 36.

3) Zur Notwendigkeit der Zustellung durch Gerichtsvollzieher: KG, JurBüro 1981, 438, Mümmler, JurBüro 1979, 1607.

4) LG Köln, JurBüro 1969, 362; AG Neuss, DGVZ 1976, 190; Bauer, JurBüro 1966, 989 ff. Ausgaben für Auskunftsbüros können notwendige Vollstreckungskosten sein. Dies gilt allerdings nicht, wenn aufgrund eidesstattlicher Versicherung des Schuldners (§ 807 ZPO) der Gläubiger den jetzigen Arbeitgeber in Erfahrung bringen kann: AG Berlin-Schöneberg, DGVZ 1967, 139; LG Münster, MDR 1964, 683 (Detektivkosten); Schmidt, JurBüro 1962, 453; vgl. auch KG, BB 1974, 1268.

5) Thomas/Putzo, § 788 Anm. 2 a; Wieczorek-Schütze, § 788 Anm. B III b; LG Berlin, JurBüro 1968, 556: Es kommt dabei auf die *objektive* Sachlage an, weil der Schuldner bei Überweisung der Schuld den Gläubiger nicht zu unterrichten hat. Zur Frage des Risikos der Rechtzeitigkeit der Zahlung vgl. LG Nürnberg-Fürth, JurBüro 1980, 463; Noack, DGVZ 1976, 65; Mümmler, JurBüro 1982, 1314. Anwaltskosten sind grundsätzlich notwendig (LG Düsseldorf, AnwBl. 1981, 75; a. A. OLG Saarbrücken, RPfleger 1981, 321), nicht jedoch Anwaltskosten für eine Zahlungsaufforderung vor Zustellung des Titels: OLG Bamberg, JurBüro 1977, 505; OLG Düsseldorf, VersR 1981, 755.

6) OLG Hamm, JurBüro 1969, 1112. Etwas anderes gilt, wenn der Gläubiger die Unzulässigkeit nicht erkennen konnte: OLG Hamburg, NJW 1963, 1015.

erkennbar unzulässigen oder aussichtslosen Lohnpfändung[7]. Erwirkt der Gläubiger einen Schuldtitel mit unrichtiger Schuldnerbenennung, gehen die Kosten, die durch die versuchte Vollstreckung aufgrund dieses Titels entstanden sind, zu Lasten des Gläubigers[8]. Die Kosten für einen fehlgeschlagenen Pfändungs- und Überweisungsbeschluß, den der Gläubiger aufgrund von Angaben des Gerichtsvollziehers über den Arbeitsplatz des Schuldners erwirkt hat, sind dann notwendig, wenn sich der Gläubiger zuvor erkundigte, ob der Schuldner dort tatsächlich beschäftigt ist[9]. Verfährt der Gläubiger nach § 845 ZPO, so sind diese Kosten nur dann erstattungsfähig, wenn die nachfolgende Pfändung auch fristgemäß bewirkt wird[10]. Hängt die Zwangsvollstreckung von einer besonderen Bedingung ab, etwa der Erbringung einer Sicherheitsleistung, so unterfallen die dafür erforderlichen Aufwendungen dem § 788 ZPO[11]. Ebenfalls gem. § 788 ZPO vom Schuldner zu erstatten sind die Kosten des Prozesses, den der Gläubiger gegen den Drittschuldner führen muß[12]. Dies gilt sowohl für Kosten eines verlorengegangenen Rechtsstreits gegen den Drittschuldner, als auch für den Fall des Obsiegens. Die Begrenzung gem. § 12a ArbGG steht dem nicht entgegen, da mit dieser Vorschrift nur die Erstattungspflicht der gegnerischen Prozeßpartei ausgeschlossen und damit für diese das Kostenrisiko begrenzt wird. Auf das Verhältnis zwischen Schuldner und Gläubiger findet § 12 a ArbGG auch nicht entsprechend Anwendung, da hier allein gem. § 788 ZPO das Veranlassungsprinzip gilt. Der Beitreibungsprozeß gegen den Drittschuldner bildet den abschließenden Akt der Zwangsvollstreckung gegen den Schuldner selbst, wobei es keinen Unterschied machen kann, ob diese Beitreibung außergerichtlich bewirkt wird, oder ob der Gläubiger erneut gerichtliche Hilfe in Anspruch nehmen muß. Eine Einschränkung gilt allerdings insoweit, als der Prozeß „notwendig", das heißt von vornherein aussichtsreich und erfolgversprechend sein muß[13]. Nicht zu den Kosten der Zwangsvollstreckung zählen solche, die aus Anlaß der Zwangsvollstreckung entstehen, wie dies bei §§ 731, 767, 771 ZPO der Fall ist.[14].

---

7) OLG München, NJW 1958, 1687 und RPfleger 1968, 403; OLG Bamberg, JurBüro 1978, 243; OLG Frankfurt, NJW 1978, 1442; LG Berlin, MDR 1983, 587; Herzig, JurBüro 1966, 347; vgl. auch OLG Karlsruhe, Justiz 1980, 199.

8) OLG Celle, BB 1962, 1180; AG Mönchengladbach, JurBüro 1964, 38.

9) LG Köln, JurBüro 1966, 527; Bauer, JurBüro 1966, 994.

10) AG Köln, JurBüro 1966, 55; vgl. auch OLG München, NJW 1973, 2070.

11) BGH, NJW 1974, 693; OLG München, RPfleger 1969, 62; OLG Köln, JurBüro 1969, 338; OLG Frankfurt, NJW 1973, 375; OLG Düsseldorf, MDR 1975, 1026; OLG Hamm, RPfleger 1976, 220; OLG Frankfurt, RPfleger 1977, 448 und NJW 1978, 1441; OLG Hamburg, MDR 1980, 320 und MDR 1984, 673; OLG Schleswig, SchlHA 1984, 134; Thomas/Putzo, § 788 Anm. 4 a; vgl. aber auch OLG Schleswig, SchlHA 1978, 44. A. A.: OLG Schleswig, JurBüro 1968, 830; OLG Frankfurt, JurBüro 1968, 924; OLG Düsseldorf, JurBüro 1969, 891; Münzberg in Stein/Jonas, § 788 Anm. I 2 b. Nicht zu erstatten ist aber ein Zinsverlust (OLG Düsseldorf, RPfleger 1981, 122; OLG Hamm, MDR 1982, 416) beziehungsweise Darlehenszinsen (OLG München, NJW 1970, 1195).

12) OLG Köln, RPfleger 1974, 164; LG Düsseldorf, AnwBl. 1981, 75; LG Aachen, RPfleger 1982, 310; LG Bochum, RPfleger 1984, 286; einschränkend: LG Oldenburg, RPfleger 1982, 198; a. A.: LAG Baden-Württemberg v. 12/9/1985 — 1 Ta 168/85 — und LAG Frankfurt, AnwBl. 1979, 28.

13) Vgl. auch LAG Bremen, NJW 1961, 2324.

14) Thomas/Putzo, § 788 Anm. 5 a.

349 Die Beitreibung der Zwangsvollstreckungskosten erfolgt grundsätzlich sogleich mit dem materiellen titulierten Anspruch (§§ 788 Abs. 1, 795 ZPO), so daß es keiner besonderen Festsetzung nach §§ 103ff. ZPO bedarf, obwohl eine solche zulässig ist[15]. Der Rechtspfleger bei dem Amtsgericht/Vollstreckungsgericht (§ 764 Abs. 1 ZPO) berechnet die Kosten und setzt sie nach Prüfung ihrer Notwendigkeit an. Erfolgt eine besondere Kostenfestsetzung nach §§ 103ff. ZPO, so geschieht dies durch das Prozeßgericht erster Instanz[16]. Funktionell zuständig ist der Rechtspfleger (§ 21 Abs. 1 Nr. 1 RpflG). Gegen den Ansatz beziehungsweise Nichtansatz von Kosten durch den Rechtspfleger haben der Gläubiger und der Schuldner die sofortige Erinnerung (§ 21 Abs. 2 Satz 1 RpflG), die binnen einer Notfrist von 2 Wochen nach Zustellung des Feststellungsbeschlusses einzulegen ist. Hilft der Rechtspfleger der Erinnerung nicht ab, so entscheidet der Richter, wenn er die Erinnerung für zulässig und begründet erachtet. Anderenfalls legt der Richter die Erinnerung dem Rechtsmittelgericht vor. In diesem Fall gilt die Erinnerung als Beschwerde gegen die Entscheidung des Rechtspflegers (§§ 21 Abs. 2, 11 Abs. 2 RpflG). Gegen die Entscheidung des Richters findet die sofortige Beschwerde statt (§§ 21 Abs. 2 RpflG, 104 Abs. 3, 577 ZPO).

350 Wird das Urteil, aus dem die Zwangsvolllstreckung erfolgt ist, infolge Einspruchs oder eines Rechtsmittels oder im Wege der Wiederaufnahme des Verfahrens aufgehoben, so sind die Kosten der Zwangsvollstreckung dem Schuldner von dem Gläubiger gem. § 788 Abs. 2 ZPO zu erstatten[17]. Diese Vorschrift findet keine Anwendung, wenn dem Urteil im Wege der Vollstreckungsgegenklage (§ 767 ZPO) die Vollstreckbarkeit genommen wird, weil hier eine Aufhebung des Urteils selbst nicht vorliegt[18]. Zu erstatten sind dem Schuldner neben den vom Gläubiger nach § 788 Abs. 1 ZPO beigetriebenen auch die dem Schuldner selbst erwachsenen notwendigen Kosten zur Abwendung der Vollstreckung[19]. Der Schuldner kann den Anspruch entsprechend § 717 Abs. 2 ZPO im anhängigen Verfahren als Widerklage oder durch selbständige Klage geltend machen[20].

---

15) H. M.: Thomas/Putzo, § 788 Anm. 3; BAG, MDR 1983, 1448; BGH, NJW 1984, 1969.

16) H. M.: Schönke/Baur, S. 35; Thomas/Putzo, § 103 Anm. 2f. (ab 12. Auflage); BGH, NJW 1982, 2070; BGH, NJW 1984, 1969; BAG, MDR 1983, 611; OLG Koblenz, RPfleger 1983, 85; OLG Bremen, JurBüro 1983, 451. A. A.: OLG Hamm, MDR 1984, 589 und Stöber, Rz. 833, m. w. N., die das Vollstreckungsgericht für zuständig halten. Alternativ entscheidet sich das LG Essen, RPfleger 1966, 316; ähnlich auch OLG München, RPfleger 1980, 440. Bei vollstreckbaren Urkunden ist zuständig der Rechtspfleger des Vollstreckungsgerichts.

17) Die Art der Aufhebung ist gleichgültig: Vgl. OLG Hamburg, MDR 1979, 944 (neue Entscheidung aufgrund Rechtsbehelf); OLG Celle, RPfleger 1983, 499 (Vergleich); KG, RPfleger 1978, 150 (Klagerücknahme).

18) Münzberg in Stein/Jonas, § 788 Anm. III; Thomas/Putzo, § 788 Anm. 6a; LG Hamburg, NJW 1961, 1729.

19) Auch in diesem Zusammenhang ist streitig, ob die Kosten der Sicherheitsleistung des Beklagten erstattungsfähig sind: Bejahend: OLG Stuttgart, Justiz 1979, 433 und OLG Koblenz, RPfleger 1980, 70. Verneinend: KG, NJW 1968, 256, 257 und OLG Hamm, RPfleger 1977, 449. Offengelassen: BGH, NJW 1974, 693.

20) Baumbach/Lauterbach, § 788 Anm. 4.; Thomas/Putzo, § 788 Anm. 6 c; RGZ 145, 296.

B I. Das Arbeitseinkommen und seine Pfändung

Die Pfändung des Gläubigers in das Arbeitseinkommen des Schuldners wird durch die §§ 850 a bis 850 k ZPO eingeschränkt (§ 850 Abs. 1 ZPO). Mit diesen Vorschriften werden sozialpolitische Aspekte zum Schutz des Arbeitnehmers, dessen einzige Einnahmequelle häufig das Arbeitseinkommen bildet, sowie öffentlich-rechtliche Interessen[1] gleichermaßen verfolgt. Diesen Zielen dient bei wiederkehrendem Arbeitseinkommen die gesetzlich festgelegte Pfändungsfreigrenze, die sich je nach der *Art* der Gläubigerforderung weiter oder enger bemißt. Geht es um *gesetzliche Unterhaltsansprüche,* etwa des Ehegatten oder minderjähriger unverheirateter ehelicher Kinder (§ 850 d Abs. 1 ZPO), so besteht ein weitergehender Zugriff auf das Arbeitseinkommen des Schuldners als für andere Gläubiger, die man dementsprechend als normale oder nichtbevorrechtigte Gläubiger bezeichnet. Ein Pfändungsprivileg ohne Rücksicht auf die in § 850 c ZPO vorgesehenen Bechränkungen kann auch einem Gläubiger auf entsprechenden Antrag durch das Vollstreckungsgericht zuteil werden, wenn er die Zwangsvollstreckung wegen einer Forderung aus einer *vorsätzlich* begangenen unerlaubten Handlung betreibt (§ 850 f Abs. 2 ZPO). So können trotz vorrangiger Gehaltsabtretung Beträge gepfändet werden, die über die Grenzen des § 850 c ZPO hinaus vom Vollstreckungsgericht gem. § 850 f ZPO für pfändbar erklärt worden sind. Eine sog. *Härteklausel* zugunsten des antragstellenden Schuldners (§ 850 f Abs. 1 ZPO) ermöglicht es dem Vollstreckungsgericht, die besonderen Bedürfnisse des Schuldners aus persönlichen oder beruflichen Gründen oder dem besonderen Umfang seiner gesetzlichen Unterhaltungspflichten *pfändungsmindernd* zu berücksichtigen. Bei *höheren Arbeitseinkommen*[2] darf das Vollstreckungsgericht auf Antrag eines nicht nach § 850 d ZPO oder § 850 f Abs. 2 ZPO privilegierten Gläubigers den Vollstreckungszugriff in den Lohn des Schuldners über § 850 c ZPO ausdehnen, wobei allerdings eine Vollstreckungsgrenze bei monatlich 2340 DM (wöchentlich 540 DM, täglich 108 DM) aus § 850 c ZPO einzuhalten ist (§ 850 f Abs. 3 ZPO). Mit diesen Regelungen erweist sich das Lohnpfändungsrecht als ausreichend elastisch, um durch eine Entscheidung des Vollstreckungsgerichts auch spezifische von der Normallage abweichende Interessensituationen adäquat berücksichtigen zu können. **351**

Darüber hinaus entzieht der Gesetzgeber bestimmte Arten des Arbeitslohns, wie etwa übliche Urlaubsgelder und Treuegelder, sowie Zahlungen, die keinen eigentlichen Entgeltcharakter aufweisen, wie etwa Aufwandsentschädigungen, Auslösungsgelder und Erziehungsgelder, gänzlich der Pfändung (absolut unpfändbare Forderungen: § 850 a ZPO). **352**

Als *Vollstreckungshindernisse* hat das Vollstreckungsgericht die vorbeschriebe- **353**

---

1) Vgl. im einzelnen: Rzn. 6 f.; Arnold, BB 1978, 1314 ff.

2) Mehr als monatlich 2340 DM netto, wöchentlich 540 DM netto, täglich 108 DM netto: § 850 f. Abs. 3 ZPO.

nen Pfändungsbeschränkungen von Amts wegen zu respektieren[3], was allerdings mangels Geltung einer Aufklärungspflicht eine entsprechende Kenntnis des Vollstreckungsgerichts voraussetzt. Sind etwaige Pfändungsbeschränkungen unbeachtet geblieben, muß der Schuldner im Wege der *Erinnerung*[4] für Abhilfe sorgen.

354 Der *Drittschuldner* muß bei der Berechnung des pfändbaren Arbeitseinkommens die nach § 850a ZPO der Pfändung entzogenen Bezüge des Schuldners von sich aus absetzen, ohne daß dies im Pfändungsbeschluß eine ausdrückliche Erwähnung finden müßte. Die formularmäßigen Pfändungs- und Überweisungsbeschlüsse enthalten jedoch regelmäßig einen aufzählenden Hinweis auf die von der Pfändung ausgenommenen Zahlungen des Drittschuldners.

355 Oben[5] wurde bereits näher begründet, daß *vollstreckungserweiternde* Verträge zwischen Gläubiger und Schuldner über die gesetzlich gezogenen Pfändungsgrenzen unwirksam sind (§ 134 BGB). Dies trifft ebenso auf einen *nach* der Pfändung erklärten Verzicht des Schuldners auf die Geltendmachung der Unpfändbarkeit der Lohnforderung zu, weil die rechtsgeschäftliche Verkehrsfähigkeit der Lohnforderung kraft Gesetzes aufgehoben ist (§§ 394, 400, 1274 Abs. 2 BGB)[6].

356 Zwischen *Unübertragbarkeit* und *Unpfändbarkeit* einer Forderung besteht eine Wechselwirkung. Gem. § 851 Abs. 1 ZPO kann eine unübertragbare Forderung nicht gepfändet werden[7]; § 400 BGB schließt die Abtretung einer unpfändbaren Forderung aus. Eine gesetzliche Ausnahme hiervon macht das Gesetz über die Abtretung von Beamtenbezügen zum Heimstättenbau vom 30. 6. 1927 (RGBl. I, 133)[8]. Ebenso können bei *gesetzlichem* Forderungsübergang auch unpfändbare Forderungen erfaßt werden, wie im Fall des Übergangs von Schadensersatzansprüchen gem. §§ 1542 RVO, 4 LFG. Der Normzweck des § 400 BGB tritt auch bei einem vertraglichen oder kollektivrechtlichen (Tarifvertrag, Betriebsvereinbarung) vorhandenen Lohnabtretungsverbot zurück, wenn der Zessionar dem Lohnempfänger die Barmittel zur Bestreitung seines Lebensunterhalts zur Verfügung stellt, deren Schutz das Pfändungsverbot sicherstellen soll[9]. Dies ist z. B.

---

3) Vgl. RGZ 151, 279 ff.; Thomas/Putzo, ZPO, § 850 Anm. 1 a. Zu den Wirkungen eines Verstoßes gegen die §§ 850 a – k ZPO: Rzn. 112 ff.

4) Sh. Rzn. 297 ff.

5) Rz. 6 a

6) Zu den vollstreckungsbeschränkenden Vereinbarungen: Rzn. 54 ff. Allerdings wird der Schuldner nicht gehindert, dem Gläubiger über die Pfändungsfreigrenzen hinaus nach der Befriedigung des Lohnanspruchs freiwillige Zahlungen zu leisten.

7) Allerdings kann beim Abtretungsausschluß kraft Gesetzes die Pfändung zugelassen werden: „In Ermangelung besonderer Vorschriften" (§ 851 Abs. 1 ZPO).

8) In der Fassung des Zweiten Teils, Kap. V, der Vierten Verordnung des Reichspräsidenten zur Sicherung von Wirtschaft und Finanzen und zum Schutze des inneren Friedens vom 8.12.1931 (RGBl. I, 699, 709 i. V. m. BGBl. III, Folge 29, 138).

9) Vgl. BGH NJW 1966, 1727; BGH NJW 1972, 1703, 1705; LG München II NJW 1976, 1796, das zu Recht diesen Zusammenhang im Falle einer Abtretung unpfändbarer Unterhaltsansprüche zum Ausgleich einer Arztrechnung abgelehnt hat. Im Bereich des LPers VG Rheinland-Pfalz kann ein Lohnabtretungsverbot nicht durch Dienstvereinbarung festgelegt werden: BAG AR-Blattei, Lohnabtretung, E 14.

der Fall, wenn ein Versicherungsträger gem. § 18 AVG an einen Angestellten während einer Kur Zahlungen gegen Gehaltsabtretung geleistet hat.

Eine nach § 399 BGB nicht übertragbare Forderung kann insoweit gepfändet und (nur) zur Einziehung[10] überwiesen werden, als der geschuldete Gegenstand der Pfändung unterworfen ist (§ 851 Abs. 2 ZPO). Die besondere Natur des Schuldverhältnisses oder des betreffenden Anspruchs, aber auch ein *vertragliches* Abtretungsverbot, können die Übertragbarkeit einer Forderung ausschließen (§ 399 BGB). Die *rechtsgeschäftliche* Dispositionsbeschränkung soll aber nicht den Zugriff in der Zwangsvollstreckung blockieren und damit dem Schuldner ermöglichen, derartige Forderungen seinen Gläubigern vorzuenthalten. Demgemäß unterliegen die Lohnforderungen des Arbeitnehmers bei bestehenden Abtretungsverboten nach den allgemeinen Vorschriften der §§ 850 a – k ZPO der Pfändung. 357

Der in den §§ 850 a – k ZPO geregelte Pfändungsschutz bezieht sich lediglich auf Arbeitseinkommen, das in *Geld* zahlbar ist, und zwar *vor* Erfüllung durch den Drittschuldner. Erhält der Schuldner neben seinem in Geld zahlbaren Einkommen auch *Naturalleistungen*[11], die für sich regelmäßig unpfändbar sind (§§ 399 BGB, 851 ZPO), so sind Geld- und Naturalleistungen *zusammenzurechnen* (§ 850 e Nr. 3 ZPO). Werden die Geld- und Naturalleistungen von *demselben* Arbeitgeber als Drittschuldner geschuldet, hat er selbst die Zusammenrechnung vorzunehmen. Handelt es sich um verschiedene Drittschuldner, erfolgt die Zusammenrechnung durch das Vollstreckungsgericht. Sonderbestimmungen enthält § 850 e Nr. 2 und 2 a ZPO auch für die Zusammenrechnung *mehrerer Arbeitseinkommen* sowie die Zusammenrechnung von *Arbeitseinkommen* und *Sozialleistungen*[12]. 358

Hat der Schuldner *wiederkehrende* Einkünfte der in den §§ 850 – 850 d ZPO bezeichneten Art bereits bar erhalten, bevor der Lohn gepfändet wurde, dann greift bei der Pfändung dieser Barbeträge der Schutz des § 811 Nr. 8 ZPO ein, wonach der Gerichtsvollzieher dem Schuldner soviel zu belassen hat, als wäre der entsprechende Lohnanspruch gepfändet worden. Dies gilt gleichermaßen für Empfänger von Sozialleistungen (§ 55 SGB IV). 359

Der Pfändungsschutz für *Kontoguthaben* aus Arbeitseinkommen und ähnlichen Bezügen der in den §§ 850 – 850 b ZPO bezeichneten Art ist in Gestalt des § 850 k ZPO mit dem Vierten Gesetz zur Änderung der Pfändungsfreigrenzen vom 28. 2. 1978 (BGBl. I, 333) in die ZPO eingefügt worden. Der Gesetzgeber hat damit der bargeldlosen Lohnzahlung Rechnung tragen wollen. Bis dahin wurden die 360

---

10) Da die Überweisung an Zahlungs Statt quasi einer Abtretung gleichkommt, läßt der Gesetzgeber nur die Überweisung der Forderung zur Einziehung zu.

11) Sh. etwa § 811 Nr. 4 a ZPO: Als Vergütung gelieferte Naturalien bei Arbeitnehmern in landwirtschaftlichen Betrieben. Dazu gehören auch Deputate, freie oder verbilligte Wohnungen, die unentgeltliche oder verbilligte Überlassung von Personenkraftwagen durch den Arbeitgeber an den Arbeitnehmer zur privaten Nutzung: BFH vom 15. 6. 1973, BStBl. II, 781 und BMF-Schreiben vom 25. 5. 1979, BStBl. 1979, 301. Zu den Einzelheiten: Rzn. 697 ff.

12) Vgl. Rzn. 662 ff. und 685 ff.

Fälle der Gehaltskontenpfändung in analoger Anwendung des § 811 Nr. 8 ZPO gelöst[13], an dessen Inhalt sich § 850 k ZPO orientiert[14].

361 Je nachdem, ob es sich um *wiederkehrende* Einkünfte oder eine *nicht wiederkehrend* zahlbare Vergütung für persönlich geleistete Arbeiten oder Dienste handelt, gestaltet sich der *Pfändungsschutz* unterschiedlich. Der Pfändungsschutz für nicht wiederkehrend zahlbare Vergütungen ist gesondert in § 850 i ZPO geregelt. Hierunter fallen z. B. Abfindungen gem. §§ 9, 10 KSchG oder §§ 112 Abs. 1 S. 2, Abs. 4, 113 BetrVG[15]. Der Pfändungsschutz wird bei derartigen Leistungen nur auf entsprechenden Antrag des Schuldners durch das Vollstreckungsgericht gewährt[16].

362 Die Lohnpfändung erfaßt auch alle erst *nach* der Pfändung fällig werdenden Bezüge des Dienstverpflichteten (Arbeitnehmers), ohne daß dies im Pfändungsbeschluß ausdrücklich erwähnt sein müßte (§§ 832, 833 ZPO). Bei einem *Betriebsinhaberwechsel* (§ 613 a BGB) muß der *neue Arbeitgeber* die bisherigen Pfändungen gegen sich gelten lassen[17]. Es bedarf also keines neuen Pfändungs- und Überweisungsbeschlusses gegenüber dem neuen Arbeitgeber.

1. Der Begriff des Arbeitseinkommens (§ 850 ZPO)

363 Der Gesetzgeber definiert das *Arbeitseinkommen* in § 850 Abs. 2 ZPO folgendermaßen: Arbeitseinkommen im Sinne dieser Vorschrift sind die Dienst- und Versorgungsbezüge der Beamten, Arbeits- und Dienstlöhne, Ruhegelder und ähnliche nach dem einstweiligen oder dauernden Ausscheiden aus dem Dienst- oder Arbeitsverhältnis gewährte fortlaufende Einkünfte, ferner Hinterbliebenenbezüge sowie sonstige Vergütungen für Dienstleistungen aller Art, die die Erwerbstätigkeit des Schuldners vollständig oder zu einem wesentlichen Teil in Anspruch nehmen. Gem. § 850 Abs. 3 lit. a und b ZPO sind auch Bezüge in Geld, die ein Arbeitnehmer zum Ausgleich für Wettbewerbsbeschränkungen für die Zeit nach Beendigung seines Dienstverhältnisses beanspruchen kann, sowie Renten, die aufgrund von Versicherungsverträgen gewährt werden, wenn diese Verträge zur Versorgung des Versicherungsnehmers oder seiner unterhaltsberechtigten Angehörigen eingegangen sind, als Arbeitseinkommen zu qualifizieren.

---

13) Arnold BB 1978, 1314 ff., 1319 und 1320 mit ausführlichen Nachweisen: Hartmann, NJW 1978, 609 ff.; Hornung, Rpfleger 1978, 353 ff.; Meyer ter Vehn, NJW 1978, 1240 ff.; Behr, JurBüro 1979, 305.

14) Einzelheiten bei Rzn. 934 ff.: Pfändungsschutz für Kontoguthaben

15) BAG MDR 1980, 346; OLG Düsseldorf NJW 1979, 2520; OLG Stuttgart MDR 1984, 947.

16) Zu den Einzelheiten: Rzn. 868 ff.

17) Vgl. LAG Hamm DB 1976, 440; Falkenberg, DB 1980, 784; Oehmann, AR-Blattei, Lohnpfändung II, E 5.
Der rechtsgeschäftliche Übergang eines Betriebs oder Betriebsteils i. S. von § 613 a BGB erfordert bei Produktionsbetrieben den Übergang der wesentlichen sächlichen und immateriellen Betriebsmittel. Der Übergang der Arbeitsverhältnisse nach § 613 a Abs. 1 S. 1 BGB ist Rechtsfolge eines Betriebsübergangs. Die Übernahme einer Belegschaft kann für sich allein nicht ein Rechtsgeschäft i. S. von § 613 a Abs. 1 S. 1 BGB sein: BAG v. 22. 5. 1985 – 5 AZR 30/84 –; vgl. auch BAG v. 6. 2. 1985 – 5 AZR 411/83 – BAG v. 20. 11. 1984 – 3 AZR 584/83 –: befristete Betriebsübertragung an Treuhänder; BAG v. 22. 5. 1985 – 5 AZR 173/84 –: Betriebsübergang aufgrund mehrerer Rechtsgeschäfte mit Dritten.

Diese Kennzeichnung des *Arbeitseinkommens* ist allerdings nicht erschöpfend, sondern nur beispielhaft. Hierfür spricht § 850 Abs. 4 ZPO, wonach die Pfändung des in Geld zahlbaren Arbeitseinkommens alle Vergütungen erfaßt, die dem Schuldner *aus* der *Arbeits-* oder *Dienstleistung* zustehen, ohne Rücksicht auf ihre Benennung oder Berechnungsart. Der Begriff des Arbeitseinkommens betrifft demgemäß nicht nur das Austauschverhältnis von Lohn- und Arbeitsleistung im engeren Sinne, d. h. die Vergütung aus den unmittelbaren synallagmatischen Rechtsbeziehungen der Vertragsparteien, sondern schließt grundsätzlich alles ein, was dem Arbeitnehmer als *Geldertrag aus Anlaß* des Arbeitsverhältnisses zufließt[1]. So gehören etwa zum Arbeitseinkommen auch alle diejenigen Ansprüche des Arbeitnehmers, die rechtlich oder wirtschaftlich den *entgangenen Lohnanspruch ersetzen,* wie dies bei den §§ 615, 628 Abs. 2 BGB der Fall ist. Unerheblich für die Charakterisierung als Arbeitseinkommen ist auch, auf welcher Rechtsgrundlage (Gesetz, Tarifvertrag, Betriebsvereinbarung, Vertrag, Gleichstellungspflicht) der Lohnanspruch beruht. Dies gilt auch für sog. „freiwillige" vom Arbeitbeitgeber übernommene Lohnzahlungsverpflichtungen, bei denen das Merkmal der Freiwilligkeit deklaratorisch den nicht vorhandenen Verpflichtungsgrund bezeichnen und zusätzlich eine *zukünftige* Zahlungsverpflichtung ausschließen soll. In diesem Zusammenhang kann für die Frage der Pfändung indes bedeutsam werden, unter welchen Voraussetzungen der Arbeitnehmer im Sinne einer *betrieblichen Übung* einen Rechtsanspruch auf über einen längeren Zeitraum vom Arbeitgeber freiwillig erbrachte Leistungen erlangt[2]. Die Betriebsübung gestaltet den Inhalt der einzelnen Arbeitsverhältnisse, indem sie bei den Arbeitnehmern den vom Arbeitgeber objektiv gesetzten Eindruck vermittelt, die üblich gewordenen Leistungen seien auch künftig im Sinne einer vertraglichen Verpflichtung des Arbeitgebers zu erwarten. Bei derartigem Befund liegt in dem Verhalten des Arbeitgebers ein schlüssig erklärtes Vertragsangebot (sozialtypisches Verhalten), wobei es hinsichtlich der rechtlichen Bewertung dieses Vorgangs nicht auf den subjektiven Willen des Arbeitgebers, sondern auf den objektiven Erklärungsgehalt aus der Sichtweise der Arbeitnehmer als Erklärungsempfänger ankommt. Das Angebot des Arbeitsgebers bedarf seitens der Arbeitnehmer gem. § 151 BGB keiner Annahme*erklärung*[3]. 364

Dagegen stellen Leistungen des Arbeitgebers, durch die erst die sachlichen Voraussetzungen für die Arbeitsleistung geschaffen werden sollen, so etwa die Barablösung eines Anspruchs auf Gestellung von Arbeitskleidung, Werkzeug 365

---

1) Im Ergebnis ebenso: BAG DB 1979, 358, 359; BAG AP Nr. 1 zu § 850 ZPO; OLG Düsseldorf DB 1980, 112; Stöber, Forderungspfändung, S. 364 unter Hinweis auf die §§ 19 Abs. 1 EStG, 14 Abs. 1 SGB IV; Schaub, Arbeitsrechtshandbuch, § 92 (S. 546); Neumann, AR-Blattei, Lohnpfändung I, Lohnpfändungsschutz, C I. Schon früher OLG Braunschweig NJW 1955, 1599. A. A. aber Auffarth, DB 1969, 528 ff.; Rewolle, DB 1962, 936.

2) Zur betrieblichen Übung: Backhaus, AuR 1983, 65 ff.; G. Hueck/Fastrich, AR-Blattei, Betriebsübung; Schaub, Arbeitsrechtshandbuch, § 111 (S. 668); Hromadka, NZA 1984, 241 ff.; BAG BB 1984, 1317 = JR 1985, 12 ff.; BAG AP Nr. 12 und 15 zu § 242 BGB Betriebliche Übung.

3) Die rechtliche Konstruktion der betrieblichen Übung ist umstritten. Vgl. dazu Seiter, Die Betriebsübung, 1967, 92 ff.

oder Aufwendungsersatzansprüche, mit denen die Ausgaben des Arbeitnehmers für Rechnung des Arbeitgebers ausgeglichen werden sollen, kein Arbeitseinkommen gem. § 850 ZPO dar. Derartige Leistungen des Arbeitgebers erhöhen weder die wirtschaftliche Leistungsfähigkeit des Arbeitnehmers, noch werden damit die Kosten der privaten Lebensführung des Arbeitnehmers finanziert. Diese Ansprüche des Arbeitnehmers gegenüber dem Arbeitgeber sind voll pfändbar, soweit sie nicht dem Pfändungsschutz aus § 850 a Nr. 3 ZPO oder § 851 ZPO unterliegen. Zum Arbeitseinkommen des Arbeitnehmers zählen auch nicht *Schadensersatzansprüche,* die der Arbeitnehmer für bei der Arbeit erlittene Sachschäden vom Arbeitgeber beanspruchen kann[4]. Handelt es sich um Schadensersatzanprüche für den Verlust oder die Beschädigung persönlich unentbehrlicher Sachen (etwa Kleidung), unmittelbar arbeitsdienlicher Sachen (z. B. Werkzeug) oder mittelbar arbeitsdienlicher Sachen (z. B. Moped, Fahrrad, Pkw), so ist eine entsprechende Anwendung des § 811 ZPO (§ 811 a Abs. 3 ZPO) geboten. In jedem Falle kann der Schuldner einer Pfändung der Ersatzansprüche aus § 765 a ZPO entgegentreten. Dabei wird das Vollstreckungsgericht zu bedenken haben, daß diese Ansprüche ein Surrogat gem. § 811 ZPO unpfändbarer Gegenstände darstellen. Ein *Schmerzensgeld*anspruch des Arbeitnehmers gegen den Arbeitgeber (etwa wegen schwerwiegender Verletzung des Persönlichkeitsrechts) ist wegen seiner Unübertragbarkeit unpfändbar, soweit er nicht durch einen Vertrag anerkannt oder rechtshängig geworden ist (§ 847 Abs. 1 BGB).

366 Für die Annahme eines Arbeitseinkommens im Sinne von § 850 Abs. 2 ZPO ist es gleichgültig, ob die von dieser Vorschrift erfaßten Entgelte aufgrund eines freien oder abhängigen Dienstvertrags gewährt werden[5]. Allerdings werden Einkünfte aus selbständigen oder freien Dienstverträgen häufiger nicht wiederkehrend zahlbare Vergütungen sein, die nur gem. § 850 i ZPO der Vollstreckung entzogen werden können.

367 Zusammenfassend läßt sich mithin feststellen, daß unter den Begriff des Arbeitseinkommens im Sinne des § 850 ZPO alle laufenden oder einmaligen Einnahmen in Geld im weitesten Sinne aus jetziger oder früherer Arbeit zu subsumieren sind, gleichgültig, ob das Dienstverhältnis dem privaten oder öffentlichen Recht angehört, oder ob rechtlich oder wirtschaftlich der Gesichtspunkt des Entgelts oder der Alimentation im Vordergrund steht.

a) Arbeits- und Dienstlöhne (§ 850 Abs. 2 ZPO)

368 Da die Arbeits- und Dienstlöhne nur nach Maßgabe der §§ 850 a – k ZPO gepfändet werden können, bedarf es zur näheren Bestimmung dieser Einnahmequelle des Schuldners einer Betrachtung des § 850 i ZPO. Diese Vorschrift befaßt sich mit dem Pfändungsschutz bei einer *nicht wiederkehrend* zahlbaren Vergütung für *persönlich geleistete Arbeiten oder Dienste.* Die Gegenüberstellung dieser Vor-

---

[4] Vgl. etwa BAG AP Nr. 2, 3, 5, 6 zu § 611 BGB Gefährdungshaftung; Schaub, Arbeitsrechtshandbuch, § 108 IV 1 – 6 mit ausführlichen weiteren Nachweisen.

[5] So bereits zutreffend BAG NJW 1962, 1221, 1222; OLG Hamm BB 1972, 855; BGH Rpfleger 1978, 54.

schriften läßt erkennen, daß sich der *Pfändungsschutz* unterschiedlich gestaltet. Die *wiederkehrenden Bezüge* aus dem Arbeits- oder Dienstverhältnis genießen nämlich von *vornherein* den Pfändungsschutz aus §§ 850a ff. ZPO, während bei nicht fortlaufenden Einkünften die Beschränkung des Pfändungsumfangs erst auf Antrag des Schuldners durch eine konstitutive Entscheidung des Vollstrekkungsgerichts bewirkt wird. Bis dahin erfaßt die Pfändung den *Gesamtbetrag.* Dieser differenzierte Pfändungsschutz begegnet auch in den §§ 811 Nr. 8 und 850k ZPO.

Die eindeutige Abgrenzung zwischen *wiederkehrenden* und *nicht wiederkehrend* 369
zahlbaren Vergütungen erweist sich als schwierig. Bei semantischer Betrachtung bedeutet das Wort „wiederkehrend" einen sich wiederholenden Vorgang. In diese Richtung zielt auch die Formulierung in § 850 Abs. 2 ZPO, wenn dort von *fortlaufenden* Einkünften die Rede ist. Dabei bezieht der Gesetzgeber in § 850 Abs. 2 ZPO grammatikalisch das Wort „fortlaufend" auf sämtliche dort aufgeführten Vergütungsarten. Mit diesem Interpretationsergebnis ist allerdings noch nichts darüber ausgesagt, warum etwa Abfindungen gem. §§ 9, 10 KSchG als nicht wiederkehrend zahlbare Vergütungen im Sinne des § 850i ZPO zu qualifizieren sind, während etwa andere einmalige Zahlungen, wie Gewinnbeteiligungen, Prämien, von vornherein den allgemeinen Pfändungsschutz genießen. Unter pfändungsrechtlichen Aspekten wäre es, um Mißverständnissen vorzubeugen, verfehlt, den Begriff „einmalig gezahltes Arbeitsentgelt" aus dem Sozialversicherungsrecht (§ 385 Abs. 1 RVO) als Interpretationshilfe nutzbar machen zu wollen[6]. Sozialversicherungsrechtlich sollen damit solche Zuwendungen betroffen sein, die nicht für die Arbeit in einem einzelnen Lohnabrechnungszeitraum gezahlt werden, so daß Tantiemen, Gratifikationen und sonstige Sonderzahlungen des Arbeitgebers in diesem Sinne die Bedeutung einer sog. Einmalzahlung haben. Pfändungsrechtlich ist damit nichts gewonnen. Die Lösung erschließt sich vielmehr aus der Intention des Pfändungsschutzes: Normalerweise bildet der fortlaufende Arbeitslohn zumindest die wesentliche wirtschaftliche Existenzgrundlage für den Arbeitnehmer, die aus sozialpolitischen Erwägungen durch Zwangsvollstreckungsmaßnahmen nicht in ihrem Kern angetastet werden soll. In diesen Schutzbereich, der ohne gerichtlichen Eingriff (§ 850i ZPO) von vornherein kraft Gesetzes besteht, gehören von der Tendenz des Gesetzes her sämtliche Vergütungsanteile des Schuldners, die *ihrer Natur* nach, d. h. typischerweise, *wiederkehrend* sind und damit dem ständigen Lebensunterhalt des Arbeitnehmers dienen. Dabei ist es völlig gleichgültig, auf welchem Rechtsgrund eine derartige Vergütung beruht, ob von vornherein die Höhe der Vergütung feststeht oder schwankt oder, wie dies bei Provisionen oder Gewinnbeteiligungen anzutreffen ist, von weiteren Umständen abhängt, die sogar zum gänzlichen Ausbleiben solcher Vergütungen führen können. Ebensowenig kommt es unter pfändungsrechtlichen Aspekten darauf an, ob die jeweiligen Vergütungstermine oder Vergütungszeiträume von vornherein festliegen oder von Fall zu Fall bestimmt

---

6) § 385 Abs. 1a RVO stimmt im Wortlaut nicht mit § 14 SGB IV überein.

werden[7]. Diese Interpretation wird durch § 850 i Abs. 1 ZPO gestützt. Diese Vorschrift will vor allem einen Pfändungsschutz für die Einkünfte aus *freiberuflicher* Arbeit (Ärzte, Rechtsanwälte, Künstler, Handwerker, usw.) statuieren. Dabei geht der Gesetzgeber davon aus, daß dem Schuldner bei dem Charakter dieser Einkuftsart eine Vielzahl gleichartiger – aber nicht typischerweise wiederkehrender – Einnahmequellen zur Verfügung steht, die eine ausreichende wirtschaftliche Existenzsicherung bieten. Sonst wäre es nicht verständlich, daß eine Pfändungsbeschränkung für derartige Einkünfte nur auf entsprechenden Antrag des Schuldners erfolgt und der Erfolg dieses Antrags von den wirtschaftlichen Verhältnissen des Schuldners, insbesondere seinen sonstigen Verdienstmöglichkeiten, abhängt.

370 Angesichts dieser pfändungsrechtlichen Vorgaben genießt der Arbeitnehmer, der nur gelegentlich arbeitet, wie dies etwa gem. §§ 4, 5 des Beschäftigungsförderungsgesetzes 1985 (BGBl. I, 710) der Fall sein kann, oder täglich den Arbeitgeber wechselt, hinsichtlich seines Lohnanspruchs *von vornherein* den Pfändungsschutz aus §§ 850 a ff. ZPO. Provisionen, Gewinnbeteiligungen, Gratifikationen, Prämien und sonstige ihrer Natur nach wiederkehrende Vergütungsbestandteile werden bereits kraft Gesetzes vor einem totalen Zugriff durch den Vollstreckungsgläubiger bewahrt.

371 Gleiches gilt hingegen nicht für Abfindungen gem. §§ 9, 10 KSchG, 112 Abs. 1 und 4, 113 Abs. 1 und 3 BetrVG. Derartige Vergütungen gehören gerade nicht zu den typischerweise wiederkehrenden Leistungen aus einem Arbeitsverhältnis. Ihr Pfändungsschutz verläuft über § 850 i ZPO. Dies gilt gleichermaßen, wenn z. B. die Abfindung, wie dies in Sozialplanregelungen nicht selten anzutreffen ist, in Raten aufgeteilt wird. Denn die zeitliche Zerlegung der Abfindungszahlung ändert nichts an dem Charakter ihres einheitlichen Anspruchs, sondern stellt lediglich eine besondere Form der Erfüllung dar. Wenn daher das BAG[8] bei der Kündigungsabfindung im Ergebnis zwar richtig die Anwendung des § 850 c ZPO verneint, so hat dies nichts mit der vom BAG herangezogenen Begründung zu tun, daß die Abfindung nicht für einen festumrissenen Zeitraum gezahlt wird. Sonst müßten Provisionen des Arbeitnehmers ebenfalls unter § 850 i ZPO fallen, was unbestrittenermaßen nicht zutrifft. Der Begründungsansatz des BAG wird zudem der Funktion des § 850 c ZPO als Berechnungsgrundlage der pfändbaren bzw. unpfändbaren Vergütung des Arbeitnehmers nicht gerecht.

372 Das gleiche Schicksal wie die ursprüngliche Lohnforderung des Schuldners teilen pfändungsschutzrechtlich *Ersatzansprüche,* die an die Stelle eines Lohnanspruchs treten. Beispielhaft ist hier vor allem der Schadensersatzanspruch wegen Auflösungsverschuldens gem. § 628 Abs. 2 BGB zu erwähnen. Hierher gehört auch der Erfüllungsanspruch des Arbeitnehmers aus § 615 BGB, wenn sich der Arbeitgeber mit der Annahme der Dienste in Verzug befindet, oder Entgelt-

---

[7] So auch Münzberg in Stein/Jonas, ZPO, § 850 Anm. VII unter Hinweis auf § 197 BGB.

[8] DB 1980, 360. Zur Pfändung der Ansprüche eines Ausländers gegen die Bundesanstalt für Arbeit auf Zahlung von Rückkehrhilfe nach dem Rückkehrhilfegesetz vom 28. 11. 1983 (BGBl. I, 1377): OLG Oldenburg, JurBüro, 1984, 1588.

fortzahlungsansprüche des Arbeitnehmers, die nach § 616 Abs. 1 und Abs. 2 BGB als Ausnahme vom Synallagma des § 323 Abs. 1 BGB („ohne Arbeit kein Lohn") bei unverschuldeter vorübergehender Dienstverhinderung aus einem in der Person des Arbeitnehmers liegenden Grund zu gewähren sind. Vergütungsansprüche des Arbeitnehmers anläßlich einer Teilnahme an einer außerhalb der Arbeitszeit stattfindenden Betriebsversammlung gem. § 44 Abs. 1 BetrVG haben ebenfalls Lohnqualität.

Aufgrund der vorstehenden Überlegungen lassen sich als Arbeitslohn beispielhaft folgende Ansprüche des Arbeitnehmers qualifizieren: **373**

Abfindungen (§§ 10 KSchG, 112 Abs. 1, 4, 113 BetrVG), *Abfindungen* zur Ablösung einer Ruhegeldanwartschaft nach § 3 Abs. 1 BetrAVG, *Abgeltung* für nicht gewährten Hausarbeitstag, *Abschlußgebühren* bei Bausparverträgen, *Akkordlohn, Anpassungszahlungen* aufgrund tariflicher oder vertraglicher (Gleichstellungsabrede) Rationalisierungsschutzabkommen, *Antrittsgebühr* in der Druckindustrie, *Anwesenheitsprämien, Aufsichtsratsvergütungen* eines Arbeitnehmervertreters, *Ausbildungskosten,* die der Arbeitgeber zugunsten des Arbeitnehmers in Gestalt der Lohnfortzahlung übernimmt[9], *Ausgleichszahlungen* bei Arbeitsunfall und Berufskrankheit gem. § 56 BAT, weil der Arbeitnehmer in einer niedrigeren Vergütungsgruppe weiterbeschäftigt wird, *Auslagenersatz* dann, wenn es sich nicht um durchlaufende Gelder des Arbeitnehmers handelt (sh. aber § 850 a Nr. 3 ZPO) und der Arbeitnehmer ein eigenes Interesse an den Ausgaben hat, *Auslösungen,* wenn sie nicht den Mehraufwand bei auswärtigen Arbeiten abgelten (sh. aber § 850 a Nr. 3 ZPO) [10], *Auswärtszulagen,* soweit sie den Rahmen des Üblichen, d. h. den lohnsteuerfreien Betrag[11], übersteigen, *Beteiligungen* ärztlicher Mitarbeiter an den Einnahmen aus den gesondert berechneten ärztlichen Leistungen der dazu berechtigten Ärzte (vgl. etwa § 25 Abs. 1 KHG NW), *Erfolgsbeteiligungen, unabhängig davon, ob diese in Gestalt von Leistungs-, Ertrags- oder Gewinnbeteiligungen anfallen*[12], *Ergebnisbeteiligungen, Erschwerniszuschläge* jedweder Art (Gefahrenzuschläge, Hitzezuschläge, usw.), wenn sie den Rahmen des Üblichen übersteigen (§ 850 a Nr. 3 ZPO), *Familienzuschläge* aufgrund gesetzlicher oder tariflicher Regelungen, *Fahrtkostenzuschüsse* und *Fahrtkostenersatz* des Arbeitgebers, wenn sie den Rahmen des Üblichen übersteigen (§ 850 a Nr. 3 ZPO), *Fehlgeldentschädigungen*[13] (Mankogelder, Zählgelder), obwohl sie in

---

9) Sh. aber § 850 a Nr. 6 ZPO zur Ausbildungsvergütung. Anders als bei § 850 a ZPO werden diese Bezüge als Einkommensbestandteile gem. § 615 BGB gezahlt. Rechtsgrund einer derartigen Zahlung kann auch § 37 Abs. 2 BetrVG in Verbindung mit § 36 Abs. 6 BetrVG oder § 37 Abs. 7 BetrVG sein, wenn Betriebsratsmitglieder an einer entsprechenden Schulungsveranstaltung teilnehmen. Gleiches gilt für Personalratsmitglieder nach dem BPersVG und den Landespersonalvertretungsgesetzen der Länder.

10) In der betrieblichen Praxis werden häufig sog. Nahauslösungen gewährt, die in Wahrheit Lohnfunktion haben.

11) BAG DB 1971, 1923.

12) Zu den einzelnen Arten der Erfolgsbeteiligungen vgl. etwa Wöhe, Einführung in die Allgemeine Betriebswirtschaftslehre, 14. Aufl., S. 228 ff.

13) A. A. Stöber, Forderungspfändung, S. 418, der hier § 850 a Nr. 3 ZPO anwenden will, jedoch übersieht, daß damit etwaige Zahlungspflichten des Arbeitnehmers kompensiert werden.

den Grenzen des Abschnitts 50 Abs. 2 Nr. 2 LStR kein steuerpflichtiger und damit auch kein beitragspflichtiger Arbeitslohn sind, *Feiertagslohn* einschließlich sämtlicher Zuschläge, *Gewinnbeteiligungen* des Arbeitnehmers, *Gratifikationen* (vgl. aber § 850 a Nr. 2 ZPO: Urlaubsgratifikation und § 850 a Nr. 4: Weihnachtsgratifikation), *Inkassoprämien, Jubiläumszuwendungen,* soweit sie den Rahmen des Üblichen (sh. § 4 LStDV) übersteigen (sh. § 850 a Nr. 2 ZPO), *Karenzentschädigungen* für ein nachvertragliches Wettbewerbsverbot des Arbeitnehmers[14], *Kinderzuschläge,*[15] die auf gesetzlicher, kollektivrechtlicher oder arbeitsvertraglicher Grundlage beruhen, *Kontoführungsgebühren,* falls sie den Rahmen des Üblichen[16] übersteigen, *Krankengeldzuschüsse,* die der Arbeitgeber aufgrund tariflicher[17] oder einzelvertraglicher Regelungen zum Krankengeld des Arbeitnehmers zuzahlt, ohne Rücksicht darauf, daß derartige Zuschüsse nach § 189 RVO kein Arbeitsentgelt sind, *Kurzarbeitszuschüsse,* die vom Arbeitgeber zum Kurzarbeitergeld gezahlt werden[18], *Lohnausgleichsbeträge*[19] zur Förderung der Aufrechterhaltung des Beschäftigungsverhältnisses in Betrieben des Garten- und Landschaftsbaues oder des Baugewerbes während der Winterperiode, *Lohnfortzahlungsansprüche,* ungeachtet dessen, ob sie im Falle der Arbeitsunfähigkeit infolge Krankheit (§§ 1 LFG, 63 HGB, 133 c GewO, 616 Abs. 2 BGB) oder aus anderen Gründen etwa bei Versäumnis der Arbeitszeit von Betriebs- oder Personalratsmitgliedern (§ 37 Abs. 2, 6, 7, § 38 BetrVG, § 46 Abs. 2, 3, 4, 6, 7 BPersVG), oder bei einer Teilnahme eines Arbeitnehmers an einer Betriebsversammlung (§§ 17, 43, 44 Abs. 1 BetrVG), oder bei Inanspruchnahme des Bildungsurlaubs[20] oder etwa bei einem Beschäftigungsverbot nach § 11 MuSchG, anfallen, *Lohnnachzahlungsansprüche*[21], *Lohnsteuern*[22] bei Nettolohnvereinbarungen zwischen den Arbeitsvertragsparteien, *Maigelder,* die aus Anlaß des 1. Mai an die Arbeitnehmer gezahlt werden, *Mankogelder* (sh. Fehlgeldentschädi-

---

14) Sh. Rzn. 388 ff.

15) Zum Kindergeld: Rzn. 422 ff.

16) Sh. Abschn. 10 LStR: Soweit die vom Arbeitgeber übernommene Kontoführungsgebühr den Betrag von 2,50 DM nicht überschreitet (§ 850 a Nr. 3 ZPO).

17) Vgl. etwa § 9 III MTV für gewerbliche Arbeitnehmer und Angestellte in der Chemischen Industrie vom 24. 3. 1979 nach dem Stand vom 1. 4. 1982. Zum Zuschußcharakter: BSG BSGE Bd. 18, 236.

18) Sh. etwa § 8 Nr. 3. 6 BRTV – Baugewerbe in der Fassung vom 3. 2. 1981, § 7 II MTV – Chemie.

19) Damit sind nur Zahlungen gemeint, die der Arbeitgeber aufgrund tariflicher oder vertraglicher Regelungen zu erbringen hat, nicht jedoch das Wintergeld gem. § 80 Abs. 1 AFG. Sh. etwa TV für den Garten- und Landschaftsbau für das Gebiet der Bundesrepublik Deutschland einschließlich West-Berlin vom 12. 8. 1968. Gleiches gilt für Lohnausgleichszahlungen des Arbeitgebers während der Teilnahme eines Arbeitnehmers an Wehrübungen.

20) Vgl. etwa das Arbeitnehmerweiterbildungsgesetz (AWbG) in NRW (GVBl. NW 1984, 678). Nach § 7 AWbG NW hat der Arbeitgeber für die Zeit der Arbeitnehmerweiterbildung (5 Arbeitstage im Kalenderjahr) das Arbeitsentgelt entsprechend dem Gesetz zur Regelung der Lohnzahlung an Feiertage vom 2. 8. 1951 (BGBl. I, 479) weiterzuzahlen. Zur Frage der Verfassungsmäßigkeit: Stege/Färber, Beilage Nr. 2/85 zu Heft Nr. 4 DB 1985.

21) Zur besonderen und umstrittenen Frage der Pfändung von Lohnnachzahlungen, Lohnrückständen und Lohnvorschüssen: Rzn. 560 ff.

22) Trägt der Arbeitgeber vereinbarungsgemäß die auf den Arbeitslohn entfallene Lohnsteuer (Kirchensteuer und den Arbeitnehmeranteil an der Sozialversicherung), so gehört auch die übernommene Steuer zum steuerpflichtigen Arbeitslohn (Abschn. 89 LStR).

gungen), *Mehrarbeitszuschläge,* soweit sie nicht nach §850a Nr. 1 ZPO absolut unpfändbar sind[23], *Mietkostenzuschüsse* des Arbeitgebers, *Mitgliedsbeiträge,* die der Arbeitgeber zugunsten des Arbeitnehmers für die Mitgliedschaft in Berufsverbänden oder Vereinen (z. B. Tennisverein, Golfclub) übernimmt, *Nachzahlungen* von Arbeitslohn[24], *Ortszuschläge* bei Beschäftigten im öffentlichen Dienst, *Provisionen, Prozeßkosten,* die der Arbeitgeber dem Arbeitnehmer erstattet, *Reisekosten* (Fahrtkosten, Tagegelder, Übernachtungskosten), soweit diese Bezüge den Rahmen des Üblichen übersteigen (§850a Nr. 3 ZPO)[25], *Schichtzulagen*[26] (Wechselschichtzulagen) für die im Schichtdienst eingesetzten Arbeitnehmer, *Spesen,* wenn sich darunter in Wahrheit Vergütungsbestandteile verbergen, *Tantiemen, Trinkgelder* (Bedienungszuschläge und ähnliche Zuwendungen wie etwa das Metergeld im Möbeltransportgewerbe), auf die der Arbeitnehmer einen Rechtsanspruch gegen den Arbeitgeber hat[27], *Übergangsgelder* (§§ 62 ff. BAT), die dem Arbeitnehmer den Übertritt in eine andere Lebensstellung erleichtern sollen[28], *Überstundenvergütungen,* soweit sie nicht nach §850a Nr. 1 ZPO unpfändbar sind, *Urlaubsentgelt* und *Urlaubsabgeltung*[29], *Urlaubsgelder* (Urlaubsgratifikationen), die zusätzlich zum Urlaubsentgelt oder der Urlaubsabgeltung aufgrund tariflicher oder vertraglicher Rechtsgrundlage gewährt werden, soweit sie den Rahmen des Üblichen übersteigen (§850a Nr. 1 ZPO)[30], *Weihnachtsgratifikationen*[31], soweit sie nicht gem. §850a Nr. 4 ZPO unpfändbar sind,

---

23) Zur begrifflichen Kennzeichnung der Mehrarbeitszuschläge: Rz. 465. Gem. §850a Nr. 1 ZPO sind nur zur *Hälfte* die für die Leistung von Mehrarbeitsstunden gezahlten Teile des Arbeitseinkommens absolut unpfändbar. Soweit aber Mehrarbeitsvergütungen *ohne* die Leistung von Mehrarbeit gezahlt werden müssen, wie dies bei Betriebsratsmitgliedern nach §37 Abs. 3, 4 BetrVG der Fall ist, sind diese nicht nach §850a Nr. 1 ZPO privilegiert.

24) Sh. Note 21.

25) Im Rahmen des Üblichen bewegen sich die Reisekosten dann, wenn sie lohnsteuerfrei vom Arbeitgeber gewährt werden können: Vgl. Abschn. 25 LStR. Zu den Reisekosten gehören zum Beispiel Kosten für Verkehrsmittel, Kraftwagenkosten, Verpflegungsmehraufwendungen, Unterbringungskosten am Reiseziel, Kosten für Beförderung und Aufbewahrung von Gepäck, Kosten für Telefon, Garage, Parkplatzgebühren, Kosten für den Kraftwagen am Reiseort. Der Arbeitgeber hat die Reisekostenabrechnungen zu den Lohnkonten der Arbeitnehmer zu nehmen. Abgesehen von zulässigen Pauschbeträgen (Abschn. 25 Abs. 6 LStR) hat der Arbeitnehmer die Höhe der entstandenen Aufwendungen im einzelnen nachzuweisen.

26) Es ist strittig, ob derartige Schichtzulagen als Erschwerniszulage im Sinne von §850a Nr. 3 ZPO zu qualifizieren sind: Einzelheiten sh. Rzn. 477 ff.

27) Trinkgelder, auf die der Arbeitnehmer keinen Rechtsanspruch hat, sog. freiwillige Trinkgelder unterliegen zwar der Lohnsteuer, (Abschn. 73 Abs. 3, 4 LStR), als sie insgesamt 1200 DM im Kalenderjahr übersteigen (sh. aber den Freibetrag nach §3 Nr. 51 EStG), sie werden jedoch vom Pfändungs- und Überweisungsbeschluß nicht erfaßt. Hier besteht zugunsten des Gläubigers nur die Möglichkeit der sog. *Taschenpfändung* durch den Gerichtsvollzieher (§808 Abs. 1 ZPO).

28) Vgl. BAG NJW 1960, 1029. Daß das lohnsteuerpflichtige Übergangsgeld kein Arbeitseinkommen im Sinne der Sozialversicherung ist, spielt dabei keine Rolle. Da das Übergangsgeld gleichsam einer Lohnfortzahlung entspricht, richtet sich der Pfändungsschutz nach §§850a ff. ZPO und nicht nach §850i ZPO.

29) Die Pfändbarkeit des Urlaubsentgelts und der Urlaubsabgeltung ist umstritten. Vgl. dazu im einzelnen: Rzn. 445 ff.

30) Vgl. dazu näher: Rzn. 471 ff.

31) Sh. Rzn. 489 ff.

Zuschläge für Sonntags-, Feiertags- und Nachtarbeit[32], *Zuschuß* zum Mutterschaftsgeld[33], der gem. §14 MuSchG vom Arbeitgeber zu gewähren ist.

374 Wenn §850 Abs. 2 ZPO neben den Arbeitslöhnen die Dienstlöhne erwähnt, so handelt es sich um die Bezüge derjenigen Personen, die in *wirtschaftlich abhängiger* Stellung für andere tätig sind, ohne dabei ihre persönliche Selbständigkeit verloren zu haben[34]. Für diesen Personenkreis eignet sich die Bezeichnung „arbeitnehmerähnliche Personen"[35]. Maßgebend wird daher auf eine wirtschaftliche Abhängigkeit von *einem* Auftraggeber abgestellt, die eine soziale Schutzbedürftigkeit auslöst. Dabei kann die Arbeitskraft des Dienstverpflichteten auch verschiedenen Auftraggebern zur Verfügung gestellt werden, jedoch muß ein klares wirtschaftliches Schwergewicht auf den Beziehungen zu einem der verschiedenen Vertragspartner liegen, was dann nicht mehr der Fall ist, wenn der Wegfall von Aufträgen eines Auftraggebers nicht die Existenzgrundlage des Dienstverpflichteten tangiert. Liegt eine derartige wirtschaftliche Unselbständigkeit vor, ist es gleichgültig, um welche Dienstleistungen es sich handelt. Hierunter können Lehrbeauftragte an einer Hochschule, Theaterintendanten, freie Mitarbeiter bei Presse, Rundfunk und Fernsehen, Ein-Firmen-Handelsvertreter im Sinne von §92a HGB, die während der letzten 6 Monate des Vertragsverhältnisses durchschnittlich nicht mehr als 2000 DM bezogen haben[36], fallen. Für das Entgelt, das den in Heimarbeit Beschäftigten oder den Gleichgestellten (Hausgewerbetreibende, Zwischenmeister) gewährt wird, gelten gemäß §27 des Heimarbeitsgesetzes vom 14.3.1951 (BGBl. I, 191) die Vorschriften über den Pfändungsschutz für Vergütungen, die aufgrund eines Arbeits- oder Dienstverhältnisses geschuldet werden, entsprechend[37].

375 Eine wirtschaftliche Abhängigkeit von einem bestimmten Vertragspartner liegt dann nicht vor, wenn das Einkommen aus den für ihn geleisteten Pflichten nur ge-

---

32) Dies gilt ungeachtet dessen, daß derartige gesetzliche oder tarifliche Zuschläge für *tatsächlich* geleistete Arbeit gem. §3b Abs. 1 EStG steuerfrei sind und damit nicht zum beitragspflichtigen Arbeitslohn gehören. Die Verdienstausfallentschädigung von Betriebsratsmitgliedern gem. §37 Abs. 2 BetrVG ist dagegen steuer- und beitragspflichtig: BFH Die Beiträge 1974, 369; BAG DB 1981, 427. Gleiches gilt, wenn diese Zuschläge gem. §2 LFG fortgezahlt werden. Strittig ist allerdings, ob bei derartigen Zuschlägen eine Anwendung des §850a Nr. 3 ZPO angezeigt ist. Vgl. dazu: Teil B II 3. Wird ein *Mischzuschlag* (einheitlicher Zuschlag) bei einem Zusammentreffen von Sonntags-, Feiertags- oder Nachtarbeit mit Mehrarbeit gezahlt, ist wegen §850a Nr. 1 ZPO der Mehrarbeitszuschlag gesondert zu ermitteln.

33) Vgl. auch Stöber, Forderungspfändung, S. 574, 575.

34) Ebenso Münzberg in Stein/Jonas, ZPO, §850 Rdn. 25. Arbeitnehmer ist dagegen, wer in persönlicher Abhängigkeit (weisungsgebunden) fremdbestimmte und fremdnützige Arbeit für einen anderen leistet: BAG AP Nr. 15 – 26, 29 zu §611 BGB Abhängigkeit; Ballerstedt, RdA 1976, 7ff.; Beuthien, RdA 1978, 2ff.; Konzen, ZfA 1978, 496ff.

35) Vgl. dazu auch §§12a TVG, 5 ArbGG. Vgl. zu den arbeitnehmerähnlichen Personen: BAG AP Nr. 6 zu §611 BGB Abhängigkeit; BAG AP Nr. 14 zu §611 BGB Abhängigkeit; Falkenberg, DB 1969, 1409; Maus, RdA 1968, 372ff.; Seidel, BB 1970, 971; Woltereck, AuR 1973, 129ff.; Lieb, RdA 1974, 257ff.; ders., DB 1976, 2207; Bitter, RdA 1978, 24; vgl. auch die Aufzählung bei KR-Rost, §12a TVG, Rdn. 28-30.

36) Vgl. §5 Abs. 3 ArbGG.

37) In der Fassung des Heimarbeitsänderungsgesetzes vom 29.10.1974 (BGBl. I, 2879). Zum sozialversicherungsrechtlichen Begriff von Hausgewerbetreibenden, Heimarbeitern und Zwischenmeistern: §12 SGB IV. Zur Anwendung weiterer arbeitsrechtlicher Vorschriften vgl. Schaub, Arbeitsrechtshandbuch, §10 II mit weiteren Nachweisen.

ring ist und der Lebensunterhalt darauf beruht, daß für eine größere Anzahl von Vertragspartnern gleiche Dienste geleistet werden[38].

b) Sonstige Vergütungen für Dienstleistungen aller Art

§ 850 Abs. 2 ZPO rechnet auch sonstige Vergütungen für Dienstleistungen aller Art zum Arbeitseinkommen, das den Pfändungsschutz der §§ 850a – 850k ZPO genießt, wenn sie die Erwerbstätigkeit des Schuldners vollständig oder zu einem wesentlichen Teil in Anspruch nehmen. Auch hier geht es um den Grundgedanken des Gesetzes, den Unterhalt des Schuldners in einem gewissen Umfange abzusichern und vor dem Zugriff seiner Gläubiger zu schützen. Grenzt man diese Einkünfte des Schuldners von den vorerwähnten Dienstlöhnen ab, so wird deutlich, daß der Schuldner nicht in einem persönlichen oder wirtschaftlichen Abhängigkeitsverhältnis stehen muß, um den Schutz der §§ 850a – k ZPO in Anspruch nehmen zu können. Entscheidend ist vielmehr, daß die tatsächlich ausgeübte Tätigkeit vom *Zeitaufwand* her den Schuldner vollständig oder doch zu einem wesentlichen Teil beansprucht *und* ein Anspruch auf *wiederkehrende* Zahlungen erwächst, wenn von *vornherein* der Pfändungsschutz aus §§ 850a ff. ZPO greifen soll. Das letztere Tatbestandsmerkmal folgt aus der Gegenüberstellung zu § 850i ZPO, weil der Gesetzgeber in dieser Vorschrift die Pfändungsbeschränkung von einem entsprechenden Antrag des Schuldners abhängig macht, soweit es sich um nicht wiederkehrend zu zahlende Vergütungen für persönliche Dienstleistungen handelt. 376

Der Anspruch des selbständigen Handelsvertreters auf Provision und Fixum unterfällt ebenso dem § 850 Abs. 2 ZPO wie der Vergütungsanspruch von Vorstandsmitgliedern einer Aktiengesellschaft und Geschäftsführern einer GmbH, wenn sie die vorstehenden Voraussetzungen erfüllen[39]. Einkünfte von Lizenzfußballspielern, die Angestellte ihres Vereins sind, fallen einschließlich sämtlicher Leistungsprämien als Arbeitseinkommen unter die §§ 850 ff. ZPO[40]. Hat der Schuldner nur *eine* Erwerbsquelle, so daß mehrere vergleichbare Tätigkeiten nicht vorliegen, so kommt es nicht zur Abwägung, ob die Arbeitskraft vollständig oder wesentlich in Anspruch genommen ist, weil nicht die objektive Erwerbsmöglichkeit, sondern die tatsächlich ausgeübte Tätigkeit entscheidet[41]. Die Einkünfte aus Erwerbstätigkeit, d. h. die unmittelbar auf dem Einsatz der Arbeitskraft beruhen, unabhängig davon, ob es sich um ein freies Dienstverhältnis oder eine anderweitige berufliche Tätigkeit handelt[42], werden durch § 850 Abs. 2 ZPO 377

---

38) Das ist z. B. bei einer Klavierlehrerin, die private Stunden erteilt, der Fall: RAG ARS 36, 258.

39) BAG AP Nr. 3 zu § 850 ZPO; OLG Hamm BB 1972, 855; Stöber, Forderungspfändung, S. 370 mit weiteren Nachweisen bei Note 27; Münzberg in Stein/Jonas, ZPO, § 850 Rdn. 40; Timm, ZIP 1981, 10. Einkünfte der Kassenärzte, wenn diese zu einem wesentlichen Teil durch kassenärztliche Tätigkeit erzielt werden: OLG Hamm Rpfleger 1958, 280. Dagegen sind die Einnahmen aus der Privatpraxis eines Arztes unbeschränkt pfändbar. Sie können über § 850i ZPO Pfändungsschutz genießen. Gebührenansprüche von Rechtsanwälten können ebenfalls nur über § 850i ZPO auf Antrag des Schuldners pfändungsrechtlich geschützt werden.

40) BAG NJW 1980, 470, 471; Börner, Berufssportler als Arbeitnehmer, 92; Buchner, NJW 1976, 2242.

41) So auch Stöber, Forderungspfändung, S. 371; OLG Düsseldorf MDR 1953, 559.

42) So zutreffend Stöber, Förderungspfändung, S. 371; Münzberg in Stein/Jonas, ZPO, § 850, Rdn. 42. Vgl. aber auch zu den sog. Nebeneinkünften: Rz. 466.

auch dann pfändungsrechtlich geschützt, wenn der Schuldner über Einkünfte aus Vermietung und Verpachtung verfügt.

378 In diesem Zusammenhang sind die sog. *gemischten Bezüge* zu erwähnen, bei denen die Vergütung sowohl Entgelt für die Dienstleistung als auch für andere Gegenleistungen ist. Hier unterfällt nur der Teil der Vergütung dem Lohnpfändungsschutz, der die Dienstleistung abgelten soll. Das ist etwa der Fall bei einem Zimmervermieter oder Pensionsinhaber, dem sowohl Sach- wie Dienstleistungen vergütet werden.

c) Dienst- und Versorgungsbezüge der Beamten

379 Die Dienst- und Versorgungsbezüge der Beamten des Bundes, der Länder, der Gemeinden, der juristischen Personen des öffentlichen Rechts (Körperschaften des öffentlichen Rechts, öffentlich-rechtliche Anstalten und die Stiftung des öffentlichen Rechts) genießen den Pfändungsschutz aus §850 Abs. 2 ZPO. Als Körperschaften des öffentlichen Rechts können die Landeskirchen und kirchlichen Zusammenschlüsse der evanglischen Kirche Beamte berufen, deren Dienstverhältnis als öffentlicher Dienst anerkannt und durch Kirchenbeamtengesetze entsprechend dem staatlichen Beamtenrecht geregelt ist, so daß für die Besoldung und Versorgung der Kirchenbeamten §850 Abs. 2 ZPO eingreift. Für die Dienstverhältnisse der kirchlichen Angestellten (Arbeitnehmer) sind die Bestimmungen für Angestellte im öffentlichen Dienst maßgebend.

380 Beamter ist, wer zum Staat oder zu einer sonstigen juristischen Person des öffentlichen Rechts in einem öffentlich-rechtlichen, gesetzlich besonders geregelten Dienst- und Treueverhältnis steht. Im staatsrechtlichen Sinne ist allerdings Beamter nur, wer unter Aushändigung einer Ernennungsurkunde in das Beamtenverhältnis berufen worden ist. Gleichgültig ist dabei, ob der Schuldner Beamter auf Lebenszeit, auf Zeit, auf Probe oder auf Widerruf ist. Daher unterliegt der Unterhaltszuschuß der Rechtsreferendare dem Lohnpfändungsschutz aus §850 Abs. 2 ZPO[43]. Die Dienst- und Versorgungsbezüge der Berufssoldaten und Soldaten auf Zeit sowie ihrer Hinterbliebenen zählen zu den Beamtenbezügen[44]. Die Soldaten, die aufgrund der Wehrpflicht Wehrdienst leisten, erhalten Wehrsold, Verpflegung, Unterkunft, Dienstbekleidung, Heilfürsorge, eine besondere Zuwendung und Dienstgeld nach den §§2 bis 8 des Wehrsoldgesetzes (in der

---

43) Vgl. dazu OLG Braunschweig NJW 1955, 1599; OLG Bamberg Rpfleger 1974, 30 unter Hinweis auf BFG DB 1972, 1208 und Schmiedler, JuS 1972, 422.

44) Stöber, Forderungspfändung, S. 379ff. mit ausführlichen Nachweisen; Franke, NJW 1968, 830; OLG Neustadt BB 1962, 1344; LG Aachen NJW 1962, 2357.
Die Voraussetzungen für die Begründung des Dienstverhältnisses eines Berufssoldaten oder Soldaten auf Zeit regeln die §§ 37 ff. SG vom 19.8.1975 (BGBl. I, 2273). Die Begründung des Dienstverhältnisses erfolgt durch die Aushändigung einer Ernennungsurkunde (§ 41 SG).
Die *Dienstbezüge* der *Beamten, Richter* und *Berufssoldaten* (§ 30 SG) sind im Bundesbesoldungsgesetz (BBesG i. d. F. vom 13.11.1980, BGBl. I, 2081) geregelt. Sie bestehen aus Grundgehalt, Ortszuschlag, Amts- und Stellenzulagen sowie weiteren Zulagen und Vergütungen. Die *Versorgung* der Beamten und Richter umfaßt Ruhegehalt oder Unterhaltsbeitrag, Hinterbliebenenversorgung, Bezüge bei Verschollenheit, Übergangsgeld, Ausgleich bei besonderen Altersgrenzen. Zur Versorgung gehört ferner die jährliche Sonderzuwendung (vgl. Beamtenversorgungsgesetz vom

Fassung vom 20.2.1978, BGBl. I, 265). Außerdem erhalten sie bei ihrer Entlassung ein Entlassungsgeld nach § 9 WSG. Die gleichen Bezüge wie Wehrdienstleistende erhalten die als Kriegsdienstverweigerer anerkannten Wehrpflichtigen, die im zivilen Ersatzdienst stehen, wie diejenigen Wehrpflichtigen, die statt zum Dienst in der Bundeswehr zum Pflichtdienst im Bundesgrenzschutz einberufen sind (§ 35 Zivildienstgesetz in der Fassung vom 29. 9. 1983 (BGBl. I, 1221, § 42 a Wehrpflichtgesetz in der Fassung vom 6. 5. 1983 (BGBl. I, 529) in Verbindung mit § 59 Bundesgrenzschutzgesetz vom 18. 8. 1972 (BGBl. I, 1834)). Der Wehrsold, das Dienstgeld sowie das Entlassungsgeld, das der Soldat bei der Entlassung erhält, ist pfändungsrechtlich als Arbeitseinkommen im Sinne der §§ 850 ff. ZPO anzusehen[45]. Verpflegung, Unterkunft und Dienstbekleidung, die unentgeltlich gem. §§ 3 – 5 WSG zur Verfügung gestellt werden, sind für die Berechnung des pfändungsfreien Teils der Geldleistungen nach § 850 e Abs. 1 Nr. 3 ZPO zusammenzurechnen. Die Bewertung der Sachbezüge bei der Berechnung des pfändbaren

---

24. 8. 1976, BGBl. I, 2485). Gem. § 51 Abs. 3 BeamtVG können Ansprüche auf Sterbegeld (§ 18), auf Erstattung der Kosten des Heilverfahrens (§ 33) und der Pflege (§ 34), auf Unfallausgleich (§ 35) sowie auf einmalige Unfallentschädigung (§ 43) weder gepfändet noch abgetreten noch verpfändet werden.

Die Versorgung des *Soldaten* richtet sich nach dem Soldatenversorgungsgesetz in der Fassung vom 21. 4. 1983 (BGBl. I, 457). Gem. § 48 SVG können Ansprüche auf Versorgungsbezüge, wenn bundesgesetzlich nichts anderes bestimmt ist, nur insoweit abgetreten oder verpfändet werden, als sie der Pfändung unterliegen. Nach Abs. 2 dieser Vorschrift können Ansprüche auf Übergangsbeihilfe, Sterbegeld, einmalige Unfallentschädigung und auf einmalige Entschädigung weder gepfändet noch abgetreten noch verpfändet werden. Ansprüche auf einen Ausbildungszuschuß, auf Übergangsgebührnisse und aufgrund einer Bewilligung einer Unterstützung nach § 42 SVG können weder abgetreten noch verpfändet werden. Die *Übergangsgebührnisse* nach § 11 SVG sind aber als laufendes Einkommen für eine Übergangszeit zu qualifizieren (BGH NJW 1980, 229) und unterliegen gem. § 850 Abs. 2 ZPO als laufende Einkünfte der Pfändung. Zur Pfändung des Übergangsgeldes (§ 37 SVG): AG Krefeld MDR 1979, 853. Ausgleichsansprüche für *Wehrdienstbeschädigungsfolgen* können gepfändet, abgetreten oder verpfändet werden: § 85 Abs. 5 SVG. Dagegen ist der *Ausgleichsanspruch* nach § 38 SVG als Kompensation für Einkommenseinbußen nur nach § 850 i ZPO geschützt: BGH MDR 1982, 930.

45) So auch Nuppeney, Rpfleger 1962, 215; LG Aachen NJW 1962, 2357; LG Essen MDR 1962, 911; Zöller/Scherübl, ZPO, § 850 Anm. II 2; Stöber, Forderungspfändung, S. 380. A. A. jedoch LG Wuppertal MDR 1961, 696, das den Wehrsold als Handgeld für unbeschränkt pfändbar hält. Rocke, NJW 1961, 2197, will § 850 b Abs. 1 Nr. 3 ZPO anwenden. Vgl. dazu auch Kreutzer, DB 1970, 1391, 1392. Das *Entlassungsgeld,* das der Soldat gem. § 9 WSG erhält, um die Zeit zwischen dem letzten Wehrsoldempfang und der Zahlung von Arbeitsentgelt zu überbrücken, unterliegt in vollem Umfange der Pfändung und wird nur gem. § 850 i ZPO geschützt: LG Koblenz MDR 1969, 769. A. A. aber Riecker, JurBüro 1981, 322 ff., der für eine absolute Unpfändbarkeit in entsprechender Anwendung der §§ 850 a ZPO, 4 BSHG eintritt. Die Leistungen nach dem Unterhaltssicherungsgesetz (USG) in der Fassung vom 9. 9. 1980 (BGBl. I, 1685) dienen vor allem dazu, die Versorgung der zum Wehrdienst Einberufenen abzusichern. So erhält der Wehrpflichtige u. a. eine *Verdienstausfallentschädigung* (§§ 12 a, 13, 13 a USG), die wie Arbeitseinkommen gem. §§ 850 a – k ZPO der Pfändung unterliegt und in diesen Grenzen abtretbar und verpfändbar ist. Sonderleistungen gem. § 7 USG, die zweckgebunden gewährt werden, sind gem. §§ 399 BGB, 851 ZPO der Pfändung entzogen. Soweit aber § 4 USG *Familienangehörigen* des Wehrpflichtigen unter bestimmten Voraussetzungen Anspruch auf *Unterhaltssicherung* einräumt und die Familienangehörigen in § 9 USG als jeweilige Empfangsberechtigte ausgewiesen sind, handelt es sich gleichwohl um Ansprüche, die dem Wehrpflichtigen zustehen und in den Grenzen des § 850 c ZPO pfändbar sind. A. A. aber Wagner, Rpfleger 1973, 206 ff. und ihr folgend Stöber, Forderungspfändung, S. 383, die zu Unrecht eine Zweckbestimmung über die Pfändungsfreigrenzen hinaus annehmen (§ 400 BGB nicht § 399 BGB).

Einkommens von Soldaten ist durch einen Erlaß des Bundesministers für Verteidigung geregelt, der jedoch die Vollstreckungsgerichte nicht bindet[46]. Da der Wert der Sachbezüge nach §17 S. 1 Nr. 3 SGB IV von der Bundesregierung mit Zustimmung des Bundesrates nach dem tatsächlichen Verkehrswert im voraus für jedes Kalenderjahr für die Sozialversicherung festzusetzen ist, ergibt sich hieraus ein Orientierungsmaßstab für die Zusammenrechnung nach § 850 e Abs. 1 Nr. 3 ZPO.

381 Bei der Zustellung von Pfändungs- und Überweisungsbeschlüssen und Pfändungsbenachrichtigungen nach §845 ZPO wird der Bund als Drittschuldner im Bereich des Bundesministers der Verteidigung bei der Pfändung von Bezügen der Soldaten nach §1 Abs. 1 des Wehrsoldgesetzes durch den für den Soldaten zuständigen Wirtschaftstruppenteil (Kommandeur des Wirtschaftstruppenteils) [47] und bei der Pfändung von Dienst- oder Versorgungsbezügen der Soldaten durch das Wehrbereichsgebührnisamt, das die Zahlung dieser Bezüge anzuordnen hat, vertreten[48].

d) Ruhegelder und Hinterbliebenenbezüge

382 Ausdrückliche Erwähnung als Arbeitseinkommen haben in §850 Abs. 2 ZPO Ruhegelder und ähnliche nach dem einstweiligen oder dauernden Ausscheiden aus dem Dienst- oder Arbeitsverhältnis gewährte fortlaufende Einkünfte sowie Hinterbliebenenbezüge gefunden.

383 *Ruhegelder* im Sinne des § 850 Abs. 2 ZPO sind *wiederkehrende* Beträge, die auf einer betrieblichen Ruhegeldverpflichtung des Arbeitgebers beruhen und dem Arbeitnehmer und dessen Hinterbliebenen nach Maßgabe der sich aus der Rechtsgrundlage ergebenden Voraussetzungen nach seinem Ausscheiden aus dem Betrieb mit Rücksicht auf das frühere Arbeitsverhältnis gewährt werden. Für die Anwendung des Pfändungsschutzes spielt es dabei keine Rolle, ob die Ruhegeldverbindlichkeit auf einer kollektiven Vereinbarung (Tarifvertrag, Betriebsvereinbarung), einer einzelvertraglichen Absprache, einer betrieblichen Übung oder etwa auf dem Grundsatz der Gleichbehandlung beruht[49]. Ebensowenig wird der Pfändungsschutz davon berührt, ob die Ruhegelder durch den Arbeitgeber unmittelbar gezahlt werden, die Leistung durch eine Unterstützungs- oder Pensionskasse oder durch einen Versicherungsträger erfolgt. Dies gilt auch für Ruhegelder von Versorgungsempfängern, deren Ansprüche gegen den Träger der Insolvenzsicherung geltend gemacht werden (§7 BetrAVG). Auch Versorgungsbezüge von Vorstandsmitgliedern einer Aktiengesellschaft oder von Geschäftsführern einer GmbH werden gem. §850 Abs. 2 ZPO geschützt[50]. Der Gesetzgeber ist hier dazu übergegangen, bei solchen Vorschriften, bei denen nicht

---

46) Vom 8.12.1983, VMBl. 1984, 16, abgedruckt bei Stöber, Forderungspfändung, S. 501, 502.
47) Sh. Franke, NJW 1968, 830. Vgl. die Verwaltungsanordnung vom 20.11.1981, BAnz Nr. 9/1982.
48) Kreutzer, AnwBl. 1974, 173.
49) Vgl. zu den Verpflichtungstatbeständen: Blomeyer/Otto, Gesetz zur Verbesserung der betrieblichen Altersversorgung, Einleitung I Anm. 1 ff. mit ausführlichen weiteren Nachweisen.
50) BGH NJW 1978, 756; BAG NJW 1980, 2468; BGH NJW 1981, 2465, 2466.

die Eigenschaft als gesetzliches Vertretungsorgan oder die Ausübung von Arbeitgeberfunktionen gegenüber anderen Betriebsangehörigen im Vordergrund steht, sondern das Schutzbedürfnis von Personen, deren Lebensunterhalt auf persönlichen Dienstleistungen beruht, Gesellschaftsorgane und sogar selbständig Tätige in dem gebotenen Umfang einem Arbeitnehmer gleichzustellen. So kommt der Pfändungsschutz nach § 850 Abs. 2 ZPO in der heute geltenden Fassung auch Geschäftsführern und Vorstandsmitgliedern wegen ihrer laufenden Dienst- und Versorgungsbezüge zugute. Dasselbe gilt hinsichtlich von Ruhegeldansprüchen auch für die Schutzvorschriften des Betriebsrentengesetzes (§ 17 Abs. 1 S. 2 BetrAVG).

Das Beamtenverhältnis kann, abgesehen vom Todesfall, durch Eintritt in den Ruhestand, Entlassung und Entfernung aus dem Dienst beendet werden. In den *einstweiligen Ruhestand* können die sog. politischen Beamten jederzeit versetzt werden[51] (§ 36 Abs. 1 BBG, § 31 BRRG; § 38 LBG NW). Die Versetzung in den *endgültigen* Ruhestand ist an bestimmte Voraussetzungen gebunden, so bei Beamten auf Lebenszeit bei Erreichen der Altersgrenze. Wegen Dienstunfähigkeit wird der Beamte in den Ruhestand versetzt, wenn er infolge eines körperlichen Gebrechens oder wegen Schwäche seiner körperlichen oder geistigen Kräfte dauernd unfähig ist, die Dienstpflichten seines konkreten Amtes zu erfüllen (§§ 42, 45 ff. BBG; § 26 BRRG). Mit dem Eintritt in den Ruhestand erhält der Beamte Versorgungsbezüge. Die Einzelheiten hierzu regelt das Gesetz über die Versorgung der Beamten und Richter in Bund und Ländern[52]. Die Versorgung der Soldaten richtet sich nach dem Soldatenversorgungsgesetz[53]. Dem § 850 Abs. 2 ZPO unterfallen auch die Leistungen an ehemalige Mitglieder des Bundestages und ihre Hinterbliebenen gem. §§ 18 ff. des Gesetzes zur Neuregelung der Rechtsverhältnisse der Mitglieder des Deutschen Bundestages[54]. **384**

Die zusätzliche Alters- und Hinterbliebenenversorgung der Arbeitnehmer im öffentlichen Dienst wurde mit Wirkung vom 1. 1. 1967 durch den Tarifvertrag über die Versorgung der Arbeitnehmer des Bundes und der Länder sowie von Arbeitnehmern kommunaler Verwaltungen und Betriebe (Versorgungs-TV) vom 4. 11. 1966, durch den Tarifvertrag über die Versorgung der Arbeitnehmer kommunaler Verwaltungen und Betriebe (Versorgungs-TV – G) vom 6. 3. 1967 und durch die Satzung der Versorgungsanstalt des Bundes und der Länder (VBL) neu geregelt[55]. **385**

---

51) Z. B. Staatssekretäre und Ministerialdirektoren, der Generalbundesanwalt. BVerfG E 7, 155 ff. (166); Sh. auch Brodersen, JuS 1977, 694.

52) Vgl. dazu das Beamtenversorgungsgesetz vom 24. 8. 1976 (BGBl. I, 2485). Zu den Einzelheiten: Rzn. 379 ff. Mit Inkrafttreten des Beamtenversorgungsgesetzes haben die Länder auf dem Gebiet der Beamtenversorgung – anders als für die Besoldung – keine Gesetzgebungskompetenz mehr. Vgl. von Münch, Besonderes Verwaltungsrecht, 1985, S. 73. Dieses Gesetz gilt nach Maßgabe des Deutschen Richtergesetzes entsprechend für die Versorgung der Richter des Bundes und der Länder. Es gilt nicht für die öffentlich-rechtlichen Religionsgesellschaften und ihre Verbände.

53) In der Fassung vom 21. 4. 1983 (BGBl. I, 457). Zu den Einzelheiten: Rzn. 379 ff.

54) Vom 18. 2. 1977 (BGBl. I, 297) mit Änderungen vom 11. 3. 1985 (BGBl. I, 540). Soweit es um die pfändundsrechtlichen Aspekte geht, sind gem. § 26 BT – AbgG die für die Bundesbeamten geltenden versorgungsrechtlichen Vorschriften sinngemäß anzuwenden: Rzn. 379 ff.

55) Vgl. dazu die Nachweise bei Schaub, Arbeitsrechthandbuch, § 81, XVIII.

386 Geschützt sind ebenfalls die Versorgungsbezüge der *Hinterbliebenen,* die etwa aufgrund kollektiv- oder einzelvertraglicher Regelung aus dem Arbeitsverhältnis des Verstorbenen *fortlaufende* Bezüge beanspruchen können. Hierzu zählen Witwen- und Waisengelder sowie ähnliche aus Anlaß des Todes des Arbeitnehmers bewilligte fortlaufende Unterstützungen an andere Personen, die von dem Verstorbenen Unterhalt bezogen hatten. Werden derartige Zahlungen als Sterbe- und Gnadenbezüge übergangsweise vom Arbeitgeber des Verstorbenen gewährt, so unterliegen diese gem. § 850a Nr. 7 ZPO nicht der Pfändung. Auch bevorrechtigte Unterhaltsgläubiger können in diese Bezüge nicht vollstrecken (§ 850d ZPO). Soweit Unterhaltsbeiträge aus Gründen der Freigebigkeit oder im Gnadenweg gewährt werden, sind diese gem. § 850b Nr. 3 ZPO nur bedingt pfändbar.

2. Die dem Arbeitseinkommen gleichgestellten Bezüge

387 Kraft ausdrücklicher gesetzlicher Regelung in § 850 Abs. 3 ZPO sind auch Bezüge, die ein Arbeitnehmer zum Ausgleich für Wettbewerbsbeschränkungen für die Zeit nach Beendigung seines Dienstverhältnisses beanspruchen kann sowie Renten, die aufgrund von Versicherungsverträgen gewährt werden, wenn diese Verträge zur Versorgung des Versicherungsnehmers oder seiner unterhaltsberechtigten Angehörigen eingegangen sind, als Arbeitseinkommen anzusehen.

a) Karenzentschädigung (§ 850 Abs. 3a ZPO)

388 Die Karenzentschädigung des Arbeitnehmers gegen den Arbeitgeber für Wettbewerbsbeschränkungen nach Beendigung des Arbeitsverhältnisses bestimmt sich *einheitlich* für alle Arbeiternehmergruppen (kaufmännische, technische, sonstige Angestellte, Arbeiter) nach den §§ 74ff. HGB)[56]. Gem. § 74 Abs. 2 HGB ist das Wettbewerbsverbot nur verbindlich, wenn der Arbeitgeber für die Dauer des Verbots eine Entschädigung zu zahlen verpflichtet ist, die für jedes Jahr des Verbots mindestens die Hälfte der von dem Arbeitnehmer zuletzt bezogenen vertragsmäßigen Leistungen erreicht[57]. Die nach § 74 Abs. 2 HGB dem Arbeitneh-

---

56) Vgl. BAG AP Nr. 24, 26 zu § 611 BGB Konkurrenzklausel; BAG AP Nr. 23 zu § 133 f GewO; BAG AP Nr. 26, 28 zu § 74 HGB. Zu den Einzelheiten der Rechtsprechungsentwicklung des BAG; Schaub, Arbeitsrechtshandbuch, § 58 I 2. Teilweise haben die Tarifvertragsparteien für nichtkaufmännische Angestellte die Frage der nachvertraglichen Wettbewerbsbeschränkung geregelt. Sh. dazu BAG AP Nr. 28 zu § 74 HGB und Buchner, Wettbewerbsverbot 1980, 42 ff.

57) Bei der Berechnung der Karenzentschädigung sind sämtliche Einkommensbestandteile zu berücksichtigen, wie Gratifikationen: BAG AP Nr. 30 zu § 74 HGB, Sondervergütungen: BAG AP Nr. 30, 34 zu § 74 HGB, 13. Monatsgehalt: BAG BB 1977, 95, Urlaubsgeld, ferner Naturalleistungen, auch wenn diese Zuwendungen unter Ausschluß des Rechtsanspruchs vom Arbeitgeber gewährt wurden: BAG AP Nr. 1 zu § 74b HGB mit weiteren Nachweisen. Dazu zählen aber nicht solche Sonderleistungen, die der Arbeitnehmer weder fordern kann noch tatsächlich erhalten hat: BAG AP Nr. 1 zu § 74b HGB. Außer Betracht bleiben jedoch Aufwendungsersatzansprüche wie Spesen und Fahrtkosten (§ 74b Abs. 3 HGB). Zu den vertragsgemäßen Bezügen des Arbeitnehmers gehören auch nicht der Krankenversicherungszuschuß nach § 405 RVO und die freiwillig vom Arbeitgeber ausgezahlten Beiträge zu einer ersetzenden Lebensversicherung: BAG AP Nr. 40 zu § 74 HGB.

mer zu gewährende Karenzentschädigung ist am Schluß jedes Monats zu zahlen (§ 74 b Abs. 1 HGB)[58]. Soweit die dem Arbeitnehmer zustehenden vertragsmäßigen Leistungen in einer Provision oder in anderen wechselnden Bezügen bestehen, sind sie bei der Berechnung der Karenzentschädigung nach dem Durchschnitt der letzten 3 Jahre in Ansatz zu bringen. Hat die für die Bezüge bei der Beendigung des Arbeitsverhältnisses maßgebende Vertragsbestimmung noch nicht 3 Jahre bestanden, so erfolgt der Ansatz nach dem Durchschnitt des Zeitraums, für den die Bestimmung in Kraft war (§ 74 b Abs. 2 HGB). Gem. § 74 c HGB muß sich jedoch der Arbeitnehmer auf die fällige Karenzentschädigung anrechnen lassen, was er während des Zeitraums, für den die Entschädigung gezahlt wird, durch anderweitige Verwertung seiner Arbeitskraft erwirbt oder zu erwerben böswillig unterläßt, soweit die Entschädigung unter Hinzurechnung dieses Betrags den Betrag der zuletzt von ihm bezogenen vertragsmäßigen Leistungen um mehr als 1/10 übersteigen würde. Ist der Arbeitnehmer durch das Wettbewerbsverbot gezwungen worden, seinen Wohnsitz zu verlegen, so tritt an die Stelle des Betrags von 1/10 der Betrag von 1/4. Der bisherige Arbeitgeber hat einen Anspruch auf Auskunft des Arbeitnehmers über die Höhe seines anderwertigen Erwerbs im Sinne von § 74 c HGB und kann bis zur Erteilung dieser Auskunft die Entschädigung zurückhalten[59].

Für die pfändungsrechtliche Behandlung der Karenzentschädigung ergibt sich **389**
insoweit eine Schwierigkeit, als diese gegebenenfalls für jeden Monat, in dem sich das anrechenbare Einkommen des ausgeschiedenen Arbeitnehmers ändert, neu festzustellen ist. Bei allen regelmäßigen, insbesondere nach Monaten bemessenen und anrechenbaren Zahlungen erfolgt die Berechnung der Karenzentschädigung nicht in der Form einer Gesamtberechnung für die Verbotszeit (etwa 24 Monate), vielmehr bezieht sich die Anrechnung, wie § 74 c Abs. 1 S. 1 HGB ergibt, nur auf die *fällige* Entschädigung. Da der Zeitpunkt der Fälligkeit gem. § 74 d Abs. 1 HGB der Schluß jedes Monats ist, bedeutet dies, daß nur das anderweitige Einkommen des jeweiligen Monats, in dem es erzielt worden ist,

---

58) Sh. Schaub, Arbeitsrechtshandbuch, § 58 V. Die Vereinbarung längerer Zahlungsziele ist unwirksam (§ 75 d HGB). Einigen sich die Parteien auf eine *einmalige* Zahlung, so bleibt es gleichwohl bei der Anwendung des § 850 Abs. 3 a ZPO, weil diese Zahlung auf die jeweiligen Monate gem. § 74 b Abs. 1 HGB umzulegen ist. Meine frühere anderslautende Auffassung gebe ich auf. A. A. für diesen Fall Münzberg in Stein/Jonas, ZPO, § 850 Rdn. 47, der hier § 850 i ZPO anwenden will.

59) BAG BB 1978, 915 = AP Nr. 8 zu § 74 c HGB. Der Arbeitnehmer ist vorleistungspflichtig, so daß eine Zug um Zug-Verurteilung nicht erfolgen kann. Bis zur Erteilung der Auskunft hat der Arbeitgeber damit ein Leistungsverweigerungsrecht im Sinne von § 320 BGB. Buchner, Wettbewerbsverbot, 1980, 96, 97 sieht in der Auskunft eine Gläubigermitwirkungshandlung zur Fälligstellung des Anspruchs auf Karenzentschädigung, kommt jedoch auch mit dieser Rechtskonstruktion zum gleichen Ergebnis. Zum Auskunftsanspruch vgl. auch Bengelsdorf, BB 1979, 1150. Bezieht ein früherer Arbeitnehmer jetzt Einkommen aus selbständiger Tätigkeit, genügt er dem Auskunftsanspruch, wenn er seinen Einkommensteuerbescheid vorlegt. Die Einsicht in die Bilanz nebst Gewinn- und Verlustrechnung kann nicht verlangt werden: BAG AP Nr. 6 zu § 74 c HGB. Zur Problematik der Einkunftsermittlung bei selbständiger Tätigkeit: Schaub, Arbeitsrechtshandbuch, § 58 V 4. Zur Berechnung siehe auch Gumpert, BB 1979, 1130.

für die Anrechnung in diesem Monat herangezogen werden kann[60]. Diese Berechnungsweise paßt indes nicht für solche Bezüge, die nach anderen Zeitabschnitten als die Karenzentschädigung bemessen und ausgezahlt werden, wie dies etwa bei Jahresgratifikationen oder Gewinnbeteiligungen der Fall ist. Bei derartigen Bezügen unterliegen der Anrechnung diejenigen Beträge, die dem Arbeitnehmer als Entgelt für seine Tätigkeit während der Karenzzeit gezahlt worden sind, d. h. es ist eine Gesamtrechnung für die ganze Zeit der Karenz mit einer monatlich anteiligen Umrechnung vorzunehmen[61].

390 Gem. § 74 c HGB ist jedoch nur anrechenbar, was der Arbeitnehmer durch die Verwertung seiner infolge der Beendigung des Arbeitsverhältnisses freigewordenen Arbeitskraft erwirbt. *Nebeneinnahmen* bleiben außer Betracht, weil sie nicht mit dem Freiwerden der Arbeitskraft zusammenhängen. Hinsichtlich der Höhe des anderweitigen Erwerbs sind die vom Finanzamt anerkannten Werbungskosten, die steuerbegünstigt sind, weil sie der Erwerbung, Sicherung und Erhaltung der Einkünfte dienen, nicht mit den nach § 74 b Abs. 3 HGB erwähnten Auslagen identisch[62]. Darunter werden nur solche Bezüge verstanden, die der Arbeitgeber zweckgebunden, nämlich zum Ersatz besonderer Auslagen, gewährt.

391 Literatur und Rechtsprechung haben kontrovers die Frage diskutiert, inwieweit sich der Arbeitnehmer Sozialversicherungsleistungen, etwa Arbeitslosengeld, Übergangsgeld und Kurzarbeitergeld, gem. § 74 c HGB anrechnen lassen muß[63]. Da nur alle diejenigen Vergütungen anrechenbar sind, die auch für die Berechnung der Karenzentschädigung mitzählen, weil die anrechenbaren Leistungen gem. § 74 c Abs. 1 HGB mit den vertragsmäßigen Leistungen im Sinne des § 74 Abs. 2 HGB korrespondieren, dürfte auch nur Arbeitseinkommen aus der ander-

---

[60] So BAG AP Nr. 34 zu § 74 HGB im Anschluß an Mössner, RdA 1969, 111. In den Monaten, in denen sich das Wettbewerbsverbot nicht oder nicht in dem gesetzlich angenommenen Ausmaß nachteilig auswirkt, entfällt oder mindert sich die Entschädigung; in den übrigen Zeitabschnitten muß sie gezahlt werden. Der Arbeitnehmer darf nicht in Monaten, in denen er niedrige Einkünfte hat, auf einen Ausgleich durch andere Monate verwiesen werden, in denen er ein hohes Gehalt bezieht.

[61] BAG AP Nr. 34. zu § 74 HGB.

[62] BAG AR-Blattei, Wettbewerbsverbot, E 70. Vom Finanzamt anerkannte Werbungskosten können daher nicht von dem anrechenbaren neuen Arbeitseinkommen abgesetzt werden.
Berechnungsbeispiel:

Zuletzt bezogene laufende monatliche Vergütung:	3.000,– DM
variable Provision der letzten drei Jahre monatlich:	500,– DM
freiwillige 13. Gehälter der drei letzten Jahre auf den Monat umgerechnet:	250,– DM
Zuletzt insgesamt monatlich bezogen:	3.750,– DM
Karenzentschädigung 1/2 von 3.750:	1.875,– DM
zuzüglich neuer monatlicher Verdienst:	2.800,– DM
Karenzentschädigung plus neuer Verdienst:	4.675,– DM
abzüglich 110% von 3.750:	4.125,– DM
Auf die Karenzentschädigung anrechenbarer Betrag:	550,– DM
Die Karenzentschädigung beträgt 1.875,– DM abzüglich 550,– DM:	1.325,– DM

[63] Gegen eine Anrechnung haben sich entschieden: LAG Düsseldorf BB 1982, 49; ArbG Kassel BB 1977, 1503; Buchner, Wettbewerbsverbot, S. 94; Schaub, Arbeitsrechtshandbuch, § 58 V 4 (S. 289). Für eine Anrechnung plädieren: LAG Köln NZA 1984, 91; Schütze, DB 1971, 918. So auch für das Unterhaltsgeld aus § 44 AFG ArbG Ludwigshafen DB 1976, 1162 gegen ArbG Mannheim DB 1976, 107, 108.

weitigen Verwertung der Arbeitskraft anrechenbar sein, wozu die Sozialleistungen eigentlich nicht gehören. Da der Arbeitgeber gemäß § 125 a AFG verpflichtet ist, der Arbeitsverwaltung das Arbeitslosengeld zu erstatten, wenn der Arbeitslose durch eine Vereinbarung mit dem bisherigen Arbeitgeber in seiner beruflichen Tätigkeit als Arbeitnehmer beschränkt ist, sieht § 128 a AFG vor, daß sich der Arbeitnehmer das Arbeitslosengeld, das der Arbeitgeber erstattet, wie Arbeitsentgelt auf die Wettbewerbsentschädigung anrechnen lassen muß[64].

Nach dem Wortlaut des § 850 Abs. 3 a ZPO werden nur *Arbeitnehmer* geschützt **392** und selbständig tätige Personen vom Pfändungsschutz ausgenommen. Ein Handelsvertreter im Sinne des § 84 HGB vermag sich also nicht auf den Pfändungsschutz der §§ 850 ff. ZPO zu berufen, wenn der Gläubiger die Entschädigung aus einer Wettbewerbsabrede gem. § 90 a HGB pfändet[65].

Jedoch müssen auch die sog. *arbeitnehmerähnlichen* Personen[66] als Arbeitneh- **393** mer im Sinne des § 850 Abs. 3 a ZPO angesehen werden, so daß insoweit der Ein-Firmen-Vertreter (§ 92 a HGB) für die Karenzentschädigung Pfändungsschutz genießt[67].

b) Versorgungsrenten (§ 850 Abs. 3 b ZPO)

§ 850 Abs. 3 b ZPO erstreckt den Lohnpfändungsschutz als dem Arbeitseinkom- **394** men gleichgestellte Bezüge auf *Renten,* die aufgrund von Versicherungsverträgen gewährt werden, wenn diese Verträge zur *Versorgung* des Versicherungsnehmers oder seiner unterhaltsberechtigten Angehörigen eingegangen sind. Wie der Wortlaut des Gesetzes verdeutlicht, muß es sich um *Versorgungsrenten* aus einem privaten Versicherungsvertrag handeln, die *bestimmungsgemäß* ein Ruhegeld oder eine Hinterbliebenenrente ersetzen oder ergänzen sollen. Fehlt der vorerwähnte Versorgungszweck, besteht der Pfändungsschutz nicht. Liegt der vom Gesetz geforderte Versorgungscharakter der Rente aufgrund des Versicherungsvertrages vor, dann fällt nicht ins Gewicht, ob dem Berechtigten früher Arbeitnehmereigenschaft zukam oder nicht[68]. Im Gegensatz zu § 850 Abs. 3 a

---

64) BAG vom 25. 6. 1985 DB 1986, 127. Der Senat weist zu Recht darauf hin, daß im Sozialrecht eine Anrechnung der Karenzentschädigung nicht in Betracht kommt, weil die Karenzentschädigung eine Gegenleistung für ein Unterlassen darstellt (§ 115 AFG). Wenn keine Anrechnung des Arbeitslosengeldes auf die Karenzentschädigung möglich wäre, hätte der Arbeitgeber die volle Karenzentschädigung zu zahlen und daneben gem. § 128 a AFG der Bundesanstalt das Arbeitslosengeld zu erstatten.
Grundsätzlich werden aber Einkünfte außerhalb der beruflichen Tätigkeit des Arbeitnehmers nicht angerechnet: So für die Altersrente aus der gesetzlichen Sozialversicherung BAG vom 30. 10. 1984 – 3 AZR 213/82 – DB 1985, 709 ff. Dies gilt auch für Leistungen der betrieblichen Altersversorgung, wenn der Arbeitnehmer nach dem Eintritt in den Ruhestand Karenzentschädigung aus einem nachvertraglichen Wettbewerbsverbot beanspruchen kann: BAG DB 1985, 2053, 2054.

65) Ebenso Münzberg in Stein/Jonas, ZPO, § 850 Rdn. 48. A. A. aber Stöber, Forderungspfändung, S. 373.

66) Vgl. die Noten 34 – 36.

67) So auch Münzberg in Stein/Jonas, ZPO, § 850 Rdn. 48 mit weiteren Nachweisen.

68) Ebenso Berner, Rpfleger 1957, 197 und Münzberg in Stein/Jonas, ZPO, § 850 Rdn. 49; A. A. aber Zöller/Scherübl, ZPO, § 850 Anm. III 2.

ZPO enthält nämlich der Wortlaut des § 850 Abs. 3 b ZPO keine Andeutung auf die Arbeitnehmereigenschaften des Berechtigten, wenn auch in erster Linie an Renten aus Versicherungen gedacht werden muß, die der Arbeitgeber zur Versorgung des Arbeitnehmers oder seiner unterhaltsberechtigten Angehörigen durch laufende Prämien oder Kapitalzahlung eingegangen ist. Angesichts dessen werden auch Versorgungsrenten, die bei freien Dienstverträgen begründet wurden, vom Pfändungsschutz aus § 850 Abs. 3 b ZPO erfaßt.

395 Für die Bewertung des Pfändungsschutzes aus § 850 Abs. 3 b ZPO kommt es allein darauf an, daß der Versorgungszweck zum Zeitpunkt der Pfändung besteht[69].

396 *Berufsunfähigkeitsrenten* sowie *Tagegelder* aus Krankenversicherungen lassen sich ebenfalls unter § 850 Abs. 3 b ZPO einordnen[70].

397 Entgegen der h. L.[71] kann der Schuldner Vollstreckungsschutz aus § 850 i ZPO beantragen, wenn an die Stelle einer Rente eine Kapitalzahlung tritt. Richtig ist zwar, daß der in § 850 Abs. 3 b ZPO verwendete Begriff „Renten" fortlaufende Versicherungsleistungen voraussetzt und *diese* dem Arbeitseinkommen gleichstellt. Wird jedoch die Versicherungsrente kapitalisiert, so ändert sich damit nicht die Qualität des Einkommens, sondern der Zahlungsmodus, der dem gleichen Zweck zu dienen bestimmt ist. Es handelt sich daher ebenfalls, einer Abfindung gem. §§ 9, 10 KSchG vergleichbar, um eine nicht wiederkehrend zahlbare Vergütung (§ 850 i ZPO).

398 Diese unbedingt pfändbaren Renten im Sinne des § 850 Abs. 3 b ZPO sind abzugrenzen von den *bedingt* pfändbaren Renten und rentenähnlichen Bezügen des § 850 b Abs. 1 ZPO, die in keinem Zusammenhang mit einem Arbeitsverhältnis stehen, aber wie Arbeitseinkommen für den Lebensunterhalt des Schuldners bestimmt sind. Voraussetzung für die Zulässigkeit einer Pfändung dieser Bezüge des Schuldners ist, daß die Vollstreckung in das sonstige bewegliche Vermögen des Schuldners zu einer vollständigen Befriedigung des Gläubigers nicht geführt hat oder voraussichtlich nicht führen wird und wenn nach den Umständen des Falles, insbesondere nach der Art des beizutreibenden Anspruchs und der Höhe der Bezüge, die Pfändung der Billigkeit entspricht (§ 850 b Abs. 2 ZPO). Von den in § 850 Abs. 3 b ZPO erwähnten unbedingt pfändbaren Renten sind schließlich die Renten aus der Sozialversicherung abzugrenzen, für die besondere Bestimmungen gelten (§ 850 i Abs. 4 ZPO).

---

69) So zu Recht Stöber, Forderungspfändung, Rdn. 892; Münzberg in Stein/Jonas, ZPO, § 850 Rdn. 49.

70) Zur Berufsunfähigkeitsrente ebenso: OLG Nürnberg JR 1970, 386; vgl. im übrigen Münzberg in Stein/Jonas, ZPO, § 850 Rdn. 49 sowie Berner, Rpfleger 1957, 197; Hartmann in Baumbach/Lauterbach, ZPO, § 850 Anm. 2 H. Zur Frage der Verfassungsmäßigkeit: BVerfG NJW 1960, 1899.

71) Stöber, Forderungspfändung, Rdn. 893 und Münzberg in Stein/Jonas, ZPO, § 850 Rdn. 49. Ebenso Gisela Harbeck, HzA, Gruppe 22, S. 151 ff.

3. Der Umfang der Pfändung

Gem. § 850 Abs. 4 ZPO erfaßt die Pfändung des in Geld zahlbaren Arbeitseinkommens im vorbeschriebenen Sinne alle Vergütungen, die dem Schuldner aus der Arbeits- oder Dienstleistung zustehen, ohne Rücksicht auf ihre Benennung oder Berechnungsart. Für die Praxis des Lohnpfändungsrechts ist daraus zu folgern, daß *formularmäßig* erlassene Pfändungs- und Überweisungsbeschlüsse, die sich an die Wortfassung der ZPO in den §§ 850 ff. anlehnen, alles das an Arbeitseinkommen erfassen, was der Gesetzgeber begrifflich in den §§ 850 ff. ZPO darunter versteht[72]. Insoweit ist es nicht erforderlich, daß die gepfändete Forderung in allen ihren Einzelheiten gekennzeichnet wird. Es genügen vielmehr allgemeingehaltene Angaben, aus denen der Schuldner und der Drittschuldner zweifelsfrei entnehmen können, auf welche Forderungen sich die Zwangsvollstreckung nach dem Willen des Gläubigers erstrecken soll[73]. Daher hat das BAG[74] zutreffend angenommen, daß von einem formularmäßig erlassenen Pfändungs- und Überweisungsbeschluß auch die Abfindung des Arbeitnehmers nach §§ 9, 10 KSchG erfaßt wird. **399**

Oben[75] wurde bereits dargestellt, daß die Pfändung des Arbeitseinkommens in zeitlicher Hinsicht sowohl die zur Zeit der Pfändung bereits entstandenen wie die später fällig werdenden Bezüge des Schuldners bei dem Drittschuldner einschließt (§ 832 ZPO). Durch § 850 Abs. 4 ZPO wird dieser Pfändungsumfang nicht nur auf die fortlaufenden Bezüge (§ 832 ZPO), sondern auch auf nicht wiederkehrend zahlbare Vergütungen aus dem Arbeitsverhältnis erstreckt. Für die Reichweite der Pfändung ist es auch gleichgültig, ob die Art der Vergütung des Arbeitnehmers wechselt, er z. B. anstelle eines fortlaufenden Gehalts zukünftig Provi- **400**

---

72) Vgl. dazu bereits Rzn. 122 ff. u. a. die Nachweise bei BAG AP Nr. 10 zu § 850 ZPO mit zustimmender Anmerkung von Walchshöfer.

73) BAG AP Nr. 8 zu § 850 ZPO für Ansprüche des Schuldners auf fortlaufend gezahlten Werklohn aus einem Werkvertrag mit dem Drittschuldner.

74) BAG AP Nr. 10 zu § 850 ZPO; ebenso OLG Düsseldorf NJW 1979, 2520 und LG Aachen Büro 1984, 467.

75) Sh. Rz. 125. Auch bei vorübergehender *Unterbrechung* des Arbeits- oder Dienstverhältnisses wirkt die Pfändung dann fort, ohne daß es eines neuen Pfändungsbeschlusses bedarf, wenn zwischen den Arbeits- oder Dienstverhältnissen ein im Sinne des Arbeitslebens innerer Zusammenhang besteht, d. h. ein einheitliches Arbeitsverhältnis im wirtschaftlichen Sinne vorliegt. Vgl. dazu BAG AP Nr. 1 und 2 zu § 832 ZPO. In der Praxis werden insoweit keine Beurteilungsprobleme entstehen, wenn bei Ausscheiden des Arbeitnehmers wegen vorübergehenden Arbeitsmangels oder aus saisonalen Gründen eine zukünftige Weiterbeschäftigung von den Parteien von vornherein geplant ist. Ein derartiger enger sachlicher Zusammenhang kann auch vom Gesetzgeber präsumiert werden. So bejaht § 1 Abs. 1 S. 3 BeschFG 1985 (vom 26. 4. 1985 BGBl. I, 710) einen derartigen Zusammenhang, wenn zwischen einem vorhergehenden befristeten oder unbefristeten Arbeitsvertrag und einem neuen Arbeitsvertrag mit *demselben* Arbeitgeber ein Zeitraum von weniger als 4 Monaten liegt. Die Praxis wird hier bei Grenzfällen vor schwierige Bewertungsfragen gestellt. Bei zweifelhafter Rechtslage sollte zur Vermeidung von Doppelzahlungen eine *Hinterlegung* des pfändbaren Arbeitseinkommens erwogen werden (§ 372 S. 2 2. Alternative BGB). Zur verfahrensrechtlicher Seite der Hinterlegung: Rzn. 188 ff. In jedem Falle sollte der Drittschuldner als Arbeitgeber den Pfändungs- und Überweisungsbeschluß in der Personalakte aufbewahren und nicht etwa, wie es häufig in der betrieblichen Praxis geschieht, im Anschluß an die Beendigung des Arbeitsverhältnisses den Pfändungs- und Überweisungsbeschluß an den Gläubiger mit dem Hinweis auf eine Erledigung der Pfändung zurücksenden.

sionen vom Arbeitgeber bezieht. Auch die Einkünfte, die der Schuldner aufgrund einer Versetzung in eine andere Position oder aus Gründen einer Gehaltserhöhung beanspruchen kann, werden automatisch vom Pfändungs- und Überweisungsbeschluß betroffen (sh. § 833 ZPO). Gleiches gilt, wenn der Arbeitnehmer aus dem aktiven Arbeitsverhältnis in den Ruhestand tritt und nunmehr vom Arbeitgeber eine betriebliche Altersversorgung erhält.

4. Einzelfragen

a) Abfindungen

401 Unter Abfindungen sind Entschädigungen zu verstehen, die der Arbeitnehmer als Ausgleich für die mit der Auflösung des Arbeitsverhältnisses verbundenen Nachteile, insbesondere des Verlustes des Arbeitsplatzes, erhält. Derartige Abfindungsleistungen beruhen auf unterschiedlichen Rechtsgrundlagen. Sie können aufgrund einer gesetzlichen Regelung (vgl. etwa §§ 9, 10 KSchG, 112, 113 BetrVG), tarifvertraglicher Regelung (Rationalisierungsschutzabkommen), einer Betriebsvereinbarung, eines gerichtlichen oder außergerichtlichen Vergleichs, vom Arbeitgeber geleistet werden. Keine Abfindungen sind hingegen Zahlungen zur Abgeltung vertraglicher Ansprüche, die der Arbeitnehmer aus dem Arbeitsverhältnis bereits erlangt hat[76].

402 Das Arbeitsgericht hat auf Antrag des Arbeitnehmers das Arbeitsverhältnis aufzulösen und den Arbeitgeber zur Zahlung einer angemessenen Abfindung zu verurteilen, wenn es feststellt, daß das Arbeitsverhältnis durch die Kündigung des Arbeitgebers nicht aufgelöst ist, jedoch dem Arbeitnehmer die Fortsetzung des Arbeitsverhältnisses nicht zugemutet werden kann (§ 9 Abs. 1 S. 1 KSchG). Die gleiche Entscheidung hat das Arbeitsgericht auf Antrag des Arbeitgebers zu treffen, wenn Gründe vorliegen, die eine den Betriebszwecken dienliche weitere Zusammenarbeit zwischen Arbeitgeber und Arbeitnehmer nicht erwarten lassen (§ 9 Abs. 1 S. 2 KSchG). Gem. § 10 Abs. 1 KSchG ist dabei als Abfindung ein Betrag bis zu 12 Monatsverdiensten festzusetzen, wobei als Monatsverdienst gilt, was dem Arbeitnehmer bei der für ihn maßgebenden regelmäßigen Arbeitszeit in dem Monat, in dem das Arbeitsverhältnis endet (§ 9 Abs. 2 KSchG), an Geld und Sachbezügen zusteht (§ 10 Abs. 3 KSchG). Hat der Arbeitnehmer das 50. Lebensjahr vollendet und hat das Arbeitsverhältnis mindestens 15 Jahre bestanden, so ist ein Betrag bis zu 15 Monatsverdiensten, hat der Arbeitnehmer das 55. Lebensjahr vollendet und hat das Arbeitsverhältnis mindestens 20 Jahre bestanden, so ist ein Betrag bis zu 18 Monatsverdiensten festzusetzen (§ 10 Abs. 2 S. 1 KSchG)[77].

403 Derartige Abfindungen werden von einem formularmäßig erlassenen Pfändungs- und Überweisungsbeschluß als Arbeitseinkommen im Sinne des § 850 ZPO er-

---

76) Insoweit bleibt es bei der allgemeinen Regelung der §§ 850 a ff. ZPO.

77) Dies gilt nicht, wenn der Arbeitnehmer in dem Zeitpunkt, den das Gericht nach § 9 Abs. 2 KSchG für die Auflösung des Arbeitsverhältnisses festsetzt, das in § 1248 Abs. 5 RVO, § 25 Abs. 5 AVG oder § 48 Abs. 5 RkschG bezeichnete Lebensalter erreicht hat (§ 10 Abs. 2 S. 2 KSchG).

faßt[78] und genießen lediglich einen Pfändungsschutz aus § 850 i ZPO[79]. Gleiches gilt, wenn die Abfindung als Ausgleich für den Verlust des Arbeitsplatzes durch einen gerichtlichen oder außergerichtlichen Vergleich, wie dies häufig in der Praxis geschieht, gewährt wird. Dabei ist gleichgültig, ob der Arbeitnehmer auch einen Rechtsanspruch auf eine derartige Abfindung gehabt hätte. Für die pfändungsrechtliche Behandlung wäre es auch unerheblich, ob die Abfindung als Einmalbetrag oder in Teilbeträgen (Ratenvergleich) zur Auszahlung gelangt[80]. Es muß jedoch der Gesamtbetrag der Abfindung zum Zeitpunkt des Ausscheidens des Arbeitnehmers feststehen oder zumindest genau bestimmbar sein, wobei der Charakter der Abfindung keine Änderung dadurch erfährt, daß in ihr entgangene Verdienstmöglichkeiten des Arbeitnehmers für die Zeit nach der Beendigung des Arbeitsverhältnisses mitabgegolten werden. Rechtstechnisch endet mit dem Wirksamwerden der Auflösung des Arbeitsverhältnisses das Recht des Arbeitnehmers auf Vergütung, so daß darüber hinaus gezahlte Beträge keine Abgeltung bereits vertraglich erlangter Ansprüche sein können. Allerdings kann sich in diesem Zusammenhang bei einem arbeitslos gemeldeten Arbeitnehmer die Frage stellen, ob und in welchem Umfange ein Teil der Abfindung gem. §§ 117 Abs. 2 und 3 AFG, 115 SGB X auf die Bundesanstalt kraft gesetzlicher Zession übergegangen ist[81]. War zu diesem Zeitpunkt bereits der Pfändungs- und Überweisungsbeschluß zugunsten des Gläubigers ausgebracht, so kann die Forderung des Arbeitnehmers auf Zahlung der Abfindung nur noch in Höhe des pfändungsfreien Teils auf die Bundesanstalt übergehen (§ 412 BGB)[82].

---

78) BAG DB 1980, 358; OLG Düsseldorf NJW 1979, 2520; Becker, GK-KSchG, § 10 Rdn. 17 mit ausführlichen Nachweisen; Herschel/Löwisch, KSchG, § 10 Rdn. 22; a. A. Auffarth DB 1969, 532; Schmidt, DB 1965, 1631.

79) BAG DB 1980, 358; OLG Düsseldorf NJW 1979, 2520. Zur inhaltlichen Bestimmung der Abfindung: BVerfG EzA Nr. 1 zu § 117 AFG.

80) Gem. § 3 Nr. 9 EStG i. d. F. v. 13. 4. 1984 (BGBl. I, 601) sind Abfindungen wegen einer vom Arbeitgeber veranlaßten oder gerichtlich ausgesprochenen Auflösung des Dienstverhältnisses, höchstens jedoch 24.000 DM steuerfrei. Hat der Arbeitnehmer das 50. Lebensjahr vollendet und hat das Arbeitsverhältnis mindestens 15 Jahre bestanden, so beträgt der Höchstbetrag 30.000 DM, hat der Arbeitnehmer das 55. Lebensjahr vollendet und hat das Dienstverhältnis mindestens 20 Jahre bestanden, so beträgt der Höchstbetrag 36.000 DM. Die darüber hinausgehenden Beträge unterliegen dem Steuerabzug. Ist die Auflösung des Dienstverhältnisses vom Arbeitgeber veranlaßt (sh. dazu Abschn. 4 LStR 1984) und der steuerpflichtige Teil der Abfindung als Entschädigung im Sinne des § 24 Nr. 1a EStG anzusehen, kann der ermäßigte Steuersatz nach § 34 Abs. 1 EStG nur bei einer Veranlagung zur ESt (§ 46 Abs. 2 Nr. 8a EStG) berücksichtigt werden. Die Regelung des § 3 Nr. 9 EStG gilt auch für leitende Angestellte und Vorstandsmitglieder. Der BFH (BB 1980, 667) hat auch laufende Zahlungen als Abfindung qualifiziert, wenn sie mit der Auflösung des Dienstverhältnisses in kausalem Zusammenhang stehen. Dies gilt auch, wenn das Arbeitsverhältnis nach unwirksamer fristloser Kündigung einvernehmlich zum Kündigungszeitpunkt beendet wurde und die Abfindung den entgangenen Verdienst bis zum Ende der Kündigungsfrist kompensiert: BFH DB 1979, 481. Im Sinne der Sozialversicherung besteht keine Beitragspflicht für die Abfindung, soweit diese nicht einkommensteuerpflichtig ist (§ 16 SGB IV): vgl. dazu Figge, Sozialversicherungs-Handbuch, Anm. 5. 4.

81) Vgl. dazu Gagel, NZA 1985, 270 ff.; Bauer, NZA 1985, 275 ff.; BAG AP Nr. 3 zu § 117 AFG = DB 1983, 2091.

82) Nach § 412 BGB finden auf den Forderungsübergang gem. § 115 SGB X die §§ 399 bis 404, 406 bis 410 BGB entsprechende Anwendung, soweit sie nicht durch § 115 Abs. 2 SGB X ausgeschlossen sind.

Folgt die Pfändung dem gesetzlichen Forderungsübergang nach, so geht sie insoweit ins Leere.

404 Keine Abfindungen im vorbeschriebenen Sinne sind *Vorruhestandsgelder*, die der Arbeitgeber aufgrund eines Tarifvertrags oder einer Einzelvereinbarung an den älteren Arbeitnehmer, der vorzeitig aus dem Erwerbsleben ausscheidet, nach dem Gesetz zur Erleichterung des Übergangs vom Arbeitsleben in den Ruhestand[83] gewährt.

405 Wird der Arbeitgeber zur Zahlung einer Abfindung gem. §113 Abs. 1 oder 3 BetrVG verurteilt, weil er von einem mit dem Betriebsrat vereinbarten Interessenausgleich über eine geplante Betriebsänderung ohne zwingenden Grund abgewichen ist oder eine geplante Betriebsänderung nach §111 BetrVG durchführt, ohne über sie einen Interessenausgleich mit dem Betriebsrat versucht zu haben, und infolge der Maßnahmen Arbeitnehmer entlassen worden sind, gelten pfändungspfandrechtlich die zu §10 KSchG angestellten Erwägungen[84].

406 Erleiden Arbeitnehmer im Falle einer Betriebsänderung aus den vorbeschriebenen Gründen andere wirtschaftliche Nachteile als den Verlust des Arbeitsplatzes, so hat der Unternehmer diese Nachteile gem. §113 Abs. 2 BetrVG bis zu einem Zeitraum von 12 Monaten auszugleichen. Wird dieser Nachteilsausgleich in Gestalt einer einmaligen Abfindung gewährt, gilt das Vorhergesagte entsprechend. Fortlaufende Zahlungsansprüche des Arbeitnehmers unterliegen dem normalen Pfändungsschutz aus §§ 850a ff. ZPO.

407 Erwächst dem Arbeitnehmer aufgrund eines Sozialplans (§112 Abs. 1 S. 2 BetrVG), der dem Ausgleich oder der Milderung der wirtschaftlichen Nachteile dient, die den Arbeitnehmern infolge einer geplanten Betriebsänderung entstehen, ein Abfindungsanspruch gegen den Arbeitgeber, so gilt das Gleiche, was für die Abfindungen nach §§ 9, 10 KSchG ausgeführt worden ist. Aufgrund des Sozialplans, der die Wirkung einer Betriebsvereinbarung hat (§112 Abs. 1 S. 3 BetrVG), entstehen unmittelbare Rechtsansprüche auch für bereits aus dem Arbeitsverhältnis *ausgeschiedene* Arbeitnehmer[85].

408 In verschiedenen Wirtschaftsbereichen gelten zum Schutz der Arbeitnehmer vor Folgen der Rationalisierung tarifvertragliche Rationalisierungsschutzabkommen[86], die dazu dienen, nachteilige Auswirkungen von Rationalisierungsmaß-

---

83) Vom 13. 4. 1984, BGBl. I, 601. Vgl. zur steuerrechtlichen Sonderregelung für VG-Bezieher in Berlin West: §12 VRG stellt die Empfänger eines VG hinsichtlich der Berlinzulage aktiven Arbeitnehmern gleich.

84) OLG Düsseldorf DB 1980, 112; Gisela Harbeck, HzA, Gruppe 22, E I 2b. Gleiches gilt für die steuerrechtliche und sozialversicherungsrechtliche Behandlung. Vgl. auch Fitting/Auffarth/Kaiser, BetrVG, §113 Rdn. 16. Zur Anwendung des §113 Abs. 3 BetrVG bei unzureichendem Einigungsversuch mit dem Betriebsrat: BAG vom 18.12.1984 – 1 AZR 176/82 – NZA 1985, 400.

85) Sh. etwa LAG Hamm AP Nr. 1 zu § 112 BetrVG; BAG DB 1979, 849; BAG DB 1980, 548; Hanau, ZfA 1974, 107; Heinze, DB 1974, 1815. Leitende Angestellte (§5 Abs. 3 BetrVG) werden vom Sozialplan nicht erfaßt: BAG AuR 1985, 290.

86) Z.B. in der Metallindustrie: Vgl. dazu RdA 1968, 260 und RdA 1972, 299; Hagen, BB 1970, 129; im öffentlichen Dienst: TV über den Rationalisierungsschutz für Angestellte vom 29.10.1971.

nahmen gegenüber den davon betroffenen Arbeitnehmern wirtschaftlich abzumildern. Soweit derartige Rationalisierungsschutzabkommen im Falle der Beendigung des Arbeitsverhältnisses Abfindungszahlungen vorsehen, gelten die vorhergehenden Ausführungen entsprechend.

b) Ausgleichsanspruch nach § 89 b HGB

Einem selbständigen Handelsvertreter steht bei einer Beendigung des Vertreter- **409**
vertrages unter den in § 89 b HGB genannten Voraussetzungen ein Ausgleichsanspruch gegen den Unternehmer zu, der eine zusätzliche Vergütung für während der Vertragsdauer geleistete, bisher nicht abgegoltene Dienste darstellt. Auch wenn dieser Anspruch sowohl in seiner Entstehung als auch in seiner Bemessung maßgeblich durch Gesichtspunkte der Billigkeit beeinflußt wird, wie § 89 b Abs. 1 Nr. 3 HGB ausdrücklich vorsieht, wird hierdurch nichts daran geändert, daß es sich um eine Gegenleistung für geleistete Dienste handelt, für die der Handelsvertreter infolge Beendigung des Vertragsverhältnisses keine seiner Leistung entsprechende Vergütung mehr erhält[87]. Der Vergütungscharakter des Ausgleichsanspruchs als Kompensation für geleistete Dienste des Handelsvertreters, der gleichzeitig mit der Beendigung des Vertretervertrages entsteht[88], führt zur Anwendung des § 850 Abs. 2 ZPO. Der Pfändungsschutz richtet sich nach § 850 i ZPO, weil die Ausgleichsentschädigung regelmäßig in einer einmaligen Zahlung vom Unternehmer entrichtet wird. Es bedarf also eines Antrags des Handelsvertreters bei dem Vollstreckungsgericht, wenn er die unbeschränkte Pfändung des Ausgleichsanspruchs vermeiden will.

Gem. § 89 b Abs. 4 S. 2 HGB ist der Ausgleichsanspruch innerhalb einer Aus- **410**
schlußfrist von 3 Monaten nach Beendigung des Vertragsverhältnisses geltend zu machen[89]. Gem. § 89 b Abs. 5 HGB steht auch einem Versicherungsvertreter ein Ausgleichsanspruch zu. Versicherungsvertreter ist, wer als Handelsvertreter damit betraut ist, Versicherungsverträge zu vermitteln oder abzuschließen (§ 92 Abs. 1 HGB). Für Bausparkassenvertreter, die den Versicherungsvertretern insoweit gleichgestellt sind (§ 92 Abs. 5 HGB), gilt hinsichtlich des Ausgleichsanspruchs das zum Versicherungsvertreter Gesagte entsprechend[90].

Auf einen Handelsvertreter im Nebenberuf ist § 89 b HGB nicht anzuwenden **411**
(§ 92 b HGB)[91].

---

87) Vgl. BGH BB 1966, 376; BGH BB 1977, 565; Jürgen A. E. Meyer, Handelsvertreterrecht, Schriften zur AR-Blattei, S. 229 ff. mit weiteren Nachweisen. Zum Ausgleichsanspruch des Untervertreters: BGH NJW 1969, 1021; sh. auch BGH JZ 1977, 468 (Eigenhändler).

88) BFH DB 1969, 1378, 1379; BFH DB 1970, 664. Der Ausgleichsanspruch entsteht auch im Falle der Beendigung des Vertreterverhältnisses durch den Tod des Handelsvertreters: BGHZ 41, 129 ff.

89) Nach Auffassung des BGH in BGHZ 53, 332 ff. wird die Frist bereits durch Einreichung der Klage bei Gericht gewahrt, auch wenn die Klage erst nach Ablauf der Frist an den Unternehmer zugestellt wird. A. A. das BAG AP Nr. 4 zu § 345 ZPO mit insofern ablehnender Anmerkung von Grunsky.

90) BGH NJW 1961, 1059; BGH BB 1970, 102; Küstner, BB 1966, 269 ff.

91) Vgl. dazu Küstner, BB 1966, 1212 ff. und BB 1975, 493 (Krankenversicherungsvertreter).

c) Bergmannsprämie

412 Arbeitnehmer des Bergbaus, die unter Tage beschäftigt werden, erhalten Bergmannsprämien nach den Vorschriften des Gesetzes über Bergmannsprämien in der Fassung vom 12.5.1969[92]. Der Arbeitgeber hat bei der Lohnabrechnung die von dem Arbeitnehmer im Lohnabrechnungszeitraum unter Tage verfahrenen vollen Schichten festzustellen und die darauf entfallenden Bergmannsprämien an den Arbeitnehmer auszuzahlen. Der Arbeitgeber hat dabei die auszuzahlenden Bergmannsprämien dem Betrag, den er für seine Arbeitnehmer insgesamt an Lohnsteuer einbehalten hat, zu entnehmen und bei der nächsten Lohnsteueranmeldung in einer Summe gesondert abzusetzen. Gem. §4 des Bergmannsprämiengesetzes gelten die Bergmannsprämien weder als steuerpflichtige Einnahmen im Sinne des Einkommensteuergesetzes noch als Einkommen, Verdienst oder Entgelt im Sinne der Sozialversicherung, der Arbeitslosenversicherung und der Arbeitslosenhilfe; sie gelten arbeitsrechtlich nicht als Bestandteil des Lohns oder Gehalts. Der Anspruch auf Bergmannsprämie ist kraft Gesetzes von der Verkehrsfähigkeit ausgeschlossen (§5 Bergmannsprämiengesetz), damit also nicht pfändbar (§851 Abs. 1 ZPO). Wie die meisten der unpfändbaren Bezüge kann die Bergmannsprämie jedoch bei der Bemessung des Freibetrags im Rahmen einer Unterhaltspfändung Berücksichtigung finden, wobei allerdings die Zweckbestimmung der Bergmannsprämie lediglich eine teilweise Anrechnung erlaubt[93].

d) Berlinzulage

413 Arbeitnehmer, denen Arbeitslohn für eine Beschäftigung in Berlin (West) aus einem gegenwärtigen Dienstverhältnis zufließt, erhalten eine Vergünstigung durch Gewährung von Zulagen gem. §28 des Gesetzes zur Förderung der Berliner Wirtschaft[94]. Die Zulage beträgt 8 v.H. der Bemessungsgrundlage zuzüglich eines Zuschlags für jedes Kind des Arbeitnehmers, das auf seiner Lohnsteuerkarte oder auf einer entsprechenden Bescheinigung für den jeweiligen Lohnabrechnungszeitraum eingetragen ist (§28 Abs. 4 BerlinFG). Der Arbeitgeber hat die Zulagen zu errechnen und an den Arbeitnehmer auszuzahlen (§28 Abs. 5 BerlinFG). In den dem Arbeitnehmer erteilten Lohnabrechnungen sind der Arbeitslohn und die Zulagen getrennt auszuweisen. Der Arbeitgeber hat die Summe der Zulagen dem Betrag, den er für seine Arbeitnehmer insgesamt an Lohnsteuer einbehalten hat, zu entnehmen und bei der nächsten Lohnsteueranmeldung in einer Summe abzusetzen. Da der Anspruch auf die Zulage gem. §28 Abs. 10 BerlinFG nicht übertragbar ist, unterliegt der Anspruch auch nicht der Pfändung (§851 Abs. 1 ZPO)[95].

---

92) BGBl. I, 434. Nicht unter das Gesetz fallen leitende Angestellte im Sinne des §5 Abs. 3 BetrVG.

93) AG Essen Rpfleger 1956, 314 mit zustimmender Anmerkung von Berner.

94) Berlin FG in der Fassung vom 23.2.1982 (BGBl. I, 225).

95) Zur Frage, ob und inwieweit die Berlinzulage bei der Feststellung des Freibetrages gem. §850d Abs. 1 S. 2 ZPO zu berücksichtigen ist: KG FamRZ 1979, 961 und Stöber, Forderungspfändung, Rdn. 1105.

e) Berufsausbildungsvergütung

Gem. §10 Abs. 1 Berufsbildungsgesetz[96] hat der Ausbildende dem Auszubildenden eine angemessene Vergütung zu gewähren. Sie ist nach dem Lebensalter des Auszubildenden so zu bemessen, daß sie mit fortschreitender Berufsausbildung, mindestens jährlich, ansteigt. Gem. §11 Abs. 1 und 2 BBilG bemißt sich die Vergütung nach Monaten und ist für den laufenden Kalendermonat spätestens am letzten Arbeitstag des Monats zu zahlen. Hinsichtlich der Berufsausbildungsvergütung ist umstritten, ob sie zu den *unpfändbaren* Erziehungsgeldern im Sinne von §850a Nr. 6 ZPO rechnet, oder der Pfändung wie Arbeitsentgelt unterliegt. Die Autoren[97], die dafür plädieren, die Ausbildungsvergütung wie normales Arbeitsentgelt zu behandeln, gehen davon aus, daß hiervon nicht unmittelbar die Kosten der Ausbildung bestritten werden, sondern nur der Unterhalt des Auszubildenden zumindest teilweise sichergestellt werden soll, darüber hinaus auch arbeitsrechtliche Gesichtspunkte der Entlohnung für die Gewährung der Vergütung maßgebend sind[98]. Bei dieser Begründung wird nicht genügend gewichtet, daß im Vordergrund dieses Vertragsverhältnisses die Berufsausbildung durch den Arbeitgeber und nicht der synallagmatische Austausch von Arbeit und Entgelt steht. Vergütung und Leistung des Auszubildenden stehen nicht in einem Finalzusammenhang. Angesichts dessen bildet die Ausbildungsvergütung nicht etwa eine Gegenleistung für eine produktive Arbeit des Auszubildenden. Vielmehr soll damit dem Auszubildenden bzw. seinen Eltern zur Durchführung der Berufsausbildung eine finanzielle Hilfe gewährt, zum anderen zugleich auch die Heranbildung eines ausreichenden Nachwuchses an qualifizierten Facharbeitern und Angestellten gewährleistet werden. Allein diesem Gedanken trägt §10 Abs. 1 BBilG Rechnung, wenn er zur Bemessungsgrenze des Vergütungsanspruchs das Lebensalter des Auszubildenden und die Dauer der Berufsausbildung erhebt. Diese Interpretation des Vergütungsanspruchs steht nicht im Widerspruch dazu, daß der Auszubildende zum Zweck seiner Ausbildung auch in den Produktionsprozeß mit eingeschaltet werden muß und damit seine Arbeit einen Gebrauchswert für den Arbeitgeber darstellen kann, weil die Relation zwischen Leistung und Vergütung fehlt. An dieser Bewertung ändert auch der Umstand nichts, daß die Ausbildungsvergütung durch Tarifvertrag geregelt werden kann und dem Auszubildenden nach Auffassung des BAG[99] ein Streikrecht zu- **414**

---

96) BBilG vom 14.8.1969 (BGBl. I, 1112).

97) Gisela Harbeck, HzA, Gruppe 22, Anm. B II 6 und Stöber, Forderungspfändung, Rdn. 881 und Rdn. 1002.

98) Unter Hinweis auf die Amtliche Begründung zu §10 BT-Drucks. V/4260. Vgl. dazu auch Natzel, DB 1970, 2267ff.

99) BAG NZA 1984, 393ff. allerdings nur für die Beteiligung an einem befristeten Warnstreik. Das BAG läßt in dieser Entscheidung offen, ob den Auszubildenden das Recht zusteht, für längere Zeit zu streiken. Angesichts seines Denkansatzes müßte das Bundesarbeitsgericht auch diese Frage tendenziell bejahen.

steht. Die Ausbildungsvergütung muß daher zu den unpfändbaren Erziehungsgeldern im Sinne von §850a Nr. 6 ZPO gerechnet werden[100].

f) Erfindervergütung

415 Keine Einmütigkeit besteht darüber, ob die Vergütungen für Erfindungen und technische Verbesserungsvorschläge von Arbeitnehmern im privaten und im öffentlichen Dienst, von Beamten und Soldaten als Arbeitseinkommen zu qualifizieren sind und von einem das Arbeitseinkommen betreffenden Pfändungs- und Überweisungsbeschluß erfaßt werden. Zumindest bei gebundenen Erfindungen wird überwiegend[101] die Auffassung vertreten, die dafür vom Arbeitgeber geschuldete Vergütung habe Arbeitsentgeltcharakter, so daß die §§850a ff. ZPO zur Anwendung gelangen müßten.

416 Zur näheren Kennzeichnung der Rechtslage bedarf es zunächst eines Hinweises auf die vom Arbeitnehmererfindungsgesetz[102] vorgenommene Differenzierung zwischen den gebundenen Erfindungen, freien Erfindungen und technischen Verbesserungsvorschläge, die gem. §20 ArbNErfG nur dann einen Vergütungsanspruch auslösen, wenn sie dem Arbeitgeber eine ähnliche vorzugstellung gewähren wie ein gewerbliches Schutzrecht.

417 Das Gesetz über Arbeitnehmererfindungen bezeichnet als freie Erfindungen diejenigen Erfindungen, die von einem Arbeitnehmer während der Dauer des Arbeitsverhältnisses gemacht werden und die weder aus dem Aufgabenbereich des Arbeitnehmers im Betrieb des Arbeitgebers entstanden sind (Obliegenheitserfindungen) noch maßgeblich auf betrieblichen Erfahrungen oder Arbeiten beruhen (§4 Abs. 3 ArbNErfG). Schon daraus läßt sich entnehmen, daß die sog. *freien* Erfindungen sich überhaupt nicht als ein betriebliches Arbeitsergebnis darstellen, sondern allein den außerbetrieblichen Lebensbereich des Arbeitnehmers betreffen. Während die Diensterfindung wegen ihrer Beziehung zum Betrieb bestimmten rechtlichen Bindungen unterworfen wird und ihre Inanspruchnahme unmittelbar Vergütungsansprüche begründet, deren Höhe von dem dem Arbeitgeber einerseits und dem Arbeitnehmer andererseits zuzurechnenden Anteil an der Erfindung abhängt, legt das Gesetz dem Arbeitnehmer als freiem Erfinder lediglich einzelne Verpflichtungen auf, die aus dem Bestehen des Arbeitsverhältnisses als solchem und der sich daraus ergebenden Treuepflicht sowie dem Schutzcharakter der §§18, 19, 22, 23 ArbNErfG abzuleiten sind. So hat der Arbeitnehmer dem Arbeitgeber bei einer freien Diensterfindung Mitteilung zu machen

---

[100] Wie hier: Münzberg in Stein/Jonas, ZPO, §850a Rdn. 32; Schaub, Arbeitsrechtshandbuch, §174 Anm. V 1. Soweit die Bundesanstalt zur Förderung der beruflichen Ausbildung, Fortbildung und Umschulung Berufsausbildungsbeihilfen (§40 AFG) und Unterhaltsgeld (§44 AFG) gewährt, richtet sich die Pfändbarkeit nach §54 SGB I.

[101] So etwa Bartenbach/Volz, Gesetz über Arbeitnehmererfindungen, Anhang zu §27 Rdn. 9; Volmer/Gaul, ArbnErfG, §12 Rdn. 315, Schwab; Erfindung und Verbesserungsvorschlag im Arbeitsverhältnis, S. 67; Stöber, Forderungspfändung, Rdn. 881; Schaub, Arbeitsrechtshandbuch, §92 II 6.

[102] Vom 25.7.1957 (BGBl. I, 756).

und ihm vor einer anderweitigen Verwertung mindestens ein nicht ausschließliches Recht zur Benutzung der Erfindung zu angemessenen Bedingungen zu offerieren. Durch die Annahme der Offerte wird ein Lizenzvertrag zwischen Arbeitnehmer und Arbeitgeber begründet, der selbständig neben dem Arbeitsverhältnis steht und die wechselseitigen Rechte und Pflichten bestimmt. Allein der Umstand, daß das Bestehen des Arbeitsverhältnisses den Anknüpfungspunkt für das Zustandekommen des Lizenzvertrags bildet, kann keine Rechtfertigung dafür abgegeben, die Ansprüche des Arbeitnehmers auf Vergütung als Arbeitsentgelt zu charakterisieren. Für den Bereich der Lohnpfändung bedeutet dies, daß der Vergütungsanspruch des Arbeitnehmers nicht von einem auf das Arbeitseinkommen bezogenen Pfändungs- und Überweisungsbeschluß erfaßt wird und im übrigen die Pfändungsschutzvorschriften der §§ 850 ff. ZPO nicht zum Zuge kommen[103].

Diese Erwägungen gelten auch für die gebundene Erfindung (Diensterfindung). **418**
Gebundene Erfindungen sind während der Dauer des Arbeitsverhältnisses gemachte Erfindungen, die entweder aus der dem Arbeitnehmer im Betrieb oder in der öffentlichen Verwaltung obliegenden Tätigkeit entstanden sind oder maßgeblich auf Erfahrungen oder Arbeiten des Betriebes oder der öffentlichen Verwaltung beruhen (§ 4 Abs. 2 ArbNErfG). Wenn auch bei der gebundenen Erfindung eine enge Beziehung zu der dem Arbeitnehmer übertragenen Arbeitsaufgabe oder betriebliche Funktion vorliegt, so stellt die vom Arbeitgeber geschuldete Vergütung kein Äquivalent für die Arbeits- oder Dienstleistung aus dem arbeitsvertraglichen Synallagma dar, zumal das Ausmaß der schöpferischen Leistung des Arbeitnehmers für die Vergütungshöhe keine entscheidende Bedeutung gewinnt. Gem. § 9 Abs. 2 ArbNErfG sind für die Bemessung der Vergütung insbesondere die wirtschaftliche Verwertbarkeit der Diensterfindung, die Aufgaben und die Stellung des Arbeitnehmers im Betrieb sowie der Anteil des Betriebes an dem Zustandekommen der Diensterfindung maßgebend[104]. Es geht im Ergebnis darum, den Gewinn, der aus Arbeitnehmererfindungen entsteht, entsprechend der gesetzlichen Regelung angemessen zwischen Arbeitgeber und Arbeitnehmer aufzuteilen.

Wie bei freien Erfindungen muß daher auch die Erfindervergütung für Diensterfin- **419**
dungen gesondert gepfändet werden und genießt nicht den Pfändungsschutz der §§ 850 ff. ZPO. Dabei kann es keinen Unterschied machen, ob die Vergütung in Gestalt laufender Zahlungen, wie dies üblicherweise in der Praxis geschieht, oder durch eine Gesamtabfindung bzw. Pauschalvergütung erfolgt. Zwischen den Parteien muß zweifelsfrei festgelegt werden, welcher Vergütungsanteil auf

---

103) Vgl. BGH NJW 1985, 1031; OLG Karlsruhe BB 1958, 629; LG Essen MDR 1958, 433; Gisela Harbeck, HzA, Gruppe 22, B II i. So hat das BAG AP Nr. 4 zu § 9 ArbnErfG die Anwendung tariflicher Ausschlußfristen auf Vergütungsansprüche aus schöpferischen Sonderleistungen eines Arbeitnehmers verneint, soweit sie sich auf Ansprüche aus dem Arbeitsverhältnis beziehen.

104) Zum Erfindungswert und seiner Berechnung: Bartenbach/Volz, Gesetz über Arbeitnehmererfindungen, § 9 Rdn. 101 ff. Vgl. auch die auf der Grundlage des § 11 ArbnErfG erlassenen Vergütungsrichtlinien des BAM.

die Erfindungen entfällt. Eine derartige Differenzierung ist auch erforderlich, damit die steuerlichen Privilegien eintreten können[105].

420 Ebenso sind Vergütungsansprüche von qualifizierten technischen Verbesserungsvorschlägen zu behandeln. Bei den nach § 20 Abs. 1 ArbNErfG zu vergütenden qualifizierten technischen Verbesserungsvorschlägen geht es um solche, die dem Arbeitgeber eine ähnliche Vorzugsstellung gewähren wie ein gewerbliches Schutzrecht, wobei für die Berechnung der Vergütung § 9 ArbNErfG sinngemäß anzuwenden ist[106].

421 Für nichtqualifizierte (einfache) Verbesserungsvorschläge sieht unsere Rechtsordnung ausdrücklich keine vergütungsrechtliche Regelung vor. § 20 Abs. 2 ArbNErfG überläßt die Behandlung technischer Verbesserungsvorschläge der Regelung durch Tarifvertrag oder Betriebsvereinbarung. Gleichwohl ist dem sog. betrieblichen Vorschlagswesen eine besondere Bedeutung in der betrieblichen Praxis beizumessen. Kommt es zu einer Prämierung bzw. Vergütung für einen vom Arbeitnehmer eingereichten Verbesserungsvorschlag, so handelt es sich um eine schöpferische Leistung des Arbeitnehmers, die über die übliche Arbeitsleistung hinausgeht und eine echte Sonderleistung darstellt[107]. Die Höhe der Vergütung bestimmt sich nach der jeweiligen betrieblichen Ordnung des Vorschlagswesens[108]. Aus der vorbeschriebenen rechtlichen Qualifizierung des Vergütungsanspruchs folgt hier ebenfalls die Nichtanwendung der §§ 850 ff. ZPO[109].

---

105) Vgl. die VO über die steuerliche Behandlung der Vergütungen für Arbeitnehmererfindungen vom 6. 6. 1951 (BGBl. I, 388). Das Steuerbereinigungsgesetz 1985 vom 14. 12. 1984 (BGBl. I, 1493) hat die letztmalige Anwendung der VO ausgedehnt auf den VZ 1988 bzw. beim Steuerabzug vom Arbeitslohn auf Vergütungen und Prämien, die vor dem 1. 1. 1989 zugeflossen sind. Vgl. auch Tullius, BB 1974, 220 ff.

106) Vgl. die VO über die steuerliche Behandlung von Prämien für Verbesserungsvorschläge vom 18. 2. 1957 (BGBl. I, 33). Das Steuerbereinigungsgesetz 1985 hat die Anwendung der VO wie für die Behandlung der Vergütung für Arbeitnehmererfindungen zeitlich ausgedehnt. Sh. Note 105. Die Beitragspflicht in der Sozialversicherung verläuft ebenso wie die steuerliche Behandlung.

107) Bringt die Verwertung einer derartigen Leistung dem Arbeitgeber einen nicht unerheblichen Vorteil, so ist diese auch ohne besondere Vereinbarung nach Treu und Glauben zusätzlich zu vergüten: BAG AP Nr. 1 zu § 20 ArbNErfG mit weiteren Nachweisen.

108) Es werden üblicherweise als Prämie Beträge zwischen 15 und 25 % des einjährigen Jahresnettonutzens gezahlt. Vgl. dazu Gaul/Bartenbach, DB 1978, 1168; dies., DB 1983, 1365. Insgesamt dazu Schwab, Erfindung und Verbesserungsvorschläge im Arbeitsverhältnis, S. 96 ff. Zur steuerrechtlichen Behandlung und Privilegierung der Prämien sh. Note 106 sowie Abschn. 114 LStR 1984. Für Streitigkeiten über einfache wie qualifizierte Verbesserungsvorschläge sind die Arbeitsgerichte zuständig (§ 2 Abs. 1 Nr. 3 a, Abs. 2 a ArbGG): BAG AP Nr. 1 zu § 20 ArbNErfG; BAG AP Nr. 2 zu § 39 ArbNErfG. Bei Soldaten und Beamten sind die Verwaltungsgerichte sachlich zuständig (§§ 126 BRRG, 172 BBG, 59 SoldatenG): OVG Münster ZBR 1975, 350. Rechtsstreitigkeiten über schutzfähige Erfindungen im Sinne von § 2 ArbNErfG entscheiden die Landgerichte (Patentstreitkammern) (§§ 39 Abs. 1 ArbNErfG, 51 PatG). Sh. aber § 39 Abs. 2 ArbNErfG.

109) Ebenso Gisela Harbeck, HZA, Gruppe 22 B II 2 i. A. A. die h. M.: vgl. die in Note 101 aufgeführten Autoren.

g) Kindergeld

Die Frage, ob Ansprüche auf Kindergeld der Pfändung unterliegen, wird nicht einheitlich beantwortet[110]. Das Bundeskindergeldgesetz[111] gewährt gem. §1 bestimmten Personen einen Anspruch auf Kindergeld. Der Anspruch wird „für die Kinder" nicht ihnen selbst eingeräumt. Mit der dynamisch gestaffelten Kindergeldzahlung (§10 BKGG) soll den Familien mit Kindern ein gewisser Ausgleich für die Mehrbelastungen zukommen, die ihnen durch das Aufziehen und die Ausbildung der Kinder im Vergleich zu Ledigen, den kinderlos Verheirateten und den kinderarmen Familien entstehen[112]. Damit läßt sich das Kindergeld aber nicht als zweckbestimmt im Sinne von § 399 BGB (personengebundener Anspruch) qualifizieren, weil die Zahlung des Kindergeldes nicht davon abhängt, ob der Berechtigte es tatsächlich zugunsten des Kindes verwendet. Nachdem die Abs. 1 bis 3 des §12 Abs. 1 BKGG, die ein Pfändungs- und Abtretungsverbot des Kindergeldanspruchs enthielten, durch Art. II §12 Nr. 1 SGB entfallen sind, richtet sich die Übertragung, Verpfändung und Pfändung des Kindergeldanspruchs nach den §§ 53, 54 SGB I, wonach die Pfändung sozialrechtlicher Ansprüche[113] erweitert wurde. § 37 SGB I steht dieser Bewertung nicht im Wege, weil keine ausdrückliche abweichende Regelung vorhanden ist. 422

Für die Pfändung des Kindergeldanspruchs gilt es indes danach zu differenzieren, ob die Vollstreckung wegen eines *gesetzlichen Unterhaltsanspruchs* oder wegen einer *gewöhnlichen Geldforderung* erfolgt. Wegen gesetzlicher Unterhaltsansprüche kann Kindergeld gem. § 54 Abs. 3 Nr. 1 SGB I „wie Arbeitseinkommen" gepfändet werden. Nach dem dann anwendbaren § 850 d Abs. 1 S. 2 ZPO hat das Vollstreckungsgericht den Betrag des Kindergeldes, der pfandfrei bleiben soll, im Pfändungsbeschluß konstitutiv festzulegen. Ob dabei ohne eine Zusammenrechnung nach § 850 e Nr. 2 a ZPO anderweitiges Arbeitseinkommen des Schuldners berücksichtigt werden muß, ist streitig[114]. Gegen die Notwendigkeit eines Zusammenrechnungsbeschlusses spricht, daß der gem. § 850 d Abs. 1 S. 2 ZPO im Einzelfall zu ermittelnde notwendige Bedarf des Schuldners die Berück- 423

---

110) Bejahend: OLG Hamm ZIP 1980, 1029 ff.; Bauer, NJW 1978, 871 mit ausführlichen Nachweisen. Verneinend: OLG Köln JurBüro 1979, 1903; LG Osnabrück NJW 1979, 932; Müller/Wolff, NJW 1979, 229 mit weiteren Nachweisen; Roberz, NJW 1978, 2081; einschränkend auch Gisela Harbeck, HzA, Gruppe 22, B II 2 n, die wegen der Zweckbestimmung des Kindergeldanspruchs als Beitrag zu der durch Pflege und Erziehung von Kindern entstehenden Familienlast die Billigkeit nach § 54 SGB I in Abrede stellt. Etwas anderes soll nur gelten, wenn der Gläubiger nachweisen könne, daß der Forderung Aufwendungen für das Kind des Schuldners zugrunde lägen. Überdies wird geltend gemacht, aus der Formulierung des §12 Abs. 4 S. 1 BKGG, „als auf ein Kind entfallendes Kindergeld", ergäbe sich, daß materiell Berechtigter für das Kindergeld das Kind selbst sei. Vgl. dazu auch die Nachweise bei OLG Hamm ZIP 1980, 1029 ff.

111) BKGG vom 14. 4. 1964 (BGBl. I, 265) zuletzt geändert durch Gesetz vom 21.12.1984 (BGBl. I, 1726).

112) BVerfGE 45, 104, 131 = NJW 1978, 33 ff.; BFH NJW 1983, 415; OLG München NJW 1980, 894, 895; BGH NJW 1978, 753 ff.

113) Daß das Kindergeld dazu gehört, ergibt sich aus § 25 SGB I.

114) Es bedarf keiner Zusammenrechnung: LG Kaiserslautern Rpfleger 1981, 446; LG Freiburg Rpfleger 1983, 164. Die Vorschrift des § 850 e Nr. 2 a ZPO haben angewandt: OLG Stuttgart Rpfleger 1979, 223; OLG München Rpfleger 1979, 224; OLG Hamm Rpfleger 1980, 73.

sichtigung sämtlicher Einnahmequellen voraussetzt[115]. Die Regelung in +850 d Abs. 1 S. 2 ZPO verdrängt als speziellere Norm den +850 e Nr. 2 a ZPO[116].

424 Wird der Kindergeldanspruch wegen anderer *gewöhnlicher Ansprüche* gepfändet, richtet sich die Pfändbarkeit ebenfalls primär nach den für das Arbeitseinkommen geltenden Regeln der §§ 850 ff. ZPO (§ 54 Abs. 3 Nr. 2 SGB I). Bei der damit gebotenen Anwendung des § 850 c ZPO sind zunächst die Pfändungsfreigrenzen zu respektieren. Ergeben sich dabei pfändbare Teile des Kindergeldes, so muß zusätzlich gem. § 54 Abs. 3 Nr. 2 SGB I unter der Prämisse des § 54 Abs. 2 SGB I eine Billigkeitsprüfung erfolgen und darüber hinaus geprüft werden, ob der Leistungsberechtigte durch die Zulassung der Pfändung hilfebedürftig im Sinne des BSHG[117] wird. Da der Kindergeldanspruch regelmäßig die Freigrenzen aus § 850 c ZPO nicht übersteigt, gewinnt die Frage an Bedeutung, ob der Kindergeldanspruch über eine Zusammenrechnung gem. § 850 e Nr. 2 a ZPO[118] als pfändbarer Mehrbetrag dem Zugriff des Gläubigers ausgesetzt ist. Eine derartige vom Gläubiger beim Vollstreckungsgericht zu beantragende Zusammenrechnung des Kindergeldanspruchs mit dem Arbeitseinkommen setzt eine inhaltlich gleichartige Billigkeitsprüfung wie bei § 54 Abs. 3 Nr. 2 SGB I voraus. Der Gläubiger hat mithin schlüssig darzustellen, daß die Zusammenrechnung und Pfändung der Billigkeit entspricht und nicht zu einer Sozialhilfebedürftigkeit des Schuldners führt. Allerdings dürfen die Anforderungen an die Darlegungslast des Gläubigers nicht überspannt werden, weil dieser schwerlich imstande sein wird, die im Einzelfall maßgebenden Umstände des Schuldners in Erfahrung zu bringen und dem Vollstreckungsgericht zu präsentieren[119]. Umstritten ist hier allerdings, ob der unpfändbare Grundbetrag in entsprechender Anwendung des § 850 e Nr. 2 ZPO in erster Linie dem Arbeitseinkommen oder dem Kindergeldan-

---

115) Vgl. Münzberg in Stein/Jonas, ZPO, § 850 d Rdn. 28, 29 und bei Note 67, 68; Stöber, Forderungspfändung, Rdn. 1387 a; vgl. dazu auch die instruktive Entscheidung des OLG Hamm Rpfleger 1984, 1098 ff.

116) A. A. aber LG Frankfurt Rpfleger 1983, 449; OLG München Rpfleger 1979, 223. Wie hier: Mellinghoff, Rpfleger 1984, 54, 55.

117) Maßgebend sind hier die der Hilfe zum Lebensunterhalt zugrunde liegenden Regelsätze nach § 22 BSHG. So auch Stöber, Rpfleger 1978, 182; Hornung, Rpfleger 1979, 84 ff. Der Schuldner kann einen die Regelsätze übersteigenden besonderen Bedarf im Wege der Erinnerung (§ 766 ZPO) geltend machen.

118) OLG Hamm Rpfleger 1980, 73 ff.; OLG Köln Rpfleger 1980, 74 ff.; Grunsky, ZIP 1983, 912 will eine Zusammenrechnung gem. § 850 e Nr. 2 a ZPO nur zulassen, wenn das *Arbeitseinkommen* gepfändet worden ist. Grunsky übersieht jedoch, daß § 54 Abs. 3 SGB I die Ansprüche auf Sozialleistungen bezüglich ihrer Pfändbarkeit weitgehend dem Arbeitseinkommen gleichstellt und bei gewöhnlichen Forderungen die Pfändungsgrenzen aus § 850 c ZPO zu respektieren sind. Der Beschluß könnte lauten: Die Pfändung des Kindergeldes und Zusammenrechnung mit dem Arbeitseinkommen gem. §§ 54 Abs. 2 SGB I, 850 e Nr. 2 a ZPO wird angeordnet.

119) Eine Anhörung des Schuldners von Amts wegen verbietet sich gem. § 834 ZPO und wäre unzulässig: Vgl. OLG Stuttgart OLGZ 1981, 254, 255; Stöber, Rpfleger 1979, 84 ff.

spruch entnommen werden muß[120]. Da der Gesetzgeber wegen der §§53, 54 SGB I eine Änderung des §12 BKGG vorgenommen hat, spricht mehr dafür, den unpfändbaren Grundbetrag aus dem Arbeitseinkommen zu entnehmen, weil sonst der Kindergeldanspruch für einen Normalgläubiger unpfändbar bliebe.

Nach §25 Abs. 2 SGB I sind die Arbeitsämter für die Gewährung des Kindergeldes zuständig, so daß ihnen auch die Rolle des Drittschuldners zufällt[121]. Die Zahlung von Kindergeld an Angehörige des *öffentlichen Dienstes* (Beamte, Angestellte, Arbeiter) erfolgt jedoch davon abweichend nicht durch das Arbeitsamt, sondern von der öffentlichen Dienststelle, der die Zahlung der Dienst- oder Versorgungsbezüge bzw. des Arbeitsentgelts obliegt (§ 45 BKGG)[122]. Diese Dienststelle tritt an die Stelle des Arbeitsamtes. **425**

h) Konkursausfallgeld

Ziel der Konkursausfallversicherung durch das Gesetz über das Konkursausfallgeld vom 17.7.1974[123] ist es, dem Arbeitnehmer für den Fall der Zahlungsunfähigkeit seines Arbeitgebers rückständige Lohnforderungen zu sichern. Anspruch auf Konkursausfallgeld hat ein Arbeitnehmer, der bei der Eröffnung des Konkursverfahrens über das Vermögen seines Arbeitgebers für die letzten der Eröffnung des Konkursverfahrens vorausgehenden 3 Monate des Arbeitsverhältnisses noch Ansprüche auf Arbeitsentgelt hat (§141b AFG). Dabei stehen der Eröffnung des Konkursverfahrens gleich die Abweisung des Antrags auf Eröffnung des Konkursverfahrens mangels Masse sowie die vollständige Beendigung der Betriebstätigkeit im Geltungsbereich des AFG, wenn ein Antrag auf Eröffnung des Konkursverfahrens nicht gestellt worden ist und ein Konkursverfahren offensichtlich mangels Masse nicht in Betracht kommt (§141b Abs. 3 AFG). Andere Insolvenzereignisse bleiben außer Betracht. Zu den Ansprüchen auf Arbeitsentgelt gehören dabei alle Ansprüche aus dem Arbeitsverhältnis, die unabhängig von der Zeit, für die sie geschuldet werden, Masseschulden (§59 Abs. 1 Nr. 3a KO) sein können. Das Konkursausfallgeld wird vom zuständigen Arbeitsamt auf An- **426**

---

120) Sh. OLG Stuttgart Rpfleger 1981, 449 und 1982, 350: Der unpfändbare Grundbetrag ist aus dem Arbeitseinkommen zu entnehmen. Das OLG Hamm ZIP 1980, 1032, das den unpfändbaren Grundbetrag dem Kindergeldanspruch entnehmen will, läßt damit die Pfändung des Kindergeldanspruchs stets leerlaufen, was mit der jetzt geltenden Rechtslage nicht übereinstimmt. Überdies gewichtet das OLG Hamm nicht genügend, daß der Zusammenrechnung und Pfändung eine Billigkeitsprüfung vorgeschaltet ist. Der Zusammenrechnungsbeschluß ist unwirksam, wenn aus ihm nicht entnommen werden kann, in welcher Höhe das dem Arbeitseinkommen hinzuzurechnende Kindergeld bei der Berechnung des pfändbaren Arbeitseinkommens zu berücksichtigen ist: LAG Düsseldorf Rpfleger 1986, 100, das zu Recht darauf hinweist, daß der Arbeitgeber regelmäßig keine Kenntnis über Rechtsgrund und Höhe der Ansprüche auf laufende Geldleistungen nach dem Sozialgesetzbuch besitzt.

121) Träger der Kindergeldzahlung ist die Bundesanstalt für Arbeit, die dabei die Bezeichnung Kindergeldkasse führt und der Weisung des Bundesarbeitsministers untersteht. Der Bund stellt der Bundesanstalt für Arbeit die notwendigen Mittel zur Verfügung (§§15, 16 BKGG). Zuständig ist das Arbeitsamt, in dessen Bezirk der Berechtigte seinen Wohnsitz hat (§24 BKGG).

122) Auch insoweit stellt der Bund die finanziellen Mittel bereit.

123) §§141a bis 141n AFG (BGBl. I, 1481).

trag gewährt, der innerhalb einer Ausschlußfrist von zwei Monaten nach Eröffnung des Konkursverfahrens zu stellen ist (§ 141 e AFG)[124]. Der Gesetzgeber hat die Pfändung des Konkursausfallgeldes in den §§ 141 k, 141 l AFG besonders geregelt, obwohl das Konkursausfallgeld in § 19 Abs. 1 Nr. 5 SGB I als Sozialleistung bezeichnet wird. Danach gilt folgendes: Der Anspruch auf Konkursausfallgeld kann selbständig nicht verpfändet oder übertragen werden, bevor das Konkursausfallgeld beantragt worden ist. Eine Pfändung des Anspruchs auf Konkursausfallgeld *vor* diesem Zeitpunkt gilt als mit der Maßgabe ausgesprochen, daß sie den Anspruch auf Konkursausfallgeld erst von diesem Zeitpunkt an erfaßt (§ 141 l AFG). Nachdem das Konkursausfallgeld beantragt worden ist, kann der Anspruch auf Konkursausfallgeld wie der Anspruch auf Arbeitseinkommen gepfändet, verpfändet oder übertragen werden (§ 141 l AFG). Drittschuldner des Konkursausfallgeldes im Sinne von §§ 829, 845 ZPO ist das zuständige Arbeitsamt (§ 141 e Abs. 2 AFG).

427 Soweit die Ansprüche auf Arbeitsentgelt *vor Stellung* des Antrages auf Konkursausfallgeld gepfändet oder verpfändet worden sind, wird hiervon auch der Anspruch auf Konkursausfallgeld erfaßt (§ 141 k Abs. 2 AFG). Durch diese gesetzliche Regelung wird praktisch eine Pfändung ohne Zustellung an den Drittschuldner bewirkt[125]. Da die Auszahlung des Konkursausfallgeldes einen entsprechenden Antrag voraussetzt, steht dem Gläubiger zur Geltendmachung seines Pfandrechts das Recht zu, selbst das Konkursausfallgeld zu beantragen[126]. Das Arbeitsamt bzw. auf dessen Verlangen der Konkursverwalter (§ 141 i AFG) hat demgemäß das Konkursausfallgeld in Höhe des pfändbaren Betrages an den Gläubiger zu zahlen. Da das Konkursausfallgeld eine Ersatzleistung für nicht gezahltes Arbeitseinkommen darstellt, genießt es den Pfändungsschutz der §§ 850 ff. ZPO, so daß auch die in § 850 a ZPO vorgesehenen Pfändungsbeschränkungen zu beachten sind.

428 Soweit das Arbeitsamt gem. § 141 f AFG einen angemessenen Vorschuß auf das Konkursausfallgeld zahlt, der auf das Konkursausfallgeld anzurechnen ist, steht dieser dem Pfändungspfandgläubiger nicht zu. Etwas anderes gilt nur dann, wenn die Pfändung wegen eines gesetzlichen Unterhaltsanspruchs erfolgt ist (§ 141 k Abs. 2 S. 2 AFG).

429 Gem. § 141 k Abs. 1 AFG gilt das für die Pfändung Ausgeführte entsprechend für die Abtretung des Arbeitsentgelts an einen Dritten.

430 Nach § 141 m AFG gehen die Ansprüche auf Arbeitsentgelt, die den Anspruch auf Konkursausfallgeld begründen, mit der Stellung des Antrages auf Konkursausfallgeld auf die Bundesanstalt über. Da der Übergang auf den Nettobetrag des Ar-

---

124) Zuständig ist das Arbeitsamt, in dessen Bezirk die für den Arbeitnehmer zuständige Lohnabrechnungsstelle des Arbeitgebers liegt. Vgl. dazu aber § 16 SGB I. Zu den Pflichten des Konkursverwalters: § 141 h AFG.

125) Vgl. Gagel, ArbeitsförderungsG, § 141 k Rdn. 14, weil der den Lohn pfändende und überweisende Beschluß dem Arbeitgeber zugestellt wird.

126) Sh. Gagel, ArbeitsförderungsG, § 141 k Rdn. 3; Gisela Harbeck, HzA, Gruppe 22 C IV.

beitslohns (§114 d AFG) beschränkt ist[127], hat der Arbeitnehmer neben dem Anspruch auf Konkursausfallgeld einen Anspruch gegen seinen Arbeitgeber auf Zahlung der Differenz zwischen dem Bruttolohn und dem Nettolohn[128].

i) Kurzarbeiter-, Winter- und Schlechtwettergeld

Kurzarbeitergeld wird Arbeitnehmern bei vorübergehendem Arbeitsausfall in Betrieben gewährt, in denen regelmäßig mindestens 1 Arbeitnehmer beschäftigt ist, wenn erwartet werden kann, daß durch die Gewährung von Kurzarbeitergeld den Arbeitnehmern die Arbeitsplätze und dem Betrieb die eingearbeiteten Arbeitnehmer erhalten werden (§63 Abs. 1 AFG). Das Kurzarbeitergeld beträgt für Arbeitnehmer, die mindestens 1 Kind im Sinne des §32 Abs. 4, 6, 7 EStG haben, 68 v. H., für die übrigen Arbeitnehmer 63 v. H. des um die gesetzlichen Abzüge, die bei Arbeitnehmern gewöhnlich anfallen, verminderten Arbeitsentgelts (§68 Abs. 4 AFG)[129]. Der Bundesminister für Arbeit und Sozialordnung bestimmt die Leistungssätze jeweils für ein Kalenderjahr durch Rechtsverordnung[130]. Das Kurzarbeitergeld wird nachträglich für den Zeitraum ausgezahlt, für den es beantragt worden ist (§72 Abs. 4 AFG). Es ist Sache des *Arbeitgebers* die Leistungen kostenlos zu errechnen und an die anspruchsberechtigten Arbeitnehmer auszuzahlen (§72 Abs. 3 AFG). Bei der Zuordnung zu einer Leistungsgruppe hat der Arbeitgeber von den Eintragungen auf der Lohnsteuerkarte im jeweils nach §64 Abs. 1 Nr. 3 AFG maßgebenden Zeitraum auszugehen. Gem. §3 Nr. 2 EStG ist das vom Arbeitsamt gewährte Kurzarbeitergeld lohnsteuerfrei und für den Arbeitnehmer beitragsfrei[131]. 431

Im Rahmen der Förderung der ganzjährigen Beschäftigung in der Bauwirtschaft gewährt die Bundesanstalt Arbeitnehmern des Baugewerbes *Wintergeld* zur Abgeltung der witterungsbedingten Mehraufwendungen bei Arbeit in der witterungsungünstigen Jahreszeit (vom 1.12. bis 31.3. außer vom 25.12. bis 1.1.) in Höhe von 2 DM für jede Arbeitsstunde (§§74 Abs. 3 Nr. 2, 80 Abs. 1 AFG). Gem. 432

---

127) Vgl. Gagel, ArbeitsförderungsG, §141m Rdn. 1; a. A. aber Hess, BlStSozArbR 1977, 225, 227.

128) Arbeitsgericht Wetzlar BB 1977, 347. Der Arbeitgeber schuldet grundsätzlich den Bruttolohn: BAG AP Nr. 20 zu §611 BGB DO – Angestellte.

129) Einkommen, das der Arbeitnehmer aus einer anderen unselbständigen oder einer selbständigen Tätigkeit an Tagen erzielt, für die er Kurzarbeitergeld erhält, wird nach Abzug der Steuern, der Sozialversicherungsbeiträge und der Werbungskosten auf das Kurzarbeitergeld zur Hälfte angerechnet (§68 Abs. 5 AFG).

130) Vgl. dazu die jeweilige AFG-Leistungsverordnung.

131) Für das tatsächlich erzielte Arbeitsentgelt während der Kurzarbeit sind die Beiträge zur Kranken- und Rentenversicherung vom Arbeitgeber und vom Arbeitnehmer je zur Hälfte zu tragen (§§385, 180, 381 RVO). Die Krankenversicherungsbeiträge für das Kurzarbeitergeld werden nach einem fiktiven Arbeitsentgelt bemessen (fiktiver Vollohn). Die auf dieses fiktive Arbeitsentgelt entfallenden Beiträge zur Krankenversicherung trägt der Arbeitgeber allein (§163 Abs. 2 AFG). Die Rentenversicherungsbeiträge berechnen sich nach der Summe des Lohns und des Kurzarbeitergeldes. Den für das Kurzarbeitergeld zu entrichtenden Beitrag zur Rentenversicherung trägt der Arbeitgeber in voller Höhe (§166 Abs. 2 AFG). Die Bundesanstalt gewährt dem Arbeitgeber allerdings auf seinen Antrag hin zu den Kranken- und Rentenversicherungsbeiträgen einen Zuschuß von 50% (§§163 Abs. 2, 166 Abs. 2 AFG). Die Beiträge zur Arbeitslosenversicherung sind aus dem tatsächlich gezahlten Arbeitsentgelt zu ermitteln und an die Krankenkasse abzuführen (§174 AFG).

§§ 81 Abs. 3, 72 Abs. 2 AFG hat der *Arbeitgeber* das Wintergeld an den anspruchsberechtigten Arbeitnehmer auszuzahlen. Als Leistung nach dem AFG ist das Wintergeld einkommensteuerfrei (§ 3 Nr. 2 EStG) und damit sozialabgabenfrei.

433 *Schlechtwettergeld* wird Arbeitnehmern des Baugewerbes von der Bundesanstalt bei witterungsbedingtem Arbeitsausfall (§§ 83 – 89 AFG) in der Schlechtwetterzeit (vom 1. 11. bis 31. 3.) gewährt (§ 75 Abs. 2 AFG). Die Höhe des Schlechtwettergeldes bemißt sich nach den Kurzarbeitergeldsätzen (§§ 86 Abs. 1, 66 Abs. 4 AFG). Bei Arbeitnehmern, die für die Ausfallstunden Leistungslohn erhalten hätten, tritt an die Stelle des Arbeitsentgelts im Sinne des § 68 Abs. 1 S. 2 Nr. 1 AFG das Arbeitsentgelt ohne Mehrarbeitszuschläge, das sie in den letzten mindestens 13 Wochen umfassenden Lohnabrechnungszeiträumen vor dem ersten Ausfall in der Schlechtwetterzeit durchschnittlich in der Arbeitsstunde erzielt haben (§ 86 Abs. 2 AFG). Wie beim Kurzarbeitergeld hat der *Arbeitgeber* gem. §§ 88 Abs. 4, 72 Abs. 3, 4 AFG das Schlechtwettergeld kostenlos zu errechnen und an die Arbeitnehmer auszuzahlen. Das Schlechtwettergeld ist nach § 3 Nr. 2 EStG steuerfrei und damit zugleich für den Arbeitnehmer beitragsfrei[132].

434 Unabhängig davon, daß der Arbeitgeber die Zahlung des Kurzarbeiter-, Winter- und Schlechtwettergeldes an die anspruchsberechtigten Arbeitnehmer vornimmt, handelt es sich um *Sozialleistungen* (§ 19 SGB I), deren Pfändung sich nach § 54 SGB I richtet. D. h., wegen *gesetzlicher* Unterhaltsansprüche können diese Sozialleistungen wie Arbeitseinkommen (sh. § 850 d ZPO) gepfändet werden (§ 54 Abs. 3 Nr. 1 SGB I), während wegen gewöhnlicher Forderungen eine Vollstreckung nur unter der Voraussetzung der Billigkeit im Sinne von § 54 Abs. 2 SGB I und der Prämisse möglich ist, daß der Leistungsberechtigte nicht hilfsbedürftig im Sinne des BSHG wird (§ 54 Abs. 3 Nr. 2 SGB I). Die Zustellung des Pfändungs- und Überweisungsbeschlusses hat indes nicht an das Arbeitsamt, sondern kraft ausdrücklicher gesetzlicher Regelung in den §§ 72 Abs. 4 a, 81 Abs. 3, 88 Abs. 4 AFG an den Arbeitgeber zu erfolgen, der als Drittschuldner gilt. Ein das Arbeitseinkommen des Schuldners betreffender Pfändungs- und Überweisungsbeschluß erfaßt nicht von vornherein den Anspruch auf Zahlung von Kurzarbeiter-, Winter- und Schlechtwettergeld. Diese Sozialleistungen müssen gesondert vom Gläubiger gepfändet werden[133]. Soweit Normalgläubiger einen Pfändungs- und Überweisungsbeschluß gegen den Schuldner ausbringen, kann auf ihren Antrag hin gem. § 850 e Nr. 2 a ZPO eine Zusammenrechnung von Arbeitslohn und Sozialleistungen erfolgen[134].

---

132) Sh. Note 131. Allerdings erhält der Arbeitgeber im Falle der Zahlung von Schlechtwettergeld keinen Zuschuß für die Krankenversicherungsbeiträge (§ 163 Abs. 2 AFG). Diese Regelung ist verfassungsgemäß: BVerfG vom 3. 3. 1982 – 1 BvL 15/80 –.

133) So auch Stöber, Forderungspfändung, Rdn. 1443 und Gisela Harbeck, HzA, Gruppe 22, B II 2 n. Vgl. LG Dortmund ZIP 1981, 783; LG Marburg Rpfleger 1981, 491. Bei Unterhaltsansprüchen schlägt Stöber, a. a. O., Rdn. 1444 folgende Formulierung vor: Gepfändet wird der angebliche Anspruch des Schuldners auf fortlaufende Zahlung von Kurzarbeitergeld (Winter-Schlechtwettergeld) mit der Maßgabe, daß dem Schuldner für seinen notwendigen Unterhalt soviel zu belassen ist, daß ihm nach Zusammenrechnung mit dem für den jeweiligen Berechnungszeitraum zu zahlenden Arbeitseinkommen ein Freibetrag von monatlich (wöchentlich) . . . . . DM verbleibt.

134) Vgl. zu den Einzelheiten: Rzn. 685 ff.

j) Lohnsteuer-Jahresausgleich

Der Lohnsteuer-Jahresausgleich des Arbeitnehmers ist als Vollstreckungsobjekt für den Gläubiger durchaus von Bedeutung, weil es dabei nicht nur um nennenswerte Forderungen gehen kann, sondern nicht selten der Lohnsteuer-Jahresausgleich die einzige Quelle ist, aus der sich der Gläubiger zumindest teilweise Befriedigung seines titulierten Anspruchs verspricht. **435**

Die Möglichkeit der Abtretung, Verpfändung und Pfändung von Ansprüchen auf Erstattung von Steuern und Vergütungsansprüchen hat im § 46 AO[135], der dem § 159 RAO nachgebildet wurde, eine eigenständige Regelung erfahren. Gem. § 46 Abs. 6 AO dürfen ein Pfändungs- und Überweisungsbeschluß oder eine Pfändungs- und Einziehungsverfügung nicht *erlassen* werden, bevor der Anspruch *entstanden* ist. Ein entgegen diesem Verbot erwirkter Pfändungs- und Überweisungsbeschluß oder erwirkte Pfändungs- und Einziehungsverfügung sind nichtig. Der Erstattungsanspruch aus dem Lohnsteuer-Jahresausgleich *entsteht* mit Ablauf des Ausgleichsjahres (Ende des Kalenderjahres: § 25 Abs. 1 EStG) bzw. im Fall des § 42 Abs. 2 S. 2 EStG nach Wegfall der unbeschränkten Steuerpflicht (§ 38 AO i. V. m. § 42 Abs. 1 EStG)[136]. Eine während des Kalenderjahres ausgebrachte Pfändung ist wirkungslos; sie wird auch nicht mit der Entstehung des Anspruchs wirksam. Das bedeutet, daß Pfändungen des Lohnsteuer-Jahresausgleichs erst nach dem 31.12. des jeweiligen Jahres beantragt werden können. Demgemäß ist auch eine wirksame Pfändung des Erstattungsanspruchs künftiger Jahre gesetzlich ausgeschlossen[137]. **436**

In diesem Zusammenhang wird diskutiert, ob § 46 Abs. 6 AO auch die *Vorpfändung* (§ 845 ZPO) ausschließt, wenn der Erstattungsanspruch noch nicht entstanden ist[138], weil sonst der Pfandgläubiger gegenüber dem Zessionar benachteiligt sei. Die Abtretung oder Verpfändung des Erstattungsanspruchs wird zwar erst wirksam, wenn sie der Gläubiger in der nach § 46 Abs. 3 AO vorgeschriebenen Form der zuständigen Finanzbehörde *nach Entstehung* des Anspruchs an- **437**

---

135) Abgabenordnung i. d. F. vom 20. 8. 1980 (BGBl. I, 1545). Dazu Halaczinsky, BB 1981, 1270 ff. Gem. § 46 Abs. 1 AO können Ansprüche auf Erstattung von Steuern, Haftungsbeträgen, steuerlichen Nebenleistungen und auf Steuervergütungen abgetreten, verpfändet und gepfändet werden. Erstattungsansprüche bestehen, wenn ein Anspruch aus dem Steuerschuldverhältnis ohne rechtlichen Grund erfüllt wurde oder der rechtliche Grund für die Zahlung später weggefallen ist. Hierzu zählen etwa § 42 EStG (Lohnsteuer-Jahresausgleich) und § 36 Abs. 1, 4 S. 2 EStG (Überzahlung der Einkommensteuer). Bei Steuervergütungsansprüchen ist die Steuer zu Recht erhoben worden: Vgl. dazu Tipke, Steuerrecht, S. 138, 139; Lenke, DB 1985, 1368.

136) Gem. § 38 AO entstehen die Ansprüche aus dem Steuerschuldverhältnis, sobald der Tatbestand verwirklicht ist, an den das Gesetz die Leistungspflicht knüpft. Bei Wegfall der unbeschränkten Einkommensteuerpflicht kann der Lohnsteuer-Jahresausgleich *sofort* durchgeführt werden (§ 42 Abs. 2 S. 2 EStG), sofern nicht ein gemeinsamer Lohnsteuer-Jahresausgleich in Betracht kommt (§ 42 a EStG) und die Grundlagen dafür erst nach Ablauf des Ausgleichsjahres ermittelt werden. Unbeschränkt einkommensteuerpflichtig sind natürliche Personen, die im Inland einen Wohnsitz oder ihren gewöhnlichen Aufenthalt haben (§ 1 Abs. 1 EStG).

137) Sh. LStR Abschn. 107, Abs. 7; vgl. dazu auch Buciek, DB 1985, 1428 ff.; Stöber, Forderungspfändung, Rdn. 355 ff. mit ausführlichen weiteren Nachweisen.

138) Sh. Buciek, DB 1985, 1428 ff. mit weiteren Nachweisen.

zeigt (§46 Abs. 2 AO)[139], gleichwohl kann der Abtretungsvertrag bereits vor der Entstehung des abzutretenden Erstattungsanspruchs abgeschlossen werden[140]. Dies gilt unabhängig davon, daß die Anzeige an das zuständige Finanzamt unabdingare Wirksamkeitsvoraussetzung für die Abtretung ist[141]. Der Zessionar kann jedoch dafür sorgen, daß die Anzeige des Abtretungsvertrags sofort nach Entstehung des Anspruchs erfolgt, während der Pfandgläubiger zunächst die Entstehung des Anspruchs abwarten muß, bevor er einen Pfändungsbeschluß herbeiführen kann[142]. Diese Ungleichbehandlung der Gläubiger ließe sich vermeiden, wenn sich der Pfandgläubiger über eine Vorpfändung, die am ersten Arbeitstag im neuen Jahr dem Finanzamt vom Gerichtsvollzieher zugestellt wird, den Rang sichern könnte. Daß Vorpfändungen (vorläufige Zahlungsverbote) *nach* der Entstehung des Erstattungsanspruchs möglich sind, ergibt sich aus § 46 Abs. 7 AO und begegnet keinen Bedenken. Ebenso unangefochten gilt, daß ein vorläufiges Zahlungsverbot nicht vor Ablauf des Veranlagungszeitraums dem Finanzamt zugestellt werden kann[143]. Es gilt jedoch zu prüfen, ob § 46 Abs. 6 AO die Ausfertigung und Übergabe der Vorpfändung an den Gerichtsvollzieher verbietet, bevor der Anspruch entstanden ist[144]. Da die Vorpfändung erst erlassen oder bewirkt ist, wenn der Gerichtsvollzieher die Benachrichtigung an den Drittschuldner zustellt (§845 Abs. 2 ZPO), steht §46 Abs. 6 AO der Vorbereitung eines vorläufigen Zahlungsverbots (bedingter Arrest) vor der Entstehung des Erstattungsanspruchs nicht im Wege[145].

438 Durch den Pfändungs- und Überweisungsbeschluß[146] wird der Pfändungsgläubiger eines angeblichen Lohnsteuer-Erstattungsanspruchs ermächtigt, den Antrag auf Lohnsteuer-Jahresausgleich für den Schuldner zu stellen; zur Fristwahrung reicht es aus, wenn das Antragsformular den Namen und die Anschrift des

---

139) Diese Regelung ist verfassungsgemäß: Vgl. BVerfG DB 1983, 2233, 2234. § 46 Abs. 3 AO schreibt vor, daß die Abtretung der zuständigen Finanzbehörde unter Angabe des Abtretenden, des Abtretungsempfängers sowie der Art und Höhe des abgetretenen Anspruchs und des Abtretungsgrundes auf einem amtlich vorgeschriebenen Vordruck anzuzeigen ist. Die Anzeige ist vom Abtretenden und vom Abtretungsempfänger zu unterschreiben.

140) Buciek, DB 1985, 1428; Halaczinsky, BB 1981, 1270 ff.; Tiedtke, NJW 1979, 1643.

141) BGH NJW 1978, 642.

142) Vgl. Globig, NJW 1982, 916; Buciek, DB 1985, 1429 mit weiteren Nachweisen.

143) Wilke, NJW 1978, 2381; Halaczinsky, BB 1981, 1272; Buciek, DB 1985, 1429 unter III.

144) Vgl. zur unterschiedlichen Behandlung dieser Frage durch die Finanzverwaltungen die Nachweise bei Buciek, DB 1985, 1429 Note 25 und 26.

145) So Buciek, DB 1985, 1428 ff. mit dem zutreffenden Hinweis, daß damit die Intention des § 46 AO, die Finanzverwaltung vor Verfügungen über künftige Erstattungsansprüche und dem damit verbundenen Aufwand zu schützen, nicht vereitelt wird.

146) Mit der Überweisung des gepfändeten Lohnsteuer-Erstattungsanspruchs wird der Gläubiger ermächtigt, das Recht des Schuldners im eigenen Namen geltend zu machen. Daraus folgt, daß er gegenüber dem Finanzamt zumindest zur Vornahme der Handlungen berechtigt sein muß, ohne die eine Realisierung seines Anspruchs nicht durchführbar wäre. So BFH vom 15. 6. 1973, AR-Blattei, Lohnsteuer, E 174 = BB 1973, 1198. War vor der Pfändung bereits der Antrag vom Schuldner gestellt worden, ist der Gläubiger an dem Verfahren von dem Finanzamt zu beteiligen: FG Düsseldorf MDR 1978, 964. Die Formulierung des Pfändungs- und Überweisungsbeschlusses könnte lauten: Gepfändet wird der angebliche Anspruch des Schuldners an das Finanzamt ..... als Drittschuldner auf Erstattung des Lohnsteuer-Jahresausgleichs für das Kalenderjahr .... und dem Gläubiger .... zur Einziehung überwiesen.

Schuldners enthält. Die Unterlagen und sonstigen Angaben hat der pfändende Gläubiger dann nachzureichen[147]. Der Pfändungs- und Überweisungsbeschluß muß dem *zuständigen* (§ 46 Abs. 2 AO) Finanzamt zugestellt werden, also bei Lohnsteuer-Erstattungsansprüchen grundsätzlich dem Wohnsitzfinanzamt des Schuldners (§ 42 c Abs. 2 EStG). Ein dem unzuständigen Finanzamt zugestellter Pfändungsbeschluß geht ins Leere. *Steuerart* und *Steuerjahr* sind genau zu bezeichnen[148]. Bei Arbeitnehmern, die die Voraussetzungen für die Anwendung der Steuerklasse III erfüllen, wird gem. § 42 a EStG nur ein Lohnsteuer-Jahresausgleich für beide Ehegatten gemeinsam durchgeführt, wenn beide Ehegatten im Ausgleichsjahr Einkünfte aus nichtselbständiger Arbeit erzielt haben. Der Antrag ist von den Eheleuten gemeinsam zu stellen, es sei denn, daß einer der Ehegatten dazu aus zwingenden Gründen nicht in der Lage ist. Bringt der Gläubiger eine Pfändung des Erstattungsanspruchs gegenüber einem Ehegattenschuldner aus, so wird der Erstattungsanspruch des anderen Ehegatten nicht betroffen. Die Höhe des gepfändeten Erstattungsanspruchs richtet sich danach, in welchem Umfang der Schuldner Steuern an das Finanzamt gezahlt hat oder für wessen Rechnung die Steuer entrichtet worden ist[149].

Macht der Pfandgläubiger gegenüber dem Finanzamt den Lohnsteuer-Erstattungsanspruch des Schuldners geltend, so hat er u. a. die für das Ausgleichsjahr ausgeschriebenen Lohnsteuerkarten des Arbeitnehmers mit vollständigen Lohnsteuerbescheinigungen oder in den Fällen, in denen dem Arbeitgeber eine Lohnsteuerkarte nicht vorgelegen hat, Lohnsteuerbescheinigungen nach einem entsprechenden amtlich vorgeschriebenen Vordruck (§ 41 b Abs. 1 S. 3 EStG) beizufügen. Für die Durchführung des Lohnsteuerabzugs hat der unbeschränkt einkommensteuerpflichtige Arbeitnehmer seinem Arbeitgeber vor Beginn des Kalenderjahres oder beim Eintritt in das Dienstverhältnis eine Lohnsteuerkarte vorzulegen. Der Arbeitgeber hat die Lohnsteuerkarte während des Dienstverhältnisses aufzubewahren. Der Arbeitgeber muß jedoch die Lohnsteuerkarte dem Arbeitnehmer während des Kalenderjahres zur Vorlage beim Finanzamt oder bei der Gemeinde vorübergehend überlassen sowie innerhalb angemessener Frist nach Beendigung des Dienstverhältnisses herausgeben (§ 39 b Abs. 1 EStG). Befindet sich der Arbeitnehmer als Vollstreckungsschuldner im Besitz der Lohnsteuerkarte, so hat er dem Gläubiger die Lohnsteuerkarte herauszugeben (§ 836 Abs. 3 ZPO). Die Herausgabe kann vom Gläubiger im Wege der Zwangsvollstrek- **439**

---

147) Sh. Abschn. 107 LStR 1984.

148) Halaczinsky, BB 1981, 1271 empfiehlt, Lohnsteuer und Einkommensteuer alternativ zu pfänden, damit in Wechselfällen alle infrage kommenden Erstattungsansprüche gepfändet sind. Für die Konkretisierung des Steuererstattungsanspruchs auch Schwarz, AR-Blattei, Lohnpfändung, II E. A. A. aber OLG Stuttgart, AR-Blattei, Lohnpfändung, E 51 mit ablehnender Anm. von Schwarz.

149) Vgl. BFH NJW 1983, 1448; Globig, NJW 1982, 915; Borggreve, JurBüro 1978, 1586. Bei Leistungen durch beide Ehegatten besteht gegenüber dem Finanzamt Teilgläubigerschaft. Zur Steueraufteilung unter Ehegatten: BGH NJW 1979, 548. Da der Antrag auf gemeinsamen Lohnsteuer-Jahresausgleich vom Pfandgläubiger zusammen mit dem Ehegatten des Vollstreckungsschuldners gestellt werden muß (§ 42 a Abs. 1 S. 2 EStG), kann aus zwingendem Grund der Gläubiger allein den Antrag stellen, wenn der andere Ehegatte seine Mitwirkung verweigert. So auch Stöber, Forderungspfändung, Rdn. 389.

kung nach § 883 ZPO erwirkt werden (§ 836 Abs. 3 S. 2 ZPO), wenn der Schuldner die Lohnsteuerkarte nicht freiwillig herausgibt. Vollstreckungstitel ist der Überweisungsbeschluß, der die Urkunde genau bezeichnen muß, in Verbindung mit dem Titel, aus dem die Pfändung und Überweisung vorgenommen wurde[150]. Befindet sich die Lohnsteuerkarte im Besitz des nicht herausgabebereiten Arbeitgebers, so kann sich der Gläubiger den Anspruch des Schuldners auf Herausgabe der Lohnsteuerkarte (§ 39 b Abs. 1 EStG) gem. § 886 ZPO überweisen lassen. Vollstreckungstitel hierfür ist der Überweisungsbeschluß, der den Gläubiger zur Einziehung der Forderung berechtigt und gem. § 836 Abs. 3 ZPO den Schuldner zur Herausgabe der Urkunden verpflichtet[151]. Verweigert der Arbeitgeber die Herausgabe, muß der Gläubiger vor dem *Arbeitsgericht* (§ 2 Abs. 1 Nr. 3 c ArbGG) Herausgabeklage gegen den Arbeitgeber erheben.

440 Erfolgt der Lohnsteuer-Jahresausgleich durch den *Arbeitgeber* gem. § 42 b EStG[152], so ist ihm als Drittschuldner der Pfändungs- und Überweisungsbeschluß, der den Erstattungsanspruch betrifft, zuzustellen. Da der Gläubiger häufig im Unklaren darüber sein wird, ob das Finanzamt oder der Arbeitgeber den Lohnsteuer-Jahresausgleich vornimmt, wird empfohlen, sowohl gegenüber dem Finanzamt als auch gegenüber dem Arbeitgeber eine entsprechende Pfändung auszubringen[153]. Der Arbeitgeber darf den Lohnsteuer-Jahresausgleich *frühestens* bei der Lohnabrechnung für den letzten im Ausgleichsjahr endenden Lohnzahlungszeitraum, *spätestens* bei der Lohnabrechnung für den letzten Lohnzahlungszeitraum, der im Monat März des dem Ausgleichsjahr folgenden Kalenderjahres endet, durchführen.

441 Da § 46 Abs. 6 AO nicht gilt[154], soweit der Arbeitgeber den Lohnsteuer-Jahresausgleich abwickelt, kann der Anspruch bereits *vor* seiner Entstehung und auch als *künftiger* Anspruch für kommende Jahre vom Gläubiger gepfändet werden.

---

150) Vgl. die Nachweise bei Stöber, Forderungspfändung, Rdn. 390, 391 und 623–626. Einer Vollstreckungsklausel bedarf der Überweisungsbeschluß nicht. Der Überweisungsbeschluß muß vor Beginn der Wegnahmevollstreckung durch den Gerichtsvollzieher dem Schuldner zugestellt werden (§ 750 Abs. 1 ZPO). Dagegen aber Schüler, DB 1973, 185.

151) Sh. dazu Stöber, Forderungspfändung, Rdn. 391, 626; LG Essen Rpfleger 1973, 146; LG Mannheim BB 1974, 1442; LAG Düsseldorf MDR 1983, 85. Ist der Arbeitgeber als Dritter zur Herausgabe der Lohnsteuerkarte bereit, kann sie der Gerichtsvollzieher in entsprechender Anwendung des § 809 ZPO in Besitz nehmen.

152) Der Arbeitgeber ist danach *berechtigt*, für unbeschränkt einkommensteuerpflichtige Arbeitnehmer, die während des Ausgleichsjahres ständig in einem Dienstverhältnis gestanden haben, einen Lohnsteuerjahresausgleich durchzuführen. Er ist zur Durchführung des Lohnsteuer-Jahresausgleichs verpflichtet, wenn er am 31.12. des Ausgleichsjahres mindestens 10 Arbeitnehmer beschäftigt. Voraussetzung für den Lohnsteuer-Jahresausgleich ist, daß dem Arbeitgeber die Lohnsteuerkarte des Arbeitnehmers mit den Lohnsteuerbescheinigungen aus etwaigen vorangegangenen Dienstverhältnissen vorliegt und der Arbeitgeber für den Arbeitnehmer einen Lohnzettel noch nicht ausgeschrieben hat. U. a. darf aber der Arbeitgeber den Lohnsteuer-Jahresausgleich *nicht* durchführen, wenn der Arbeitnehmer es beantragt oder wenn z. B. der Arbeitnehmer im Ausgleichsjahr Kurzarbeitergeld oder Schlechtwettergeld bezogen hat. Sh. zu den Einzelheiten: § 42 b Abs. 1 S. 4 Nr. 1 – 6 EStG.

153) Etwa Stöber, Rpfleger 1973, 117; Schüler, DB 1973, 182.

154) Vgl. Stöber, Forderungspfändung, Rdn. 380; Gisela Harbeck, HzA, Gruppe 22, B II 2 k; LG Landau Rpfleger 1982, 31.

Soweit sich der Pfändungs- und Überwachungsbeschluß lediglich auf das Arbeitseinkommen des Schuldners bezieht, wird davon der Erstattungsanspruch auf den Lohnsteuer-Jahresausgleich *nicht* automatisch erfaßt. Auch wenn der Arbeitgeber den Lohnsteuer-Jahresausgleich durchführt, ist der Erstattungsanspruch keineswegs dem Arbeitseinkommen im weiteren Sinne zuzuordnen. Der Lohnsteuer-Erstattungsanspruch des Arbeitnehmers erwächst allein aus dem öffentlich-rechtlichen Steuerrechtsverhältnis zwischen Arbeitnehmer und Steuerfiskus[155]. Der Arbeitgeber erfüllt bei der Abwicklung des Lohnsteuer-Jahresausgleichs keine eigene Verpflichtung, sondern wird treuhänderisch für den Fiskus in dessen Steuerschuldverhältnis zum Arbeitnehmer tätig. Dieser Bewertung steht nicht entgegen, daß der BFH[156] bei einem besonders gelagerten Sachverhalt entschieden hat, daß eine allgemeine Gehaltsabtretung im Regelfall dahin auszulegen sei, daß sie auch die Vorausabtretung etwa zu erwartender Lohnsteuer-Erstattungsansprüche gegen das Finanzamt umfaßt, unabhängig davon, ob das im Abtretungsvertrag ausdrücklich gesagt ist oder nicht. Zum einen hat der BFH in dieser Entscheidung die Frage der Rechtsqualität des Erstattungsanspruchs ausdrücklich unentschieden gelassen, des weiteren lediglich die dort relevante Abtretungsvereinbarung interpretiert. Entscheidend für die hier zu treffende Behandlung des Lohnsteuer-Erstattungsanspruchs muß jedoch sein, daß die Rechtsqualität des Anspruchs nicht jeweils danach bewertet werden darf, wer mit seiner Durchführung befaßt ist. Angesichts dessen muß der Gläubiger den Lohnsteuer-Jahresausgleich besonders pfänden und sich zur Einziehung überweisen lassen. Da der Lohnsteuer-Jahresausgleich nicht zum Arbeitseinkommen gehört, können die Pfändungsbeschränkungen aus §§ 850 ff. ZPO keine Anwendung finden. **442**

Dies gilt auch dann, wenn der Arbeitgeber nach § 39 b Abs. 2 EStG einen permanenten Lohnsteuerjahresausgleich durchführt. **443**

k) Streikunterstützungen und Aussperrungsunterstützungen

Soweit streikenden oder ausgesperrten Arbeitnehmern während der Dauer eines Arbeitskampfes aufgrund satzungsrechtlicher Bestimmungen von den Gewerkschaften Streikunterstützungen oder Aussperrungsunterstützungen gezahlt werden, handelt es sich nicht um Arbeitseinkommen im Sinne des § 850 Abs. 2 ZPO, sondern um Instrumente des Arbeitskampfes, die der Aufrechterhaltung des Arbeitskampfes dienen sollen, weil während eines Streiks oder einer Aus- **444**

---

155) Bauer, DB 1974, 2479 ff.; Stöber, Forderungspfändung, Rdn. 379 mit weiteren Nachweisen; Gisela Harbeck, HzA, Gruppe 22, B II 2 k. A. A. aber Schaub, Arbeitsrechtshandbuch, § 92 II 15, der unter Berufung auf die h. M. den Erstattungsanspruch vollstreckungsrechtlich zum Arbeitseinkommen zählt, der von einem Lohnpfändungsbeschluß automatisch erfaßt wird. Ebenso auch LAG Saarland, DB 1976, 1870 und LAG Hamm, AR-Blattei, Lohnpfändung, E 18 allerdings mit der Maßgabe, daß der Erstattungsanspruch keinen Pfändungsbeschränkungen unterliegt. Teilweise wird der Erstattungsanspruch als nicht wiederkehrende Vergütung im Sinne des § 850 i ZPO qualifiziert: So etwa Schaub, a. a. O.; Rewolle, DB 1962, 936.

156) Vom 4.12.1979 DB 1980, 1676. Vgl. aber BFH DB 1983, 537 hinsichtlich der Anforderungen an eine Abtretung von Steuererstattungsansprüchen gegenüber dem Finanzamt.

sperrung die Hauptleistungspflichten aus dem Arbeitsvertrag suspendiert sind[157]. Ein Pfändungsschutz zugunsten des Arbeitnehmers kann lediglich über §765a ZPO in Betracht kommen[158]. An dieser Beurteilung ändert nichts, daß Streikunterstützungen und Aussperrungsunterstützungen vom BFH[159] als Entschädigungen im Sinne von §24 Nr. 1a EStG behandelt werden, d.h. als Ersatz für den Arbeitslohn der Einkommensteuer unterliegen. Die im wesentlichen aus Mitgliedsbeiträgen[160] der Gewerkschaftsmitglieder stammenden Streik- und Aussperrungsgelder sind ganz offensichtlich nicht Erfüllungsleistungen aus dem Arbeitsverhältnis, noch werden sie im Interesse des Arbeitgebers gezahlt. Wie etwa §850a ZPO belegt, verläuft die steuerrechtliche und pfändungsrechtliche Behandlung von Einkünften des Arbeitnehmers nicht parallel.

l) Urlaubsentgelt, Urlaubsabgeltung

445 Die Rechtsprechung der Instanzgerichte[161] geht überwiegend von der Unpfändbarkeit des Urlaubsentgelts aus. Auch ein Teil des Schrifttums[162] steht der Pfändbarkeit des Urlaubsentgelts ablehnend gegenüber. Eine höchstrichterliche Entscheidung fehlt bisher. Der 1. Senat des BAG[163] ging davon aus, daß der Urlaubsabgeltungsanspruch weder abgetreten (§399 BGB) noch gepfändet werden könne (§851 ZPO), woraus tendenziell geschlossen werden kann, daß auch der Urlaubsentgeltanspruch der Verkehrsfähigkeit und damit der Pfändbarkeit entzogen sei. Demgegenüber hat der 5. Senat des BAG[164] entschieden, daß sich ein Pfändungs- und Überweisungsbeschluß auch auf das dem Arbeitnehmer zustehende, seiner normalen Vergütung entsprechende Urlaubsentgelt erstreckt, so daß ungeachtet der Frage der Pfändbarkeit im Verhältnis zwischen dem Arbeitgeber und dem Arbeitnehmer die Drittschuldnerschutzvorschrift des §836 Abs. 2 ZPO zur Anwendung gelangt.

---

157) Vgl. zur Suspendierung des Arbeitsverhältnisses: BAG – GS – DB 1971, 823, 1061.

158) Ebenso Gisela Harbeck, HzA, Gruppe 22, B II 2m. A. A. aber Stöber, Forderungspfändung, Rdn. 883 unter Hinweis auf die Ersatzfunktion für den Verlust des Arbeitseinkommens. Stöber übersieht, daß es hierbei nicht um lohnsteuerpflichtigen Arbeitslohn, sondern um eine Entschädigung geht, die der Einkommenssteuerpflicht unterliegt, so daß es sich auch nicht um Arbeitsentgelt im Sinne der Sozialversicherung handelt.

159) BFH DB 1971, 367; BFH DB 1982, 1649ff. (Streikunterstützungen); BFH DB 1982, 1652 (Aussperrungsunterstützungen).

160) Die Beiträge der Gewerkschaftsmitglieder werden gem. §9 Abs. 1 Nr. 3 EStG als Werbungskosten anerkannt: BFH DB 1981, 1373.

161) Vgl. etwa LAG Bremen AP Nr. 17 zu §611 BGB Urlaubsrecht; LAG Bremen DB 1959, 58; LAG Kiel AP Nr. 3 zu §611 BGB Urlaubsrecht; ArbG Berlin AR-Blattei, Lohnpfändung, E 16; ArbG Wuppertal DB 1971, 1773; a.A. aber LAG Düsseldorf DB 1968, 536.

162) Neumann in Dersch/Neumann, BUrlG, 6. Aufl., §1 Rdn. 76 bis 80 mit weiteren ausführlichen Nachweisen, der eine Ausnahme bei gesetzlichen Unterhaltsforderungen zulassen will (Rdn. 78). Schaub, Arbeitsrechtshandbuch, §92 II Nr. 22. Vgl. auch die Literaturangaben bei Bleistein, GK-BUrlG, §1 Rdn. 71.

163) Vom 12.2.1959, AP Nr. 42 zu §611 BGB Urlaubsrecht = DB 1959, 350.

164) Vom 30.9.1965, AP Nr. I5 zu §850 ZPO mit Anm. von Pohle = DB 1965, 1864.

Überwiegend befürwortet vor allem das prozeßrechtliche Schrifttum[165] die Pfändbarkeit des Urlaubsentgelts in den Grenzen der §§ 850 ff. ZPO, welcher Ansicht auch ein Teil der arbeitsrechtlichen Literatur gefolgt ist[166]. 446

Für die Unpfändbarkeit des Urlaubsentgelts werden im wesentlichen folgende Gesichtspunkte vorgetragen: Das Urlaubsentgelt stelle kein während des Urlaubs weitergezahltes Arbeitsentgelt dar. Der Urlaubsentgeltanspruch könne grundsätzlich nur im Zusammenhang mit dem Anspruch auf Freizeit geltend gemacht werden, da beide Ansprüche eine rechtlich untrennbare Einheit bildeten. Mit Rücksicht auf den sozialen Zweck des Urlaubs könne er nicht ohne Veränderung seines Inhalts an einen Dritten gewährt werden, woraus sich die Unabtretbarkeit (§ 399 BGB) und damit auch die Unpfändbarkeit (§ 851 Abs. 2 ZPO) ergäbe. Die Sondervorschrift des § 850 a Nr. 2 ZPO schließe die Unpfändbarkeit des Anspruchs auf Urlaubsentgelt nach § 851 Abs. 2 ZPO nicht aus, denn der Beweggrund für die Schaffung des § 850 a Nr. 2 ZPO sei durch die Änderung des Rechtscharakters des Urlaubsanspruchs überholt. 447

Die Gegenüberstellung der verschiedenen Ansichten verdeutlicht, daß die Beantwortung des Problems entscheidend davon abhängt, ob der Urlaubsanspruch tatsächlich aus zwei untrennbaren Wesenselementen im Sinne von Freizeitgewährung und Entgeltfortzahlung zusammengesetzt ist, weil man Freizeit schlechterdings nicht pfänden kann; des weiteren, ob man den Urlaubsentgeltanspruch in vollem Umfang als eine zweckgebundene Leistung besonderer Art betrachten will. Überwiegend folgert man aus der Ablehnung des Urlaubsanspruchs als Entgeltanspruch, daß der Anspruch auf Erholungsurlaub untrennbar aus Freizeitgewährung und Fortzahlung des Urlaubsentgelts besteht[167]. Man könne diesen Einheitsanspruch nicht aus zwei selbständigen Quellen herleiten und damit unter Umständen verschiedenen Rechtsfolgen unterwerfen. Diese Erwägungen wären richtig, wenn der Inhalt des Urlaubsanspruchs tatsächlich so aussähe. Dies ist jedoch nicht der Fall. Die Besonderheit des Urlaubs besteht darin, daß der Arbeitnehmer von seiner Hauptpflicht zur Arbeitsleistung suspendiert ist, der Arbeitgeber gleichwohl den Lohn bzw. das Gehalt fortzuzahlen hat (§§ 1, 11 BUrlG). Von einer Urlaubsgewährung in dem Sinne, daß der Arbeitgeber den Arbeitnehmer von der Arbeitsleistungspflicht für die Dauer des Urlaubs *befreien* müßte, kann nicht ausgegangen werden. Sind die Entstehungsvoraussetzungen des Urlaubsanspruchs einmal erfüllt, so steht bereits fest, daß der Arbeitnehmer während einer noch nicht näher festgelegten Zeit innerhalb des Kalenderjahrs zum Zwecke der Erholung der Arbeit fernbleiben darf. Es besteht mithin für eine Freizeitgewährungspflicht des Arbeitgebers kein Raum, weil es insoweit 448

---

165) Hartmann in Baumbach/Lauterbach, ZPO, § 850 a Anm. 3; Stöber, Forderungspfändung, Rdn. 987; sh. BGH DB 1972, 1632, 1633, der die Abtretung des Anspruchs eines Angestellten und eines Beamten an den Arbeitgeber oder Dienstherrn bejaht.

166) Gaul/Boewer, Probleme des Urlaubsrechts, S. 45 ff.; Bobrowski/Gaul, Bd. I, S. 425; vgl. die ausführlichen Nachweise bei Bleistein, GK – BUrlG, § 1 Rdn. 71.

167) Sh. die Nachweise bei Gaul/Boewer, Probleme des Urlaubsrechts, S. 47 Note 89; Boewer, DB 1970, 632 ff., 634 unter II. Vgl. auch die Nachweise bei Bleistein, GK-BUrlG, § 1 Rdn. 71 ff.

an einer Leistungshandlung des Arbeitgebers ermangelt. Der Arbeitgeber hat lediglich den Urlaubszeitpunkt im Sinne einer organisatorischen Entscheidung festzulegen (§§7 Abs. 1 BUrlG, 315 BGB)[168]. Insoweit besteht auch unter den Voraussetzungen des §87 Abs. 1 Nr. 5 BetrVG ein durch den Spruch der Einigungsstelle erzwingbares Mitbestimmungsrecht des Betriebsrats. Daraus erhellt, daß die Urlaubsgewährung im Sinne von Freizeitgewährung plus Entgeltzahlung nicht als Grundlage für das Einheitsprinzip in dem Sinne in Betracht kommt, daß es sich dabei um zwei untrennbare Wesenselemente eines einheitlichen Anspruchs handelt. Entgegen dem sonst grundsätzlich anwendbaren Satz, ohne Arbeit kein Lohn, hat hier die Fortzahlung des Arbeitsentgelts zur Bedingung, daß dem Arbeitnehmer zum Zwecke der Erholung Freizeit zusteht. Daher läßt sich aus dem Einheitsgedanken die Unpfändbarkeit des Urlaubsentgelts nicht herleiten.

449 Ebensowenig führt die Zweckbindung des Urlaubsanspruchs zur Ablehnung der Pfändbarkeit (§§399 BGB, 851 ZPO). Sicherlich kann die Freizeitgewährung zum Zwecke der Erholung nicht Gegenstand der Pfändung sein. Zutreffend ist weiterhin, daß der Arbeitnehmer während des Erholungsurlaubs auch seinen Lebensunterhalt finanzieren muß. Damit ist aber nicht gleichzeitig gesagt, daß dem Arbeitnehmer das *gesamte* Urlaubsentgelt verbleiben muß, weil sonst der Zweck des Urlaubsanspruchs nicht erreichbar wäre. Da das Urlaubsentgelt, das dem Arbeitnehmer für die Dauer des Urlaubs gezahlt wird, nichts anderes darstellt, als eine Fortzahlung seiner Arbeitsvergütung, darüber hinaus der Arbeitnehmer das Urlaubsentgelt nach freiem Belieben verwenden kann, kann der Arbeitnehmer während seines Urlaubs gegenüber dem Pfändungspfandgläubiger nicht besser gestellt werden, als hätte er gearbeitet[169]. Im übrigen ist es dem Arbeitnehmer auch gar nicht möglich, das Urlaubsentgelt ganz für seine Erholung zu verwenden. Er muß nämlich auch während des Urlaubs seinen laufenden Verpflichtungen nachkommen, insbesondere für den Lebensunterhalt seiner Familie sorgen[170]. Diese Erwägungen rechtfertigen es, entgegen einer weitverbreiteten Meinung im Schrifttum und in der Rechtsprechung die Pfändbarkeit des Urlaubsentgelts in den Grenzen der §§850ff. ZPO zuzulassen.

---

168) Gegen die These vom sog. Einheitsanspruch wendet sich auch Leinemann, DB 1983, 989ff., der wegen der Identität des fortzuzahlenden Lohns mit dem Urlaubsentgelt die Theorie des Einheitsanspruchs für widersprüchlich hält. Der Urlaubsanspruch soll daher inhaltlich ein Anspruch des Arbeitnehmers gegen den Arbeitgeber auf Suspendierung der nach dem Arbeitsverhältnis an sich geschuldeten Arbeitspflichten für einen bestimmten Zeitabschnitt sein (S. 990). Diese auch vom 6. Senat des BAG (DB 1982, 1065) offenbar geteilte Ansicht übersieht, daß die Suspendierung bereits kraft Gesetzes, kollektiver Regelung oder Arbeitsvertrags vorgegeben ist; lediglich der *Zeitpunkt* der Suspendierung steht nicht fest und wird vom Arbeitgeber bestimmt.

169) Nach BAG AP Nr. 11, 12 und 54 zu §611 BGB Urlaubsrecht soll das Urlaubsentgelt den Arbeitnehmer in die Lage versetzen, die ihm zur Erholung gewährte Freizeit möglichst ohne Einschränkung seines bisherigen Lebenszuschnitts zu verbringen. So auch Bleistein, GK – BUrlG, §1 Rdn. 75–77.

170) Vgl. dazu Gaul/Boewer, Probleme des Urlaubsrechts, S. 52, 53.

Auch für den *Urlaubsabgeltungsanspruch* kann nichts anderes gelten. Der Abgeltungsbetrag soll lediglich dazu dienen, dem aus dem Arbeitsverhältnis ausscheidenden Arbeitnehmer in einer selbstgewählten Freizeit seinen bisherigen Lebensstandard zu erhalten. Wenn demgegenüber das Bundesarbeitsgericht die Pfändbarkeit des Urlaubsabgeltungsanspruchs mit der Begründung verneint hat, der Urlaubsabgeltungsanspruch träte an die Stelle des nicht mehr zu realisierenden Anspruchs auf die Gewährung von Freizeit, und ebensowenig wie die Freizeit wäre ihr Surrogat pfändbar, so entspricht diese Prämisse nicht dem Inhalt des Urlaubsabgeltungsanspruchs. Wenn nämlich dem Arbeitnehmer kein Anspruch auf Freizeitgewährung gegen den Arbeitgeber zusteht, dann kann auch nicht der Urlaubsabgeltungsanspruch als Surrogat an die Stelle der nicht mehr zu gewährenden Freizeit treten[172]. Er stellt vielmehr nichts anderes dar, als einen Lohnanspruch ohne entsprechende Arbeitsleistung, der dem Arbeitnehmer die zu seiner Erholung notwendige Arbeitsbefreiung ohne Lohneinbuße zu einem späteren Zeitpunkt ermöglichen soll[173]. Damit unterliegt auch der Urlaubsabgeltungsanspruch der Pfändung in den Grenzen der §§ 850ff. ZPO und wird von einem formularmäßig erlassenen Pfändungs- und Überweisungsbeschluß erfaßt. **450**

Nicht mit dem Vorhergesagten verwechselt werden darf das für die Dauer des Urlaubs über das Urlaubsentgelt hinaus gewährte Urlaubsgeld im Sinne einer Urlaubsgratifikation, das eine besondere Behandlung in § 850 a Nr. 2 ZPO gefunden hat. Danach ist das Urlaubsgeld, soweit es den Rahmen des Üblichen nicht übersteigt, für normale Vollstreckungsgläubiger unpfändbar. Pfändet ein bevorrechtigter Unterhaltsgläubiger, so kann er diesen Anspruch bis zur Hälfte pfänden (§ 850 d Abs. 1 S. 2 ZPO). **451**

m) Vermögenswirksame Leistungen

Gem. § 3 Abs. 1 des 4. VermbG[174] und gem. § 10 Abs. 1 des 5. VermbG [BGBl. I, 2594] für die nach den 1. 1. 1987 erbrachten Anlagen können vermögenswirksame Leistungen als *zusätzliche* Arbeitgeberleistung in Verträgen mit Arbeitnehmern, in Betriebsvereinbarungen, in Tarifverträgen oder in bindenden Festset- **452**

---

171) BAG AP Nr. 42 zu § 611 BGB Urlaubsrecht; so auch LAG Schleswig-Holstein BB 1967, 335; LAG Hamburg BB 1968, 1080.

172) Wie hier: LAG Düsseldorf DB 1968, 536; ArbG Hamburg BB 1968, 547; Bleistein, GK – BUrlG, § 1 Rdn. 86 mit weiteren Nachweisen. So wohl jetzt auch in der Tendenz der 6. Senat des BAG DB 1982, 1065. Sh. dazu Leinemann, DB 1983, 989ff.

173) Boewer, DB 1970, 634ff.

174) In der Fassung vom 6. 2. 1984 (BGBl. I, 201). Zuletzt geändert durch das 2. VermögensbeteiligungsG vom 19. 12. 1986 [BGBl. I, 2595). Das Gesetz erhält die Bezeichnung „5. VermbG". Arbeitnehmer sind auch die zu ihrer Berufsausbildung Beschäftigten und die in Heimarbeit Beschäftigten: § 1 Abs. 2 VermbG. Die Vorschriften des Vermögensbildungsgesetzes gelten entsprechend für Beamte, Richter, Berufssoldaten und Soldaten auf Zeit sowie berufsmäßige Angehörige und Angehörige auf Zeit des Zivilschutzkorps (§ 1 Abs. 4 VermbG). Ob der öffentliche Arbeitgeber zusätzlich vermögenswirksame Leistungen erbringt, richtet sich nach dem G über die v. L. für Beamte, Richter, Berufssoldaten und Soldaten auf Zeit i. d. F. v. 23. 5. 1975 (BGBl. I, 1173, 1237) und entsprechenden Landesgesetzen.

zungen[175] vereinbart oder aufgrund eines auf schriftlichen Antrag des Arbeitnehmers mit dem Arbeitgeber abgeschlossenen Vertrags über die vermögenswirksame Anlage von *Teilen* noch nicht zugeflossenen *Arbeitslohns* erbracht werden (§4 Abs. 1 4. VermbG, §11 5. VermbG). Sieht ein Tarifvertrag vor, daß die vermögenswirksame Leistung des Arbeitgebers von einer Eigenleistung des Arbeitnehmers abhängig ist, so fällt eine hiernach erbrachte Eigenleistung des Arbeitnehmers ebenfalls unter §3 4. VermbG bzw. §10 5. VermbG, so daß solche vermögenswirksamen Leistungen unabhängig von einem schriftlichen Antrag des Arbeitnehmers an den Arbeitgeber – insbesondere in den Fällen des Arbeitgeberwechsels – gewährt werden können.

453 Vermögenswirksame Leistungen sind Geldleistungen, die der Arbeitgeber für den Arbeitnehmer zur Anlage in einer der in §2 4. VermbG bzw. §§2,3 4. VermbG aufgeführten Anlageformen erbringt. Es kann nur Arbeitslohn vermögenswirksam angelegt werden, der dem Arbeitnehmer noch nicht zugeflossen ist. Eine nachträgliche Umwandlung von zugeflossenem Arbeitslohn in vermögenswirksame Leistungen nach §4 4. VermbG (§11 5. VermbG) ist nicht möglich. Vermögenswirksame Leistungen liegen aber auch insoweit vor, als ein Anspruch auf Arbeitnehmer-Sparzulage nicht besteht, weil die Einkommensgrenze (§12 Abs. 4. VermbG, §13 5. VermbG) oder der begünstigte Höchstbetrag von 624 DM (§12 Abs. 2 4. VermbG, §13 Abs. 2 5. VermbG) überschritten wird. Der Arbeitgeber hat für die berechtigten Arbeitnehmer unmittelbar an das Unternehmen oder Institut zu leisten, bei dem die vermögenswirksame Anlage zu erfolgen hat[176]. Eine Ausnahme sieht §3 Abs. 3 5. VermbG für eine vom Arbeitnehmer gewählte Anlage nach §2 Abs. 1 Nr. 6 5. VermbG vor. Vermögenswirksame Leistungen, die vom Arbeitgeber zusätzlich zum Arbeitsentgelt gewährt oder aus Teilen des Arbeitslohns angelegt werden, sind *steuerpflichtige* Einnahmen im Sinne des EStG und Einkommen, Verdienst oder Entgelt (Arbeitsentgelt) im Sinne der Sozialversicherung und des Arbeitsförderungsgesetzes (§12 Abs. 7 4. VermbG, §13 Abs. 7 5. VermbG). Gem. §12 Abs. 8 S. 1 4. VermbG, §13 5. VermbG sind vermögenswirksame Leistungen *arbeitsrechtlich* Bestandteil des Lohns oder Gehalts. Nach Satz 2 dieser Vorschrift ist jedoch der Anspruch auf die vermögenswirksame Leistung *nicht übertragbar* und damit der Pfändung entzogen (§851 ZPO)[177]. Im Falle einer Pfändung des Arbeitsentgelts sind daher vereinbarte oder aufgrund kollektivrechtlicher Regelung zu gewährende zusätzliche vermögenswirksame Leistungen in entsprechender Anwendung des §850e Nr. 1 ZPO bei der Berechnung des pfändbaren Einkommens nicht mitzurechnen. Die Unpfändbarkeit derartiger Lei-

---

175) Vgl. §19 HeimarbeiterG i.d.F.v. 29.10.1974 (BGBl. I, 2879).

176) Dies gilt allerdings nicht für die Anlage im Unternehmen des Arbeitgebers und für die Anlage nach §2 Abs. 1 d, d.h. für Aufwendungen des Arbeitnehmers zum Bau, zum Erwerb einer Eigentumswohnung, zum Erwerb eines Grundstücks zum Zwecke des Wohnungsbaus, usw. Vgl. jetzt §3 Abs. 3 5. VermbG.

177) Vgl. dazu Muth, DB 1985, 1381ff. und DB 1979, 1118ff.; Stöber, Forderungspfändung, Rdn. 915–918. Nach den Angaben bei Muth, DB 1985, 1381ff., Note 3, sollen Ende 1983 für etwa 15 Millionen Arbeitnehmer Tarifverträge bezüglich v. L. mit einem jährlichen Anlagevolumen von mehr als 8 Mrd. DM bestanden haben.

stungen ist auch dann anzunehmen, wenn bereits der Lohn des Schuldners gepfändet ist und die Verpflichtung des Arbeitgebers auf zusätzliche vermögenswirksame Leistungen erst nachträglich begründet wird.

Die Unpfändbarkeit betrifft auch den Anspruch des Arbeitnehmers auf Umwandlung von Lohnteilen in vermögenswirksame Leistungen[178]. Diese Rechtsfolge ergibt sich unmittelbar aus § 4 Abs. 6 4. VermbG, § 11 5. VermbG, wonach vermögenswirksam angelegte Teile des Arbeitslohns als vermögenswirksame Leistungen qualifiziert werden und damit an dem Pfändungsschutz teilnehmen[179]. Bei der Berechnung des pfändbaren Einkommens sind diese der Pfändung entzogenen Teile des Arbeitslohns nicht mitzurechnen (§ 850 e Nr. 1 ZPO). **454**

Der Pfändungsschutz tritt bei Eigenleistungen des Arbeitnehmers indes nur dann ein, wenn die Lohnpfändung dem *Vertrag* über die vermögenswirksame Anlage von Teilen des Arbeitsentgelts *nachfolgt.* Das Vorliegen des schriftlichen Verlangens beim Arbeitgeber allein sperrt die Pfändung noch nicht[180]. Der Arbeitgeber ist nur dann gehalten, einen entsprechenden Vertrag abzuschließen, wenn entweder monatlich mindestens 10 DM oder nur einmal im Kalenderjahr mindestens 60 DM festgelegt werden sollen (§ 4 Abs. 2 4. VermbG). Bei Anlagen nach dem 1. 1. 1987 erhöhen sich die Beträge auf 25 und 75 DM [§ 11 Abs. 2 5. VermbG]. Mit der Zustimmung des Betriebs- bzw. Personalrats kann der Arbeitgeber einen Termin bestimmen, bis zu dem die einmalige Anlage im Kalenderjahr verlangt werden kann[181]. Ist das Arbeitseinkommen des Schuldners gepfändet, *bevor* er die vermögenswirksame Anlage von Teilen seines Arbeitseinkommens nach § 4 4. VermbG bzw. § 11 5. VermbG mit seinem Arbeitgeber vereinbart hat, wird dadurch der Umfang der Pfändung nicht berührt (§ 829 Abs. 1 S. 2 ZPO)[182]. *Nachfolgenden* Pfändungen geht die Vereinbarung aber vor. **455**

---

178) So auch Stöber, Forderungspfändung, Rdn. 917; Borrmann, DB 1974, 382; Muth, DB 1985, 1381; a. A. Pröbsting, RdA 1972, 217, 221 mit dem Argument, der Schuldner solle nicht durch Unpfändbarkeitsvorschriften geschützt Vermögen bilden können mit Lohn, der vor dem Anlagevertrag pfändbar war. Ablehnend auch Brych, DB 1974, 2056.
Die Anlage von Teilen des Arbeitslohns konfligiert nicht mit § 4 Abs. 3 TVG, da insoweit lediglich eine Lohnverwendungsabrede vorliegt: BFH AR-Blattei, Vermögensbildung der Arbeitnehmer, E 3.

179) A. A. jedoch Brych, DB 1974, 2074 und Pröbsting, RdA 1972, 221, deren Auffassung im Widerspruch zur klaren Gesetzeslage steht. Bei der Berechnung des pfändbaren Arbeitseinkommens werden die vermögenswirksam angelegten Teile des Arbeitseinkommens vom Brottoentgelt abgezogen. A. A. Stöber, Forderungspfändung, Rdn. 917, der den Abzug vom Nettoentgelt vornehmen will.

180) A. A. aber Stöber, Forderungspfändung, Rdn. 917, der den Pfändungsschutz bereits mit Zugang des schriftlichen Verlangens beim Arbeitgeber einsetzen lassen will. Der Arbeitgeber ist zwar verpflichtet, unverzüglich (§ 121 BGB) einen Vertrag über die vermögenswirksame Anlage von Teilen des Arbeitslohns abzuschließen. Der Vertragsabschluß ist aber auch notwendige Voraussetzung für den Pfändungsschutz. Unterläßt der Arbeitgeber den rechtzeitigen Vertragsabschluß, macht er sich schadensersatzpflichtig (§ 276 BGB), wobei der Schaden im Verlust der Sparzulage liegt. Vgl. dazu Schaub, Arbeitsrechtshandbuch, § 83 VII 3.

181) Vgl. zu den Ausnahmen § 4 Abs. 3 S. 4. VermbG, § 11 5. VermbG. In Tarifverträgen oder Betriebsvereinbarungen kann von § 4 Abs. 2–4 4. VermbG, § 11 Abs. 2–4 5. VermbG abgewichen werden.

182) Ebenso Schaub, Arbeitsrechtshandbuch, § 92 II 23; Stöber, Forderungspfändung, Rdn. 918. Angelegt werden können dann nur unpfändbare Teile des Arbeitslohns.

456 Eine andere, umstrittene, hier jedoch nicht näher zu erörternde Frage ist, ob und ggf. unter welchen Voraussetzungen für den Gläubiger die Pfändung der bereits *angelegten* vermögenswirksamen Leistungen möglich ist[183].

457 Ungeklärt ist des weiteren, ob der Anspruch auf vermögenswirksame Leistungen stets nur insoweit nicht pfändbar und nicht verpfändbar ist, als der Arbeitgeber für die Leistungen Arbeitnehmer-Sparzulagen zu zahlen hat[184]. Überwiegend wird in diesem Zusammenhang eine restriktive Interpretation des §12 Abs. 8 S. 2 4. VermbG befürwortet, weil ein enger innerer Zusammenhang zwischen der vermögenswirksamen Anlage und ihrer staatlichen Förderung bestünde und sich damit die Unpfändbarkeit auf die Lohnteile beschränkte, die zulagebegünstigt seien, da sonst dem Arbeitnehmer ermöglicht würde, durch vermögenswirksame Anlage einen nennenswerten Teil des Einkommens zum Schaden seiner Gläubiger der Pfändung zu entziehen[185]. Dieser Auffassung folgt der BMF in Abschnitt 9 Abs. 7 seines Schreibens betr. Anwendung des Dritten Vermögensbildungsgesetzes vom 29.10.1982 (BStBl. I, 829) unter Bezugnahme auf das Ergebnis der Erörterungen mit den obersten Finanzbehörden der Länder. Aus dem Vermögensbildungsgesetz läßt sich eine derartige einschränkende Interpretation nicht entnehmen. Wie aus §2 4. VermbG hervorgeht, differenziert der Gesetzgeber selbst ausdrücklich zwischen vermögenswirksamen Leistungen und zulagebegünstigten Leistungen, so daß wenig für ein redaktionelles Versehen des Gesetzgebers in §12 Abs. 8 S. 2 4. VermbG spricht. Ebensowenig streitet für die herrschende Meinung die Intention des Vermögensbildungsgesetzes, gerade für Arbeitnehmer mit unteren und mittleren Einkommen durch die Arbeitnehmer-Sparzulage einen besonderen Anreiz zur Vermögensbildung zu schaffen, weil damit die Vermögensbildung für Arbeitnehmer mit höheren Einkommen nicht ausgeschlossen wird. Eine damit zunächst einhergehende Benachteiligung des Vollstreckungsgläubigers wird dadurch kompensiert, daß ihm der Zugriff auf die vermögenswirksame Anlage selbst möglich ist. Der Gläubiger kann sich den Anspruch des Schuldners (Arbeitnehmers) gegen den Drittschuldner (Kreditinstitut, Bausparkasse, Versicherungsunternehmen) pfänden und zur Einziehung

---

183) Vgl. dazu die Nachweise bei Muth, DB 1979, 1119 und DB 1985, 1381 ff., Note 7 und 8. Nach h. M. ist das prämienbegünstigte Sparguthaben pfändbar: Vgl. dazu Hauger, DB 1975, 1147 ff. Angesichts der Festlegungsfrist ist umstritten, ob der Vollstreckungsgläubiger eine Verwertung vor Ablauf der Festlegungsfrist vornehmen kann. Bejahend: LG Essen Rpfleger 1973, 147 unter Hinweis darauf, daß der Sparer prämienschädliche Verfügungen über das Guthaben vornehmen kann. So auch AG Hildesheim DB 1973, 1807 und Brych, DB 1974, 2055. Dagegen aber Muth, a. a. O., unter Hinweis auf AG Augsburg, DB 1976, 2110, AG Karlsruhe MDR 1980, 765, wonach der Vollstreckungsgläubiger einen gepfändeten vL-Sparvertrag nicht vor Ablauf der Festlegungsfrist verwerten darf.

184) Bejahend: Borrmann, DB 1974, 383; Schaub, Arbeitsrechtshandbuch, §92 II 23; a.A. aber Stöber, Forderungspfändung, Rdn. 917. Für die vermögenswirksamen Leistungen nach §3 VermbG, §10 5. VermbG, stellt sich diese Frage nicht (§851 ZPO). Abgesehen davon bewegen sich die entsprechenden Leistungen im Rahmen der Förderung nach §12 4. VermbG, §13 5. VermbG.

185) Sh. auch Schwarz, AR-Blattei, Vermögensbildung II, Pfändbarkeit; Borrmann, DB 1974, 383. A. A. aber Stöber, Forderungspfändung, Rdn. 917, der darauf hinweist, daß §12 Abs. 8 S. 2 4. VermbG eine derartige Einschränkung nicht vorsieht.

überweisen lassen. Strittig ist allerdings in diesem Zusammenhang, ob auch eine vorzeitige Verwertung gepfändeter vermögenswirksamer Leistungen erfolgen kann[186].

Die *Arbeitnehmer-Sparzulagen,* die als Anreiz zur Vermögensbildung gewährt und vom Arbeitgeber zu errechnen und an die Arbeitnehmer auszuzahlen sind, gelten weder als steuerpflichtige Einnahmen im Sinne des EStG noch als Arbeitsentgelt im Sinne der Sozialversicherung und des Arbeitsförderungsgesetzes; sie gelten arbeitsrechtlich nicht als Bestandteil des Lohns oder Gehalts. Der *Arbeitgeber* hat die auszuzahlenden Arbeitnehmer-Sparzulagen dem Betrag, den er für seine Arbeitnehmer insgesamt an Lohnsteuer einzubehalten hat, zu entnehmen und bei der nächsten Lohnsteueranmeldung in einer Summe abzusetzen (§12 Abs. 6 4. VermbG, §13 Abs. 6 5. VermbG). Der Arbeitgeber hat bei der Auszahlung der Arbeitnehmer-Sparzulage nicht zu prüfen, ob das zu versteuernde Einkommen des Arbeitnehmers die in §12 Abs. 1 4. VermbG bzw. §13 Abs. 1 5. VermbG genannten Grenzen überschreitet. Im übrigen muß der Arbeitgeber jedoch die Voraussetzungen für die Erbringung vermögenswirksamer Leistungen und die Auszahlung der Arbeitnehmer-Sparzulage kontrollieren. Der Zeitpunkt der Auszahlung der Arbeitnehmer-Sparzulage richtet sich nach dem Zeitpunkt, in dem die vermögenswirksamen Leistungen erbracht werden. Bei einer monatlichen Zahlung von vermögenswirksamen Leistungen ist auch die Arbeitnehmer-Sparzulage zusammen mit dem Arbeitslohn für den monatlichen Lohnzahlungs- oder Lohnabrechnungszeitraum monatlich auszuzahlen (§12 Abs. 5 4. VermbG, §13 5. VermbG). **458**

Die Höhe der Arbeitnehmer-Sparzulage ist von der Anlageart der vermögenswirksamen Leistungen abhängig. Der Zulagensatz beträgt 23 v. H. oder 16 v. H. der vermögenswirksamen Leistungen, soweit diese insgesamt 624 DM bzw. 936 DM im Kalenderjahr nicht übersteigen (§12 Abs. 2 und 3 4. VermbG, §13 5. VermbG). Der jeweils maßgebende Zulagensatz erhöht sich um 10 v. H. bei Arbeitnehmern, bei denen im Kalenderjahr 3 oder mehr Kinder zu berücksichtigen sind (§32 Abs. 4 bis 7 EStG). **459**

Der Anspruch auf die Arbeitnehmer-Sparzulage ist übertragbar und damit auch pfändbar. Der Pfändungsschutz des §12 Abs. 1 4. VermbG bzw. §12 Abs. 1 5. VermbG schließt die Sparzulage ausdrücklich nicht ein. Sparzulagen sind auch keine zweckgebundenen staatlichen Leistungen, die eine Übertragbarkeit ausschlössen[187]. Formularmäßig nach §§ 850 ff. ZPO erlassene Pfändungs- und Überweisungsbeschlüsse, durch die das Arbeitseinkommen gepfändet wird, erfassen *nicht* den Anspruch des Schuldners auf die Arbeitnehmer-Sparzulage. Diese muß vom Gläubiger gesondert gepfändet werden. Dabei gelten die Pfändungsbeschränkungen der §§ 850 c ff. ZPO nicht. Es ist auch zulässig, den An- **460**

---

186) Vgl. dazu die Darlegungen von Muth, DB 1985, 1381 ff. mit ausführlichen Literatur- und Rechtsprechungsnachweisen.

187) So überzeugend BAG NJW 1977, 75–77. Vgl. auch BGH FamRZ 1980, 985; LAG Hamm DB 1975, 1944.

spruch auf künftig fällig werdende Arbeitnehmer-Sparzulagen zu pfänden[188]. Drittschuldner im Sinne des § 829 ZPO ist der Arbeitgeber, weil er in eigenem Namen treuhänderisch für das Finanzamt die Sparzulage auszahlt.

---

[188] BAG NJW 1977, 76; Stöber, Forderungspfändung, Rdn. 923. Soweit es sich um Teile der Arbeitnehmer-Sparzulage handelt, die noch im Jahr des Erlasses des Pfändungs- und Überweisungsbeschlusses auszuzahlen sind, ergibt sich dies aus § 832 ZPO. Die Pfändung der in späteren Kalenderjahren anstehenden Arbeitnehmer-Sparzulagen als *künftige* Forderung muß jedoch im Pfändungsbeschluß angeordnet sein. A. A. wohl Stöber, Forderungspfändung, Rdn. 923, der auch insoweit § 832 ZPO anwenden will.

II. Die unpfändbaren Bezüge des §850 a ZPO

461 Der Gesetzgeber hat durch §850 a ZPO bestimmte Teile des Arbeitseinkommens dem Vollstreckungszugriff des Gläubigers in vollem Umfange entzogen. Nur den bevorrechtigten Unterhaltsgläubigern gestattet §850d Abs. 1 ZPO in die in §850a Nr. 1, 2 und 4 ZPO genannten Bezüge vollstrecken zu dürfen. Von diesen Bezügen hat dem Schuldner jedoch mindestens die Hälfte des nach §850a ZPO unpfändbaren Betrages zu verbleiben (§850d Abs. 1 S. 2 ZPO).

462 Die Aufzählung der unpfändbaren Bezüge in §850a Nr. 1 bis 8 ZPO ist nicht erschöpfend. Auch andere gesetzliche Vorschriften enthalten Bestimmungen über die Unpfändbarkeit der in ihnen spezifisch geregelten Ansprüche des Schuldners (sh. §850i Abs. 4 ZPO).

463 Die in §850a ZPO aufgeführten Bezüge werden bei der Berechnung des pfändbaren Arbeitseinkommens nicht mitgerechnet (§850 e Nr. 1 ZPO) und unterliegen auch nicht für sich allein der Pfändung. Soweit der Pfändungs- und Überweisungsbeschluß diese Bezüge nicht ausdrücklich von der Pfändung ausnimmt, was aber stets bei formularmäßig ausgebrachten Pfändungs- und Überweisungsbeschlüssen der Fall ist, ändert dies nichts an der Unpfändbarkeit dieser Bezüge. Der *Drittschuldner* muß bei der Berechnung des pfändbaren Arbeitseinkommens die nach §850a ZPO der Pfändung entzogenen Bezüge des Schuldners *von sich aus* absetzen, ohne daß dies ausdrücklich im Pfändungsbeschluß erwähnt sein muß. Sind die nach §850a ZPO der Pfändung entzogenen Zahlungsansprüche des Schuldners gepfändet worden, müssen Schuldner oder Drittschuldner hiergegen im Wege der Erinnerung (§766 ZPO)[1] einschreiten.

464 Soweit die Bezüge aus §850a ZPO unpfändbar sind, können sie nicht abgetreten, verpfändet oder gegen sie aufgerechnet werden (§§394, 400, 1274 BGB). In Höhe dieser Bezüge besteht auch kein Zurückbehaltungsrecht des Arbeitgebers (§273 BGB).

1. Mehrarbeitsvergütung (§850a Nr. 1 ZPO)

465 Unpfändbar sind gem. §850 a Nr. 1 ZPO *zur Hälfte* die für die Leistung von Mehrarbeitsstunden gezahlten Teile des Arbeitseinkommens. Nach einmütiger im Schrifttum vertretener Auffassung[2] sind Mehrarbeitsstunden im Sinne des §850a Nr. 1 ZPO die über die normale *betriebliche* Arbeitszeit hinaus geleisteten

---

1) So auch Münzberg in Stein/Jonas, ZPO, §850a Nr. 3; Stöber, Forderungspfändung, Rdn. 978. In Zweifelsfällen können Drittschuldner und Schuldner auch eine klarstellende Entscheidung nach §766 ZPO herbeiführen: OLG Düsseldorf VersR 1967, 750.

2) Vgl. etwa Gisela Harbeck, HzA, Gruppe 22, §3 B II 1; Stöber, Foderungspfändung, Rdn. 980; Münzberg in Stein/Jonas, ZPO, §850a Rdn. 8 jeweils mit weiteren Nachweisen. Meine frühere Auffassung, daß nur die über die *gesetzliche* Arbeitszeit hinausgehende Arbeitszeit gemeint ist, gebe ich auf.

Arbeitsstunden. Soweit Teilzeitkräfte über ihre persönliche inidividuelle Arbeitszeit hinaus beschäftigt werden, handelt es sich nur dann um Mehrarbeit, wenn damit die betriebliche Arbeitszeit eines Vollzeitbeschäftigten überschritten wird. Wird, wie dies häufig in der Praxis geschieht, das Arbeitsvolumen der tariflichen wöchentlichen Arbeitszeit anderweitig verteilt, wobei sich die Verteilung über mehrere Wochen erstrecken kann, handelt es sich bei der Überschreitung der allgemein maßgebenden täglichen Arbeitszeit nicht um Mehrarbeit.

466 Steht der Arbeitnehmer zu mehreren Arbeitgebern in einem Arbeitsverhältnis, dann leistet der Arbeitnehmer bei demjenigen Arbeitgeber Mehrarbeit, der den Arbeitnehmer über die tarifüblichen Arbeitszeitgrenzen hinaus beschäftigt. Das ist in der Regel derjenige, der den Arbeitnehmer an einem Tage als zweiter oder dritter Arbeitgeber einsetzt. Insoweit ist der Ansicht des OLG Hamm[3)] beizupflichten, wonach *Nebeneinnahmen,* die ein Schuldner nach Beendigung seiner normalen Arbeitszeit bei einem anderen Arbeitgeber verdient, nur im Rahmen der §§ 850a Nr. 1, 850d ZPO der Pfändung unterworfen sind[4)].

467 Kann der Schuldner für die Leistung von Mehrarbeit oder Überstunden vom Arbeitgeber keine besondere Vergütung verlangen, wie dies aufgrund entsprechender Abrede bei außertariflichen Angestellten und leitenden Angestellten regelmäßig der Fall ist, bleibt § 850a Nr. 1 ZPO unanwendbar.

468 Die Unpfändbarkeit erstreckt sich auf die Hälfte der *Gesamtvergütung* für Mehrarbeitsstunden, d. h. auf den Grundlohnanspruch sowie sämtliche vom Arbeitgeber zu zahlenden Zuschläge. Dies gilt auch, wenn mehrere Zuschlagsarten, etwa bei Mehrarbeit an Sonn- und Feiertagen, an den Arbeitnehmer gewährt werden müssen.

469 Wird die Mehrarbeitsvergütung vom Arbeitgeber als Pauschalsatz gezahlt und dabei nicht ein bestimmter Teil der Arbeitsvergütung als Abgeltung für die Mehrarbeit bezeichnet[5)], so muß der Umfang der Mehrarbeitsvergütung durch Vergleich mit den Tariflöhnen oder den sonst üblichen Löhnen errechnet werden.

470 Bei der Berechnung des pfändbaren Arbeitseinkommens ist zu beachten, daß der unpfändbare Teil der Mehrarbeitsvergütung bei der Berechnung des pfändbaren Lohns gänzlich unberücksichtigt bleibt, als ob der Schuldner diesen Betrag nicht erhalten hätte[6)], so daß dem Schuldner im Ergebnis die Hälfte der Bruttobeträge der Mehrarbeitsvergütung ungeschmälert verbleibt.

---

3) AP Nr. 3 zu § 850a ZPO = BB 1956, 209. Sh. von Stebut, NZA 1987m 257 ff.

4) Ebenso Gisela Harbeck, HzA, Gruppe 22, § 3 B II, 1; Stöber, Forderungspfändung, Rdn. 982, der zu Recht darauf hinweist, daß der Pfändungsschutz aus § 850e Nr. 2 ZPO erfolgt. A. A. aber Bischoff/Rochlitz, Die Lohnpfändung, § 850a ZPO Anm. 3a.

5) Vgl. etwa BAG AP Nr. 1 zu § 15 AZO; BAG AP Nr. 5 zu 611 BGB Mehrarbeitsvergütung.

6) A. A. Stöber, Forderungspfändung, Rdn. 984; a. A. auch Wieczorek, ZPO, § 850a Anm. B I c, der vom Nettogehalt ausgeht. Vgl. dazu näher Rzn. 645 ff.

2. Urlaubsgelder, Zuwendungen, Treuegelder (§850a Nr. 2 ZPO)

Nach 850a Nr. 2 ZPO sind die für die Dauer eines Urlaubs über das Arbeitseinkommen hinaus gewährten Bezüge, Zuwendungen aus Anlaß eines besonderen Betriebsereignisses und Treuegelder, soweit sie den Rahmen des *Üblichen* nicht übersteigen, unpfändbar. **471**

Unter *Urlaubsgeld* im Sinne dieser Vorschrift sind nicht das Urlaubsentgelt und die Urlaubsabgeltung zu verstehen; vielmehr handelt es sich hier um die sog. Urlaubsgratifikation, d. h. die über das Urlaubsentgelt vom Arbeitgeber an den Arbeitnehmer erbrachte Zuwendung *aus Anlaß* des Urlaubs. **472**

Unter den Begriff der *Zuwendungen* aus Anlaß eines besonderen Betriebsereignisses sind Geschenke und Sonderleistungen einzuordnen, die der Arbeitgeber etwa gelegentlich eines Firmenjubiläums oder aus Anlaß eines außergewöhnlich günstigen Betriebserfolges an die Mitarbeiter ausschüttet. Nicht hierzu zählen Erfolgsbeteiligungen oder Jahresabschlußvergütungen, die wie Tantiemen und Umsatzprovisionen als Arbeitseinkommen zu qualifizieren sind. **473**

Treuegelder sind die einem Arbeitnehmer aus Anlaß langjähriger Betriebszugehörigkeit gewährten Zuwendungen des Arbeitgebers, insbesondere Jubiläumszahlungen. **474**

Die vorgenannten Bezüge sind nur insoweit unpfändbar, als sie den *Rahmen des Üblichen* nicht übersteigen. Was als üblich anzusehen ist, richtet sich in erster Linie nach der Tarifpraxis. Hat sich eine solche Praxis nicht herausgebildet, muß als Vergleichsmaßstab dienen, was gleichartige Unternehmen ihren Mitarbeitern gewähren. Läßt sich auch insoweit kein Vergleich anstellen, sind die bisherigen betriebsüblichen Leistungen zugrundezulegen[7)]. Durch das Merkmal der Üblichkeit soll verhindert werden, daß der Vollstreckungsschuldner durch entsprechende Vereinbarung mit dem Drittschuldner (Arbeitgeber) einen Lohnteil dem Zugriff seiner Gläubiger entziehen kann. Überschreitet die Zuwendung nämlich das Übliche oder ist sie gar als Entgelt für zusätzlich geleistete Dienste anzusehen, so ist sie insoweit als Teil des der Pfändung unterliegenden Arbeitseinkommens nach §850 ZPO zu betrachten. **475**

Die vorstehenden Erwägungen gelten gleichermaßen, wenn der Arbeitgeber derartige Zuwendungen mit einem sog. *Freiwilligkeitsvorbehalt* versieht, weil dieser nicht die Qualität eines Rechtsanspruchs des Arbeitnehmers im Zeitpunkt der Gewährung beseitigt, sondern lediglich ein klarstellender Hinweis für die Zukunft ist, daß sich der Arbeitgeber abgesehen von der erfolgten Gewährung nicht binden will. **476**

---

7) A. A. Henze, Rpfleger, 1980, 456, der in Anlehnung an §850a Nr. 4 ZPO den Rahmen des Üblichen bestimmen will. Gerade im Lichte dieser Regelung kann Henze nicht gefolgt werden. Wie hier auch Stöber, Forderungspfändung, Rdn. 986; Münzberg in Stein/Jonas, ZPO, §850a Rdn. 14.

3. Aufwandsentschädigungen, Auslösungsgelder, Gefahren-, Schmutz- und Erschwerniszulagen (§850a Nr. 3 ZPO)

477 Gem. §850a Nr. 3 ZPO sind ferner unpfändbar Aufwandsentschädigungen, Auslösungsgelder und sonstige soziale Zulagen für auswärtige Beschäftigungen, das Entgelt für selbstgestelltes Arbeitsmaterial, Gefahrenzulagen sowie Schmutz- und Erschwerniszulagen, soweit diese Bezüge den Rahmen des Üblichen nicht übersteigen.

478 Als *Aufwandsentschädigungen* sind sämtliche Ansprüche des Arbeitnehmers auf Ersatz von Ausgaben zu verstehen, die dem Arbeitnehmer aus seiner Beschäftigung für den Arbeitgeber erwachsen sind. Hierzu gehören Reisespesen, Tagegelder, Repräsentationsgelder, Trennungsentschädigungen, Umzugskostenvergütungen, Kilometergelder, Beträge zur Deckung der Auslagen für Reparaturen, usw. Unerheblich ist, ob diese Entschädigungen jeweils für den Einzelfall oder pauschal vom Arbeitgeber gezahlt werden[8]. Entscheidend für die Anwendung des §850a Nr. 3 ZPO ist jedoch, daß der Arbeitgeber die Zahlung der Aufwandsentschädigung von der Vergütung für die geleistete Arbeit des Arbeitnehmers trennt[9]. Zahlt der Arbeitgeber erhöhte Bezüge an den Arbeitnehmer und besteht Einvernehmen darüber, daß der Arbeitnehmer die für die Erbringung der Arbeitsleistung notwendigen Aufwendungen *selbst* trägt, so bleibt dem Schuldner nur der Weg, über §850f Abs. 1a ZPO bei dem Vollstreckungsgericht die Unpfändbarkeit des Arbeitseinkommens in Höhe der genannten Aufwendungen zu erwirken[10]. Zugunsten des Arbeitnehmers besteht nämlich bei derartiger Sachlage kein Anspruch auf Zahlung einer Aufwandsentschädigung gegen den Arbeitgeber[11].

479 Anders ist die Rechtslage jedoch zu beurteilen, wenn sich der Arbeitgeber zur Zahlung einer Aufwandsentschädigung verpflichtet, diese jedoch mit dem Gehalt *gleichzeitig* abgegolten wird, weil hier ein Teil der Bezüge des Arbeitnehmers als Aufwandsentschädigung zu qualifizieren ist und bei fehlender Ausweisung des Aufwendungsbetrages die vom Finanzamt üblicherweise anerkannten Sätze zugrunde gelegt werden können. Fallen die Aufwendungen des Arbeitnehmers weg, weil er etwa vom Außendienst in den Innendienst versetzt worden ist, so wäre der Arbeitgeber berechtigt, eine entsprechende Vergütungskürzung vorzunehmen. Unterläßt er dies, so liegt darin eine konkludente Absprache der Parteien, daß sich für die neue Tätigkeit des Arbeitnehmers das Gehalt entspre-

---

8) So auch insgesamt Stöber, Forderungspfändung, Rdn. 993; Gisela Harbeck, HzA, Gruppe 22, §3 B II 3. Vgl. auch Hohn, BB 1968, 549. Nicht unter §850a Nr. 3 ZPO lassen sich Mankogelder oder Fehlgeldentschädigungen subsumieren: Sh. Rz. 373. Zur Aufwandsentschädigung für ehrenamtliche Tätigkeiten, die unter §850a Nr. 3 ZPO fallen, vgl. Quardt, JurBüro 1958, 417.

9) Vgl. die Autoren bei Note 8. A. A. aber OLG Hamm BB 1956, 668.

10) Zuständig ist gem. §20 Nr. 17 RpflegerG der Rechtspfleger. Vgl. auch OLG Hamm BB 1972, 855 gegen LAG Hamburg BB 1971, 132, das Beiträge eines Handelsvertreters zu einer privaten Krankenversicherung nach §850e Nr. 1b ZPO abziehen will; LAG Mannheim BB 1958, 1057; LAG Düsseldorf DB 1970, 256: Unpfändbarkeit des üblichen Kilometergeldes.

11) Ebenso Münzberg in Stein/Jonas, ZPO, §850a Rdn. 21 a. E.

chend der bisherigen Aufwandsentschädigung erhöht und damit dem Zugriff der Gläubiger ohne die Beschränkung des §850a Nr. 3 ZPO unterliegt.

Als Aufwandsentschädigung sind auch Tage- und Übernachtungsgelder sowie der Reisekostenersatz von Betriebsratsmitgliedern zu qualifizieren, die anläßlich der Teilnahme an Schulungs- und Bildungsveranstaltungen gem. §37 Abs. 6 BetrVG vom Arbeitgeber zu erstatten sind (§40 Abs. 1 BetrVG)[12]. 480

Soweit der Arbeitgeber den Arbeitnehmern Fahrtkosten, die durch die Teilnahme an Betriebsversammlungen entstehen, zu erstatten hat, unterfallen sie dem §850a Nr. 3 ZPO. 481

Auslösungsgelder und sonstige *soziale Zulagen für auswärtige Beschäftigungen* sind Entschädigungen an den Arbeitnehmer, die ihm *deshalb* gewährt werden, weil er an einem anderen Ort als dem Betriebssitz beschäftigt wird[13]. Hierunter fallen Reisekosten, Tage- und Übernachtungsgelder, Trennungsentschädigungen, Zuschüsse für die Benutzung des eigenen Kraftfahrzeuges im betrieblichen Interesse, Wegegelder, Auswärtszulagen, Nah- und Fernauslösungen, usw. Die Unpfändbarkeit dieser Bezüge setzt voraus, daß sie nicht als Entgelt für die vom Arbeitgeber erbrachte Arbeitsleistung, sondern zweckgebunden als Abgeltung für besondere Aufwendungen des Arbeitnehmers, die gerade ihre Ursache in der auswärtigen betrieblichen Tätigkeit finden, gezahlt werden[14]. Hierbei ist zu bemerken, daß sich häufig eine präzise Abgrenzung zwischen Aufwandsentschädigungen, Auslösungsgeldern und sonstigen sozialen Zulagen für auswärtige Beschäftigungen nicht treffen läßt. Nur so ist zu erklären, daß Wegegelder, Fahrgelder, Reisekosten, usw., sowohl unter die eine als auch unter die andere Begriffsbestimmung subsumiert werden[15]. 482

Gefahrenzulagen, Schmutz- und Erschwerniszulagen sollen besondere erschwerte Arbeitsbedingungen abgelten. Zu den Gefahrenzulagen rechnen etwa Milchzulagen der Bleiarbeiter oder Zulagen für das besondere Risiko bei gefährlichen Arbeiten (etwa Entschärfen von Sprengmunition und Bomben, Umgang mit Giften). 483

Bei den *Erschwerniszulagen* handelt es sich um eine besondere Vergütung des Arbeitgebers für Umgebungseinflüsse, die die Arbeit des Arbeitnehmers behindern. Dies kann sein durch Einwirkungen von Öl, Fett, Schmutz, Temperatur, Nässe, Säure, Lauge, Gase, Dämpfe, Lärm, Erschütterung, Blendung, Lichtmangel, Erkältungsgefahr, Unfallgefahr, usw. Zuschläge für Nacht-, Sonder- und Feiertagsarbeit gehören *nicht* hierher. Auch die *Antrittszulage* oder *Antrittsgebühr* in der Druckindustrie, die für Sonn- und Feiertagsarbeit gewährt wird, gehört nicht in den Regelungsbereich des §850a Nr. 3 ZPO. 484

Bei gewerblichen Arbeitnehmern werden die Schmutz- und Erschwerniszulagen 485

---

12) Vgl. ArbG Kiel BB 1973, 1394.
13) ArbG Wilhelmshaven BB 1962, 410.
14) LAG Düsseldorf DB 1970, 256; Hohn, BB 1968, 548.
15) Sh. Hohn, BB 1968, 549.

regelmäßig durch Tarifvertrag oder Betriebsvereinbarung anspruchsbegründend gewährt; sie sind aber auch Gegenstand einzvertraglicher Abreden. Sie werden grundsätzlich in der Lohnabrechnung gesondert ausgewiesen. Drücken sich bei Angestellten besondere Arbeitserschwernisse allein in einer höheren tariflichen Eingruppierung aus, ohne daß dies ziffernmäßig durch eine gesonderte Zahlung in Erscheinung tritt, bleibt § 850 a Nr. 3 ZPO unanwendbar. Dies gilt gleichermaßen bei Anwendung einer analytischen Arbeitsbewertung, wenn die besondere Erschwernis der Tätigkeit in der Vergütung aufgeht. Dem Arbeitnehmer bleibt nur die Möglichkeit, über § 850 f Abs. 1a ZPO die Unpfändbarkeit durchzusetzen.

486 Das Entgelt für selbstgestelltes Arbeitsmaterial ist ebenfalls absolut unpfändbar. Auch hier handelt es sich, wie bei der Aufwandsentschädigung, nicht um eine Vergütung, sondern um den Ersatz von Aufwendungen, die der Arbeitnehmer im Interesse des Arbeitgebers vorfinanziert hat.

487 Die Unpfändbarkeit der unter § 850 a Nr. 3 ZPO zusammengefaßten Zahlungen erfolgt nur im Rahmen des *Üblichen.* Das bedeutet: Diese Leistungen müssen in angemessener Höhe zu den tatsächlichen Aufwendungen des Arbeitnehmers stehen oder dürfen den branchenüblichen Rahmen nicht überschreiten. Werden derartige Zahlungen durch Gesetz oder Tarifvertrag festgelegt, ist der Rahmen des Üblichen gewahrt. Liegt der Verpflichtungstatbestand in einer Betriebsvereinbarung oder in einer arbeitsvertraglichen Regelung, so wird regelmäßig der Rahmen des Üblichen durch die steuerrechtliche Behandlung determiniert.

488 Liegen die Leistungen des Arbeitgebers über dem üblichen Rahmen, so ist der Mehrbetrag nicht mehr zweckgebunden und damit im Ergebnis verschleiertes Arbeitsentgelt, das nicht den Pfändungsschutz aus § 850 a Nr. 3 ZPO beanspruchen kann. Schließlich ist noch anzumerken, daß die in § 850 a Nr. 3 ZPO aufgeführten Entschädigungen auch für bevorrechtigte Unterhaltsgläubiger der Pfändung entzogen sind (§ 850 d Abs. 1 ZPO).

4. Weihnachtsvergütungen (§ 850 a Nr. 4 ZPO)

489 Unpfändbar für nicht bevorrechtigte Unterhaltsgläubiger sind gem. § 850 a Nr. 4 ZPO *Weihnachtsvergütungen* bis zum Betrage der Hälfte des monatlichen Arbeitseinkommens, höchstens aber bis zum Betrage von 470 DM. Wegen der Unterhaltsansprüche, die kraft Gesetzes einem in § 850 d Abs. 1 ZPO aufgeführten Unterhaltsberechtigten zustehen, ist der für Normalgläubiger unpfändbare Teil der Weihnachtsvergütung hälftig pfändbar (§ 850 d Abs. 1 ZPO).

490 Was unter den Begriff der Weihnachtsvergütung fällt, ist nicht ganz unstreitig. Teilweise[16)] wird angenommen, nur im Dezember gezahlte Vergütungen fielen unter § 850 a Nr. 4 ZPO. Zum Teil[17)] will man analog der Behandlung im Lohnsteuerrecht Zuwendungen, die zwischen dem 8.11. bis 31.12. gewährt werden,

---

16) Vgl. die Nachweise bei Stöber, Forderungspfändung, Rdn. 999 bei Note 41.
17) Etwa Stöber, Forderungspfändung, Rdn. 999.

hiervon erfaßt sehen. Soweit in diesem Zusammenhang auch auf die sozialversicherungsrechtliche Behandlung von Weihnachtszuwendungen verwiesen wird, ist anzumerken, daß Weihnachtszuwendungen seit dem 1.1.1984 in voller Höhe beitragspflichtig und als einmalig gezahltes Arbeitsentgelt für die Beitragsberechnung heranzuziehen sind. Insoweit wird der Grundsatz durchbrochen, daß Lohnsteuern und Sozialversicherungsbeiträge von der gleichen Bemessungsgrundlage zu berechnen sind[18]. Da der Gesetzgeber in §850a Nr. 4 ZPO keine Angaben über den Zeitpunkt der Gewährung der Weihnachtsgratifikation gemacht hat, entscheidet nicht der Zeitpunkt der Zahlung, sondern ihr Zweck.

Aus der begrifflichen Kennzeichnung als Weihnachtsvergütung erhellt, daß dem **491** Arbeitnehmer diese besondere Zuwendung *aus Anlaß* des Weihnachtsfestes zufließen muß. Das hat mit der steuerrechtlichen Behandlung nichts zu tun. Man kann allenfalls erwägen, indiziell auf die steuerrechtliche Behandlung des Weihnachtsfreibetrages zurückzugreifen, soweit über den Anlaß der Zahlung des Arbeitgebers Unklarheit herrscht. Die Qualifizierung einer Zuwendung als Weihnachtsvergütung setzt voraus, daß sie in einer zeitlichen Nähe zum Weihnachtsfest steht, weil sonst der Zweck der Vergütung jeglichen Sinnes entkleidet wäre. Aus diesem Grunde genießen Vorschüsse auf Weihnachtsgratifikationen, die etwa im Sommer oder Herbst vom Arbeitgeber entrichtet werden, nicht den Pfändungsschutz des §850a Nr. 4 ZPO[19].

Wechselt ein Arbeitnehmer am Ende des Kalenderjahres seinen Arbeitsplatz, so **492** darf der neue Arbeitgeber die Unpfändbarkeit der Weihnachtsvergütung nur berücksichtigen, wenn die Weihnachtsvergütung nicht bereits im früheren Arbeitsverhältnis im Rahmen des §850a Nr. 4 ZPO von der Pfändung ausgenommen worden ist. Diese Beschränkung ist dem Zweckgehalt des §850a Nr. 4 ZPO zu entnehmen, der dem Arbeitnehmer *nur einmal* wegen der anläßlich des Weihnachtsfestes naturgemäß auftretenden vermehrten Bedürfnisse einen besonderen Pfändungsschutz einräumen will.

Weiterhin unklar ist, ob Abschlußprämien, Jahresprämien oder das sog. 13. Mo- **493** natsgehalt dem Anwendungsbereich des §850a Nr. 4 ZPO unterliegen[20]. Die Zweckrichtung wird bei einer Zahlung nicht zweifelhaft sein können, die der Arbeitgeber ausdrücklich als Weihnachtsgratifikation bzw. Weihnachtsvergütung bezeichnet. Hierbei mag dahinstehen, welche Entgeltteile Anerkennung für geleistete Dienste oder Beihilfe für vermehrte Ausgaben sind, weil der Gesetzgeber in §850a Nr. 4 ZPO hinsichtlich der Unpfändbarkeit feste Grenzen zieht. Entscheidend für die Unpfändbarkeit ist aber der Gesichtspunkt der erwarteten vermehrten Bedürfnisse des Schuldners aus Anlaß des Weihnachtsfestes. Und nur,

---

18) Durch das SteuerentlastungsG 1981 vom 16.8.1980 (BGBl. I, 1381) ist der Weihnachts-Freibetrag auf 600 DM erhöht worden (§19 Abs. 3 EStG). Bei einer Veranlagung zur ESt und beim Lohnsteuerjahresausgleich ist der Weihnachtsfreibetrag auch zu berücksichtigen, wenn der Arbeitnehmer in der Zeit vom 8.11. bis 31.12. keinen Arbeitslohn bezogen hat.

19) Im Ergebnis ebenso Stöber, Forderungspfändung, Rdn. 999 Note 41; Münzberg in Stein/Jonas, ZPO, §850a Rdn. 27 und Note 44.

20) Das wird angenommen von Bischoff/Rochlitz, Die Lohnpfändung, §850a Rdn. 17.

wenn die Gewährung der Abschlußprämie, der Jahresprämie oder des 13. Monatsgehalts diesem Gesichtspunkt Rechnung trägt, erscheint die Anwendung des § 850 a Nr. 4 ZPO auch auf diese Bezüge gerechtfertigt. Richtet sich etwa die Abschluß- oder Jahresprämie allein nach dem Betriebsergebnis oder wird das 13. Monatsgehalt lediglich als Vergütung für bereits geleistete Dienste gewährt und seine Auszahlung nur deshalb in den Dezember verlegt, um damit eine Betriebsbindung des Arbeitnehmers zu erreichen, so fehlt es an dem ursächlichen Zusammenhang zwischen dem Weihnachtsfest und der Zuwendung, so daß diese dem Pfändungsschutz aus § 850 a Nr. 4 ZPO nicht zugänglich ist.

494 Der Anspruch auf Zahlung einer Weihnachtsvergütung kann dem Arbeitnehmer aus einer einzelvertraglichen Absprache mit dem Arbeitgeber, aus einem kollektiven Normenvertrag (Tarifvertrag, Betriebsvereinbarung), einer betrieblichen Übung[21] oder aus dem Grundsatz der Gleichbehandlung[22] zustehen.

495 Gewährt der Arbeitgeber unter dem Vorbehalt der *Freiwilligkeit* oder *ohne Rechtsanspruch* für ein bestimmtes Jahr die Weihnachtsgratifikation, so wird durch die Zusage der Gratifikation für *dieses* Jahr gleichwohl ein Rechtsanspruch begründet. Der Vorbehalt räumt dem Arbeitgeber nur die Möglichkeit ein, in späteren Jahren von der Gewährung einer Gratifikation Abstand nehmen zu können[23].

496 Der Höchstbetrag der Weihnachtsvergütung, der pfändungsfrei bleibt, liegt bei zur Zeit 470 DM. Im übrigen ist die Weihnachtsvergütung bis zum Betrage der Hälfte des monatlichen Arbeitseinkommens unpfändbar, soweit es die Grenze von 470 DM nicht übersteigt. Zum Arbeitseinkommen gehören dabei alle Bezüge, die der Arbeitnehmer als Gegenleistung für seine Arbeitsleistung erhält, also nicht die Vergütung zur Abgeltung besonderer Aufwendungen wie etwa Reisekosten, Tagegelder, Übernachtungsgelder usw. Maßgebend ist dabei das monatliche Arbeitseinkommen des Monats, in dem die Weihnachtsvergütung gezahlt wird, was sich aus § 850 c Abs. 1 ZPO ergibt.

497 Schließlich ist umstritten, ob bei der Berechnung der Hälfte des Arbeitseinkommens vom Brutto- oder Nettoarbeitseinkommen auszugehen ist[24]. Im Streit der

---

[21] Vgl. zur betrieblichen Übung: Mengel, Die betriebliche Übung, S. 15 ff.; BAG BB 1957, 750; BAG vom 30. 10. 1984 – 3 AZR 236/82 – DB 1985, 1747.

[22] BAG DB 1961, 712; BAG AP Nr. 4, 5 zu § 242 BGB Gleichbehandlung; BAG DB 1982, 1776. Dazu insgesamt: Schaub, Arbeitsrechtshandbuch, § 112. Der Gleichbehandlungsgrundsatz findet Anwendung, wenn der Arbeitgeber seinen Arbeitnehmern Leistungen zusagt oder gewährt, zu denen er nicht aufgrund anderer Rechtspflichten verpflichtet ist. Es besteht keine Gleichbehandlungspflicht von leitenden Angestellten bei Sozialleistungen (§ 112 BetrVG): BAG vom 16. 7. 1985 NZA 1985, 713 unter Aufgabe der Entscheidung vom 31. 1. 1979 AP Nr. 8 zu § 112 BetrVG 1972.

[23] BAG AP Nr. 34 zu § 611 BGB Gratifikation. Die Pfändbarkeit kann auch nicht durch Vereinbarung zwischen Arbeitgeber und Arbeitnehmer ausgeschlossen werden: BAG AP Nr. 21 zu § 611 BGB Gratifikation.

[24] Vom Nettoeinkommen gehen aus: Hohn, BB 1966, 1274, 1275; Hartmann in Baumbach/Lauterbach, § 850 a Anm. 5; Bock/Speck, Einkommenspfändung, C III 2 d; vom Bruttoeinkommen gehen aus: Stöber, Forderungspfändung, Rdn. 999; Münzberg in Stein/Jonas, ZPO, § 850 a Rdn. 28; Gisela Harbeck, HzA, Gruppe 22, § 3 B II 4. Sh. aber Rzn. 645 ff. zur Berechnung bei § 850 e Nr. 1 ZPO.

Meinungen ist der Auffassung zu folgen, die das monatliche Bruttoeinkommen zugrunde legt. Der Gesetzgeber spricht in § 850 a Nr. 4 ZPO ganz allgemein vom monatlichen Arbeitseinkommen, das als Bruttoarbeitseinkommen zu verstehen ist, wie aus § 850 e Nr. 1 ZPO hervorgeht. Die der Pfändung entzogene Weihnachtsvergütung ist bei der Berechnung des pfändbaren Lohns gänzlich unberücksichtigt zu lassen, als ob der Schuldner diesen Betrag überhaupt nicht erhalten hätte [vgl. Rdn. 645 ff.].

5. Heirats- und Geburtsbeihilfen (§ 850 a Nr. 5 ZPO)

Unpfändbar sind gem. § 850 a Nr. 5 ZPO Heirats- und Geburtsbeihilfen, sofern die 498
Vollstreckung wegen anderer als der aus Anlaß der Heirat oder der Geburt entstandenen Ansprüche betrieben wird. Hier gilt eine absolute Unpfändbarkeit für alle Gläubiger, so daß auch die bevorrechtigten Unterhaltsgläubiger insoweit keine Vollstreckungsmöglichkeiten besitzen. Heirats- und Geburtsbeihilfen sind ohne Rücksicht auf ihre Höhe und Üblichkeit unpfändbar. Nur soweit dem Gläubiger aus Anlaß der Heirat oder der Geburt Ansprüche gegen den Schuldner zustehen, etwa Forderungen der Hebamme, Forderungen des Lieferanten aus Warenlieferungen zur Hochzeit, usw., stehen diese Forderungen des Schuldners für den Vollstreckungszugriff offen[25]. Es gelten dann auch nicht die Pfändungsbeschränkungen aus § 850 c ZPO.

6. Erziehungsgelder, Studienbeihilfen (§ 850 a Nr. 6 ZPO)

Der Pfändung entzogen sind nach § 850 a Nr. 6 auch Erziehungsgelder, Studien- 499
beihilfen und ähnliche Bezüge. Ihr Pfändungsschutz gilt auch gegenüber den in § 850 d Abs. 1 ZPO genannten Gläubigern, wobei gleichgültig ist, wie hoch sich die Zuwendung beläuft und wer als Geldgeber auftritt, ob es die öffentliche Hand ist oder etwa eine private Stelle[26]. § 850 a Nr. 6 ZPO gelangt auch dann zur Anwendung, wenn der Arbeitgeber Fort- und Ausbildungsmaßnahmen seiner Mitarbeiter finanziert. Soweit allerdings während der Dauer der Fort- oder Ausbildung Entgeltfortzahlung gewährt wird, ist diese gem. §§ 850 ff. ZPO pfändbar.

Umstritten ist, ob der Vergütungsanspruch des Auszubildenden gem. § 10 Abs. 1 500
BBilG zu den nach § 850 a Nr. 6 ZPO unpfändbaren Bezügen gehört[27]. Für die Unpfändbarkeit spricht zunächst, daß das Berufsausbildungsverhältnis vom Erziehungs- und Ausbildungszweck geprägt wird und die Ausbildungsvergütung in einem solchen Rechtsverhältnis neben der Ausbildungspflicht nur eine Neben-

---

25) Zu den Ansprüchen aus § 850 a Nr. 5 ZPO zählen auch Ansprüche auf Entbindungskosten nichtehelicher Mütter aus § 1615 k BGB: Vgl. Münzberg in Stein/Jonas, ZPO, § 850 a Rdn. 30 sowie Stöber, Forderungspfändung, Rdn. 1001. Zu den entbindungsbedingten Aufwendungen: LG Hamburg NJW 1983, 345 ff.

26) Ebenso Stöber, Forderungspfändung, Rdn. 1002; Münzberg in Stein/Jonas, ZPO, § 850 a Rdn. 32; LG Hannover Büro 1979, 1393.

27) Verneinend: Stöber, Forderungspfändung, Rdn. 1002; Gisela Harbeck, HzA, Gruppe 22, § 3 B II 6; bejahend: Hoffmann, BB 1959, 852; Münzberg in Stein/Jonas, ZPO, § 850 a Rdn. 32.

pflicht darstellt[28]. Wie oben[29] bereits begründet wurde, stehen Vergütung und Leistung des Auszubildenden nicht in einem Kausalverhältnis, so daß mit der Ausbildungsvergütung keine Gegenleistung für eine produktive Arbeit des Auszubildenden gewährt wird.

501 Nicht unter § 850 a Nr. 6 ZPO fallen Sozialleistungsansprüche im Sinne des § 11 SGB I, deren Pfändbarkeit sich nach § 54 SGB I bestimmt.

7. Sterbe- und Gnadenbezüge (§ 850 a Nr. 7 ZPO)

502 Unter Sterbe- und Gnadenbezügen sind diejenigen Zahlungen zu verstehen, die Hinterbliebenen oder sonstigen Angehörigen von Beamten oder Arbeitnehmern aus Anlaß des Todes oder der Invalidität von dem Dienstherrn oder Arbeitgeber gewährt werden. Das gem. § 18 BeamtVG beim Tode eines Beamten zu zahlende Sterbegeld kann gem. § 51 Abs. 3 BeamtVG weder gepfändet noch abgetreten noch verpfändet werden. Forderungen des Dienstherrn gegen den Verstorbenen aus Vorschuß- oder Darlehensgewährungen sowie aus Überzahlungen von Dienst- oder Versorgungsbezügen können jedoch auf das Sterbegeld angerechnet werden[30]. Ebenso wie im öffentlichen Dienstrecht werden auch Sterbegelder aufgrund tarifvertraglicher Regelungen beim Tode eines Arbeitnehmers gewährt[31]. Derartige Bezüge sind gem. § 850 a Nr. 7 ZPO auch für Unterhaltsgläubiger gänzlich der Pfändung entzogen. Dabei fällt für den besonderen Pfändungsschutz nicht ins Gewicht, ob die Sterbe- und Gnadenbezüge einmalig oder während eines bestimmten Zeitraums gewährt werden.

503 Nicht unter die Sterbe- und Gnadenbezüge fallen jedoch Bezüge, die für den Sterbemonat aufgrund des Arbeitsvertrages als Arbeitsentgelt gezahlt werden. Insoweit bestimmt sich der Pfändungsschutz aus § 850 c ZPO.

504 Ist der Arbeitgeber aufgrund einzelvertraglicher oder kollektivrechtlicher Regelung verpflichtet, *fortlaufende* Bezüge an Hinterbliebene zu leisten, so handelt es sich um Arbeitseinkommen im Sinne von § 850 Abs. 2 ZPO[32]. Einmalige Bezüge aus Sterbekassen und kleinen Lebensversicherungen fallen nicht unter § 850 a Nr. 7, sondern unter § 850 b Abs. 1 Nr. 4 ZPO.

8. Blindenzulagen (§ 850 a Nr. 8 ZPO)

505 Schließlich sind auch Blindenzulagen ohne Rücksicht auf den Grund oder die Höhe der Zahlung gänzlich, d. h. auch zugunsten bevorrechtigter Unterhaltsgläubiger, unpfändbar[33].

---

28) Vgl. BAG AP Nr. 25 zu § 5 BetrVG 1972 zu III 3 c der Gründe
29) Sh. Rzn. 414 ff.
30) Vgl. dazu Rzn. 382 ff. Gleiches gilt für Soldaten: § 48 Abs. 2 SoldatenversorgungsG.
31) Sh. etwa § 41 BAT.
32) Auch das nach §§ 62 bis 64 BAT oder entsprechenden Regelungen wegen Berufsunfähigkeit oder Erwerbsunfähigkeit oder wegen Erreichens der tariflichen oder sog. flexiblen Altersgrenze zu gewährende Übergangsgeld unterfällt nicht dem § 850 a Nr. 7 ZPO. Trotz Lohnsteuerpflicht ist das Übergangsgeld nicht beitragspflichtig, weil die Beitragspflicht das Bestehen des Arbeitsverhältnisses voraussetzt. Sh. aber auch § 3 Nr. 10 EStG.
33) Vgl. dazu das LandesblindengeldG NW vom 16. 6. 1970 i. d. F. v. 16. 12. 1981 – GV NW S. 736 – und zur Höhe § 67 BSHG.

III. Die bedingt pfändbaren Bezüge (§ 850 b ZPO)

Zu den sog. bedingt pfändbaren Bezügen des § 850 b ZPO rechnen vor allem Renten sowie fortlaufende Einkünfte aus Stiftungen, Witwen-, Sterbekassen und Lebensversicherungen. 506

Da diese Bezüge des Schuldners regelmäßig in vollem Umfange der Sicherung seiner Lebensgrundlage und der anfallenden vermehrten Bedürfnisse dienen, sind sie grundsätzlich der Pfändung entzogen. Dies gilt auch dann, wenn ein bevorrechtigter Unterhaltsgläubiger vollstreckt. Werden diese Bezüge *neben* dem Arbeitseinkommen gewährt, so bleiben sie bei der Berechnung des pfändbaren Einkommens außer Ansatz. Dabei ist nach § 850 b ZPO nicht nur der Anspruch auf die laufende Rente unpfändbar, sondern auch der Anspruch auf Rentenrückstände[1]. Der Unterhaltsgläubiger soll sein Pfändungsprivileg nicht dadurch einbüßen, daß der Schuldner mit seiner Leistungspflicht in Verzug gerät. 507

Bedingt ist die Pfändung dieser Ansprüche, weil der Gläubiger zur Befriedigung seiner titulierten Forderung zunächst eine Vollstreckung in das sonstige bewegliche Vermögen betreiben muß und nur wenn dies erfolglos bleibt oder voraussichtlich sein wird, der Zugriff auf die in § 850 b ZPO genannten Ansprüche statthaft ist. Das Vollstreckungsgericht hat auf Antrag des Gläubigers unter Berücksichtigung von Billigkeitsgesichtspunkten die Pfändung durch Beschluß nach den für das Arbeitseinkommen geltenden Vorschriften zuzulassen. Erst der Beschluß des Vollstreckungsgerichts – zuständig ist der Rechtspfleger (§ 20 Nr. 17 RpflG) – *begründet*[2] die Pfändbarkeit. Aus diesem Grunde ist eine *Vorpfändung* dieser Ansprüche gem. § 845 ZPO ausgeschlossen[3]. 508

Das Vollstreckungsgericht soll vor seiner Entscheidung die Beteiligten, d. h. nicht nur den Gläubiger und den Drittschuldner, sondern auch den Schuldner hören (§ 850 b Abs. 3 ZPO), um unter Abwägung der beiderseitigen Interessenlage die Billigkeit der Pfändung bejahen oder verneinen zu können. Dies geschieht in Abweichung von § 834 ZPO, der aus Gründen des Überraschungseffektes eine Anhörung des Schuldners ausdrücklich verbietet. 509

Erläßt der Rechtspfleger den Pfändungsbeschluß mit oder ohne Anhörung der Beteiligten, so handelt es sich um eine *Entscheidung*[4] auf dem Gebiet der Zwangsvollstreckung, die sowohl vom Schuldner als auch vom Drittschuldner mit der sofortigen Erinnerung binnen einer Notfrist von 2 Wochen nach Zustellung angegriffen werden kann (§§ 11 Abs. 1 S. 2 RpflG, 577 Abs. 2 ZPO). 510

---

1) BGHZ 31, 218; BGH NJW 1970, 282; BGH NJW 1982, 516.

2) BGH NJW 1970, 282, 283.

3) So auch Stöber, Forderungspfändung, Rdn. 1035. Wird die Vorpfändung gleichwohl ausgebracht, so kann der Schuldner oder Drittschuldner die unbefristete Vollstreckungserinnerung nach § 766 ZPO einlegen. A. A. aber Stöber, a. a. O., der Nichtigkeit und nicht bloße Anfechtbarkeit annimmt.

4) Vgl. dazu Rzn. 278 ff.; OLG Frankfurt OLGZ 1975, 488 ff.; LG Bochum Rpfleger 1977, 178. A. A. aber Hartmann in Baumbach/Lauterbach, ZPO, § 850 b Anm. C b, falls die Anhörung unterblieben ist. Dann § 766 ZPO.

511 Gleiches gilt für den Gläubiger, soweit der Rechtspfleger den Antrag auf Erlaß des Pfändungs- und Überweisungsbeschlusses abschlägig bescheidet.

512 Läßt das Vollstreckungsgericht konstitutiv die Pfändung der in § 850 b ZPO aufgeführten Bezüge zu, so unterliegt ihr Vollzug den für das Arbeitseinkommen geltenden Bestimmungen (§§ 850 c, 850 d ZPO). Demgemäß kann es auch zu einer Zusammenrechnung gem. § 850 e Nr. 2, 2 a und 3 ZPO kommen. Besondere Bedürfnisse des Schuldners können über § 850 f ZPO Berücksichtigung finden.

513 Das Verbot der Pfändbarkeit nimmt den in § 850 b ZPO genannten Ansprüchen des Schuldners auch ihre Verkehrsfähigkeit. Dem Berechtigten soll grundsätzlich verwehrt sein, etwa unter dem Druck wirtschaftlicher Schwierigkeiten oder aus sonstigen Gründen über diese Forderungen disponieren zu dürfen, um der Gefahr vorzubeugen, daß der Berechtigte der öffentlichen Fürsorge zur Last fällt. Der Schuldner kann die Ansprüche aus § 850 b ZPO also weder abtreten noch verpfänden (§§ 400, 1274 Abs. 2 BGB). Ebenso scheitert eine Aufrechnung gegen einen Anspruch des Schuldners aus § 850 b ZPO an § 394 BGB, der die Aufrechnung gegen eine der Pfändung nicht unterworfene Forderung ausschließt. Derartige Verfügungen verstoßen gegen ein zwingendes gesetzliches Verbot und sind nichtig (§ 134 BGB).

514 Hat jedoch das Vollstreckungsgericht *konstitutiv* die Pfändbarkeit zugelassen (§ 850 b Abs. 2 ZPO), wird die Verkehrsfähigkeit dieser Ansprüche hergestellt und diese werden abtretbar, verpfändbar und damit auch der Aufrechnung zugänglich[5)]. Allerdings kann das Vollstreckungsgericht nicht etwa durch gesonderten Beschluß die nach § 850 b ZPO unpfändbaren Forderungen für pfändbar erklären[6)], vielmehr muß derjenige, der gegen einen Anspruch aus § 850 b ZPO aufrechnen will, diesen nach § 850 b Abs. 2 ZPO pfänden und sich überweisen lassen[7)]. Aus den Grundsätzen von Treu und Glauben (§ 242 BGB) läßt sich eine Abtretbarkeit nach § 850 b ZPO der Pfändung entzogener Ansprüche dann bejahen, wenn der durch § 400 BGB Geschützte den unpfändbaren Betrag vom Zessionar bereits vorher erhalten hat[8)].

1. Das Verfahren

515 Will der Gläubiger in die nach § 850 b ZPO nur bedingt pfändbaren Bezüge des Schuldners vollstrecken, muß er zunächst *glaubhaft*[9)] (§ 294 ZPO) machen, daß die Zwangsvollstreckung in die beweglichen Sachen, Forderungen und sonstigen Rechte des Schuldners nicht zu einer vollständigen Befriedigung geführt hat oder daß sonst unter Berücksichtigung der obwaltenden Umstände mit großer

---

5) BGH NJW 1970, 283; KG OLGZ 1970, 17, 19; OLG Düsseldorf FamRZ 1981, 971.

6) So aber Denck, MDR 1979, 452.

7) OLG Stuttgart Rpfleger 1983, 409 m. w. N.; Münzberg in Stein/Jonas, ZPO, § 850 b Rdn. 34; Stöber, Forderungspfändung, Rdn. 1034.

8) Vgl. BGH NJW 1972, 1705 mit weiteren Nachweisen; BAG NJW 1980, 1652.

9) Ebenso Münzberg in Stein/Jonas, ZPO, § 850 a Rdn. 28 unter Hinweis auf § 807 ZPO; a. A. aber Thomas/Putzo, ZPO, § 850 b, Anm. 1 unter Hinweis auf OLG Hamm MDR 1977, 587.

Wahrscheinlichkeit feststeht, daß eine Vollstreckung in das sonstige bewegliche Vermögen zwecklos verläuft. Geeignet ist hierfür die Vorlage einer Fruchtlosigkeitsbescheinigung des Gerichtsvollziehers aber auch jede andere Art und Weise der Glaubhaftmachung bisheriger erfolgloser Vollstreckungsversuche. Das Vollstreckungsgericht darf nicht von Amts wegen ermitteln. Gem. § 850 b Abs. 3 ZPO kann das Vollstreckungsgericht jedoch den Schuldner zur Aufklärung veranlassen.

Daneben hat das Vollstreckungsgericht nach der Art des beizutreibenden An- **516**
spruchs und der Höhe der Bezüge zu prüfen, ob die Pfändung der Billigkeit entspricht[10]. Der Gläubiger braucht für eine nach § 850 b Abs. 2 ZPO zu bewirkende Pfändung nur soviel an Tatsachen für die Billigkeit der Pfändung vorzutragen, wie ihm unter Berücksichtigung der Umstände des Einzelfalles zugemutet werden kann. Reicht dieses Vorbringen für eine Beurteilung der Frage der Billigkeit nicht aus, so ist die Anhörung des Schuldners nach § 850 b Abs. 3 ZPO geboten. Äußert sich der Schuldner nicht, so verstößt er gegen eine ihn treffende prozessuale Obliegenheit, die allein ihm bekannten Umstände vorzubringen, die gegen die Billigkeit der Pfändung sprechen. Bei derartigem Befund kann das Vollstreckungsgericht, soweit der Vortrag des Gläubigers nicht entgegensteht, von der Billigkeit der Pfändung ausgehen[11].

2. Die unter § 850 b ZPO fallenden Bezüge

Bedingt pfändbar im oben beschriebenen Sinne sind:

a) Renten, die wegen einer Verletzung des Körpers oder der Gesundheit zu ent- **517**
richten sind (Verletzungsrenten: § 850 b Abs. 1 Nr. 1 ZPO).

Hierunter fallen vor allem Geldrenten aus §§ 843, 618 BGB, 62 Abs. 3 HGB, 13 Abs. 2 StVG, 30 Abs. 2 AtomG. Anders als bei Unterhaltsrenten des § 850 b Abs. 1 Nr. 2 ZPO, die auf *gesetzlicher* Vorschrift beruhen müssen, sind auch auf vertraglicher Grundlage gewährte Renten nach § 850 b Abs. 1 Nr. 1 ZPO nur bedingt pfändbar[12]. Da der Pfändungsschutz derartiger Geldrenten der Sicherung der Existenz des Schuldners dient, muß die Zuwendung gerade den Ausgleich derartiger Schäden bezwecken. Dies gilt dann, wenn der Schuldner etwa durch einen Versicherungsvertrag Vorsorge für eine von einem Dritten nicht verschuldete Invalidität getroffen hat.

Nicht von § 850 b Abs. 1 Nr. 1 ZPO erfaßt werden Ansprüche auf Erstattung von **518**
Auslagen, die dem Verletzten wegen einer vorübergehenden Steigerung seiner Bedürfnisse zufließen[13]. Auch die *Kapitalabfindung* anstelle der Verletztenrente

---

10) Sh. dazu insgesamt Hornung, Rpfleger 1981, 423.
11) Vgl. OLG Hamm, OLGZ 1979, 240 und Rpfleger 1981, 447; OLG Frankfurt MDR 1978, 323.
12) BGH DB 1978, 788, 789. Die Pfändbarkeit von Renten aus der Sozialversicherung bestimmt sich nach § 54 SGB I. Der Schadensersatzanspruch wegen fehlgeschlagener Sterilisation, der sich im Aufwand für den Unterhalt des ungewollten Kindes niederschlägt (BGH NJW 1980, 1452–1456), fällt nicht unter § 850 b Abs. 1 Nr. 1 ZPO. Sh. dazu Münzberg in Stein/Jonas, ZPO, § 850 b Rdn. 8.
13) RGZ 87, 86.

bleibt ungeschützt, weil sie keine Rente im Sinne von § 850 b Abs. 1 Nr. 1 ZPO darstellt, sondern deren Ablösung nach § 362 BGB. Dies gilt indes nicht für rückständige Beträge aus einer Rentenverpflichtung, weil sonst der Gläubiger des Rentenanspruchs allein wegen der Nachlässigkeit seines Schuldners das ihm zustehende Pfändungsprivileg verlöre[14].

519 *b) Unterhaltsrenten,* die auf gesetzlicher Vorschrift beruhen, sowie die wegen Entziehung einer solchen Forderung zu entrichtenden Renten (§ 850 b Abs. 1 Nr. 2 ZPO). Hierzu rechnen rückständige und künftige Unterhaltsrenten des Ehegatten, früheren Ehegatten, der Verwandten, der ehelichen und unehelichen Kinder (§§ 1360, 1361, 1601 ff., 1615 a ff. BGB), der Mutter aus Anlaß der Geburt (§ 1615 l BGB) oder Fehlgeburt (§ 1615 n BGB). Praktisch handelt es sich um die Unterhaltsrenten der unter § 850 d ZPO fallenden Personen gegen den zur Unterhaltszahlung verpflichteten Angehörigen.

520 Diesen Ansprüchen werden die Geldrenten gleichgestellt, die ein *Dritter* als Schadensersatz dafür leisten muß, daß er infolge Tötung des gesetzlich Unterhaltsverpflichteten den Unterhaltsberechtigten das Recht auf Unterhalt entzogen hat (§ 844 Abs. 2 BGB).

521 Da nur die auf *Gesetz* beruhenden Unterhaltsrenten in den Pfändungsschutz aus § 850 b Nr. 2 ZPO einbezogen werden, können *vertragliche Regelungen* nur bis zur gesetzlichen Höhe durch § 850 b Nr. 2 ZPO privilegiert werden[15].

522 Geht der Unterhaltsanspruch des Kindes durch gesetzlichen Forderungsübergang nach § 1615 b BGB auf einen Dritten über, der dem Kind Unterhalt gewährt hat, so ist die Verkehrsfähigkeit dieser Unterhaltsforderung nicht mehr eingeschränkt[16]. Denn der Zweck des § 850 b Abs. 1 Nr. 2 ZPO liegt darin, Dritten den Zugriff auf die Forderung zu verwehren, um dem Unterhaltsberechtigten die Lebensgrundlage zu erhalten. Diese Fürsorge ist nicht mehr erforderlich, wenn der Berechtigte von einem Dritten unterhalten worden ist und das Gesetz ihm deshalb den Anspruch nimmt[17].

523 Für Ansprüche auf Kapitalabfindungen bleibt § 850 b Nr. 2 ZPO unanwendbar. Denn die anstelle des Unterhalts gewährte Kapitalabfindung stellt selbst keine Unterhaltsrente, d. h. eine Forderung des Unterhaltsberechtigten gegen den Unterhaltsschuldner mehr dar, sondern deren Ablösung nach § 362 BGB[18]. Sie beruht auf einem neuen selbständigen Rechtsgrund, der von der ursprünglichen Unterhaltsforderung verschieden ist.

524 Umstritten ist, ob der sog. *Taschengeldanspruch* des Ehegatten im Rahmen des

---

14) BGHZ 31, 218; Stöber, Forderungspfändung, Rdn. 1008.
15) Allg. Ansicht: BGHZ 31, 218 = NJW 1960, 572.
16) BGHZ 59, 109, 115 = NJW 1972, 1703.
17) BGH NJW 1982, 516.
18) So zutreffend OLG Celle NJW 1960, 1015 mit weiteren Nachweisen. Diese Problemlage kann etwa im Falle des § 1585 Abs. 2 BGB entstehen.

§ 850 b Nr. 2 ZPO bedingt gepfändet werden kann[19] oder als untrennbarer Bestandteil des Familienunterhalts nach § 851 ZPO der Pfändung entzogen ist. Nach zwischenzeitlich einhellig vertretener Meinung der Oberlandesgerichte ist der Taschengeldanspruch des unterhaltsberechtigten Ehegatten nach § 850 b Abs. 1 Nr. 2, Abs. 2 ZPO bedingt pfändbar[20]. Da sich jedoch gem. § 850 b Abs. 2 ZPO die Pfändung nach den für Arbeitseinkommen geltenden Vorschriften richtet, kommt im Normalfall eine Pfändung dann nicht in Betracht, wenn die eigenen Einkünfte des unterhaltsberechtigten Ehegatten zusammen mit seinem Unterhaltsanspruch und dem darin enthaltenen Anspruch auf Taschengeld nicht die Pfändungsfreigrenzen des § 850 c ZPO übersteigen[21]. Überdies hat der Gläubiger gem. § 850 b Abs. 2 ZPO die Umstände darzutun, die eine Billigkeit der Pfändung begründen. Soweit für die Beurteilung der Billigkeit Umstände maßgebend sind, die in der Sphäre des Schuldners liegen, sind an die Darlegungslast des Gläubigers keine strengen Anforderungen zu stellen. Er muß jedoch dartun, ob der Schuldner Einkünfte aus eigener Berufstätigkeit hat, welcher sozialen Gruppe der Ehepartner angehört und wieviel unterhaltsberechtigte Kinder vorhanden sind[22].

c) *Fortlaufende Einkünfte,* die ein Schuldner aus Stiftungen oder sonst aufgrund **525**
der Fürsorge *und* Freigebigkeit eines Dritten oder aufgrund eines Altenteils oder Auszugsvertrags bezieht (§ 850 b Abs. 1 Nr. 3 ZPO).

Unter einer Stiftung versteht man einen Vermögensinbegriff, der dem Willen ei- **526**
nes Stifters entprechend selbständig für einen bestimmten Zweck verwaltet wird. Ob die Genußberechtigten (Destinatäre) klagbare Rechte auf Stiftungsleistungen haben, ist eine Frage der Auslegung der Stiftungsverfassung[23].

Die Unpfändbarkeit für fortlaufende Einkünfte, die ein Schuldner aufgrund der **527**
Fürsorge und Freigebigkeit eines Dritten bezieht, setzt voraus, daß es sich um *unentgeltliche* Einkünfte aufgrund eines Vertrags oder einer letztwilligen Verfügung handelt, die in fürsorglicher Absicht *und* Freigebigkeit eines Dritten erfolgen. Das Tatbestandsmerkmal der Freigebigkeit liegt schon dann nicht mehr vor, wenn die Zuwendung auch nur teilweise Entgeltcharakter hat. Aus diesem Grunde zählen Ruhegeldansprüche nicht hierher, weil bei ihnen die Unentgeltlichkeit fehlt; sie unterliegen nach § 850 Abs. 2 ZPO der Pfändung.

---

19) Bejahend etwa: OLG Koblenz NJW 1961, 2166; OLG Frankfurt OLGZ 1975, 448; OLG München OLGZ 1975, 58; OLG Stuttgart OLGZ 1983, 347; verneinend: LG München NJW 1961, 1408; LG Berlin NJW 1967, 204. Vgl. auch die Nachweise bei Stöber, Forderungspfändung, Rdn. 1015.

20) Sh. die Nachweise bei Note 19. Unter dem Taschengeld ist der Geldbetrag zu verstehen, über den der Ehegatte zur Befriedigung seiner Privatinteressen frei verfügen kann: RGZ 97, 288. Regelmäßig ist er ohne nähere Bezifferung im Wirtschaftsgeld enthalten (§ 1360 a BGB). Ein Betrag von 3 % bis 5 % des Einkommens des Ehegatten scheint nicht übersetzt: OLG München OLGZ 1975, 62 mit Nachweisen.

21) Bei Pfändung wegen einer Unterhaltsforderung ist der pfändbare Betrag gem. § 850 d ZPO zu bestimmen.

22) OLG Stuttgart OLGZ 1983, 348, 349.

23) A. A. aber OLG Celle NJW 1962, 1731.

528 Unpfändbar sind fortlaufende Einkünfte sowohl aus einem dinglich gesicherten als auch aus einem nur schuldrechtlich vereinbarten Altenteil. Ein Altenteil oder Leibgedinge hat in der Regel die Gewährung des Unterhalts zum Inhalt, wobei dem Altenteiler ein Wohnrecht an einem bestimmten Teil des überlassenen Grundstücks gewährt wird. Auf der anderen Seite soll in Verbindung damit dem Übernehmer ein Gut oder ein Grundstück überlassen werden, kraft dessen Nutzung er sich eine eigene Lebensgrundlage schaffen und gleichzeitig den dem Altenteiler geschuldeten Unterhalt gewinnen kann[24)].

529 *d) Bezüge aus Witwen-, Waisen-, Hilfs- und Krankenkassen,* die ausschließlich oder zu einem wesentlichen Teil zu Unterstützungszwecken gewährt werden, ferner Ansprüche aus *Lebensversicherungen,* die nur auf den Todesfall des Versicherungsnehmers abgeschlossen sind, wenn die Versicherungssumme 3600 DM nicht übersteigt.

530 Anders als im § 850 b Abs. 1 Nr. 1 bis 3 ZPO genießen Bezüge aus Witwen-, Waisen-, Hilfs- und Krankenkassen, sowie Ansprüche aus Lebensversicherungen für den Todesfall auch als *einmalige* Zahlungsansprüche Pfändungsschutz. Unerheblich ist dabei, ob es sich bei diesen Kassen um öffentliche Einrichtungen oder privatrechtliche Gebilde handelt. Die Kassen der Sozialversicherungsträger gehören allerdings nicht hierher (§ 850 i Abs. 4 ZPO). Die Unpfändbarkeit der Kassenbezüge setzt voraus, daß diese Leistungen ausschließlich oder zumindest in ihrem wesentlichen Teil zu *Unterstützungszwecken* gedacht sind. Hierher gehören Heilmittel, Arztkosten, Sterbegelder von privaten Krankenversicherungen oder privaten Hilfsvereinen, auch Tagegelder, soweit sie den Verdienstausfall bis zur Pfändungsfreigrenze (§ 850 c ZPO) decken[25)]. Fehlt es an dem Unterstützungszweck, wie etwa bei dem Anspruch auf Beitragsrückerstattung, so sind die Kassenleistungen in vollem Umfange pfändbar.

531 Während § 850 a Nr. 7 ZPO Sterbebezüge aus Arbeits- oder Dienstverhältnissen dem Zugriff der Gläubiger entzieht, Versorgungsrenten aus einem privaten Versicherungsvertrag, die bestimmungsgemäß ein Ruhegeld oder eine Hinterbliebenenrente ersetzen oder ergänzen sollen, gem. § 850 Abs. 3 b ZPO dem normalen Lohnpfändungsschutz als dem Arbeitseinkommen gleichgestellte Bezüge unterliegen, schließt § 850 b Abs. 1 Nr. 4 ZPO Ansprüche aus Eigenlebensversicherungen *nur auf den Todesfall* von der Pfändung aus, *wenn* die Versicherungssumme 3600 DM nicht übersteigt. Damit bleibt § 850 b Abs. 1 Nr. 4 ZPO unanwendbar, wenn die Versicherungssumme *auch* bei Erreichung eines bestimmten Lebensalters fällig oder eine Fremdversicherung abgeschlossen wird[26)]. Die Int-

---

24) Vgl. BGH NJW 1970, 283. Einzelheiten bei Bock/Speck, Einkommenspfändung, S. 260. Die gepfändete Leibrente wird durch § 850 b ZPO nicht geschützt, weil es sich um eine Leistung aus einem Kaufvertrag handelt. Sh. dazu auch BGH NJW 1981, 2568 in der Abgrenzung zum Leibgedingsvertrag. Der Versorgungscharakter als Wesen des Leibgedingsvertrags läßt das sonst übliche synallagmatische Verhältnis von Leistung und Gegenleistung in den Hintergrund treten.

25) Ebenso Stöber, Forderungspfändung, Rdn. 1019; Münzberg in Stein/Jonas, ZPO, § 850 b Rdn. 19.

26) AG Köln VersR 1967, 948; LG Koblenz VersR 1969, 920.

ention des § 850 b Abs. 1 Nr. 4 ZPO besteht erkennbar darin, beim Tode des Versicherungsnehmers zur Abdeckung der Sterbefallkosten den hierfür erforderlichen Geldbetrag den Erben ungeschmälert durch den Gläubigerzugriff zur Verfügung zu stellen. Die Formulierung dieser Vorschrift ist mißglückt. Entgegen dem Wortlaut ist nur der über 3600 DM hinausgehende Mehrbetrag pfändbar und übertragbar[27)].

Uneinigkeit herrscht, wenn der Schuldner mehrere Kleinlebensversicherungen **532**
abgeschlossen hat, von denen eine oder alle zusammengenommen den Betrag von 3600 DM überschreiten. Ein Teil der Literatur will hier jeden einzelnen Versicherungsanspruch für unpfändbar erklären und eine Verwertung für den Gläubiger nur über § 850 b Abs. 2 ZPO zulassen, unabhängig davon, ob der Schuldner die einzelnen Verträge bei einer oder mehreren Versicherungsgesellschaften abgeschlossen hat[28)]. Dagegen bejaht das OLG Hamm[29)] die Pfändbarkeit jedes einzelnen Versicherungsanspruchs, wenn die Gesamtversicherungssumme über 3600 DM liegt, weil das Bedürfnis des Schuldners im Falle des Abschlusses mehrerer Verträge nicht anders zu beurteilen sei als bei Abschluß eines einzelnen Vertrags über eine größere Summe. Soweit der Schuldner bei einer Versicherungsgesellschaft mehrere Verträge abgeschlossen hat, gilt das Zuvorgesagte entsprechend, d. h. nur der 3600 DM übersteigende Betrag unterliegt dem vollen Zugriff des Gläubigers. Soweit Verträge mit mehreren Versicherern vorliegen, muß der Gläubiger sämtliche Ansprüche pfänden und über eine Zusammenrechnung nach § 850 e Nr. 2 ZPO die Pfändung und Überweisung des die Höchstsumme übersteigenden Betrags erreichen.

---

27) Meine frühere mit Stöber, Forderungspfändung, Rdn. 1021 übereinstimmende anderslautende Meinung in Boewer, Die Lohnpfändung in der betrieblichen Praxis, S. 226, gebe ich auf. Wie hier Münzberg in Stein/Jonas, ZPO, § 850 b Rdn. 21; a. A. aber Berner, Rpfleger 1964, 68.

28) Berner, Rpfleger 1964, 68; OLG Düsseldorf VersR 1981, 111.

29) Rpfleger 1964, 86. So auch Stöber, Forderungspfändung, Rdn. 1021. Vgl. auch AG Fürth VersR 1982, 59.

IV. Der Pfändungsschutz aus § 850 c ZPO

533 Der Pfändungsschutz gegenüber *gewöhnlichen* oder nicht bevorrechtigten Gläubigern des Schuldners ist in § 850 c ZPO geregelt[1]. Diese Vorschrift gelangt auch zur Anwendung, wenn Ansprüche auf laufende Sozialleistungen in Geld (§§ 18 ff. SGB I) gepfändet werden (§ 54 Abs. 3 Nr. 2 SGB I). Für Unterhaltsansprüche *bevorrechtigter* Unterhaltsgläubiger gilt die besondere Regelung aus § 850 d ZPO, wonach das Arbeitseinkommen des Schuldners ohne die in § 850 c ZPO bezeichneten Beschränkungen pfändbar ist. Hier bestimmt § 850 c ZPO gemäß § 850 d Abs. 1 S. 3 ZPO allerdings die Höchstgrenze des unpfändbaren Lohns.

534 Wie oben (Rzn. 368 ff.) näher begründet wurde, genießen nur die *wiederkehrenden* Bezüge aus dem Arbeits- oder Dienstverhältnis von vornherein den Pfändungsschutz aus § 850 c ZPO.

535 § 850 c Abs. 1 und 2 ZPO differenziert bei der Festsetzung des pfändungsfreien Betrages zwischen dem *unpfändbaren Grundbetrag*[2], dem über den Grundbetrag hinausgehenden *unpfändbaren Mehrbetrag*[3] (überschießender Betrag: § 850 c Abs. 2 S. 1 ZPO) und dem sogenannten Höchstbetrag[4] (§ 850 c Abs. 2 S. 2 ZPO), bei dessen Überschreitung kein Pfändungsschutz mehr besteht.

536 Die Höhe der so differenzierten unpfändbaren Grund-, Mehr- und Höchstbeträge wird in den Absätzen 1 und 2 des § 850 c ZPO im einzelnen angegeben, so daß die an der Lohnpfändung Beteiligten danach rechnerisch die Höhe des pfändbaren Lohnteils ermitteln können. Um die praktische Handhabung des § 850 c ZPO zu erleichtern, hat der Gesetzgeber dem § 850 c ZPO als Anlage eine Tabelle beigefügt, aus der sich je nach der Lohnabrechnungsperiode, die § 850 c Abs. 1 S. 2 ZPO mit monatlich, wöchentlich oder täglich vorgibt, der von der Pfändung erfaßte Betrag ablesen läßt. Es genügt, wenn in dem Pfändungsbeschluß auf die Tabelle Bezug genommen wird (§ 850 c Abs. 3 S. 2 ZPO).

1. Die Ermittlung des pfändbaren Lohnteils

537 Maßgebend für den Umfang der Pfändung ist zunächst der Nettolohn des Arbeitnehmers, der nach § 850 e Nr. 1 ZPO ermittelt wird (vgl. dazu Rzn. 640 ff.). Darüber hinaus muß der Arbeitgeber pfändungsmindernd (Freibeträge) die gesetzlichen Unterhaltspflichten des Schuldners (§ 850 c Abs. 1 S. 2 und Abs. 2 ZPO) berück-

---

1) Diese haben nur dann eine Sonderstellung, wenn sie die Zwangsvollstreckung wegen einer Forderung aus einer vorsätzlich unerlaubten Handlung betreiben (§ 850 f Abs. 2 ZPO).

2) Der unpfändbare Grundbetrag eines Schuldners erhöht sich, wenn er aufgrund einer gesetzlichen Verpflichtung seinem Ehegatten, einem früheren Ehegatten oder einem Verwandten oder nach §§ 1615 l, 1615 n BGB der Mutter eines nichtehelichen Kindes Unterhalt gewährt.

3) Der über den Grundbetrag hinausgehende Mehrbetrag ist in Höhe von 3/10 unpfändbar, wenn der Schuldner keinen Unterhalt nach § 850 c Abs. 1 ZPO gewährt, in Höhe von zwei weiteren Zehnteln für die erste Person und je einem weiteren Zehntel für die zweite bis fünfte Person, der Unterhalt gewährt wird, ebenfalls unpfändbar. Damit unterliegt *1/10 des Mehrbetrages* stets der Pfändung.

4) Zur Zeit bleibt der Teil des Arbeitseinkommens, der 3.302,– DM monatlich, 762,– DM wöchentlich, 152,40 DM täglich, übersteigt, bei der Berechnung des unpfändbaren Betrages unberücksichtigt.

sichtigen. Grundsätzlich kann der Arbeitgeber als Drittschuldner im Verhältnis zum Arbeitnehmer und Gläubiger nur befreiend leisten, wenn er den der Pfändung unterliegenden Lohnteil korrekt berechnet. Diese Konsequenz wird stets zu bejahen sein, wenn der Drittschuldner alle Umstände kennt, die für die richtige Berechnung maßgebend sind. Dies ist jedoch nicht immer der Fall, weil bestimmte, die Höhe der Pfändung beeinflussende Angaben dem Drittschuldner verborgen geblieben sind. Welche Rechtsfolgen ein dadurch veranlaßter Irrtum des Drittschuldners auslöst und welche Anstrengungen er unternehmen muß, um entsprechende Irrtümer auszuschließen, ist bislang nicht abschließend geklärt[5].

Normalerweise enthält der Pfändungsbeschluß keine konkreten Angaben über **538**
die nach § 850 c Abs. 1 S. 2 ZPO zu berücksichtigenden gesetzlichen Unterhaltspflichten, da häufig weder der Gläubiger, jedenfalls nicht das Vollstreckungsgericht, darüber unterrichtet sind. Derartige Blankettbeschlüsse begegnen keinen rechtlichen Bedenken, weil der Umfang der Pfändung bestimmbar ist[6]. Ob und welche gesetzlichen Unterhaltspflichten bestehen und erfüllt werden, weiß am besten der Vollstreckungsschuldner. Nur diesen trifft auch gemäß § 836 Abs. 3 S. 1 ZPO die einklagbare Verpflichtung, dem Gläubiger die zur Geltendmachung der Forderung nötige Auskunft zu erteilen. Damit wird zugleich die klageweise Durchsetzung einer Drittschuldnererklärung durch den Pfändungsgläubiger gemäß § 840 Abs. 1 ZPO verneint[7]. Diese Vorgaben des Gesetzes verdeutlichen, daß der Drittschuldner durch die Bedienung des Pfändungs- und Überweisungsbeschlusses nicht über das erforderliche Maß hinaus belastet werden soll. Diese Bewertung wird nicht etwa im Verhältnis zum Arbeitnehmer durch die den Arbeitgeber treffende *Fürsorgepflicht* verändert. Die in § 242 BGB wurzelnde Fürsorgepflicht verpflichtet den Arbeitgeber zu Fürsorgemaßnahmen gegenüber dem Arbeitnehmer insoweit, wie diese nach Treu und Glauben und unter Berücksichtigung der im Einzelfall vorliegenden Umstände von ihm erwartet werden dürfen[8].

Der Arbeitgeber muß daher bei allen seinen Maßnahmen auf das Wohl und die be- **539**
rechtigten Interessen seines Arbeitnehmers Rücksicht nehmen, wozu unter Umständen gehört, daß der Arbeitgeber den Arbeitnehmer durch sachgerechte Aufklärung vor Schritten bewahrt, durch die er sich selbst schädigen würde. Allerdings besteht eine derartige Aufklärungspflicht des Arbeitgebers nur dann, wenn der Arbeitnehmer nach den im Verkehr herrschenden Anschauungen redlicherweise eine Aufklärung erwarten darf. Überträgt man diese Grundsätze auf die Abwicklung der Lohnpfändung, so ist dem Arbeitgeber im Verhältnis zum Arbeitnehmer nicht zumutbar, besondere Recherchen darüber anzustellen, ob der Arbeit-

---

[5] Vergleiche dazu etwa Stöber, Forderungspfändung, Rdn. 1055; Rixecker, JurBüro 1982, 1762 ff. mit weiteren Nachweisen.

[6] Vergleiche dazu KG OLGZ 1978, 491 ff.; Stöber, Rpfleger 1974, 77; ders., Forderungspfändung, Rdn. 1054 mit weiteren Nachweisen bei Note 29; Rixecker, Büro 1982, 1762; Münzberg in Stein/Jonas, ZPO, § 850 c Rdn. 21; a. A. aber Quardt, BB 1967, 251.

[7] BGH NJW 1984, 1901, 1902. Für einen Schadensersatzanspruch gegen den Drittschuldner bei unterlassener Erklärung aus § 840 Abs. 1 ZPO sind die *ordentlichen Gerichte* zuständig: BAG vom 31. 10. 84 – 4 AZR 535/82 – AP Nr. 4 zu § 840 ZPO mit Anm. Grunsky.

[8] BAG AP Nr. 83 zu § 611 BGB Fürsorgepflicht; BAG AP Nr. 10 zu § 670 BGB.

nehmer ihn über sämtliche zu beachtende Unterhaltspflichten unterrichtet hat. Dem Arbeitnehmer als Schuldner wird der Pfändungs- und Überweisungsbeschluß zugestellt (§§ 829 Abs. 2 S. 2, 835 Abs. 3 ZPO). Er wird demgemäß nicht überrascht, daß pfändbare Lohnteile an den Gläubiger abzuführen sind. Es ist daher ausschließlich seine Angelegenheit, den Arbeitgeber nachweislich über gesetzliche Unterhaltspflichten i. S. v. § 850 c Abs. 1 S. 2 ZPO in Kenntnis zu setzen, soweit der Arbeitgeber davon nicht bereits unterrichtet ist. Dies gebietet auch eine analoge Anwendung des § 409 BGB, so daß der Drittschuldner gegenüber dem Schuldner (Arbeitnehmer) von der Lohnschuld befreit ist, wenn er ohne Kenntnis von Unterhaltspflichten einen höheren als den eigentlich pfändbaren Betrag an den Gläubiger abgeführt hat[9]. Die vorstehenden Erwägungen schließen natürlich nicht aus, daß sich der Arbeitgeber vor der Abführung pfändbarer Lohnteile mit dem Arbeitnehmer ins Benehmen setzen kann, um zu klären, ob er von richtigen Voraussetzungen bei der Bestimmung des pfändbaren Lohnteils ausgeht.

540 Häufig wird der Arbeitgeber auf die Angaben der in seinem Besitz befindlichen *Lohnsteuerkarte* des Schuldners zurückgreifen müssen, was allerdings keineswegs ausschließt, daß der Schuldner durch andere *amtliche* Unterlagen beweiskräftig belegt, daß er gesetzliche Unterhaltspflichten i. S. v. 850 c Abs. 1 S. 2 ZPO zu erfüllen hat. Die für die Ausstellung der Lohnsteuerkarte zuständige Gemeinde hat nämlich auf die Steuerkarte insbesondere den Familienstand, die Steuerklasse und die Zahl der Kinder des Steuerpflichtigen, die das 16. Lebensjahr noch nicht vollendet haben, sowie die Anzahl der Kinderfreibeträge einzutragen (§ 39 Abs. 3, 4 EStG)[10]. Der unbeschränkt steuerpflichtige Arbeitnehmer hat dem Arbeitgeber beim Eintritt in das Arbeitsverhältnis oder vor Beginn des Kalenderjahres eine Lohnsteuerkarte vorzulegen, die der Arbeitgeber während des Arbeitsverhältnisses aufzubewahren hat (§ 39 b Abs. 1 S. 1 EStG). Verzögert der Arbeitnehmer vorsätzlich oder fahrlässig die Vorlage oder Wiedervorlage der Lohnsteuerkarte, hat der Arbeitgeber die Lohnsteuer nach der Lohnsteuerklasse VI zu ermitteln[11]. Wenn sich auch der Arbeitgeber zur *Berechnung* der *Lohnsteuer* nach der Lohnsteuerkarte richten muß, weil sie die für die Besteuerung des Lohns maßgeblichen Merkmale aufweist[12], so muß sie gleichwohl nicht die tat-

---

9) Zutreffend Rixecker, JurBüro 1982, 1766. Dies gilt unabhängig davon, daß der Arbeitgeber berechtigt wäre, von dem Gläubiger unter dem Gesichtspunkt ungerechtfertigter Bereicherung zu Unrecht gezahlte Lohnteile zurückfordern zu können: BGH NJW 1982, 173 ff. Die gleiche Rechtsfolge tritt ein, wenn der Arbeitgeber versehentlich an einen nachrangigen Gläubiger geleistet hat. Scherübl/Zöller, ZPO, § 850 c Anm. II 4 empfehlen hier im Anschluß an Grunau, JurBüro 1962, 241, daß sich der Arbeitgeber bei Eingang des Pfändungsbeschlusses vom Schuldner schriftlich bestätigen läßt, welchen Personen er gesetzlich geschuldeten Unterhalt gewährt.

10) In der Fassung des StSenkG 1986/1988 vom 26. 6. 84 (BGBl. I, 1153). Bei sogenannter Halbteilung erscheint auf der Steuerkarte der Zähler 0,5.

11) Zu den Einzelheiten: § 39 c EStG und Abschnitt 91 LStR. Muß der Arbeitgeber den Lohnsteuerabzug gemäß § 39 c Abs. 2 EStG für den Monat Januar ändern, muß *keine* Neuberechnung des pfändbaren Lohns erfolgen, weil die zu wenig oder zu viel einbehaltene Lohnsteuer jeweils bei der *nächsten* Lohnabrechnung auszugleichen ist: § 39 c Abs. 2 S. 4 EStG.

12) BFH AR-Blattei, Lohnsteuer, E 202.

sächlich bestehenden gesetzlichen Unterhaltspflichten des Schuldners ausweisen. Da für die Eintragungen in die Lohnsteuerkarte die Verhältnisse zu Beginn des Kalenderjahres, für das die Lohnsteuerkarte gilt, maßgebend sind (§ 39 Abs. 3 EStG), erscheinen auf ihr Veränderungen, die im Laufe des Kalenderjahres bei dem Schuldner eintreten, erst dann, wenn sie auf der Lohnsteuerkarte vermerkt worden sind. Außerdem kann der Schuldner die Eintragung einer für ihn ungünstigeren Steuerklasse, einer geringeren Zahl der Kinderfreibeträge oder einer geringeren Kinderzahl beantragen (§ 39 Abs. 3 EStG). So soll es in der Praxis vorkommen, daß ein Arbeitnehmer die Steuerklasse VI wählt, um auf diese Art sein pfändbares Einkommen zu schmälern. Diese unter steuerrechtlichen Aspekten möglichen und zulässigen Abweichungen von den tatsächlichen Gegebenheiten sind nicht gleichermaßen für den Pfändungsschutz aus § 850 c ZPO maßgebend, wenn der Arbeitnehmer durch amtliche Unterlagen pfändungsmindernde Umstände nachweist. Richtet sich der Arbeitgeber nach den Angaben in der Lohnsteuerkarte, weil der Schuldner keinen Nachweis über weitere gesetzliche Unterhaltspflichten i. S. v. § 850 c Abs. 1 S. 2 ZPO beigebracht hat, so wird der Arbeitgeber gegenüber dem Gläubiger in entsprechender Anwendung des § 407 BGB geschützt, wenn etwa zwischenzeitlich ein Unterhaltsberechtigter weggefallen ist.

Enthält jedoch der Pfändungsbeschluß eine Aussage über die Zahl der zu be- **541**
rücksichtigenden Unterhaltsberechtigten, so ist dies für den Drittschuldner solange verbindlich, bis eine Abänderung des Pfändungsbeschlusses erfolgt und ihm zugestellt ist[13)]. Gläubiger, Schuldner und Drittschuldner haben zudem die rechtliche Möglichkeit, im Wege der *Erinnerung* eine Entscheidung des Vollstreckungsgerichtes über die Berücksichtigung der nach § 850 c Abs. 1 S. 2 ZPO *Unterhaltsberechtigten* herbeizuführen[14)].

2. Die pfändungsfreien Zuschläge für Unterhaltsberechtigte

Zu den Unterhaltsberechtigten, die gemäß § 850 c Abs. 1 S. 2 ZPO zu berücksich- **542**
tigen sind, gehören der Ehegatte (§ 1360 BGB), auch wenn die Ehegatten getrennt leben (§ 1361 BGB), ein früherer Ehegatte (§ 1569 BGB) sowie Verwandte in gerader Linie (§ 1601 BGB), d. h. eheliche oder nichteheliche Kinder[15)] (§ 1615 a BGB), Eltern, Großeltern, Urgroßeltern, nicht dagegen Verwandte in der Seitenlinie (§ 1589 S. 2 BGB), z. B. Geschwister, Verschwägerte (§ 1590 BGB), ebensowenig Stief- oder Pflegekinder[16)], auch wenn sie im Haushalt des Schuldners leben

---

13) Vgl. Münzberg in Stein/Jonas, ZPO, § 850 c Rdn. 25.

14) Siehe dazu Behr, Rpfleger 1981, 383; Hornung, Rpfleger 1978, 354; Münzberg in Stein/Jonas, ZPO, § 850 c Rdn. 26; Zöller/Scherübl, ZPO, § 850 c Anm. II 4; LG Essen NJW 1969, 686.

15) Dazu zählen auch Adoptivkinder, die nach § 1754 Abs. 2 BGB im Verhältnis zum Abnehmenden und dessen Verwandten die Stellung eines ehelichen Kindes erwerben. Nimmt ein Elternpaar ein Kind an oder ein Ehegatte ein Kind des anderen Ehegatten, erlangt es die Stellung eines gemeinschaftlichen ehelichen Kindes (§ 1574 Abs. 1 BGB).

16) Ein *Pflegekindverhältnis* liegt vor, wenn das Kind im Haushalt der Pflegeeltern seine Heimat hat und zwischen den Pflegeeltern und dem Kind ein dem Eltern-Kind-Verhältnis ähnliches Band hergestellt ist. Dazu gehört, daß es wie ein leibliches Kind betreut wird. Ein *Stiefkind* ist ein Kind des Ehegatten, das mit dem Schuldner verschwägert ist.

und von ihm unterhalten werden[17]. Eine Erhöhung des pfändungsfreien Betrages tritt auch dann ein, wenn der Schuldner der Mutter eines nichtehelichen Kindes nach §§ 1615 l, 1615 n BGB Unterhalt gewährt. Dies betrifft zum einen den Unterhalt für die Mutter aus Anlaß der Geburt, regelmäßig 6 Wochen vor und 8 Wochen nach der Geburt, längstens 4 Monate vor der Entbindung bis ein Jahr nach der Entbindung (§ 1615 l Abs. 1 und 2 BGB), des weiteren den Fall der Tot- und Fehlgeburt (§ 1615 n BGB).

543 Für die pfändungsrechtliche Berücksichtigung des Unterhaltsanspruchs i. S. v. § 850 c Abs. 1 S. 2 ZPO ist es gleichgültig, ob die Höhe der Unterhaltsleistung zwischen dem Schuldner und dem Unterhaltsberechtigten vertraglich geregelt ist. In jedem Falle kann der Abzug nur in den Grenzen des § 850 c Abs. 1 S. 2, Abs. 2 ZPO erfolgen. Dagegen finden allein auf vertraglicher Grundlage vorhandene Unterhaltsansprüche, ohne daß eine gesetzliche Unterhaltspflicht (§ 850 c Abs. 1 S. 2 ZPO) vorliegt, bei der Bemessung des pfandfreien Betrages keine Beachtung. Voraussetzung der Berücksichtigung von gesetzlichen Unterhaltspflichten i. S. v. § 850 c Abs. 1 S. 2 ZPO ist, daß der Schuldner, sei es freiwillig oder durch zwangsweise Beitreibung, den ihm obliegenden Unterhalt auch *tatsächlich* leistet („gewährt“)[18]. Dies folgt nicht nur aus dem Wortlaut des § 850 c ZPO, wo ausdrücklich von Gewährung des Unterhalts die Rede ist, sondern auch aus dem Zweckgehalt dieser Vorschrift. Der Zuschlag zum pfändungsfreien Teil des Lohns soll nämlich dem vom Schuldner wirtschaftlich abhängigen Unterhaltsberechtigten eine menschenwürdige Lebensführung ermöglichen. Entzieht sich der Schuldner seinen gesetzlichen Unterhaltspflichten, so fehlt jedwede Berechtigung, ihn dafür durch eine Erhöhung des ihm zu belassenden Lohns noch zusätzlich zu belohnen. Allerdings wird der Drittschuldner im Normalfall nicht wissen, ob und in welchem Umfange der Schuldner tatsächlich den gesetzlichen Unterhaltsanspruch erfüllt. Er ist keineswegs gehalten, hierüber Erhebungen anzustellen. Solange er über keine sicheren Kenntnisse verfügt, daß der Schuldner seiner gesetzlichen Unterhaltspflicht nicht nachkommt, darf er im Verhältnis zum Gläubiger mit befreiender Wirkung die Freibeträge gemäß § 850 c Abs. 1 S. 2 ZPO an den Schuldner auszahlen.

544 Ein minderjähriges unverheiratetes Kind kann von seinen *Eltern,* auch wenn es selbst über Vermögen verfügt, insoweit Unterhalt verlangen, als die Einkünfte seines Vermögens und der Ertrag seiner Arbeit zum Unterhalt nicht ausreichen (1602 Abs. 2 BGB). Damit kann der Schuldner regelmäßig für jedes noch in der Berufsausbildung befindliche Kind trotz Zahlung einer Ausbildungsvergütung den entsprechenden Freibetrag aus § 850 c Abs. 1 S. 2 und Abs. 2 ZPO beanspru-

---

[17] BGH NJW 1969, 2007.

[18] BAG NJW 1966, 903; LAG Mainz BB 1966, 741; Münzberg in Stein/Jonas, ZPO, § 850 c Rdn. 16; Stöber, Forderungspfändung, Rdn. 1047 mit weiteren Nachweisen. Aus Gründen der Praktikabilität und im Interesse der Rechtssicherheit bedarf es nicht der ziffernmäßigen Festsetzung konkreter Beträge, zumal der Gesetzgeber in § 850 c Abs. 1 S. 2 und Abs. 2 ZPO von einer Pauschalierung der pfandfrei zu belassenen Beträge ausgeht. Im übrigen kann der jeweils pfändungsfreie Betrag über der tatsächlichen Eigenleistung des Schuldners liegen: Münzberg in Stein/Jonas, ZPO, § 850 c, Rdn. 16.

chen. Da sich der Unterhaltsanspruch des Kindes gegen beide Elternteile richtet, sind auch bei beiden im Falle der Pfändung ihres Lohns die Freibeträge zu berücksichtigen[19].

Tragen beide Ehegatten durch erzieltes Arbeitseinkommen zum Lebensunterhalt bei, ist bei der Berechnung der Pfändungsfreigrenzen der jeweils andere Ehegatte als Unterhaltsberechtigter i. S. v. § 850 c ZPO anzusehen. Dies gilt unabhängig von der Höhe beider Einkommen[20]. Nach §1360 BGB hat jeder Ehegatte bei einem gemeinschaftlichen Haushalt die Pflicht, die Familie angemessen zu unterhalten. Diese Verpflichtung hängt nicht von der Höhe der Einkommen beider Ehegatten ab. 545

3. Die Berücksichtigung eigener Einkünfte des Unterhaltsberechtigten (§850c Abs. 4 ZPO)

Durch den mit Wirkung vom 1. 4. 78 in Kraft getretenen Abs. 4 des § 850 c ZPO[21] hat der Gesetzgeber die früher umstrittene Frage regeln wollen, inwieweit unterhaltsberechtigte Personen (§850c Abs. 1 S. 2 ZPO) mit *eigenen Einkünften* bei der Berechnung des unpfändbaren Teils des Arbeitseinkommens des Schuldners ganz oder teilweise unberücksichtigt bleiben. Auf Antrag des *Gläubigers* kann das Vollstreckungsgericht nach billigem Ermessen eine entsprechende Bestimmung treffen. Die Formulierung des §850c Abs. 4 ZPO gibt allerdings zu Zweifeln Anlaß, ob bei Ablehnung eines *Unterhaltsbedürfnisses* (§§1569, 1602 BGB) bereits die Anwendung des §850c Abs. 1 S. 2 ZPO zu verneinen ist[22], so daß ein Antrag aus §850c Abs. 4 ZPO nicht in Betracht kommt. Richtig an dieser von Fenn[22] vertretenen Ansicht ist, daß nach dem Wortlaut des §850c Abs. 4 ZPO der Schuldner einer Person mit eigenen Einkünften aufgrund gesetzlicher Verpflichtung Unterhalt gewähren muß und dieser zumindest bei Verwandten in gerader Linie gemäß §1602 Abs. 1 BGB nur gegenüber demjenigen besteht, der außerstande ist, sich selbst zu unterhalten. Soweit es sich um *Ehegatten* handelt, sind dagegen bei bestehender Ehe die gesetzlichen Unterhaltspflichten vom Unterhaltsbedürfnis unabhängig (§§1360, 1360a BGB). Dem Gesetzgeber war diese unterschiedliche Rechtslage bekannt. Die zu Mißdeutungen veranlassende Formulierung in §850c Abs. 4 ZPO kann aber nicht darüber täuschen, daß der Gesetzgeber die nicht unproblematische Frage des Unterhaltsbedürfnisses eines gesetzlichen Unterhaltsberechtigten des Schuldners *abschließend* durch 546

---

19) BAG BB 1975, 703 = NJW 1975, 1296; LG Oldenburg Rpfleger 1980, 353; Münzberg in Stein/Jonas ZPO, §850c, Rdn. 18; a. A. aber Finger, RdA 1970, 77 für den Fall, daß der Gläubiger bei beiden gesamtschuldnerisch haftenden Ehegatten eine Lohnpfändung ausbringt. Hier soll der Kinderfreibetrag nur einmal berücksichtigt werden. Sh. auch BAG vom 26. 11. 1986 – 4 AZR 786/85 –, wenn der angemessene Unterhalt des Schuldners gefährdet ist.

20) So mit zutreffender Begründung BAG ZIP 1983, 1247 mit ablehnender Anmerkung von Fenn, der zu Unrecht die Bedeutung des §850c Abs. 4 ZPO verengt. Zustimmend dagegen Beitzke, Anm. zu BAG AP Nr. 4 zu §850c ZPO.

21) Durch das Vierte Gesetz zur Änderung der Pfändungsfreigrenzen vom 28. 2. 78 (BGBl. I, 333).

22) So generell Fenn, ZIP 1983, 1250 ff. und Stöber, Forderungspfändung, Rdn. 1061, wenn es sich nicht um Ehegatten handelt.

§ 850 c Abs. 4 ZPO regeln wollte[23]. Für diese Bewertung sprechen vor allem auch Gründe der Rechtssicherheit und Praktikabilität. Der Drittschuldner wäre weitgehend überfordert, sollte er mit seinen völlig unzureichenden Mitteln abklären müssen, ob und in welchem Umfange Unterhaltsbedürfnisse der gesetzlichen Unterhaltsberechtigten des Schuldners vorhanden sind. Die Antwort darauf hat vielmehr auf Antrag des Gläubigers das Vollstreckungsgericht nach billigem Ermessen zu geben. Demgemäß braucht sich der Drittschuldner nicht mit dem materiellen Unterhaltsrecht zu befassen, wenn er eine Lohnpfändung des Schuldners bedient. Da gemäß § 850 c Abs. 4 ZPO nur dem Gläubiger ein Antragsrecht zusteht, könnten bei Zweifeln über die Unterhaltsbedürftigkeit auch weder der Drittschuldner noch der Schuldner einen sogenannten Klarstellungsbeschluß des Vollstreckungsgerichts herbeiführen.

547 Eine ganz andere, hiervon zu trennende Frage ist allerdings, daß § 850 c Abs. 4 ZPO nur zum Zuge kommt, wenn der Schuldner – unabhängig von der Bedürftigkeit – *tatsächlich* Unterhalt leistet, ohne daß es auf den wirklichen Umfang ankäme. *Gewährt* der Schuldner keinen Unterhalt an einen Unterhaltsberechtigten i. S. v. § 850 c Abs. 1 S. 2 ZPO, kann er auch keine Berücksichtigung bei der Bemessung des der Pfändung entzogenen Lohns finden. Insoweit könnten die am Lohnpfändungsverfahren unmittelbar Beteiligten über den Weg der Erinnerung (§ 766 ZPO) gegen den Pfändungsbeschluß eine klarstellende Entscheidung des Vollstreckungsgerichts erwirken[24]. Ein vorsichtiger Drittschuldner kann zudem die Möglichkeit der Hinterlegung (§ 372 BGB) in Betracht ziehen.

548 Über den Antrag des Gläubigers nach § 850 c Abs. 4 ZPO, der an keine Frist gebunden ist, entscheidet der Rechtspfleger des Vollstreckungsgerichts (§ 20 Nr. 17 RpfG)[25]. Der Gläubiger kann den Antrag mit dem Gesuch auf Erlaß des Pfändungs- und Überweisungsbeschlusses verbinden oder nach Ausbringung der Lohnpfändung stellen[26]. Verbindet der Gläubiger den Antrag nach § 850 c Abs. 4 ZPO mit dem Lohnpfändungsgesuch, verbietet sich eine Anhörung des Schuldners wegen § 834 ZPO, soweit sie der Gläubiger nicht beantragt. Dies wird sich häufig nicht umgehen lassen, wenn der Gläubiger keine nähere Kenntnis über die zu berücksichtigenden Umstände hat. Der Gläubiger hat die für die Entscheidung nach § 850 c Abs. 4 ZPO erforderlichen Angaben schlüssig darzustellen. Zumindest sind die Eigeneinkünfte des Unterhaltsberechtigten, die Zahl der unterhaltsberechtigten Personen insgesamt sowie das Nettoeinkommen des

---

[23] So auch in der Tendenz BAG AP Nr. 4 zu § 850 c ZPO. Zur Genese dieser Vorschrift siehe etwa Arnold, BB 1978, 1314 ff., 1318; Hartmann, NJW 1978, 610; Hornung, Rpfleger 1978, 355 ff..

[24] Zu den Einzelheiten des Erinnerungsverfahrens: Rzn. 278 ff. und 298 ff. Weigert sich der Rechtspfleger, dem Antrag des Gläubigers aus § 850 c Abs. 4 ZPO zu entsprechen, ist dagegen befristete Erinnerung nach §§ 11 Abs. 1 S. 2 RPflG, 793, 577 ZPO gegeben.

[25] So auch Hornung, Rpfleger 1978, 356; Hartmann, NJW 1978, 610; Münzberg in Stein/Jonas, ZPO, § 850 c Rdn. 29. Es handelt sich nicht um eine Erinnerung gegen einen Pfändungsbeschluß.

[26] Der Antrag ist an keine Frist gebunden, er kann aber nicht nach Beendigung der Vollstreckung für bereits ausgekehrtes Arbeitseinkommen gestellt werden: Münzberg in Stein/Jonas, ZPO, § 829 Rdn. 29; Hornung, Rpfleger 1978, 357; Behr, Rpfleger 1981, 383 mit weiteren Nachweisen.

Schuldners anzugeben. Eine amtswegige Ermittlung des Rechtspflegers erfolgt nicht[27]. Der Schuldner kann den Beschluß als einseitige Vollstreckungsmaßnahme mit einer Erinnerung aus § 766 ZPO angreifen[28]. Folgt der Antrag aus § 850 c Abs. 4 ZPO der Lohnpfändung nach, darf der Schuldner gehört werden. Bestreitet der Schuldner die Angaben des Gläubigers, muß letzterer Beweis, etwa durch Zeugenvernehmung, antreten. In diesem Falle ist die befristete Erinnerung gemäß §§ 11 Abs. 1 S. 2 RpflG, 577, 793 ZPO der richtige Rechtsbehelf des Schuldners.

Inhaltlich zielt der Antrag des Gläubigers auf vollständige, hilfsweise auf teilweise 549
Nichtberücksichtigung des Unterhaltsberechtigten mit eigenen Einkünften ab. Soweit ein Unterhaltsberechtigter gänzlich unberücksichtigt bleibt, ergeben sich keine Schwierigkeiten. Der Pfändungsbeschluß enthält den Hinweis, daß ein bestimmt bezeichneter Unterhaltsberechtigter bei der Berechnung des unpfändbaren Teils des Arbeitseinkommens unberücksichtigt bleibt[29]. Bei einer Teilberücksichtigung eines Unterhaltsberechtigten schließt der Gesetzgeber eine schlichte Bezugnahme auf die Tabelle aus (§ 850 c Abs. 4 S. 1 2. Halbsatz ZPO). Die Formulierung muß im Beschluß so konkret ausfallen, daß der Drittschuldner auch bei schwankendem Nettoeinkommen des Schuldners über eine sichere Berechnungsgrundlage verfügt[30]. Bestimmt das Vollstreckungsgericht, daß dem *unpfändbaren* Betrag ohne Berücksichtigung des konkret bezeichneten Unterhaltsberechtigten mit eigenem Einkommen ein *bestimmter Betrag* hinzuzurechnen ist[31], so provoziert diese Art der teilweisen Nichtberücksichtigung

---

27) So auch Hornung, Rpfleger 1978, 357; Behr, Rpfleger 1981, 384; Münzberg in Stein/Jonas, ZPO, § 850 c Rdn. 30.

28) Hat der Rechtspfleger entgegen § 834 ZPO den Schuldner gehört, ist hiergegen ohne Rücksicht darauf, ob diese Anhörung verfahrensrechtlich zulässig war, die Rechtspflegererinnerung aus § 11 RPflG gegeben, die nach Nichtabhilfe seitens des Amtsrichters zur sofortigen Beschwerde wird (§ 11 Abs. 2 S. 5 RPflG): KG Rpfleger 1973, 32; KG OLGZ 1978, 491, 492.

29) Vgl. dazu den entsprechenden Vorschlag von Stöber, Forderungspfändung, Rdn. 1067.

30) Sie könnte lauten: Der unterhaltsberechtigte X bleibt bezüglich der jeweiligen Differenz zwischen dem pfändbaren Betrag für 2 Unterhaltsberechtigte und dem pfändbaren Betrag für 3 Unterhaltsberechtigte aus der Tabelle zu § 850 c ZPO in Höhe von 5/10 des Differenzbetrages unberücksichtigt.
Sh. dazu den Formulierungsvorschlag von Behr, Rpfleger 1981, 385: „Bei der Berechnung des pfändbaren Betrages nach der Tabelle zu § 850 c ZPO ist wie folgt zu verfahren: 50 % des zwischen der für alle Unterhaltsberechtigten geltenden und der vorgehenden Tabellenstufe zu errechnenden Differenzbetrages sind dem pfändbaren Betrag nach der für alle Unterhaltsberechtigten geltenden Tabellenstufe zuzurechnen." Ablehnend dazu Stöber, Forderungspfändung, Rdn. 1068 bei Note 62 mit dem beachtlichen Argument, daß dieser Vorschlag gerade bei schwankenden Einkünften des Schuldners nicht den aus dem Arbeitseinkommen des Schuldners noch zu bestreitenden Lebensbedarf des Unterhaltsberechtigten gewährleistet. So auch Hornung, Rpfleger 1978, 358 mit verschiedenen Berechnungsbeispielen bei Hinzurechnung eines festen Betrages zum umpfändbaren Arbeitseinkommen sowie bei Wegfall oder Minderung des Grundfreibetrages.

31) Beispiel nach Hornung, Rpfleger 1978, 358: Der Schuldner ist verheiratet und hat 2 Kinter. Das monatliche Nettoeinkommen des Schuldners beträgt 2.700,– DM. Ein Unterhaltsberechtigter, der 700,– DM netto monatlich verdient, soll teilweise unberücksichtigt bleiben. Bei 2 Unterhaltsberechtigten sind pfändbar: 549,60 DM, d. h. unpfändbar = 2150,40 DM. Das Vollstreckungsgericht beschließt, daß weitere 100,– DM, d. h. insgesamt 2.250,40 DM unpfändbar sind. Da bei 3 Unterhaltsberechtigten 2.358,– DM unpfändbar wären, beträgt der Pfändungsmehrbetrag für den Gläubiger 108,– DM.

bei schwankenden Bezügen des Schuldners Änderungsanträge gemäß § 850 g ZPO. Der Drittschuldner kann allerdings nach dem Inhalt des früheren Pfändungsbeschlusses mit befreiender Wirkung leisten, bis ihm der Änderungsbeschluß zugestellt wird.

550 Da das Vollstreckungsgericht „nach billigem Ermessen" die Bestimmung nach § 850 c Abs. 4 ZPO trifft, wird dem Gericht genügend Raum belassen, um den Umständen des Einzelfalls Rechnung tragen zu können. So wird das Gericht nicht nur die Höhe der Einkünfte des Unterhaltsberechtigten gewichten, vielmehr auch den Lebensbedarf einbeziehen müssen, der aus dem Arbeitseinkommen des Schuldners zu decken ist. Eigene Einkünfte des Unterhaltsberechtigten können aus einer Erwerbstätigkeit resultieren sowie sämtliche Bezüge einschließlich Sozialleistungen mit Lohnersatzfunktion umfassen, die der Bestreitung des Lebensunterhalts dienen. Bei öffentlichen Leistungen bedarf es der Prüfung, ob sie dem Unterhaltsbedürftigen zugute kommen, und ob sie den Unterhaltsverpflichteten entlasten sollen. So ist *Kindergeld* (vgl. Teil B I 4 g) nicht Einkommen des Kindes, sondern steht den Eltern zu. *Sozialhilfe* nach dem BSHG entlastet nicht den Schuldner (§§ 2, 90 BSHG). Bei den Leistungen nach dem BAföG werden Einkommen und Vermögen angerechnet.

551 Wird durch das Vollstreckungsgericht bestimmt, daß bei der Berechnung des unpfändbaren Betrages ein nach § 850 c Abs. 1 S. 2 ZPO Unterhaltsberechtigter nicht zu berücksichtigen ist, weil er über eigene Einkünfte verfügt, wirkt dieser Beschluß *nur* für *den Gläubiger,* zu dessen Gunsten er ergangen ist[32]. Damit wird keineswegs die Pfändbarkeit des Arbeitseinkommens des Schuldners zugunsten aller Pfändungs- oder Abtretungsgläubiger erweitert. Dagegen kann nicht erinnert werden, daß der Drittschuldner von sich aus unterhaltsberechtigte Personen mit erheblichen eigenen Einkünften bei der Berechnung des unpfändbaren Teils des Lohns unberücksichtigt lassen müsse (§ 1602 BGB), weil – wie zuvor dargelegt – der Drittschuldner gemäß § 850 c Abs. 4 ZPO gerade nicht mit der Prüfung belastet sein soll, ob ein Unterhaltsbedürfnis besteht oder nicht.

552 Allerdings führt der Beschluß aus § 850 c Abs. 4 ZPO zu *keiner Änderung* der *Rangfolge* der Pfändungspfandgläubiger. Führen *mehrere Gläubiger* einen Beschluß aus § 850 c Abs. 4 ZPO herbei, ist der zusätzlich pfändbare Betrag mit dem Zeitpunkt seiner Zustellung an den Drittschuldner (§ 850 g ZPO) an den Gläubiger mit dem besten Rang abzuführen. Der Rang wird durch das *ursprüngliche* Pfändungspfandrecht bestimmt[33].

553 Ändern sich die Voraussetzungen für die Bemessung des unpfändbaren Teils des Arbeitseinkommens, so hat das Vollstreckungsgericht gemäß § 850 g ZPO auf Antrag des Schuldners den Beschluß nach § 850 c Abs. 4 ZPO entsprechend zu

---

32) LAG Hamm DB 1982, 1676; BAG vom 20. 6. 1984 NZA 1985, 126; Hornung, Rpfleger 1978, 359; Stöber, Forderungspfändung, Rdn. 1078; Münzberg in Stein/Jonas ZPO, § 850 c Rdn. 35.

33) Vgl. die Note 32. Der Zeitpunkt der Zustellung der Beschlüsse aus § 850 c Abs. 4 ZPO ist für den Rang des Pfändungspfandrechts bedeutungslos.

ändern. Zuständig ist auch hier der Rechtspfleger (§ 20 Nr. 17 RpflG). Der Antrag kann nur auf Tatsachen gestützt werden, die *nach* Erlaß des Beschlusses aus § 850 c Abs. 4 ZPO entstanden sind, wenn dem Schuldner rechtliches Gehör gewährt worden war.

Keine Anwendung findet § 850c Abs. 4 ZPO im Falle der *Vorpfändung* (§ 845 ZPO)[34]. Wie zuvor begründet worden ist, folgt das Rangverhältnis der Pfändungsgläubiger dem Zeitpunkt der Zustellung des Pfändungsbeschlusses an den Drittschuldner (§§ 804 Abs. 3, 829 Abs. 3 ZPO). Diese Frage nach dem Rangverhältnis stellt sich freilich nur dann, wenn mehrere Gläubiger einen Beschluß auf Erweiterung der Pfändung nach § 850 c Abs. 4 ZPO erwirkt haben. **554**

Wird der Antrag aus § 850 c Abs. 4 ZPO mit dem Pfändungsantrag verbunden, erfolgt eine formlose Mitteilung des Pfändungsbeschlusses nebst Anordnung nach § 850 c Abs. 4 ZPO an den Gläubiger, der dann die Zustellung an den Drittschuldner und Schuldner gemäß § 829 Abs. 2 ZPO vorzunehmen hat.[35]. Folgt die Entscheidung des Rechtspflegers nach § 850 c Abs. 4 ZPO der Lohnpfändung nach, so ist sie von Amts wegen (§ 329 ZPO) dem Drittschuldner und Schuldner zuzustellen (§ 329 Abs. 3 ZPO), dem Gläubiger formlos zu übersenden (§ 329 Abs. 2 ZPO). Eine förmliche Zustellung an den Gläubiger findet statt, wenn sein Antrag aus § 850 c Abs. 4 ZPO ganz oder teilweise abschlägig beschieden worden ist (§ 329 Abs. 3 ZPO). Weigert sich nämlich der Rechtspfleger, eine Vollstreckungshandlung vorzunehmen, liegt eine *Entscheidung* (keine Vollstreckungshandlung) in der Zwangsvollstreckung vor, die mit *sofortiger Erinnerung* nach § 11 Abs. 1 S. 2 RpflG angegriffen werden muß, welcher der Rechtspfleger nicht abhelfen kann. Er hat die Sache dem Richter vorzulegen. Hilft auch dieser nicht ab, ist die eingelegte sofortige Erinnerung eine sofortige Durchgriffsbeschwerde (§§ 793, 577 ZPO). **555**

4. Der für den Umfang der Pfändung maßgebende Auszahlungszeitraum

Gemäß § 850 c Abs. 1 ZPO ist Arbeitseinkommen unpfändbar, wenn es, „je nach dem Zeitraum, für den es gezahlt wird“, bestimmte Beträge *monatlich, wöchentlich* oder *täglich* nicht übersteigt. Die § 850 c ZPO beigefügte Tabelle legt diese Auszahlungszeiträume der Feststellung des pfändbaren Teils des Arbeitsein- **556**

---

34) Ebenso Stöber, Forderungspfändung, Rdn. 1074 a; Münzberg in Stein/Jonas, ZPO, § 850 c Rdn. 35; a. A. aber Hornung, Rpfleger 1978, 379, der übersieht, daß der Rang des Pfandgläubigers allein durch den Zeitpunkt der Zustellung des Pfändungsbeschlusses bestimmt wird und der Beschluß aus § 850 c Abs. 4 ZPO dem Rang des Pfandrechts folgt.

35) Wurde der Schuldner in diesem Fall vor der Anordnung aus § 850 c Abs. 4 ZPO nicht gehört, kann er gemäß § 766 ZPO Erinnerung einlegen. Dies gilt auch für den Drittschuldner: BGH DB 1977, 1740; OLG Bamberg NJW 1978, 1389. Die sofortige Erinnerung i. S. von §§ 11 RPflG, 793, 577 ZPO ist geboten, wenn nach Anhörung des Schuldners entschieden worden ist. Dies gilt auch dann, wenn der Schuldner bei einer der Lohnpfändung nachfolgenden Entscheidung aus § 850 c Abs. 4 ZPO tatsächlich nicht gehört wurde, weil er hätte gehört werden müssen. Auch dem Drittschuldner, für dessen Anhörung regelmäßig keine Veranlassung besteht, steht die als sofortige Beschwerde zu behandelnde Durchgriffserinnerung zu: OLG Bamberg NJW 1978, 1389 mit weiteren ausführlichen Nachweisen.

kommens zugrunde. Es kommt nicht darauf an, ob ein gleichbleibender Monats- oder Wochenlohn, ob Zeit- oder Leistungslohn (Akkord, Prämie) gezahlt wird[36]. Gleichgültig ist auch, ob der Schuldner während der gesamten Abrechnungsperiode gearbeitet hat[37]. War der Arbeitnehmer unbezahlt beurlaubt oder während des Auszahlungszeitraums teilweise (etwa bei Krankengeldzahlung) ohne Entgeltfortzahlung arbeitsunfähig krank, oder lagen sonstige entschuldigte oder unentschuldigte Fehltage vor, ist demnach bei monatlicher Auszahlung der pfändbare Betrag aus der Monatstabelle zu entnehmen[38].

557 *Endet* das Arbeitsverhältnis während des sonst üblichen Auszahlungszeitraums, ist die Berechnung des pfändbaren Lohnteils allerdings umstritten. Teilweise[39] wird angenommen, daß dem Schuldner der für den *gesamten* Lohnzahlungszeitraum bemessene Freibetrag voll verbleiben muß. Nach anderer Ansicht[40] ist das erzielte Nettoeinkommen durch die Zahl der Tage zu teilen, an denen vereinbarungsgemäß zu arbeiten war und für jeden Tag der pfändbare Betrag zu ermitteln. Beide Lösungsvorschläge überzeugen nicht, weil insoweit nicht mehr der bisherige Auszahlungszeitraum maßgebend ist. Endet nämlich das Arbeitsverhältnis im Laufe eines Abrechnungsmonats, so reicht die Lohnabrechnungsperiode auch nur bis zu diesem Zeitpunkt[41]. Es ist daher aus dem für den Bruchteil des Monats abgerechneten Verdienst der fiktive Monatsverdienst zu ermitteln. Von dem danach pfändbaren Betrag erhält der Gläubiger den Bruchteil, der auf die geleisteten Arbeitstage entfällt[42].

558 Bei erfolgsabhängigen Vergütungen wie Provisionen oder Gewinnbeteiligungen, die keinem bestimmten Lohnabrechnungszeitraum zugeordnet werden können, entscheidet für die Höhe ihrer Pfändbarkeit der jeweils vereinbarte oder vom Arbeitgeber festgelegte Auszahlungszeitpunkt. Dies gilt etwa auch für die Urlaubs-

---

36) Eine Zusammenfassung mehrerer Lohnabrechnungsperioden zum Zwecke eines Ausgleichs läßt der Gesetzgeber nicht zu. A. A. aber Stähle, NJW 1956, 1930. Anders wäre allerdings zu verfahren, wenn die Lohnabrechnungsperioden den Monat überschreiten. Dann müßte eine Umrechnung auf Monate erfolgen: So auch Stöber, Forderungspfändung, Rdn. 1040.

37) OLG Köln NJW 1957, 879; Stöber Forderungspfändung, Rdn. 1038; Gisela Harbeck, HzA, Gruppe 22, § 4 B IV; Münzberg in Stein/Jonas, ZPO, § 850 c Rdn. 9.

38) A. A. aber Bathe, Pfändung und Abtretung von Lohn und Gehalt, S. 109, im Falle unentschuldigter Fehltage. Wie hier die hL: Vgl. etwa Stöber, Forderungspfändung, Rdn. 1038 und Gisela Harbeck, HzA, Gruppe 22, § 4 B IV.

39) Stöber, Forderungspfändung, Rdn. 1038 bei Note 2; Münzberg in Stein/Jonas, ZPO, § 850 c Rdn. 13 mit dem beachtlichen Argument, § 850 c ZPO soll den Lebensunterhalt des Schuldners für den jeweiligen Lohnzahlungszeitraum sichern; Gisela Harbeck, HzA, Gruppe 22, § 4 B IV. Ein Ausgleich soll über § 850 e Nr. 2 ZPO erfolgen, falls der Schuldner sofort im Anschluß ein neues Arbeitsverhältnis aufnimmt.

40) ArbG Hameln BB 1958, 450; so wohl auch Schaub, Arbeitsrechtshandbuch, § 92 III 6 a. E.

41) Diesen Gesichtspunkt übersieht Stöber, Forderungspfändung, Rdn. 1038 bei Note 2, wenn er auf den Monat als Auszahlungszeitraum abhebt. Das Arbeitsentgelt wird gerade nicht mehr für den Monat als Auszahlungszeitraum gewährt.

42) Fiktiver Monatsverdienst = tatsächlich anfallende Arbeitstage x tatsächlicher Verdienst ÷ tatsächliche Arbeitstage
Monatlicher Freibetrag = X DM
Gekürzter Freibetrag = tatsächliche Arbeitstage x X DM ÷ anfallende Arbeitstage.

abgeltung. Eine Verteilung auf monatliche Auszahlungszeiträume findet nicht statt[43]. Anders ist zu verfahren, wenn der Arbeitgeber dem Schuldner ein dreizehntes Monatsgehalt gewährt, das zwar im Umfange von je 1/12 Anteil monatlich verdient, jedoch erst zum Jahresende fällig und ausgezahlt wird. Davon ist regelmäßig auszugehen, wenn aufgrund eines Tarifvertrags, einer Betriebsvereinbarung oder vertraglichen Abrede eine anteilige, nach Beschäftigungsmonaten berechnete Zahlung des dreizehnten Monatsgehaltes erfolgen muß, falls der Schuldner im Verlaufe des Kalenderjahres aus dem Arbeitsverhältnis ausscheidet. Bei derartiger Sachlage ist der jeweilige Gehaltsanteil dem Monat zuzuschlagen, *für den* er gewährt wird, so daß der Arbeitgeber als Drittschuldner eine Neuberechnung des pfändbaren Lohnanteils vorzunehmen hat.

Der monatliche Auszahlungszeitraum ist für den Umfang der Pfändung auch dann maßgebend, wenn der Arbeitnehmer auf eine zu erwartende Gewinnbeteiligung monatliche Abschlagszahlungen erhält oder monatlich laufende Provisionsvorschüsse bezieht. **559**

Wie sich die Lohnpfändung bei *Abschlagzahlungen* und *Lohnvorschüssen* auswirkt, ist zweifelhaft. Zur Klärung der Rechtslage bedarf es zunächst einer inhaltlichen Bestimmung dieser Begriffe. **560**

Bei *Abschlagzahlungen* handelt es sich um Geldzahlungen des Arbeitgebers auf den vom Arbeitnehmer bereits *verdienten* Lohn, so daß in Höhe der Zahlung zugleich der Lohnanspruch durch Erfüllung erlischt (§ 362 BGB)[44]. **561**

War der Lohn des Schuldners vor der Gewährung des Abschlags bereits gepfändet, so bemißt sich der pfändbare Teil nach dem gesamten Lohn des betreffenden Abrechnungszeitraums. Der Arbeitgeber trägt mithin das Risiko, bei zu hoher Abschlagszahlung an den Schuldner zuwenig zur Abführung an den Gläubiger einbehalten zu können (§ 829 Abs. 1 S. 1 ZPO)[45]. **562**

Folgt die Lohnpfändung der Abschlagzahlung nach, so kann sie nur die vom Zeitpunkt des Zugangs des Beschlusses an entstehenden und fällig werdenden Bezüge des Schuldners erfassen[46]. Der pfändbare Lohnteil wird bezogen auf den gesamten Lohnabrechnungszeitraum (etwa Monat) dem vom Schuldner noch zu beanspruchenden Lohn entnommen[47], so daß dem Schuldner der pfändungs- **563**

---

43) A. A. aber Münzberg in Stein/Jonas, ZPO, § 850 c Rdn. 10, der eine Umrechnung der Nettolohnbeträge auf das gesamte Jahr vornehmen will. Ebenso Gisela Harbeck, HzA, Gruppe 22, § 4 B IV.

44) Vgl. Schaub, Arbeitsrechts-Handbuch, § 70 III 3. Unrichtig Stöber, Forderungspfändung, Rdn. 1039, der Abschlagszahlungen mit Lohnvorschüssen gleichstellt. Lohnvorschüsse sind Vorauszahlungen auf den vom Schuldner noch nicht erarbeiteten Lohn.

45) Nach § 829 Abs. 1 S. 1 ZPO sind Abschlagszahlungen über die Pfändungsfreigrenze hinaus dem Gläubiger gegenüber unwirksam. Vgl. dazu auch ArbG Berlin BB 1965, 203.

46) A. A. aber das BAG vom 11. 2. 1987 – 4 AZR 144/86 –: Bei der Berechnung des Nettoarbeitsentgelts ist von der *gesamten* Lohnforderung einschließlich des Abschlags auszugehen.

47) Vgl. etwa Stöber, Forderungspfändung, Rdn. 1268; Münzberg in Stein/Jonas, ZPO § 850 e Rdn. 14 bis 17; Gisela Harbeck, HzA, Gruppe 22, § 8 II; a. A. aber LAG Düsseldorf DB 1956, 259, das den pfändbaren Lohnteil nach dem Gesamtbezügen im Monat berechnet und die Abschlagszahlung auf den unpfändbaren Lohnteil verrechnet. Ebenso BAG vom 11. 2. 1987 – 4 AZR 144/86 – Sh. dazu Rzn. 1021 f.

freie Betrag für den gesamten Lohnabrechnungszeitraum (Monat) verbleibt. Bei einem *Lohnvorschuß* handelt es sich um die Vorauszahlung auf den vom Schuldner noch nicht erarbeiteten bzw. verdienten Lohn. Beide Parteien sind darüber einig, daß das Geld auf solche Forderungen vorgeschossen wird, die entweder noch nicht oder nur aufschiebend bedingt entstanden oder noch nicht fällig sind[48]. Der Arbeitgeber erfüllt mit der Vorschußzahlung in entsprechender Höhe sukzessive die entstehende Lohnforderung des Arbeitnehmers[49], so daß sie *ohne* Aufrechnungserklärung bei der Abschlußzahlung (Lohnabrechnung) abgezogen (verrechnet) wird[50].

564 War bereits *vor* der Gewährung der Vorschußzahlung der Lohn des Arbeitnehmers gepfändet worden, so kann der Arbeitgeber den gepfändeten Lohnteil im Verhältnis zum Gläubiger nicht mehr mit befreiender Wirkung an den Arbeitnehmer auszahlen (§ 829 Abs. 1 S. 1 ZPO). Der Vorschuß darf demnach nur mit dem unpfändbaren Lohnanspruch des Schuldner verrechnet werden[51]. Der pfändbare Lohn richtet sich nach der ursprünglichen Lohnschuld für den gesamten Abrechnungszeitraum als ob noch keine Zahlung auf den Lohnanspruch des Schuldners erfolgt wäre. Übersteigt danach der Vorschuß den unpfändbaren Lohnanteil, so hat der Arbeitgeber gleichwohl den von der Pfändung erfaßten Lohnanteil an den Gläubiger abzuführen.

565 Erfolgt die Lohnpfändung erst *nach* der Auszahlung des Lohnvorschusses, so erfaßt die Pfändung nur die durch den Vorschuß noch *nicht getilgte* (§ 362 BGB) Lohnforderung des Schuldners. Diese Rechtsfolge ergibt sich aus der Bevorschussung, die kraft entsprechender Vereinbarung der Parteien erfüllungshalber auf den erwarteten Lohnanspruch gewährt wird und damit die jeweils entstehende Lohnforderung des Arbeitnehmers automatisch zum Erlöschen bringt[52]. Bei dieser Rechtskonstruktion verbleibt dem Schuldner – wie bei einer Lohnabschlagzahlung – der unpfändbare Teil des Lohns berechnet nach dem Gesamteinkommen während des Lohnabrechnungszeitraums. Der Gläubiger kann lediglich von dem noch nicht bei Ausbringung der Pfändung getilgten Lohn den pfändbaren Teil berechnet nach dem gesamten Lohnabrechnungszeitraum beanspruchen[53]. Hat etwa der Drittschuldner dem Arbeitnehmer den *vollen* Nettomonatslohn bevorschußt und der Gläubiger sogleich danach den Lohn ge-

---

48) BAG AP Nr. 2 zu § 614 BGB Gehaltsvorschuß; BAG AP Nr. 5 zu § 394 BGB mit Anm. von Hueck.

49) Schaub, Arbeitsrechtshandbuch, § 70 III 4 und Note 48; ebenso Münzberg in Stein/Jonas, ZPO, § 850 e Rdn. 14.

50) § 394 BGB findet keine Anwendung: RGZ 133, 252; BGH ZZP 70, 472; Gisela Harbeck, HzA, Gruppe 22, § 8 Bl 1: Die Verrechnung dient lediglich der Feststellung derjenigen Summe, in deren Höhe der Arbeitgeber seiner Lohnzahlungspflicht bereits nachgekommen ist.

51) Münzberg in Stein/Jonas, ZPO, § 850 Rdn. 101, 110; Gisela Harbeck, HzA, Gruppe 22, § 8 Bl 1; Stöber Forderungspfändung, Rdn. 1265; ArbG Berlin BB 1965, 203; vgl. dazu auch Denck, BB 1979, 480 ff. A. A. aber BAG vom 11. 2. 1987 – 4 AZR 144/86 –, das den pfändbaren Betrag nach der ursprünglichen Lohnschuld bemißt.

52) So bereits zutreffend Münzberg in Stein/Jonas, ZPO, § 850 e Rdn. 14 a. E. allerdings insoweit widersprüchlich, als sich bei der Berechnung der pfändbare Lohnteil nach dem Betrag der ursprünglichen Forderung bestimmen soll. Ähnlich wohl auch Stöber, Forderungspfändung, Rdn. 1266. Sh. BAG 8. Note 52 und Rzn. 1021 f.

53) Meine anderslautende frühere Auffassung in Boewer, Lohnpfändung, S. 231, 232 gebe ich auf.

pfändet, so kann der Gläubiger für diesen Monat nichts beanspruchen. Die Lohnforderung des Arbeitnehmers entsteht und erlischt *zugleich,* bis der Vorschuß des Arbeitgebers verbraucht ist. Die Beschlagnahme der Lohnforderung durch die Pfändung trifft auf eine Forderung, die bereits vereinbarungsgemäß mit der vorbeschriebenen automatischen Verrechnung mit dem Vorschuß des Arbeitgebers „belastet" ist. Unterschreitet der vom Arbeitgeber gewährte Lohnvorschuß die gesamte für den Lohnabrechnungszeitraum erwartete und schließlich verdiente Lohnforderung des Arbeitnehmers, so geht die nachfolgende Pfändung des Gläubigers in Höhe des Vorschusses zunächst ins Leere, weil sie auf eine bereits mit der automatischen Verrechnung entstehende und damit zugleich erlöschende Lohnforderung trifft. Erst mit dem Einsetzen der nicht mehr verrechnungsgemäß belasteten Lohnforderung kommt die Pfändung des Gläubigers zum Zuge, so daß er nur noch den Rest des pfändbaren Arbeitseinkommens dieses Lohnzahlungszeitraums beanspruchen kann. Übersteigt dieser Restlohnanspruch jedoch nicht die Pfändungsgrenze des gesamten Lohnabrechnungszeitraums, so ist für diesen Lohnabrechnungszeitraum kein Lohn an den Gläubiger abzuführen.

Mit dieser Lösung werden die rechtspolitischen Bedenken von Denck[54] ausgeräumt und außerdem wird die unpraktikable Lösung vermieden, den notwendigen Lebensbedarf des Schuldners in entsprechender Anwendung des § 850 d ZPO durch den Drittschuldner bestimmen zu lassen[55]. **566**

Allerdings darf eine derartige Bewertung des Lohnvorschusses nicht zu einer mißbräuchlichen Benachteiligung des Gläubigers führen. Davon wäre auszugehen, wenn der Vorschuß einen Monatslohn überschreitet. Der Lohnvorschuß dient regelmäßig dem gleichen Zweck wie der Lohnanspruch selbst und soll die normalen Lebenshaltungskosten des Schuldners abdecken[56]. Handelt es sich um einen größeren, die jeweiligen periodisch anfallenden Lohn- bzw. Gehaltszah- **567**

---

54) BB 1979, 480, 482. Denck befürwortet eine Gleichstellung zwischen Vorschuß und Darlehn. Das BAG (Note 46, 52) geht dagegen davon aus, daß der Lohnanspruch im Gegensatz zur Lohnforderung erst mit der *Lohnabrechnung* erfüllt ist und deshalb der pfändbare Betrag nach der ursprünglichen Lohnschuld unter Anrechnung des Vorschusses und Abschlags auf den unpfändbaren Lohnteil (Rest nicht lesbar!!)

55) Nach Ansicht des BAG (Note 54) erfolgt die rechnungsmäßige Wiedereinbehaltung bei der Abschlußzahlung mit der Maßgabe, daß die Einbehaltung durch den Arbeitgeber zu Lasten des pfändbaren Betrages geht, so daß der Pfändungsgläubiger den vollen pfändbaren Betrag nach der ursprünglichen Schuld erhält und nur dann beeinträchtigt wird, wenn der Vorschuß den pfandfreien Betrag übersteigt. So bereits RAG Bd. 20, 255 ff.; LAG Kiel BB 1951, 811; zum ganzen auch Gisela Harbeck, HzA, Gruppe 22, § 8 B I 1 mit weiteren Nachweisen. So hat das ArbG Hannover BB 1967 586 mit einem Teil der Lehrmeinung – etwa Bischoff, BB 1952, 434 und Larenz in Anm. zu LAG Düsseldorf AP Nr. 1 zu § 614 BGB Gehaltsvorschuß – eine Gleichstellung von Lohnvorauszahlungen mit Arbeitgeberdarlehn vorgenommen, um dieses als unbillig empfundene Ergebnis zu vermeiden.

56) Vgl. LAG Bremen BB 1961, 448; LAG Düsseldorf AP Nr. 1 zu § 614 BGB Gehaltsvorschuß; ArbG Frankfurt DB 1968, 1544. Diese Sichtweise hat das RAG ARS 38, 197, 200 ff. veranlaßt anzunehmen, Gehaltsvorschüsse müßten in erster Linie auf den unpfändbaren Teil des Gehalts verrechnet werden.

lungen übersteigenden Betrag für einen Zweck, für den man üblicherweise Kredithilfe in Anspruch nimmt, so wird regelmäßig kein Vorschuß vielmehr eine Darlehnsgewährung vorliegen. Für einen derartigen Parteiwillen spräche zum Beispiel die Vereinbarung ratenweiser Erstattung über längere Lohnabrechnungszeiträume oder die Festlegung einer Verzinsung des vom Arbeitgeber überlassenen Kapitals[57].

568 Hat der Drittschuldner dem Arbeitnehmer ein *Darlehn* gewährt, so kann er gegenüber der Lohnforderung des Arbeitnehmers nur aufrechnen, soweit der Lohnanspruch der Pfändung unterliegt (§ 394 BGB). Liegt eine Lohnpfändung vor, so geht diese der Aufrechnung mit dem Darlehnsrückzahlungsanspruch vor, wenn der Arbeitgeber seine Forderung erst nach der Pfändung des Lohns des Arbeitnehmers erworben hat oder wenn die Forderung auf Rückzahlung des Darlehns erst nach der Lohnpfändung und später als die gepfändete Lohnforderung fällig wird (§ 392 BGB).

569 Bei einer Darlehnsgewährung an den Arbeitnehmer müssen daher die Rückzahlungstermine der Darlehnsraten vereinbarungsgemäß spätestens mit den Fälligkeitsterminen der Lohn- bzw. Gehaltszahlungen zusammenfallen, wenn eine spätere Lohnpfändung nicht zunächst aus den pfändbaren Lohnanteilen des Arbeitnehmers befriedigt werden soll. Ist für die Rückerstattung des Darlehns eine Zeit nicht bestimmt, so hängt die Fälligkeit davon ab, daß der Gläubiger oder der Schuldner kündigt (§ 609 Abs. 1 BGB). Erfolgt die Kündigung erst nach der Lohnpfändung oder wird erst zu diesem Zeitpunkt zwischen den Arbeitsvertragsparteien eine Fälligkeitsabrede getroffen, gehen bereits vorliegende Lohnpfändungen vor, soweit sie den pfändbaren Lohnanteil des Arbeitnehmers ausschöpfen.

570 *Lohnrückstände* oder *Lohnnachzahlungen,* die dem Schuldner zum Zeitpunkt des Wirksamwerdens der Pfändung gegen den Arbeitgeber zustehen, sind dem Lohnzahlungszeitraum zuzuschlagen, in dem sie hätten ausgezahlt werden müssen[58]. Der Drittschuldner hat daher für die zurückliegenden Abrechnungszeiträume eine *Neuberechnung* der gepfändeten Einkommensteile des Schuldners vorzunehmen und den gepfändeten Mehrbetrag an den Gläubiger zu entrichten. Dies gilt auch dann, wenn zum damaligen Lohnzahlungszeitpunkt noch keine Lohnpfändung vorlag. Der Anspruch auf die Nachzahlung wird nunmehr vom Pfändungs- und Überweisungsbeschluß des Gläubigers erfaßt, da sich die Pfändung regelmäßig auf die gesamten bereits fälligen und noch fällig werdenden Ansprüche des Schuldners bezieht (§ 832 ZPO)[59].

---

57) Zur Unterscheidung des Darlehns von Vorschüssen: Schaub, Arbeitsrechtshandbuch, § 70 III 5 mit weiteren Nachweisen.

58) H. M.: Stöber, Forderungspfändung, Rdn. 1041; Münzberg in Stein/Jonas, ZPO, § 850c Rdn. 9; Gisela Harbeck, HzA, Gruppe 22, § 4 B IV mit weiteren Nachweisen; Zöller/Scherübl, ZPO, § 850c Anm. II 2 a. E.

59) Sh. Note 58.

Ebenso stellt sich die Rechtslage bei *rückwirkenden Tariflohnerhöhungen* oder *rückwirkenden Beförderungen* (Höhergruppierungen), die mit Lohnnachzahlungsansprüchen verbunden sind[60]. Ein rückwirkend in Kraft gesetzter Tarifvertag erfaßt ein Arbeitsverhältnis ohne Rücksicht auf dessen zwichenzeitliche Beendigung, wenn sowohl zum Zeitpunkt der Rückwirkung als auch zur Zeit des Abschlusses des Tarifvertrages beiderseitige Tarifgebundenheit vorgelegen hat[61]. **571**

60) Vgl. Stöber, Forderungspfändung, Rdn. 1041; Gisela Harbeck, HzA, Gruppe 22, § 4 B IV; Münzberg in Stein/Jonas, ZPO, § 850 c Rdn. 9 a. E. Meine frühere Auffassung in Boewer, Die Lohnpfändung, S. 234, wonach die gesamte Nachzahlung mit den Bezügen des Auszahlungsmonats zusammengerechnet werden muß, gebe ich auf.

61) BAG AP Nr. 6 zu § 1 TVG Rückwirkung; BAG AP Nr. 7 zu § 1 TVG Rückwirkung. Bereits entstandene Ansprüche können als sogenannte wohlerworbene Rechte nicht rückwirkend durch Tarifvertrag beseitigt werden: BAG AP Nr. 9 zu § 1 TVG Rückwirkung.

V. Die Pfändung wegen Unterhaltsansprüchen (§ 850 d ZPO)

572 Gemäß § 850 d Abs. 1 S. 1 ZPO sind wegen der Unterhaltsansprüche, die kraft Gesetzes einem Verwandten, dem Ehegatten, einem früheren Ehegatten oder nach §§ 1615 l, 1615 n des Bürgerlichen Gesetzbuchs der Mutter eines nichtehelichen Kindes zustehen, das Arbeitseinkommen und die in § 850 a Nr. 1, 2 und 4 ZPO genannten Bezüge ohne die in § 850 c ZPO bezeichneten Beschränkungen pfändbar.

573 Dem Schuldner ist jedoch soviel zu belassen, als er für seinen notwendigen Unterhalt und zur Erfüllung seiner laufenden gesetzlichen Unterhaltspflichten gegenüber den dem Gläubiger vorgehenden Berechtigten oder zur gleichmäßigen Befriedigung der dem Gläubiger gleichstehenden Berechtigten bedarf; von den in § 850 a Nr. 1, 2 und 4 ZPO genannten Bezügen hat ihm mindestens die Hälfte des nach § 850 a ZPO unpfändbaren Betrages zu verbleiben (§ 850 d S. 2 ZPO). Der dem Schuldner hiernach verbleibende Teil seines Arbeitseinkommens darf den Betrag nicht übersteigen, der ihm nach den Vorschriften des § 850 c ZPO gegenüber nicht bevorrechtigten Gläubigern zu verbleiben hätte (§ 850 d Abs. 1 S. 3 ZPO).

574 Die besondere praktische Bedeutung des § 850 d ZPO liegt darin begründet, daß aufgrund des im Pfändungsrecht geltenden Prioritätsprinzips der später pfändende Unterhaltsgläubiger erst dann Zahlungen erhalten könnte, wenn die Vorpfändung eines nicht bevorrechtigten Gläubigers erledigt ist. Zwischenzeitlich müßte der Unterhaltsgläubiger aus öffentlichen Mitteln alimentiert werden. Diese Konsequenz vermeidet § 850 d ZPO, indem zugunsten von Unterhaltsgläubigern ein Teil des dem Zugriff normaler Gläubiger entzogenen Einkommens zur Pfändung offensteht[1]. Gegenüber bevorrechtigten Unterhaltsforderungen entfällt der Pfändungsschutz des § 850 c ZPO. Dies hat zur Folge, daß der unpfändbare Betrag nicht nach § 850 c ZPO zu errechnen ist, sondern *konstitutiv* vom Vollstreckungsgericht ziffernmäßig festgesetzt wird. Regelmäßig erfolgt die Festsetzung in der Weise, daß sich aus dem Pfändungs- und Überweisungsbeschluß ergibt, welcher Betrag dem Schuldner pfandfrei zu belassen ist.

575 Stets muß dem Schuldner ein *angemessener* Betrag für seinen und seiner Angehörigen notwendigen Lebensunterhalt belassen beleiben.

576 Da § 850 d S. 3 ZPO ausdrücklich anordnet, daß ein Unterhaltsgläubiger jedenfalls den Betrag erhalten soll, den ein nicht bevorrechtigter Gläubiger pfänden darf, wird eine Schlechterstellung des Unterhaltsgläubigers gegenüber einem gewöhnlichen Gläubiger ausgeschlossen. Ein weiteres Privileg des Unterhaltsgläubigers liegt in der Zugriffsmöglichkeit auf die Hälfte der nach § 850 a Nr. 1, 2

---

1) Vgl. Münzberg in Stein/Jonas, ZPO, § 850 d Rdn. 1; Behr, Rpfleger 1981, 385; Gisela Harbeck, HzA, Gruppe 22, § 5 A.

und 4 ZPO unpfändbaren Mehrarbeitsvergütungen, Urlaubsgelder, Treuprämien und Weinachtsgratifikationen.

Die *bedingt* pfändbaren Bezüge i. S. v. § 850 c ZPO, etwa Renten wegen Körper- 577
verletzung, Unterhaltsrenten, usw., unterliegen ebenso dem weitergehenden Gläubigerzugriff von Unterhaltsgläubigern, wenn die Voraussetzungen des § 850 b Abs. 2 ZPO vorliegen.

1. Die nach § 850 d ZPO bevorrechtigten Forderungen

Bevorrechtigt sind diejenigen Unterhaltsansprüche, die *kraft Gesetzes* Ver- 578
wandten, dem Ehegatten, dem früheren Ehegatten oder nach §§ 1615 l, 1615 n BGB der Mutter eines nichtehelichen Kindes zustehen. Hier ist der gleiche Personenkreis angesprochen, der bei der Pfändung durch einen nicht bevorrechtigten Gläubiger nach § 850 c Abs. 1 ZPO zugunsten des Schuldners Berücksichtigung findet und dort eine Erhöhung des Grundfreibetrages sowie des pfändbaren Mehrbetrages auslöst[2].

Bei den *Verwandten* handelt es sich um die nach § 1601 BGB Verpflichteten, d. h. 579
die in gerader ab- und aufsteigender Linie miteinander Verwandten ohne Rücksicht auf den Grad der Verwandtschaft, also eheliche und nichteheliche Kinder (§ 1615 a BGB)[3], Enkelkinder, Eltern, Großeltern, nicht dagegen Verwandte in der Seitenlinie (§ 1589 S. 2 BGB), z. B. Geschwister, Verschwägerte (§ 1590 BGB), ebensowenig Stief- oder Pflegekinder[4], auch wenn sie im Haushalt des Schuldners leben und von ihm unterhalten werden[5]. Beim Ehegattenunterhalt differenziert der Gesetzgeber des BGB zwischen intakter Ehe und getrennt lebenden Ehegatten. Bei intakter Ehe wird die Unterhaltspflicht familienbezogen ausgeformt und deckt nicht nur die beiderseitigen, individuellen Unterhaltsbedürfnisse der Ehegatten, sondern den gesamten Familienbedarf einschließlich der Unterhaltsbedürfnisse der Kinder. Dabei beeinflußt die Rechtsnatur als Familienunterhalt auch die Art der Unterhaltsgewährung, die z. B. durch die Haushaltsführung erbracht werden kann (§ 1360 S. 2 BGB). Leben die Ehegatten getrennt, dann werden die Unterhaltsansprüche wieder individualisiert und inhaltlich als Geldrente festgelegt (§ 1361 Abs. 4 BGB). Der Ehegattenunterhalt im Anschluß an die Ehescheidung richtet sich nach den §§ 1569 ff. BGB.

Da der Gesetzgeber in § 850 d Abs. 1 S. 1 ZPO nur die Ansprüche der Mutter eines 580
nichtehelichen Kindes aus §§ 1615 l, 1615 n BGB privilegiert, ist der Anspruch der nichtehelichen Mutter auf Entbindungskosten gemäß § 1615 k BGB nicht bevorrechtigt.

Neben der bevorrechtigten Gläubigerstellung setzt das Pfändungsprivileg aus 581
§ 850 d ZPO weiter voraus, daß es sich um *kraft Gesetzes* zu leistenden Unterhalt

---

2) Sh. Rzn. 542 ff.

3) Dazu zählen auch Adoptivkinder (§ 1754 Abs. 2 BGB).

4) Ein *Stiefkind* ist ein Kind des Ehegatten, das mit dem Schuldner verschwägert ist. Ein *Pflegekindverhältnis* liegt vor, wenn das Kind im Haushalt der Pflegeeltern eine Heimat findet und das Kind wie ein leibliches Kind betreut wird.

5) BGH NJW 1969, 2007.

und um die Zahlung einer *laufenden Unterhaltsrente* handelt. Allerdings geht der Charakter als einer auf Gesetz beruhenden Unterhaltsrente nicht dadurch verloren, daß sie etwa in einem notariellen Vertrag oder in einem gerichtlichen Vergleich festgelegt wird. Ein derartiger Vertrag begründet keinen selbständigen Unterhaltsanspruch, sondern beinhaltet nur eine nähere Festlegung des gesetzlichen Unterhaltsanspruchs[6)]. Bei dem nach §850 d Abs. 1 S. 2 ZPO vom Vollstreckungsgericht zu errechnenden Freibetrag zugunsten des Schuldners ist allerdings bei einer *vertraglichen* Ausgestaltung der Unteraltsrente zu beachten, ob sie den Rahmen der *gesetzlichen* Verpflichtung überschreitet, weil eben nur die gesetzliche Verpflichtung des Schuldners bei der Bemessung des Freibetrages Berücksichtigung verdient.

582 Ob die *Prozeßkostenvorschußpflicht* unter Ehegatten nach §1360 a Abs. 4 BGB zu den privilegierten Unterhaltsansprüchen aus §850 d ZPO gehört, wird unterschiedlich bewertet[7)]. Die Prozeßkostenvorschußpflicht des leistungsfähigen Ehegatten stellt einen Teil der Unterhaltspflicht dar[8)]. Diese Qualifikation der Prozeßkostenvorschußpflicht wird nicht dadurch aufgehoben, daß der Vorschuß eventuell zurückzugewähren ist[9)]. Da der Prozeßkostenvorschuß Ausfluß der durch die Ehe begründeten gegenseitigen Unterhaltspflicht ist, muß ein Ehegatte dem anderen Ehegatten auch die Mittel zur Führung eines Rechtsstreits, der eine persönliche Angelegenheit betrifft, zur Verfügung stellen, wenn der andere nicht imstande ist, die Kosten des Rechtsstreits zu tragen. Diese Unterhaltspflicht erfährt dadurch keine Änderung, daß der Vorschußempfänger, wenn sich seine wirtschaftlichen Verhältnisse wesentlich verbessert haben, die vorgeschossenen Mittel zurückerstatten muß. Die Prozeßkostenvorschußpflicht ist auf den nachehelichen Unterhaltsanspruch der §§1569 ff. BGB nicht auszudehnen[10)]. Teil der Unterhaltspflicht kann jedoch ein Prozeßkostenvorschuß der Kinder gegenüber ihren Eltern gemäß §1610 BGB sein[11)].

---

6) RGZ 164, 65 ff.; BGH NJW 1960, 572, 573; OLG Frankfurt Rpfleger 1980, 198; Stöber, Forderungspfändung, Rdn. 1077: auch Unterhaltsverträge der Ehegatten über die Unterhaltspflicht für die Zeit nach der Scheidung (§1585 c BGB); Welzel, MDR 1983, 723.

7) Verneinend: LG Essen Rpfleger 1960, 251; LG Essen MDR 1965, 662; LG Bremen Rpfleger 1970, 214. Vorrecht genießen nur der Vorschuß zur Durchsetzung des Unterhaltsanspruchs: Weimar, NJW 1959, 2102. Bejahend: Stöber, Forderungspfändung, Rdn. 1084; Münzberg in Stein/Jonas, ZPO, §850 d Rdn. 9; Baumbach/Lauterbach, ZPO, §850 d Anm. 1.

8) H. A.: BGHZ 56, 92, 94; OLG Hamm FamRZ 1977, 466; einschränkend aber OLG Düsseldorf NJW 1976, 1851; a. A. jedoch LG Münster NJW 1977, 1066 f., das die Vorschußpflicht aus der allgemeinen Fürsorgepflicht des §1353 BGB ableitet.

9) Zur Rückgewähr: BGH NJW 1971, 1262, 1263 mit weiteren ausführlichen Nachweisen. Wegen des Unterhaltscharakters der Prozeßkostenvorschußpflicht ist für ihre gerichtliche Durchsetzung (i. d. R. durch einstweilige Verfügung) das Amtsgericht Abt. FamG und nicht das Gericht der Hauptsache zuständig (§§ 23 a Nr. 2, 23 b Abs. 1 Nr. 6 GVG). In anhängigen Ehesachen kann das Gericht gemäß § 620 S. 1 Nr. 9 ZPO eine einstweilige Anordnung erlassen. Zur Prozeßkostenvorschußpflicht des Ehegatten für arbeitsrechtliche Streitigkeiten vgl. LAG Berlin MDR 1982, 436; zum ganzen auch Coen, RdA 1982, 152. Die Prozeßkostenvorschußpflicht gilt gemäß § 1361 Abs. 4 BGB auch für den Trennungsunterhalt.

10) BGH NJW 1984, 291 mit ausführlichen Nachweisen.

11) OLG Köln FamRZ 1984, 723. Es muß sich allerdings um eine persönliche, lebenswichtige Angelegenheit handeln: vgl. die Beispiele bei Palandt/Diederichsen, BGB, §1610 Anm. 3 c mit ausführlichen Nachweisen.

Umstritten ist, ob das Pfändungsvorrecht aus §850d ZPO für *Prozeß- und Zwangsvollstreckungskosten* des Unterhaltsrechtsstreits gilt. Der Kostenanspruch aus einem Unterhaltsprozeß hat nicht die Qualität eines gesetzlichen Unterhaltsanspruchs[12]. Er muß nach §850c ZPO vollstreckt werden. 583

Anders ist bei Kosten der Zwangsvollstreckung zu verfahren. *Vollstreckungskosten* des §788 ZPO und die aus Anlaß der Zwangsvollstreckung entstandenen Kosten können zusammen mit den Unterhaltsforderungen innerhalb des Pfändungsbereichs des 850d ZPO vollstreckt werden[13]. Kosten werden mit dem vollstreckbaren Anspruch aufgrund des für diesen bestehenden Titels beigetrieben. Das jeweilige Vollstreckungsorgan berechnet die notwendigen Kosten und setzt sie an. Diese Kosten richten sich daher nach der Hauptforderung. 584

Zinsen auf die Unterhaltsforderung sind nicht bevorrechtigt; sie werden als Verzugsfolgen geschuldet[14]. 585
Auch eine *Kapitalabfindung* für Unterhalt (etwa §1585 Abs. 2 BGB) berechtigt nicht zu einer bevorzugten Pfändung nach §850d ZPO, selbst wenn sie in Raten gewährt wird[15].
Werden Unterhaltsansprüche gegen einen *Bürgen* oder *Schuldübernehmer* des Unterhaltsschuldners verfolgt, besteht kein Vorrecht aus §850d ZPO, weil derartige Ansprüche nicht gesetzlich, sondern vertraglich begründet sind[16]. 586

Ein *Schadensersatzanspruch,* der wegen der Entziehung bevorrechtigter gesetzlicher Unterhaltsansprüche geleistet werden muß, genießt ebenso wie das entzogene Recht auf Unterhalt ein Pfändungsvorrecht nach §850d ZPO[17]. Erwirbt allerdings der Unterhaltspflichtige einen Schadensersatzanspruch *wegen* einer Unterhaltspflicht, so kommt §850d ZPO nicht zum Zuge[18]. 587

---

12) Münzberg in Stein/Jonas, ZPO, §850d Rdn. 10; Stöber, Forderungspfändung, Rdn. 1085; LG Berlin MDR 1963, 320; LG München Rpfleger 1965, 278; a. A. aber Behr, Rpfleger, 1981, 386 mit dem beachtlichen Argument, daß der Gläubiger durch die Zahlung der Prozeßkosten in seiner Leistungsfähigkeit beeinträchtigt wird. Ebenso im Ergebnis OLG Hamm Rpfleger 1977, 109, 110, das auf das Verschulden des Schuldners abhebt. Ungeachtet des von Behr (a. a. O.) aufgezeigten Umstandes liegt der Rechtsgrund der Prozeßkostenerstattung nicht in der Unterhaltspflicht des Schuldners.

13) H. M. vgl. etwa Stöber, Forderungspfändung, Rdn. 1086; Behr, Rpfleger 1981, 386; Mümmler, JurBüro 1982, 512; Münzberg in Stein/Jonas, ZPO, §850 Rdn. 9; OLG Hamm Rpfleger 1977, 109, 110.

14) So auch Stöber, Forderungspfändung, Rdn. 1087.

15) Ebenso Münzberg in Stein/Jonas, ZPO, §850d Rdn. 10; Stöber, Forderungspfändung, Rdn. 1077. Das Wesen der Unterhaltsverpflichtung besteht eben gerade in der Sicherung der laufenden Bedürfnisse des Unterhaltsberechtigten. Die Kapitalabfindung berücksichtigt diese Bedürftigkeit des Gläubigers nicht.

16) Stöber, Forderungspfändung, Rdn. 1078.

17) Sh. etwa §844 Abs. 2 BGB: Der Schadensersatzanspruch soll den Unterhaltsberechtigten in die Lage versetzen, eine materielle Ausstattung zu erhalten, als leistete der Getötete weiterhin Unterhalt. Dazu gehört auch die Privilegierung der Forderung aus §850d ZPO. So auch Stöber, Forderungspfändung, Rdn. 1079; a. A. aber Münzberg in Stein/Jonas, ZPO, §850d Rdn. 10, der in Übereinstimmung mit Rupp/Fleischmann, Rpfleger 1983, 377, 378 davon ausgeht, daß derartige Schadensersatzansprüche von §850f Abs. 2 und 3 ZPO erfaßt werden, so daß keine Gesetzeslücke bestünde. Dabei wird jedoch vernachlässigt, daß durch die Ausblendung des §850d ZPO die Qualität des Schadensersatzes eine Minderung erfährt, zumal die weitgehende Vollstreckungsmöglichkeit aus §850f Abs. 2 ZPO eine *vorsätzlich* begangene unerlaubte Handlung voraussetzt.

18) Vgl. dazu Rupp/Fleischmann, Rpfleger 1983, 377.

588 Problematisch ist, ob das Vorrecht aus §850 d ZPO auch zugunsten des *Rechtsnachfolgers* wirkt, auf den der Unterhaltsanspruch kraft Gesetzes, kraft Universalsukzession oder aufgrund wirksamer Abtretung übergeht.

589 Im Falle des Todes des Unterhaltsberechtigten können sich die Erben bei der Vollstreckung nicht auf §850d ZPO berufen, weil auf die gesetzliche Rechtsnachfolge durch Erbfall (§1922 BGB) §413 BGB nicht anwendbar ist und damit zugleich das mit der Unterhaltsforderung verbundene Vorrecht aus §850d ZPO über §401 BGB nicht übergehen kann[19].

590 Grundsätzlich ist dem Unterhaltsanspruch (Unterhaltsrente) kraft Gesetzes (§§850b Nr. 2 ZPO, 400 BGB) aus öffentlichem Interesse die Verkehrsfähigkeit genommen. Das Pfändungsverbot soll den Lebensunterhalt des einzelnen sichern und die Allgemeinheit vor Sozialhilfeansprüchen bewahren. Das Pfändungs- und Abtretungsverbot gilt nicht, wenn der Abtretende gleichwertige Gegenleistungen erhält oder zuverlässig erhalten wird[20]. Fraglich ist allerdings, ob das Vorrecht beim Übergang des Anspruchs auf einen Dritten (§§401 Abs. 2, 412 BGB) fortdauert, so daß der neue Gläubiger ein mit der Forderung für den Fall der Zwangsvollstreckung verbundenes Vorzugsrecht geltend machen kann[21]. Dies ist zu bejahen. Entscheidend für die Anwendung des §401 Abs. 2 BGB ist, ob §850d ZPO ein Vorzugsrecht beinhaltet, das nicht nur auf die Position des ursprünglichen Forderungsinhabers, sondern auf die Art des Anspruchs zugeschnitten ist. Richtig ist, daß das Vorrecht aus §850 d ZPO ausschließlich nur in der Hand des Unterhaltsberechtigten entsteht. Ist dieser Entstehungstatbestand abgeschlossen, haftet das Vorrecht aus § 850 d ZPO der Forderung selbst an. Angesichts dessen bleibt das Vorrecht aus § 850 d ZPO bestehen, soweit der jetzige Gläubiger dem ehemaligen Unterhaltsgläubiger den Unterhalt gewährt, den der Schuldner leisten muß, und aus diesem Grunde der Unterhaltsanspruch auf ihn übergegangen ist, wie dies in den Fällen der §§1602 Abs. 2 mit 1584, 1608, 1615 b BGB, 90ff. BSHG, 116f. SGB X und § 37 BAFöG geschieht[22]. Dieser Betrachtung kann nicht entgegengehalten werden[23], daß wegen der höchstpersönlichen Natur des Unterhaltsanspruchs das Pfändungsvorrecht des § 850 d ZPO erlischt, wenn der Unterhaltsanspruch auf einen Dritten durch Rechtsgeschäft oder gesetzliche Vorschrift übergeht. Der Einwand der Höchstpersönlichkeit eines Anspruchs kann die Anwendung des § 401 Abs. 2 BGB schon deshalb nicht ausräu-

---

19) Die Erbschaft, d. h. der Nachlaß in seiner rechtlichen Beziehung zum Erben, geht kraft Gesetzes als Ganzes durch einheitlichen Rechtsakt über, ohne daß eine besondere Übertragung der Einzelrechte erfolgt.

20) Vgl. BGHZ 13, 360ff.; BGHZ 59, 115.

21) §401 Abs. 2 BGB hat die vor Schaffung des BGB umstrittene Frage über die rechtliche Natur der sogenannten privilegia exigendi entschieden: Motive zu dem Entwurf eines BGB, Bd. II S. 124.

22) Zu §§90, 91 BSHG: BAG NJW 1971, 2094; OLG Hamm Rpfleger 1977, 109; Stöber, Forderungspfändung, Rdn. 1081; Münzberg in Stein/Jonas, ZPO, §850d Rdn. 11ff. Dies gilt auch, soweit bei Wahrung des Schutzgedankens aus §400 BGB die Abtretung gestattet wird. Hiergegen spricht nicht, daß dem Zessionar dabei nicht das Privileg aus §850b Nr. 2 ZPO zugute kommt: BGHZ 35, 318ff. Gegen die übergegangene Unterhaltsforderung darf daher aufgerechnet werden. §401 Abs. 2 BGB betrifft nur die aktive Durchführung der Zwangsvollstreckung durch den Zessionar.

23) So aber Behr, Rpfleger 1981, 385.

men, weil diese Vorschrift anders als etwa § 399 BGB darauf keine Rücksicht nimmt[24]. Es läßt sich daher nur aus dem Schutzzweck des § 850 d ZPO ableiten, ob der Rechtsnachfolger des Unterhaltsberechtigten das Vorrecht aus § 850 d ZPO verliert. Läge der Sinn des Vollstreckungsprivilegs gemäß § 850 d ZPO ausschließlich darin, daß sich der Schuldner nur bei gesetzlichen Unterhaltsansprüchen der Unterhaltsberechtigten eine über § 850 c ZPO hinausgehende Pfändung seines Lohns gefallen lassen muß, dann wäre es in der Tat nicht zu rechtfertigen, dem Rechtsnachfolger das Pfändungsprivileg aus § 850 d ZPO zuzugestehen. Damit erfolgte jedoch eine zu starke Gewichtung der Interessenlage des Unterhaltsberechtigten, ohne dabei gebührend zu beachten, daß § 850 d auch *öffentliche Interessen* verfolgt. Der Unterhaltsverpflichtete soll sich für die Erfüllung der gesetzlichen Unterhaltsansprüche mehr einschränken müssen als für die Befriedigung anderer Gläubiger, damit die Unterhaltsberechtigten nicht der Öffentlichkeit zur Last fallen. Dieser Schutzzweck ändert sich durch den Übergang der Ansprüche keineswegs[25]. Der Dritte kann jedoch das Vorrecht nicht zum Nachteil des Unterhaltsberechtigten selbst geltend machen[26]. Konkurriert der Dritte mit dem Unterhaltsberechtigten, geht er insoweit im Range nach, als § 850 d ZPO gegenüber § 850 c ZPO eine weitere Vollstreckung zuläßt.

2. Die zeitliche Begrenzung des Vorrechts aus § 850 d ZPO

Das Vorrecht aus § 850 d Abs. 1 S. 1 ZPO betrifft nur die *laufenden* Unterhaltsan- **591**
sprüche im Sinne einer Unterhaltsrente sowie die fälligen *Unterhaltsrückstände* aus dem *letzten Jahr* vor Stellung des Antrags auf Erlaß des Pfändungs- und Überweisungsbeschlusses[27]. *Vorjährige* Unterhaltsrückstände werden gem. § 850 d Abs. 1 S. 4 ZPO nur privilegiert, wenn nach Lage der Verhältnisse anzunehmen ist, daß sich der Unterhaltspflichtige seiner Zahlungspflicht *absichtlich* entzogen hat[28].

Absicht im Sinne des § 850 d Abs. 1 S. 4 ZPO bedeutet, daß sich der Schuldner **592**
trotz Zahlungsmöglichkeit bewußt seiner Zahlungspflicht aus dem Schuldtitel entzieht. Der Gläubiger hat im Pfändungsverfahren die Tatsachen zu behaupten, aus denen sich die absichtliche Zahlungsverweigerung belegen läßt. Insoweit dürfte genügen, daß der Gläubiger substantiiert vorträgt, dem Schuldner sei die frühere Zahlung möglich gewesen. Eine Anhörung des Schuldners darf vor Erlaß des Pfändungsbeschlusses nicht erfolgen (§ 834 ZPO). Der Schuldner oder ein nachteilig betroffener anderer Unterhaltsberechtigter kann im Wege der *Erinnerung* darauf hinwirken, daß die vorjährigen Rückstände wie gewöhnliche Forde-

---

24) Münzberg in Stein/Jonas, ZPO, § 850 d Rdn. 11.

25) Diesen Gedanken gewichtet Behr, Rpfleger 1981, 386, zu wenig.

26) So Gisela Harbeck, HzA, Gruppe 22, § 5 B; Stöber, Forderungspfändung, Rdn. 1081 mit Nachweisen.

27) Vgl. Münzberg in Stein/Jonas, ZPO, § 850 d Rdn. 14, 15; Stöber, Forderungspfändung, Rdn. 1089. Es kommt nicht auf den Zeitpunkt des Erlasses des Pfändungsbeschlusses, vielmehr auf den Eingang des Pfändungsantrags bei Gericht an. A. A. LG Göttingen NdsRpfl 1967, 225, das auf den Zeitpunkt des Beschlußerlasses abstellt.

28) Denkbar ist, daß dies nur für einen Teil der überjährigen Unterhaltsansprüche der Fall ist; Stöber, Forderungspfändung, Rdn. 1089.

rungen nach § 850 c ZPO behandelt werden. Im Erinnerungsverfahren (§ 766 ZPO) muß der Schuldner Tatsachen vortragen und unter Beweis stellen, die eine absichtliche Entziehung des überjährigen Unterhalts ausschließen[29].

3. Die Bemessung der Pfändungsgrenze nach § 850 d Abs. 1 ZPO

593 Da für die Pfändung von Unterhaltsansprüchen die Begrenzung des § 850 c ZPO nicht eingreift, hat das Vollstreckungsgericht (Rechtspfleger) im Pfändungsbeschluß den *Freibetrag* des Unterhaltsschuldners ziffernmäßig *konstitutiv* zu bestimmen. In der Praxis geschieht dies regelmäßig durch die Festsetzung eines bezifferten Betrags, der dem Schuldner pfandfrei zu belassen ist. Diese Art der konstitutiven Festlegung des pfändungsfreien Einkommens ist vor allem dann geboten, wenn der Schuldner schwankende Nettobezüge in den einzelnen Lohnabrechnungsperioden hat[30]. Kann der Drittschuldner aus dem Pfändungsbeschluß den pfandfreien Betrag nicht entnehmen, so ist der Unterhaltsgläubiger wie ein gewöhnlicher Gläubiger nach § 850 c ZPO zu behandeln. Es steht nämlich dem Unterhaltsgläubiger frei, wie ein gewöhnlicher Gläubiger nach § 850 c ZPO gegen den Schuldner vorzugehen.

594 Die konkrete ziffernmäßige Bestimmung des der Pfändung entzogenen Einkommens gilt stets für den Einkommensteil, der den *eigenen* Unterhalt des Schuldners und den *laufenden* Unterhalt der gegenüber dem Gläubiger *vorgehenden* Unterhaltsberechtigten angeht. Ist dem Schuldner zur *gleichmäßigen* Befriedigung der dem Gläubiger *gleichstehenden* Berechtigten ein seinen eigenen notwendigen Unterhalt übersteigender Betrag pfandfrei zu belassen, muß im Pfändungsbeschluß für die gleichberechtigten Unterhaltsgläubiger eine bestimmte Quote des verbleibenden Arbeitseinkommens ausgeworfen werden, um sicherzustellen, daß für gleichrangige Unterhaltsgläubiger auch eine gleichmäßige Verteilung erfolgt. Eine derartige Quotierung, die regelmäßig zunächst nach Kopfteilen erfolgt, ist vor allem dann geboten, wenn die Nettoeinkünfte des Schuldners in den einzelnen Lohnabrechnungsperioden ungleichmäßig hoch sind. Der *gleichberechtigt* pfändende Unterhaltsgläubiger ginge nämlich leer aus, wenn bei ziffernmäßiger Festlegung der pfandfreien Bezüge das Einkommen des Schuldners absinkt[31].

---

[29] OLG Oldenburg MDR 1958, 172; Münzberg in Stein/Jonas, ZPO, § 850 d Rdn. 43 mit weiteren Nachweisen. Eine Glaubhaftmachung genügt hier nicht, wie Zöller/Scherübl, ZPO, § 850 d Anm. II 4 annimmt. Gründe für die fehlende Absicht des Schuldners können etwa Verdiensteinschränkungen aufgrund von Arbeitslosigkeit oder Krankheit sein: Stöber, Forderungspfändung, Rdn. 1090.

[30] Die Formulierung im Pfändungsbeschluß könnte etwa lauten: Dem Schuldner sind 1.250 DM pfandfrei zu belassen. Vgl. dazu auch Stöber, Rpfleger 1974, 77. Es verbietet sich daher ein sog. Blankettbeschluß, bei dem die ziffernmäßige Festlegung des Arbeitseinkommens nach § 850 c ZPO vom Drittschuldner zu ermitteln ist.

[31] Die Formulierung im Pfändungsbeschluß könnte lauten: Dem Schuldner sind pfandfrei ... DM zu belassen. Der diesen Betrag übersteigende Lohn bleibt (für Ehefrau und 2 Kinder) in Höhe von 3/4 pfandfrei und unterliegt zu 1/4 der Pfändung (für den pfändenden Unterhaltsgläubiger). Bei dieser Formulierung kann vom Vollstreckungsgericht prozentual berücksichtigt werden, daß etwa die erwerbslose unterhaltsberechtigte Ehefrau des Schuldners einen höheren Unterhaltsbedarf hat als ein minderjähriges Kind. Vgl. dazu auch die Beispiele bei Henze, Rpfleger 1980, 457. Zum Ganzen auch Behr, Rpfleger 1981, 387, 388.

Der vom Vollstreckungsgericht festgelegte Pfändungsfreibetrag bindet sowohl den Drittschuldner als auch weitere Gläubiger, unabhängig davon, ob das Vollstreckungsgericht den Freibetrag ermessensfehlerfrei bestimmt hat[32]. Im Einziehungserkenntnisverfahren darf das Arbeitsgericht daher *keine Nachprüfung* der vom Vollstreckungsgericht vorgegebenen Pfändungsgrenzen vornehmen. Mißachtet etwa das Vollstreckungsgericht die in § 850 d Abs. 1 S. 3 ZPO festgelegte Obergrenze, so leistet der Arbeitgeber als Drittschuldner gleichwohl mit befreiender Wirkung an den unterhaltsverpflichteten Arbeitnehmer bis ihm eine Änderung des Pfändungs- und Überweisungsbeschlusses zugestellt worden ist (§ 850 g S. 3 ZPO entsprechend). Allerdings kann der Schuldner, aber auch der Drittschuldner durch Erinnerung und anschließende sofortige Beschwerde (§§ 766, 793 ZPO) die Unrichtigkeit der nach § 850 d ZPO durch das Vollstreckungsgericht festgesetzten Pfändungsgrenze geltend machen[33]. **595**

Der Umfang des Zugriffs des Unterhaltsgläubigers wird in § 850 d Abs. 1 S. 2 ZPO dahin umschrieben, daß dem Schuldner soviel zu belassen ist, als er für *seinen notwendigen Unterhalt* und zur Erfüllung seiner *laufenden gesetzlichen Unterhaltspflichten* gegenüber den dem Gläubiger vorgehenden Berechtigten oder zur *gleichmäßigen* Befriedigung der dem Gläubiger *gleichstehenden* Berechtigten bedarf. Dem Schuldner sind von den in § 850 a Nr. 1, 2 und 4 ZPO genannten Bezügen mindestens die Hälfte des nach § 850 a ZPO unpfändbaren Betrags zu belassen. Der Schuldner darf jedoch keinesfalls mehr behalten, als ihm nach § 850 c ZPO gegenüber nicht bevorrechtigten Gläubigern zu verbleiben hätte (§ 850 d Abs. 1 S. 3 ZPO). **596**

Der Gesetzgeber hat in § 850 d ZPO nicht näher definiert, was zum *notwendigen* Unterhalt des Schuldners gehört. Begrifflich steht der notwendige Unterhalt zwischen dem notdürftigen Unterhalt auf der einen und dem angemessenen Unterhalt, der sich nach der Lebensstellung des Bedürftigen richtet (§ 1610 Abs. 1 BGB), auf der anderen Seite. Als notwendiger Unterhalt muß alles das angesehen werden, was der Schuldner zur Erhaltung seiner Arbeitskraft bei Berücksichtigung seiner Lebensstellung in bescheidenem Rahmen benötigt. Mit dieser Begriffsbestimmung ist allerdings für eine einheitliche Berechnungsgrundlage wenig gewonnen. Die Praxis der Vollstreckungsgerichte geht daher von den *Regelsätzen* für die Hilfe zum Lebensunterhalt nach dem Bundessozialhilfegesetz (BSHG) aus. Diese haben den Vorzug, daß sie den örtlichen Verhältnis- **597**

---

32) Vgl. dazu Pohle, JZ 1962, 344; Gaul, Rpfleger 1971, 89; BAG AP Nr. 4 zu § 850 d ZPO mit Anmerkung von Pohle = NJW 1961, 1180; BAG AP Nr. 8 zu § 850 d ZPO mit Anm. Bötticher = NJW 1962, 510; BAG DB 1971, 1167; LAG Hamburg BB 1971, 132; LAG Niedersachsen DAVorm. 1977, 518. Andererseits ist der vom Prozeßgericht festgelegte Unterhaltsbedarf für den Schuldner (§ 1603 BGB) und für das Vollstreckungsgericht nicht bindend.

33) BAG AP Nr. 4 zu § 850 d ZPO; BAG AP Nr. 8 zu § 850 d ZPO. A. A. teilweise das LG Essen NJW 1969, 668, 669, das eine Erinnerungsberechtigung des **Drittschuldners** verneint. Richtig ist, daß auch im Erinnerungsverfahren eine Erinnerungsberechtigung des Erinnerungsführers vorhanden sein muß. Hierfür reichen aber auch wirtschaftliche Interessen des Drittschuldners aus.

sen Rechnung tragen (§ 22 BSHG)[34] und den veränderten Lebenshaltungskosten von Zeit zu Zeit angepaßt werden[35]. Nach § 12 Abs. 1 BSHG umfaßt der notwendige Lebensunterhalt insbesondere Ernährung, Unterkunft, Körperpflege, Hausrat, Heizung und persönliche Bedürfnisse des täglichen Lebens. Zu den persönlichen Bedürfnissen des täglichen Lebens gehören in vertretbarem Umfange auch Beziehungen zur Umwelt und eine Teilnahme am kulturellen Leben. Zu beachten ist dabei allerdings, daß die Regelsätze für die Hilfe zum Lebensunterhalt nach dem BSHG nicht auf den arbeitenden Menschen abgestimmt sind, so daß die erhöhten Bedürfnisse Berufstätiger und die zur Erhaltung ihrer Arbeitskraft notwendig vermehrten Aufwendungen Beachtung verdienen[36]. Dies gilt auch für spezifische individuelle Bedürfnisse, die etwa aufgrund des Gesundheitszustandes oder der besonderen beruflichen Situation die wirtschaftliche Lage des Schuldners stärker belasten.

598 Der notwendige Unterhalt ist für den Zeitabschnitt zu bemessen, für den das Arbeitseinkommen ausbezahlt wird. Bei der Beurteilung des notwendigen Unterhalts sind auch unpfändbare Bezüge des Schuldners, Naturaleinkünfte sowie sonstige Nebeneinnahmen aus weiteren Beschäftigungen oder aus dem Vermögen des Schuldners (etwa Zinsen), aus denen er ganz oder teilweise seinen Lebensunterhalt bestreiten kann, in Ansatz zu bringen. Die Anrechnung geschieht in der Weise, daß der dem Schuldner als notwendig verbleibende Freibetrag um die Nebeneinnahme gekürzt wird. Eines besonderen Antrags des Gläubigers auf Zusammenrechnung bedarf es hierbei nicht (§ 850 e Nr. 2, 2 a, 3 ZPO).

599 Von der Befriedigung notwendiger Eigenbedürfnisse abgesehen, obliegt es dem Schuldner, die ihn treffenden *laufenden* gesetzlichen Unterhaltspflichten zu erfüllen. Dem trägt der Gesetzgeber dadurch Rechnung, daß dem Schuldner zur Befriedigung dieser Ansprüche ein Freibetrag zur Abdeckung gegenüber den *dem Gläubiger vorgehenden* Unterhaltsberechtigten sowie gegenüber den dem *Gläubiger gleichstehenden* Unterhaltsberechtigten verbleiben muß. Durch die Lohnpfändung sollen die rangbesseren Unterhaltsgläubiger nicht benachteiligt werden und auf die ranggleichen Unterhaltsgläubiger soll das Vorhandene *gleichmäßig* aufgeteilt werden.

600 Diese gleichmäßige Aufteilung unter gleichberechtigten Unterhaltsgläubigern ist nicht gleichbedeutend mit einer Verteilung nach Kopfteilen mit gleich hohen

---

34) Vgl. dazu die Regelsatzverordnung vom 20. 07. 1962 i. d. F. vom 10. 05. 1971 (BGBl. I, 451). Die zuständigen Landesbehörden oder die von ihnen bestimmten Stellen setzen die Höhe der Regelsätze im Rahmen der Regelsatzverordnung fest (§ 22 Abs. 3 BSHG).

35) Vgl. LG Hannover Büro 1981, 294 ff; OLG Hamm Rpfleger 1974, 31; Stöber, Forderungspfändung, Rdn. 1095; Münzberg in Stein/Jonas, ZPO, § 850 d Rdn. 20, 21 mit weiteren Nachweisen.

36) Diese Sichtweise entspricht der Begründung zum Entwurf eines Dritten Gesetzes zur Änderung der Pfändungsfreigrenzen (BT-Drucks. 131/71, S. 31), wonach dem Schuldner bei der Bemessung der Pfändungsfreigrenzen höhere Beträge verbleiben sollen, als ihm an Leistungen nach dem BSHG gewährt würden. Vgl. zur Neufestsetzung der Freibeträge nach Erhöhung der vom Statistischen Landesamt festgestellten Preisindexziffer für die Lebenshaltung: LG Berlin Rpfleger 1969, 311.

Quoten. Die Aufteilung hat sich vielmehr nach dem Verhältnis der bestehenden Unterhaltsforderungen und den unterschiedlichen Bedürfnissen der Unterhaltsberechtigten zu richten[37]. Da bei Erlaß des Pfändungs- und Überweisungsbeschlusses keine Anhörung des Schuldners erfolgt (§ 834 ZPO), wird dem Vollstreckungsgericht mangels Kenntnis der konkreten Verhältnisse nichts anderes übrig bleiben als zunächst eine kopfteilmäßige Berücksichtigung gleichrangiger Unterhaltsgläubiger vorzunehmen, so daß für den pfändenden Gläubiger nur die auf ihn entfallende Quote gepfändet wird[38]. Eine Korrektur im Sinne gleichmäßiger Verteilung kann der Schuldner in Anwendung des § 850 f Abs. 1 ZPO herbeiführen. Die benachteiligten Unterhaltsgläubiger können eine andere Verteilung im Erinnerungsverfahren durchsetzen.

Dies gilt allerdings nur für die *laufenden* gesetzlichen Verpflichtungen des Schuldners, d. h. für die letzte vor der Pfändung fällige sowie die nach der Pfändung fälligen Unterhaltsraten[39]. **601**

Wie bei § 850 c ZPO hängt die Gewährung des weiteren Freibetrags davon ab, daß der Schuldner auch *tatsächlich* seinen laufenden Unterhaltspflichten nachkommt. Im Gegensatz zu § 850 c ZPO kommt es aber bei der Bemessung des Freibetrags nach § 850 d Abs. 1 S. 2 ZPO auch auf die Höhe dessen an, was der Schuldner an Unterhalt leisten *muß.* Übernimmt der Schuldner ohne entsprechende gesetzliche Pflicht Unterhaltslasten, so bleiben diese bei der Bemessung der Pfändungsgrenzen in § 850 d Abs. 1 ZPO außer Ansatz. **602**

Umstritten ist, ob der Unterhaltsanspruch vorrangiger oder gleichrangiger Unterhaltsberechtigter wie beim Sockelbetrag des Schuldners selbst nur in *notwendiger* Höhe einzusetzen ist[40]. Dies wird im wesentlichen damit begründet, daß sich die aus dem Pfändungsprivileg des betreibenden Gläubigers resultierende Einschränkung des Schuldners auf seine gesamten Verhältnisse erstreckt. Dies hätte zur Konsequenz, daß sich auch der Freibetrag für den Unterhalt vorrangiger oder gleichrangiger Unterhaltsberechtigter des Schuldners zunächst einmal an den Regelsätzen der Sozialhilfe orientieren müßte. **603**

Diese Auffassung verkennt, daß weder Wortlaut noch Zweckgehalt des Gesetzes eine derartige Interpretation rechtfertigen. Das Wort „notwendig“ in § 850 d Abs. 1 S. 2 ZPO steht allein in Relation zum Schuldner, während das Wort „und“ davon grammatikalisch getrennt den dem Schuldner außerdem zu belassenden Freibetrag festlegt. Es wäre zudem nicht einsichtig, weshalb ein vor- oder gleichberechtigter Unterhaltsgläubiger gegenüber dem schlechter- oder gleichrangigen Titelgläubiger auf den notwendigen Unterhalt zu setzen wäre. Wenn Behr[41] **604**

---

37) LG Berlin MDR 1961, 512; LG Mannheim NJW 1970, 56; Münzberg in Stein/Jonas, ZPO, § 850 d Rdn. 23 mit weiteren ausführlichen Nachweisen. Rechnerisch wird zunächst das Verhältnis der jeweiligen Unterhaltsforderungen ermittelt. Beläuft sich der Unterhaltsanspruch für A auf 300 DM und der für B auf 400 DM, so stehen die Forderungen in einem Verhältnis 3/7 zu 4/7.

38) Sh. die Beispiele bei Henze, Rpfleger 1980, 457, 458.

39) Münzberg in Stein/Jonas, ZPO, § 850 d Rdn. 23; Stöber, Forderungspfändung, Rdn. 1098.

40) So Münzberg in Stein/Jonas, ZPO, § 850 d Rdn. 22; Behr, Rpfleger 1981, 387; Berner, Rpfleger 1958, 308; LG Deggendorf NJW 1956, 189.

41) Rpfleger 1981, 387, 388.

dagegen annimmt, für die gegenteilige Auffassung spräche die Schutzbedürftigkeit des durch § 850 d Abs. 1 ZPO privilegierten Unterhaltsgläubigers, so betrifft diese Sichtweise den Schuldner, nicht jedoch die vorerwähnten konkurrierenden weiteren Unterhaltsgläubiger, deren Rangverhältnis vom Gesetzgeber festgeschrieben wird und entsprechenden Schutz verdient. Daher ist für die Bestimmung der weiteren Freibeträge neben dem Sockelbetrag gem. § 850 d Abs. 1 S. 2 ZPO der *angemessene* Unterhalt zu berücksichtigen[42]. Entscheidend bei der Höhe dieses Freibetrages ist der Lebensstandard *vor* der Pfändung.

4. Begrenzung der Unpfändbarkeit (§ 850 d Abs. 1 S. 3 ZPO)

605 Die Besserstellung der Unterhaltsgläubiger soll nicht dazu führen, daß dem Schuldner mehr belassen wird, als wenn die Pfändung durch einen Normalgläubiger erfolgt. Daher darf gem. § 850 d Abs. 1 S. 3 ZPO der dem Schuldner verbleibende Betrag bei einer Pfändung seines Lohns wegen gesetzlicher Unterhaltsansprüche nicht den Betrag übersteigen, der ihm nach § 850 c ZPO gegenüber nicht bevorrechtigten Gläubigern zu verbleiben hätte. Da dieser Höchstbetrag im Pfändungsbeschluß nicht erscheint, tritt Stöber[43] dafür ein, daß der Drittschuldner seine genaue Höhe feststellen müsse, wobei der vollstreckende Gläubiger nicht als Person zu berücksichtigen sei. Diese Ansicht überzeugt nicht. Im Gegensatz zu § 850 c ZPO wird der pfändbare Betrag bei § 850 d ZPO durch das Vollstreckungsgericht konstitutiv festgelegt. Insoweit enthält § 850 d Abs. 1 S. 3 ZPO eine Feststellungsanweisung an das Vollstreckungsgericht und nicht an den Drittschuldner. Wird § 850 d Abs. 1 S. 3 ZPO vom Vollstreckungsgericht aus welchen Gründen auch immer übersehen, so leistet der Drittschuldner nach dem ihm bekannten Inhalt des Pfändungsbeschlusses so lange mit befreiender Wirkung, bis ihm ein Änderungsbeschluß zugestellt wird.

5. Die Rangordnung mehrerer Unterhaltsberechtigter (§ 850 d Abs. 2 ZPO)

606 Die in § 850 d Abs. 2 ZPO aufgestellte Reihenfolge der Unterhaltspflichten ergänzt den Abs. 1 dieser Vorschrift und definiert damit, welche Unterhaltsgläubiger dem pfändenden Unterhaltsgläubiger vorgehen und gleichrangig sind. Mehrere nach § 850 d Abs. 1 ZPO Berechtigte sind mit ihren Ansprüchen gem. § 850 d Abs. 2 ZPO in folgender Reihenfolge zu berücksichtigen, wobei mehrere gleich nahe Berechtigte untereinander gleichen Rang haben:

a) die minderjährigen unverheirateten Kinder, der Ehegatte, ein früherer Ehegatte und die Mutter eines nicht ehelichen Kindes mit ihrem Anspruch nach §§ 1615 l, 1615 n BGB;

b) die übrigen Abkömmlinge, wobei die Kinder den anderen vorgehen;

c) die Verwandten aufsteigender Linie, wobei die näheren Grade den entfernteren vorgehen.

---

42) Richtig Gisela Harbeck, HzA, Gruppe 22, § 5 D III 3.
43) Forderungspfändung, Rdn. 1106.

Im Ergebnis paßt damit der Gesetzgeber in § 850 d Abs. 2 ZPO das Rangverhältnis verschiedener Unterhaltsberechtigter der materiellen Rechtslage im bürgerlichen Recht an (§ 1609 Abs. 1 BGB). Die minderjährigen unverheirateten Kinder gehen den übrigen Kindern, die Kinder den übrigen Abkömmlingen, die Abkömmlinge den Verwandten der aufsteigenden Linie, unter den Verwandten der aufsteigenden Linie die näheren den entfernteren vor. Der gegenwärtige und ehemalige (geschiedene) (§ 1582 Abs. 2 BGB) Ehegatte steht den minderjährigen unverheirateten Kindern gleich und geht anderen Kindern und den übrigen Verwandten vor (§ 1609 Abs. 2 BGB). **607**

Treffen Unterhaltsansprüche eines *geschiedenen* (früheren) *Ehegatten* und eines *neuen Ehegatten* zusammen, so gilt für die Unterhaltskonkurrenz gem. § 850 d Abs. 2 a ZPO die Regelung aus § 1582 BGB entsprechend[44]. Das bedeutet: bei mangelnder Leistungsfähigkeit auf seiten des verpflichteten Schuldners geht grundsätzlich der geschiedene Ehegatte einem neuen Ehegatten vor. Die Regelung will verhindern, daß der neue Ehegatte vor dem geschiedenen Ehegatten des Verpflichteten bevorzugt wird. Bevor der geschiedene Ehegatte einer Schmälerung seines Unterhalts ausgesetzt wird, muß erwartet werden, daß der neue Ehegatte des Verpflichteten zur Sicherstellung des eigenen Unterhalts seine Möglichkeiten in gleichem Maße ausschöpft, wie es dem geschiedenen Ehegatten obliegt, d. h., wenn der neue Ehegatte zwar Unterhalt bezieht, aber keinen Unterhaltsanspruch hätte, wenn er seinerseits geschieden wäre. Dem neuen Ehegatten ist zuzumuten, diese ihm vorgehende Unterhaltsverpflichtung in Kauf zu nehmen; denn mit dem Bestehen einer derartigen Verpflichtung muß er rechnen, wenn er mit einem geschiedenen Ehegatten eine Ehe schließt[45]. Aber selbst wenn der neue Ehegatte in entsprechender Anwendung der §§ 1569 bis 1574, 1576, 1577 Abs. 1 BGB unterhaltsberechtigt wäre, geht ihm der geschiedene Ehegatte vor, wenn er Unterhalt wegen Kindesbetreuung (§ 1570 BGB) oder aus Billigkeitsgründen (§ 1576 BGB) erhält oder seine Ehe von langer Dauer war (§ 1582 Abs. 1 S. 2 BGB). Hat der frühere Ehegatte nur Unterhaltsansprüche gem. §§ 1571 bis 1573, 1575 BGB, so besteht mit dem neuen Ehegatten Gleichrangigkeit, soweit für letzteren einer der in den §§ 1570 bis 1574, 1576 BGB berücksichtigten Gründe für die Verhinderung eigener Erwerbstätigkeit und damit eine Bedürfnislage vorliegt. **608**

Das *Vollstreckungsgericht* kann das Rangverhältnis der Berechtigten in der ersten Gruppe (a) aus § 850 d Abs. 2 ZPO zueinander auf *Antrag* des *Schuldners* (nicht des Drittschuldners) oder eines *Berechtigten* nach billigem Ermessen in anderer Weise festsetzen. Es hat vor seiner Entscheidung die Beteiligten zu *hören* (§ 850 d Abs. 2 a ZPO). Über den Antrag entscheidet der Rechtspfleger (§ 20 Nr. 17 RPflG). Der Beschluß ist den Beteiligten des Verfahrens, im Falle der Änderung des Pfändungsbeschlusses auch dem Drittschuldner, von Amts **609**

---

[44] Das gilt gem. Art. 12 Nr. 9 des 1. EheRG (BGBl. 1976 I, 1421) nicht für einen Ehegatten, dessen Ehe vor dem 01. 07. 1977 geschieden, für nichtig erklärt oder aufgehoben worden ist. Insoweit ist die frühere Fassung des § 850 d Abs. 2 a ZPO anzuwenden.

[45] Vgl. dazu BVerfG NJW 1984, 1523.

wegen zuzustellen (§ 329 Abs. 3 ZPO). Dieser Beschluß kann mit einer befristeten Erinnerung gem. §§ 11 Abs. 1 S. 2 RPflG, 577, 593 ZPO angegriffen werden.

610 Die in § 850 d Abs. 2 ZPO statuierte Rangordnung hat gem. § 850 d Abs. 1 S. 2 ZPO folgende Konsequenzen:

Pfändet ein *besserrangiger* Unterhaltsgläubiger (Gruppe § 850 d Abs. 2 a ZPO) wegen laufender Unterhaltsansprüche, so ist dem Schuldner nur der notwendige Unterhalt für seine Person zu belassen. Ein Berechtigter der schlechterrangigen Gruppen erhält nur dann etwas, wenn der insgesamt pfändbare Betrag (Normal- und Vorrechtspfändungsbereich) zur Befriedigung des vorrangigen Gläubigers ausreicht und neben dem Sockelbetrag für den Schuldner noch ein Überschuß verbleibt. Die Unterhaltspflicht des Schuldners gegenüber dem nachrangigen Unterhaltsgläubiger wird bei der Festlegung des unpfändbaren Betrags unberücksichtigt gelassen (§ 850 d Abs. 1 S. 2 ZPO).

611 Fraglich kann sein, ob der bessere Rang nur im Verhältnis der *laufenden* Unterhaltsansprüche mehrerer Unterhaltsberechtigter eine Rolle spielt, so daß der in der Rangordnung vorgehende Unterhaltsgläubiger nicht die Befriedigung seiner nach § 850 d Abs. 1 S. 4 ZPO bevorrechtigten *Rückstände* vor den laufenden Unterhaltsansprüchen *schlechterrangiger* Unterhaltsgläubiger beanspruchen kann. Soweit Unterhaltsrückstände des Schuldners über § 850 d Abs. 1 S. 4 ZPO dem laufenden Unterhalt gleichgestellt werden, müssen die gleichen Pfändungsmaßstäbe bei konkurrierenden Unterhaltsgläubigern angelegt werden. Die Rechtslage ist aber dann anders, wenn der schlechterrangige Unterhaltsgläubiger zunächst gepfändet hat und der besserrangige Unterhaltsgläubiger wegen laufenden Unterhalts und wegen eines Unterhaltsrückstandes nachpfändet. Dem schlechterrangigen Unterhaltsgläubiger gehen im Vorrechtsbereich nur die *laufenden* Unterhaltspflichten des Schuldners gegenüber dem besserrangigen Unterhaltsgläubiger vor.

612 Pfändet ein *schlechterrangiger* Unterhaltsgläubiger, so hat das Vollstreckungsgericht dem Schuldner neben dem Sockelbetrag für seinen eigenen notwendigen Unterhalt soviel zu belassen, daß er die laufenden gesetzlichen Unterhaltsansprüche besserrangiger Unterhaltsgläubiger befriedigen kann.

613 *Gleichrangige* Unterhaltsgläubiger müssen sich gefallen lassen, daß der den Sockelbetrag für den Schuldner übersteigende Lohnanspruch gleichmäßig verteilt wird.

614 Konkurrieren die *Unterhaltsgläubiger* als *Pfandgläubiger,* so ist zwischen dem *Normalpfändungsbereich* (§ 850 c ZPO) und dem sog. *Vorrechtsbereich* zu differenzieren. § 850 d ZPO besagt zunächst einmal, daß dem Unterhaltsgläubiger ein für normale Gläubiger (§ 850 c ZPO) verschlossener Vorrechtsbereich als Zugriffsmöglichkeit geöffnet wird. *Innerhalb* dieses Vorrechtsbereichs soll allerdings nicht die Zufälligkeit der Priorität bei gleichrangigen Unterhaltsgläubigern den Ausschlag geben, sondern nach einem sachlichen Verteilungsprinzip verfahren werden. Jeder nach § 850 d Abs. 1 ZPO privilegierte Unterhaltsgläubiger kann aber in den Grenzen des § 850 c ZPO ebenso pfänden wie jeder Normalgläubiger, so daß es im Normalpfändungsbereich bei dem in § 804 Abs. 3 ZPO verankerten Prioritätsprinzip verbleibt. Andernfalls würde der Unterhaltsgläubiger infolge seiner Privilegierung im Verhältnis zum Normalgläubiger schlechter stehen als ohne sie[46].

Pfändet also der nach § 850 d Abs. 2 ZPO schlechterrangige Gläubiger zuerst, so gilt das Prioritätsprinzip aus § 804 Abs. 3 ZPO im Verhältnis zu sämtlichen nachfolgenden Pfändungspfandgläubigern hinsichtlich des Normalpfändungsbereichs (§ 850 c ZPO). Er behält das besserrangige Pfandrecht wegen der nach § 850 c ZPO für *jeden* Gläubiger pfändbaren Teile des Arbeitseinkommens. Im *Vorrechtsbereich* nach § 850 d ZPO kann er jedoch von vornherein nicht auf den Teil des Schuldnereinkommens zugreifen, den dieser für den *laufenden* (nicht rückständigen) Unterhalt vorrangiger Unterhaltsgläubiger benötigt. Pfändet anschließend ein rangbesserer Unterhaltsgläubiger, so wird der für ihn reservierte Betrag im Vorrechtsbereich nunmehr mit einem Pfändungspfandrecht belegt. Hatte das Vollstreckungsgericht den zweitpfändenden Gläubiger im Vorrechtsbereich nicht oder nicht ausreichend berücksichtigt, so muß der Erstgläubiger, falls der Gesamtbetrag des Vorrechtsbereichs zur Deckung des Unterhalts nicht ausreicht, eine Kürzung des ursprünglich gepfändeten Betrags hinnehmen. Auf entsprechenden *Antrag* des rangbesseren Unterhaltsgläubigers wird dem Vollstreckungsgericht der *pfändungsfreie Betrag* in dem zugunsten des rangschlechteren Unterhaltsgläubigers erlassenen Pfändungsbeschluß *erhöht*[47]. 615

Haben nach § 850 d Abs. 2 ZPO *gleichrangige* Unterhaltsgläubiger *nacheinander* gepfändet, so muß sich jeder von ihnen gem. § 850 d Abs. 1 S. 2 ZPO im *Vorrechtsbereich* dasjenige vorgehen lassen, was der Schuldner zur gleichmäßigen Be- 616

---

46) Wie hier: Stöber, Forderungspfändung, Rdn. 1271, 1272; Münzberg in Stein/Jonas, ZPO, § 850 d Rdn. 34 mit weiteren Nachweisen; Behr, Rpfleger 1981, 389; a. A. aber LG Mannheim NJW 1970, 56, das bei gleichrangigen Unterhaltsberechtigten das Pritoritätsprinzip unbeachtet lassen will; ebenso Bock/Speck, Einkommenspfändung, S. 109 unter Hinweis darauf, daß der allgemeine Grundsatz der Priorität nur für Pfändungen gilt, die nach § 850 c ZPO durchgeführt werden. Wird die Pfändung nach § 850 d ZPO abgewickelt, so müsse sie sich in vollem Umfange nach dieser Vorschrift richten. Ebenso im Ergebnis Henze, Rpfleger 1980, 458 mit Berechnungsbeispielen.

47) Hat der verheiratete Schuldner mit einem Kind einen monatlichen Nettolohn von 2.000 DM und pfändet ein Unterhaltsberechtigter der Gruppe § 850 d Abs. 2 b ZPO wegen eines laufenden Unterhalts von 400 DM und wegen bestehender Rückstände zuerst, so würden ihm aus dem Normalpfändungsbereich (§ 850 c ZPO) 269 DM zustehen. Er muß also zur vollen Befriedigung die Festsetzung eines Freibetrags nach § 850 d ZPO beantragen. Wird dieser unter Berücksichtigung des notwendigen Unterhalts für den Schuldner und unter Berücksichtigung der weiteren vorgehenden Unterhaltsberechtigten auf 1.600 DM festgesetzt und pfänden danach die Ehefrau und das Kind wegen eines ihnen vom Prozeßgericht in Höhe von zusammen 800 DM monatlich zugesprochenen laufenden Unterhalts und hat das Vollstreckungsgericht für den Schuldner einen Freibetrag von 900 DM festgesetzt, so werden sie die Differenz zwischen 1.600 DM und 900 DM, d. h. nur 700 DM erhalten. Auf entsprechenden Antrag hat dann das Vollstreckungsgericht den pfändungsfreien Betrag im Beschluß des Erstpfändenden von 1.600 DM auf 1.700 DM zu erhöhen. Der nachrangige Gläubiger erhält künftig nicht mehr 400 DM, sondern nur noch 300 DM. Die besserrangigen Gläubiger können sodann 800 DM vollstrecken.

friedigung des *laufenden* Unterhalts für den und die anderen gleichberechtigten Unterhaltsgläubiger bedarf[48].

617 Pfänden Unterhaltsberechtigte verschiedenen Ranges (§ 850 d Abs. 2 ZPO) *gleichzeitig*, so haben sie im *Normalpfändungsbereich* ein *gleichrangiges* Pfändungspfandrecht an der Lohnforderung des Schuldners erworben, das ihnen in Relation zur Höhe ihrer titulierten Forderungen zusteht[49].

618 Die Pfändungsgrenzen verschieben sich jedoch im *Vorrechtsbereich*, weil der nach § 850 d Abs. 2 ZPO besserrangige Unterhaltsgläubiger das Arbeitseinkommen des Schuldners bis auf dessen notwendigen Unterhalt pfänden kann, während für den nachrangigen Unterhaltsgläubiger der Lohn des Schuldners in Höhe des laufenden Unterhalts des vorrangigen Gläubigers der Pfändung entzogen ist.

6. Fragen der Schuldtilgung des gepfändeten Lohns

619 In der Praxis der Lohnpfändung stellt sich häufig die Frage, in welcher Weise die Verrechnung des gepfändeten Lohns auf die bevorrechtigten und nicht bevorrechtigten Ansprüche des Gläubigers zu erfolgen hat, insbesondere wenn der Arbeitnehmer aus dem Arbeitsverhältnis ausscheidet, bevor der Gläubiger voll befriedigt worden ist und dieser bei dem neuen Arbeitgeber wiederum eine Lohnpfändung ausbringt. Für den Schuldner ist dann vor allem von Interesse, ob und wegen welcher Forderungen er bei der weiteren Lohnpfändung auf den notwendigen Unterhalt gem. § 850 d Abs. 1 ZPO gesetzt werden kann. Ein derartiger Fall tritt etwa dann ein, wenn der Unterhaltsgläubiger wegen überjähriger, nicht absichtlich verursachter Rückstände und laufender Unterhaltszahlungen vollstreckt.

620 Nach h. M. richtet sich die Verrechnung nach den Bestimmungen der §§ 366 Abs. 2, 367 Abs. 1 BGB[50]. Die in § 366 Abs. 2 BGB geregelte gesetzliche Tilgungsreihenfolge besagt, daß die Anrechnung zunächst auf die fällige Forderung, unter mehreren fälligen auf die, die dem Schuldner die geringere Sicherheit bietet, erfolgt. Bei mehreren gleich sicheren Forderungen wird die dem Schuldner lästigere getilgt. Das kann z. B. die höherverzinsliche Schuld sein. Schließlich soll bei gleich lästigen Schulden zunächst die ältere Schuld erfüllt werden. Dabei entscheidet die Entstehungszeit, nicht die Fälligkeit.

621 § 367 Abs. 1 BGB behandelt nur das Tilgungsverhältnis zwischen Hauptforderung und *zugehörigen* Nebenforderungen. Hat der Schuldner außer der Hauptleistung Zinsen und Kosten zu entrichten, so wird eine zur Tilgung der ganzen

---

48) Vgl. dazu auch Kandler, NJW 1958, 2048 ff, der fünf Fallalternativen aufzeigt.

49) Die Ermittlung des jeweiligen Zugriffsrechts der Gläubiger auf den Normalpfändungsbereich vollzieht sich durch Bildung eines Gesamtbetrages der titulierten Forderungen: Gläubiger A = 10.000 DM, Gläubiger B = 17.000 DM, insgesamt also: 27.000 DM, so daß die Forderungen im Verhältnis 10/27 zu 17/27 stehen.

50) Stöber, Forderungspfändung, Rdn. 1280; Münzberg in Stein/Jonas, ZPO, § 850 d Rdn. 39 mit weiteren Nachweisen.

Schuld nicht ausreichende Leistung zunächst auf die Kosten, dann auf die Zinsen und zuletzt auf die Hauptleistung angerechnet.

Bestehen mehrere Schulden nebst Zinsen und Kosten, so greift zunächst die Tilgungsreihenfolge nach § 366 Abs. 2 BGB ein. Erst wenn die danach bevorrechtigte Schuld in der Reihenfolge des § 367 BGB befriedigt ist, erfolgt die weitere Anrechnung auf die nachrangige Schuld. 622

Pfändet der Unterhaltsgläubiger wegen bevorrechtigter (§ 850 d ZPO) und nicht bevorrechtigter Ansprüche (§ 850 c ZPO), so darf der nach § 850 d ZPO von der Pfändung erfaßte Teil ausschließlich auf die *bevorrechtigten* Forderungen verrechnet werden, wobei gem. §§ 366 Abs. 2, 367 Abs. 1 BGB zunächst die Kosten der Zwangsvollstreckung sodann die noch nicht überjährigen Unterhaltsrückstände anschließend die laufenden Unterhaltsansprüche getilgt werden. Die *Zinsen* auf die Unterhaltsforderung sind *nicht* bevorrechtigt[51]. Erfaßt der Pfändungsbeschluß des Unterhaltsgläubigers auch den Normalpfändungsbereich aus § 850 c ZPO, so ist dieser auf die nicht bevorrechtigten Forderungen zu verrechnen. Die Reihenfolge der Tilgung beginnt mit den Kosten des Rechtsstreits, es folgen die Zinsen der gesamten Forderung sodann die ältesten Rückstände (Hauptforderung). 623

Die korrekte Berechnung der Schuldtilgung hat der *Drittschuldner* vorzunehmen. Aus dem Pfändungs- und Überweisungsbeschluß lassen sich hierfür regelmäßig keine Berechnungsanweisungen entnehmen. Schuldner und Gläubiger können aber im Wege der Erinnerung eine *Klarstellung* vom Vollstreckungsgericht darüber verlangen, welche Teile der Forderungen das Vorrecht aus § 850 d ZPO genießen[52]. Ergeht ein Pfändungs- und Überweisungsbeschluß in den Vorrechtsbereich (§ 850 d ZPO) und in den Normalpfändungsbereich (§ 850 c ZPO), muß der Drittschuldner einen *Tilgungsplan* fertigen, um sicherstellen zu können, wann die Pfändung aus dem Vorrechtsbereich nur noch den laufenden Unterhalt betrifft. In der betrieblichen Praxis werden häufig aus Vereinfachungsgründen die vorbeschriebenen rechtlichen Abrechnungsvorgaben vernachlässigt und während der Dauer der Lohnpfändung bis zur Tilgung *aller* Kosten, Zinsen und Unterhaltsrückstände unter vollständigem Einschluß des Vorrechtsbereichs an den Gläubiger geleistet. Allerdings kann der Schuldner auf der Grundlage der ihm erteilten Abrechnungen dieser Verfahrensweise entgegentreten. 624

7. Vorpfändung und § 850 d ZPO

Der Unterhaltsgläubiger kann wegen seines titulierten Unterhaltsanspruchs ebenso in den Vorrechtsbereich aus § 850 d Abs. 1 ZPO eine Vorpfändung (§ 845 ZPO) ausbringen wie ein Normalgläubiger, der nur gem. § 850 c ZPO vollstrek- 625

---

[51] Vgl. Rz. 585. Sie werden als Verzugsfolgen geschuldet. A. A. aber Münzberg in Stein/Jonas, ZPO, § 850 d Rdn. 39.

[52] Vgl. Münzberg in Stein/Jonas, ZPO, § 850 d Rdn. 39.

ken kann. Der Unterhaltsgläubiger muß dann von sich aus den Betrag angeben, der nach § 850 d Abs. 1 S. 2 ZPO von der Pfändung freibleiben soll. Setzt das Gericht im anschließenden Pfändungs- und Überweisungsbeschluß einen *höheren* Freibetrag für den Schuldner fest, dann entfällt ohne weiteres die bis dahin vorhandene weitergehende Verstrickung[53]. Wird der Freibetrag durch das Vollstreckungsgericht *niedriger* bemessen, wird die Pfändung des Differenzbetrages erst mit der Zustellung des Pfändungsbeschlusses an den Drittschuldner wirksam.

8. Das Zusammentreffen bevorrechtigter und nicht bevorrechtigter Gläubiger (§ 850 e Nr. 4 ZPO)

626 Eine Konkurrenz zwischen Unterhaltsgläubigern und nicht bevorrechtigten Gläubigern löst sich nach dem Prioritätsprinzip (§ 804 Abs. 3 ZPO). Das durch frühere Pfändung begründete Pfandrecht an der Lohnforderung des Schuldners geht dem durch spätere Pfändung begründeten Pfandrecht vor. Dieser Grundsatz der Priorität betrifft indes lediglich den *Normalpfändungsbereich* des § 850 c ZPO. Hat also der Normalgläubiger *zuerst* gepfändet, so kann er durch nachpfändende Unterhaltsgläubiger im Bereich des § 850 c ZPO rangmäßig nicht mehr verdrängt werden. Der Unterhaltsgläubiger erhält die Differenz zwischen dem nach § 850 c ZPO und dem nach § 850 d ZPO aus dem Vorrechtsbereich pfändbaren Lohn.

627 Pfändet der *Unterhaltsgläubiger zuerst* und hat er das ihm gebührende Vorrecht nicht in Anspruch genommen, sondern nur in den Grenzen des § 850 c ZPO gepfändet, wogegen nichts zu erinnern ist[54], so verbliebe dem Schuldner ein höherer Freibetrag und der nachfolgende nicht bevorrechtigte Pfandgläubiger ginge ganz oder teilweise leer aus, wenn der Normalpfändungsbereich vollständig oder zum Teil vom Unterhaltsgläubiger ausgeschöpft ist.

628 Da der Normalgläubiger im Gegensatz zum Unterhaltsgläubiger nicht den Vorrechtsbereich aus § 850 d ZPO belegen kann, wird einer dadurch entstehenden Benachteiligung des Normalgläubigers durch § 850 e Nr. 4 ZPO begegnet: Trifft eine *Pfändung,* eine Abtretung oder eine sonstige Verfügung wegen eines der in § 850 d ZPO bezeichneten Ansprüche mit einer Pfändung wegen eines sonstigen Anspruchs zusammen, so sind auf die Unterhaltsansprüche *zunächst* die gem. § 850 d ZPO der Pfändung in erweitertem Umfang unterliegenden Teile des Arbeitseinkommens zu verrechnen. Diese Verrechnung nimmt auf Antrag eines Beteiligten das Vollstreckungsgericht, d. h. der Rechtspfleger (§ 20 Nr. 17 RPflG) durch Beschluß vor.

629 Reicht der Vorrechtsbereich zur vollständigen Befriedigung des zuerst pfänden-

---

[53] Münzberg in Stein/Jonas, ZPO, § 850 d Rdn. 48; sh. auch den Formulierungsvorschlag von Stöber, Forderungspfändung, Rdn. 1130, 947.

[54] H. M. vgl. etwa Stöber, Forderungspfändung, Rdn. 1115, Münzberg in Stein/Jonas, ZPO, § 850 d Rdn. 76. Der Unterhaltsschuldner kann auch nachträglich durch einen Teilverzicht seine bevorrechtigte Pfändung auf den Zugriff aus § 850 c ZPO beschränken.

den Unterhaltsgläubigers nicht aus, weil etwa erhebliche Unterhaltsrückstände offenstehen, so verbleibt es bei der Pfändungspriorität im Normalpfändungsbereich (§ 850 c ZPO). Auch in diesem Fall kann § 850 e Nr. 4 ZPO bedeutsam sein, weil die Rückstände der Unterhaltsschuld eher getilgt werden und der zweitpfändende gewöhnliche Gläubiger schneller zum Zuge kommt.

Die in § 850 e Nr. 4 S. 1 ZPO getroffene Regelung gilt *kraft Gesetzes* wie aus § 850 e Nr. 4 S. 3 ZPO interpretativ entnommen werden muß. Es bedarf demnach keiner gestaltenden und damit konstitutiv wirkenden Anordnung durch das Vollstreckungsgericht[55]. **630**

Die Wirkung des § 850 e Nr. 4 S. 1 ZPO tritt automatisch mit Wirksamwerden der zweiten Pfändung, d. h. mit ihrer Zustellung an den Drittschuldner, ein. Damit wird zugleich der *Rang* des nachpfändenden Normalgläubigers gegenüber weiteren nachfolgenden Pfändungen gesichert. Der *Drittschuldner* könnte danach von sich aus den unpfändbaren Bereich, der dem Schuldner für sich und seine Angehörigen unbedingt verbleiben muß (§ 850 d Abs. 1 S. 2 ZPO), berechnen und dementsprechend den Lohnabzug auf den Vorrechtsbereich ausdehnen. Der Drittschuldner müßte dabei jedoch für die zutreffende Feststellung des unpfändbaren Bereichs einstehen. Das Gesetz nimmt ihm dieses Haftungsrisiko ab. Gem. § 850 e Nr. 4 S. 3 ZPO kann der Drittschuldner, solange ihm eine Verrechnungsentscheidung des Vollstreckungsgerichts nicht zugestellt ist, nach dem Inhalt der ihm bekannten Pfändungsbeschlüsse, Abtretungen und sonstigen Verfügungen mit *befreiender Wirkung* leisten. Da der Drittschuldner regelmäßig das Haftungsrisiko für eine unrichtige Bestimmung des Vorrechtsbereichs nicht übernehmen wird, hat der Verrechnungsbeschluß de facto eine konstitutive Bedeutung. **631**

Den Antrag auf Erlaß des Verrechnungsbeschlusses können *alle Beteiligten*, d. h. jeder Gläubiger, Schuldner aber auch der Drittschuldner[56], stellen. Vor seiner Entscheidung hat der Rechtspfleger alle Beteiligten zu *hören.* Eine derartige Anhörung ist zwar nicht ausdrücklich im Gesetz vorgeschrieben, aber auch nicht gem. § 834 ZPO verboten; sie wird wegen Art. 103 Abs. 1 GG regelmäßig zu **632**

---

[55] Ebenso Stöber, Forderungspfändung, Rdn. 1276; Münzberg in Stein/Jonas, ZPO, § 850 d Rdn. 80. Meine früher anderslautende Auffassung in Boewer, Lohnpfändung, S. 254 gebe ich auf. A. A. Bock/Speck, Einkommenspfändung, S. 208. Da es gem. § 850 e Nr. 4 S. 3 ZPO dem Drittschuldner freisteht („kann"), nach dem Inhalt der ihm bekannten Pfändungsbeschlüsse mit befreiender Wirkung zu leisten, er also auch die Unterhaltsansprüche zunächst auf die gem. § 850 d ZPO der Pfändung in erweitertem Umfange unterliegenden Lohnteile verrechnen darf, wirkt der auf Antrag ergehende Verrechnungsbeschluß nur klarstellend. Dem Meinungsstreit dürfte jedoch in der Praxis nur eine untergeordnete Bedeutung beizumessen sein, weil der Drittschuldner aus Haftungsgründen regelmäßig erst den Verrechnungsbeschluß des Vollstreckungsgerichts abwarten wird.

[56] Münzberg in Stein/Jonas, ZPO, § 850 d Rdn. 82; a. A. aber Stöber, Forderungspfändung, Rdn. 1277, der dem Drittschuldner ein Antragsrecht versagt, weil er weiterhin mit befreiender Wirkung leisten kann. Dabei wird nicht genügend gewichtet, daß § 850 e Nr. 4 S. 2 ZPO von den „Beteiligten" spricht. Beteiligt ist auch der Drittschuldner. Seine Antragsberechtigung wird damit vom Gesetz präsumiert.

gewähren sein, da keine Gefährdung des Verfahrenszwecks (wie etwa bei § 834 ZPO) zu besorgen ist. Der Verrechnungsbeschluß muß eine tatsächliche Berechnung beinhalten, aus der sich die an die einzelnen Gläubiger und den Schuldner zu verteilende Lohnquote ergibt. *Zuständig* ist für die Entscheidung immer das Vollstreckungsgericht, das den *abzuändernden* (ersten) *Pfändungsbeschluß* erlassen hat[57].

633 Der Verrechnungsbeschluß ist den Gläubigern, dem Schuldner und dem Drittschuldner von Amts wegen zuzustellen (§ 329 Abs. 3 ZPO). Der Beschluß unterliegt der befristeten Erinnerung nach §§ 11 Abs. 1 S. 2 RPflG, 793, 577 ZPO.

634 Pfänden ein bevorrechtigter Unterhaltsgläubiger und ein Normalgläubiger *gleichzeitig* in dieselbe Lohnforderung, so muß der Drittschuldner den gepfändeten Lohnteil im Normalpfändungsbereich gleichmäßig im Verhältnis ihrer Ansprüche verteilen. Zugunsten des nicht bevorrechtigten Gläubigers ist der Zugriff des Unterhaltsgläubigers auf den Vorrechtsbereich zu berücksichtigen.

9. Die Vorratspfändung des § 850 d Abs. 3 ZPO

635 Gem. § 850 d Abs. 3 ZPO kann bei der Vollstreckung wegen der in § 850 d Abs. 1 ZPO bezeichneten Unterhaltsansprüche sowie wegen der aus Anlaß einer Verletzung des Körpers oder der Gesundheit zu zahlenden Renten *zugleich* mit der Pfändung wegen *fälliger* Ansprüche auch künftig fällig werdendes Arbeitseinkommen wegen der dann jeweils *fällig werdenden* Ansprüche gepfändet und überwiesen werden.

636 Diese sog. *Vorratspfändung* stellt im Ergebnis eine teilweise Durchbrechung des § 751 Abs. 1 ZPO dar, wonach die Zwangsvollstreckung für titulierte Ansprüche auf wiederkehrende Leistungen mit kalendermäßigem Fälligkeitszeitpunkt nur wegen der *jeweils fälligen* Beträge gestattet wird[58]. Grundsätzlich setzt nämlich die Vollstreckung Fälligkeit des zu vollstreckenden Anspruchs voraus.

637 Der Gesetzgeber knüpft die Zulässigkeit der Vorratspfändung an drei Voraussetzungen: Die Vollstreckungsforderung muß ein gesetzlicher Unterhaltsanspruch im Sinne von § 850 d Abs. 1 ZPO oder ein Rentenanspruch aus Anlaß der Verletzung des Körpers oder der Gesundheit (§ 850 b Abs. 1 Nr. 1 ZPO) sein; die Vollstreckungsforderung muß bei Erlaß des Pfändungsbeschlusses wenigstens zu

---

[57] Münzberg in Stein/Jonas, ZPO, § 850 d Rdn. 83; a. A. aber Stöber, Forderungspfändung, Rdn. 1277, der das Wohnsitzvollstreckungsgericht des Schuldners für zuständig ansieht. Dabei wird übersehen, daß gerade mit dem Antrag aus § 850 e Nr. 4 S. 2 ZPO eine Änderung des *ersten* Pfändungsbeschlusses angestrebt wird.

[58] Aus § 832 ZPO ergibt sich dies nicht, weil diese Vorschrift nur die Pfändung der künftig fällig werdenden Ansprüche als Zugriffsobjekt behandelt.

einem Teilbetrag bereits fällig geworden sein[59]; schließlich kommt als Zugriffsobjekt nur das Arbeitseinkommen des Schuldners in Betracht[60].

Das entscheidende Kriterium dieser Pfändung liegt darin begründet, daß zugunsten des Unterhaltsgläubigers ein *einheitlicher* Pfändungsrang für die bereits fälligen und erst später fällig werdenden Unterhaltsraten entsteht, so daß andere Gläubiger, die das gleiche Arbeitseinkommen in der Zeit zwischen dem Pfändungsbeschluß und dem Fälligwerden der künftigen Unterhaltsbeträge pfänden, im Rang nachgehen. Die aus dem Bedürfnis der Praxis entwickelte Form der aufschiebend bedingten Pfändung mit Dauerwirkung beschlagnahmt die gepfändete wiederkehrende Leistung wegen der künftig fällig werdenden Ansprüche des Gläubigers dagegen erst nach Ablauf des Fälligkeitstages[61]. In der Zeit zwischen Zustellung des Pfändungs- und Überweisungsbeschlusses und Wirksamwerden der aufgeschobenen Pfändung kann der Schuldner über seinen Anspruch ebenso verfügen, wie ein anderer Gläubiger wegen eines bereits fälligen Anspruchs die dem Schuldner zustehende Leistung zu pfänden vermag. 638

Aus dem Pfändungsbeschluß muß sich ergeben, daß die Pfändung und Überweisung auch wegen der erst nach seinem Erlaß fällig werdenden Raten des titulierten Anspruchs erfolgt. 639

---

59) Der Grundsatz des § 751 ZPO wird damit nicht völlig aufgegeben. LG Essen NJW 1966, 1822, 1823. Zur Frage, unter welchen Voraussetzungen die Ausnutzung der Vorratspfändung rechtsmißbräuchlich sein kann: OLG Düsseldorf DB 1976, 2156. Zur Rangstellung: LG Saarbrücken Rpfleger 1973, 373. Da die Pfändung bereits mit der Zustellung des Pfändungsbeschlusses wirksam wird, beeinträchtigen Verfügungen, die zwischen der Zustellung des Pfändungsbeschlusses und dem Fälligkeitszeitpunkt liegen, die Wirksamkeit und den Rang der Vorratspfändung nicht. Vgl. dazu auch Münzberg in Stein/Jonas, ZPO, § 850 d Rdn. 57; Gisela Harbeck, HzA, Gruppe 22, § 5 E.

60) LG Essen NJW 1966, 1822. § 850 d Abs. 3 ZPO scheidet also aus bei anderen fortlaufenden Einkünften des Schuldners wie Leibrenten, Mietzinsen usw. Vgl. OLG Hamm MDR 1963, 226. Insoweit kommt allenfalls eine Pfändung mit aufschiebend bedingter Dauerwirkung infrage.

61) LG Essen NJW 1966, 1822.

VI. Die Berechnung des pfändbaren Arbeitseinkommens

640 In § 850 e ZPO stellt der Gesetzgeber Regeln auf, nach denen bei der Berechnung des pfändbaren Lohnteils für gewöhnliche (§ 850 c ZPO) und bevorrechtigte Gläubiger (§ 850 d ZPO) des Schuldners zu verfahren ist. Diese Regeln gelten auch für das sog. verschleierte Arbeitseinkommen nach § 850 h ZPO, wonach ein Lohnanspruch des Schuldners dem Grunde und der Höhe nach fingiert wird. Sie sind ebenfalls bei der Pfändung von sonstigen Vergütungen im Sinne des § 850 i ZPO heranzuziehen.

641 In den Nr. 1 bis 3 des § 850 e ZPO behandelt der Gesetzgeber zunächst die Feststellung des pfändbaren Nettoeinkommens zur Berechnung der Pfändungsfreigrenze als notwendige Ergänzung zu den §§ 850 c, 850 d ZPO. § 850 e Nr. 2 ZPO enthält eine Zusammenrechnungsmöglichkeit mehrerer Arbeitseinkommen des Schuldners auf Antrag des Gläubigers, auch wenn der Gläubiger nicht sämtliche Arbeitseinkommen des Schuldners gepfändet hat. Gem. § 850 e Nr. 2 a ZPO sind auf Antrag des Gläubigers auch Ansprüche auf laufende Geldleistungen nach dem Sozialgesetzbuch mit dem Arbeitseinkommen zusammenzurechnen, wenn dies der Billigkeit entspricht. § 850 e Nr. 3 ZPO schreibt vor, daß Geld- und Naturalleistungen des Schuldners zusammengerechnet werden müssen. In § 850 e Nr. 4 ZPO regelt der Gesetzgeber das Zusammentreffen von Pfändungen, Abtretungen usw. bevorrechtigter Gläubiger (§ 850 e ZPO) mit der Pfändung eines Normalgläubigers.

642 Da der Drittschuldner bei unrichtiger Berechnung und Verteilung des gepfändeten Arbeitseinkommens Gefahr läuft, doppelt in Anspruch genommen zu werden, eine Hinterlegung nach § 853 ZPO nur bei mehrfacher Pfändung möglich ist, kann er oder ein sonstiger Beteiligter des Lohnpfändungsverfahrens eine klarstellende Entscheidung des Vollstreckungsgerichts darüber beantragen, *wie* gezahlt werden muß.

1. Die Feststellung des pfändbaren Nettoeinkommens (§ 850 e Nr. 1 ZPO)

643 Die Feststellung des pfändbaren oder unpfändbaren Lohnteils des Schuldners erfolgt auf der Basis des *Nettolohns*. Für die Berechnung des Nettolohns gilt gem. § 850 e Nr. 1 ZPO folgendes: Nicht mitzurechnen sind die nach § 850 a ZPO der Pfändung entzogenen Bezüge, ferner Beträge, die unmittelbar aufgrund steuerrechtlicher oder sozialrechtlicher Vorschriften zur Erfüllung gesetzlicher Verpflichtungen des Schuldners abzuführen sind. Diesen Beträgen stehen gleich die auf den Auszahlungszeitraum entfallenden Beträge, die der Schuldner

a) nach den Vorschriften der Sozialversicherungsgesetze zur Weiterversicherung entrichtet oder

b) an eine Ersatzkasse oder an ein Unternehmen der privaten Krankenversicherung leistet, soweit sie den Rahmen des Üblichen nicht übersteigen.

Die vom Gesetzgeber angeordnete Ermittlung des der Pfändung unterliegenden Nettolohns hat der *Drittschuldner* (Arbeitgeber) zu erledigen. Der Pfändungsbeschluß enthält lediglich die Wiedergabe des § 850 e Nr. 1 ZPO. Dies gilt auch dann, wenn ein nach § 850 d ZPO bevorrechtigter Gläubiger pfändet, weil das Vollstreckungsgericht nur die Höhe der Pfändungsgrenzen anderweitig bestimmt, jedoch keine Nettolohnberechnung vorgibt. Unterlaufen dem Drittschuldner bei der Berechnung des Nettolohns Fehler, so bleibt er dem Schuldner als Gläubiger der Lohnforderung oder dem Pfändungspfandgläubiger weiterhin verpflichtet. Zur Vermeidung doppelter Inanspruchnahme bedarf es hier einer sorgfältigen Vorgehensweise des Drittschuldners[1]. 644

2. Die nach § 850 a ZPO unpfändbaren Bezüge

Zunächst hat der Arbeitgeber bei der Pfändung des Arbeitseinkommens die nach § 850 a ZPO der Pfändung entzogenen Beträge vom Bruttolohn des Schuldners abzusetzen. In diesem Zusammenhang ist fraglich, ob die auf den unpfändbaren Bezug entfallenden Steuern und Sozialversicherungsbeiträge vom übrigen Arbeitseinkommen abzusetzen sind, so daß dem Schuldner der Bruttobezug verbleibt. Nach ganz herrschender Auffassung im Schrifttum[2] sollen dem Schuldner die gem. § 850 a ZPO besonders geschützten Teile des Lohns ungeschmälert zufließen, so daß der jeweilige Bruttobetrag vom Einkommen des Schuldners abgesetzt werden müsse. 645

Bei näherer Betrachtung begegnet diese Auffassung insoweit rechtlichen Bedenken, als die herrschende Meinung im Ergebnis die auf den unpfändbaren Teil entfallenden Steuern und Sozialversicherungsbeiträge *zweimal* vom Gesamtbruttolohn des Schuldners abziehen will. Zum einen wird nämlich der volle Bruttobetrag der unpfändbaren Bezüge vom Gesamtbruttoeinkommen des Schuldners abgesetzt. Des weiteren werden anschließend berechnet nach dem Gesamtlohn von dem nach Abzug der unpfändbaren Bruttobeträge verbleibenden Lohn die Steuern und Sozialversicherungsbeiträge abgezogen. Diese Art der Berechnung des pfändbaren Nettolohns kann zur Konsequenz haben, daß für einen Schuldner, der während einer Lohnabrechnungsperiode neben dem Urlaubsentgelt ein gleich hohes tarifliches Urlaubsgeld erhält, trotz doppelten Bruttoverdienstes kein pfändbares Arbeitsentgelt an den Gläubiger abzuführen ist. Für diesen Steuer- und Sozialversicherungsbonus zugunsten des Schuld- 646

---

1) Ist die Rechtslage für den Drittschuldner unsicher, so vermag er einen Klarstellungsbeschluß auf Festsetzung der abzuziehenden Beträge des Amtsgerichts Vollstreckungsgerichts herbeizuführen. Es handelt sich um einen Antrag im Sinne von § 766 ZPO, obwohl er nicht die Rüge einer unrichtigen Art und Weise der Zwangsvollstreckung enthält. Vgl. dazu Berner, Rpfleger 1962, 218; Weber, Rpfleger 1967, 256; Stöber, Forderungspfändung, Rdn. 1136; Münzberg in Stein/Jonas, ZPO, § 850 e Rdn. 4.

2) Etwa Henze, Rpfleger 1980, 456; Stöber, Forderungspfändung, Rdn. 98 und Rdn. 1134; Gisela Harbeck, HzA, Gruppe 22, § 6 B II 2; Münzberg in Stein/Jonas, ZPO, § 850 e Rdn. 6 mit dem Hinweis darauf, daß eine Aufspaltung des Steuerbetrags zu mißlichen Berechnungsschwierigkeiten führen könnte. Ebenso noch Boewer, Die Lohnpfändung, S. 259; Bock/Speck, Einkommenspfändung, S. 66. So auch LAG Köln vom 16. 05. 1986 – 9 Sa 1365/85 – allerdings ohne nähere Begründung.

ners gibt es keinen plausiblen Grund. Es ist vor allem wenig einsichtig, daß der Gläubiger in einer Lohnabrechnungsperiode, in der der Schuldner erheblich mehr verdient, schlechter gestellt werden soll, nur weil unpfändbare Bezüge anfallen. Schwierigkeiten bei der Berechnung des pfändbaren Lohns können diese Auswirkung nicht begründen. Derartige Berechnungsprobleme treten im Lohnpfändungsverfahren häufiger zutage, ohne daß daraus rechtliche Schlüsse zugunsten eines am Verfahren Beteiligten gezogen werden. Allenfalls die Systematik des § 850 e Nr. 1 ZPO kann für die h. M. sprechen. Die nach § 850 a ZPO der Pfändung entzogenen Bezüge werden *zuerst* bei den nicht mitzurechnenden Posten genannt und erst anschließend die Abgaben aufgrund steuerrechtlicher oder sozialrechtlicher Vorschriften erwähnt. Diese Regelung für die Berechnung des pfändbaren Arbeitseinkommens löst das Problem nicht, weil sie nicht stringent die Reihenfolge der Abrechnung zur Ermittlung des pfändbaren Nettoeinkommens festschreibt, vielmehr nur besagt, *welche* Bezüge und Beträge vom Bruttoeinkommen des Schuldners abzusetzen sind.

647 Richtig ist vielmehr, den gemäß § 850 a ZPO der Pfändung entzogenen Bruttobetrag bei der Berechnung des pfändbaren Lohns gänzlich unberücksichtigt zu lassen, so als ob der Schuldner diesen Betrag *überhaupt nicht erhalten hätte.* Nur diese Lösung entspricht der Intention des Gesetzes. Der Schuldner behält den unpfändbaren Bezug, und der Drittschuldner erfährt keine Benachteiligung. Abrechnungstechnisch ermittelt danach der Drittschuldner den pfändbaren Lohn aus dem der Pfändung unterliegenden Einkommen nach Abzug der auf *diesen* Einkommensteil entfallenden Steuern und Sozialversicherungsbeiträge. Bei in der Höhe gleichbleibenden Lohnraten führt der Drittschuldner an den Gläubiger die auch im Vormonat geleistete Zahlung ab. Diese Methode ist auch anzuwenden, wenn ein Unterhaltsgläubiger nach § 850 d Abs. 1 S. 1, 2 ZPO pfändet, soweit dem Schuldner von den in § 850 a Nr. 2 und 4 ZPO genannten Bezügen mindestens die Hälfte des absolut unpfändbaren Betrags zu verleiben hat.

648 Bei Unterhaltspfändungen (§ 850 d ZPO) können Berechnungsprobleme entstehen, wenn das Vollstreckungsgericht im Pfändungsbeschluß einen *bestimmten* Freibetrag nach Abzug der Steuern und Sozialversicherungsbeiträge und zusätzlich einen Bruchteil des Mehrbetrags als unpfändbar ausweist, und von der Pfändung außerdem unpfändbare Bezüge aus § 850 a ZPO ausgenommen werden[3]. Bei der Ermittlung des *unpfändbaren Mehrbetrags* geht es hier darum, ob dieser *vor* Abzug oder *nach* Abzug der gem. § 850 a ZPO unpfändbaren Bezüge errechnet wird. Die richtige Lösung lautet, daß vom Bruttoeinkommen des Schuldners die gesetzlichen Abzüge unter Außerachtlassung der gem. § 850 a ZPO unpfändbaren Bezüge abzuziehen sind. Damit ist das der Pfändung unterliegende Nettoeinkommen ermittelt. Davon muß der dem Schuldner verbleibende Sockelbetrag (Freibetrag) abgezogen werden. Von der sich dann ergebenden Differenz zum Nettoeinkommen (Mehrbetrag) verbleiben dem Schuldner die weiteren im Pfändungsbeschluß ausgewiesenen Bruchteile.

649 In der Betriebspraxis kommt es nicht selten vor, daß Mehrarbeitsstunden nicht in

---

3) Zu dieser Problemlage: LAG Köln vom 16. 05. 1986 – 9 Sa 1365/85 –.

dem Monat abgerechnet werden, in dem sie angefallen und fällig geworden sind, sondern erst im nächsten oder übernächsten Monat in der Abrechnung erscheinen und dementsprechend erst dann bei der Berechnung des pfändbaren Lohns Berücksichtigung finden. Diese Verfahrensweise mag praktikal sein, widerspricht jedoch § 850 c Abs. 1 ZPO. Wie oben (Rzn. 556 ff.) näher begründet wurde, kommt es pfändungsrechtlich darauf an, *für* welchen Zeitraum die Zahlung bestimmt ist, so daß bei derartigen Nachzahlungen eine Neuberechnung des pfändbaren Betrags für den jeweiligen Lohnabrechnungszeitraum erfolgen müßte.

3. Leistungen aufgrund steuerrechtlicher und sozialrechtlicher Vorschriften

Neben den nach § 850 a ZPO der Pfändung entzogenen Bezügen des Schuldners sind die aufgrund steuerrechtlicher und sozialrechtlicher Vorschriften zur Erfüllung gesetzlicher Verpflichtungen des Schuldners abzuführenden Beträge nicht mitzurechnen. **650**

Der Lohnsteuer unterliegt grundsätzlich jeder von einem inländischen Arbeitgeber gezahlte Arbeitslohn. Es ist gleichgültig, ob es sich um laufende oder einmalige Bezüge handelt. Laufender Arbeitslohn ist der Arbeitslohn, der dem Arbeitnehmer regelmäßig zufließt. Darunter fallen etwa der Monatslohn, Wochen- und Tagelohn, Mahrarbeitsvergütungen, Zuschläge und Zulagen. Zu den einmaligen oder sonstigen Bezügen rechnen etwa Gratifikationen und Tantiemen, die nicht fortlaufend gezahlt werden, Jubiläumszuwendungen, Urlaubsgelder, die nicht fortlaufend gezahlt werden, sowie Weihnachtszuwendungen. Vom laufenden Arbeitslohn hat der Arbeitgeber die Lohnsteuer grundsätzlich bei jeder Zahlung anhand der auf der Lohnsteuerkarte eingetragenen Merkmale zu ermitteln (§ 39 b Abs. 2 EStG) und vom Arbeitslohn einzubehalten (§ 38 Abs. 3 EStG). Der Zeitraum, *für* den jeweils der laufende Arbeitslohn gezahlt wird, ist der Lohnzahlungszeitraum. Die Berechnung erfolgt gem. § 39 b Abs. 2 EStG. Von einem sonstigen Bezug hat der Arbeitgeber die Lohnsteuer stets in dem Zeitpunkt einzubehalten, in dem er dem Arbeitnehmer zufließt. Die für diesen Zeitpunkt auf der Lohnsteuerkarte eingetragenen Merkmale sind zugrunde zu legen. Der Berechnungsvorgang im einzelnen folgt aus § 39 b Abs. 3 S. 1 bis 7 EStG. Schuldner der Lohnsteuer ist der Arbeitnehmer. **651**

Zur Berechnung des Nettoeinkommens als Berechnungsgrundlage für den pfändbaren Lohnteil sind gem. § 850 e Nr. 1 ZPO die Lohnsteuern für den laufenden und nicht fortlaufend gezahlten Lohn im vorbeschriebenen Sinne gemeint. Dazu gehört auch die Kirchensteuer[4]. **652**

---

[4] Nach Art. 137 Abs. 6 WRV, der gem. Art. 140 GG Bestandteil des GG ist, sind die Religionsgesellschaften, welche Körperschaften des öffentlichen Rechts sind, berechtigt, nach Maßgabe der landesrechtlichen Bestimmungen Steuern zu erheben. Dieses Recht schließt die Verpflichtung des Staates ein, die Voraussetzungen für die Steuererhebung durch den Erlaß von Landesgesetzen zu schaffen und dabei die Möglichkeit einer zwangsweisen Beitreibung vorzusehen: Vgl. BVerfGE 19, 217 ff. Sh. dazu etwa das KirchensteuerG NW vom 22. 04. 1975. Gem. § 10 KiStG NW haben die Arbeitgeber die Kirchensteuer im Lohnabzugsverfahren einzubehalten und an das Finanzamt abzuführen. In der Regel besteht die Kirchensteuer in prozentualen Zuschlägen (8 — 10 v. H.) zur Einkommen-Lohnsteuer.

653 Keine Berücksichtigung bei § 850 e Nr. 1 ZPO finden die nach Jahresablauf vom Arbeitnehmer zu entrichtenden Abschlußzahlungen, weil er etwa noch über Einnahmen aus selbständiger Arbeit verfügt. Dies gilt auch für Vorauszahlungen auf die Einkommensteuer (§ 37 Abs. 1 EStG)[5]. Soweit dadurch der ermittelte pfändbare Betrag unverhältnismäßig hoch ist, hat der Schuldner die Möglichkeit, über § 850 f ZPO beim Vollstreckungsgericht zu beantragen, ihm einen Teil des pfändbaren Arbeitseinkommens zu belassen.

654 Bei der Berechnung des pfändungsfreien Arbeitseinkommens nach § 850 e Nr. 1 ZPO bleiben auch Steuern außer Ansatz, die nicht vom Arbeitgeber einbehalten werden, weil sie vom Arbeitnehmer wegen seines Wohnsitzes im Ausland unmittelbar zu entrichten sind[6]. Derartige Belastungen können allerdings Gegenstand eines Verfahrens nach § 850 f ZPO sein und zu einer Erhöhung des pfändungsfreien Betrages führen. Es geht keineswegs an, fiktive deutsche Steuern bei der Berechnung des pfändbaren Einkommens abzusetzen.

655 Die vom *Arbeitnehmer*[7] zu tragenden anteilmäßigen sozialen Lasten zur gesetzlichen Kranken-, Renten- und Arbeitslosenversicherung sind vom Arbeitgeber bei der Berechnung des pfändbaren Lohns vom Bruttoeinkommen des Arbeitnehmers ebenfalls abzuziehen.

656 Grundsätzlich sind die Beiträge für die Kranken-, Renten- und Arbeitslosenversicherung von den Arbeitgebern und den versicherten Arbeitnehmern aufzubringen (§§ 380, 1382 RVO, 109 AVG, 167 AFG) und bei Pflichtversicherten je zur Hälfte zu tragen (§§ 381 Abs. 1 1385 Abs. 4 RVO, 112 Abs. 4 AVG, 167 AFG). In einigen Fällen bestehen Sonderregelungen. So hat der Arbeitgeber für Versicherte mit geringem Einkommen[8] auch den auf den Arbeitnehmer entfallenden Beitragsanteil zur Kranken-, Renten- und Arbeitslosenversicherung zu übernehmen.

657 Die in der Kranken- und/oder Rentenversicherung freiwillig Versicherten haben regelmäßig ihre Beiträge allein zu tragen. Nach § 405 Abs. 1 RVO erhalten Angestellte (§§ 2, 3 AVG), die nur wegen Überschreitens der Jahresarbeitsverdienstgrenze (JAG) in der gesetzlichen Krankenversicherung nicht krankenversicherungspflichtig sind, vom Arbeitgeber einen *Zuschuß*[9] zu ihrem Krankenversicherungsbeitrag, wenn sie in der gesetzlichen Krankenversicherung freiwillig versichert sind. Angestellte, die wegen Überschreitens der JAG nicht kranken-

---

5) Ebenso Münzberg in Stein/Jonas, ZPO, § 850 e Rdn. 5; Stöber, Forderungspfändung, Rdn. 1134; BAG DB 1980, 837, allerdings mit dem Hinweis, daß die Rechtslage bei einer Einkommensteuervorauszahlung anders sein kann.

6) Vgl. zu Art. 15 des Abkommens zwischen der Bundesrepublik Deutschland und dem Königreich Belgien zur Vermeidung der Doppelbesteuerung ... vom 11. 04. 1967 (BGBl. II 1969, 18); BAG vom 15. 10. 1985 — 3 AZR 502/83 — DB 1986, 1399.

7) Nicht die vom *Arbeitgeber* zu tragenden Beitragsanteile.

8) Der Grenzbetrag in der Renten- und Arbeitslosenversicherung liegt bei 1/10 der für Monatsbezüge geltenden Beitragsbemessungsgrenze.

9) Der Anspruch auf Beitragszuschuß gem. § 405 RVO setzt keinen Krankengeldanspruch voraus: BSG Die Beiträge 1977, 341.

versicherungspflichtig oder von der Versicherungspflicht in der Krankenkasse befreit worden sind, haben grundsätzlich einen Anspruch gegen den Arbeitgeber auf einen Zuschuß zu ihrem Beitrag für die private Krankenversicherung. Die Höhe des Zuschusses richtet sich danach, welchen Betrag der Arbeitgeber als Arbeitgeberanteil bei Krankenversicherungspflicht zu entrichten hätte, ist aber auf die Hälfte des vom Arbeitnehmer aufgewendeten Betrags begrenzt.

Abzugsfähig vom Bruttolohn sind ausschließlich die Beitragsanteile, die der *Schuldner* aufgrund sozialrechtlicher Vorschriften zur Erfüllung *gesetzlicher* Verpflichtungen schuldet[10]. Hat etwa ein in der gesetzlichen Krankenversicherung freiwillig versicherter Angestellter noch eine Zusatzversicherung (Kranken-Tagegeld) in der privaten Krankenversicherung abgeschlossen, so sind die dafür aufgewendeten Beiträge dem unpfändbaren Lohnteil zu entnehmen. **658**

Gem. § 850 e Nr. 1 S. 2 stehen diesen Beträgen die Beiträge des Schuldners gleich, die er nach den Sozialversicherungsgesetzen zur *Weiterversicherung* entrichtet (§§ 313, 1233 RVO, 10 AVG) oder die er an *Ersatzkassen* oder an *private Krankenversicherungen* leistet, soweit sie den Rahmen des *Üblichen* nicht übersteigen. Ein Anhalt dafür bilden die Beitragssätze der *gesetzlichen* Krankenversicherung bei vergleichbaren Verhältnissen. Überschreitet der Ersatzkassenbeitrag oder der Beitragssatz in der privaten Krankenversicherung nur unwesentlich den Beitragssatz der zuständigen Pflichtkrankenkasse (AOK, Betriebskrankenkasse, Innungskrankenkasse), so wird damit noch nicht der Rahmen des Üblichen gesprengt[11]. Vorsorglich kann der Schuldner oder der Drittschuldner darüber einen Klarstellungsbeschluß des Amtsgerichts Vollstreckungsgerichts herbeiführen. Nicht abzugsfähig sind Beiträge zur Höher- und Nachversicherung. **659**

---

10) Diese Formulierung ist ungenau. Soweit nicht der Versicherte selbst die Beiträge schuldet, hat der Arbeitgeber den Gesamtversicherungsbeitrag einschließlich des Arbeitnehmeranteils an die Krankenkasse abzuführen. Der *Arbeitgeber* ist dabei auch für die Arbeitnehmeranteile der *alleinige Schuldner:* BSG Die Beiträge 1961, 182; LSG Berlin Die Beiträge 1983, 153. Die Versicherungspflichtigen müssen sich nach §§ 394 Abs. 1 RVO, 1397 Abs. 1 RVO, 119 Abs. 1 AVG, 179 AFG ihre Beitragsanteile vom Barlohn abziehen lassen. Gem. § 395 Abs. 2 RVO (§§ 1397 Abs. 3 RVO, 119 Abs. 3 AVG, 179 AFG) dürfen unterbliebene Abzüge nur bei der nächsten Lohn- oder Gehaltszahlung nachgeholt werden, wenn nicht die Beiträge ohne Verschulden des Arbeitgebers verspätet entrichtet werden. Anders ist die Situation für pflichtversicherte Ersatzkassenmitglieder insofern, als der Arbeitgeber nach § 520 RVO den Beitragsanteil bei der Lohn- oder Gehaltszahlung unmittelbar an den Versicherten abzuführen hat. Dies gilt auch für die Beiträge zur Arbeitslosenversicherung (§ 179 AFG) und aus Gründen der Einheitlichkeit für die Rentenversicherungsbeiträge. Es besteht allerdings auch die Möglichkeit, die Beiträge unmittelbar vom Arbeitgeber im Firmenlistenverfahren an die Ersatzkassen abzuführen. Die Beiträge zur Renten- und Arbeitslosenversicherung sind für nicht krankenversicherungspflichtige Ersatzkassenmitglieder nach dem Ausscheiden aus der Krankenversicherungspflicht an die zuständige gesetzliche Krankenkasse abzuführen (§§ 1399 RVO, 121 AVG).

Zur Zuständigkeit des Arbeits- und Sozialgerichts: BAG BB 1959, 996; BSG Die Beiträge 1979, 340 bei Streit um den Lohnabzug nach § 395 Abs. 2 RVO; BAG DB 1982, 910, 961: Berechnung des Abzugs als Vorfrage; BSG DB 1985, 136: Rechtsweg zu den Arbeitsgerichten, wenn Arbeitnehmer wegen Nachholverbots eine höhere Vergütung vom Arbeitgeber fordert.

11) Die Beitragssätze können bis zu 2,2 v. H. zwischen dem Beitragssatz der zuständigen Pflichtkrankenkasse (10 v. H.) und dem Beitragssatz einer Ersatzkasse (12,2 v. H.) differieren.

660 Sofern ein Angestellter aufgrund des Art. 2 § 1 AnVNG oder aufgrund des Art. 2 § 1 Abs.1 KnVNG von der Versicherungspflicht befreit ist und für sich und seine Hinterbliebenen einen Lebensversicherungsvertrag abgeschlossen hat, wird der vom Arbeitnehmer zu leistende Beitrag für die Berechnung des pfändbaren Arbeitseinkommens nicht mitgerechnet, soweit er sich in den Grenzen der gesetzlichen Beitragspflicht bewegt.

661 Beiträge, die der Arbeitnehmer an Berufsorganisationen, wie Gewerkschaften, entrichtet, sind gem. § 850 e Nr. 1 ZPO nicht abzugsfähig.

4. Der Pfändungsschutz bei mehreren Arbeitseinkommen des Schuldners (§ 850 e Nr. 2 ZPO)

662 Bezieht ein Schuldner von mehreren Drittschuldnern Lohn, so muß gem. § 850 c ZPO bei *jedem* Drittschuldner die Pfändungsfreigrenze respektiert werden, falls in die Lohnansprüche vollstreckt wird. Erhielte der Schuldner den Gesamtlohn nur von *einem* Drittschuldner käme ihm die Pfändungsfreigrenze aus § 850 c ZPO nur *einmal* zugute. Mit § 850 e Nr. 2 ZPO will der Gesetzgeber dieses für den Gläubiger unbefriedigende Ergebnis vermeiden. Danach sind mehrere *Arbeitseinkommen* auf *Antrag* des Gläubigers vom Vollstreckungsgericht bei der Pfändung zusammenzurechnen. Der *unpfändbare Grundbetrag* ist in erster Linie dem Arbeitseinkommen zu entnehmen, das die *wesentliche Grundlage* der Lebenshaltung des Schuldners bildet.

663 Nur *mehrere Arbeitseinkommen* unterliegen der Zusammenrechnung. Sonstige Einkünfte des Schuldners, wie Zinsen, Mieteinnahmen, usw. fallen nicht unter § 850 e Nr. 2 ZPO[12]. Ebensowenig findet eine Zusammenrechnung mit Einkünften aus § 850 i Abs. 1 ZPO statt, weil § 850 e Nr. 2 ZPO seinem eindeutigen Wortlaut nach an § 850 Abs. 2 und 3 ZPO anknüpft, also fortlaufend gewährte Einkünfte meint. Abgesehen davon unterliegen nicht wiederkehrend zahlbare Vergütungen nur dem Pfändungsschutz, soweit dieser konstitutiv vom Vollstreckungsgericht festgelegt worden ist, so daß dort im Sinne von § 850 e Nr. 2 ZPO kein unpfändbarer Grundbetrag (§ 850 c Abs. 1 ZPO) entnommen werden kann[13].

664 Bezieht der Arbeitnehmer von *demselben* Drittschuldner eine nicht wiederkehrend zahlbare Vergütung und fortlaufende Lohnzahlungen, z. B. eine Zahlung aus einem Sozialplan (§ 112 BetrVG) neben seiner Vergütung, ist § 850 e Nr. 2 ZPO von vornherein unanwendbar[14]. Der Pfändungs- und Überweisungsbe-

---

12) Münzberg in Stein/Jonas, ZPO, § 850 e Rdn. 20, 51, 53; Stöber, Forderungspfändung, Rdn. 1138 bei Note 3; Grunsky, ZIP 1983, 909.

13) Ebenso Grunsky, ZIP 1983, 911, der zutreffend darauf hinweist, daß bei der Bestimmung des unpfändbaren Betrages bei einer nicht wiederkehrend zahlbaren Vergütung laufende Einkünfte im Sinne von § 850 Abs. 2 und 3 ZPO Berücksichtigung finden können. So auch Stöber, Forderungspfändung, Rdn. 1242. A. A. wohl Münzberg in Stein/Jonas, ZPO, § 850 e Rdn. 51.

14) A. A. Grunsky, ZIP 1983, 911, der die Anwendung des § 850 e Nr. 2 ZPO nicht deswegen ablehnt, sondern annimmt, daß § 850 i ZPO eine Zusammenrechnung verbietet.

schluß (Blankettbeschluß) des Gläubigers erfaßt nämlich das *gesamte* Arbeitseinkommen des Schuldners[15].

Eine Zusammenrechnung durch das Vollstreckungsgericht kommt nur in Betracht, wenn der Schuldner Ansprüche gegen verschiedene Drittschuldner hat. So darf keine Zusammenrechnung mit Einkünften der Ehefrau des Schuldners stattfinden. Der Gläubiger mag bei derartiger Sachlage nach § 850 c Abs. 4 ZPO vorgehen, wonach das Vollstreckungsgericht bestimmen kann, daß die Ehefrau des Schuldners bei der Berechnung des unpfändbaren Teils des Arbeitseinkommens ganz oder teilweise unberücksichtigt bleibt. **665**

Keine Zusammenrechnung darf mit bedingt pfändbaren Bezügen aus § 850 b Abs. 1 ZPO erfolgen. Etwas anderes gilt dann, wenn die für die Pfändbarkeit dieser Bezüge gem. § 850 b Abs. 2 ZPO notwendigen Voraussetzungen erfüllt sind, und das Vollstreckungsgericht ihre Pfändung auf Antrag des Gläubigers angeordnet hat[16]. **666**

Die Zusammenrechnung nach § 850 e Nr. 2 ZPO setzt *nicht* voraus, daß der Gläubiger sämtliche der Zusammenrechnung unterliegenden Einkünfte des Schuldners gepfändet hat. Auch die nicht gepfändeten Bezüge werden aufaddiert[17]. Diese Sichtweise wirkt sich vor allem dann aus, wenn der Gläubiger allein das *Nebeneinkommen* des Schuldners pfändet. Für die Zusammenrechnung ist es auch gleichgültig, ob das *Haupteinkommen* des Schuldners *abgetreten* oder bereits von einem anderen Gläubiger *gepfändet* ist[18]. Allerdings kann der Pfändungspfandgläubiger ausschließlich aus der von ihm gepfändeten Lohnforderung Befriedigung erlangen, weil der Zusammenrechnungsbeschluß keine Beschlagnahme der mitgerechneten aber nicht gepfändeten Forderungen bewirkt. Sind die verschiedenen Arbeitseinkommen des Schuldners lediglich *abgetreten,* ist § 850 e Nr. 2 ZPO nicht anwendbar[19]. **667**

---

15) BAG DB 1980, 358; OLG Düsseldorf NJW 1979, 2520; KR-Becker, § 10 KSchl, Rdn. 17 mit weiteren Nachweisen. A. A. teilweise Grunsky, ZIP 1983, 910, der § 850 e Nr. 2 ZPO anwenden will, wenn die Pfändung vom Gläubiger nur auf **ein** Arbeitseinkommen des Schuldners beim Drittschuldner beschränkt ist und der Schuldner ein weiteres Arbeitseinkommen vom Drittschuldner bezieht. Stöber, Forderungspfändung, Rdn. 1138 Note 3 ist dieser Auffassung zutreffend entgegengetreten mit dem Hinweis, daß der Gläubiger nicht durch Einschränkung seines Pfändungszugriffs die Zusammenrechnungsvoraussetzungen schaffen kann. Der Gläubiger muß schon die Gesamteinkünfte des Schuldners pfänden. Im Ergebnis ebenso Münzberg in Stein/Jonas, ZPO, § 850 e Rdn. 26, der allerdings bei § 850 c ZPO von einer stillschweigenden Zusammenrechnungsanordnung ausgeht.

16) OLG Frankfurt OLGZ 1975, 488: Anordnung der Zusammenrechnung von Arbeitseinkommen der Ehefrau mit ihrem Anspruch auf Unterhalt und Taschengeld gegen ihren Ehemann.

17) H. M. Münzberg in Stein/Jonas, ZPO, § 850 e Rdn. 21 mit weiteren Nachweisen; Stöber, Forderungspfändung, Rdn. 1147 unter Hinweis auf LG Itzehoe in Schl (Schl HA) An 1978, 215; Grunsky, ZIP 1983, 909.

18) Ebenso Grunsky, ZIP 1983, 909.

19) LG Flensburg MDR 1968, 58. A. A. aber Grunsky, ZIP 1983, 910, der eine analoge Anwendung des § 850 e Nr. 2 ZPO befürwortet und meint, daß auch in diesem Fall das Vollstreckungsgericht den Zusammenrechnungsbeschluß erlassen müsse. Diese Auffassung läßt unbeachtet, daß die Anwendung des § 850 e Nr. 2 ZPO ein Vollstreckungsverhältnis voraussetzt. Daß dem Schuldner im Falle der Zession bei jedem Drittschuldner der pfandfreie Betrag verbleibt, ist eine Konsequenz, die der Gesetzgeber in Kauf genommen hat.

668 Für die *Vorpfändung* (§ 845 ZPO) gilt § 850 e Nr. 2 ZPO nicht, weil es an einem Zusammenrechnungsbeschluß fehlt. Dies ist unschädlich, weil bei rechtzeitig nachfolgender Pfändung (§ 845 Abs. 2 ZPO) der Rang des Pfandrechts gewahrt bleibt.

669 Der Zusammenrechnungsbeschluß kommt nur dem Gläubiger zustatten, der ihn beantragt hat. Andere, auch vorrangige Gläubiger, erwerben dadurch keine erweiterten Rechte[20]. Der *Rang* des Pfandrechts wird indes durch den Beschluß aus § 850 e Nr. 2 ZPO nicht berührt. Den vorrangigen Pfändungspfandgläubigern bleibt es daher überlassen, ebenfalls einen Zusammenrechnungsbeschluß herbeizuführen.

670 Strittig ist in diesem Zusammenhang, ob die in einem anderen Vollstreckungsverfahren angeordnete Zusammenrechnung den Pfändungszugriff des Gläubigers schmälern darf, der erstrangig das Haupteinkommen gepfändet hat. Stöber[21] meint, daß der Zusammenrechnungsbeschluß nur Bedeutung für die Berechnung der von dem *zweiten* Gläubiger gepfändeten Beträge habe und dem Pfandgläubiger des Haupteinkommens stets der pfändbare Betrag *unverändert* verbleiben müsse, weil sonst dessen Rang beeinträchtigt werde. Das von Stöber[21] angesprochene Problem stellt sich nur dann, wenn das Vollstreckungsgericht das Haupteinkommen nicht nur mit dem unpfändbaren Grundbetrag (§ 850 c Abs. 1 ZPO), der ohnehin dem Haupteinkommen zu entnehmen ist (§ 850 e Nr. 2 ZPO), sondern auch mit dem *unpfändbaren Mehrbetrag* des Nebeneinkommens (§ 850 Abs. 2 ZPO) belastet. Dies hat aber nichts mit dem Rang des Pfändungspfandrechts zu tun. Es geht vielmehr darum, ob das Vollstreckungsgericht die Verteilung des unpfändbaren Mehrbetrags so vornehmen darf[22].

671 Die divergierenden Ansichten lassen sich durch folgendes Beispiel verdeutlichen: Gläubiger I pfändet das monatliche Haupteinkommen des ledigen Schuldners bei A in Höhe von 2.000,00 DM netto und Gläubiger II pfändet das monatliche Nebeneinkommen dieses Schuldners bei B in Höhe von 1.000,00 DM netto und beantragt gleichzeitig Zusammenrechnung nach § 850 e Nr. 2 ZPO. Ohne Beschluß aus § 850 e Nr. 2 ZPO sind für Gläubiger I vom Haupteinkommen (2.000,00 DM) pfändbar 872,20 DM (§ 850 c ZPO) für Gläubiger II vom Nebeneinkommen pfändbar: 172,20 DM (§ 850 c ZPO). Bei beiden Pfändungen ist der

---

20) LAG Düsseldorf Rpfleger 1986, 100 mit Nachweisen unter Hinweis auf die ähnliche Rechtslage bei § 850 c Abs. 4 ZPO: BAG DB 1984, 2466. Ebenso Stöber, Forderungspfändung, Rdn. 1140; Grunsky, ZIP 1983, 913.

21) Forderungspfändung, Rdn. 1140. In Rdn. 1146 setzt sich Stöber in Widerspruch zu seiner eigenen Meinung, wenn er dort ausführt, das Vollstreckungsgericht könne den unpfändbaren Mehrbetrag insgesamt aus dem Haupteinkommen entnehmen.

22) Bejahend: Hornung, Rpfleger 1982, 46 mit Berechnungsbeispielen; Grunsky, ZIP 1983, 913; Münzberg in Stein/Jonas, ZPO, § 850 e Rdn. 35 — 37; Stöber, Forderungspfändung, Rdn. 1146.

unpfändbare Grundbetrag (754,00 DM) vom jeweiligen Arbeitseinkommen zugunsten des Schuldners abgezogen worden.

Nach der Zusammenrechnung berechnet sich der pfändbare Betrag wie folgt: Gesamteinkommen des Schuldners: 2.000,00 DM + 1.000,00 DM = 3.000,00 DM abzüglich 754,00 DM unpfändbarer Grundbetrag = 2.246,00 DM. Diese 2.246,00 DM bilden den sog. *Mehrbetrag*, von dem 3/10 dem Schuldner pfandfrei zu belassen sind, d. h. weitere 673,80 DM. Da der unpfändbare Grundbetrag (754,00 DM) vom Haupteinkommen (2.000,00 DM) abgezogen werden muß, beträgt der Mehrbetrag des Haupteinkommens 2.000,00 DM minus 754,00 DM = 1.246,00 DM. Außerdem ist damit das *gesamte Nebeneinkomen* des Schuldners in Höhe von 1.000,00 DM *Mehrbetrag* im Sinne von § 850 c Abs. 2 ZPO. Wären die 3/10 des unpfändbaren Mehrbetrags jeweils *getrennt* vom Haupt- und Nebeneinkommen abzuziehen, dann müßten vom Haupteinkommen neben dem unpfändbaren Grundbetrag (754,00 DM) weitere 373,80 DM (1.246,00 DM x 3/10) und vom Nebeneinkommen 300,00 DM (1.000,00 x 3/10) dem Schuldner unpfändbar verbleiben. Gläubiger I erhält bei dieser Berechnung wie bisher 872,20 DM. Für Gläubiger II sind nunmehr anstatt 172,20 DM 700,00 DM pfändbar. Dieses Ergebnis entspricht zunächst der Intention des § 850 e Nr. 2 ZPO. Denn bei einem monatlichen Nettoeinkommen von 3.000,00 DM sind nach der Tabelle zu § 850 c ZPO im Fallbeispiel 1.572,20 DM pfändbar. Die Addition der für Gläubiger I und Gläubiger II nach der Zusammenrechnung pfändbaren Beträge ergibt ebenfalls 1.572,20 DM (872,20 DM + 700,00 DM).

Könnte das Vollstreckungsgericht den unpfändbaren Mehrbetrag von 3/10 aus beiden Einkommen, also insgesamt 673,80 DM, allein aus dem Haupteinkommen von 2.000,00 DM entnehmen, dann verkürzte sich der pfändbare Betrag für Gläubiger I um 300,00 DM, so daß ihm nur noch 572,20 DM verbleiben, während Gläubiger II statt 700,00 DM das gesamte damit pfändbare Nebeneinkommen in Höhe von 1.000,00 DM erhielte. Dieses Ergebnis wird von der vorherrschenden Auffassung im Schrifttum geteilt und vor allem damit begründet, das Vollstreckungsgericht könne den unpfändbaren Mehrbetrag nach billigem Ermessen auf das Haupt- oder Nebeneinkommen verteilen. Der Normzweck des § 850 e Nr. 2 ZPO, den Pfändungszugriff auf das Nebeneinkommen zuzulassen, verlangte die Entnahme des unpfändbaren Mehrbetrages aus dem Haupteinkommen[23)].

Die Ansicht der h. M. ist abzulehnen, weil sie zu einer ungerechtfertigten Begün- **672**
stigung des das Nebeneinkommen pfändenden gegenüber dem das Haupteinkommen pfändenden Gläubiger führt. Der Gesetzgeber hat in § 850 e Nr. 2 ZPO lediglich die Anordnung getroffen, daß der unpfändbare Grundbetrag (§ 850 e Nr. 2 ZPO) in erster Linie, d. h., soweit das Haupteinkommen der Höhe nach aus-

---

23) So Mümmler, JurBüro 1982, 975, 976 und Hornung, Rpfleger 1982, 46.

reicht[24], dem Haupteinkommen zu entnehmen ist. Es enthält gerade keine ausdrückliche Regelung, wie hinsichtlich des unpfändbaren Mehrbetrags verfahren werden muß. Eine derartige Benachteiligung hat der Gesetzgeber auch nicht, wie Grunsky[22] annimmt, bewußt in Kauf genommen, weil die Pfändung das Haupteinkommen nicht zusammenrechnungsfest werden ließe. Dazu enthält § 850 e Nr. 2 ZPO keine Aussage. Ebensowenig überläßt § 850 e Nr. 2 ZPO dem Rechtspfleger beim Amtsgericht Vollstreckungsgericht die Verteilung des unpfändbaren Mehrbetrages nach billigem Ermessen. Welche Kriterien sollen die bestimmenden Faktoren für die Billigkeitsentscheidung bilden? Dem Gedanken, das Nebeneinkommen des Schuldners der Pfändung zu unterwerfen, entspricht der Gesetzgeber bereits dadurch, daß er den unpfändbaren Grundbetrag im Falle der Zusammenrechnung nur *einmal* berücksichtigt und seinen Abzug vom Haupteinkommen des Schuldners dekretiert. Wird der jeweilig unpfändbare Mehrbetrag dem Haupt- und Nebeneinkommen zugeordnet, ist bereits das gesetzgeberische Ziel erreicht, den Schuldner so zu behandeln, als bezöge er das Haupt- und die Nebeneinkommen von *einem* Drittschuldner[25]. Dieser Grundsatz erleidet auch dann keine Ausnahme, wenn der Gläubiger nur das Nebeneinkommen pfändet und das Haupteinkommen des Schuldners pfandfrei verbleibt. Dem Gläubiger ist es nämlich freigestellt, auch in das Haupteinkommen des Schuldners zu vollstrecken.

673 Der das Haupteinkommen pfändende Gläubiger erlangt nach dem Vorhergesagten seinerseits durch eine Zusammenrechnung keinen Vorteil. Es ist daher angezeigt, die Lohnpfändung nicht nur auf das Haupteinkommen des Schuldners zu beschränken, sondern auch auf das Nebeneinkommen auszudehnen. Dann sichert der *Rang* des Pfändungspfandrechts auch das Zusammenrechnungsprivileg. Hat z. B. der Gläubiger I das Haupt- und Nebeneinkommen des Schuldners gepfändet und pfändet anschließend der Gläubiger II nachrangig

---

24) Hat der ledige Schuldner ein monatliches Nettoeinkommen bei A von 700,00 DM und bei B von 500,00 DM, so wäre bei gesonderter Pfändung beider Einkommen gem. § 850 c ZPO kein pfändbares Arbeitsentgelt vorhanden. Erwirkt der Gläubiger einen Zusammenrechnungsbeschluß nach § 850 e Nr. 2 ZPO, so ergäbe sich ein Gesamtnettolohn von 1.200,00 DM, wovon nach § 850 c ZPO 312,20 DM pfändbar sind. Unpfändbar sind damit 1.200,00 DM minus 312,20 DM = 887,80 DM. Dieser Betrag setzt sich zusammen aus dem unpfändbaren Grundbetrag (§ 850 c Abs. 1 S. 1 ZPO) von 754,00 DM und dem in Höhe von 3/10 unpfändbaren Mehrbetrag von 446,00 DM (1.200,00 DM minus 754,00 DM = 446,00 DM = Mehrbetrag) = 133,80 DM (§ 850 c Abs. 2 ZPO). Da der unpfändbare Grundbetrag von 754,00 DM *in erster Linie* vom Haupteinkommen abzuziehen ist, dieses aber nur 700,00 DM beträgt, restieren noch 54,00 DM, die nunmehr vom Nebeneinkommen abgezogen werden müssen. Die korrekte Berechnung der pfändbaren Beträge sieht wie folgt aus: Haupteinkommen: 700,00 DM minus 700,00 DM unpfändbarer Grundbetrag = pfändbarer Betrag = 0,00 DM. Nebeneinkommen: 500,00 DM abzüglich Rest des unpfändbaren Grundbetrages in Höhe von 54,00 DM = 446,00 DM. Diese 446,00 DM bilden den Mehrbetrag, von dem weitere 3/10 zugunsten des Schuldners pfandfrei zu belassen sind, so daß 312,20 DM als pfändbares Arbeitseinkommen an den Gläubiger abgeführt werden müssen.

25) Zu welchen merkwürdigen Ergebnissen die h. M. führt, verdeutlicht Hornung, Rpfleger 1982, 46 mit seinen Berechnungsbeispielen. Ein Gläubiger, der das Haupteinkommen gepfändet hat und daraus einen pfändbaren Betrag erhält, bekommt nichts mehr, nachdem er eine Zusammenrechnung mit anderen Einkünften des Schuldners beantragt hat, weil die unpfändbaren Mehrbeträge der Nebeneinkommen nunmehr zusätzlich vom Haupteinkommen abgesetzt werden.

das Nebeneinkommen unter Beantragung einer Zusammenrechnung nach § 850 e Nr. 2 ZPO, so hat der Gläubiger II zunächst den Vorteil, daß der unpfändbare Grundbetrag dem Haupteinkommen zu entnehmen ist und ihm damit trotz Vorranges des Gläubigers I die dadurch entstehende Differenz des nunmehr zusätzlich pfändbaren Teils des Nebeneinkommens zufällt. Würde anschließend der vorrangige Gläubiger I ebenfalls eine Zusammenrechnung nach § 850 e Nr. 2 ZPO herbeiführen, entfiele damit zugleich der Vorteil des Gläubigers II, weil Gläubiger I den Vorrang genießt. Für den Gläubiger II empfiehlt sich trotz dieser Möglichkeit des Gläubigers I eine Vorgehensweise nach § 850 e Nr. 2 ZPO, weil dadurch der Pfändungszugriff des vorrangigen Gläubigers größer wird und damit der Gläubiger II eher zum Zuge kommt.

Die nachfolgenden Beispiele sollen die vorstehenden Ausführungen belegen: **674**
Gläubiger I pfändet wegen einer titulierten Forderung von 10.000,00 DM das Arbeitseinkommen des ledigen Schuldners bei A in Höhe von 2.000,00 DM monatlich und bei B in Höhe von 1.000,00 DM monatlich. Anschließend pfändet Gläubiger II wegen einer titulierten Forderung von 8.000,00 DM beide Arbeitseinkommen. Gläubiger II stellt den Antrag aus § 850 e Nr. 2 ZPO. Nach der Tabelle zu § 850 c ZPO erhält Gläubiger I aus dem Haupteinkommen von 2.000,00 DM als erstpfändender Gläubiger 872,20 DM und aus dem Nebeneinkommen von 1.000,00 DM 172,20 DM. Aufgrund der Zusammenrechnung erhält Gläubiger II vom Haupteinkommen nichts, weil der gesamte pfändbare Betrag an den vorrangigen Gläubiger I abzuführen ist. Hinsichtlich des Nebeneinkommens wird zugunsten des Gläubigers II (nicht zugunsten des Gläubigers I) der unpfändbare Grundbetrag von 754,00 DM (§ 850 c Abs. 1 ZPO) nicht mehr berücksichtigt, weil er nur noch dem Haupteinkommen entnommen werden darf (§ 850 e Nr. 2 ZPO). Damit wird das gesamte Nebeneinkommen in Höhe von 1.000,00 DM sog. Mehrbetrag (§ 850 c Abs. 2 ZPO). 3/10 dieses Mehrbetrags, d. h. 300,00 DM sind dem Schuldner pfandfrei zu belassen, so daß 700,00 DM pfändbar geworden sind. Von diesen 700,00 DM stehen durch vorrangige Pfändung Gläubiger I 172,20 DM zu. Die Differenz zu 700,00 DM, d. h. 700,00 DM abzüglich 172,20 DM = 527,80 DM erhält Gläubiger II. Insgesamt sind damit pfändbar geworden zugunsten des Gläubigers I: 872,20 DM + 172,20 DM = 1.044,40 DM und zugunsten des Gläubigers II: 527,80 DM. Die Addition dieser Beträge: 1.044,40 DM + 527,80 DM ergibt 1.572,20 DM. Dieser Betrag entspricht dem pfändbaren Lohn bei einem Arbeitseinkommen von 3.000,00 DM monatlich.

Würde nunmehr Gläubiger I ebenfalls einen Zusammenrechnungsbeschluß (§ 850 e Nr. 2 ZPO) erwirken, verschaffte ihm der Pfändungsvorrang hinsichtlich des Nebeneinkommens das Zusammenrechnungsprivileg vor dem nachrangigen Gläubiger II. Da sich Gläubiger I keinen gepfändeten Einkommensteil vorgehen lassen muß, erhält er nunmehr aus dem Nebeneinkommen von 1.000,00 DM den gesamten pfändbaren Betrag von 700,00 DM. Gläubiger II muß abwarten, bis Gläubiger I befriedigt ist.

Der *unpfändbare Grundbetrag* ist dem Arbeitseinkommen zu entnehmen, das **675**
die *wesentliche Grundlage* der *Lebenshaltung* des Schuldners bildet. Dieses

Haupteinkommen muß nicht unbedingt mit dem höchsten Einkommen identisch sein; von ausschlaggebender Bedeutung kann auch sein, welches Einkommen dem Schuldner mehr Stetigkeit und Sicherheit verleiht[26]. Dabei hat sich das Vollstreckungsgericht *festzulegen*, falls Zweifel darüber vorliegen, welches Einkommen die wesentliche Grundlage der Lebenshaltung des Schuldners ausmacht. Bei gleich sicheren und gleich stetigen Bezügen richtet sich die Festlegung nach der Höhe der Arbeitseinkommen[27].

676 § 850 e Nr. 2 ZPO hat vor allem Bedeutung für nicht bevorrechtigte Normalgläubiger. Pfänden gem. § 850 d ZPO privilegierte Unterhaltsgläubiger in Haupt- und Nebeneinkünfte des Schuldners, so hat das Vollstreckungsgericht bei der Festsetzung des dem Schuldner zu belassenden Betrags (§ 850 d Abs. 1 ZPO) die mehreren Einkünfte zu berücksichtigen[28]. Anders wäre die Rechtslage zu beurteilen, wenn sich der Unterhaltsgläubiger wie ein Normalgläubiger verhält und unter Verzicht auf sein Vorrecht vollstreckt.

677 Konkurrieren ein Unterhaltsgläubiger, der das Haupteinkommen gepfändet hat, und ein Normalgläubiger, der in die Nebeneinkünfte vollstreckt hat, so kann der Normalgläubiger einen Zusammenrechnungsbeschluß aus § 850 e Nr. 2 ZPO verlangen. Dieser hat zur Folge, daß der unpfändbare Grundbetrag dem Haupteinkommen entnommen wird. Verbleibt dem Schuldner aus seinem Haupteinkommen weniger als der unpfändbare Grundbetrag, so ist die Differenz zwischen dem weniger und dem unpfändbaren Grundbetrag vom Nebeneinkommen des Schuldners abzusetzen[29].

---

26) Münzberg in Stein/Jonas, ZPO, § 850 e Rdn. 23 mit Nachweisen; Hornung, Rpfleger 1982, 46; Stöber, Forderungspfändung, Rdn. 1145.

27) A. A. die h. M., die in diesem Falle dafür eintritt, daß das Vollstreckungsgericht nach seinem Ermessen den unpfändbaren Mehrbetrag auf die einzelnen Einkommen verteilen müßte: Münzberg in Stein/Jonas, ZPO, Rdn. 23; Stöber, Forderungspfändung, Rdn. 1145; Grunsky, ZIP 1983, 912; Hornung, Rpfleger 1982, 46. Abgesehen davon, daß keine hinreichenden Verteilungsmaßstäbe ersichtlich sind (Höhe der jeweils titulierten Forderung, Kopfteile?), widerspricht diese Ansicht der Vorgabe des Gesetzes. Es wäre allenfalls denkbar, bei völlig unsicherer Rechtslage § 850 e Nr. 2 ZPO überhaupt nicht anzuwenden.

28) Behr, Rpfleger 1981, 390; Stöber, Forderungspfändung, Rdn. 1138, Note 2; Münzberg in Stein/Jonas, ZPO, § 850 e Rdn. 42.

29) Ebenso Münzberg in Stein/Jonas, ZPO, § 850 e Rdn. 43; Gisela Harbeck, HzA, Gruppe 22, C 3 2 b. Die geschiedene Ehefrau hat das monatliche Haupteinkommen des sonst nicht unterhaltsverpflichteten Schuldners bei A in Höhe von 2.000,00 DM netto gepfändet. Laut Pfändungsbeschluß sind dem Schuldner 900,00 DM pfandfrei zu belassen. Pfändet nunmehr ein Normalgläubiger das monatliche Nebeneinkommen des Schuldners bei B in Höhe von 1.000,00 DM, so ist nach der Tabelle zu § 850 c ZPO bei einem Unterhaltsberechtigten nichts pfändbar. Beantragt der Normalgläubiger eine Zusammenrechnung nach § 850 e Nr. 2 ZPO, wird der unpfändbare Grundbetrag von 754,00 DM dem Haupteinkommen bei A entnommen mit der Folge, daß das gesamte Nebeneinkommen Mehrbetrag im Sinne von § 850 c Abs. 2 ZPO wird. Aus diesem Mehrbetrag sind für den Schuldner 3/10 und zur Erfüllung seiner gesetzlichen Unterhaltspflicht gegenüber der geschiedenen Ehefrau 2 weitere Zehntel, insgesamt 5/10, d. h. 500,00 DM unpfändbar. Der Normalgläubiger kann somit auf 500,00 DM des Nebeneinkommens des Schuldners zugreifen. Hätte das Vollstreckungsgericht dem Schuldner aus dem Haupteinkommen etwa unter Berücksichtigung seiner Nebenbezüge nur 600 DM pfandfrei belassen, dann müßte der unpfändbare Grundbetrag (754,00 DM) in Höhe von 154,00 DM dem Nebeneinkommen entnommen werden, so daß für den Normalgläubiger nur 423,00 DM pfändbar wären: 1000,00 DM minus 154,00 DM unpfändbarer Grundbetrag = 846,00 DM Mehrbetrag. Davon 5/10 unpfändbar = 423,00 DM, also pfändbar 846,00 DM minus 423,00 DM = 423,00 DM.

Verfahrensmäßig setzt die Zusammenrechnung gem. § 850 e Nr. 2 ZPO einen *Antrag* eines Gläubigers oder des Schuldners an das Amtsgericht Vollstreckungsgericht voraus[30]. Zuständig ist der Rechtspfleger (§ 20 Nr. 17 RPflG). Der Antrag ist an keine Frist gebunden. Der Gläubiger hat die gesetzlichen Erfordernisse für die Zusammenrechnung zu begründen und beweiskräftig zu belegen[31]. Die bloße Behauptung über das Vorhandensein einer Forderung (angebliche Forderung) des Schuldners, wie bei der Pfändung, genügt hier nicht. Der Gläubiger muß demgemäß im einzelnen die zusammenzurechnenden Einkünfte des Schuldners angeben. Ein nicht aufgeführtes Einkommen darf nicht mitgerechnet werden. Letzteres ist dann bedeutsam, wenn der Gläubiger mehrere Nebeneinkommen gepfändet hat und mit der Zusammenrechnung diese Nebeneinkommen vom unpfändbaren Grundbetrag entlasten will. Der Gläubiger hat vor allem das Einkommen zu kontretisieren, das die wesentliche Grundlage der Lebenshaltung des Schuldners ausmacht, weil in erster Linie aus diesem Einkommen der unpfändbare Grundbetrag abgeht. 678

Wird die Zusammenrechnung zugleich mit der Pfändung angeordnet, erfolgt wegen § 834 ZPO keine Anhörung des Schuldners. Ergeht der Zusammenrechnungsbeschluß im Anschluß an die Pfändung, ist dem Schuldner rechtliches Gehör einzuräumen (Art. 103 Abs. 1 GG)[32]. Ist dem Gläubiger der Umfang anderer Arbeitseinkommen des Schuldners unbekannt, so muß er diese pfänden und sich zur Einziehung überweisen lassen, um vom *Schuldner* gem. § 836 Abs. 3 ZPO die nötigen Auskünfte zu erreichen. Kommt der Schuldner seiner Auskunftspflicht nicht freiwillig nach, dann kann der Gläubiger aus dem Überweisungsbeschluß gem. § 883 Abs. 1 ZPO die dem Schuldner erteilten Lohnabrechnungen wegnehmen lassen. Außerdem kann der Gläubiger über die Auskunftspflicht des *Drittschuldners* (§ 840 ZPO) die Höhe der Forderung des Schuldners in Erfahrung bringen. 679

Soweit es den Inhalt des Zusammenrechnungsbeschlusses angeht, herrscht Streit darüber, ob er sich auf die Anordnung der Zusammenrechnung und die Bezeichnung des Einkommens beschränken kann, aus dem der unpfändbare Grundbetrag zu entnehmen ist[33], oder ob er die Höhe des hinzuzurechnenden 680

---

[30] Dem Antragsrecht des Schuldners (BT-Drucks. VI/2870, S. 2) dürfte nur untergeordnete Bedeutung beizumessen sein. Zur schlüssigen Beantragung: OLG München Rpfleger 1979, 224; LG Bielefeld Büro 1982, 1425. Die Drittschuldner dürfen die Zusammenrechnung nicht etwa vereinbaren: Münzberg in Stein/Jonas, ZPO, § 850 e Rdn. 44.

[31] Münzberg in Stein/Jonas, ZPO, § 850 e Rdn. 45: Es findet auch keine amtswegige Ermittlung des Vollstreckungsgerichts statt. Ebenso Stöber, Forderungspfändung, Rdn. 1140; Grunsky, ZIP 1983, 914.

[32] Ebenso Stöber, Forderungspfändung, Rdn. 1140. A. A. aber LG Frankenthal Rpfleger 1982, 231, das eine Anhörung des Schuldners ablehnt.

[33] OLG Stuttgart Büro 1982, 1747, 1748; ebenso Stöber, Forderungspfändung, Rdn. 1141, der allerdings unzutreffend annimmt, es sei Sache der Drittschuldner, die Höhe des Gesamteinkommens des Schuldners festzustellen und den dem Schuldner verbleibenden pfandfreien Betrag zu ermitteln.

Einkommens exakt ziffernmäßig angeben muß[34]. Auf jeden Fall ist der Beschluß inhaltlich so abzufassen, daß der Drittschuldner klar erkennen kann, welchen Teil des Arbeitseinkommens der Gläubiger und der Schuldner beanspruchen kann. Soweit das Haupteinkommen des Schuldners den pfändungsfreien Grundbetrag erreicht und übersteigt, genügt der Zusammenrechnungsbeschluß dem Klarheitsgebot, wenn er angibt, aus welchem Einkommen der unpfändbare Grundbetrag zu entnehmen ist. Eine weitere Berechnung ist nicht erforderlich, weil der Drittschuldner des Nebeneinkommens den unpfändbaren Mehrbetrag (§ 850 Abs. 2 ZPO) rechnerisch problemlos ermitteln kann[35].

681 Schwieriger wird die Fassung des Beschlusses nur dann, wenn das Haupteinkommen des Schuldners unterhalb des unpfändbaren Grundbetrages liegt und möglicherweise in nicht gleichbleibender Höhe anfällt. Diese Situation kann etwa eintreten, wenn der Schuldner bei mehreren Arbeitgebern relativ geringfügige Teilzeittätigkeiten ausübt. Stöber[36] schlägt vor, daß sich die Drittschuldner zur Ausführung des Zusammenrechnungsbeschlusses verständigen müssen. Hierfür fehlt es aber an einer Rechtsgrundlage, die den Drittschuldnern ein derartiges Zusammenspiel abnötigte. In diesem Fall muß der Zusammenrechnungsbeschluß für die Drittschuldner unmißverständlich erkennen lassen, aus welchen Einkommen in welcher Höhe der unpfändbare Grundbetrag abgezogen werden muß[37]. Die unpfändbaren Mehrbeträge haben auch hier die Drittschuldner auf der Grundlage des § 850 c Abs. 2 ZPO zu errechnen.

682 Der Zusammenrechnungsbeschluß, der nach der Pfändung gefaßt wird, ist von Amts wegen dem Gläubiger, dem Schuldner sowie den jeweiligen Drittschuldnern zuzustellen (§ 329 ZPO). Wird die Zusammenrechnung zugleich mit dem Erlaß des Pfändungsbeschlusses verfügt, hat der Gläubiger die Zustellung zu besorgen (§ 829 Abs. 2 ZPO). Erst mit der Zustellung an die Drittschuldner entfaltet der Beschluß Wirkung. Dann erfaßt er allerdings auch rückständige, noch nicht ausbezahlte Beträge. Solange der Zusammenrechnungsbeschluß nicht zugestellt ist, leisten die Drittschuldner mit befreiender Wirkung nach Maßgabe der bisherigen Pfändungs- und Überweisungsbeschlüsse. Hat zunächst ein nachrangiger Gläubiger einen Zusammenrechnungsbeschluß erwirkt und wird dieser nach einem entsprechenden Antrag des vorrangigen Gläubigers nach § 850 e Nr. 2 ZPO korrigiert, so leisten die Drittschuldner nach dem Inhalt des bis-

---

[34] So Grunsky, ZIP 1983, 914: Da der Drittschuldner des Haupteinkommens die Höhe der anderen Einkommen nicht kennte, müßte er vom Vollstreckungsgericht eine klare Anweisung erhalten, welchen Betrag er dem von ihm geschuldeten Einkommen hinzuzurechnen habe. Ebenso wohl Münzberg in Stein/Jonas, ZPO, § 850 e Rdn. 47.

[35] Der Beschluß könnte etwa lauten: In der Zwangsvollstreckungssache Gläubiger ./. Schuldner wird auf Antrag des Gläubigers zur Ermittlung des pfändbaren Betrages die Zusammenrechnung der beiden Arbeitseinkommen, die der Schuldner bei der Firma A und bei der Firma B bezieht, gem. § 850 e Nr. 2 ZPO angeordnet.

Der unpfändbare Grundbetrag ist in erster Linie dem Arbeitseinkommen, das der Schuldner bei der Firma A bezieht, zu entnehmen.

[36] Forderungspfändung, Rdn. 1147.

[37] Im Ergebnis ebenso Grunsky, ZIP 1983, 914.

herigen Zusammenrechnungsbeschlusses mit befreiender Wirkung, bis ihnen der neue Zusammenrechnungsbeschluß zugestellt worden ist. Im Gegensatz zu § 836 Abs. 2 ZPO enthält jedoch § 850 e Nr. 2 ZPO keine ausdrückliche Bestimmung über einen Drittschuldnerschutz, wenn der Zusammenrechnungsbeschluß rechtsfehlerhaft ist. Es ist aber auch hier geboten, in entsprechender Anwendung des § 836 Abs. 2 ZPO den Drittschuldner von dem Risiko unrichtiger Entscheidungen des Vollstreckungsgerichts zu befreien.

Erfolgt die Zusammenrechnung sogleich mit der Pfändung, so haben Schuldner **683**
und Drittschuldner den Rechtsbehelf der Erinnerung aus § 766 ZPO[38]. Der im Anschluß an die Pfändung erfolgende Zusammenrechnungsbeschluß ist mit der befristeten Erinnerung aus §§ 11 RPflG, 793 ZPO angreifbar[39]. Es erscheint deshalb angezeigt, in den Zusammenrechnungsbeschluß den Hinweis aufzunehmen, daß die sich infolge der Zusammenrechnung ergebenden pfändbaren Beträge bis zur Rechtskraft des Beschlusses vom Drittschuldner zunächst einzubehalten und weder an die Gläubiger noch an den Schuldner auszuzahlen sind.

Wird der Antrag des Gläubigers aus § 850 e Nr. 2 ZPO abschlägig beschieden, **684**
dann handelt es sich um eine Entscheidung des Rechtspflegers, die der sofortigen Durchgriffserinnerung aus §§ 11 RPflG, 577, 593 ZPO unterliegt.

5. Zusammenrechnung von Arbeitseinkommen mit Sozialgeldleistungen (§ 850 e Nr. 2 a ZPO)

Nach § 850 e Nr. 2 a ZPO sind auf Antrag mit Arbeitseinkommen auch Ansprüche **685**
auf laufende Geldleistungen nach dem Sozialgesetzbuch zusammenzurechnen, soweit nach den Umständen des Falles, insbesondere nach den Einkommens- und Vermögensverhältnissen des Leistungsberechtigten, der Art des beizutreibenden Anspruchs sowie der Höhe und der Zweckbestimmung der Geldleistung, die Zusammenrechnung der Billigkeit entspricht.

Bis zur Einfügung dieser Regelung in den § 850 e ZPO mit Wirkung vom 01. 01. **686**
1976 (§ 23 SGB I) war umstritten, ob eine Zusammenrechnung von Sozialgeldleistungen mit dem Arbeitseinkommen erfolgen durfte[40]. Der Gesetzesbegründung[41] gemäß enthält § 850 e Nr. 2 a ZPO eine Ergänzung zu Art. I § 54 SGB und stellt klar, in welchem Umfange bei der Ermittlung der Pfängungsfreigrenzen nach § 850 c ZPO und § 850 d ZPO Sozialleistungen mit Arbeitseinkommen zusammengerechnet werden können. Diese Aussage des Gesetzgebers erschien deshalb erforderlich, weil Ansprüche auf Sozialleistungen für Normalgläubiger nur bedingt pfändbar sind. Ihre Pfändung muß der Billigkeit entsprechen und darüber hinaus darf der Leistungsberechtigte nicht im Sinne des BSHG

---

38) OLG Hamm JurBüro 1981, 288 zum Erinnerungs- und Beschwerderecht des Drittschuldners.
39) Nach Ansicht des LG Frankenthal Rpfleger 1982, 231 soll, im Falle eine Schuldneranhörung unterlassen worden ist, Erinnerung aus § 766 ZPO angezeigt sein.
40) Vgl. dazu Boewer, Lohnpfändung, S. 260 und OLG Düsseldorf NJW 1965, 2409.
41) BT-Drucks. 7/868 S. 37 zu Art. II § 15 (§ 850 e Nr. 2 a ZPO).

hilfebedürftig werden (§ 54 Abs. 3 SGB I). Die für die zusätzliche Beurteilung der Zusammenrechenbarkeit erheblichen Umstände sind die gleichen wie bei der Pfändung von Sozialleistungen.

687 Die Systematik und Teleologik der §§ 54 SGB und 850 e Nr. 2 a ZPO erschließt den Inhalt und die Ausgrenzung dieser gesetzlichen Vorgaben: Ansprüche auf laufende Sozialgeldleistungen können gemäß § 54 Abs. 3 SGB I „wie Arbeitseinkommen" gepfändet werden 1. wegen gesetzlicher Unterhaltsansprüche, 2. wegen anderer Ansprüche nur, soweit dies der Billigkeit im Sinne von § 54 Abs. 2 SGB I entspricht und der Leistungsberechtigte nicht hilfebedürftig im Sinne des BSHG wird. Die Verweisung auf die Vorschriften der Lohnpfändung konnte den Gedanken nahelegen, daß damit auch die Zusammenrechnungsvorschrift des § 850 e Nr. 2 ZPO einbezogen ist. Diesen Schritt wollte der Gesetzgeber nur unter der Prämisse gehen, daß Sozialgeldleistungen ausschließlich dann mit dem Arbeitseinkommen zusammengerechnet werden dürfen, wenn dies nach den Vorgaben des § 850 e Nr. 2 a ZPO billigenswert erscheint. Mit dieser Einschränkung erfährt die laufende Sozialgeldleistung einen qualitativ vergleichbaren Schutz, als ob sie selbst Gegenstand der Pfändung wäre, wenn der Gläubiger das Arbeitseinkommen gepfändet hat und eine Zusammenrechnung nach § 850 e Nr. 2 a ZPO beim Vollstreckungsgericht beantragt.

688 § 850 e Nr. 2 a ZPO bezieht seinem Wortlaut nach auch den Fall ein, daß der Gläubiger zwar die Sozialgeldleistung nach § 54 Abs. 3 SGB I pfändet aber keine Pfändung in das Arbeitseinkommen des Schuldners ausbringt. Die wohl herrschende Meinung[42)] lehnt hier die Anwendung des § 850 e Nr. 2 a ZPO ab. Sie geht davon aus, daß nur mit *gepfändetem* Arbeitseinkommen Sozialgeldansprüche zusammengerechnet werden könnten. Eine plausible Begründung wird dafür nicht geliefert. Diese Auffassung läßt sich mit dem Wortlaut des Gesetzes jedenfalls nicht belegen. Sie steht zudem im Widerspruch mit der Intention des § 850 e Nr. 2 a ZPO, Sozialgeldleistungen und Arbeitseinkommen im Sinne einer Zusammenrechnung dann gleichzustellen, wenn dies der Billigkeit entspricht[43)]. Wie bei § 850 e Nr. 2 ZPO soll der Schuldner unter Billigkeitserwägungen keinen pfändungsrechtlichen Vorteil erlangen, weil er die jeweiligen Geldleistungen nicht von einem, sondern von mehreren Drittschuldnern bezieht. Es ist hier der gleiche Grundgedanke einschlägig, wie er für § 850 e Nr. 2 ZPO zutrifft. Überdies hätte die *zusätzliche* Pfändung des Arbeitseinkommens keinen Einfluß auf die

---

42) Vgl. Grunsky, ZIP 1983, 912, der annimmt, daß § 850 e Nr. 2 a ZPO nur an die Pfändung von Arbeitseinkommen anknüpft und es ermöglicht, Ansprüche nach dem SGB hinzuzurechnen. Ebenso Hornung, Rpfleger 1982, 48; auch Münzberg in Stein/Jonas, ZPO, Rdn. 63 ist der Ansicht, in § 850 e Nr. 2 a ZPO werde nicht der Fall geregelt, daß ein gewöhnlicher Gläubiger nur laufende Geldleistungen nach dem SGB pfändet, obwohl der Schuldner daneben noch Arbeitseinkommen hat. So auch Stöber, Forderungspfändung, Rdn. 1153 und Rdn. 1409.

43) Damit erledigen sich auch die Bedenken von Hornung, Rpfleger 1982, 49, anderenfalls würden Sozialleistungen nicht ausreichend geschützt und diesem Prinzip zuwidergehandelt, wenn das Arbeitseinkommen pfandfrei bliebe und zweckgebundene Sozialgeldleistungen dem Gläubigerzugriff ausgesetzt wären. Hornung übersieht dabei, daß der Gesetzgeber in § 54 Abs. 3 SGB I für den Schutz der Sozialleistungen ausreichend Sorge trägt.

Rechtslage. Der Antrag auf Zusammenrechnung mit dem Arbeitseinkommen nach Pfändung der Sozialgeldleistung wirkt sich im Hinblick auf den Pfändungszugriff auf letztere nur dann positiv für den Gläubiger aus, wenn der unpfändbare Grundbetrag (§ 850 c Abs. 1 ZPO) dem Arbeitseinkommen des Schuldners als Haupteinkommen[44] zu entnehmen ist. Da nach § 54 Abs. 3 SGB I laufende Sozialgeldleistung „wie Arbeitseinkommen" gepfändet werden, gelten für sie die Pfängungsfreigrenzen aus § 850 c ZPO, so daß der unpfändbare Grundbetrag (§ 850 c Abs. 1 ZPO) und unpfändbare Mehrbeträge (§ 850 c Abs. 2 ZPO) dem Schuldner pfandfrei verbleiben müssen. Bewegt sich die Höhe der laufenden Sozialgeldleistungen innerhalb dieser Grenzen, ginge ohne § 850 e Nr. 2 a ZPO die Pfändung dieser Ansprüche auch dann ins Leere, wenn der Schuldner über erhebliches Arbeitseinkommen verfügt, das sich möglicherweise deshalb nicht zu pfänden lohnt, weil der pfändbare Lohnteil vom Schuldner abgetreten wurde. Gleichwohl könnte das Vollstreckungsgericht anordnen, daß der unpfändbare Grundbetrag dem Arbeitseinkommen zu entnehmen ist. Damit wird die Sozialgeldleistung zumindest teilweise pfändbar.

In diesem Zusammenhang wird darüber diskutiert, ob der unpfändbare Grund- und Mehrbetrag (§ 850 c Abs. 1 und Abs. 2 ZPO) *immer* aus der *Sozialgeldleistung* entnommen werden muß[45]. **689**

Hierbei wird nicht genügend gewichtet, daß § 850 e Nr. 2 a ZPO vom Grundsatz her eine dem § 850 e Nr. 2 ZPO nachgebildete Regelung aufstellen will und der Gesetzgeber gleichsam verkürzt in § 850 e Nr. 2 a ZPO den Satz 1 aus § 850 e Nr. 2 ZPO unter dem Aspekt der Billigkeitsprüfung abgewandelt wiederholt. Aus diesem Grunde ist § 850 e Nr. 2 a ZPO mit Satz 2 des § 850 e Nr. 2 ZPO sinngemäß zu komplettieren, so daß der unpfändbare Grundbetrag in erster Linie dem Arbeitseinkommen oder der laufenden Geldleistung nach dem Sozialgesetzbuch zu entnehmen ist, das die wesentliche Grundlage der Lebenshaltung des Schuldners bildet[46]). Dies kann, muß aber nicht die Sozialgeldleistung sein. **690**

Wie bereits oben (unter Rzn. 672) des näheren begründet worden ist, werden die unpfändbaren Mehrbeträge vom Vollstreckungsgericht nicht etwa nach Billigkeitsgesichtspunkten auf das Arbeitsentgelt und die laufenden Sozialgeldleistungen verteilt, sondern sind getrennt von den jeweiligen Zahlungsansprüchen abzuziehen. Dies hat zur Folge, daß dem Schuldner im Umfange des unpfänd- **691**

---

44) Vgl. Rzu. 662.

45) So Mümmler, JurBüro 1982, 976; im Ergebnis auch Hornung, Rpfleger 1982, 48, 49; Behr, Rpfleger 1981, 390; Stöber, Forderungspfändung, Rdn. 1163; OLG Hamm Büro 1981, 288, 293. Vgl. dazu die differenzierende Ansicht von Münzberg in Stein/Jonas, ZPO, § 850 e Rdn. 60.

46) Für eine entsprechende Anwendung des § 850 e Nr. 2 S. 2 ZPO plädiert auch Münzberg in Stein/Jonas, ZPO, § 850 e Rdn. 59, 60; OLG Stuttgart JurBüro 1979, 450 und Büro 1982, 1747; LG Freiburg Rpfleger 1981, 452; LG Trier Rpfleger 1981, 450, 451; BFH NJW 1983, 416. A. A. aber OLG Hamm JurBüro 1981, 288, 293 und Rpfleger 1981, 448 mit ausführlichen Nachweisen, das allerdings übersieht, daß der unpfändbare Grundbetrag immer gleich bleibt und sich keineswegs im Falle der Zusammenrechnung erhöht. LG Hildesheim Rpfleger 1981, 450, 451; OLG Karlsruhe Rpfleger 1981, 451.

baren Mehrbetrags das Arbeitseinkommen und die Sozialgeldleistung pfändungsfrei verbleiben[47].

692 Erhält der Schuldner laufende Sozialgeldleistungen aus verschiedenen Leistungsbereichen, ist § 850 e Nr. 2 a ZPO entsprechend anwendbar[48].

693 Pfändet ein *Unterhaltsgläubiger* (§ 850 d ZPO) das Arbeitseinkommen, geht § 850 d ZPO der Regelung aus § 850 e Nr. 2 a ZPO vor. Die laufenden Sozialgeldleistungen sind bei der Festlegung des dem Schuldner zu belassenen Unterhalts nach § 850 d Abs. 1 S. 2 ZPO zu berücksichtigen[49]. Der Unterhaltsgläubiger kann auch gem. § 54 Abs. 3 Nr. 1 SGB I auf laufende Sozialgeldansprüche im Sinne von § 11 SGB I pfändungsrechtlich in den Grenzen des § 850 d ZPO zugreifen, da diese wegen gesetzlicher Unterhaltsansprüche wie Arbeitseinkommen gepfändet werden können. Insoweit ist eine Billigkeitsprüfung wie bei Normalgläubigern (§ 54 Abs. 3 SGB I) nicht vorgesehen.

694 Das *Verfahren der Zusammenrechnung* gem. § 850 e Nr. 2 a ZPO entspricht zunächst den zu § 850 e Nr. 2 ZPO erörterten Grundsätzen. Ergänzend hat der Gläubiger anhand von Tatsachen gegenüber dem Vollstreckungsgericht darzutun, daß die Zusammenrechnung der Billigkeit im Sinne von § 850 e Nr. 2 a ZPO entspricht. Dem Gläubiger darf allerdings dabei nichts Unzumutbares abverlangt werden. Es ist nämlich zu bedenken, daß der Gläubiger oftmals nicht imstande sein wird, alle für die Billigkeitsprüfung erheblichen Umstände aus eigener Kenntnis darstellen zu können. Es ist dem Gläubiger nicht zumutbar, sich die erforderlichen Informationen durch ein Verfahren auf Abgabe der eidesstattlichen Versicherung (§ 807 ZPO) vom Schuldner zu beschaffen. Überdies betreffen die in diesem Verfahren zu beantwortenden Fragen vielfach nicht die für eine Billigkeitsprüfung notwendigen Erkenntnisse[50]. Ebensowenig kann der Gläubiger zunächst auf den Weg der Auskunftsklage gegen den Schuldner verwiesen werden, weil sich damit der Vollstreckungszugriff in nicht vertretbarer Weise verzögerte. Eine Heranziehung des § 24 SGB X scheitert daran, daß diese Vorschrift nicht für das Vollstreckungsverfahren gilt. Aus diesen tatsächlichen und recht-

---

47) A. A. aber die h. M., die es dem Vollstreckungsgericht überlassen will, nach Billigkeitsgesichtspunkten den unpfändbaren Mehrbetrag auf die Sozialgeldleistung oder das Arbeitsentgelt zu verteilen: Münzberg in Stein/Jonas, ZPO, § 850 e Rdn. 62.

48) Hornung, Rpfleger 1982, 49; Stöber, Forderungspfändung, Rdn. 1411; Münzberg in Stein/Jonas, ZPO, § 850 e Rdn. 67; OLG Hamm Büro 1982, 464: Kindergeld und Arbeitslosengeld; OLG München Rpfleger 1979, 223. Der Beschluß könnte etwa lauten: In der Zwangsvollstreckungssache des Gläubigers gegen den Schuldner wird auf Antrag des Gläubigers zur Ermittlung des pfändbaren Betrages die Zusammenrechnung der beiden Renten, die der Schuldner von der BfA Berlin und von der Bau-Berufsgenossenschaft Wuppertal bezieht, gem. § 850 e Nr. 2, 2a ZPO angeordnet. Dem Schuldner sind monatlich mindestens 2.009,90 DM pfandfrei zu belassen. Diesen Betrag benötigt der Schuldner, um nicht hilfebedürftig im Sinne des BSHG zu werden. Der unpfändbare Grundbetrag ist in erster Linie der Rente, die der Schuldner von der BfA Berlin bezieht (§ 850 e Nr. 2 S. 2 ZPO), zu entnehmen.

49) Münzberg in Stein/Jonas, ZPO, § 850 e Rdn. 54 mit weiteren Nachweisen; LG Kaiserslautern Rpfleger 1981, 446; LG Freiburg Rpfleger 1983, 164.

50) Schreiber, JR 1977, 378; OLG Hamm Rpfleger 1981, 447. A. A. aber Münzberg in Stein/Jonas, ZPO, § 850 e Rdn. 69 und Note 91, der dem Gläubiger abverlangt, über § 807 ZPO an die benötigten Auskünfte zu gelangen. Ebenso Stöber, Forderungspfändung, Rdn. 1389.

lichen Vorgaben sind folgende Schlüsse zu ziehen. Zunächst kommt der Gläubiger seiner Darlegungslast nach, wenn er in ihm zumutbarer Weise und unter besonderer Berücksichtigung des Einzelfalles darstellt, daß die Zusammenrechnung der Billigkeit entspricht. Dem Schuldner ist abweichend von § 834 ZPO jedenfalls dann rechtliches Gehör einzuräumen, wenn der Gläubiger dies beantragt, weil er sonst keine ausreichenden Fakten für die Billigkeitsprüfung vorzubringen vermag[51]). *Stets* ist die Anhörung des Schuldners geboten, wenn der Zusammenrechnungsantrag *im Anschluß* an die Pfändung gestellt wird. Der Schuldner hat dann die Möglichkeit, dem Vollstreckungsgericht seine persönlichen Umstände eingehend zu schildern und vom Sozialamt eine Bescheinigung beizubringen, aus der sich nach den geltenden Regelsätzen der Betrag ergibt, der ihm verbleiben muß, um nicht hilfebedürftig im Sinne des BSHG zu werden.

Hat das Vollstreckungsgericht die Voraussetzungen des § 850 e Nr. 2 a ZPO verkannt, so ist der Zusammenrechnungsbeschluß bis zu seiner Aufhebung zunächst für die Beteiligten verbindlich und im Falle einer Drittschuldnerklage für das Prozeßgericht bindend. Der jeweilige Drittschuldner wird durch entsprechende Anwendung des § 836 Abs. 2 ZPO gegenüber dem Schuldner geschützt, so daß eine Doppelinanspruchnahme des Drittschuldners ausscheidet, solange er sich nach dem ihm zugestellten Zusammenrechnungsbeschluß richtet. Der Zusammenrechnungsbeschluß ist aber von vornherein unwirksam, wenn der Drittschuldner aus ihm den pfändbaren Betrag nicht entnehmen kann[52]). **695**

Ist der Zusammenrechnungsbeschluß nach § 850 e Nr. 2 a ZPO zugleich mit der Pfändung erlassen worden und hat keine Anhörung des Schuldners stattgefunden, so handelt es sich gleichwohl nicht nur um eine Vollstreckungsmaßnahme im Sinne von § 766 ZPO, sondern um eine *Entscheidung* des Vollstreckungsgerichts, weil das Vollstreckungsgericht zur Feststellung der Billigkeit anders als bei § 850 e Nr. 2 ZPO eine Interessenabwägung vorzunehmen hat. Der Zusammenrechnungsbeschluß nach § 850 e Nr. 2 a ZPO kann danach nur mit der befristeten Erinnerung gem. §§ 11 RPflG, 577, 593 ZPO angegriffen werden[53]). Soweit der Zusammenrechnungsbeschluß im Anschluß an die Pfändung ergeht, **696**

---

51) OLG Düsseldorf OLGZ 1978, 124 ff; KG OLGZ 1978, 491 ff; a. A. aber LG Hannover NJW 1977, 303; LG Frankenthal NJW 1977, 722; LG Köln NJW 1977, 1640, die eine amtswegige Anhörung des Schuldners in entsprechender Anwendung des § 850 b Abs. 3 ZPO befürworten. Äußert sich der Schuldner nicht, so sind jedenfalls die Angaben des Gläubigers als richtig zu unterstellen. Eine ganz andere Frage ist freilich, ob dies für eine Entscheidung des Vollstreckungsgerichts nach § 850 e Nr. 2 a ZPO ausreicht. Das OLG Düsseldorf, a. a. O., will bei Nichtäußerung des Schuldners die Billigkeit unterstellen. Dagegen aber Münzberg in Stein/Jonas, ZPO, § 850 e Rdn. 69 bei Note 91 unter Bezugnahme auf LG Koblenz MDR 1978, 236.

52) Vgl. LAG Düsseldorf Rpfleger 1986, 100. Der dort zu beurteilende Zusammenrechnungsbeschluß lautete dahin, daß das vom Arbeitsamt gezahlte Kindergeld mit dem Arbeitseinkommen zusammenzurechnen ist. Das LAG Düsseldorf hat zu Recht diesem Beschluß jede Wirkung abgesprochen, weil dem Drittschuldner die Höhe des Kindergeldes unbekannt war. Außerdem hätte wegen entsprechender Anwendung des § 850 e Nr. 2 S. 2 ZPO der unpfändbare Grundbetrag ohnehin weiter aus dem Arbeitseinkommen entnommen werden müssen.

53) Ebenso Schmeken, ZIP 1982, 1295 ff., 1297. A. A. Stöber, Forderungspfändung, Rdn. 1413, der hier die unbefristete Erinnerung aus § 766 ZPO zulassen will. Wie Stöber das LG Frankenthal Rpfleger 1982, 231 ff.

also der Schuldner gehört worden ist oder hätte gehört werden müssen, wird allgemein die befristete Erinnerung befürwortet[54]. Gleiches gilt, wenn das Vollstreckungsgericht den Antrag auf Zusammenrechnung nach § 850 e Nr. 2 a ZPO zurückweist.

6. Die Berechnung bei Geld- und Naturalleistungen (§ 850 e Nr. 3 ZPO)

697 Erhält der Schuldner neben seinem in Geld zahlbaren Einkommen auch *Naturalleistungen,* so sind gem. § 850 e Nr. 3 S. 1 ZPO Geld und Naturalleistungen zusammenzurechnen. In diesem Falle ist der in Geld zahlbare Betrag insoweit pfändbar, als der nach § 850 c ZPO unpfändbare Teil des Gesamteinkommens durch den Wert der dem Schuldner verbleibenden Naturalleistungen gedeckt ist (§ 850 e Nr. 3 S. 2 ZPO).

698 Regelmäßig ist der Anspruch auf Naturalleistungen der Pfändung nicht unterworfen (§§ 399 BGB, 851 ZPO)[55]. Hierzu rechnen z. B. Kost, Logis, Deputate, die Überlassung einer Wohnung, die Gestellung eines Pkws. Voraussetzung für eine Zusammenrechnung gem. § 850 e Nr. 3 ZPO ist jedoch stets, daß diese Sachbezüge aus einem Arbeitsverhältnis stammen.

699 Da § 850 e Nr. 3 ZPO ausdrücklich auf § 850 c ZPO Bezug nimmt, werden mit dieser Vorschrift lediglich die nicht bevorrechtigten Pfändungspfandgläubiger angesprochen. Einer Erwähnung des § 850 d ZPO in § 850 e Nr. 3 ZPO bedurfte es nicht, weil bei der Pfändung von bevorrechtigten Unterhaltsgläubigern das Vollstreckungsgericht den Wert der Naturalbezüge bei der Festlegung des notwendigen Unterhalts des Schuldners (§ 850 d Abs. 1 S. 2 ZPO) zu berücksichtigen hat[56].

700 Die Zusammenrechnung nach § 850 e Nr. 3 ZPO erfolgt in der Weise, daß der pfändbare Betrag aus der Summe des Geldeinkommens und des Wertes der Naturalbezüge berechnet und vollständig dem *Geldeinkommen* entnommen wird[57]. Dies gilt selbst dann, wenn der Wert der Naturalleistungen so hoch ist, daß damit der wesentliche Teil oder das gesamte Geldeinkommen pfändbar wird und an den Gläubiger abgeführt werden muß. Der Schuldner kann dann beim Amtsgericht Vollstreckungsgericht gem. § 850 f Abs. 1 ZPO beantragen, ihm einen Teil seines Arbeitseinkommens pfandfrei zu belassen.

701 Aus § 850 e Nr. 3 ZPO läßt sich nicht entnehmen, welcher Wert der Natural-

---

54) Vgl. u. a. Stöber, Forderungspfändung, Rdn. 1413; Schmeken, ZIP 1982, 1295 ff, 1297.

55) Nach ihrer Aushändigung an den Schuldner richtet sich die Pfändung der Sachen selbst nach den §§ 808 ff ZPO. Auf die Pfändbarkeit des Anspruchs auf Sachbezüge bleiben die §§ 850 a – 850 i unanwendbar, weil es sich nicht um in Geld zahlbares Arbeitseinkommen handelt.

56) Münzberg in Stein/Jonas, ZPO, § 850 e Rdn. 71; Stöber, Forderungspfändung, Rdn. 1173.

57) Bezieht der ledige Schuldner ein monatliches Nettoeinkommen von 2.000,00 DM und erhält er zusätzlich ein Fahrzeug vom Arbeitgeber zur privaten Nutzung gestellt mit einem Geldwert von 400,00 DM netto (BFH Die Beiträge 1966, 30; BFH DB 1968, 784), so beläuft sich das der Pfändung zugrunde zu legende Einkommen auf 2.400,00 DM netto. Davon sind gem. § 850 c ZPO 1.152,20 DM pfändbar. Dieser pfändbare Betrag wird aus den 2.000,00 DM entnommen, so daß der Schuldner 2.000,00 DM abzüglich 1.152,20 DM = 847,80 DM neben seinem Sachbezug übrig behält.

leistung beizulegen ist. Es ist dabei der tatsächliche *Nettowert* der Naturalleistung nach Abzug der Sozialversicherungsbeiträge und Steuern zu ermitteln. Als Grundlage zur Wertberechnung der ortsüblichen Werte können die Richtsätze des Sozialversicherungsrechts und Steuerrechts nutzbar gemacht werden[58]. Gem. § 17 S. 1 Nr. 3 SGB IV ist der Wert der Sachbezüge von der Bundesregierung mit Zustimmung des Bundesrates nach dem tatsächlichen Verkehrswert im voraus für jedes Kalenderjahr festzusetzen. Dabei ist eine möglichst weitgehende Übereinstimmung mit den Regelungen des Steuerrechts sicherzustellen. Dieser Vorschrift entsprechend erläßt die Bundesregierung für jedes Jahr eine Sachbezugsverordnung (SachBezV). Diese Regelung wird ergänzt durch § 8 Abs. 2 EStG. Danach sind Einnahmen, die nicht in Geld bestehen (Wohnung, Kost, Waren und sonstige Sachbezüge), mit den üblichen Mittelpreisen des Verbrauchsorts anzusetzen. Bei *Arbeitnehmern,* für deren Sachbezüge durch Rechtsverordnung nach § 17 Nr. 3 SGB IV Werte bestimmt worden sind, sind *diese Werte* maßgebend. Die Sachbezugswerte gelten auch dann, wenn in einem Tarifvertrag, einer Betriebsvereinbarung oder in einem Arbeitsvertrag für die Sachbezüge höhere oder niedrigere Werte festgesetzt worden sind. Sie gelten nicht, wenn anstelle der vorgesehenen Sachbezüge die in dem Tarifvertrag, der Betriebsvereinbarung oder dem Arbeitsvertrag festgesetzten Werte bar ausgezahlt werden (Abschn. 18 Abs. 4 LStR). Nach der Verordnung über den Wert der Sachbezüge in der Sozialversicherung für das Kalenderjahr 1986 (BGBl. I S. 2556) ist etwa der Wert der freien Kost und Wohnung einschließlich Heizung und Beleuchtung auf monatlich 510 DM festgesetzt. In den Ländern Baden-Württemberg, Bayern, Hessen, Rheinland-Pfalz, Schleswig-Holstein und Niedersachsen beträgt dieser Wert nur 485 DM (§ 4 SachBezV). Soweit der Arbeitgeber einem Arbeitnehmer einen Personenwagen kostenlos zur privaten Benutzung überläßt, liegt darin ein geldwerter Vorteil, der in der Höhe anzusetzen ist, wie dem Arbeitnehmer bei der Haltung eines eigenen PKWs des gleichen Typs Kosten erwachsen würden. Dies gilt unabhängig davon, ob der Arbeitnehmer sich auch sonst ein Kraftfahrzeug anschaffen würde. Für den Fall der unentgeltlichen Kraftfahrzeugüberlassung für Fahrten zwischen Wohnung und Arbeitsstätte hat der BMF in seinem Schreiben vom 08. 11. 1982 (BStBl. I 1982, 814) festgelegt, daß der dadurch entstehende geldwerte Vorteil dem Arbeitslohn hinzuzurechnen ist. Als geldwerter Vorteil soll in diesen Fällen ein Betrag von 0,84 DM je Entfernungskilometer angesetzt werden. Im Hinblick darauf, daß der Arbeitnehmer in diesen Fällen den Kilometer-Pauschbetrag des § 9 Abs. 1 Nr. 4 EStG in Höhe von 0,36 DM als Werbungskosten geltend machen könnte, wird es von seiten der Finanzverwaltung nicht beanstandet, wenn der Arbeitgeber den geldwerten Vorteil saldiert und dem Arbeitslohn für die Berechnung der Lohnsteuer lediglich einen Betrag von 0,84 DM abzüglich 0,36 DM = 0,48 DM je Entfernungskilometer hinzurechnet. Auch für den Bereich der Sozialversicherung ist der

---

58) H. M.: Stöber, Forderungspfändung, Rdn. 1168; Münzberg in Stein/Jonas, ZPO, § 850 e Rdn. 73; Fenn, ZZP 93 (1980), 229. Zur Bewertung der Sachbezüge bei der Errechnung des pfändbaren Einkommens von Soldaten, die sich an die Sachbezugsverordnung anlehnen, sh. Stöber, Forderungspfändung, Rdn. 1171 mit ausführlichen Nachweisen.

geldwerte Vorteil für die unentgeltliche Überlassung eines Kraftfahrzeuges für Fahrten zwischen Wohnung und Arbeitsstätte mit 0,48 DM je Entfernungskilometer anzusetzen.

702 Erhält der Schuldner die Geld- und Sachbezüge (Naturalleistungen) von *einem* Drittschuldner, so hat der Drittschuldner *selbst* die Zusammenrechnung vorzunehmen. Es bedarf hierzu weder eines Antrags des Gläubigers noch einer Entscheidung des Vollstreckungsgerichts. Vorsorglich kann jedoch der Drittschuldner, falls Unsicherheiten bei der Wertbestimmung der Naturalleistungen bestehen, den Wert durch das Amtsgericht Vollstreckungsgericht (Rechtspfleger) bestimmen lassen[59]. Für den Drittschuldner empfiehlt es sich jedenfalls mit dem Gläubiger und dem Schuldner einen konkreten Wertansatz abzustimmen, um damit einen Streit über den Nettowert der Naturalleistungen auszuräumen.

703 Werden die Geld- und Naturalbezüge von *verschiedenen* Drittschuldnern gewährt, so bedarf die Zusammenrechnung in entsprechender Anwendung des § 850 e Nr. 2 ZPO eines Beschlusses des Vollstreckungsgerichts[60]. Abweichend von § 850 e Nr. 2 ZPO ist gem. § 850 e Nr. 3 S. 2 ZPO der gesamte pfändbare Betrag (nicht nur der unpfändbare Grundbetrag) dem Geldeinkommen zu entnehmen. Dies setzt voraus, daß der Zusammenrechnungsbeschluß die genaue Höhe der an den Gläubiger abzuführenden Lohnteile enthält.

7. Zusammentreffen von Abtretung, Aufrechnung und Pfändung (§ 850 e Nr. 4 ZPO)

704 Hat der Arbeitnehmer über sein Arbeitseinkommen durch Abtretung (§ 398 BGB) in den Grenzen des § 850 c ZPO rechtsgeschäftlich verfügt (§ 400 BGB), so geht eine nachfolgende Pfändung eines Normalgläubigers ins Leere, soweit die Abtretung den pfändbaren Lohnteil (§ 850 c ZPO) ausschöpft. Handelt es sich bei dem Pfändungspfandgläubiger um einen Unterhaltsgläubiger (§ 850 d Abs. 1 ZPO), so kann er in den dem Normalgläubiger verschlossenen Vorrechtsbereich hineinpfänden (§ 850 d Abs. 1 S. 2 ZPO). Hat nun der Schuldner sein nach § 850 c ZPO pfändbares Arbeitseinkommen an einen bevorrechtigten Unterhaltsgläubiger *abgetreten,* so hätte ein nachpfändender Normalgläubiger das Nachsehen, weil er nur in den Grenzen des § 850 c ZPO pfänden darf. Für diesen Fall regelt § 850 e Nr. 4 ZPO, daß auf die Unterhaltsansprüche zunächst die gem. § 850 d ZPO der Pfändung in erweitertem Umfang unterliegenden Teile des Arbeitseinkommens zu verrechnen sind. Oben (unter Rzn. 630 f.) wurde bereits dargelegt, daß diese Verrechnung vom *Drittschuldner* ohne Beschluß des Vollstreckungsgerichts vorgenommen werden kann, weil die Wirkung des § 850 e Nr. 4 S. 1 ZPO kraft Gesetzes eintritt. Dem Drittschuldner ist jedoch unbedingt von einer derartigen Verfahrensweise abzuraten, weil er immer Gefahr läuft, den

---

59) Münzberg in Stein/Jonas, ZPO, § 850 e Rdn. 74; Stöber, Forderungspfändung, Rdn. 1140; Bock/Speck, Einkommenspfändung, 171; OLG Hamm MDR 1963, 227.

60) Münzberg in Stein/Jonas, ZPO, § 850 e Rdn. 72; Stöber, Forderungspfändung, Rdn. 1172; Bock/Speck, Einkommenspfändung, 168.

Vorrechtsbereich unrichtig zu bestimmen. Dieses Risiko läßt sich vermeiden, wenn der Drittschuldner die Zustellung eines auf Antrag eines Beteiligten vom Vollstreckungsgericht zu erlassenden Verrechnungsbeschlusses abwartet (§ 850 e Nr. 4 S. 2 ZPO)[61]. Bis dahin wird der Drittschuldner geschützt, d. h., er zahlt an den Gläubiger und an den Schuldner mit befreiender Wirkung (§ 850 e Nr. 4 S. 3 ZPO). Er kann nämlich, solange ihm eine Entscheidung des Vollstreckungsgerichts nicht zugestellt ist, nach dem Inhalt der ihm bekannten Abtretung mit befreiender Wirkung leisten.

Ein derartiger Verrechnungsbeschluß verschafft dem nachpfändenden Normal- **705**
gläubiger nur dann einen Zugriff auf den Normalpfändungsbereich, wenn der Vorrechtsbereich zur vollständigen Befriedigung des Unterhaltszessionars ausreicht. Ist dies nicht der Fall, weil etwa erhebliche Unterhaltsrückstände zur Tilgung offenstehen, geht der Unterhaltsgläubiger weiterhin dem nachpfändenden Normalgläubiger vor. Gleichwohl ist dem Normalgläubiger ein Antrag aus § 850 e Nr. 4 ZPO anzuraten, weil er damit eine schnellere Tilgung der ihm vorgehenden Forderung erreicht[62].

Das Vollstreckungsgericht hat bei seiner Entscheidung nach § 850 e Nr. 4 ZPO **706**
grundsätzlich nicht abzuklären, ob die Abtretung des Schuldners materiellrechtlich wirksam war oder nicht oder sich vielleicht zwischenzeitlich erledigt hat.

§ 850 e Nr. 4 ZPO läßt seinem unzweideutigen Wortlaut nach die Verrechnungs- **707**
möglichkeit nur zugunsten einer *nachrangigen Pfändung* zu. Ein nachrangiger *Abtretungsgläubiger* kann danach keine Verrechnung beantragen[63]. Denck[64] möchte sich in diesem Zusammenhang über den Zwang zur Pfändung hinwegsetzen und im Sinne einer teleologischen Extension den gewöhnlichen Abtretungsgläubiger mit dem gewöhnlichen Pfändungsgläubiger gleichsetzen. Dieser Auffassung steht entgegen, daß der Vorzug des § 850 e Nr. 4 ZPO nur dem Gläubiger des Schuldners gebühren soll, der durch einen staatlichen Pfändungsakt

---

61) Vgl. zu den Einzelheiten: Rzu. 626 ff. Es wäre denkbar, daß sich der Drittschuldner mit den Gläubigern und dem Schuldner über die jeweilige Höhe der an jeden abzuführenden Lohnteile verständigt.

62) Sh. Rzu. 626 ff.

63) Beispiel nach Denck, MDR 1979, 450; Der kinderlos verheiratete Schuldner hat ein Nettoeinkommen von monatlich 2.000,00 DM. Seine getrennt lebende Ehefrau erwirkt wegen laufenden Unterhalts von monatlich 700,00 DM und eines Unterhaltsrückstandes einen Pfändungs- und Überweisungsbeschluß, der auf ihren Antrag nach § 850 c ZPO ergeht. Der für sie pfändbare Lohnteil beträgt 872,20 DM, weil der Schuldner im Verhältnis zu ihr pfändungsrechtlich als ledig zu betrachten ist (a. A. hierzu Welzel, MDR 1983, 723 wegen § 850 c Abs. 4 ZPO. Welzel übersieht § 850 c Abs. 1 ZPO „gewährt"!). Der Schuldner tritt anschließend zur Tilgung eines Kredits seinen Lohn an eine Bank ab. Diese Abtretung umfaßt einen Betrag von 454,00 DM (§ 850 c ZPO), weil der Schuldner im Verhältnis zur Bank seiner Ehefrau gegenüber – wenn auch zwangsweise – Unterhalt leistet. Die Bank kann nur zum Zuge kommen, wenn sie auf der Grundlage eines Vollstreckungstitels eine Pfändung in den Lohn des Schuldners ausbringt und einen Verrechnungsbeschluß nach § 850 e Nr. 4 ZPO erwirkt.

64) MDR 1979, 450 ff. Dieser Ansicht haben sich Thomas/Putzo, ZPO, § 850 e angeschlossen.

den Nachweis seiner Zugriffsberechtigung erbringen kann[65]. Die materiellrechtliche Verfügung des Schuldners in Gestalt einer Abtretung hat nicht die Qualität eines solchen Nachweises, so daß stets die Gefahr bestünde, § 850 e Nr. 4 ZPO auch dann anzuwenden, wenn die Abtretung nicht vorgenommen oder unwirksam ist.

708 In der Praxis der Lohnpfändung und Lohnabtretung entstehen rechtliche Problemlagen, wenn der Pfändungsgläubiger mit dem Schuldner und dessen Arbeitgeber als Drittschuldner vereinbart, daß von dem gepfändeten Arbeitseinkommen nicht der volle pfändbare Betrag einbehalten werden soll, während der darüber hinaus pfändbare Betrag an den Schuldner gezahlt wird. Anlaß derartiger Abreden ist nicht selten die Besorgnis des Gläubigers, der Schuldner werde bei voller Ausschöpfung des Pfändungsrahmens seinen Arbeitsplatz aufgeben, um sich dem Vollstreckungszugriff gänzlich zu entziehen[66].

709 Vereinbarungen dieses Inhalts werden keinen Streitstoff liefern, soweit nicht die Interessen eines weiteren Pfandgläubigers betroffen sind. Dieser kommt nämlich dadurch erst später zum Zuge, wenn nicht der vorrangige Pfandgläubiger teilweise auf sein Pfändungspfandrecht verzichtet (§ 843 ZPO) und damit partiell die Lohnforderung des Schuldners freigibt.

710 Das BAG[67] hat diese Absprache als Stundungsabrede bezüglich der Forderung des vorrangigen Gläubigers gegenüber dem Schuldner qualifiziert und angenommen, daß das Pfandrecht des vorrangigen Gläubigers an der Lohnforderung des Schuldners in dem Augenblick erloschen sei, in dem bei voller Ausschöpfung des pfändbaren Lohnteils seine Forderung beglichen gewesen wäre. Der Gläubiger könne sein Pfändungspfandrecht nicht über diesen Zeitpunkt hinaus ausdehnen; dem stünde das Verbot der Überpfändung (§ 803 Abs. 1 S. 2 ZPO) entgegen. Allerdings beginnt die *fiktive Tilgung* für den vorrangigen Pfändungsgläubiger nicht bereits mit der Zustellung des eigenen Pfändungs- und Überweisungsbeschlusses[68], sondern erst ab Zustellung des Pfändungs- und Überweisungsbeschlusses des nachrangigen Gläubigers[69].

---

65) Friesinger, Privilegierte Forderungen in der Zwangsvollstreckung, 181 ff. Ebenso Münzberg in Stein/Jonas, ZPO, § 850 e Rdn. 86; Stöber, Forderungspfändung, Rdn. 1278.

66) So lag auch der Sachverhalt, von dem das BAG AP Nr. 5 zu § zu § 829 ZPO auszugehen hatte.

67) AP Nr. 5 zu § 829 ZPO mit ablehnender Anmerkung von Grunsky und kritischer Anmerkung von Heiseke, NJW 1975, 2311. Vgl. dazu auch Mahnkopf, RdA 1985, 289 ff.

68) So aber die Begründung des 5. Senats in AP Nr. 5 zu § 829 ZPO, die der Senat aber in seiner Entscheidung vom 24. 10. 1979 AP Nr. 6 zu § 829 ZPO = DB 1980, 835 dahingehend korrigiert hat, daß die fiktive Tilgung erst ab Zustellung des nachrangigen Pfändungs- und Überweisungsbeschlusses einsetzt. Daher bestand die Kritik von Grunsky in Anmerkung zu BAG AP Nr. 5 zu § 829 ZPO völlig zu Recht, was der 5. Senat in seiner Entscheidung vom 24. 10. 1979 übersieht. Ablehnend auch Münzberg in Stein/Jonas, ZPO, § 832 Rdn. 8 bei Note 27, der dem BAG eine höchst trügerische hypothetische Kausalität vorhält.

69) So BAG AP Nr. 6 zu § 829 ZPO mit kritischer aber im Ergebnis beipflichtender Anmerkung von Grunsky. Insoweit ebenso Denck, DB 1980, 1397: Es geht den nachrangigen Pfändungsgläubiger nichts an, daß vor seiner Zeit der Schuldner vom vorrangigen Pfändungsgläubiger geschont wurde. Im übrigen lehnt Denck die Entscheidung ab und will die Lösung der fiktiven Tilgung auch auf den Fall der Sicherungszession übertragen.

Die vom BAG zu beurteilende Vereinbarung ist rechtlich nicht als Stundung des zu vollstreckenden Anspruchs zu bewerten[70]. Sie hat vielmehr den Charakter eines endgültigen oder vorläufigen Teilverzichts auf das *Einziehungsrecht* hinsichtlich der jeweiligen Raten[71]. Es wird regelmäßig nicht dem Vereinbarungswillen des Gläubigers entsprechen, einen Teil seines Pfändungspfandrechts aufgeben zu wollen (§ 843 ZPO)[72]. Eine Erweiterung seines Zugriffs bedürfte einer erneuten Pfändung oder Abtretung des Schuldners. Außerdem würden gerade nachpfändende Gläubiger in den pfandfrei gewordenen Lohnteil vollstrecken können und damit die beabsichtigte Schonung des Schuldners vereiteln. Vereinbaren demgemäß Gläubiger, Schuldner und Drittschuldner, daß dem Schuldner ein größerer als der gepfändete Lohnteil verbleiben soll, dann behält der Gläubiger sein Pfandrecht auch an den künftigen Lohnraten unabhängig davon, ob er ohne diese Vereinbarung früher befriedigt worden wäre. Diese Abrede ist im Zweifel jedoch *auflösend bedingt* durch die Pfändung eines weiteren Gläubigers[73]. Vom Zeitpunkt der Zweitpfändung an entfiele der Verzicht auf die Einziehung des ersten Gläubigers, so daß der nachrangige Pfändungspfandgläubiger zum Zuge kommt, sobald der vorrangige Gläubiger bei voller Ausschöpfung des Pfandrechts befriedigt ist. **711**

Rechtlich komplizierter ist die Sachlage, wenn eine derartige auflösende Bedingung aus der Vereinbarung nicht entnommen werden kann. Im Ergebnis ist dem BAG[74] beizutreten, wenn es einen Verzicht des pfändenden Erstgläubigers auf sein Einziehungsrecht nicht zu Lasten nachrangiger Gläubiger zulassen will, weil anderenfalls bei einer Ausnutzung derartiger Gestaltungsmöglichkeiten nachpfändende Gläubiger nicht mehr zum Zuge kämen und der Schuldner einen wesentlichen Teil seines Einkommens behielte. Die Begründung, der Erstgläubiger verstieße gegen das Verbot der Überpfändung aus § 803 Abs. 1 S. 2 ZPO, **712**

---

70) Grunsky, Anmerkung zu BAG AP Nr. 5 zu § 829 ZPO, weist zutreffend darauf hin, hier eine zeitliche Streckung der zwangsweisen Realisierung anzunehmen.

71) Gemeint ist möglicherweise vom BAG, daß die Parteien auf Zeit die Vollstreckung in einen bestimmten Teil der Lohnforderung ausgeschlossen haben. Eine derartige vollstreckungshindernde Abrede begegnet keinen rechtlichen Bedenken. Würde sich der Gläubiger nicht an die mit dem Schuldner getroffene Abrede halten, könnte der Schuldner gegen eine weitergehende Pfändung und Überweisung Erinnerung nach § 766 ZPO einlegen. Vgl. auch Münzberg in Stein/Jonas, ZPO, § 832 Note 28, der darauf hinweist, daß eine derartige Abrede auch eine Teilermächtigung (§ 185 BGB) des Schuldners zur Ausübung des Einziehungsrechts sein kann. Sh. auch Heinz, MDR 1958, 79.

72) So zutreffend Mahnkopf, RdA 1985, 290.

73) Stöber, Forderungspfändung, Rdn. 959; Münzberg in Stein/Jonas, ZPO, § 832 Note 28. Grunsky, Anmerkung zu BAG AP Nr. 5 zu § 829 ZPO, schlägt vor, nach § 1290 BGB zu verfahren mit der Maßgabe, daß der nachrangige Gläubiger vom Schuldner Leistung an den Rangersten verlangen kann. Für problemlos hält Grunsky folgende Lösung: Der Gläubiger pfändet nur den Teil der Lohnforderung, die er vom Schuldner erhalten will und läßt sich den weiteren pfändbaren Teil der Lohnforderung zur Sicherheit abtreten. Gleichzeitig ermächtigt der Gläubiger den Drittschuldner, diesen Forderungsteil an den Schuldner auszuzahlen. Diese Lösung ist abzulehnen, weil sie im Ergebnis einer Rückabtretung der Forderung gleichkommt und damit der Zessionar rechtmißbräuchlich seine Stellung zum nachpfändenden Gläubiger ausnutzt. So richtig BAG AP Nr. 6 zu § 829 ZPO.

74) AP Nr. 5 zu § 829 ZPO.

wenn er nicht den vollständigen Pfändungsbereich ausschöpft, trägt aber nicht das Ergebnis der Entscheidung, daß damit *automatisch* der Zweitgläubiger an die Stelle des Erstgläubigers tritt. Sollte tatsächlich eine Überpfändung vorliegen, bleibt das Pfandrecht *in voller Höhe bestehen,* weil § 803 ZPO kein wesentliches Vollstreckungshindernis ist[75]. Das bedeutet, daß der nachpfändende Gläubiger erst über eine Erinnerung gem. § 766 ZPO in Anwendung des § 803 Abs. 1 S. 3 ZPO die Erstpfändung auf den Betrag der Vereinbarung zwischen Erstgläubiger und Schuldner reduzieren lassen muß[76]. Denn die Vollpfändung ist nicht nichtig, sondern nur anfechtbar. Ebenso bedenklich erscheint die These des BAG[77], daß die Pfändungspfandrechte der vorrangigen Gläubiger in dem Zeitpunkt ohne weiteres erloschen sind, in dem bei *voller* Ausschöpfung des pfändbaren Lohnteils ihre Forderungen beglichen gewesen wären. Diese These wäre nur haltbar, wenn Vereinbarungen, die das Einziehungsrecht des Gläubigers beschränken, gesetzwidrig und damit unwirksam wären. Die Frage der Unwirksamkeit kann sich frühestens mit Zustellung der weiteren Pfändung stellen, weil sie dann den nachpfändenden Gläubiger im Sinne eines Vertrages zu Lasten Dritter unzulässig benachteiligt, falls er der eingeschränkten Einziehung des ihm vorgehenden Gläubigers nicht zustimmt. Allerdings handelt es sich nur um eine *relative* Unwirksamkeit im Verhältnis zum Zweitgläubiger, der so zu behandeln ist, als zöge der Erstgläubiger den vollen pfändbaren Lohnteil des Schuldners ein.

713 Komplizierter gelagert ist die Rechtssituation, wenn der Schuldner zunächst durch eine sog. *Sicherungsabtretung* über seine pfändbaren Einkommensteile verfügt und anschließend ein weiterer Gläubiger den Lohn pfändet und sich zur Einziehung überweisen läßt. Prototyp der vor allem im Kreditgeschäft der Banken auftretenden stillen Zession ist dabei, daß der Schuldner dem Gläubiger zur Sicherung der Kreditrückführung den pfändbaren Teil seines gegenwärtigen und zukünftigen Arbeitseinkommens abtritt, wobei der Gläubiger den Schuldner ermächtigt, bis auf weiteres den vollen Arbeitslohn entgegennehmen zu dürfen. Der Kreditgeber (Gläubiger) verpflichtet sich zunächst gegenüber dem Schuldner, die Abtretung dem Arbeitgeber als Drittschuldner erst anzuzeigen, wenn der Kredit notleidend wird, d. h. der Schuldner mit der Rückführung des Kredits in Verzug gerät[78]. Diese *stille* Zession beinhaltet die Übertragung des *Vollrechts* auf den Gläubiger, allerdings mit der Maßgabe, daß aufgrund der Regelung im Innenverhältnis zwischen dem Zedenten und dem Zessionar der Zedent (Schuldner) weiterhin die Einziehungs*befugnis* behält und die Zahlung des Lohns an sich selbst verlangen kann[79]. Die Einziehungsbefugnis verleiht dem

---

75) Vgl. dazu BGH NJW 1985, 738; KG Rpfleger 1976, 827.

76) So zutreffend Münzberg in Stein/Jonas, ZPO, § 832 Rdn. 8; OLG Karlsruhe NJW 1975, 2242.

77) AP Nr. 5 zu § 829 ZPO unter III 2 a der Gründe.

78) Vgl. dazu den instruktiven Fall BGH DB 1976, 919.

79) BGH NJW 1958, 98; BGH NJW 1960, 1805; BGH NJW 1978, 698; BAG AP Nr. 3 zu § 398 BGB; BAG AP Nr. 6 zu § 829 ZPO. Eine Sicherungsabtretung kann allerdings sittenwidrig (§ 138 BGB) sein, wenn der Schuldner zu vertragsungetreuem Verhalten gegen andere Gläubiger gedrängt wird oder wenn sie dazu dienen soll, andere Gläubiger zu schädigen: BGH NJW 1969, 318 ff; BGH DB 1977, 949; BAG AP Nr. 6 zu § 829 ZPO = DB 1980, 835.

Schuldner indes nicht das Recht, über den abgetretenen Lohn nochmals an einen Dritten verfügen zu dürfen[80]. Der Schuldner soll praktisch den pfändbaren Lohnteil zur freiwilligen Befriedigung des Gläubigers verwenden. Legt der Zessionar (Gläubiger) die Abtretung gegenüber dem Drittschuldner offen, so kann er unbeschadet der Absprache mit dem Schuldner von seinem Einziehungs*recht* Gebrauch machen und Zahlung an sich fordern.

Die Sicherungsabtretung übernimmt damit im Ergebnis die Funktion der Forde- **714** rungsverpfändung, bei der jedoch eine häufig unerwünschte *Anzeigepflicht* gem. § 1280 BGB besteht. Außerdem geht die Sicherungszession über ihren Sicherungszweck hinaus, weil die abgetretene Forderung anderen Gläubigern als Zugriffsobjekt beim Schuldner verlorengeht. Überdies setzt sich die häufig anzutreffende Vorausabtretung des Lohns bei einem Drittschuldnerwechsel fort, ohne daß es einer erneuten Abtretung durch den Schuldner bedarf.

Die bei dieser Zessionsart auftretende Abtretung *zukünftigen* Arbeitseinkom- **715** mens ist zulässig. Für die Zulässigkeit einer sog. *Vorausabtretung* ist erforderlich, daß die abgetretene Forderung spätestens bei ihrer *Entstehung* nach Gegenstand und Umfang bestimmt werden kann. Das Bestimmtheitserfordernis ist nur im Hinblick auf die abgetretene Forderung relevant, auf die zu sichernde Forderung kommt es nicht an, weil die Abtretung als ein vom Schuldgrund unabhängiges (abstraktes) Rechtsgeschäft von der Gültigkeit des Grundgeschäfts nicht abhängt[81]. Die Vorausabtretung hat den großen Vorteil, daß sie zu Beginn eines jeden neuen Arbeitsverhältnisses, das der Schuldner eingeht, wirkt, während die Pfändung gegen jeden neuen Drittschuldner wiederholt werden muß. Diese Konsequenz der Vorausabtretung tritt nur dann nicht ein, wenn bei dem neuen Drittschuldner ein Lohnabtretungsverbot besteht.

Ist die Forderung des Gläubigers (Zessionars) gegen den Schuldner (Zedenten) **716** getilgt, so kann die abgetretene Lohnforderung aufgrund vereinbarter auflösender Bedingung oder antizipierter Rückübertragung an den Schuldner zurückfallen. Haben die Parteien derartiges nicht verabredet, hat der Schuldner gegen den Gläubiger einen Anspruch auf Rückübertragung der Forderung, der aus dem *Sicherungsvertrag* (Verpflichtung zur Zession) zu entnehmen ist[82]. Dieser Anspruch des Schuldners auf Rückabtretung ist pfändbar[83].

Solange die durch Sicherungsabtretung abgesicherte Forderung aus dem **717** Grundgeschäft (etwa Kreditvertrag) noch valutiert, besteht die Abtretung fort. Dies gilt unabhängig davon, ob der Zessionar (Gläubiger) die pfändbaren Bezüge des Zedenten (Schuldners) beansprucht oder nicht. Vollstreckt ein weiterer Gläubiger im Anschluß an eine die Pfändungsgrenzen ausschöpfende Sicherungsabtretung in das Arbeitseinkommen des Schuldners, so geht die

---

80) BGH DB 1976, 920.
81) BGH DB 1959, 857; BGH DB 1960, 871; BGH DB 1976, 382, 383; BAG AP Nr. 3 zu § 398 BGB.
82) BGH WM 1960, 1407; BGH DB 1976, 383; BAG AP Nr. 6 zu § 829 ZPO; a. A. aber Stöber, Forderungspfändung, Rdn. 1258 mit weiteren Nachweisen.
83) BGH DB 1976, 383.

Pfändung ins Leere, weil der Zessionar von vornherein ohne Durchgangserwerb des Schuldners Inhaber des pfändbaren Lohnteils geworden ist[84]. Fällt die zur Sicherheit abgetretene Lohnforderung an den Schuldner (Zedenten) zurück, kann in sie nur aufgrund einer *erneuten Pfändung* und Überweisung vollstreckt werden. Die zuvor ausgebrachte unwirksame Pfändung lebt nicht etwa wieder auf[85]. Dabei ist zu beachten, daß es sich bei der Sicherungsabtretung um ein abstraktes, d. h. unabhängiges Rechtsgeschäft handelt, das deshalb nicht von vornherein das rechtliche Schicksal des Kausalgeschäfts (Grundgeschäfts) teilt. Dieses Grundgeschäft ist bei der Zession der Vertrag, durch den sich der Schuldner zur *Abtretung verpflichtet,* nicht jedoch die zu sichernde Forderung (etwa der Anspruch aus § 607 BGB). Demgemäß hängt bei der Sicherungszession das Sicherungsrecht in seinem Bestand nicht vom Bestehen und Fortbestand des gesicherten Rechts ab (Akzessorietät). Dies ist anders bei einem *Pfandrecht* an einer Forderung, das gegenüber der gesicherten Forderung akzessorisch ist[86]. So ist die Pfandbestellung zur Sicherung einer künftigen Forderung unwirksam, wenn bereits im Augenblick der Verpfändung gesichert ist, daß die zu sichernde Forderung nicht entsteht[87]. Gem. §§ 1252, 1273 BGB erlischt das Pfandrecht zugleich mit der gesicherten Forderung, so daß die verpfändete Forderung wieder uneingeschränkt dem Rechtsinhaber zusteht. Kommt es zu einer mehrfachen Pfändung der Lohnforderung, so ist auch die spätere Pfändung wirksam. Sie geht lediglich den vorangegangenen Pfändungen im *Range* nach (§ 804 Abs. 3 ZPO). Der nachpfändende Gläubiger muß nicht etwa erneut pfänden, sondern sich nur gedulden, bis der ihm vorgehende Gläubiger befriedigt ist.

718 Allerdings können die Parteien der Sicherungszession eine derartige Verknüpfung zwischen Sicherungsrecht und gesichertem Recht durch ausdrückliche oder konkludente Vereinbarung herstellen, indem die Wirksamkeit der Abtretung durch das Entstehen und Fortbestehen des gesicherten Rechts *bedingt* (§ 158 BGB) ist. Ihrer Rechtsnatur nach ist aber die sicherungshalber abgetretene Forderung jedenfalls nicht akzessorisch.

719 Die Sicherungsabtretung kann auch erfüllungshalber (§ 364 Abs. 2 BGB) erfolgen, so daß sich der Gläubiger aus der abgetretenen Forderung des Schuldners

---

84) BGH DB 1971, 1961 ff.. A. A. aber in MK-Roth, § 398 Rdn. 86 mit dem beachtlichen Argument, die Pfändung müsse wirksam sein und der Sicherungsnehmer, dem Konkursfall entsprechend, habe einen Anspruch auf vorzugsweise Befriedigung. In diese Richtung zielt auch die Argumentation von Denck, DB 1980, 1398, 1399.

85) BGH DB 1971, 1961 ff.

86) Vgl. dazu Jauernig, NJW 1982, 268 ff.; Medicus, JuS 1971, 497. Der BGH NJW 1982, 275 ff. hat allerdings die Auffassung vertreten, daß im Fall ein Darlehensrückzahlungsanspruch aus § 607 BGB nicht entstanden ist, weil es an der Hingabe des Darlehens mangelt, dem Zessionar mithin auch kein Bereicherungsrecht zusteht, der an die Stelle des Darlehensrückzahlungsanspruchs getreten sein könnte, auch die Sicherungsabtretung keinerlei Wirkung entfalte. Dieses Ergebnis begründet der BGH damit, daß aufgrund ausdrücklicher oder stillschweigender Vereinbarung eine Abhängigkeit zwischen Darlehensgeschäft und der Sicherungsabtretung besteht. Auch das BAG NJW 1967, 751 hat für die Annahme, daß eine solche Abhängigkeit von den Parteien gewollt sei, genügen lassen, wenn Grundgeschäft und Abtretung Teile einer einheitlichen Vereinbarung sind und in eine Vertragsurkunde aufgenommen werden. Dazu kritisch Jauernig, NJW 1982, 268 ff.

87) BGH NJW 1971, 701; RGZ 145, 328, 336.

befriedigen soll. Dies setzt ihre Offenlegung gegenüber dem Drittschuldner voraus.

Nach Ansicht des BAG[88] können aber Rechte aus einer zeitlich unbefristeten Sicherungsabtretung, die sich auf das gesamte pfändbare Arbeitseinkommen des Schuldners bezieht, *insoweit verwirken,* als der Zessionar dem Arbeitnehmer (Schuldner) eine Einziehungsbefugnis zur Inanspruchnahme eines Teils der abgetretenen Bezüge im eigenen Namen *und für eigene Zwecke* einräumt. In einer derartigen Einziehungsermächtigung läge eine rechtsmißbräuchliche Ausnutzung der Rechtsstellung des Zessionars, weil sie gegen den Zweck der Vorschriften über den Pfändungsschutz nach §§ 850 ff. ZPO verstieße. Dieser Fall tritt ein, wenn der Zessionar den abgetretenen Lohn nicht voll beansprucht, weil er etwa den Schuldner schonen möchte, und dadurch ein weiterer Gläubiger erst viel später auf den Lohnanspruch des Schuldners zugreifen kann. Da die dem Schuldner überlassene Einziehungsbefugnis nicht pfändbar ist[89], wird der Pfandgläubiger ohne einsichtigen Grund benachteiligt, wenn man ihn auf einen zu späterer Zeit möglichen Vollstreckungszugriff vertröstet. Im Verhältnis zum nachpfändenden Gläubiger nutzt daher der Zessionar seine Rechtsstellung mißbräuchlich aus (§ 242 BGB), wenn er dem Schuldner über den Weg einer Einziehungsbefugnis einen Teil des abgetretenen Lohns *für eigene Zwecke* überläßt. In diesem Umfange ist die Abtretung gegenüber dem nachpfändenden Gläubiger relativ *unwirksam* (§ 135 BGB), so daß zu seinen Gunsten *ab Zustellung* des Pfändungs- und Überweisungsbeschlusses ein Pfändungspfandrecht an der nicht auf den Zessionar übergegangenen Forderung entsteht. **720**

Anders als bei der Konkurrenz mehrerer nacheinander pfändender Gläubiger besteht bei einer Konkurrenz zwischen Abtretungs- und Pfandgläubiger die Rechtsfolge der nicht ausgeschöpften Abtretung nicht darin, daß die Pfändung des nachpfändenden Gläubigers in dem Zeitpunkt wirksam wird, in dem bei voller Ausschöpfung der Abtretung der Zessionar befriedigt gewesen wäre. Eine derartige Verfahrensweise setzte sich zum Wesen der Abtretung in Widerspruch. Die Zession würde im Ergebnis in eine Verpfändung der Forderung umgewandelt, deren Inhaber – anders als bei der Vollabtretung – der Schuldner bleibt und dem Pfandgläubiger nur ein dem § 835 ZPO entsprechendes Einziehungsrecht verschafft[90]. **721**

---

88) BAG AP Nr. 6 zu § 829 ZPO mit Anmerkung von Grunsky. Der Schuldner hatte zur Durchführung eines Moratoriums sämtliches pfändbares Einkommen an einen Treuhänder abgetreten, der dem Schuldner gestattete, sich einen von der Abtretung erfaßten Teil des Einkommens vom Drittschuldner zur eigenen Zweckverwendung auszahlen zu lassen.

89) BAG AP Nr. 6 zu § 829 ZPO. Beim Pfändungs- und Überweisungsbeschluß ist bestritten, ob das Einziehungsrecht des Gläubigers gegen den Drittschuldner gepfändet werden kann. Bejahend: BAG AP Nr. 6 zu § 829 ZPO; LG Osnabrück NJW 1956, 1076; verneinend: Stöber, Forderungspfändung, Rdn. 590 mit weiteren Nachweisen; Fleischmann, NJW 1956, 1076.

90) Vgl. MK-Damrau , § 1282, Rdn. 1. Dieses Ergebnis der fiktiven Tilgung, d. h. der Gleichstellung des Zessionars mit dem Pfändungspfandgläubiger befürwortet Denck, DB 1980, 1397, 1398, indem er die Sicherungszession ihrer Funktion entsprechend wie ein Vertragspfandrecht an der Forderung behandeln will. Dies mag rechtspolitisch richtig sein, läßt sich aber mit dem geltenden Rechtszustand nicht in Einklang bringen. Der Gesetzgeber verbietet die Sicherungsabtretung gerade nicht.

722 Die vorstehenden Erwägungen dürfen indes nicht zu der Mißdeutung verleiten, daß damit die sog. stille Sicherungszession im Verhältnis zu nachpfändenden Gläubigern stets rechtsmißbräuchlich und damit unwirksam wäre, weil bei ihr der Zedent weiterhin die Einziehungsbefugnis der Lohnforderung behält. Denn die Einziehungsermächtigung stellt den Schuldner keineswegs so, daß er über sein Arbeitseinkommen beliebig verfügen dürfte. Abgesehen davon, daß der Schuldner seinen bereits abgetretenen Lohn nicht ein weiteres Mal abtreten kann, um etwa Schulden abzudecken oder zu sichern, setzen die Parteien einer stillen Zession voraus, daß der Zedent seine Schulden aus dem pfändbaren Lohnteil ausgleicht. Diese Betrachtung entspricht auch dem Interesse des Zessionars, der die Abtretung offenlegen darf, wenn der Zedent mit der Rückführung seiner Schulden in Verzug gerät. Soll aber der Zedent nach *freiem Belieben* über einen Teil oder die ganze abgetretene Forderung verfügen dürfen, so verstieße eine so weitgehende Gestattung des Gläubigers gegen den Zweck des Lohnpfändungsrechts, der auch darin seinen Ausdruck findet, den Gläubigern des Arbeitnehmers (Schuldners) den Zugriff auf das Arbeitseinkommen insoweit zu gestatten, als es nicht zur Bestreitung des Lebensunterhalts erforderlich ist. Vereinfacht ausgedrückt läßt sich sagen, daß die Rechte des Zessionars aus der Sicherungsabtretung insoweit verwirken, als er dem Schuldner durch die Einziehungsermächtigung eine Position einräumt, die praktisch einer Rückabtretung der Forderung gleichkommt.

723 Wird die vorbeschriebene Regelung zwischen Zessionar (Gläubiger) und Zedenten (Schuldner) erst getroffen, *nachdem* ein Vollstreckungsgläubiger wegen der Abtretung ins Leere gepfändet hat, so tritt die gleiche Rechtsfolge ein. Der Schuldner ist so zu behandeln, als wäre eine Rückabtretung erfolgt, so daß der Vollstreckungsgläubiger mit einer erneuten Pfändung auf diesen Teil des Lohns zugreifen kann.

724 Ist eine ohne Kenntnis des Drittschuldners abgetretene Lohnforderung nachträglich gepfändet und zur Einziehung überwiesen worden und bedient der Drittschuldner den Scheingläubiger (Pfändungspfandgläubiger), so wird der Drittschuldner gem. §§ 408 Abs. 2, 407 BGB gegenüber dem Zessionar und gem. § 836 Abs. 2 ZPO gegenüber dem Zedenten (Schuldner) geschützt, obwohl er an den Scheingläubiger geleistet hat. Der Drittschuldner muß nämlich bei Unkenntnis der Abtretung darauf vertrauen dürfen, daß sein bisheriger Gläubiger (Schuldner) nach wie vor Inhaber der Lohnforderung ist und damit der wegen der Abtretung des pfändbaren Lohnteils unwirksame Pfändungs- und Überweisungsbeschluß in Ordnung geht. Bestehen auf seiten des Drittschuldners objektiv verständliche Zweifel[91] darüber, ob der Zessionar oder der Pfandgläubiger den pfändbaren Lohnteil des Schuldners beanspruchen kann, dann darf der Drittschuldner den entsprechenden Betrag gem. § 372 BGB hinterlegen und auf diese Weise seine Lohnzahlungspflicht erfüllen.

---

91) Die Würdigung aller Umstände muß zu dem Ergebnis führen, daß dem Schuldner nicht zumutbar ist, den Zweifel auf eigene Gefahr zu lösen. Das kann z. B. bei unsicherem Rangverhältnis von Pfändung und Abtretung sein. Vgl. dazu MK-Heinrichs, § 372 Rdn. 9; BGH NJW 1953, 19.

Tritt der Schuldner eine bereits gepfändete Lohnforderung an einen Dritten ab, so ist diese Abtretung wegen des Verfügungsverbots aus § 829 Abs. 1 S. 2 ZPO gegenüber dem Pfändungspfandgläubiger unwirksam (§§ 135, 136 BGB). 725

Haben die Arbeitsvertragsparteien die Abtretung des pfändbaren Arbeitsentgelts vereinbarungsgemäß ausgeschlossen (§ 399 BGB), so ist die gleichwohl vorgenommene Abtretung unwirksam. Da die Forderung weiterhin zum Vermögen des Schuldners (Zedenten) gehört, unterliegt sie bei diesem dem Pfändungszugriff. Genehmigt der Drittschuldner die abredewidrige Zession des Schuldners, so hat dies auf die bereits bestehende Pfändung keinen Einfluß[92]. 726

Zeigt der Zedent (Schuldner) dem Drittschuldner an, was formfrei (mündlich) geschehen kann, daß er den pfändbaren Teil seines Lohns abgetreten hat (§ 409 Abs. 1 BGB), so darf sich der Drittschuldner unbedingt auf diese Anzeige verlassen. Er kann denjenigen, an welchen nach der Anzeige die Abtretung erfolgte, als den wirklichen Gläubiger betrachten, auch wenn in Wahrheit die Abtretung nicht erfolgt oder wenn sie nichtig ist. Dieses Recht hat nach h. M.[93] auch der Drittschuldner, der die Unwirksamkeit der Abtretung positiv kennt. Da sich die Anzeige nur *zugunsten* des Drittschuldners auswirkt, kann er die Legitimation des in der Anzeige bezeichneten neuen Gläubigers bestreiten. Dies geschieht aber auf die Gefahr einer Doppelinanspruchnahme[94]. Der Anzeige der Abtretung an den Drittschuldner steht gleich (§ 409 Abs. 1 S. 2 BGB), wenn der Schuldner (Zedent) eine Urkunde (§ 125 BGB) über die Abtretung[95] dem in der Urkunde bezeichneten neuen Gläubiger ausstellt und dieser die Urkunde dem Schuldner vorlegt. Der Drittschuldner ist gem. § 410 Abs. 1 S. 1 BGB dem Zessionar gegenüber zur Leistung nur gegen Aushändigung einer vom Zedenten (Schuldner) über die Abtretung ausgestellten Urkunde verpflichtet. Der Sinn dieser Regelung geht dahin, dem Drittschuldner die Möglichkeit zu gewähren, sich dem Zedenten (Schuldner) gegenüber diejenige Sicherheit zu verschaffen, welche § 409 Abs. 1 S. 2 BGB bietet. Diese Sicherheit erhält der Drittschuldner nur, wenn ihm die Abtretungsurkunde vor der Leistung vorgelegt wird. § 410 BGB gewährt zwar dem Drittschuldner kein selbständiges Recht, rechtfertigt aber eine *verzögerli-* 727

---

92) BGH DB 1978, 786. Eine Abrede über den Ausschluß der Abtretbarkeit einer Forderung (§ 399 BGB) läßt diese von vornherein als ein unveräußerliches Recht entstehen mit der Folge, daß eine der Vereinbarung zuwiderlaufende Abtretung schlechthin und gegenüber jedem Dritten unwirksam ist und keinerlei Gläubigerrechte übertragen kann. Stimmt der Schuldner der unabtretbar entstandenen Forderung einer abredewidrig getroffenen Verfügung über die Forderung im Nachhinein zu, so liegt darin das Einverständnis mit der Aufhebung des vertraglichen Abtretungsverbots oder ein Verzicht auf die Einrede aus § 399 BGB. Die vertragliche Aufhebung des Abtretungsverbots oder der Verzicht auf die Einrede der Unabtretbarkeit der Forderung wirkt erst von dem Zeitpunkt an, von dem ab sie durch die Genehmigung als vereinbart gilt. Für die Anwendung der §§ 182, 184 BGB ist kein Raum. Ablehnend dazu Denck, BB 1978, 1086, 1087, der davon ausgeht, daß das vertragliche Abtretungsverbot dem Schutz des Schuldners dient, aber nicht ein Rangprivileg zugunsten des Pfändungsgläubigers bezweckt. Daher müsse auch hier das Prinzip der Priorität entscheiden.

93) BGH NJW 1959, 431; BGH BB 1956, 639; RGZ 126, 183, 185.

94) RGZ 93, 74, 76; MK-Roth, § 409 Rdn. 9.

95) Den Erfordernissen des § 410 BGB soll nach Ansicht des BAG AP Nr. 3 zu § 398 BGB auch eine Fotokopie, soweit gegen ihre Zuverlässigkeit keine Bedenken bestehen genügen. Vgl. C III 5.

che Einrede, die entsprechend § 274 BGB nur zur *Leistung Zug um Zug* verpflichtet[96].

728 Zuvor wurde dargelegt, daß der Gegenstand der Abtretung spätestens bei seiner Entstehung nach *Gegenstand und Umfang* bestimmt oder individuell bestimmbar sein muß. Eine Lohnabtretungsvereinbarung, wonach der Schuldner zur Sicherung aller bestehenden und künftigen Ansprüche aus der Geschäftsverbindung als Sicherungsgeber *in Höhe des jeweiligen Schuldsaldos* den pfändbaren Teil seiner bestehenden und künftig entstehenden Lohn- und Gehaltsforderungen gegen den jeweiligen Arbeitgeber abtritt, verknüpft den Umfang der Forderungsabtretung mit der zu sichernden Forderung. Der jeweilige Schuldsaldo soll nämlich maßgebend dafür sein, in welcher Höhe die Lohnforderung abgetreten ist. Zwar ließe sich bei derartiger Sachlage im Verhältnis zwischen Zedenten und Zessionar jeweils für den maßgeblichen Stichtag die Höhe der Forderung des Zessionars ermitteln; aber auch der Drittschuldner (Arbeitgeber) muß in gewissen Grenzen aus dem Abtretungsvertrag entnehmen können, wie sich eine nur teilweise abgetretene Forderung auf den Zedenten und Zessionar aufteilt[97]. Einer Abtretungsvereinbarung, die den Schuldner der abgetretenen Forderung über die Höhe der Abtretung im unklaren läßt, ist die rechtliche Wirksamkeit zu versagen.

729 Dem *Bestimmtheitsgrundsatz* wird jedoch genügt, wenn der Schuldner *ohne Anbindung* an den jeweiligen Schuldsaldo, also forderungsunabhängig, den *gesamten pfändbaren Lohn* an den Gläubiger (Zessionar) abtretungsweise überträgt, weil über die Höhe der abgetretenen Forderung für alle Beteiligten keine Unklarheit herrscht. Zeitlich unbefristete Abtretungen oder Vorausabtretungen des pfändbaren Teils des Arbeitslohns zur Absicherung von Verbindlichkeiten sind daher rechtlich nicht zu beanstanden, da bei derartigem Befund der Umfang der Abtretung ohne Rücksicht auf die zu sichernde Forderung genügend bestimmbar ist[98].

730 Die *Aufrechnung* des Arbeitgebers gegen den Lohnanspruch des Arbeitnehmers mit einer Gegenforderung spielt in der betrieblichen Praxis eine Rolle, wenn der Arbeitgeber dem Arbeitnehmer ein Darlehen gewährt, das vereinbarungsgemäß ratenweise durch Verrechnung mit dem Lohnanspruch zurückgeführt werden soll. Die Aufrechnungserklärung bewirkt, daß die Forderungen, soweit sie sich decken, als in dem Zeitpunkt erloschen gelten, in welchem sie zur Aufrechnung geeignet einander gegenübergetreten sind (§ 389 BGB). Als *gesetzliche* Ausschließungsgründe der Aufrechnung sind dabei vor allem die §§ 394, 392 BGB zu beachten.

---

[96] BGH NJW 1969, 1110. Vgl. auch zu den Einzelheiten der Abtretung das Kapitel C (Rzu. 956 ff.).

[97] BGH NJW 1965, 2197, 2198; vgl. auch RGZ 92, 238 in einem Falle, bei dem das jeweilige Steigen oder Sinken der Bankschuld für die Höhe der abgetretenen Forderung maßgebend sein sollte.

[98] So bereits zutreffend BAG AP Nr. 3 zu § 398 BGB.

§ 394 BGB verbietet zwingend die Aufrechnung *gegen*[99] Lohnforderungen, soweit diese unpfändbar sind. Unzulässig ist auch die Geltendmachung eines Zurückbehaltungsrechts aus § 273 BGB gegenüber einer unpfändbaren Forderung, wenn damit die gleiche Wirkung wie bei einer Aufrechnung erzielt wird. So kann der Arbeitgeber nur in den Grenzen des Pfändungszugriffs etwa eine irrtümliche Lohnüberzahlung durch Aufrechnung kompensieren. Gleiches gilt, wenn auf diese Weise Schulden des Arbeitnehmers aus einem Personaleinkauf getilgt werden sollen. Soweit allerdings die gegen den Arbeitnehmer gerichtete Forderung gerade die Finanzierung der Lebenshaltungskosten betrifft, die das Aufrechnungsverbot aus § 394 BGB schützen will, muß § 394 BGB zurücktreten. So kann der Arbeitgeber mit dem Mietzinsanspruch für eine dem Arbeitnehmer überlassene Mietwohnung gegen die Lohnforderung des Arbeitnehmers ohne Rücksicht auf § 394 BGB aufrechnen, weil der Schuldner auch sonst aus dem unpfändbaren Lohnteil derartige Aufwendungen seiner Lebensführung abdekken muß. **731**

Auch in diesem Zusammenhang bedarf es der Differenzierung zwischen *wiederkehrend* und *nicht wiederkehrend* zahlbarer Vergütung im Sinne von § 850 i ZPO. Da die unter § 850 i ZPO fallenden Einkünfte nur aufgrund eines entsprechenden Beschlusses des Vollstreckungsgerichts vor einer Pfändung geschützt werden, kann gegen derartige Forderungen vor einer solchen Entscheidung wirksam aufgerechnet werden, während dem Schuldner bei der wiederkehrend zahlbaren Vergütung von vornherein der Pfändungsschutz aus § 850 c ZPO zugute kommt. **732**

Die Einbehaltung gezahlter *Lohnvorschüsse* unterfällt nicht dem § 394 BGB. Sie werden ohne Aufrechnungserklärung bei der Abschlußzahlung *verrechnet,* d. h. es wird vereinbarungsgemäß festgestellt, in welcher Höhe der Arbeitgeber seiner Lohnzahlungspflicht bereits nachgekommen ist[100]. Soweit in Tarifverträgen eine überzahlte Urlaubsvergütung als Lohnvorschuß fingiert wird, bleibt jedoch § 394 BGB anwendbar[101]. Die unverzichtbaren Schranken des § 394 BGB können tarifvertraglich nicht beseitigt werden. **733**

Hat der Arbeitgeber den Arbeitnehmer deshalb überzahlt, weil er zu wenig Lohnsteuern an das Finanzamt abgeführt hat, sind die Pfändungsgrenzen (§ 394 BGB) bei der Aufrechnung mit einer Ersatzforderung zu respektieren. Soweit es um den unterlassenen Abzug der Arbeitnehmeranteile der Sozialversicherungsbeiträge geht, ist ergänzend § 395 Abs. 2 RVO zu beachten, wonach die für eine Lohnzeit unterbliebenen Abzüge nur bei der Lohnzahlung für die *nächste Lohnzeit* nachgeholt werden dürfen, wenn nicht die Beiträge ohne Verschulden des Arbeitgebers verspätet entrichtet wurden. Diese Regelung betrifft nicht nur Sozialversicherungsbeiträge gegenüber der Krankenkasse, sondern auch die Beiträge zur Arbeitslosenversicherung (§ 179 AFG). Für die Rentenversicherung **734**

---

99) *Mit* einer unpfändbaren Forderung kann die Aufrechnung erklärt werden. Vgl. LAG Bremen DB 1964, 268.

100) RGZ 133, 252; BGH ZZP 70, 472.

101) Vgl. BAG NJW 1964, 2032.

beinhalten die §§ 1397 Abs. 3 RVO und 119 Abs. 3 AVG eine gleichlautende Regelung. Wird z. B. im Zuge einer Betriebsprüfung festgestellt, daß der Arbeitgeber zu wenig Beiträge für einen oder mehrere Versicherte abgeführt hat, darf der Arbeitgeber die nachentrichteten Beiträge für eine andere als die letzte Lohnperiode nicht mehr vom Lohn einbehalten. Ist der Arbeitnehmer bereits aus dem Arbeitsverhältnis ausgeschieden, kann der Arbeitgeber folglich keine Erstattung mehr verlangen[102)].

735 Für die Dienst- und Versorgungsbezüge der Beamten, Richter und Soldaten bestehen sondergesetzliche Regelungen (§§ 84 Abs. 2 BBG, 51 Abs. 2 BeamtVG, 11 Abs. 2 BBesG), die dem § 394 BGB entsprechen. Von dem Aufrechnungsverbot werden kraft Gesetzes jedoch Schadensersatzansprüche wegen *vorsätzlich unerlaubter Handlung* ausgenommen.

736 § 394 S. 1 BGB enthält keine derartige Ausnahme vom Aufrechnungsverbot. Das Aufrechnungsverbot kann indes durch die Einrede der Arglist (§ 242 BGB) beseitigt werden. Bereits das RAG[103)] hat mit der Arglisteneinrede geholfen, wenn ein Arbeitnehmer den Arbeitgeber im Rahmen des Arbeitsverhältnisses durch vorsätzlich unerlaubte, strafbare oder sittenwidrige Handlung geschädigt hat und der Arbeitgeber mit der Schadensersatzforderung gegenüber dem unpfändbaren Teil der Lohnforderung aufrechnete. Bei vorsätzlicher Vertragsverletzung hatte das RAG diese Durchbrechung des § 394 BGB jedoch verneint. Das BAG[104)] qualifiziert dagegen die Berufung auf den Ausschluß der Aufrechnung bereits immer dann als arglistig, wenn der Arbeitgeber gegen eine an sich unpfändbare Forderung seines Arbeitnehmers mit einer ihm gegen diesen zustehenden Forderung aus *vorsätzlicher Schadenszufügung* aufrechnen will. Dabei ist gleichgültig, ob die vorsätzliche Schadenszufügung als unerlaubte Handlung im Sinne der §§ 823 ff. BGB oder als positive Vertragsverletzung (§ 276 BGB) zu werten ist. Der mit § 394 S. 1 BGB verfolgte Sozialschutz muß zurücktreten, wenn der Arbeitnehmer durch ein rechtswidriges und vorsätzliches Verhalten dem Arbeitgeber einen Vermögensschaden zufügt.

737 Problematisch ist allerdings in diesem Zusammenhang, ob dem Arbeitnehmer in

---

102) ArbG Ulm BB 1959, 996; vgl. auch zum Verschulden im Sinne von § 395 Abs. 2 RVO LAG Bremen BB 1967, 1126 und BAG vom 08.12.1981 DB 1982, 910, letzteres auch zur Frage der Zuständigkeit des Arbeits- und Sozialgerichts. Sh. dazu auch BSG DB 1985, 136, wenn der Arbeitnehmer höheren Lohn einklagt, weil er das Nachholverbot aus § 395 RVO reklamiert. Nach Ansicht des BFH Die Beiträge 1974, 369 sind nachentrichtete Arbeitnehmeranteile zur gesetzlichen Sozialversicherung steuerpflichtiger Arbeitslohn.

103) RAG ARS 14, 348 ff; RAG ARS 32, 297, 300.

104) BAG NJW 1960, 1589 = AP Nr. 5 zu § 394 BGB mit ausführlichen Nachweisen; BAG NJW 1965, 72 = AP Nr. 9 zu § 394 BGB mit kritischer Anmerkung von Bötticher; LAG Düsseldorf BB 1961, 676. Der Arglisteinwand setzt freilich stets voraus, daß zwischen den wechselseitigen Ansprüchen eine Konnexität vorhanden ist. So würde etwa der Arglisteneinwand im Rahmen eines Unterhaltsverhältnisses nur greifen können, wenn der Unterhaltsgläubiger durch betrügerische Manipulationen in den Genuß von Unterhaltszahlungen gekommen ist, wegen derer der Unterhaltsschuldner die Aufrechnung erklärt: BGHZ 30, 36 ff = AP Nr. 4 zu § 394 BGB. A. A. aber Hucko, RdA 1965, 266, der dem Arbeitgeber zumuten will, der Öffentlichkeit die Sorge um den arglistig handelnden Arbeitnehmer abzunehmen. Zum Ganzen auch Wüst, JZ 1960, 656 ff; Müller, JZ 1963, 437 ff.

jedem Falle ein Existenzminimum in den Grenzen des § 850 d ZPO bleiben muß. Im Gegensatz zum 5. Senat des BAG[105)], der in § 850 d ZPO die unterste Grenze des Sozialschutzes sieht, die auch bei einer vorsätzlichen Schadenszufügung des Arbeitnehmers gelten soll, will der 1. Senat des BAG[106)] die Belassung eines Existenzminimums verneinen und die volle Aufrechnung gestatten, wenn der Arbeitnehmer bereits aus dem Arbeitsverhältnis ausgeschieden ist. Eine Lösung aus § 850 f Abs. 2 ZPO läßt sich nicht gewinnen, weil diese Vorschrift nicht über § 394 BGB das Aufrechnungsrecht ändern, sondern die Forderung aus Delikt *als solche* privilegieren wollte, so daß sich auch der Zessionar darauf zu berufen vermag. Wer sich unter vorsätzlichem Bruch der Rechtsordnung schadensersatzpflichtig gemacht hat, muß sich zur Wiedergutmachung des Schadens einen stärkeren Pfändungszugriff gefallen lassen[107)]. Da die Beseitigung des Sozialschutzes aus § 394 BGB über den Weg der unzulässigen Rechtsausübung verläuft, kann die Lösung nur darin zu sehen sein, ob Billigkeits- und Gerechtigkeitserwägungen den Sozialschutz *völlig* verdrängen können, oder ob auch im Interesse der möglicherweise mit Sozialhilfeleistungen betroffenen Allgemeinheit dem Schuldner eine Garantie des Notbedarfs verbleiben muß. Für den *vollen Pfändungszugriff* wird man ins Feld führen müssen, daß der vorsätzlich Geschädigte trotz der Aufrechnungslage selbst noch an den Schädiger leisten müßte; darüber hinaus führte eine Garantie des Notbedarfs zu erheblicher Rechtsunsicherheit: Nach welchen Kriterien soll der Aufrechnende den Notbedarf ermitteln, der von der Aufrechnung verschont bleiben muß? Da auch die zuvor erwähnten Regelungen im Beamtenrecht von einem vollen Zugriff auf die Bezüge des Beamten ausgehen, muß eine Sozialschutzgarantie hinter den Wiedergutmachungsgedanken zurücktreten.

738 Die Aufrechnung ist aber ausgeschlossen gegenüber einem *Schadensersatzanspruch,* der den Geschädigten nach § 249 S. 1 BGB so zu stellen hat, als sei eine ganz oder teilweise unpfändbare Forderung entstanden. Hat sich z. B. der Arbeitgeber ohne rechtlichen Grund geweigert, einen vom Arbeitnehmer rechtzeitig beantragten Urlaub bis zum Ende des Übertragungszeitraums zu erfüllen, dann tritt an die Stelle des ursprünglichen Urlaubsanspruchs als Schadensersatz[108)] ein Urlaubsanspruch in entsprechender Höhe, der hinsichtlich des Urlaubsentgelts den Schutz aus § 850 c ZPO und hinsichtlich des Urlaubsgeldes den Schutz aus § 850 a Nr. 2 ZPO genießt.

739 Gegenüber einer *rechtskräftig zuerkannten Forderung* des Arbeitnehmers ist die Aufrechnung mit einer Gegenforderung des Arbeitgebers ausgeschlossen, wenn im Falle einer Vollstreckungsgegenklage nach § 767 Abs. 2 ZPO die Auf-

---

105) AP Nr. 8 zu § 394 BGB mit Anmerkung von Pohle. Ebenso Denck, RdA 1977, 142, 143 bei Note 19).
106) AP Nr. 9 zu § 394 BGB mit Anmerkung von Bötticher.
107) Bötticher in Anm. zu BAG AP Nr. 9 zu § 394 BGB.
108) Sh. BAG vom 05.09.1985 AP Nr. 1 zu § 1 BUrlG Treueurlaub.

rechnung nicht mehr zulässig wäre[109]. Aus dem gleichen Grunde müßte die Aufrechnung mit einer an den Drittschuldner abgetretenen Forderung des Schuldners gegen den Titelgläubiger scheitern, wenn das Aufrechnungsrecht durch § 767 Abs. 2 ZPO präkludiert wäre.

740 Ebenso wie der Schuldner (Arbeitnehmer) gegenüber dem Gläubiger der abgetretenen Forderung (Zessionar) kann auch der Arbeitgeber als Drittschuldner die Aufrechnung mit einer ihm gegen den Pfändungspfandgläubiger zustehenden Forderung gegen die dem Pfändungspfandgläubiger *überwiesene Lohnforderung* in den Grenzen der Pfändbarkeit erklären (§ 1275 BGB)[110]. Nach § 1275 BGB (§ 804 ZPO) hat der Pfandgläubiger die Rechte und Pflichten eines Zessionars. Ist im Falle einer Abtretung der Schuldner befugt, mit einer Forderung, die ihm gegenüber dem neuen Gläubiger zusteht, aufrechnen zu dürfen, so widerspricht eine entsprechende Aufrechnung gegenüber dem Pfand- oder Pfändungspfandgläubiger nicht dem Wesen der Einziehung (§§ 1282 BGB, 836 Abs. 1 ZPO). Im Umfang der Aufrechnung erlischt die titulierte Forderung des Pfändungspfandgläubigers gegen den Schuldner.

741 Ob der Arbeitgeber als Drittschuldner neben der Aufrechnungsmöglichkeit gegenüber der gepfändeten Forderung auch *gegenüber der titulierten Forderung* des Gläubigers gegen den Arbeitnehmer mit einer *eigenen Forderung aufrechnen kann,* ist umstritten. Für eine derartige Aufrechnung des Drittschuldners gegenüber dem Pfändungspfandgläubiger fehlt das in § 387 BGB geforderte Merkmal der *Gegenseitigkeit.* Unter Berufung auf eine allerdings diesen Fall nicht betreffende Entscheidung des RG[111] hat das BAG[112] trotz der mangelnden Gegenseitigkeit aus dem Grundsatz von Treu und Glauben (§ 242 BGB), wonach derjenige arglistig handelt, der die Erfüllung der Titelschuld fordert, was er im selben Augenblick wieder herausgeben müßte (Erfüllung der Forderung des Drittschuldners), die Aufrechnung in den Grenzen des § 394 BGB gestattet. Wegen der unsicheren Rechtslage[113], ist jedoch der betrieblichen Praxis davon abzuraten, nach der Rechtsprechung des BAG zu verfahren, wenn auch die Aufrechnung gegen die Titelforderung den Bestand der gepfändeten Forderung des Arbeitnehmers sichert, woran der Drittschuldner unter Umständen ein berechtigtes Interesse haben kann.

742 Die Aufrechnung kann auch auf der Grundlage eines *Aufrechnungsvertrags* erfolgen. Der Aufrechnungsvertrag hat im BGB keine ausdrückliche Erwähnung gefunden. Angesichts der Vertragsfreiheit wollte sich der Gesetzgeber nicht mit der vertragsmäßigen Kompensation befassen[114]. Dabei ist zwischen einem Auf-

---

109) BGHZ 24, 99; BGHZ 42, 39. A. A., aber Münzberg in Stein/Jonas, ZPO, § 767 Anm. II 2 c mit weiteren Nachweisen, der auf den Zeitpunkt der Gestaltungserklärung oder auf die Kenntnis des Schuldners vom Vorliegen der Aufrechnungslage abstellen will.

110) RGZ 58, 108; RGZ 97, 39.

111) RGZ 58, 105 ff. betrifft den Fall der Aufrechnung gegenüber der *gepfändeten* Forderung.

112) AP Nr. 1 zu § 776 ZPO. Zustimmend Denck, RdA 1977, 140, 141.

113) Vgl. etwa MK – von Feldmann, § 387 Rdn. 5.

114) Motive zu dem Entwurfe eines BGB Bd. II, 104.

rechnungsvorvertrag, durch den eine oder beide Parteien berechtigt werden, unter bestimmten Voraussetzungen gegenüber dem andern Teil aufrechnen zu dürfen und dem Aufrechnungsvertrag als gegenseitiger Erfüllungsersetzungsvertrag, durch den die Aufrechnung einverständlich vollzogen wird[115], zu differenzieren.

Der *Aufrechnungsvertrag* hat gegenüber der einseitigen Aufrechnung den Vorteil, daß zu seiner Wirksamkeit nicht sämtliche Voraussetzungen der §§ 387 ff. BGB vorliegen müssen[116]. So setzt er weder Fälligkeit[117] noch Gegenseitigkeit[118] voraus, so daß Forderungen eines Dritten in den Aufrechnungsvertrag einbezogen werden können. Entgegen § 388 BGB kann ein Aufrechnungsvertrag unter der aufschiebenden Bedingung des Entstehens der Forderung abgeschlossen werden. Er bewirkt die Tilgung der künftigen Forderungen im Zeitpunkt ihrer Entstehung. Ein derartiger Vertrag kann vorliegen, wenn der zum Inkasso berechtigte Arbeitnehmer das eingenommene Geld zur Befriedigung seines Vergütungsanspruchs behalten darf[119]. **743**

Ein *Aufrechnungsvertrag, der nach Fälligkeit* der *unpfändbaren* Forderung abgeschlossen worden ist, verstößt nicht gegen § 394 BGB, weil sich insoweit der durch diese Vorschrift geschützte Arbeitnehmer seines Schutzes begeben kann[120]. Nichtig (§ 134 BGB) ist hingegen ein Aufrechnungsvorvertrag oder ein antizipierter Aufrechnungsvertrag über künftige unpfändbare Forderungen[121]. Gleiches würde für die unwiderrufliche Ermächtigung des Arbeitnehmers an einen anderen gelten, noch nicht gezahlte unpfändbare Forderungen im eigenen Namen entgegennehmen zu dürfen. **744**

Besteht bei einem Aufrechnungsvertrag die Forderung eines Vertragspartners nicht oder nicht mehr, dann entfaltet der Vertrag keinerlei Wirkung[122]. **745**

Aufrechnungsverträge werden in der betrieblichen Praxis regelmäßig aus Anlaß der Rückführung von *Arbeitgeberdarlehen* aus dem Lohnanspruch zwischen Arbeitgeber und Arbeitnehmer abgeschlossen. Wird der Lohnanspruch des Arbeitnehmers gepfändet, kommt es zur Anwendung des § 392 BGB, da die Interessen der Beteiligten einer einseitigen Aufrechnung entsprechen. **746**

---

115) Sh. dazu Palandt/Heinrichs, BGB, § 387 Anm. 8 mit Nachweisen; von, MK – Feldmann, § 387 Rdn. 17. Die Rechtsnatur des Aufrechnungsvertrags ist streitig. Teilweise wird er als gegenseitiger Erlaßvertrag eingestuft. So etwa Staudinger/Kaduk, BGB, vor § 387 Rdn. 73.

116) RGZ 72, 377, 378.

117) RGZ 104, 186, 188; BGH NJW 1970, 42.

118) RGZ 72, 377, 378; BGH WM 1977, 760. Zur einredebehafteten Forderung (§ 390 BGB): BGH WM 1968, 406.

119) BAG AP Nr. 4 zu § 611 BGB Kellner. Ein Aufrechnungsvertrag kann auch durch schlüssiges Verhalten zustande kommen: RGZ 104, 188. Davon ist nicht bereits dann auszugehen, wenn eine *einseitige* Aufrechnungserklärung erfolgt, die nicht den Voraussetzungen der §§ 387 ff. BGB genügt und der Erklärungsempfänger lediglich schweigt.

120) LAG Bremen DB 1964, 268; LAG Hamm DB 1973, 1080.

121) BAG BB 1959, 919.

122) LAG Bremen DB 1964, 268; LAG Berlin BB 1965, 373.

747 Ist die Lohnforderung des Arbeitnehmers beschlagnahmt, d. h. der Pfändungsbeschluß gem. § 829 Abs. 3 ZPO an den Arbeitgeber zugestellt, versagt § 392 BGB dem Arbeitgeber ein Aufrechnungsrecht mit einer Gegenforderung nur dann, wenn er diese *nach* der Lohnpfändung *erworben* hat *oder* wenn die Forderung des Arbeitgebers erst *nach* der Lohnpfändung und später *als die gepfändete Lohnforderung fällig* geworden ist. Mit § 392 BGB wird zugunsten des Drittschuldners die Wirkung des § 829 Abs. 1 ZPO, eine gepfändete Forderung nicht erfüllen zu dürfen[123)], relativiert, weil der Pfändungspfandgläubiger durch die Pfändung keine stärkere Rechtsstellung erhalten soll, als sie sein Schuldner im Zeitpunkt der Pfändung gegenüber dem Drittschuldner innehatte. Konnte der Arbeitgeber zur Zeit der Beschlagnahme der Lohnforderung darauf vertrauen, sich durch Aufrechnung mit einer Gegenforderung von der Lohnforderung befreien zu dürfen, so will § 392 BGB diese Möglichkeit nicht verschließen. Der Arbeitgeber als Drittschuldner ist aber dann nicht mehr schutzwürdig, wenn er seine Forderung erst *nach* der Lohnpfändung erworben hat oder diese erst nach der Pfändung und später als die gepfändete Lohnforderung fällig wird. Letzterenfalls könnte sonst der Drittschuldner die Erfüllung der gegen ihn gerichteten Forderung verzögern, um sich dadurch erst die Möglichkeit einer Aufrechnung zu verschaffen.

748 Für den Zeitpunkt der Pfändung (Beschlagnahme) ist anders als bei § 406 BGB allein deren Eintritt durch die Zustellung des Pfändungsbeschlusses, nicht etwa die positive Kenntnis des Drittschuldners maßgebend[124)]. Es entscheidet also die *objektive Aufrechnungslage*. Soweit es um den *Erwerb* der Aufrechnungsforderung geht, *genügt* es wie bei § 406 BGB, wenn diese zu dem maßgebenden Zeitpunkt der Beschlagnahme lediglich nach ihrem *Rechtsgrunde* (Rechtsgrundlage) entstanden war[125)]. Dieser Sachverhalt ist etwa gegeben, wenn ein Wettbewerbsverbot vereinbart worden ist und der Schuldner erst nach der Pfändung durch wettbewerbswidriges Verhalten einen Schadensersatzanspruch des Drittschuldners auslöst[126)].

749 Die vorstehenden Erwägungen sind entsprechend auf den *Aufrechnungsvertrag* zu übertragen. Der *vor* der Lohnpfändung zwischen Drittschuldner und Schuldner (Arbeitnehmer) abgeschlossene Aufrechnungsvertrag, inhalts dessen eine Forderung erlöschen soll, sobald eine fällige Gegenforderung besteht, geht der Beschlagnahme vor, weil durch den Vertrag die Erfüllung der gegenseitigen Forderungen, soweit sie sich decken, bereits vorweggenommen ist. Dies gilt nach

---

123) Das Erfüllungsverbot betrifft auch die Befugnis des Drittschuldners zur Aufrechnungserklärung. Streng genommen verliert somit der Drittschuldner mit der Zustellung des Erfüllungsverbots das Aufrechnungsrecht zugunsten desjenigen, für welchen die Beschlagnahme ausgebracht ist. Soweit zu gehen, verbietet jedoch die auf das Interesse des Drittschuldners zu nehmende Rücksicht. Derselbe befindet sich in ähnlicher Lage wie der Zessionar. Vgl. dazu Motive zu dem Entwurfe eines BGB Bd. II, 111, 112.

124) RGZ 87, 412, 417.

125) BGH JZ 1962, 92; BGH NJW 1972, 1193; BGH NJW 1980, 584, 585.

126) Vgl. OLG Köln BB 1977, 1735.

Ansicht des BGH[127] auch dann, wenn die *Gegenforderung* des Drittschuldners erst *nach* der Pfändung fällig wird. Dem Anwartschaftsschutz aus § 161 BGB entsprechend soll die zeitlich erste Verfügung den Vorrang haben. Der Pfändungspfandgläubiger beschlagnahmt danach eine Forderung, die bei Eintritt der im Aufrechnungsvertrag vereinbarten Bedingung erlischt. Demgegenüber hat das BAG[128] die Frage, ob § 392 BGB auf vor der Lohnpfändung geschlossene Aufrechnungsverträge anwendbar ist, offengelassen. Es will allerdings zulassen, daß der Arbeitgeber dem Pfändungspfandgläubiger des Arbeitnehmers eine mit diesem geschlossene Aufrechnungsvereinbarung entgegensetzen darf, die nicht von den Voraussetzungen einer einseitigen Aufrechnung nach § 392 BGB abweicht. Haben also die Arbeitsvertragsparteien am 10. 06. vereinbart, daß ein vom Arbeitgeber erhaltenes Darlehen in monatlichen Raten durch Verrechnung mit dem jeweiligen Monatslohn ab 30. 06. getilgt werden soll und erfolgt am 20. 06. eine Lohnpfändung, so geht die Aufrechnungsvereinbarung der Lohnpfändung vor. Folgt man der weitergehenden Auffassung des BGH[129], so führte dies im Lohnpfändungsrecht zu dem unerwünschten Ergebnis, daß auf diese Weise Lohnforderungen weitgehend der Pfändung entzogen werden könnten. Dies verdeutlicht ein Sachverhalt, über den das BAG[130] zu entscheiden hatte. Dabei ging es um eine Abrechnungsvereinbarung, die vorsah, daß der Arbeitnehmer, der gegen eine Provision von 20 % des Einnahmeerlöses des Arbeitgebers tätig war, die ihm zustehende Provision jeweils bei der Abrechnung mit dem Arbeitgeber einbehalten durfte. Der Arbeitgeber berief sich nach der Lohnpfändung gegenüber dem Pfändungspfandgläubiger darauf, aufgrund der Vereinbarung von dem Verdienst des Schuldners nichts einbehalten und abführen zu können. Das BAG hat die Berufung auf den früher abgeschlossenen Aufrechnungsvertrag hinsichtlich des pfändbaren Lohns insoweit verworfen, wie auch eine Aufrechnung nach § 392 BGB ausgeschlossen gewesen wäre. Zur Begründung hat sich das BAG eines Rückgriffs auf den Grundgedanken des § 850 h Abs. 1 ZPO bedient und die Aufrechnungsvereinbarung mit einem Lohnschiebungsvertrag verglichen, der gegenüber dem pfändenden Gläubiger unwirksam ist.

§ 392 BGB schließt unter den dort genannten Voraussetzungen nur solche durch **750**
Aufrechnung erfolgende Verfügung über die gepfändete Lohnforderung aus, die

---

127) BGH NJW 1968, 835; BAG BB 1959, 919; RGZ 138, 258.

128) BAG AP Nr. 1 zu § 392 BGB; BAG AP Nr. 2 zu § 392 BGB. Hat sich der Arbeitnehmer gegenüber dem Arbeitgeber am 10.06. vertraglich verpflichtet, ab 10.07. und dann jeweils am 10. eines folgenden Monats monatlich bis zur Tilgung des Darlehens bestimmte Raten zurückzuzahlen und erfolgt am 20.06. eine Lohnpfändung, so ist der am 30.06. pfändbare Lohnteil an den Gläubiger abzuführen. Gegen den am 31.07. fälligen Lohnanspruch kann der Arbeitgeber jedoch mit der Darlehensrate aus Juli aufrechnen, weil sein Rückforderungsrecht vor der Beschlagnahme der Lohnforderung entstanden und die Julirate vor der beschlagnahmten Lohnforderung fällig geworden ist.

129) BGH NJW 1968, 835. So hat auch das RG in RGZ 138, 252, 258 im Fall eines auf Provisionsbasis arbeitenden Handlungsagenten, dessen Provisionsansprüche gepfändet waren, dem vor der Beschlagnahme geschlossenen Aufrechnungsvertrag den Vorrang vor der Pfändung eingeräumt.

130) AP Nr. 4 zu § 611 BGB Kellner.

zeitlich *nach der Beschlagnahme* (Pfändung) stattfindet. Ein nach der Beschlagnahme abgeschlossener Aufrechnungsvertrag zwischen Drittschuldner und Schuldner ist daher dem Pfändungspfandgläubiger gegenüber unwirksam (§ 829 Abs. 1 S. 2 ZPO). Allerdings ist der Verstoß des Drittschuldners gegen die Aufrechnungsgestattung aus § 392 BGB gem. § 136 BGB i. V. m. § 135 Abs. 1 BGB nur gegenüber dem Pfändungspfandgläubiger, zu dessen Gunsten die Beschlagnahme der Lohnforderung erfolgt ist, unwirksam (relative Unwirksamkeit)[131]. Gegenüber dem Schuldner als Gläubiger der Lohnforderung ist dagegen die Aufrechnung wirksam[132]. Der Drittschuldner kann jedoch vom Schuldner unter dem rechtlichen Gesichtspunkt der *ungerechtfertigten Bereicherung* die Wiederherstellung seiner Gegenforderung verlangen.

751 Hat der Arbeitgeber als Drittschuldner verbotswidrig im Sinne von § 829 Abs. 1 ZPO nach der Pfändung der Lohnforderung an den Schuldner (Arbeitnehmer) gezahlt, ohne von einer ihm zustehenden Aufrechnungsmöglichkeit Gebrauch zu machen, so behält der Drittschuldner gleichwohl das Recht, gegenüber dem Pfändungspfandgläubiger die Einwendung der Aufrechnung zu erheben[133]. Denn eine gepfändete Forderung gilt durch die an den Schuldner geleistete Zahlung im Verhältnis zum Gläubiger weder als getilgt noch als in ihrem Charakter geändert.

752 Neben gesetzlichen Regelungen, die eine Aufrechnung gänzlich ausschließen oder begrenzen (§§ 392, 393, 394 BGB), kann die Aufrechnung durch *Vertrag ausgeschlossen* oder beschränkt werden. Wie aus § 391 Abs. 2 BGB entnommen werden muß, setzt der Gesetzgeber einen vertraglichen Aufrechnungsausschluß voraus, so daß gegen die Zulässigkeit derartiger Abreden keine Bedenken bestehen[134]. Eine gleichwohl erklärte Aufrechnung wäre unwirksam.

753 Der vertragliche Ausschluß der Aufrechnung braucht nicht ausdrücklich zu geschehen. Er kann sich auch aus einem schlüssigen Verhalten der Vertragspartner ergeben, wenn sich die Parteien einer Aufrechnungsmöglichkeit bewußt waren[135]. So kann etwa die *vorbehaltlose Anerkennung* einer *abgetretenen* Lohnforderung gegenüber dem neuen Gläubiger dem Schuldner (Arbeitgeber) die Möglichkeit der Aufrechnung nehmen. Gleiches gilt jedoch *nicht* für die *Drittschuldnerklärung* aus § 840 ZPO, weil darin lediglich eine *tatsächliche Auskunft* zu erblicken ist[136].

131) Vgl. etwa MK – von Feldmann, § 392 Rdn. 1 mit weiteren Nachweisen. Motive zu dem Entwurfe eines BGB Bd. II, 112.

132) BGH NJW 1972, 428. Der Pfändungspfandgläubiger muß so gestellt werden wie er stehen würde, wenn die Zahlung an den Schuldner nicht bewirkt worden wäre.

133) BGH NJW 1972, 428; Werner, NJW 1972, 1697; a. A. aber Reinicke, NJW 1972, 793 und 1698. Das LAG Saarbrücken NJW 1978, 2055 will der Ansicht des BGH nur dann folgen, wenn der Drittschuldner an den Schuldner aufgrund einer Zwangslage geleistet hat.

134) RGZ 60, 358; RGZ 124, 12. Bedenken wegen § 137 S. 1 BGB bestehen nicht, weil die Möglichkeit anderer Verfügungen über die Gegenforderung erhalten bleibt. Sh. aber die Bedenken bei Fenge, JZ 1971, 118 ff.

135) Vgl. RGZ 60, 358; BGH WM 1971, 859.

136) BGHZ 69, 328 ff = NJW 1978, 44.

Die für den Erfolg der Aufrechnung (§ 389 BGB) notwendige *Aufrechnungserklärung* (§ 388 BGB) kann der Arbeitgeber als Drittschuldner entweder dem Arbeitnehmer oder dem Pfändungsgläubiger gegenüber abgeben (§§ 1275, 406 BGB entspr.). War die Aufrechnungserklärung bereits vor der Beschlagnahme der Lohnforderung gegenüber dem Arbeitnehmer abgegeben worden, so hat der Drittschuldner gem. § 404 BGB das Recht, sich gegenüber dem Pfändungspfandgläubiger auf den Einwand der Schuldtilgung durch Aufrechnung zu berufen. Gleiches gilt, soweit der Drittschuldner wegen eines Aufrechnungsvertrags mit dem Schuldner die Abführung des Lohns an den Pfändungsgläubiger verweigert. **754**

VII. Der Pfändungsschutz in Ausnahmefällen (§ 850f ZPO)

755 Gründe der Rechtssicherheit und Vereinfachung des Lohnpfändungsverfahrens nötigen dazu, dem Pfändungsschutz grundsätzlich feste und überschaubare Grenzen beizugeben. Dieser Grundsatz kann im Einzelfall mit dem Gebot der Gerechtigkeit in Widerstreit treten, wenn besondere Individualbedürfnisse des Schuldners oder Gläubigers eine Verstärkung oder Abschwächung des Pfändungsschutzes erfordern. Soweit gewöhnliche Gläubiger in die Lohnforderung ihres Schuldners vollstrecken, setzt § 850c ZPO den Umfang der Vollstreckung nach einem genauen Rechenschema fest, wobei sich anhand allgemeiner Erfahrungssätze der dem Schuldner und seiner Familie zu belassende pfändungsfreie Betrag bestimmt. Pfändet ein bevorrechtigter Unterhaltsgläubiger, so setzt der Rechtspfleger je nach den örtlichen Verhältnissen den der Unterhaltspfändung entzogenen Betrag für den notwendigen Unterhalt des Schuldners und seiner laufenden Unterhaltsverpflichtungen gegenüber seinen Angehörigen bis höchstens zur Obergrenze des § 850c ZPO fest.

756 Notwendige besondere Bedürfnisse des Schuldners, die ihn mit entsprechenden Mehraufwendungen belasten, bleiben unbeachtet. Hier Abhilfe zu schaffen, ist das Anliegen des § 850f ZPO, der in Abs. 1 eine sog. *Härteklausel* enthält, die es dem Vollstreckungsgericht unter bestimmten Voraussetzungen gestattet, den *Pfändungsschutz* über die Grenzen des § 850c ZPO hinaus zu *erweitern*, sofern dies im Einklang mit den Gläubigerinteressen steht.

757 Neben dieser Ausweitung des Pfändungsschutzes enthalten die Abs. 2 und 3 des § 850f ZPO auch eine *Einschränkung des Pfändungsschutzes*, sofern die Pfändung wegen einer Forderung aus *vorsätzlich begangener unerlaubter Handlung* oder in ein *erhöhtes Arbeitseinkommen* des Schuldners erfolgt. In beiden Fällen, wenn auch aus unterschiedlicher Motivation, erscheint der Schuldner weniger schutzwürdig.

758 Da § 850f ZPO einen von der Norm abweichenden Sonderfall betrifft, wird das Vollstreckungsgericht nur auf *Antrag* tätig, der bereits schlüssig begründet sein muß.

1. Die Härteklausel gem. § 850f Abs. 1 ZPO

759 Gem. § 850f Abs. 1 ZPO kann das Vollstreckungsgericht dem Schuldner auf Antrag von dem nach den Bestimmungen der §§ 850c, 850d und 850i ZPO pfändbaren Teil seines Arbeitseinkommens einen Teil belassen, wenn

a) besondere Bedürfnisse des Schuldners aus persönlichen oder beruflichen Gründen oder

b) der besondere Umfang der gesetzlichen Unterhaltspflichten des Schuldners, insbesondere die Zahl der Unterhaltsberechtigten dies erfordern *und* überwiegende Belange des Gläubigers nicht entgegenstehen.

Zu den formellen Voraussetzungen einer Entscheidung nach § 850f Abs. 1 ZPO **760** gehört ein entsprechender Antrag des Schuldners oder eines durch die Pfändung betroffenen Unterhaltsberechtigten an das Amtsgericht Vollstreckungsgericht. Zuständig ist der Rechtspfleger des Vollstreckungsgerichts (§ 20 Nr. 17 RPflG)[1]. Der Rechtspfleger entscheidet durch von Amts wegen (§ 329 Abs. 3 ZPO) an den Gläubiger, Schuldner und Drittschuldner zuzustellenden Beschluß. Die dadurch entstehenden Kosten sind Vollstreckungskosten im Sinne von § 788 ZPO. Zur Feststellung der besonderen Umstände bedarf es stets der *Anhörung* des Gläubigers, bevor der Rechtspfleger bei dem Vollstreckungsgericht über den Antrag nach § 850f Abs. 1 ZPO entscheidet.

In dem Antrag ist darzulegen und unter Beweis zu stellen, daß über die Berück- **761** sichtigung der normalen Belange des Schuldners hinaus (§§ 850c, 850d ZPO) aus persönlichen oder beruflichen Gründen besondere Bedürfnisse des Schuldners erwachsen sind, die eine Erhöhung seines Aufwandes über das übliche Maß hinaus bedingen. Normalerweise wird § 850c ZPO dazu führen, daß der nach dieser Bestimmung pfändungsfreie Teil des Arbeitseinkommens eines Schuldners den Betrag übersteigt, der ihm bei vergleichbaren Verhältnissen nach den Bestimmungen des Bundessozialhilfegesetzes zustehen würde. Nur in wenigen Fällen wird der nach § 850c ZPO pfändungsfreie Betrag hinter diesen Sätzen zurückbleiben. Die Bestimmung des § 850f Abs. 1 ZPO ergänzt damit den § 850c ZPO, wenn letztere Vorschrift wegen der besonderen Verhältnisse nicht zu einer befriedigenden Regelung führt. Angesichts dessen reichen *allgemeine Billigkeitserwägungen* nicht aus[2].

Zu den von § 850f Abs. 1 ZPO erfaßten besonderen Bedürfnissen können etwa **762** zusätzliche Sonderausgaben für Heilmittel, notwendige Kurkosten, Kosten für eine berufliche Umschulung, der Aufwand für die notwendige Beschaffung von Bekleidung und Gebrauchsgegenständen, besonders hohe Fahrtkosten zur Arbeitsstätte, möglicherweise auch die Kosten für die Haltung und Benutzung eines Pkws[3] rechnen, soweit dieser Mehraufwand nicht schon durch zusätzliche oder erhöhte Bezüge nach § 850a ZPO abgegolten worden ist[4].

---

1) Vgl. OLG Düsseldorf NJW 1973, 1133 mit weiteren Nachweisen; Thomas/Putzo, ZPO, § 850f Anm. 1; Stöber, Forderungspfändung, Rdn. 1187; Berner, Rpfleger 1965, 293. Der *Drittschuldner* hat kein Antragsrecht nach § 850f Abs. 1 ZPO. Sh. LG Wuppertal MDR 1952, 237; LG Essen NJW 1969, 668; a. A. aber Münzberg in Stein/Jonas, ZPO, § 850 Rdn. 18, weil er dem Antrag Erinnerungscharakter beimessen will.

2) LG Frankenthal Rpfleger 1984, 362; OLG Hamm Rpfleger 1977, 224; LG Berlin Rpfleger 1977, 224. Zum Ganzen: Hornung, Rpfleger 1984, 126. § 54 Abs. 2 SGB I geht der Regelung aus § 850f Abs. 1 ZPO vor: BFH DB 1979, 1332.

3) Vgl. BGH NJW 1982, 1594 wegen der Kosten für die Haltung eines Pkws bei einem doppelseitig beinamputierten Schwerbehinderten.

4) OLG Hamm Rpfleger 1977, 224. Aus der Rechtsprechung: Berücksichtigung einer Zuckerkrankheit: LG Köln Büro 1966, 254; Aufwendungen für die Benutzung eines Büroraums: KG VersR 1962, 174; Fernsprechgebühren und Büromiete: LG Berlin Rpfleger 1962, 217. Da nur gegenwärtige Bedürfnisse geschützt werden sollen, bleiben ältere Schulden unberücksichtigt: LG Krefeld MDR 1972, 152; OLG Frankfurt Rpfleger 1978, 265.

763 Die zweite Alternative des § 850f Abs. 1 (b) ZPO gestattet die Ausdehnung des Pfändungsschutzes bei einem besonderen Umfang gesetzlicher Unterhaltspflichten des Schuldners. Beispielhaft erwähnt der Gesetzgeber die Zahl der Unterhaltsberechtigten. Dies ist bedeutsam, soweit mehr als fünf Unterhaltsberechtigte vorhanden sind, die nach § 850c Abs. 1 S. 2 ZPO nicht mehr eine Erhöhung des pfändungsfreien Grundbetrages bedingen[5]. Der Umfang der Unterhaltspflichten des Schuldners erhöht sich möglicherweise auch dadurch, daß die Kinder ihre Ausbildung an einem auswärtigen Schulort absolvieren müssen, oder etwa gehäufte Krankheitsfälle in der Familie erhöhte Aufwendungen des Schuldners mit sich bringen.

764 Schließlich setzt die Anwendung der Härteklausel voraus, daß einer Ausweitung des Pfändungschutzes nicht überwiegende Belange des Gläubigers entgegenstehen. Dem Vollstreckungsgericht obliegt also vor seiner Entscheidung die Aufgabe, auch die Verhältnisse des Gläubigers zu prüfen und abzuklären, welche Nachteile ihm durch die Anwendung des § 850f Abs. 1 ZPO erwachsen können. Schlechthin unzulässig wäre es etwa, das gesamte Arbeitseinkommen des Schuldners pfandfrei zu belassen. Ein Teil des pfändbaren Betrages ist dem Gläubiger auch im Fall des § 850f Abs. 1 ZPO zuzubilligen. Zugunsten des Gläubigers kann sich etwa auswirken, daß die Abtragung der Vollstreckungsforderung unangemessene Zeit in Anspruch nehmen würde, oder der Gläubiger bei Anwendung des § 850f Abs. 1 ZPO selbst in eine Notlage geriete.

765 Betreibt ein *Normalgläubiger* die Zwangsvollstreckung in die Lohnforderung des Schuldners, gestaltet sich die Handhabung des § 850f ZPO regelmäßig problemlos, weil es nur darum geht, die Pfändungsgrenzen aus § 850c ZPO anzuheben.

766 Die ausdrückliche Erwähnung des § 850d ZPO in § 850f Abs. 1 ZPO verdeutlicht, daß die Härteklausel auch bei einer Vollstreckung durch einen bevorrechtigten Unterhaltsgläubiger gilt. Der besondere Unterschied zwischen § 850d ZPO und § 850f Abs. 1 ZPO liegt jedoch darin, daß der Rechtspfleger bei der Festsetzung des pfändungsfreien Betrages nach § 850d ZPO keine Abwägung der Interessen von Gläubiger und Schuldner anstellt, um den für den Gläubiger zumutbaren Freibetrag zu ermitteln. Die Belange des Gläubigers sind bereits hinlänglich durch den Fortfall der in § 850c ZPO festgelegten Pfändungsbeschränkungen beachtet. Den Belangen des Schuldners trägt der Gesetzgeber durch die Sicherung des notwendigen Lebensbedarfs und des laufenden Unterhalts für die gesetzlichen Unterhaltspflichtigen Rechnung. Damit wird der Anwendungsbereich des § 850f Abs. 1 ZPO im Verhältnis zu den Unterhaltsgläubigern aus § 850d ZPO dahin abgegrenzt, daß zunächst die Möglichkeiten aus § 850d ZPO auszuschöpfen sind, bevor § 850f Abs. 1 ZPO eingreift.

767 § 850f Abs. 1 ZPO ist also dann anwendbar, wenn der vom Schuldner begehrte

---

[5] Keine Berücksichtigung finden Aufwendungen für Lebensgefährten: LG Schweinfurt FamRZ 1984, 45.

und vom Gericht an sich als notwendig anerkannte Betrag die durch § 850 d Abs. 1 S. 3 ZPO gesetzte Höchstgrenze des § 850 c ZPO überschreitet[6], oder, wenn zwar die Höchstgrenze des § 850 d Abs. 1 S. 3 ZPO noch nicht erreicht ist, der Schuldner aber aus persönlichen oder beruflichen Gründen den *notwendigen* Unterhalt (§ 850 d ZPO) überschreitende Sonderausgaben hat[7].

Das Vollstreckungsgericht darf bei der Beschlußfassung aus § 850 f Abs. 1 ZPO **768** die teilweise *Aufhebung* des Pfändungsbeschlusses *befristen,* falls etwa der Wegfall der Sonderbelastung des Schuldners zeitlich begrenzt ist. Denkbar wäre auch, daß der Rechtspfleger die Vollziehung der Entscheidung bis zu seiner Rechtskraft aussetzt, damit nicht bei einer Abänderung oder Aufhebung des Beschlusses durch das Beschwerdegericht ein neuer Pfändungs- und Überweisungsbeschluß erlassen werden muß. Da der Pfändungs- und Überweisungsbeschluß durch die Entscheidung nach § 850 f Abs. 1 ZPO teilweise aufgehoben werden muß und bei späterem Wegfall der Sonderbelastung der ursprüngliche Pfändungs- und Überweisungsbeschluß nicht wieder automatisch auflebt, hat der Drittschuldner nur dann den ursprünglich gepfändeten Lohnteil wieder an den Gläubiger abzuführen, wenn ihm eine den Beschluß nach § 850 f ZPO abändernde Entscheidung zugestellt wird (§ 850 g ZPO). Es ist Sache des Gläubigers, darauf nach § 850 g ZPO hinzuwirken.

Weist der Rechtspfleger bei dem Vollstreckungsgericht den Antrag des Schuld- **769** ners nach § 850 f Abs. 1 ZPO zurück, oder entspricht er dem Antrag, so haben der Schuldner und der Gläubiger hiergegen den Rechtsbehelf der *sofortigen Durchgriffserinnerung* (§§ 11 RPflG, 793 ZPO), da eine Entscheidung des Rechtspflegers und nicht nur eine Vollstreckungsmaßnahme vorliegt[8].

Die Anordnung gem. § 850 f Abs. 1 ZPO kann jederzeit auf Antrag des Gläubi- **770** gers, des Schuldners oder eines beteiligten Unterhaltsberechtigten wegen Änderung der Verhältnisse abgeändert werden (§ 850 g ZPO).

Beschlüsse des Rechtspflegers nach § 850 f ZPO oder § 850 g ZPO bedürfen **771** regelmäßig keiner besonderen Kostenentscheidung, weil sich die Kostentragungspflicht des Schuldners ohne weiteres aus § 788 ZPO ergibt[9].

2. Härteklausel für den Gläubiger (§ 850 f Abs. 2 ZPO)

Gem. § 850 f Abs. 2 ZPO kann das Vollstreckungsgericht auf *Antrag des Gläubi-* **772** *gers* den pfändbaren Teil des Arbeitseinkommens ohne Rücksicht auf die in § 850 c ZPO vorgesehenen Beschränkungen bestimmen, wenn die Zwangsvoll-

---

6) So zutreffend LG Essen MDR 1955, 428.

7) A. A. jedoch OLG Hamm Rpfleger 1954, 634, das bereits im Rahmen des § 850 d ZPO auch Ratenzahlungsverpflichtungen des Schuldners für Möbel berücksichtigen will. Diese unterschiedliche Bewertung ist deshalb bedeutsam, weil jeweils zu prüfen ist, ob der Antrag des Schuldners eine Erinnerung gegen den Beschluß aus § 850 d ZPO darstellt oder auf die Anwendung des § 850 f Abs. 1 ZPO gerichtet ist.

8) So OLG Hamm NJW 1973, 1333.

9) AG Hannover Rpfleger 1969, 396.

streckung wegen einer Forderung aus einer *vorsätzlich begangenen unerlaubten Handlung* betrieben wird. Dem Schuldner ist jedoch soviel zu belassen, wie er für seinen *notwendigen* Unterhalt *und* zur Erfüllung seiner *laufenden* gesetzlichen Unterhaltspflichten bedarf.

773 Mit § 850f Abs. 2 ZPO privilegiert das Gesetz Forderungen aus vorsätzlich unerlaubter Handlung ähnlich wie gesetzliche Unterhaltsansprüche. Der Unterschied liegt darin, daß dem Gläubiger der Zugriff auf die Bezüge des Schuldners nach § 850a Nr. 1, 2, 4 ZPO verschlossen bleibt und er sich darüber hinaus sämtliche Unterhaltsgläubiger vorgehen lassen muß.

Für die Qualität der Forderung ist gleichgültig, ob es sich um den Ersatz materiellen oder immateriellen Schadens (Schmerzensgeld) oder um eine Kapital- oder Rentenschuld handelt. Ebensowenig tritt ein Qualitätswandel durch die Art des Titels (Prozeßvergleich, Anerkenntnis-, Versäumnisurteil) ein.

774 Die *Vollstreckungskosten* nehmen am Pfändungsprivileg teil. Dies gilt jedoch nicht für Zinsen und die Kosten des Rechtsstreits[10)].

775 Betrug, Unterschlagung, Diebstahl, Körperverletzung und Wettbewerbsverstöße sind wohl die häufigsten Fälle der Anwendung des § 850f Abs. 2 ZPO. Vornehmlich Warenversandhäuser sollen in letzter Zeit Vollstreckungsbescheide vorlegen, deren Forderung sowohl auf Vertrag als auch auf vorsätzlich begangener unerlaubter Handlung beruht[11)].

776 § 850f Abs. 2 ZPO begünstigt den Gläubiger auch dann, wenn der Schuldner ihm gegenüber nur bedingt vorsätzlich gehandelt hat. Fahrlässigkeit oder auch grobe Fahrlässigkeit des Schuldners reicht hingegen nicht aus[12)].

777 Da das Vollstreckungsprivileg aus § 850f Abs. 2 ZPO der Forderung anhaftet, gilt es gleichermaßen für den Zessionar und richtet sich auch gegen den Erben des Schuldners[13)].

778 Der Gläubiger hat die Voraussetzungen des § 850f Abs. 2 ZPO bei der Antragstellung schlüssig darzulegen und nachzuweisen. Diese Verpflichtung bereitet ihm dann keine Schwierigkeiten, wenn sich der Schuldgrund der vorsätzlich unerlaubten Handlung bereits aus dem Tenor des verurteilenden Titels ablesen läßt[14)]. Regelmäßig ist dies jedoch nicht der Fall, weil den Gläubiger häufig bei der

---

10) Vgl. Münzberg in Stein/Jonas, ZPO, § 850f Rdn. 8 mit weiteren Nachweisen; Stöber, Forderungspfändung, Rdn. 1191; LG München Rpfleger 1965, 278. A. A. aber KG Rpfleger 1972, 60. Auch Kosten, die durch Inanspruchnahme eines Rechtsanwalts im Strafverfahren gegen den Schädiger entstanden sid, genießen nicht das Privileg aus § 850f Abs. 2 ZPO: LG Hannover Rpfleger 1982, 232.

11) Büchmann, NJW 1987, 172. Vgl. allgemein zu § 850f Abs. 2 ZPO: Grunau, NJW 1959, 1515; Hiendl, NJW 1962, 901; Hoffmann, NJW 1973, 1111.

12) Münzberg in Stein/Jonas, ZPO, § 850f Rdn. 8.

13) So zutreffend Stöber, Forderungspfändung, Rdn. 1192; Frisinger, Privilegierte Forderungen in der Zwangsvollstreckung, S. 111 ff.

14) Vgl. Hoffmann, NJW 1973, 1111, 1113, der davon ausgeht, daß die Vollstreckung aus § 850f Abs. 2 ZPO sogar einen Urteilstenor voraussetzt, der das Vorliegen der privilegierten Anspruchsnorm ausdrücklich ausspricht. Sh. dazu auch LG Dortmund, NJW 1962, 1828.

Erlangung des Titels die Vollstreckungsmöglichkeiten erst zweitrangig interessieren.

Aufschluß über den Schuldgrund können auch die Entscheidungsgründe eines Urteils geben, wenn auch nicht diese, sondern der durch die Klage erhobene prozessuale Anspruch in Rechtskraft erwächst. In diesen Fällen überantwortet § 850f Abs. 2 ZPO in engen Grenzen – nämlich zur Abklärung des *Ausmaßes* der Zwangsvollstreckung – dem Vollstreckungsgericht die Prüfung materiellen Rechts[15]. **779**

Fraglich ist jedoch, ob das *Vollstreckungsgericht* die Frage nach dem Deliktscharakter einer Forderung bei einer Entscheidung nach § 850f Abs. 2 ZPO auch dann ohne Einschränkungen selbständig prüfen darf, wenn sich aus dem Schuldtitel nicht oder jedenfalls nicht eindeutig das Vorliegen einer vorsätzlich begangenen unerlaubten Handlung ergibt und diese Frage für die Entscheidung im Erkenntnisverfahren auch nicht von Bedeutung war. Aus dem Wortlaut des § 850f Abs. 2 ZPO läßt sich nicht mit der nötigen Sicherheit entnehmen, welches Gericht festzustellen hat, ob eine vorsätzlich begangene Deliktshandlung vorliegt. Nach wohl überwiegender, auf die Entstehungsgeschichte der Pfändungsschutzvorschriften verweisenden Meinung kann im Vollstreckungsverfahren eine Herabsetzung des Schuldnerschutzes nicht in Betracht kommen, wenn weder aus dem Vollstreckungstitel noch aus dem Inhalt von Prozeßakten oder eines sonstigen Schriftwechsels der Charakter einer vorsätzlich begangenen unerlaubten Handlung festzustellen ist[16]. Der Rechtsausschuß des Bundestages[17] hatte jedenfalls bei § 850f Abs. 2 ZPO ausdrücklich den Standpunkt vertreten, das Vollstreckungsgericht dürfe das Vorliegen einer vorsätzlichen unerlaubten Handlung nicht selbständig prüfen; deren Bestand müsse sich vielmehr aus dem Titel ergeben. Nur in einem solchen Fall könnte das Privileg des § 850f Abs. 2 ZPO in Anspruch genommen werden. Nun ist der Wille des Gesetzgebers für sich allein bei der Interpretation einer Norm nicht entscheidend. Er wird nur dann verbindlich, wenn er im Gesetz selbst einen hinreichenden Ausdruck gefunden hat[18], so daß die Genese des Gesetzes vom Gewicht der Argumente wenig hergibt. So wird denn auch das Verbot, eine derartige materiell-rechtliche Frage dem Vollstreckungsgericht zuzuweisen, aus der organisatorischen Trennung von Vollstreckungs- und Erkenntnisverfahren abgeleitet[19]. So hat das Vollstreckungsgericht die Aufgabe, den Urteilsspruch durchzusetzen, nicht jedoch rechtliche Anspruchsqualifikationen festzustellen. Überdies ist grund- **780**

---

15) BGHZ 36, 17 = NJW 1962, 110; LG München NJW 1965, 768; OLG Düsseldorf NJW 1973, 1133; LG Krefeld MDR 1983, 325. Stöber, Forderungspfändung, Rdn. 1193; Grunau, NJW 1959, 1515; Hiendl, NJW 1962, 901; Schneider, MDR 1970, 770; sh. zum ganzen auch Büchmann, NJW 1987, 172 ff mit weiteren Nachweisen.

16) Sh. die ausführlichen Nachweise bei OLG Hamm NJW 1973, 1332 und zuletzt Büchmann, NJW 1987, 172 bei Note 1).

17) Bericht vom 15.12.1958, Drucks. III 768/58.

18) BVerfG NJW 1960, 1563.

19) Hoffmann, NJW 1973, 1112, 1113; Grunsky, FamRZ 1968, 282; Hiendl, NJW 1966, 901.

sätzlich die Prüfung materieller Anspruchsqualifikationen ausschließlich beim Prozeßgericht angesiedelt.

781 Der Gläubiger hat auch durchaus die Möglichkeit, im Erkenntnisprozeß zu beantragen, die deliktische Begründung des Anspruchs in den Tenor des Urteils aufzunehmen, oder im Wege einer Feststellungsklage die Entscheidung über die deliktische Qualifikation herbeizuführen[20]. Bei Versäumnisurteilen oder Vollstreckungsbescheiden reicht bereits die *formularmäßige Behauptung* des Gläubigers aus, die Forderung resultiere aus vorsätzlich begangener unerlaubter Handlung[21].

782 Zu weit dürfte jedoch die Entscheidung des OLG Hamm[22] gehen, daß die Voraussetzungen des § 850f Abs. 2 ZPO auf Antrag des Glübigers immer dann uneingeschränkt vom Vollstreckungsgericht selbständig, auch auf der Grundlage einer Beweisaufnahme mit sämtlichen Beweismitteln, festgestellt werden müssen, wenn sich aus dem Schuldtitel nicht eindeutig das Vorliegen einer vorsätzlich begangenen unerlaubten Handlung ergibt und diese Frage für die Entscheidung im Erkenntnisverfahren auch nicht von Bedeutung war. Es trifft zwar zu, daß ähnlich wie bei § 850d Abs. 1 ZPO für die Anwendung des § 850f Abs. 2 ZPO das *Ausmaß* des beantragten *Pfändungszugriffs* in das Schuldnervermögen bestimmt werden soll und das Vollstreckungsgericht die privilegierte Pfändung gem. § 850d Abs. 1 ZPO lediglich in Höhe des gesetzlichen Unterhaltsbetrages zulassen darf, auch wenn sich der Schuldner etwa in einer notariellen Urkunde vertraglich zu einer höheren Unterhaltsleistung verpflichtet hat. Nur bei derartigem Befund steht fest, daß die Forderung des Gläubigers eine Unterhaltsforderung darstellt, deren gesetzlicher Umfang leicht zu ermitteln ist. Das Vollstreckungsgericht müßte aber nach Auffassung des OLG Hamm (a. a. O.) das Erkenntnisverfahren ersetzen. Überdies entstünde eine nicht unproblematische Schwierigkeit, wenn das Vollstreckungsgericht in einem derartigen Prüfungsverfahren zu dem Ergebnis gelangte, dem Gläubiger steht die im Erkenntnisverfahren zugesprochene Forderung überhaupt nicht zu. Im Streit der Meinungen ist daher der Auffassung zu folgen, die eine streitige Verhandlung mit Beweisaufnahme zur Feststellung, ob eine vorsätzlich unerlaubte Handlung vorlag, vor dem Vollstreckungsgericht ablehnt.

---

20) LG München NJW 1965, 768; LG Krefeld MDR 1970, 769; Münzberg in Stein/Jonas, ZPO, § 850f Rdn. 10; Grunau, NJW 1959, 517. Gegen eine Feststellungsklage aber LG Krefeld MDR 1983, 325. Entgegen der Auffassung von Hiendl, NJW 1962, 901, besteht kein Rechtsschutzbedürfnis dafür, den vorhandenen zur Vollstreckung geeigneten Titel voll zu ersetzen und den darin enthaltenen Ausspruch durch eine Leistungsklage aus vorsätzlich unerlaubter Handlung zu wiederholen.

21) So auch OLG Düsseldorf, NJW 1973, 1133; LG Wuppertal MDR 1976, 54; Hartmann in Baumbach/Lauterbach, ZPO, § 850f Anm. C 3a.

22) NJW 1973, 1332, 1333. So auch Büchmann, NJW 1987, 172ff; Stöber, Forderungspfändung, Rdn. 1193; Einschränkend aber Schneider, MDR 1970 770, der die Aufklärung des Vollstreckungsgerichts auf den Urkundenbeweis beschränken will. Hat das *Prozeßgericht* bereits die Feststellung getroffen, daß es sich bei der Forderung des Gläubigers um eine solche aus vorsätzlich unerlaubter Handlung handelt, ist das Vollstreckungserícht an diese Aussage gebunden und darf keine weiteren Ermittlungen anstellen: LG Aachen Büro 1980, 468.

Läßt das Vollstreckungsgericht eine erweiterte Pfändung gem. § 850f Abs. 2 ZPO zu, so bindet der vom Vollstreckungsgericht festgelegte Pfändungsfreibetrag sowohl den Drittschuldner als auch weitere Gläubiger, unabhängig davon, ob das Vollstreckungsgericht den Freibetrag ermessensfehlerfrei bestimmt hat[23]. Im Einziehungserkenntnisverfahren darf das Arbeitsgericht daher *keine Nachprüfung* der vom Vollstreckungsgericht vorgegebenen Pfändungsgrenzen vornehmen[24]. Allerdings kann der Schuldner, aber auch der Drittschuldner durch Erinnerung und anschließende sofortige Beschwerde (§§ 766, 793 ZPO) die Unrichtigkeit der nach § 850f Abs. 2 ZPO durch das Vollstreckungsgericht festgesetzten Pfändungsgrenze geltend machen. **783**

Kommt es zu einer Vollstreckung nach § 850f Abs. 2 ZPO, so hat das Vollstreckungsgericht dem Schuldner jedoch soviel zu belassen, wie er für seinen notwendigen Unterhalt und zur Erfüllung seiner laufenden gesetzlichen Unterhaltspflichten bedarf. Für die Feststellung des *notwendigen* Unterhalts des Schuldners gelten die zu § 850 d ZPO entwickelten Grundsätze entsprechend. Dabei ist der notwendige Unterhalt für den Zeitabschnitt zu bemessen, für den das Arbeitseinkommen ausbezahlt wird. **784**

Wenn der Schuldner gesetzliche Unterhaltsansprüche zu befriedigen hat, sind diese nur im Hinblick auf den *laufenden* Unterhalt bezogen, d. h. für die letzte vor der Pfändung fällige sowie die nach der Pfändung fälligen Unterhaltsraten. *Unterhaltsrückstände* dürfen sich nicht zugunsten des Schuldners auswirken. **785**

Soweit es um die Berücksichtigung gesetzlicher Unterhaltspflichten des Schuldners geht, ist nicht nur der notwendige Unterhalt in Ansatz zu bringen. Vielmehr hat das Vollstreckungsgericht vom *angemessenen* Unterhalt auszugehen[25]. **786**

Ebenso wie bei § 850 d Abs. 1 ZPO darf eine Anhörung des Schuldners vor Erlaß des Pfändungsbeschlusses nach § 850f Abs. 2 ZPO nicht erfolgen (§ 834 ZPO)[26]. Über den Pfändungsantrag wird auf der Grundlage des schlüssigen Vorbringens des Gläubigers entschieden, der die erforderlichen Angaben zu machen hat[27]. **787**

Hält der Schuldner seine Belange nicht für ausreichend durch das Vollstreckungsgericht gewichtet, so kann er sich gegen die erweiterte Pfändung mit der Erinnerung nach § 766 ZPO zur Wehr setzen. Gegen die Ablehnung des Antrags aus § 850f Abs. 2 ZPO steht dem Gläubiger die sofortige Durchgriffserinnerung gem. §§ 11 RpflG, 577, 793 ZPO zu. Die nicht verkündete Entscheidung ist dem beschwerten Gläubiger von Amts wegen durch Zustellung bekanntzugeben **788**

---

23) Hier gelten die bereits zu § 850 d ZPO angestellten Erwägungen: BAG DB 1971, 1167.
24) BAG AP Nr. 4 zu § 850 d ZPO; BAG AP Nr. 8 zu § 850 d ZPO.
25) Vgl. dazu die Ausführungen zu § 850 d Abs. 1 ZPO unter Rzu. 593 ff. mit weiteren Nachweisen.
26) Ebenso Münzberg in Stein/Jonas, ZPO, § 850f Rdn. 22; OLG Düsseldorf NJW 1973, 1133; OLG Koblenz MDR 1975, 939; a. A. aber OLG Hamm NJW 1973, 1332, das unrichtigerweise davon ausgeht, es handele sich um eine *Entscheidung* des Vollstreckungsgerichts.
27) LG Aachen Büro 1980, 468.

(§ 329 Abs. 3 ZPO). Im Verhältnis zum Drittschuldner und Schuldner erfolgt die Zustellung des Beschlusses aus § 850f Abs. 2 ZPO im *Parteibetrieb*[28].

789 Auch für die nach § 850f Abs. 2 ZPO ausgebrachten Pfändungen gilt das Prinzip der Priorität (§ 804 Abs. 3 ZPO). Zeitlich frühere Lohnpfändungen haben bis zur Grenze der nach § 850c ZPO erfaßten Einkommensteile des Schuldners Vorrang. Der mögliche Zugriff des Gläubigers aus § 850f Abs. 2 ZPO beschränkt sich dann auf die erweitert pfändbaren Einkommensteile des Schuldners. Gleiches gilt, wenn der Schuldner bereits durch eine frühere Aufrechnung über den pfändbaren Teil seines Arbeitseinkommens verfügt hat.

790 Da gem. § 850f Abs. 2 ZPO die laufenden gesetzlichen Unterhaltspflichten des Schuldners von der Vollstreckung verschont bleiben sollen, gebührt auch einer Unterhaltspfändung (§ 850d Abs. 1 ZPO) wegen der laufenden Leistung *Vorrang* vor einer mit ihr zusammentreffenden Pfändung nach § 850f Abs. 2 ZPO[29]. Hat das Vollstreckungsgericht *laufende gesetzliche Unterhaltspflichten* des Schuldners bei der Festlegung des Pfändungsrahmens aus § 850f Abs. 2 ZPO unberücksichtigt gelassen, so hat sowohl der Schuldner aber auch der Unterhaltsberechtigte die Erinnerungsmöglichkeit aus § 766 ZPO[30].

791 Trotz vorrangiger Gehaltsabtretungen können Beträge gepfändet werden, die über die Grenzen des § 850c ZPO hinaus vom Vollstreckungsgericht nach § 850f Abs. 2 ZPO für pfändbar erklärt worden sind[31].

3. Die erweiterte Pfändungsmöglichkeit in höhere Einkommen (§ 850f Abs. 3 ZPO)

792 Wird die Zwangsvollstreckung wegen anderer als der in § 850f Abs. 2 ZPO und in § 850d ZPO bezeichneten Forderungen betrieben, so kann das Vollstreckungsgericht gem. § 850f Abs. 3 ZPO in den Fällen, in denen sich das Arbeitseinkommen des Schuldners auf mehr als monatlich 2.340 DM (wöchentlich 540 DM, täglich 108 DM) beläuft, über die Beträge hinaus, die nach § 850c ZPO pfändbar wären, *auf Antrag des Gläubigers* die Pfändbarkeit unter Berücksichtigung der Belange des Gläubigers und des Schuldners nach freiem Ermessen festsetzen. Dem Schuldner ist jedoch mindestens soviel zu belassen, wie sich bei einem Arbeitseinkommen von monatlich 2.340 DM (wöchentlich 540 DM, täglich 108 DM) aus § 850c ZPO ergeben würde.

793 Durch diese Regelung öffnet sich für den Gläubiger, der nicht bereits das Pfändungsprivileg aus § 850d ZPO oder § 850f Abs. 2 ZPO genießt, bei hohen Einkünften des Schuldners die Pfändungsschranke des § 850c Abs. 2 ZPO für einen weiteren Zugriff in die Lohnforderung und verhilft ihm zu rascherer Befriedigung. Das Gesetz schützt den Schuldner nur vor einer zu weitgehenden Pfändung,

---

[28] Da es sich nicht um eine Erinnerungsentscheidung nach § 766 ZPO handelt, gilt § 829 Abs. 2 ZPO.
[29] Ebenso Stöber, Forderungspfändung, Rdn. 1197.
[30] A. A. Stöber, Forderungspfändung, Rdn. 1197, der hier § 850g ZPO (?) anwenden will.
[31] BAG BB 1984, 145.

indem es den Pfändungsschutz nur bei den monatlich 2.340 DM (wöchentlich 540 DM, täglich 108 DM) übersteigenden Bezügen des Schuldners beschränkt. Mit dieser Regelung verfolgt der Gesetzgeber das Ziel, Pfändungsfreigrenzen bei hohem Einkommen nach § 850 c Abs. 3 ZPO abzubauen, die aufgrund der tatsächlichen Verhältnisse nicht mehr gerechtfertigt erscheinen. Eine derartige Situation könnte etwa vorliegen, wenn der Schuldner einem Unterhaltsberechtigten einen Unterhaltsbeitrag gewährt, der dem Betrag, um den sich im Hinblick auf die Unterhaltsberechtigten nach § 850 c Abs. 3 ZPO der unpfändbare Teil des Arbeitseinkommens erhöht, unterschreitet[32]. Die Gegenüberstellung der Abs. 2 und 3 des § 850 f ZPO verdeutlicht, daß auch im Fall des § 850 f Abs. 3 ZPO Unterhaltsberechtigte nicht benachteiligt werden dürfen.

Die erweiterte Pfändung nach § 850 f Abs. 3 ZPO bedarf einer entsprechenden **794** Antragstellung des Gläubigers. Eine Anhörung des Schuldners erfolgt nicht (§ 834 ZPO), es sei denn, sie wäre vom Gläubiger beantragt. Der Gläubiger hat allerdings die Voraussetzungen für die Anwendung des § 850 f Abs. 3 ZPO schlüssig zu begründen. Über den Antrag entscheidet das Vollstreckungsgericht unter Berücksichtigung der Belange des Gläubigers und des Schuldners nach freiem Ermessen.

Zuständig für die Ermessensentscheidung des Vollstreckungsgerichts nach **795** § 850 f Abs. 3 ZPO ist der Rechtspfleger (§ 20 Nr. 17 RPflG).

Entspricht der Rechtspfleger dem Antrag des Gläubigers, so ist der zu erlassene **796** Beschluß als zusätzlicher Pfändungs- und Überweisungsbeschluß auf Betreiben des Gläubigers dem Drittschuldner und Schuldner zuzustellen (§ 829 Abs. 2 ZPO)[33]. Gegen den erweiterten Pfändungsbeschluß kann der Schuldner Erinnerung gem. § 766 ZPO einlegen. Hat der Rechtspfleger auf Antrag des Gläubigers oder in verfahrensrechtlich unzulässiger Weise den Schuldner vor Erlaß des erweiterten Pfändungsbeschlusses angehört, muß sich der Schuldner mit der sofortigen Durchgriffserinnerung nach § 11 RPflG (§ 793 ZPO) gegen den Pfändungsbeschluß zur Wehr setzen[34].

Die sofortige Durchgriffserinnerung nach § 11 RPflG (§ 793 ZPO) ist auch dann **797** geboten, wenn der Rechtspfleger den Antrag des Gläubigers aus § 850 f Abs. 3 ZPO zurückweist.

Versäumt der Schuldner oder Gläubiger die Frist (2 Wochen) zur Einlegung der **798** sofortigen Durchgriffserinnerung, bleibt zur Änderung der Entscheidung des Rechtspflegers nur der Weg über § 850 g ZPO, was allerdings nur bei einer *später*

---

32) Sh. Stöber, Forderungspfändung, Rdn. 1198 und Münzberg in Stein/Jonas, ZPO, § 850 f Rdn. 17.

33) A. A. aber OLG Hamm NJW 1973, 1332, das die Festsetzung eines niedrigeren pfandfreien Betrags als *Entscheidung* des Vollstreckungsgerichts qualifiziert, die gem. § 329 Abs. 3 ZPO von Amts wegen zugestellt werden muß. Wie hier Stöber, Forderungspfändung, Rdn. 1195, 1198; Münzberg in Stein/Jonas, ZPO, § 850 f Rdn. 22; sh. auch OLG Düsseldorf NJW 1973, 1133; OLG Koblenz MDR 1975, 939.

34) OLG Bamberg NJW 1978, 1389; OVG Münster NJW 1980, 1709; KG OLGZ 1978, 491.

eingetretenen Änderung der Vorausssetzungen für die Bemessung des pfändungsfreien Teils des Arbeitseinkommens statthaft ist.

799 Die Möglichkeit der zusätzlichen Pfändung aus § 850f Abs. 3 ZPO erweitert nicht die Grenzen rechtsgeschäftlicher Verfügungen in Gestalt von Abtretung und Aufrechnung[35].

[35] Ebenso Münzberg in Stein/Jonas, ZPO, § 850f Rdn. 26.

VIII. Die Anpassung der Lohnpfändung an veränderte Verhältnisse (§ 850 g ZPO)

Ändern sich die Voraussetzungen für die Bemessung des unpfändbaren Teils des Arbeitseinkommens, so hat das Vollstreckungsgericht gem. § 850 g ZPO auf *Antrag* des *Schuldners* oder des *Gläubigers* oder eines *Dritten,* dem der Schuldner *kraft Gesetzes Unterhalt* zu gewähren hat, den Pfändungsbeschluß entsprechend zu ändern. **800**

§ 850 g ZPO stellt eine notwendige Ergänzung der Zwangsvollstreckung in das Arbeitseinkommen dar, weil sich der Umfang der Lohnpfändung nach dem Inhalt des einmal ergangenen Pfändungsbeschlusses bestimmt, der auch nach der Pfändung fällig werdende Bezüge des Schuldners erfaßt (§ 832 ZPO). Im übrigen kann der Drittschuldner nur im Rahmen des § 850 c ZPO eine Änderung der Unpfändbarkeitsvoraussetzungen berücksichtigen, wenn etwa nach der Pfändung ein Unterhaltsberechtigter hinzugekommen oder weggefallen ist. Soweit aber das Vollstreckungsgericht konstitutiv die Höhe des pfändbaren Betrages festsetzt, wie dies etwa im Falle der §§ 850 d, 850 f ZPO geschieht, bleiben die Beteiligten daran gebunden, auch wenn sich die Verhältnisse nachträglich ändern. Überdies liegt die Bedeutung des § 850 g S. 1 ZPO auch darin, daß ein mit der Erinnerung nicht mehr anfechtbarer Pfändungsbeschluß nach Änderung der Verhältnisse geändert werden kann. Demgemäß unterliegt auch ein vom Landgericht oder Oberlandesgericht als Beschwerdegericht erlassener, bestätigter oder geänderter Pfändungsbeschluß gem. § 850 g ZPO der Modifizierung[1]. Soweit das Vollstreckungsgericht *bei Erlaß* des Pfändungs- und Überweisungsbeschlusses von unrichtigen Voraussetzungen ausgegangen ist, kommt lediglich eine Erinnerung gem. § 766 ZPO infrage[2]. **801**

Zuständig zur Entscheidung über Änderungsanträge ist der Rechtspfleger (§ 20 Nr. 17 RPflG) bei dem Vollstreckungsgericht (Amtsgericht) am Wohnsitz des Schuldners (§§ 828 Abs. 2, 802 ZPO)[3], unabhängig davon, ob der ursprüngliche Pfändungsbeschluß etwa vom Richter oder der Beschwerdekammer erlassen worden war. Mit dem Antrag ist dann gleichzeitig der ursprüngliche Pfändungsbeschluß vorzulegen. **802**

§ 850 g ZPO zählt die Antragsberechtigten *abschließend* auf. Treten bei dem *Drittschuldner,* der selbständig den pfändbaren Betrag bei der Lohnpfändung durch Normalgläubiger nach der Lohnpfändungstabelle ermittelt, im Falle der **803**

---

1) Vgl. dazu Stöber, Forderungspfändung, Rdn. 1200, 1201; Münzberg in Stein/Jonas, ZPO, § 850 g Rdn. 1, 2.

2) LG Düsseldorf Rpfleger 1982, 938. A. A. aber Stöber, Forderungspfändung, Rdn. 1202, der auch bei *ursprünglicher* Unrichtigkeit des Pfändungsbeschlusses § 850 g ZPO anwenden will. Dabei wird jedoch die Abgrenzung zur Erinnerung (§ 766 ZPO) verwischt und der besondere Charakter des § 850 g ZPO verkannt, welche Vorschrift sonst neben § 766 ZPO überflüssig wäre.

3) Ebenso Stöber, Forderungspfändung, Rdn. 1203 unter Hinweis auf abweichende Meinungen, die von der Zuständigkeit des Vollstreckungsgerichts, das den Pfändungsbeschluß erlassen hat, ausgehen.

Änderung der Verhältnisse bei dem Schuldner Berechnungsschwierigkeiten auf, so kann er allenfalls eine *klarstellende Entscheidung* des Vollstreckungsgerichts herbeiführen[4] oder mit der Erinnerung (§ 766 ZPO) gegen den Gläubiger vorgehen.

804 Bedienen sich der Gläubiger oder Schuldner des Verfahrens nach § 850 g ZPO, werden Zweifel am *Rechtsschutzbedürfnis* nicht entstehen. Sucht aber ein *Dritter* im Sinne von § 850 g ZPO – etwa ein Abkömmling des Schuldners – die Veränderung des bisherigen Pfändungsbeschlusses herbeizuführen, fehlt es am Rechtsschutzbedürfnis, wenn er nicht unmittelbarer Nutznießer der Änderung ist[5].

805 Der Erfolg des Antrags setzt voraus, der der Antragsteller schlüssig und nachweisbar eine *nach* der Lohnpfändung *entstandene Veränderung* der tatsächlichen Verhältnisse belegt, die eine Anpassung des Pfändungsbeschlusses erfordert. Richtet sich der Berichtigungsantrag gegen die Richtigkeit des *ursprünglichen* Pfändungsbeschlusses, weil das Vollstreckungsgericht aufgrund fehlender oder unrichtiger Angaben gesetzwidrig vollstreckt hat, liegt in Wahrheit eine *Erinnerung* vor, die sich gegen die Richtigkeit des ursprünglichen Pfändungsbeschlusses wendet[6].

806 Eine Änderung der Verhältnisse im Sinne von § 850 g ZPO liegt etwa in der Erhöhung oder Minderung des Arbeitseinkommens, der Geburt oder dem Tod eines Unterhaltsberechtigten, in der Eheschließung, der Pfändung eines Unterhaltsberechtigten mit besserem Rang, der Veränderung des Ausmaßes der Naturalbezüge (§ 850 e Nr. 3 ZPO), der wesentlichen Veränderung der persönlichen oder beruflichen Verhältnisse des Schuldners aus der Sicht des Gläubigers (§ 850 f Abs. 1 ZPO).

807 Betreibt der *Gläubiger* das Verfahren nach § 850 g ZPO, verbietet sich eine Anhörung des Schuldners nach § 834 ZPO, weil der Gläubiger nichts anderes als eine Ausdehnung seines Pfandrechts zu erreichen trachtet[7]. Die Anhörung der sonstigen Berechtigten erscheint nicht erforderlich, weil das Vollstreckungsgericht anhand objektiver Kriterien den Veränderungstatbestand überprüft.

808 Begehrt der Schuldner oder ein Dritter über § 850 g ZPO eine *Beschränkung* der ursprünglich ausgebrachten Pfändung, ist dem Gläubiger als Antragsgegner rechtliches Gehör einzuräumen.

---

4) Münzberg in Stein/Jonas, ZPO, § 850 g Rdn. 4 will auch dem Drittschuldner ein selbständiges Antragsrecht zubilligen. Dies erscheint jedoch angesichts der abschließenden Aufzählung der Antragsberechtigten in § 850 g ZPO bedenklich.

5) A. A. aber Münzberg in Stein/Jonas, ZPO, § 850 g Rdn. 4, der auch dem mittelbar begünstigten Dritten, der zunächst durch einen Näherberechtigten zurückgesetzt ist, eine Antragsberechtigung einräumen will.

6) Bötticher, Anm. zu BAG AP Nr. 8 zu § 850 d ZPO. A. A. aber Stöber, Forderungspfändung, Rdn. 1202, der alternativ einen Antrag aus § 850 g ZPO zulassen will.

7) Ebenso Münzberg in Stein/Jonas, ZPO, § 850 g Rdn. 3; a. A. aber Stöber, Forderungspfändung, Rdn. 1204, der dem Schuldner (Antragsgegner) stets rechtliches Gehör einräumen will. So auch Zöller/Scherübl, ZPO, § 850 g Anm. II 1.

Wird auf Antrag des Gläubigers durch entsprechenden Beschluß des Rechtspflegers die Pfändungsgrenze erweitert, so muß er die Zustellung an den Drittschuldner und Schuldner im *Parteibetrieb* besorgen (§ 829 Abs. 2 ZPO), weil es sich um einen Vollstreckungsakt handelt[8]. Ist dem Gesuch des Gläubigers voll entsprochen worden, ist ihm der Beschluß des Vollstreckungsgerichts formlos mitzuteilen (§ 329 Abs. 3 ZPO). 809

Der zugestellte Beschluß bindet den Drittschuldner. Dies gilt auch im Einziehungsverfahren für das Prozeßgericht. 810

Wird der Antrag eines Antragstellers aus § 850 g ZPO vom Rechtspfleger beim Amtsgericht Vollstreckungsgericht abschlägig beschieden, so bedarf der Beschluß an jeden Veranlasser des Verfahrens der Zustellung von Amts wegen (§ 329 Abs. 3 ZPO). 811

Eine Kostenentscheidung enthält der Beschluß aus § 850 g ZPO nur dann, wenn der Antrag des Gläubigers auf Erweiterung oder eines Dritten auf Einschränkung des Pfändungsbeschlusses abgewiesen wird. Im übrigen gehören die Kosten des Verfahrens nach § 850 g ZPO zu den Kosten der Zwangsvollstreckung (§ 788 ZPO) und werden zusammen mit dem zur Zwangsvollstreckung stehenden Anspruch aufgrund des für diesen bestehenden Titels beigetrieben. 812

Weist der Rechtspfleger den Antrag des Gläubigers oder den Antrag eines Dritten, dem der Schuldner kraft Gesetzes Unterhalt zu gewähren hat, ab, so kann diese Entscheidung nur durch *befristete Erinnerung* (§§ 11 Abs. 1 S. 2 RPflG, 577, 793 ZPO) angegriffen werden. Das gleiche gilt bei einer Erweiterung der Pfändung, soweit der Schuldner entgegen § 834 ZPO gehört worden ist[9]. Dem ohne Gehör beschwerten Schuldner steht die unbefristete Erinnerung nach § 766 zu[10]. 813

Ergeht ein Änderungsbeschluß aus § 850 g ZPO und ist seit der Änderung der Verhältnisse bereits einige Zeit verstrichen, so kann zweifelhaft sein, ob sich die Neuordnung des Vollstreckungsverfahrens nur zukünftig auswirkt oder diese den ursprünglichen Vollstreckungsakt *rückwirkend* korrigieren soll. Daß eine derartige Rückwirkung rechtlich keinen Bedenken begegnet, wird überwiegend angenommen[11]. Die Rückwirkung muß sich aber unzweifelhaft aus dem 814

---

8) Hartmann in Baumbach/Lauterbach, ZPO, § 850 g. A. A. aber Stöber, Forderungspfändung, Rdn. 1205, der von seinem Standpunkt aus richtig nur eine amtswegige Zustellung (§ 329 Abs. 3 ZPO) für möglich hält. So wohl auch Münzberg in Stein/Jonas, ZPO, § 850 g Rdn. 8, der allerdings zwischen amtswegiger Bekanntmachung und Zustellung differenziert.

9) Vgl. OLG Bamberg NJW 1978, 1389; KG OLGZ 1978, 491.

10) Münzberg in Stein/Jonas, ZPO, § 850 g Rdn. 9; a. A. Stöber, Forderungspfändung, Rdn. 1206, der jedoch inkonsequent einerseits dem Schuldner entgegen § 834 ZPO notwendig rechtliches Gehör einräumen will, bei unterlassener Anhörung aber die Erinnerung aus § 766 ZPO zuläßt. Ist nämlich rechtliches Gehör vorgeschrieben, handelt es sich nicht um einen Vollstreckungsakt, sondern um eine Vollstreckungs*entscheidung* des Rechtspflegers.

11) S. Berner, Rpfleger 1964, 329; Stöber, Forderungspfändung, Rdn. 1207; Bötticher, Anm. zu BAG AP Nr. 8 zu § 850 d ZPO; BAG AP Nr. 8 zu § 850 d ZPO; BAG AP Nr. 8 zu § 850 d ZPO = NJW 1962, 510; a. A. LG Frankenthal Rpfleger 1964, 346.

Beschluß ergeben, weil der Änderungsbeschluß grundsätzlich nicht stets eine rückwirkende Kraft besitzt. Auf bereits *abgewickelte Vollstreckungsmaßnahmen* übt die Rückwirkung keinen Einfluß mehr aus, weil insoweit eine teilweise Beendigung der Zwangsvollstreckung eingetreten ist.

815 Der *Drittschuldner* wird gem. § 850 g S. 3 ZPO besonders *geschützt:* Er kann nach dem Inhalt des früheren Pfändungsbeschlusses mit befreiender Wirkung leisten, bis ihm der Änderungsbeschluß aus § 850 g ZPO *zugestellt* wird. Dies gilt ungeachtet des Umstandes, daß der Abänderungsbeschluß mit seiner Bekanntgabe *wirksam* wird, soweit er die Pfändung einschränkt, ohne daß es einer Zustellung an den Drittschuldner bedarf. Auch wenn der Drittschuldner davon positive Kenntnis erlangt hat, darf er bis zu der an ihn erwirkten Zustellung mit befreiender Wirkung nach dem Inhalt des bisherigen Pfändungsbeschlusses verfahren[12]. Ab Zustellung des Änderungsbeschlusses hat sich der Drittschuldner nach seinem Inhalt zu richten.

816 *Gesetzesänderungen,* die den Lohnpfändungsschutz betreffen, fallen dann nicht unter § 850 g ZPO, wenn das neue Recht in besonderen Überleitungsvorschriften die Frage regelt, inwieweit sich die Gesetzesänderung auf bereits vor dem Inkrafttreten ausgebrachte Pfändungen auswirkt. Üblicherweise sollen dann kraft Überleitungsvorschriften die neuen Pfändungsfreigrenzen gelten. Auf Antrag des Gläubigers, des Schuldners oder des Drittschuldners hat das Vollstreckungsgericht den Pfändungsbeschluß entsprechend zu berichtigen. Der Drittschuldner kann nach dem Inhalt des früheren Pfändungsbeschlusses mit befreiender Wirkung leisten, bis ihm der Berichtigungsbeschluß zugestellt wird[13]. Diese Handhabung gilt für *rechtsgeschäftliche Verfügungen* entsprechend.

---

12) Ebenso Münzberg in Stein/Jonas, ZPO, § 850 g Rdn. 11.

13) Derartige Übergangsregelungen enthielten das Dritte bis Fünfte Gesetz zur Änderung der Pfändungsfreigrenzen in Art. 2 bzw. 3.

IX. Lohnschiebung und Lohnverschleierung (§ 850 h ZPO)

817 Bei der Lohnpfändung konfligieren Gläubiger- und Schuldnerinteressen. Ein gerecht abwägendes Vollstreckungsrecht hat auch das Gläubigerinteresse an einer raschen Befriedigung der titulierten Forderung zu respektieren. Dieses Anliegen verfolgt der Gesetzgeber in § 850 h ZPO dadurch, daß er Lohnschiebungen zum Nachteil des Gläubigers unterbinden will. Dabei geht es um zwei Lohnschiebungstatbestände: Einmal um den sog. *Begrenzungsvertrag* (§ 850 h Abs. 1 ZPO) zwischen Arbeitnehmer und Arbeitgeber, wonach der Schuldner vom Drittschuldner für die geleisteten Arbeiten oder Dienste nur die dem *unpfändbaren Teil* des Lohns entsprechenden Entgeltteile erhält und der Arbeitgeber *vereinbarungsgemäß* den Überschuß oder gar den gesamten Lohn an einen Dritten, häufig die Ehefrau, abführt. Des weiteren ist das sog. *verschleierte* Arbeitseinkommen (§ 850 h Abs. 2 ZPO) anzutreffen, bei dem im Gegensatz zum Begrenzungsvertrag kraft entsprechender Parteiabrede zwischen Arbeitnehmer (Schuldner) und Arbeitgeber (Drittschuldner) dem Arbeitnehmer überhaupt kein oder jedenfalls kein *pfändbares Arbeitsentgelt* für die erbrachte Arbeitsleistung zustehen soll. Bei beiden Sachverhalten *fingiert* § 850 h ZPO im Verhältnis *zum Gläubiger,* daß dem Schuldner überhaupt oder ein höherer Lohnanspruch als vereinbart für den Vollstreckungszugriff zusteht. Diese Lohnfiktion ist nicht davon abhängig, daß die an der Lohnschiebung Beteiligten eine Gläubigerbenachteiligungsabsicht haben. § 850 h ZPO stellt allein auf die *objektive* Würdigung der tatsächlichen Verhältnisse ab, d. h. die durch die Lohnschiebung eintretende Benachteiligung des Gläubigers[1].

818 In der verfahrensrechtlichen Ausgestaltung unterscheiden sich die beiden Absätze des § 850 h ZPO dadurch, daß der Begrenzungsvertrag den Gläubiger nicht hindert, aufgrund seines Titels gegen den Schuldner auch den Auszahlungsanspruch des *Drittberechtigten* zu *pfänden,* während beim verschleierten Arbeitseinkommen erst durch Intervention des Prozeßgerichts – regelmäßig des Arbeitsgerichts – die Höhe des Lohns im Verhältnis zum Gläubiger festgelegt wird.

1. Der Begrenzungsvertrag (§ 850 h Abs. 1 ZPO)

819 Hat sich der Empfänger der vom Schuldner geleisteten Arbeiten oder Dienste verpflichtet, Leistungen an einen *Dritten* zu bewirken, die nach Lage der Verhältnisse ganz oder teilweise eine Vergütung für die Leistung des Schuldners darstellen, so kann der Anspruch des *Drittberechtigten* gem. § 850 h Abs. 1 ZPO insoweit aufgrund des Schuldtitels gegen den Schuldner gepfändet werden, wie wenn der Anspruch dem Schuldner zustände.

820 Die erweiterte Pfändungsmöglichkeit zugunsten des Gläubigers setzt zunächst voraus, daß es sich um vom Schuldner geleistete Arbeiten oder Dienste handelt,

---

1) BGH AP Nr. 12 zu § 850 h ZPO; BGH NJW 1979, 1602.

für die der Drittschuldner eine Vergütung schuldet. Hierbei kommt es auf die Stetigkeit der Dienst- oder Arbeitsleistung nicht an; auch *einmalige* oder *vorübergehende* Dienstleistungen reichen für die Anwendung des § 850 h Abs. 1 ZPO aus[2]. Soweit das Schrifttum[3] auch Vergütungsansprüche aus *Werkverträgen* unter § 850 h Abs. 1 ZPO subsumieren will, steht diese Ansicht mit dem Wortlaut des Gesetzes im Widerspruch. Auch die systematische Stellung des § 850 h ZPO belegt, daß diese Vorschrift nur auf das Arbeitseinkommen im Sinne von § 850 Abs. 2 ZPO (§ 850 i ZPO) abstellt.

821 Als weitere materielle Voraussetzung muß hinzutreten, daß sich der Arbeitgeber als Vergütungspflichtiger einem Dritten gegenüber zu einer Leistung verpflichtet hat, die sich nach Lage der Umstände als Vergütung für die Leistung des Schuldners (Arbeitnehmers) darstellt.

822 Die Vereinbarung dieses Auszahlungsmodus kann nur zwischen dem Arbeitgeber und dem Arbeitnehmer herbeigeführt werden und stellt sich im Ergebnis als ein *Vertragsschluß zugunsten eines Dritten* (§ 328 BGB) dar. Der Vergütungsanspruch entsteht also in der Person des Dritten, und demgemäß hat der Arbeitgeber an diesen entsprechend der Abrede mit dem Arbeitnehmer zu leisten[4].

823 Vereinbaren die Arbeitsvertragsparteien, daß nur der Arbeitnehmer die Leistung an einen Dritten fordern kann und der Arbeitgeber als Versprechender ermächtigt ist, an diesen zu leisten, *ohne* daß der Dritte ein selbständiges Recht auf Leistung erwirbt (unechter oder ermächtigender Vertrag zugunsten Dritter), wird dieser Fall bereits durch § 829 ZPO geregelt und nicht von § 850 h Abs. 1 ZPO erfaßt.

824 Die Drittberechtigung aus § 850 h Abs. 1 ZPO ist streng von der sog. *Lohnabtretung* zu differenzieren. Während sich der Abtretende seines Rechtes gänzlich begibt, behält der Versprechensempfänger (Arbeitnehmer) grundsätzlich das Recht, vom Versprechenden (Arbeitgeber) die Leistung an den Dritten zu fordern. Ungeachtet dessen bedarf es bei der Lohnabtretung keiner Mitwirkung des Arbeitgebers. Letzterenfalls bleibt dem Gläubiger nur der Weg der Anfechtung gem. § 3 AnfG. Die Anwendung des § 3 AnfG setzt anders als § 850 h ZPO voraus, daß der Schuldner die Abtretung in der dem Zessionar bekannten *Absicht* vorgenommen hat, seine Gläubiger *zu benachteiligen.*

825 Außerdem muß nach Lage der Verhältnisse, d. h. objektiv die Leistung an den Dritten als Entgelt für die Arbeits- bzw. Dienstleistung des Schuldners anzusehen sein; die subjektive Auffassung der Beteiligten ist belanglos, insbesondere verlangt das Gesetz nicht etwa den Nachweis dolosen Zusammenwirkens der Beteiligten, um den Gläubiger zu benachteiligen[5].

---

2) Zöller/Scherübl, ZPO, § 850 h Anm. I.
3) So aber Münzberg in Stein/Jonas, ZPO, § 850 h Note 3 und Stöber, Forderungspfändung, Rdn. 1210 und Note 3. Wie hier aber Gisela Harbeck, HzA, Gr. 22, § 9 B I.
4) Münzberg in Stein/Jonas, ZPO, § 850 h Rdn. 4; Brox/Walker, Zwangsvollstreckungsrecht, Rdn. 533; Gisela Harbeck, HzA, Gr. 22, § 9 B II.
5) BGH AP Nr. 12 zu § 850 h ZPO = RdA 1969, 64.

Sind die vorstehenden materiellen Voraussetzungen des § 850 h Abs. 1 S. 1 ZPO gegeben, so umfaßt die Pfändung des Vergütungsanspruchs des Schuldners gem. § 850 h Abs. 1 S. 2 ZPO *ohne weiteres* den Anspruch des Drittberechtigten. Dies gilt ohne Rücksicht darauf, ob dem Gläubiger der Begrenzungsvertrag bekannt ist oder nicht, oder ob dieses Verhältnis in dem Pfändungsbeschluß selbst Erwähnung findet. **826**

Kennt der Gläubiger den Begrenzungsvertrag, so vermag er die Pfändung auch *gegen den Drittberechtigten* auszubringen, was aus dem letzten Halbsatz des § 850 h Abs. 1 S. 1 ZPO folgt. Hierzu bedarf es weder eines Titels gegen den Drittberechtigten, noch einer Umschreibung der Vollstreckungsklausel. Da dem Drittberechtigten die Eigenschaft eines Vollstreckungsschuldners fehlt, er vielmehr praktisch nur als Strohmann des eigentlichen Vollstreckungsschuldners fungiert, ist die vorherige Zustellung des Vollstreckungstitels als allgemeine Vollstreckungsvoraussetzung gem. § 750 ZPO nicht notwendig. Die allgemeinen und besonderen Vollstreckungsvoraussetzungen müssen aber im Verhältnis zum Vollstreckungsschuldner vorliegen. Welche Möglichkeit der Gläubiger auch wählt, in jedem Fall ist der Pfändungsbeschluß nach § 850 h Abs. 1 S. 3 ZPO dem Drittberechtigten *ebenso* wie dem Schuldner *zuzustellen.* Für die Entstehung des Pfandrechts an der Lohnforderung entscheidet *allein* die Zustellung an den *Drittschuldner* (§ 829 Abs. 3 ZPO)[6]. **827**

Es gelten die allgemeinen Pfändungschutzbestimmungen der §§ 850 a ff. ZPO. Die gepfändete Forderung wird zum Schuldnervermögen gerechnet, so daß der Arbeitgeber als Drittschuldner aus dem an den Schuldner und den Dritten zu zahlenden *Gesamtbetrag* den pfändbaren Lohnteil zu errechnen und an den Gläubiger abzuführen hat. Der unpfändbare Rest ist entprechend der Abrede der Parteien auf den Schuldner und den Drittberechtigten zu verteilen. **828**

Da der Gläubiger lediglich die *angebliche* Lohnforderung des Schuldners pfändet und sich zur Einziehung überweisen läßt, darf das Vollstreckungsgericht den Erlaß des Pfändungs- und Überweisungsbeschlusses nicht davon abhängig machen, ob der Drittschuldner eine Verpflichtung gegenüber einem Dritten eingegangen ist und ob sich diese zugesagte Leistung als Vergütung im Sinne von § 850 h ZPO darstellt. Es genügt hier die schlüssige Behauptung des Gläubigers für den Bestand der Lohnforderung. Der Streit über die materiellen Voraussetzungen des § 850 h Abs. 1 S. 1 ZPO zwischen dem Vollstreckungsgläubiger und dem Drittschuldner gehört in das Erkenntnisverfahren vor dem Prozeßgericht. Handelt es sich um Forderungen aus einem Arbeitsverhältnis, so ist das Arbeitsgericht zuständig (§ 2 Abs. 1 Nr. 3 ArbGG). **829**

Will der *Drittberechtigte* gegenüber dem Pfandgläubiger die Voraussetzung des § 850 h Abs. 1 ZPO bestreiten, so kann er gem. § 771 ZPO Klage gegen den Gläubiger mit dem Antrag erheben, die erfolgte Pfändung für unzulässig zu erklären, soweit der Drittschuldner an den Drittberechtigten zu leisten hat. So könnte der **830**

---

[6] Stöber, Forderungspfändung, Rdn. 1218; Zöller/Scherübl, ZPO, § 850 h Anm. I.

Dritte etwa einwenden, die an ihn vom Drittschuldner zu leistenden Zahlungen stünden ihm aufgrund *eigener* Leistungen zu und stellten keine Vergütung für die Dienstleistungen des Schuldners dar[7].

831 Hat der Drittberechtigte den Anspruch auf Auszahlung der Vergütung abgetreten, so muß sich auch der neue Gläubiger (Zessionar) die Pfändung der gesamten Lohnforderung gem. § 850h Abs.1 S.1 ZPO gefallen lassen, weil seine Rechtsstellung der des Zedenten entspricht. Da der *gutgläubige Erwerb* einer Forderung ausgeschlossen ist, kann sich ohnedies die Rechtsstellung des Zessionars im Verhältnis zum Zendenten gegenüber dem Schuldner der Forderung nicht verbessern.

832 Pfändet ein *Gläubiger des Drittberechtigten* aufgrund eines gegen *diesen* bestehenden vollstreckbaren Titels den Anspruch auf Auszahlung des Lohns gegen den Drittschuldner, so beeinflußt diese Pfändung nicht den Umfang der Pfändung eines gegen den Arbeitnehmer nach § 850h Abs.1 ZPO erlassenen Pfändungsbeschlusses, weil die Lohnforderung in vollstreckungsrechtlicher Hinsicht in ihrer *Gesamtheit* weiterhin dem Arbeitnehmer als Schuldner zugeordnet bleibt.

2. Das verschleierte Arbeitseinkommen (§ 850h Abs. 2 ZPO)

833 In der Vollstreckungspraxis ist das sog. *verschleierte Arbeitseinkommen* im Sinne von § 850h Abs. 2 ZPO wesentlich häufiger anzutreffen als der vorerwähnte Begrenzungsvertrag (§ 850h Abs.1 ZPO). Leistet der Schuldner einem Dritten in einem *ständigen Verhältnis* Arbeiten oder Dienste, die nach Art und Umfang *üblicherweise* vergütet werden, *unentgeltlich* oder gegen eine unverhältnismäßig geringe Vergütung, so gilt gem. § 850h Abs. 2 ZPO im Verhältnis des Gläubigers zu dem Empfänger der Arbeits- und Dienstleistungen eine *angemessene* Vergütung als geschuldet.

834 § 850h Abs. 2 ZPO will das Interesse des Vollstreckungsgläubigers an der Durchsetzung seiner Forderung gegen einen Schuldner sichern, der für einen Dritten tätig wird, ohne eine entsprechende angemessene Vergütung zu beziehen. Das Gesetz behandelt diesen Dritten beim Vollstreckungszugriff des Gläubigers so, als ob er dem Schuldner zu einer angemessenen Vergütung verpflichtet ist. Der Vollstreckungszugriff hängt nicht davon ab, ob der Schuldner und der Dritte in der *Absicht* gehandelt haben, den Schuldner einem Vollstreckungszugriff des Gläubigers durch einen Lohnschiebungsvertrag zu entziehen[8]. Die Arbeitskraft des Schuldners erfährt hier gleichsam im Interesse des Gläubigers eine Kommerzialisierung[9].

---

7) Vgl. dazu Münzberg in Stein/Jonas, ZPO, § 850h Rdn.16, der zu Recht darauf hinweist, daß die Ansprüche nur insoweit verstrickt werden, als § 850h S.1 ZPO zutrifft, so daß der Drittberechtigte nicht mit der Erinnerung rügen kann, die Voraussetzungen des § 850h Abs.1 S.1 ZPO seien nicht erfüllt.

8) BGH AP Nr.12 zu § 850h ZPO; BGH NJW 1979, 1602; Stöber, Forderungspfändung, Rdn.1220.

9) So bereits zutreffend Fenn, AcP 167, 160; Lepke, AuR 1971, 333ff; Gisela Harbeck, HzA, Gr. 22, § 9 C I; Münzberg in Stein/Jonas, ZPO, § 850h Rdn.18 mit weiteren Nachweisen.

§ 850 h Abs. 2 S. 2 ZPO verlangt bei der Prüfung, ob diese Voraussetzungen vorliegen, sowie bei der Bemessung der Vergütung die Rücksichtnahme auf alle Umstände des Einzelfalles, insbesondere die Art der Arbeits- und Dienstleistung, die verwandtschaftlichen und sonstigen Beziehungen zwischen dem Dienstberechtigten und dem Dienstverpflichteten und die wirtschaftliche Leistungsfähigkeit des Dienstberechtigten. 835

Zu den materiellen Voraussetzungen des § 850 h Abs. 2 S.1 ZPO gehört die Leistung von Arbeiten oder Diensten durch den Schuldner in einer *auf Dauer* angelegten Rechtsbeziehung, die auch in der *Regelmäßigkeit* der zu leistenden Dienste innerhalb bestimmter Zeitabschnitte gesehen werden kann[10] Die Vorschrift soll nicht auf Fälle *einmaliger* Leistungen angewendet werden. § 850 h Abs. 2 S. 1 ZPO gilt auch dann nicht, wenn der Schuldner ohne Erbringung einer Arbeitsleistung von einem Dritten Unterhalt erhält[11]. § 850 h Abs. 2 ZPO ist auch dann unanwendbar, wenn dem mitarbeitenden Verwandten der Erfolg seiner Tätigkeit *selbst* zugute kommt[12]. 836

Ob dabei Vertragsbeziehungen zwischen den Parteien bestehen oder die *ständigen Dienstleistungen* des Schuldners auf *Freiwilligkeit* beruhen, ist für die Anwendung des § 850 h Abs. 2 S.1 ZPO bedeutungslos. Das beweist die neutrale Formulierung „Verhältnis", womit nur die *tatsächliche Arbeitsleistung* im Interesse des Leistungsempfängers gemeint ist[13]. Gerade familiäre Beschäftigungsverhältnisse ohne normale arbeitsvertragliche Grundlage sollen den Regelungsgegenstand des § 850 h Abs. 2 ZPO bilden, ohne Rücksicht, ob der Schuldner einen Rechtsanspruch auf Vergütung seiner Mithilfe hat. Die Arbeitskraft des Schuldners als solche stellt einen wirtschaftlichen Wert dar, der in einer fingierten Lohnforderung ausgedrückt wird. Es wäre demnach unrichtig, bereits hier zu prüfen, ob die Tätigkeit des Schuldners auf einem Arbeitsvertrag beruht oder den gesetzlichen Rahmen der familienrechtlichen Mitarbeitspflichten überschreitet. 837

Die *Vergütungsfiktion*[14] des § 850 h Abs. 2 S.1 ZPO setzt darüber hinaus Dienst- oder Arbeitsleistungen des Schuldners voraus, die nach Art und Umfang *üblicherweise* vergütet werden. 838

Da § 850 h Abs. 2 S. 2 ZPO ausdrücklich bei der Prüfung, ob die Voraussetzungen des Satzes 1 vorliegen, auch auf die verwandtschaftlichen Beziehungen 839

---

10) Münzberg in Stein/Jonas, ZPO, § 850 h Rdn. 19.

11) BAG AP Nr. 14 zu § 850 h ZPO; Gisela Harbeck, HzA, Gr. 22, § 9 C II; Münzberg in Stein/Jonas, ZPO, § 850 h Rdn. 19.

12) Fenn, AcP 167, 161 bei Note 29; Wenzel, MDR 1965, 1028; Münzberg in Stein/Jonas, ZPO, § 850 h Rdn. 19 unter Hinweis auf RAG ARS 25, 145 im Falle zum Beispiel der Schuldner den Betrieb seiner Ehefrau im eigenen Namen und für eigene Rechnung betreibt, da dann in die Erträgnisse des Betriebs vollstreckt werden kann.

13) Ebenso Münzberg in Stein/Jonas, ZPO, § 850 h Rdn. 20 mit weiteren Nachweisen.

14) Da es sich nur um eine Vergütungsfiktion zugunsten des Gläubigers handelt, kann der Schuldner daraus keine Rechte gegen den Drittschuldner herleiten: LAG Düsseldorf DB 1972, 1028; LAG Baden-Württemberg DB 1970, 836. Demgemäß vermag der Schuldner derartige für ihn nicht existenten Ansprüche weder abzutreten noch zu verpfänden: LAG Schleswig-Holstein AP Nr. 13 zu § 850 h ZPO mit kritischer Anmerkung von Schneider.

zwischen dem Dienstberechtigten und dem Dienstverpflichteten abhebt, will ein Teil der Judikatur und Lehrmeinung *familienrechtliche Pflichtarbeitsverhältnisse* aus dem § 850 h Abs. 2 ZPO eliminieren, soweit nicht die gesetzlich geschuldete Mitarbeitspflicht überschritten wird[15]. Vergegenwärtigt man sich jedoch, daß § 850 h Abs. 2 ZPO seine Entstehung gerade der Erwägung verdankt, familiäre Beschäftigungsverhältnisse ohne normale arbeitsvertragliche Grundlage zu erfassen, um im Interesse des Gläubigers zu verhindern, daß sich jemand hinter einer familienrechtlichen Pflicht versteckt, um so dem Vollstreckungszugriff des Gläubigers zu entgehen, dann dürfen die Interessen des Leistungsempfängers im Entstehungstatbestand des § 850 h Abs. 2 S. 1 ZPO keine Bedeutung gewinnen[16]. Bei § 850 h Abs. 2 S. 1 ZPO soll eben gerade bei einer Mitarbeit, die auf familiärer Grundlage basiert und die deswegen nicht vergütet wird, der Empfänger der Dienstleistung so behandelt werden, als schuldete er eine Vergütung.

840 Ob derartige Arbeiten oder Dienste nach Art und Umfang *üblicherweise* vergütet werden, richtet sich danach, ob die Mitarbeit, würde sie nicht auf ehelicher oder verwandtschaftlicher Beziehung beruhen, gemeinhin nur gegen Vergütung geleistet wird[17].

841 Weiterhin setzt die Vergütungsfiktion aus § 850 h Abs. 2 ZPO (es gilt die angemessene Vergütung) voraus, daß der Schuldner die Dienste *unentgeltlich* oder gegen eine *unverhältnismäßig geringe* Vergütung leistet.

842 Über den völligen Wegfall einer Vergütungspflicht — und gleiches trifft auf die zweite Alternative der unverhältnismäßig geringen Vergütung zu — muß *Einigkeit* zwischen den Parteien *bestehen.* Anderenfalls kann § 612 BGB eingreifen, wonach die übliche Vergütung als stillschweigend geschuldet gilt, wenn die Dienstleistung den Umständen nach nur gegen eine Vergütung zu erwarten ist. Hat der Schuldner *kraft Tarifbindung* der Parteien (§ 3 Abs. 1 TVG) oder *Allgemeinverbindlichkeitserklärung* (§ 5 TVG) einen unabdingbaren Anspruch (§ 4 Abs. 3 TVG) auf den tariflichen Mindestlohn, tritt eine den Arbeitnehmer (Schuldner) benachteiligende einzelvertragliche Absprache mit dem Arbeitgeber (Drittschuldner) dahinter zurück[18]. Im Falle einer Drittschuldnerklage hat das Prozeßgericht bei Vorliegen entsprechender Anhaltspunkte den einschlägigen Tarifvertrag *von Amts wegen* zu ermitteln.

843 Das Tatbestandsmerkmal der „Unentgeltlichkeit" kann dann Schwierigkeiten bereiten, wenn der Dienstverpflichtete zwar im Augenblick vertragsgemäß unentgeltlich arbeitet, dies aber nicht altruistisch tut, sondern in Erwartung einer

---

[15] So LAG Bremen AR-Blattei, Lohnpfändung, E 12; LAG Bremen AP Nr. 9 zu § 850 h ZPO; vgl. auch die Nachweise bei Lepke, AuR 1971, 334, 335 bei Noten 19 und 20.

[16] Wie hier: BAG AP Nr. 16 zu § 850 h ZPO; Münzberg in Stein/Jonas, ZPO, § 850 h Rdn. 27 mit weiteren Nachweisen bei Note 67. Zur Entstehungsgeschichte des § 850 h ZPO: Fenn, AcP 167, 151 und Lepke, AuR 1971, 335.

[17] RAG ARS 25, 145; RAG ARS 42, 53; BAG AP Nr. 10 zu § 850 h ZPO = DB 1965, 1406; BAG AP Nr. 16 zu § 850 h ZPO; LAG Berlin BB 1963, 348; LAG Mainz BB 1960, 171.

[18] BAG AP Nr. 10 zu § 850 h ZPO; AcP 167, 148.

künftigen Gegenleistung des Dienstempfängers, wie das etwa bei der Mitarbeit der Kinder im elterlichen Geschäft mit Aussicht auf spätere Übernahme oder der Lebensgefährtin im Haushalt mit Rücksicht auf eine versprochene Erbeinsetzung geschieht. Bei derartiger Sachlage könnte der Drittschuldner den Gläubiger auf die später erfolgende Gegenleistung verweisen und damit die Unentgeltlichkeit der Dienstleistungen leugnen. Dies umsomehr, als auch der in seiner Erwartung Getäuschte regelmäßig mit Erfolg Zahlungsansprüche gegenüber dem Dienstleistungsempfänger durchzusetzen vermag, wobei hier offenbleiben kann, ob sich diese aus § 612 BGB oder aus § 812 Abs.1 3. Alternative BGB begründen lassen[19]. Dieser Einwand erweist sich jedoch nicht als bestandskräftig, um den Zugriff des Gläubigers abzuwenden. Der erwähnte Zahlungsanspruch ist nämlich durch den Eintritt des endgültigen Fehlschlagens der Vergütungserwartung aufschiebend bedingt und bis dahin gestundet. Während des Schwebezustandes erfolgt die Arbeitsleistung des Schuldners also absprachegemäß unentgeltlich, so daß der bedingte Zahlungsanspruch oder die eigentlich vorgesehene künftige Gegenleistung als Zugriffsobjekt für den Gläubiger unsicher und damit von geringem Interesse ist[20]. Kann daher der Schuldner aus der Mitarbeit im Jetztzeitpunkt keine Vergütungsansprüche herleiten, so liegt das Tatbestandsmerkmal der Unentgeltlichkeit vor. Soweit allerdings der Dienstleistungsempfänger über § 850 h Abs. 2 ZPO zur Zahlung herangezogen wird, darf er diese Leistungen mit dem zu erwartenden Entgeltanspruch des Schuldners verrechnen.

Kost, Wohnung, Kleidung und Taschengeld (Naturalleistungen), die der Dienst- **844**
leistungsempfänger dem Schuldner zuwendet, sind als Entgelt zu betrachten, ungeachtet dessen, ob aus der verwandtschaftlichen Beziehung eine Unterhaltsverpflichtung in diesem Sinne besteht (§ 1610 BGB) und die Gewährung der Naturalleistungen in Erfüllung dieser Rechtspflicht erfolgt. Gerade bei familiären Beschäftigungsverhältnissen fehlt regelmäßig die synallagmatische Verknüpfung von Leistung und Gegenleistung in Bezug auf einen Arbeitsvertrag, so daß die Naturalleistung regelmäßig als Arbeitsvergütung ausscheidet. Aus der Regelungsabsicht des § 850 h Abs. 2 ZPO ist zu entnehmen, das familiäre Beschäftigungsverhältnis auf der Entgeltseite wie ein normales Arbeitsverhältnis zu qualifizieren, sofern es um den Vollstreckungszugriff des Gläubigers geht. Auf der Grundlage dieser Betrachtungsweise kann die Vergütungsfiktion des § 850 h Abs. 2 ZPO nur eintreten, wenn die Naturalleistungen *keine adäquate Gegenleistung* darstellen, also als unverhältnismäßig geringfügige Vergütung erscheinen. Es hat dann eine Zusammenrechnung nach § 850 e Nr. 3 ZPO zu erfolgen mit der Maßgabe, daß der pfändbare Betrag aus der Summe des Geldeinkom-

---

[19] Auf diese Problematik hat erstmals Fenn AcP 167, 165 ff. aufmerksam gemacht. Zur Anwendung des § 612 BGB: BAG AP Nr. 24 zu § 612 BGB; BAG AP Nr. 26 zu § 612 BGB; BAG AP Nr. 29 zu § 612 BGB: BAG AP Nr. 31 zu § 612 BGB. Zur Anwendung des § 812 Abs. 1 BGB: BGHZ 44, 321. Unter Ehegatten wird auch für diesen Fall eine stilllschweigende Innengesellschaft mit Auseinandersetzungsansprüchen angenommen: BGHZ 8, 249; BGHZ 31, 197.

[20] So auch Münzberg in Stein/Jonas, ZPO, § 850 h Rdn. 24.

mens und des Wertes der Naturalbezüge berechnet und vollständig dem *Geldeinkommen* entnommen wird[21].

845 Die Vergütung des Schuldners ist dann *unverhältnismäßig gering,* wenn die tatsächlich gewährte Vergütung hinter der angemessenen Vergütung zurückbleibt, die sich nach dem Wert der Arbeitsleistung richtet. Grundsätzlich hat sich dabei der Wert der Arbeitsleistung an dem *einschlägigen Tariflohn* zu orientieren. Besteht keine entsprechende tarifliche Lohnregelung, so ist gem. § 612 Abs. 2 BGB die übliche Vergütung zu ermitteln[22]. Wenn demgegenüber Stöber[23] in Anlehnung an eine Entscheidung des 3. Senats des BAG[24] die Angemessenheit der Vergütung in der Weise feststellen will, daß auf der Grundlage der üblichen Vergütung geklärt werden müßte, ob der Schuldner gegen eine unverhältnismäßig geringe Vergütung arbeitet, um daraus auf eine angemessene Vergütung zu schließen, findet diese Auffassung im Gesetz keine Stütze. Aus § 850 h Abs. 2 ZPO ergibt sich mit keinem Wort, daß sich das Gericht um die übliche Vergütung zu kümmern hätte. Es gilt vielmehr die angemessene Vergütung zu ergründen. Und hierbei ist die angemessene Vergütung grundsätzlich mit der tarifüblichen Vergütung gleichzusetzen, weil diese nach der Auffassung der einschlägigen Wirtschaftskreise das adäquate Entgelt für die Arbeitsleistung des Arbeitnehmers darstellt. Daraus folgt: *Erreicht* der zwischen dem Dienstverpflichteten und Dienstberechtigten vereinbarte Lohn den Tariflohn, so ist für eine darüber hinausgehende Vergütungsfiktion aus § 850 h Abs. 2 ZPO kein Raum. Die Vergütungsfiktion bezieht sich nämlich lediglich auf die angemessene Vergütung als *Obergrenze. Unterschreitet* der vereinbarte Lohn den Tariflohn, besteht zunächst eine Vermutung für eine unverhältnismäßig geringe Vergütung, weil die Ansprüche aus dem Tarifvertrag den Charakter von *Mindestarbeitsbedingungen* haben. Diese Vermutung vermag dann der Drittschuldner dadurch auszuräumen, daß in Anbetracht seiner individuellen besonderen Verhältnisse die tatsächlich gezahlte Vergütung der Angemessenheit entspricht.

846 Bei der Bewertung, ob die tatsächlich an den Schuldner entrichtete Vergütung angemessen ist, sind insbesondere die Art der Arbeits- und Dienstleistung, die verwandtschaftlichen oder sonstigen Beziehungen zwischen dem Dienstberechtigten und dem Dienstverpflichteten sowie die wirtschaftliche Leistungsfähigkeit des Dienstberechtigten zu berücksichtigen.

847 Bei der *Art der Arbeitsleistung* geht es darum, ihren *Wert* für den Arbeitgeber zu verdeutlichen, wobei der Umfang der Leistung, die besondere Vertrauensstellung des Schuldners, sowie der Umstand ins Gewicht fallen können, daß der Schuldner eine notwendige andere Arbeitskraft ersetzt[25].

---

21) Zu den Einzelheiten der Zusammenrechnung vgl. Rzu. 697 ff.
22) Ebenso Münzberg in Stein/Jonas, ZPO, § 850 h Rdn. 24; wohl auch BAG AP Nr. 10 zu § 850 h ZPO. Zur Frage der angemessenen Vergütung bei gesellschaftlichen Verhältnissen zwischen Eheleuten: OLG Düsseldorf OLGZ 1979, 223 ff.
23) Forderungspfändung, Rdn. 1225.
24) Vom 24.05.1965 AP Nr. 10 zu § 850 h ZPO.
25) LAG Baden-Württemberg DB 1967, 691; LAG Bremen DB 1962, 476; Münzberg in Stein/Jonas, ZPO, § 850 h Rdn. 26.

Soweit das Kriterium der *verwandtschaftlichen* oder *sonstigen Beziehungen* zwischen Leistungsempfänger und Schuldner in Rede steht, ist es lediglich unter dem Gesichtspunkt der *Anspruchsminderung* heranzuziehen, weil der Gläubiger durch die Vergütungsfiktion *nicht bevorteilt* werden soll. Eine Vergütungspflicht in der Relation zum Gläubiger scheitert aber nicht daran, daß vielleicht wegen der bestehenden Familienbande eine unentgeltliche Tätigkeit des Schuldners moralisch gerechtfertigt wäre. **848**

Inhalt und Umfang der Pflicht, im Beruf oder Geschäft des anderen Ehegatten mitzuarbeiten, bestimmte sich bis zum Inkrafttreten des 1. EheRG vom 01.07.1977 nach § 1356 Abs. 2 BGB a. F. und ist mit dem ersatzlosen Wegfall dieser Vorschrift aus der allgemeinen Bestimmung des § 1353 Abs. 1 S. 2 BGB abzuleiten[26]. Die Mitarbeitspflicht der Ehegatten wird als Beitrag zur gemeinschaftlichen Lebensführung geschuldet. Als solche ist sie zumindest in einem weitgefaßten Kernbereich seit Bestehen der Gleichberechtigung der Eheleute als Leistung des Unterhalts zu erbringen, zu der die Ehegatten nach § 1360 BGB einander verpflichtet sind[27]. Diese familienrechtliche Mitarbeitspflicht entzieht der Anwendung des § 850 h Abs. 2 ZPO nicht den Boden. Deshalb vermag sich der in Anspruch genommene Drittschuldner nicht auf eine unentgeltliche Mitarbeit des Schuldners zu berufen. Die familiäre Mitarbeitspflicht kann allenfalls zu einer Minderung des Vergütungsanspruchs führen[28].

Schließlich ist die *wirtschaftliche Leistungsfähigkeit* des Drittschuldners zu berücksichtigen. Diesem Gesichtspunkt kommt für die Beurteilung des *Ob* und der *Höhe* des Vergütungsanspruchs des Schuldners eine besondere Bedeutung zu. Würde die Zahlung einer Vergütung oder die Überschreitung einer geringfügigen Vergütung die wirtschaftliche Existenz des Drittschuldners und seiner Familie gefährden, so wäre es höchst unbillig, trotz der Mitarbeit des Ehegatten oder des Kindes den Drittschuldner mit einer angemessenen Vergütung in Höhe des tariflichen Mindestlohns zu belasten. Dabei ist unerheblich, ob der Schuldner bei einem anderen Arbeitgeber mehr verdienen könnte. Ebensowenig fällt ins Gewicht, ob der Betrieb auf die Arbeitskraft des mitarbeitenden Angehörigen angewiesen ist, also bei ihrem Wegfall auf fremde Mithilfe zurückgegriffen werden müßte[29]. Kann der Drittschuldner nur aufgrund der billigen familiären Mitarbeit seinen Betrieb aufrechterhalten, so ist dieser Umstand durchaus geeignet, eine Vergütungsfiktion aus § 850 h Abs. 2 ZPO gänzlich zu verneinen. **849**

Die *Art* der Forderung, deretwegen vollstreckt wird, hat auf die Angemessenheit der Vergütung keinen Einfluß[30]. Die Vergütungsfiktion nach § 850 h Abs. 2 ZPO kann gegenüber mehreren Gläubigern nur *einheitlich* ausfallen. Die besonderen **850**

---

26) So die Begründung zum 1. EheRG, BT-Drucks. 7/650, S. 98.

27) BGH NJW 1980, 2197.

28) BAG AP Nr. 10 zu § 850 h ZPO; BGH NJW 1979, 1602; Münzberg in Stein/Jonas, ZPO, § 850 h Rdn. 27.

29) So aber LAG Mannheim BB 1952, 718. Hiergegen zu Recht Fenn, AcP 167, 177.

30) Münzberg in Stein/Jonas, ZPO, § 850 h Rdn. 31 mit ausführlichen Nachweisen. A. A. jedoch noch RAG ARS 25, 138.

Interessen eines Unterhaltsgläubigers werden ausreichend gewahrt, weil ihm das Pfändungsprivileg aus § 850 d ZPO auch bei der Vollstreckung im Rahmen des § 850 h Abs. 2 ZPO zugutekommt.

3. Die Berücksichtigung der Pfändungsgrenzen bei § 850 h Abs. 2 ZPO

851 Die im Verhältnis des Gläubigers zu dem Empfänger der Arbeitsleistung fingierte angemessene Vergütung ist vollstreckungsrechtlich wie ein echter Lohn- bzw. Gehaltsanspruch zu behandeln. Aus diesem Grunde müssen auch die Pfändungsbeschränkungen der §§ 850 ff. ZPO angewendet werden. Dies entspricht der Interessenlage der am Pfändungsverfahren Beteiligten, weil ein Gläubiger, der nur über die Vergütungsfiktion zum Vollstreckungszugriff gelangt, nicht besser und nicht schlechter gestellt werden darf, als derjenige Gläubiger, der in einen existenten Lohnanspruch vollstreckt.

852 Unterhaltsgläubiger genießen dementsprechend auch den Vollstreckungsvorteil aus § 850 d ZPO. Das Vollstreckunsgericht hat in diesem Fall den Pfändungsfreibetrag aus § 850 d ZPO konstitutiv festzusetzen.

853 Die Anwendung des § 850 c ZPO scheitert nicht etwa daran, daß der Schuldner wegen fehlender oder unverhältnismäßig geringer Vergütung *tatsächlich* keinen gesetzlichen Unterhalt an seine Ehefrau oder seine Kinder gewährt. Zunächst genügt für die Anwendung des § 850 c Abs. 1 S. 2 ZPO, daß sich der Schuldner angemessen an den Kosten des Familienunterhalts beteiligt. Ebenso wie etwa die Ehefrau ihren Beitrag zum Familienunterhalt durch die Haushaltsführung erbringt, leistet der Schuldner durch sein Tätigwerden beim Drittschuldner in Form von Mitarbeit zugleich seiner Familie gegenüber Unterhalt[31]. Aus diesem Grunde ist dem Schuldner auch ein Freibetrag für den dienstempfangenen Drittschuldner-Ehegatten einzuräumen. Dies schließt freilich nicht aus, daß der Gläubiger über den Weg des § 850 c Abs. 4 ZPO eine Entscheidung des Vollstreckungsgerichts herbeiführen kann, wonach der Drittschuldner-Ehegatte bei der Berechnung des unpfändbaren Teils des Arbeitseinkommens ganz oder teilweise unberücksichtigt bleibt. Da außerdem § 850 h Abs. 2 ZPO von einer Vergütungs*fiktion* ausgeht, muß auch zugunsten des Schuldners unterstellt werden, daß er bei tatsächlichem Erhalt einer angemessenen Vergütung einen Teil davon zum Unterhalt des Ehegatten und seiner Familie verwenden würde[32].

4. Das Pfändungsverfahren und die Feststellung des Vergütungsanspruchs

854 Die Pfändung nach § 850 h Abs. 2 ZPO unterscheidet sich von einer normalen Pfändung in das Arbeitseinkommen des Schuldners nur dadurch, daß nicht in

---

31) Sh. etwa BGH FamRZ 1963, 281; LAG Mainz AP Nr. 6 zu § 850 h ZPO.

32) A. A. aber Stöber, Forderungspfändung, Rdn. 1224, der davon ausgeht, daß der im Erwerbsgeschäft seiner Ehefrau tätige Schuldner für seine Ehefrau und die Kinder *keinen* Freibetrag verlangen kann. So auch LAG Frankfurt AP Nr. 1 zu § 850 c ZPO. Vgl. dazu Fenn, AcP 167, 185 und SAE 1966, 155. Wie hier Lepke, AuR 1971, 337.

reales, sondern fingiertes Arbeitseinkommen vollstreckt wird. Für das Amtsgericht-Vollstreckungsgericht besteht also keine Prüfungspflicht, ob der Drittschuldner dem Schuldner eine angemessene Vergütung schuldet. Für die Durchführung der Pfändung genügt wie auch sonst die schlüssige Behauptung des Gläubigers, daß eine Geldforderung des Schuldners gegen den Drittschuldner besteht. Die Pfändung erstreckt sich gem. § 832 ZPO auch auf die nach der Pfändung fällig werdenden Beträge. Gem. § 850 d Abs. 3 ZPO kann durch das Vollstreckungsgericht die Pfändung und Überweisung auch wegen der *künftig fällig werdenden Unterhaltsansprüche* des Gläubigers angeordnet werden.

Umstritten ist, ob sich bei einer Pfändung in die gem. § 850 h Abs. 2 fingierte Vergütung auch *rückständige* Lohnansprüche erfassen lassen, zumindest, wenn sich der Pfändungsbeschluß auf derartige Rückstände bezieht[33]. Richtig ist, daß bei der Pfändung wiederkehrend zahlbarer Vergütungen die Rückstände ohne besondere Erwähnung im Pfändungs- und Überweisungsbeschluß von der Pfändung erfaßt werden[34]. Im Falle des § 850 h Abs. 2 ZPO *entsteht* jedoch der Anspruch des Gläubigers gegen den Drittschuldner *erst* aufgrund des *Pfändungszugriffs* in ein nunmehr fingiertes Einkommen des Schuldners. Diese Konstruktion des Gesetzes schließt es daher denknotwendig aus, daß Rückstände bestehen, die gepfändet werden könnten. **855**

Weigert sich der Drittschuldner dem Pfändungs- und Überweisungsbeschluß zu entsprechen, ober besteht Streit zwischen dem Gläubiger aus dem Drittschuldner über die Höhe der abzuführenden Lohnteile des Schuldners, so ist die fingierte Vergütung und der pfändbare Lohnteil auf entsprechende Klage des Pfandgläubigers durch das *Prozeßgericht* festzustellen. Die fingierte Vergütung wird nicht etwa durch das Vollstreckungsgericht bestimmt. Das Vollstreckungsgericht legt aber im Falle einer Unterhaltspfändung (§ 850 d ZPO) den pfandfreien Betrag fest, an den das Prozeßgericht gebunden ist, so daß der Drittschuldner mit dem Einwand unrichtiger Festsetzung des pfandfreien Betrages im Klageverfahren vor dem Prozeßgericht nicht gehört wird. Der Schuldner kann durch Erinnerung und anschließende sofortige Beschwerde (§§ 766, 793 ZPO) die Unrichtigkeit der nach § 850 d ZPO durch das Vollstreckungsgericht festgesetzten Pfändungsgrenze geltend machen. Handelt es sich bei dem Schuldner um einen Arbeitnehmer oder eine arbeitnehmerähnliche Person, so ist für die Abwicklung des Drittschuldnerprozesses die Zuständigkeit des *Arbeitsgerichts* gegeben (§§ 2 Abs. 1 Nr. 2, 5 ArbGG)[35]. Dies gilt unabhängig davon, daß die Fiktion eines Anspruchs gem. § 850 h Abs. 2 ZPO nur zugunsten des Gläubigers, nicht aber zugunsten des Schuldners wirkt. **856**

Im Rahmen der Leistungsklage vermag sich der Drittschuldner auf die gesetzlichen Pfändungsbeschränkungen zu berufen, soweit das Vollstreckungsgericht **857**

---

33) Bejahend Münzberg in Stein/Jonas, ZPO, § 850 h Rdn. 35 und 42; a. A. aber Stöber, Forderungspfändung, Rdn. 1228; LAG Schleswig-Holstein AP Nr. 13 zu § 850 h ZPO.
34) Sh. Rzu. 570 f.
35) BGH AP Nr. 15 zu § 850 h ZPO.

den pfandfreien Betrag nicht festgesetzt hat. Weiterhin kann der Drittschuldner dem Gläubiger entgegenhalten, daß bereits *Vorpfändungen* vorliegen. Da jedoch § 850 h Abs. 2 ZPO nur im Verhältnis zwischen Vollstreckungsgläubiger und Drittschuldner eine Vergütungsfiktion des Schuldners bewirkt, erwirbt der *Schuldner* hieraus *keine eigenen Ansprüche* gegenüber dem Dienstleistungsempfänger[36]. Das hat zur Folge, daß dem verklagten Drittschuldner der Einwand abgeschnitten ist, die vom Gläubiger in Anspruch genommene Forderung sei vom Schuldner bereits vor der Pfändung abgetreten, verpfändet oder im Wege der Aufrechnung mit einer Gegenforderung getilgt worden. Es geht auch nicht an, das Recht des Drittschuldners auf Befriedigung seiner Gegenforderung als besonderen Umstand im Sinne von § 850 h Abs. 2 ZPO mit der Maßgabe zu berücksichtigen, daß das Dienstverhältnis für die Zeit des Abarbeitens der Verschuldung ganz oder teilweise von § 850 h Abs. 2 ZPO freigestellt werden müßte[37]. Eine Schuldtilgung wäre nur dann denkbar, wenn der Schuldner *vereinbarungsgemäß* eine Vergütung fordern kann, die in den Grenzen der Pfändbarkeit des Arbeitseinkommens durch einen Aufrechnungsvertrag oder eine erklärte Aufrechnung des Drittschuldners erlischt. Der Drittschuldner wird indes nicht gehindert, mit *eigenen* Ansprüchen gegen den Pfändungsgläubiger aufrechnen zu dürfen[38].

858 § 850 h Abs. 2 ZPO ist unanwendbar, wenn der Schuldner vom Dritten Zahlungen erhält, ohne dafür Dienstleistungen erbringen zu müssen. Dies gilt ungeachtet dessen, ob bei dem Dritten die Möglichkeit eines Arbeitseinsatzes besteht. So hat das BAG[39] eine sittenwidrige Schadenszufügung des Dritten gegenüber dem Gläubiger (§ 826 BGB) verneint, wenn es ein Ehegatte unterläßt, den beschäftigungslosen Ehegatten-Schuldner in seinem Betrieb zu beschäftigen, auch wenn er ihm vollen Unterhalt gewährt.

859 Da § 850 h Abs. 2 ZPO nur zugunsten eines Vollstreckungsgläubigers eine Lohnfiktion aufstellt, kann ein Zessionar aus einer Lohnabtretung des Schuldners keine Rechte gegenüber dem Dritten herleiten[40].

860 Das Rechtsverhältnis zwischen dem Schuldner und dem Drittschuldner erfährt durch § 850 h Abs. 2 ZPO auf der Grundlage der ausgebrachten Pfändung keinerlei Änderung. Weder erwächst dem Schuldner aus der Beziehung zum Drittschuldner überhaupt ein Vergütungsanspruch oder ein erhöhter Vergütungsanspruch, der nicht verabredet wurde, noch löst die Zahlungspflicht des Drittschuldners gegenüber dem Gläubiger einen *Regreßanspruch* gegen den Schuldner aus.

861 Im Einziehungserkenntnisverfahren vor dem Arbeitsgericht trägt der Vollstrek-

---

36) BGH VersR 1964, 642.
37) So aber Stöber, Forderungspfändung, Rdn. 1230.
38) LAG Mainz AP Nr. 6 zu § 850 h ZPO; LAG Berlin BB 1963, 348.
39) BAG AP Nr. 14 zu § 850 h ZPO mit zustimmender Anmerkung von Mes.
40) Zutreffend daher LAG Schleswig-Holstein AP Nr. 13 zu § 850 h ZPO mit kritischer Anmerkung von Schneider.

kungsgläubiger die Darlegungs- und Beweislast dafür, daß der Schuldner bei dem Dritten arbeitet und daß er die von ihm behauptete Position innehat, während der Drittschuldner darzulegen und nachzuweisen hat, daß ihm aufgrund seiner wirtschaftlichen Leistungsfähigkeit die Zahlung einer Vergütung nicht zugemutet werden kann[41]. Läßt sich daher aus dem vorgelegten Zahlenmaterial die Gewinn- und Ertragslage des Drittschuldners nicht abschließend beurteilen, so geht dies zu Lasten des Drittschuldners[42].

Hat sich der Drittschuldner einer gepfändeten — entweder bestehenden oder **862**
nach § 850h Abs. 2 ZPO fingierten — Lohnforderung in einem *Prozeßvergleich* zu bestimmten wiederkehrenden Leistungen an den Pfändungsgläubiger verpflichtet, so muß im Zweifel angenommen werden, daß mit der Beendigung des Arbeitsverhältnisses bzw. mit dem Ablauf des in § 850h Abs. 2 ZPO bezeichneten Verhältnisses die Zahlungspflicht endet[43].

Nach ständiger Rechtsprechung des BAG[44] kann der Vollstreckungsgläubiger **863**
neben dem aus dem Pfändungs- und Überweisungsbeschluß bereits geschuldeten Betrag auch Klage auf *künftige Leistung* gem. § 259 ZPO erheben. Für die *Bestimmbarkeit* der Forderung im Sinne von § 259 ZPO ist dabei nicht erforderlich, daß die Leistung unter allen Umständen mit Sicherheit geschuldet wird, sondern nur, daß sie, falls sich nichts Unerwartetes ereignet, geschuldet bleibt[45]. Als besondere Zulässigkeitsvoraussetzung verlangt § 259 ZPO die Besorgnis, der Drittschuldner werde sich der rechtzeitigen Leistung entziehen. Davon ist auszugehen, wenn er den Bestand des Anspruchs in Abrede stellt[46]. Ist der Drittschuldner zu künftigen Leistungen verurteilt worden, die von einer weiteren Arbeitsleistung des Arbeitnehmers oder einem Verhältnis nach § 850h Abs. 2 ZPO abhängig sind, kann der *Drittschuldner* durch Erhebung einer *Vollstreckungsgegenklage* nach §§ 767, 769 ZPO die Einstellung der Zwangsvollstreckung erreichen, wenn die künftigen Vergütungsansprüche nicht entstehen. Bei entsprechender Verurteilung des Drittschuldners auf künftige Zahlung hat das Prozeßgericht wegen § 850c Abs. 1 ZPO die Lohnabrechnungsperioden und die Fälligkeitszeitpunkte im Tenor des Urteils festzulegen.

---

41) LAG Düsseldorf vom 28.09.1984 – 9 Sa 851/84 –. Dabei können unter Umständen Lebenserfahrungssätze herangezogen werden. ArbG Kaiserslautern AP Nr. 2 zu § 850 h ZPO.

42) BGH AP Nr. 12 zu § 850 h ZPO.

43) BAG AP Nr. 14 zu § 794 ZPO.

44) BAG AP Nr. 1 zu § 259 ZPO; BAG AP Nr. 2 zu § 259 ZPO; BAG AP Nr. 4 zu § 850 c ZPO mit zustimmender Anmerkung von Beitzke.

45) So bereits RGZ 168, 325 ff. Vgl. zur Klage auf Zahlung künftig fälliger Vergütung ausführlich Vossen, DB 1985, 395 ff. und 439 ff.

46) BGH NJW 1978, 1262, 1263.

X. Die Pfändung nicht wiederkehrend zahlbarer Vergütungen (§ 850 i Abs. 1 ZPO)

864 Ist eine nicht wiederkehrend zahlbare Vergütung für persönlich geleistete Arbeiten oder Dienste gepfändet, so hat das Gericht dem Schuldner auf *Antrag* soviel zu belassen, als er während eines *angemessenen Zeitraums* für seinen *notwendigen* Unterhalt und den seines Ehegatten, eines früheren Ehegatten, seiner unterhaltsberechtigten Verwandten oder der Mutter eines nicht ehelichen Kindes nach §§ 1615 l, 1615 n des BGB bedarf. Bei der Entscheidung sind die wirtschaftlichen Verhältnisse des Schuldners, insbesondere seine sonstigen Verdienstmöglichkeiten, frei zu würdigen. Dem Schuldner ist nicht mehr zu belassen, als ihm nach freier Schätzung des Gerichts verbleiben würde, wenn sein Arbeitseinkommen aus laufendem Arbeits- oder Dienstlohn bestände. Der Antrag des Schuldners ist insoweit abzulehnen, als überwiegende Belange des Gläubigers entgegenstehen (§ 850 i Abs. 1 ZPO).

865 Diese Vorschrift betrifft vor allem die sog. *freien Berufe.* Auch der freiberuflich Tätige soll nicht sämtlicher finanzieller Mittel entblößt werden, die er für seinen eigenen Unterhalt und die Abdeckung der gesetzlichen Unterhaltsansprüche benötigt. Der entscheidende Unterschied zum Pfändungsschutz für *fortlaufende Einkünfte* besteht darin, daß die jeweils *einmalig* entstehenden Ansprüche i. S. des § 850 i Abs. 1 ZPO der *unbeschränkten* Pfändung unterliegen, während bei der wiederkehrend zahlbaren Vergütung für persönlich geleistete Arbeiten oder Dienste der Pfändungsschutz von vornherein, d. h. kraft Gesetzes, eingreift. Bei nicht wiederkehrend zahlbarer Vergütung bedarf es stets eines entsprechenden *Antrags* des Schuldners an das Vollstreckungsgericht, um eine Begrenzung der Pfändung zu erlangen.

1. Voraussetzungen des Pfändungsschutzes nach § 850 i Abs. 1 ZPO

866 Voraussetzung für den Pfändungsschutz aus § 850 i Abs. 1 ZPO ist zunächst, daß es sich nicht um periodisch wiederkehrende Vergütungen handelt, wobei die Grundlage des Anspruchs in einem Werkvertrag, Dienstvertrag, Verlagsvertrag usw. bestehen kann. So fallen unter den Schutz des § 850 i ZPO die Werklohnansprüche der Handwerker, die Vergütungsansprüche der Ärzte und Zahnärzte, Rechtsanwälte, Hebammen, Komponisten, Schriftsteller, Architekten, Makler, Konkursverwalter usw.[1].

867 *Nicht wiederkehrend* zahlbare Vergütungen sind solche, die ihrer Natur nach oder typischerweise nicht fortlaufend gewährt werden.[2]. Der Gesetzgeber geht davon aus, daß dem Schuldner eine Reihe gleichartiger Einnahmequellen zur Verfügung stehen, die seine wirtschaftliche Existenzsicherung garantieren. Diese

---

[1] Vgl. dazu Münzberg in Stein/Jonas, ZPO, § 850 i Rdn. 5 mit weiteren ausführlichen Nachweisen; Stöber, Forderungspfändung, Rdn. 1233. Zur Gema-Vergütung eines Komponisten: KG Rpfleger 1957, 86.

[2] Sh. dazu oben Rzn. 368 f. mit weiteren Nachweisen.

Sichtweise bildet auch den Hintergrund dafür, daß der Pfändungsschutz erst auf entsprechenden Antrag des Schuldners durch das Vollstreckungsgericht konstitutiv verfügt wird.

Wenn auch § 850 i Abs. 1 ZPO auf die freiberuflich Tätigen zugeschnitten ist, so ist diese Vorschrift auch dann anwendbar, wenn ein Arbeitnehmer neben einer fortlaufend bezogenen Vergütung eine nicht wiederkehrend zahlbare Vergütung erhält. Typische Beispiele hierfür bilden *Abfindungen* gem. §§ 9, 10 KSchG, 112 Abs. 1 und 4, 113 Abs. 1 und 3 BetrVG[3]. Derartige Abfindungen werden ohne besondere Bezeichnung von einem Pfändungs- und Überweisungsbeschluß erfaßt. Sie sind bis zur Höhe des gegen den Schuldner gerichteten titulierten Anspruchs an den Gläubiger abzuführen, wenn der Schuldner nicht über das Vollstreckungsgericht eine teilweise oder gänzliche Pfändungseinschränkung erwirkt. Dabei ist auch pfändungsrechtlich gleichgültig, ob der Abfindungsbetrag in *Ratenzahlungen* an den Schuldner geleistet werden soll, weil dies lediglich eine besondere Modalität der Erfüllung des Anspruchs darstellt, ihm indes nicht den Charakter einer nicht wiederkehrend zahlbaren Vergütung nimmt. Eine *Zusammenrechnung* wiederkehrenden Arbeitseinkommens mit Einkünften aus § 850 i Abs. 1 ZPO kommt nicht in Betracht[4]. Die Gegenmeinung setzt sich nicht nur in Widerspruch zum Wortlaut des § 850 e Nr. 2 ZPO, sondern läßt auch außer Betracht, daß bei der Bestimmung des unpfändbaren Teils einer nicht wiederkehrend zahlbaren Vergütung laufende Einkünfte i. S. von § 850 Abs. 2 und 3 ZPO zu berücksichtigen sind. **868**

Voraussetzung für die Anwendung des § 850 i Abs. 1 ZPO ist des weiteren, daß der Schuldner die Tätigkeit *persönlich* ausübt, so daß *sonstige Einnahmen* des Schuldners nicht über § 850 i Abs. 1 ZPO teilweise oder vollständig von der Pfändung befreit werden können. **869**

Der Pfändungsschutz aus § 850 i Abs. 1 ZPO setzt einen entsprechenden *Antrag* an das Vollstreckungsgericht voraus. Da der Gesetzgeber das Antragsrecht nicht allein auf den Schuldner begrenzt, sind neben dem Schuldner auch die Angehörigen antragsberechtigt, denen der Schuldner kraft Gesetzes zum Unterhalt verpflichtet ist. Mangels Rechtsschutzinteresses ist ein Antragsrecht des Drittschuldners zu verneinen[5]. **870**

Der *Antrag* ist an das Vollstreckungsgericht (§ 764 ZPO) zu richten und fällt in die Zuständigkeit des *Rechtspflegers* (§ 20 Nr. 17 RPflG)[6]. Da es bei dem Antrag nicht um eine Überprüfung der Rechtmäßigkeit des ausgebrachten Pfändungs- und Überweisungsbeschlusses geht, sondern um die *nachträgliche Berücksichtigung* der besonderen Verhältnisse des Schuldners mit dem Ziel der Einschrän- **871**

---

3) BAG DB 1980, 360; OLG Düsseldorf DB 1980, 112.

4) Ebenso Stöber, Forderungspfändung, Rdn. 1242; Grunsky, ZIP 1983, 911; a. A. aber Münzberg in Stein/Jonas, ZPO, § 850 i Rdn. 5. Sh. dazu auch oben unter Rzn. 662 f.

5) Allgemeine Ansicht: Münzberg in Stein/Jonas, ZPO, § 850 i Rdn. 15; Stöber, Forderungspfändung, Rdn. 1236.

6) OLG Hamm Rpfleger 1957, 411; OLG Stuttgart OLGZ 1985, 69; Münzberg in Stein/Jonas, ZPO, § 850 i Rdn. 15.

kung des Pfändungsumfanges, hat der Antrag nach §850i Abs. 1 ZPO nicht die Qualität einer Erinnerung.

872 Der Antrag ist an *keine Frist* gebunden. Hat der Drittschuldner allerdings an den Gläubiger bereits gezahlt, ist für einen Antrag aus §850i Abs. 1 ZPO kein Rechtsschutzinteresse mehr gegeben, weil mit der Auszahlung an den Gläubiger die Zwangsvollstreckung endet. Ein Bereicherungsanspruch eines Antragsberechtigten gegen den Gläubiger scheitert an der Rechtmäßigkeit der durchgeführten Vollstreckung. Es empfiehlt sich, mit dem Antrag aus §850i Abs. 1 ZPO die *einstweilige Einstellung der Zwangsvollstreckung* hinsichtlich des voraussichtlich festzulegenden Freibetrages zu beantragen (§§766 Abs. 1 S. 2, 732 Abs. 2 ZPO analog).

873 Der Antragsteller trägt die Darlegungs- und Beweislast der für die Pfändungsbegrenzung maßgebenden Umstände[7].

874 Da der Gläubiger bei der Anwendung des §850i Abs. 1 ZPO unter Umständen der größeren Gefahr einer Vollstreckungsvereitelung ausgesetzt ist als bei der Pfändung in wiederkehrendes Arbeitseinkommen des Schuldners, muß ihm der Rechtspfleger vor seiner Entscheidung *rechtliches Gehör* einräumen, um die Belange des Gläubigers kennenzulernen und gegenüber denen des Schuldners abwägen zu können[8]. Für die zu seinen Gunsten sprechenden Aspekte (überwiegende Belange) trägt der Pfändungsgläubiger die Darlegungs- und Beweislast.

875 Für die Entscheidung des Rechtspflegers nach §850i Abs. 1 ZPO hat der Gesetzgeber bestimmte Regularien aufgestellt. Dazu gehört, daß dem Schuldner nicht mehr belassen werden darf, als ihm nach freier Schätzung des Gerichts verbleiben würde, wenn sein Arbeitseinkommen aus laufendem Arbeits- oder Dienstlohn bestände (§850i Abs. 1 S. 3 ZPO). Insofern hat der Rechtspfleger auf die Bestimmungen der §§850c, 850d ZPO zurückzugreifen.

876 Daneben sind die wirtschaftlichen Verhältnisse des Schuldners, insbesondere seine sonstigen Verdienstmöglichkeiten zu berücksichtigen (§850i Abs. 1 S. 2 ZPO). Beachtenswert ist dabei, daß der Gesetzgeber nicht nur die *tatsächlichen* Einkünfte des Schuldners bewertet wissen will, sondern auch seine Verdienst*möglickeiten.* Stets ist den besonderen Bedürfnissen des Schuldners (§850f ZPO) vom Vollstreckungsgericht Rechnung zu tragen. Insgesamt gesehen wird dem Vollstreckungsgericht bei der Würdigung der wirtschaftlichen Verhältnisse des Schuldners ein weiter Spielraum eingeräumt.

877 Das Vollstreckungsgericht bestimmt auch den *angemessenen Zeitraum,* für den dem Schuldner bei Respektierung der Höchstsätze aus §§850c, d ZPO ein unpfändbarer Betrag verbleiben soll. Mangels anderweitiger Anhaltspunkte ist von

---

[7] OLG Hamm OLGZ 1984, 257 ff. hinsichtlich der Pfändbarkeit von Entlassungsgeld; Münzberg in Stein/Jonas, ZPO, §850i Rdn. 16.

[8] H. M.: Siehe etwa Münzberg in Stein/Jonas, ZPO, §850i Rdn. 17.

der Zeitspanne auszugehen, die der Schuldner bis zur Erlangng eines neuen Verdienstes voraussichtlich überbrücken muß[9]. Der im Rahmen des § 850 i ZPO zu berücksichtigende Unterhaltsbedarf kann unter Umständen auch in der Zeit *vor* Antragstellung des Schuldners liegen[10]. Die Mitberücksichtigung der zurückliegenden Zeit ist etwa dann geboten, wenn der Schuldner von einem Arbeitgeber eine Abfindung erlangt, durch die auch der in zurückliegender Zeit erfolgte Einbehalt des Arbeitsentgeltes abgegolten werden soll, wie dies häufig bei Prozeßvergleichen in Kündigungsschutzverfahren vor dem Arbeitsgericht praktiziert wird[11].

Für die Bemessung des *notwendigen* Unterhalts des Schuldners, der nicht ver- **878**
heiratet ist und keine unterhaltsberechtigten Kinder hat, eignen sich die Regelsätze der laufenden Hilfe zum Lebensunterhalt nach dem Bundessozialhilfegesetz[12]. Zweifelhaft kann sein, ob dem Schuldner zur Erfüllung der ihm obliegenden *gesetzlichen Unterhaltspflichten* nur ein Betrag in *notwendiger* Höhe verbleiben muß. Anders als bei § 850 d Abs. 1 S. 2 ZPO[13] spricht der Wortlaut des § 850 i Abs. 1 S. 1 ZPO dafür, daß auch für die Unterhaltsberechtigten nur der notwendige Unterhalt pfändungsfrei bleiben soll. Dies bedeutet, daß sich der Freibetrag für den Unterhalt der Unterhaltsberechtigten nach den Regelsätzen der Sozialhilfe ausrichten muß. Auf keinen Fall darf dem Schuldner mehr belassen werden, als ihm bei einem fortlaufenden Einkommen während des angemessenen Zeitraums pfandfrei zu belassen ist (§ 850 i Abs. 1 S. 4 ZPO). Insoweit ist auf die Regelungen der §§ 850a, c, d, e und f ZPO zurückzugreifen. Demgemäß kann der Schuldner im Verfahren nach § 850 i Abs. 1. S. 1 ZPO geltend machen, daß gem. § 850 a ZPO bestimmte Zahlungen absolut unpfändbar sind.

Der Antrag des Schuldners ist jedoch insoweit abzulehnen, als *überwiegende* **879**
Belange des Gläubigers entgegenstehen (§ 850 i Abs. 1 S. 4 ZPO). Dies kann etwa der Fall sein, wenn der Gläubiger dringend Geld für seinen eigenen Unterhalt benötigt.

Der im bejahenden oder verneinenden Sinne ergehende Beschluß des Rechts- **880**
pflegers ist von Amts wegen zuzustellen und unterliegt der *sofortigen Durchgriffserinnerung* (§§ 11 RPflG, 793 ZPO), da eine Entscheidung des Rechtspflegers vorliegt[14].

Auf den Schutz des § 850 i Abs. 1 ZPO kann der Schuldner nicht zurückgreifen, **881**
wenn er eine nicht wiederkehrend zahlbare Vergütung an seinen Gläubiger *abgetreten* hat. Da die Forderung nur durch eine konstitutive Entscheidung des Voll-

---

9) Bock/Speck, Einkommenspfändung, S. 246; Münzberg in Stein/Jonas, ZPO, § 850 i Rdn. 11.
10) OLG Stuttgart OLGZ 1985, 69.
11) So auch OLG Stuttgart OLGZ 1985, 69; ähnlich Münzberg in Stein/Jonas, ZPO, § 850 i Rdn. 11, der auf die Zeit abheben will, in welcher der gepfändete Anspruch erarbeitet wurde.
12) OLG Hamm OLGZ 1984, 458; OLG Düsseldorf MDR 1969, 469; Münzberg in Stein/Jonas, ZPO, § 850 i Rdn. 9; Sh. dazu auch Rzn. 593 f.
13) Vgl. Rzn. 593 ff.
14) Stöber, Forderungspfändung, Rdn. 1237; Weber, Rpfleger 1967, 256; LG Aachen Büro 1984, 468.

streckungsgerichts der *Pfändung* entzogen werden kann, geht sie in vollem Umfange in das Vermögen des Zessionars über[15].

2. Dienstleistungen neben Sachbenutzung

882 Gem. §850i Abs. 2 ZPO gelten die Vorschriften des §850i Abs. 1 ZPO entsprechend für Vergütungen, die für die Gewährung von Wohngelegenheit oder eine sonstige Sachbenutzung geschuldet werden, wenn die Vergütung zu einem nicht unwesentlichen Teil als Entgelt für neben der Sachbenutzung gewährte *Dienstleistungen* anzusehen ist.

883 Hierzu rechnet insbesondere die entgeltliche Überlassung möblierter Zimmer unter Gewährung von Dienstleistungen (Reinigungsarbeiten, Instandsetzungsarbeiten, Bereitstellung von Mahlzeiten durch den Vermieter). Handelt es sich dabei um *unwesentliche* Dienstleistungen, die der Schuldner erbringt, so liegt wirtschaftlich betrachtet eine *reine Vermietung* vor, so daß der gesamte Vergütungsanspruch von der Pfändung erfaßt wird. Andererseits unterliegt eine wiederkehrend zahlbare Vergütung den Pfändungsschutzbestimmungen der §§850a ff. ZPO, wenn die Dienstleistung die Erwerbstätigkeit des Schuldners *vollständig* in Anspruch nimmt[16]. Daraus ist zu folgern, daß §850i Abs. 2 ZPO Dienste meint, die zwar im Verhältnis zur *gesamten Erwerbstätigkeit* des Schuldners unwesentlich sind, wohl aber in Relation zur Sachbenutzung keinen unwesentlichen Teil der Vergütung darstellen.[17].

884 Ebenso wie bei §850i Abs. 1 ZPO sind in §850i Abs. 2 ZPO nur *persönliche* Dienste des Schuldners gemeint. Der Gastwirt, der die Arbeiten durch hierzu eigens angestelltes Personal erbringen läßt, genießt nicht den Schutz des §850i ZPO.

885 Der Tatbestand der sonstigen Sachbenutzung mit verbundener Dienstleistung ist erfüllt, wenn etwa eine entgeltliche Personenbeförderung durch den Besitzer eines Kraftfahrzeugs geboten wird, oder eine Dienstleistung im Rahmen einer entgeltlichen Zurverfügungstellung einer Maschine. Auch hier darf die Dienstleistung im Vergleich zur Sachbenutzung nicht unwesentlich sein.

886 Der Umfang des Pfändungsschutzes ist derselbe wie bei §850i Abs. 1 ZPO, so daß das Vollstreckungsgericht die vorerwähnte Abwägung der Verhältnisse des Schuldners und des Gläubigers bezüglich des *ganzen* Anspruchs vorzunehmen hat. Der Vergütungsanspruch ist dabei wirtschaftlich als *Einheit* zu verstehen und darf nicht etwa in eine Vergütung für Sachbenutzung und Dienstleistung gespalten werden.[18]. Für das Verfahren sind die zu §850i Abs. 1 ZPO dargestellten Grundsätze maßgebend.

---

15) LAG Düsseldorf vom 18. 3. 1986 – 9 Sa 151/86 –.
16) Münzberg in Stein/Jonas, ZPO, §850i Rdn. 19.
17) Münzberg in Stein/Jonas, ZPO, §850i Rdn. 19.
18) H. M. Sh. etwa Münzberg in Stein/Jonas, ZPO, §850i Rdn. 24; Stöber, Forderungspfändung, Rdn. 1246. Zur Frage, ob Forderungen auf Untermieterzins zweckgebunden sind, (§851b Abs. 1 ZPO) oder dem §850i Abs. 2 ZPO unterliegen: OLG Hamm NJW 1957, 68; OLG Frankfurt NJW 1953, 1957.

3. Das Einkommen aus Heimarbeit (§850i Abs. 3 ZPO)

Für das Entgelt, das den in Heimarbeit Beschäftigten oder den Gleichgestellten gewährt wird, gelten gem. §27 des Heimarbeitsgesetzes vom 14. 3. 1951[19] die Vorschriften über den Pfändungsschutz für Vergütungen, die aufgrund eines Arbeits- oder Dienstverhältnisses geschuldet werden, entsprechend. In § 850i Abs. 3 ZPO wird dieser Grundsatz nochmals bestätigt. **887**

Der Kreis der vom Heimarbeitsgesetz betroffenen Personen ist in §1 HAG gesetzlich festgelegt. Es handelt sich dabei um Heimarbeiter, Hausgewerbetreibende und diesen Gruppen durch den Heimarbeiterausschuß mit Zustimmung der obersten Arbeitsbehörde des Landes gleichgestellte Personen. **888**

Da sich der Pfändungsschutz aus § 27 HAG auf den *Entgelt*anspruch dieser Personen bezieht, ohne näher danach zu differenzieren, ob es sich um ein Dienst- oder sonstiges Vertragsverhältnis handelt, kommt es auf die Bestimmung des Rechtsverhältnisses zum Auftraggeber nicht näher an, so daß vom Pfändungsschutz auch Entgeltansprüche aus Werk- und Werklieferungsverträgen erfaßt werden[20]. **889**

Die Verweisung auf die gesamten Vorschriften des Pfändungsschutzes erfordert eine Differenzierung, ob der Heimarbeiter zu seinem Auftraggeber in einem Verhältnis steht, aus dem er *fortlaufende* Einkünfte bezieht, das also seine Erwerbstätigkeit vollständig oder zu einem wesentlichen Teil in Anspruch nimmt, oder ob kein ständiges Verhältnis vorliegt, weil hiervon die Anwendung des §850c ZPO oder des §850i ZPO abhängt. **890**

Gem. § 20 HAG sind die Entgelte für Heimarbeit in der Regel als Stückentgelte, und zwar möglichst auf der Grundlage von Stückzeiten zu regeln. Ist dieses nicht möglich, so sind Zeitentgelte festzusetzen, die der Stückentgeltberechnung im Einzelfall zugrundegelegt werden können. Bei der Ermittlung des pfändbaren Entgeltanteils ist das gesamte Entgelt durch die Zahl der Tage von der Ausgabe der Heimarbeit bis zu ihrer Ablieferung zu teilen und das Ergebnis mit der Anzahl der Arbeitstage in der nach §850i Abs. 1 ZPO maßgebenden Zeiteinheit zu multiplizieren[21]. Die Berechnung des pfändbaren oder pfandfrei zu belassenen Anteils des Entgelts richtet sich des weiteren nach §850e Abs. 1 ZPO, so daß etwa in Rechnung gestellte Materialkosten gem. §850a Nr. 3 ZPO dem Pfändungszugriff vollständig entzogen sind. Gleiches gilt für Löhne, die der in Heimarbeit Beschäftigte oder Gleichgestellte an Hilfskräfte zu zahlen hat. Desgleichen sind Steuern und Sozialversicherungsbeiträge bei der Berechnung des pfändbaren Entgelts abzuziehen[22]. **891**

Die Entgeltansprüche der in Heimarbeit Beschäftigten können je nachdem, ob es **892**

---

19) BGBl. I, 191 in der Fassung vom 29. 10. 1974 (BGBl. I, 2879).
20) So bereits zutreffend Münzberg in Stein/Jonas, ZPO, §850i Rdn. 29.
21) Stöber, Forderungspfändung, Rdn. 898; Münzberg in Stein/Jonas, ZPO, §850i Rdn. 34.
22) Allgemeine Ansicht: Stöber, Forderungspfändung, Rdn. 898; Münzberg in Stein/Jonas, ZPO, §850i Rdn. 34.

sich um wiederkehrend zahlbare Vergütung oder um nicht wiederkehrend zahlbare Vergütung handelt, in den Grenzen des § 850 c ZPO oder vollständig abgetreten, verpfändet und aufgerechnet werden.

4. Die Pfändbarkeit gesetzlicher Versicherungs- und Versorgungsansprüche (§ 850 i Abs. 4 ZPO)

893 Gem. § 850 i Abs. 4 ZPO bleiben die Bestimmungen der Versicherungs-, Versorgungs- und sonstigen gesetzlichen Vorschriften über die Pfändung von Ansprüchen bestimmter Art unberührt. Diese Bestimmungen gehen den §§ 850 ff. ZPO als Spezialregelungen vor.

894 Zu den *Versicherungsgesetzen* gehören vor allem die Leistungen der Sozialversicherung. Durch das am 1. 1. 1976 in Kraft getretene SGB I[23] sind weitgehend die früher bestehenden Spezialregelungen für Sozialleistungen zusammengefaßt worden. Dies gilt auch für den Pfändungsschutz von Geldleistungen.

895 Gem. § 54 Abs. 2 SGB I können Ansprüche auf *einmalige* Geldleistungen nur gepfändet werden, soweit nach den Umständen des Falles, insbesondere nach den Einkommens- und Vermögensverhältnissen des Leistungsberechtigten, der Art des beizutreibenden Anspruchs sowie der Höhe und der Zweckbestimmung der Geldleistung, die Pfändung der Billigkeit entspricht.

896 Ansprüche auf *laufende* Geldleistungen können nach § 54 Abs. 3 SBG I wie Arbeitseinkommen gepfändet werden wegen *gesetzlicher Unterhaltsansprüche* und wegen *anderer Ansprüche* nur, soweit die in § 54 Abs. 2 SGB I genannten Voraussetzungen vorliegen und der Leistungsberechtigte dadurch nicht hilfebedürftig im Sinne der Vorschriften des Bundessozialhilfegesetzes über die Hilfe zum Lebensunterhalt wird.

897 Der Gesetzgeber differenziert in § 54 Abs. 2 und 3 SGB I zwischen *einmaligen* und *laufenden* Geldleistungen. Die Ansprüche auf einmalige Geldleistungen unterliegen nur dann der Pfändung, wenn und soweit dies der Billigkeit entspricht. Geht es um Ansprüche auf laufende Geldleistungen, verweist der Gesetzgeber des SGB I auf die Vorschriften über die Pfändbarkeit von Arbeitseinkommen (§§ 850 ff. ZPO). Daneben unterscheidet der Gesetzgeber, ob die Pfändung wegen *gesetzlicher Unterhaltsansprüche* oder wegen anderer Ansprüche erfolgt. Handelt es sich um gesetzlichen Unterhalt, so ist der Anspruch auf laufende Sozialleistungen im Rahmen des § 850 d ZPO pfändbar, ohne daß zusätzlich eine Billigkeitsprüfung angestellt werden müßte.

898 Wird wegen anderer Ansprüche in laufende Sozialleistungen vollstreckt, so ist zunächst der gem. § 850 c ZPO pfändbare Betrag zu ermitteln und darüber hinaus zu prüfen, ob und in welchem Umfang die Pfändung dieses Betrages der Billigkeit entspricht. Schließlich muß sichergestellt sein, daß der Schuldner durch die Pfändung nicht hilfsbedürftig im Sinne der Hilfe zum Lebensunterhalt nach dem

---

[23] BGBl. I, 3015.

BSHG werden darf. Der Gesetzgeber will damit vermeiden, daß sich der Gläubiger auf Kosten der Allgemeinheit aus Sozialleistungsansprüchen befriedigen kann. Maßgebend sind dabei die der Hilfe zum Lebensunterhalt zugrunde liegenden Regelsätze gem. § 22 BSHG, die aufgrund der Regelsatzverordnung vom 20. 7. 1962 in der Fassung vom 10. 5. 1971 von den zuständigen Landesbehörden festgesetzt und der wirtschaftlichen Entwicklung durch Erhöhung von Fall zu Fall angepaßt werden[24]. Da die Pfändung der Billigkeit entsprechen muß, hat das Vollstreckungsgericht bereits bei diesem Tatbestandsmerkmal der Frage nachzugehen, ob eine Sozialhilfebedürftigkeit des Schuldners eintritt, so daß im Ergebnis der Hinweis auf die Hilfsbedürftigkeit nach dem BSHG ein wesentliches Kriterium des Billigkeitsmaßstabes darstellt. Als eigenständige Pfändungsbeschränkung könnte die Frage der Sozialhilfebedürftigkeit nur dann akut werden, wenn die Freibeträge aus § 850 c ZPO niedriger als die Regelsätze der Sozialhilfe liegen.

Einmalig sind Geldleistungen der Sozialleistungsträger, wenn sie aufgrund eines **899**
konkreten Anlasses gezahlt werden und ihrer Natur nach *nicht wiederkehrend* sind. Bei den sog. *laufenden* Geldleistungen handelt es sich um solche, die ihrem Wesen nach in gewisser Regelmäßigkeit wiederkehrend sind[25].

Die Regelung des § 54 Abs. 2 und Abs. 3 SGB I bezieht sich auf die Sozialleistun- **900**
gen im Sinne des § 11 SGB I. Die einzelnen Sozialleistungen sowie die zuständigen Leistungsträger sind in den §§ 19 bis 29 SGB I geregelt. Sie betreffen Leistungen der Ausbildungsförderung (§ 18 SGB I), Leistungen der Arbeitsförderung (§§ 19 SGB I), Leistungen der gesetzlichen Krankenversicherung (§ 21 SGB I), Leistungen der gesetzlichen Unfallversicherung (§ 22 SGB I), Leistungen der gesetzlichen Rentenversicherung einschließlich der Altershilfe für Landwirte (§ 23 SGB I), Versorgungsleistungen bei Gesundheitsschäden (§ 24 SGB I), das Kindergeld (§ 25 SGB I) sowie Leistungen zur Eingliederung Behinderter (§ 29 SGB I).

Ausgenommen vom Anwendungsbereich des § 54 SGB I ist die Sozialhilfe und **901**
das Konkursausfallgeld, für die die bisherigen Regelungen (§ 4 BSHG, § 141 I AFG) weiterhin gelten[26]. *Drittschuldner* sind die in den §§ 18 ff. SGB I aufgeführten jeweiligen *Leistungsträger.* Soweit es sich um Kurzarbeiter-, Winter- und Schlechtwettergeld handelt, hat die Zustellung des Pfändungs- und Überweisungsbeschlusses nicht an das Arbeitsamt, sondern an den *Arbeitgeber* zu erfolgen (§§ 72 Abs. 4, 81 Abs. 3, 88 Abs. 4 AFG)[27].

Zu beachten ist, daß § 54 SGB I die sachlichen Voraussetzungen der Pfändbar- **902**
keit von Sozialleistungen *abschließend* regelt, so daß die *Zweckgebundenheit* der

---

24) Vgl. zur Bemessung des Mindestbedarfs: KG Rpfleger 1978, 459; OLG Hamm Rpfleger 1979, 270.

25) Einmalige Leistungen sind etwa Rentenabfindungen gem. §§ 603 ff, 302 RVO, Bestattungs- und Sterbegelder gem. §§ 201, 589 RVO sowie die Kapitalabfindung gem. § 1295 RVO. Zu den laufenden Geldleistungen rechnen Renten der Sozialversicherung, das Kranken- und Übergangsgeld.

26) Vgl. zum Konkursausfallgeld: Rzn. 426 ff.

27) Sh. Rzn. 431 ff. Gleiches gilt beim Kindergeld für Angehörige des öffentlichen Dienstes (§ 45 BKGG).

Leistung abweichend von § 851 ZPO die Pfändbarkeit nicht von vornherein ausschließt[28]. Die Zweckbestimmung kann allenfalls bei der Billigkeitsprüfung relevant werden[29].

903 Die Pfändbarkeit der Sozialleistungen hängt auch nicht von der Zustimmung des Leistungsträgers ab, die zur Abtretung und Verpfändung gem. § 53 Abs. 2 Nr. 2 SGB I erforderlich sein kann.

904 Soweit in § 54 Abs. 2 und 3 SGB I eine Billigkeitsprüfung zu erfolgen hat, kommt eine *Vorpfändung* von sozialrechtlichen Ansprüchen nicht in Betracht[30]. Der Grund für den Ausschluß des § 845 ZPO liegt darin, daß erst duch den Beschluß des Vollstreckungsgerichts die Pfändbarkeit *begründet* wird. Gleiches gilt im übrigen für § 850 b ZPO, der für die Regelung des § 54 Abs. 2 SGB I Vorbild gewesen ist[31]. Bringt der Gläubiger gleichwohl ein Vorpfändung aus, so ist diese nicht nichtig, sondern wegen des ihr anhaftenden Mangels durch Vollstreckungserinnerung nach § 766 ZPO anfechtbar[32].

905 Wird wegen *gesetzlicher Unterhaltsansprüche* in *laufende* Sozialgeldleistungen vollstreckt, so ist mangels einer besonderen Billigkeitsprüfung auch eine *Vorpfändung* möglich.

906 Gem. § 850 e Nr. 2 a ZPO sind mit Arbeitseinkommen auf Antrag auch Ansprüche auf laufende Geldleistungen nach dem Sozialgesetzbuch *zusammenzurechnen,* soweit nach den Umständen des Falles, insbesondere nach den Einkommens- und Vermögensverhältnissen des Leistungsberechtigten, der Art des beizutreibenden Anspruches sowie der Höhe und der Zweckbestimmung der Geldleistung, die Zusammenrechnung der *Billigkeit* entspricht[33].

907 Soweit es um Ansprüche auf *einmalige Geldleistungen* geht, hängt das Ob und der Umfang der Pfändung gem. § 54 Abs. 2 SGB I von einer *Billigkeitsprüfung* ab, die sich an § 850 b Abs. 2 ZPO im Ergebnis anlehnt[34]. Der Gesetzgeber zählt die Kriterien, die in jedem Fall bei der Billigkeitsprüfung zu berücksichtigen sind, in § 54 Abs. 2 SGB I auf. Dazu gehören zunächst die Einkommens- und Vermögensverhältnisse des Leistungsberechtigten. Ein weiteres Kriterium der Billigkeitsprüfung stellt die *Art* des *beizutreibenden Anspruchs* dar. Mit dieser Regelung soll die Interessenlage der Gläubigerseite angesprochen werden. Schließlich nennt das Gesetz die *Höhe* und die *Zweckbestimmung* der Geldleistung als weitere Gesichtspunkte der Billigkeitsprüfung. Damit wird verhindert, daß der mit der Sozialleistung beabsichtigte Erfolg gefährdet wird, so daß unter Umständen die beson-

---

28) So auch Schreiber, Rpfleger 1977, 296; a. A. aber Hornung, Rpfleger 1979, 84 und Müller/Wolff, NJW 1979, 299 für den Anspruch auf Kindergeld. Näher dazu Rzn. 422 ff.

29) Schreiber, Rpfleger 1977, 296; Stöber, Forderungspfändung, Rdn. 1337 mit weiteren Nachweien; OLG Celle NJW 1977, 1964.

30) Ebenso Stöber, Forderungspfändung, Rdn. 1415.

31) Vgl. dazu Rz. 508 mit Nachweisen bei Note 3.

32) A. A. aber Stöber, Forderungspfändung, Rdn. 803 und 1415, der die Vorpfändung für nichtig hält. Wie hier Hornung, Rpfleger 1979, 288.

33) Vgl. zu den Einzelheiten Rzn. 685 ff. mit ausführlichen Nachweisen.

34) BT-Drucks. 7/868, 32; sh. zur Billigkeitsprüfung: Hornung, Rpfleger 1979, 84; ders.; Rpfleger 1981, 423; ders., Rpfleger 1982, 45; Meyer, BB 1977, 655; Mümmler, JurBüro 1979, 1282; ders., JurBüro 1980, 1149; ders., JurBüro 1983, 489; Schreiber, NJW 1977, 279; Stöber Rpfleger 1977, 117.

dere Zweckbestimmung der Sozialleistung zu einer *vollständigen* Unpfändbarkeit führen kann.

Die Billigkeitsprüfung hat das Amtsgericht Vollstreckungsgericht vorzunehmen. Handelt es sich um die Pfändung wegen einer *öffentlich-rechtlichen* Geldforderung, trifft die *Vollstreckungsbehörde* (§ 4 VwVG) bei Erlaß der Vollstreckungsanordnung (§ 3 VwVG) die Billigkeitsentscheidung. Die behördliche Vollstreckungsanordnung ist, was die Billigkeitsprüfung angeht, keine Ermessensentscheidung. Die gesetzliche Pfändungsschutzbestimmung aus § 54 Abs. 2 SBG I ist *von Amts wegen* zu beachten, da sie im öffentlichen Interesse liegt[35]. **908**

Bei allen *laufenden Geldleistungen* im Sinne von § 11 SGB I ist zunächst zu differenzieren, ob ihre Pfändung wegen *gesetzlicher Unterhaltsansprüche* erfolgt. Dann richtet sich die Pfändung gem. § 54 Abs. 3 Nr. 1 SGB I nach den für die Pfändung von *Arbeitseinkommen* geltenden Vorschriften der ZPO, d. h. hier in Sonderheit nach § 850 d ZPO. Danach ist dem Schuldner soviel zu belassen, wie er für seinen notwendigen Unterhalt und zur Erfüllung seiner laufenden gesetzlichen Verpflichtungen gegenüber vorgehenden und gleichberechtigten Unterhaltsberechtigten bedarf. Da eine Wechselbeziehung zwischen staatlicher Sozialhilfe und Pfändungsschutz besteht, werden die Regelsätze gem. § 22 BSHG regelmäßig die unterste Grenze dessen bilden, was dem Schuldner in jedem Falle belassen werden muß[36]. Der dem Schuldner hiernach verbleibende Teil seines Arbeitseinkommens darf den Betrag nicht übersteigen, der ihm nach den Vorschriften des § 850 c ZPO gegenüber nicht bevorrechtigten Gläubigern zu verbleiben hätte (§ 850 d Abs. 1 S. 3 ZPO). Von diesem Grundsatz kann gem. § 850 f Abs. 1 ZPO wegen besonderer Bedürfnisse des Schuldners oder wegen des besonderen Umfangs der gesetzlichen Unterhaltspflichten des Schuldners zu seinen Gunsten abgewichen werden, wenn überwiegende Belange des Gläubigers dem nicht entgegenstehen[37]. **909**

Wird wegen *anderer Ansprüche* die Pfändung in *laufende* Sozialgeldleistungen betrieben, verweist der Gesetzgeber in § 54 Abs. 3 SGB I zunächst auf die Pfändungsgrenzen aus § 850 c ZPO. Ob und inwieweit der aus der Tabelle zu § 850 c ZPO an sich pfändbare Betrag pfändbar ist, muß sodann anhand einer zusätzlichen *Billigkeitsprüfung* im Sinne von § 54 Abs. 2 SGB I ermittelt werden. Bei dieser Billigkeitsprüfung wird ins Gewicht fallen müssen, ob es sich bei den Sozialgeldleistungen um solche mit oder ohne *Lohnersatzfunktion* handelt. Hat die Geldleistung Lohnersatzfunktion, wird die Pfändung regelmäßig der Billigkeit entsprechen[38]. Diese Bewertung wird durch § 53 Abs. 3 SGB I unterstützt, wo- **910**

---

[35] BFH DB 1979, 1332.

[36] Vgl. zu den Einzelheiten: Rzn. 578 ff. u. 593 ff. mit ausführlichen Nachweisen.

[37] Sh. dazu: Rzn. 745 ff. Zur umstrittenen Frage, ob und inwieweit das Kindergeld der Pfändung unterliegt: Rzn. 422 ff.

[38] Vgl. auch Hornung, Rpfleger 1979, 89; Stöber, Rpfleger 1977, 120; ders., Forderungspfändung, Rdn. 1353. Dies gilt etwa für das Arbeitslosengeld: OLG Celle NJW 1977, 1941; LG Krefeld MDR 1977, 412; LG Kleve MDR 1978, 584; für das Krankengeld: Stöber, Forderungspfändung, Rdn. 1353; für die Arbeitslosenhilfe: LG Krefeld MDR 1977, 412 und KG OLGZ 1982, 447; a. A. aber LG Koblenz BB 1977, 1653, das zusätzlich eine Billigkeitsprüfung verlangt.

nach Ansprüche auf laufende Sozialgeldleistungen, die der *Sicherheit des Lebensunterhalts* zu dienen bestimmt sind, übertragen und verpfändet werden dürfen, soweit sie den für Arbeitseinkommen geltenden unpfändbaren Betrag übersteigen. Kann der Schuldner insoweit freiwillig den pfändungsfreien Teil seiner Sozialleistungsansprüche als Kreditgrundlage oder zur Sicherung bzw. Befriedigung seiner Gläubiger verwenden, so wird es angesichts der Kongruenz zwischen Abtretbarkeit und Pfändbarkeit einer Forderung grundsätzlich auch billig sein, dem Gläubiger den Zugriff auf den pfändbaren Teil des Anspruchs zu gestatten.

911 Die Pfändung laufender Sozialgeldleistungen wegen *gewöhnlicher* Vollstrekkungsforderungen ist aber gem. §54 Abs. 3 Nr. 2 SGB I dann ausgeschlossen, wenn und soweit dadurch der Schuldner hilfebedürftig im Sinne der Vorschriften des BSHG über die Hilfe zum Lebensunterhalt wird. Die eigenständige Bedeutung dieser Vorschrift, die von Amts wegen zu beachten ist[39], spielt dann eine Rolle, wenn die Pfändungsgrenzen des §850c ZPO hinter den Sozialhilfesätzen, die aufgrund der Regelsatzverordnung festgesetzt werden, zurückbleiben[40].

912 Hinsichtlich der *verfahrensmäßigen Abwicklung* bei Pfändung einmaliger oder laufender Sozialgeldleistungen ergeben sich im Hinblick auf die *Darlegungslast* des Gläubigers und die Frage der *Anhörung* des Schuldners vor dem Erlaß des Pfändungs- und Überweisungsbeschlusses besondere Schwierigkeiten. Soweit nämlich eine Billigkeitsprüfung stattzufinden hat, sind die für die Interessenabwägung zwischen den Gläubiger- und Schuldinteressen maßgebenden Kriterien gegenüber dem Vollstreckungsgericht beizubringen. Diese Angaben gehören grundsätzlich zur Darlegungslast des Gläubigers. Da der Gläubiger häufig nicht über die dafür notwendigen Kenntnisse verfügt, stellt sich die Frage, ob entgegen §834 ZPO dem Schuldner vor einer Pfändung Gehör eingeräumt werden muß, oder der Schuldner nur auf einen entsprechenden Antrag des Gläubigers anzuhören ist[41].

913 Zunächst muß der Antrag des Gläubigers die zu pfändende Forderung des Schuldners an den Drittschuldner und den Rechtsgrund so *bestimmt* bezeichnen, daß sie von anderen unterschieden werden kann und die Feststellung ihrer Identität gesichert ist. Das muß sich nicht nur für die unmittelbar Beteiligten wie Pfändungsgläubiger, Schuldner und Drittschuldner mit hinreichender Deutlichkeit ergeben, sondern auch für andere Personen, insbesondere weitere Gläubiger des Schuldners. Angesichts dessen wäre ein formularmäßiger Pfändungsantrag, mit dem die angeblichen Ansprüche auf Geldleistungen gem. §§19 und 25 SGB, soweit sie gem. §54 SGB pfändbar sind, gepfändet werden sollen, schon

---

39) KG OLGZ 1982, 444; OLG Stuttgart OLGZ 1981, 254 ff.

40) Heinze, BochKomm SGB — AT, §54 Rdn. 37; v. Maydell in GK — SGB — AT §54 Rdn. 30 will dem Hinweis auf die Hilfebedürftigkeit nach dem BSHG keine eigenständige Bedeutung beimessen.

41) Eine Anhörung des Schuldners von Amts wegen halten unter Hinweis auf §850b Abs. 3 ZPO für notwendig: LG Hannover NJW 1977, 303; LG Köln NJW 1977, 1640; eine Anhörung nur mit Zustimmung des Gläubigers befürworten: OLG Düsseldorf OLGZ 1978, 124 ff.; KG OLGZ 1978, 491 ff.

nicht bestimmt genug[42]. Überdies ließe eine derartige Formulierung keine konkrete Billigkeitskontrolle zu[43].

Grundsätzlich obliegt es nach den allgemeinen Regeln des Vollstreckungsrechts dem *Gläubiger,* in seinem Antrag *schlüssig darzutun,* daß die Forderung, die gepfändet werden soll, dem Schuldner zusteht und daß sie überhaupt der Pfändung unterworfen ist. Dazu gehört auch, daß die Pfändung der Billigkeit entspricht. Dieser notwendige Gläubigervortrag kann nicht durch eine amtswegige Anhörung des Schuldners ersetzt werden, wenn auch die Ausgestaltung des § 54 SGB I dem § 850 b ZPO nachempfunden worden ist. Zwischen beiden Vorschriften bestehen insoweit erhebliche Unterschiede, als die in § 850 b Abs. 3 ZPO getroffene Regelung Bezüge des Schuldners betrifft, die zunächst einmal der Pfändung nicht unterworfen sind. Da der Gläubiger in der Regel auch bei zumutbaren Anstrengungen nicht in der Lage sein wird, die spezifische Situation seines Schuldners aufklären zu können, dürfen an die Darlegungsart allerdings keine überspannten Anforderungen gestellt werden. Dies gilt vor allem für die Frage, daß bei dem Schuldner keine Sozialhilfebedürftigkeit eintritt, weil die dafür in Betracht kommenden Regelsätze unter der durch § 850 c ZPO gegebenen Pfändungsfreigrenze liegen. Hinsichtlich der *Billigkeitsprüfung* wird sich allerdings eine Anhörung des Schuldners nicht vermeiden lassen, weil diese Prüfung stets vom Vollstreckungsgericht angestellt werden muß. Dem Gläubiger wird daher regelmäßig nichts anderes übrig bleiben, als die Anhörung des Schuldners vor Erlaß des Pfändungs-und Überweisungsbeschlusses zu beantragen[44], wenn er nicht die erforderlichen Angaben über den Weg der §§ 807, 899 ff. ZPO ermitteln will[45]. **914**

Weigert sich der Rechtspfleger beim Amtsgericht Vollstreckungsgericht, den beantragten Pfändungs- und Überweisungsbeschluß zu erlassen, dann steht dem Gläubiger dagegen die *sofortige Erinnerung* und Durchgriffsbeschwerde gem. §§ 11 RPflG, 577, 793 ZPO zu. Denn die Ablehnung zu vollstrecken stellt eine *Entscheidung* in der Vollstreckung dar. **915**

Hat der Rechtspfleger auf entsprechenden Antrag des Gläubigers *den Schuldner* vor der Entscheidung *gehört,* d. h. ihm Gelegenheit zur Stellungnahme eingeräumt und sodann den Pfändungsbeschluß erlassen, liegt ebenfalls eine *Entscheidung* in der Vollstreckung vor, die der Schuldner nur durch befristete Erinnerung nach §§ 11 Abs. 1 S. 2 RPflG, 577, 793 ZPO angreifen kann. **916**

Hat das Vollstreckungsgericht den Pfändungsbeschluß *ohne Gehör* des Schuldners vorgenommen, liegt eine bloße Vollstreckungshandlung vor, gegen die der Schuldner Erinnerung nach § 766 Abs. 1 S. 1 ZPO einlegen kann. **917**

---

[42] Vgl. dazu BGH NJW 1975, 980.

[43] KG OLGZ 1982, 443 ff.; OLG Köln OLGZ 1979, 484; OLG Düsseldorf Rpfleger 1978, 265; a. A. OLG Hamm Rpfleger 1979, 113 ff., das wegen der Schwierigkeit für den Gläubiger die Art der zu pfändenden Forderung zu ermitteln, geringere Anforderungen an die Kennzeichnung der Bestimmtheit der Forderung und die Darlegungslast des Gläubigers stellt.

[44] OLG Düsseldorf OLGZ 1978, 124 ff. = NJW 1977, 1642; OLG Hamm NJW 1977, 1643; OLG Hamm Rpfleger 1977, 180 ff; OLG Celle NJW 1977, 1642.

[45] KG OLGZ 1982, 445. Im Verwaltungsvollstreckungsverfahren besteht das Verbot des § 834 ZPO nicht.

918 Die Entscheidung, daß die Pfändung der Billigkeit entspricht, ist im Pfändungsbeschluß kurz zu begründen[46]. Die formularmäßige Begründung im Pfändungs- und Überweisungsbeschluß, die Pfändung erfolge gem. § 54 SGB i. V. m. § 850 c ZPO und entspreche nach dem Vortrag des Gläubigers der Billigkeit, läßt ein Abwägen der Gläubiger- und Schuldnerinteressen vermissen und genügt daher nicht[47].

919 Die *Abtretung* und *Verpfändung* von Sozialgeldansprüchen hat in § 53 Abs. 2 und 3 SGB I eine besondere Regelung erfahren. Ansprüche auf Geldleistungen können danach übertragen und verpfändet werden 1. zur Erfüllung oder zur Sicherung von Ansprüchen auf Rückzahlungen von Darlehen und auf Erstattung von Aufwendungen, die im Vorgriff auf fällig gewordene Sozialleistungen zu einer angemessenen Lebensführung gegeben oder gemacht worden sind oder, 2. wenn der zuständige Leistungsträger feststellt, daß die Übertragung oder Verpfändung im wohlverstandenen Interesse des Berechtigten liegt. Ansprüche auf *laufende Geldleistungen,* die der *Sicherheit des Lebensunterhalts* zu dienen bestimmt sind, können in anderen Fällen übertragen und verpfändet werden, soweit sie den für Arbeitseinkommen geltenden unpfändbaren Betrag übersteigen.

920 § 53 SGB I regelt mit wenigen Ausnahmen für alle Sozialleistungsbereiche die Frage der Abtretung und Verpfändung einheitlich. Besonderheiten gelten allerdings für das Sozialhilfe- und für das Arbeitsförderungsrecht. Gem. § 4 Abs. 1 S. 2 BSHG kann der Anspruch auf Sozialhilfe nicht übertragen, verpfändet oder gepfändet werden. Neben § 53 SGB I ist auch § 141 l AFG bestehen geblieben. Nach Abs. 2 dieser Vorschrift kann der Anspruch auf *Konkursausfallgeld* wie der Anspruch auf Arbeitseinkommen gepfändet, verpfändet oder übertragen werden, nachdem das Konkursausfallgeld beantragt worden ist. Eine Abtretung und Verpfändung des Anspruchs auf *Kurzarbeitergeld, Schlechtwettergeld* und *Wintergeld* ist nur dann wirksam, wenn der Gläubiger dem Arbeitgeber die Abtretung oder Verpfändung *anzeigt* (§§ 72 Abs. 4 a, 81 Abs. 3 S. 4, 88 Abs. 4 AFG). Das Zusammentreffen von Abtretung und Pfändung bestimmt sich nach § 850 e Nr. 4 ZPO[48].

921 Da § 47 SGB I vorsieht, daß Geldleistungen kostenfrei auf ein Konto des Empfängers bei einem Geldinstitut überwiesen werden sollen, wäre der Vollstreckungsschutz des § 54 SGB I unvollständig, wenn der Gesetzgeber die Kontenpfändung ungeregelt gelassen hätte. Mit dem *Pfändungsschutz* für *Kontoguthaben* beschäftigt sich § 55 SGB I.

922 Wird eine Geldleistung auf das Konto des Berechtigten bei einem Geldinstitut überwiesen, ist die Forderung, die durch die Gutschrift entsteht, für die Dauer von 7 Tagen seit der Gutschrift der Überweisung gem. § 55 Abs. 1 S. 1 SGB I unpfändbar. Eine Pfändung des Guthabens gilt als mit der Maßgabe ausgesprochen, daß

---

46) Vgl. LG Berlin Rpfleger 1977, 222; LG Düsseldorf Rpfleger 1983, 255; Hornung, Rpfleger 1977, 35; Stöber, Forderungspfändung, Rdn. 1397.

47) KG OLGZ 1982, 446.

48) Vgl. Rzn. 704 ff.

sie das Guthaben in Höhe der in § 55 Abs. 1 S. 1 SGB I bezeichneten Forderung während der 7 Tage nicht erfaßt (§ 55 Abs. 1 S. 2 SGB I).

Gem. Abs. 2 dieser Vorschrift ist das Geldinstitut dem Schuldner innerhalb der 7 Tage zur Leistung aus dem nach § 55 Abs. 1 S. 2 SGB I von der Pfändung nicht erfaßten Guthaben nur soweit verpflichtet, als der *Schuldner nachweist* oder als dem Geldinstitut sonst bekannt ist, daß das Guthaben von der Pfändung nicht erfaßt ist. Soweit das Geldinstitut hiernach geleistet hat, gilt § 55 Abs. 1 S. 2 SGB I nicht. **923**

Eine Leistung, die das Geldinstitut innerhalb der 7 Tage aus dem nach § 55 Abs. 1 S. 2 SGB I von der Pfändung nicht erfaßten Guthaben an den Gläubiger bewirkt, ist dem Schuldner gegenüber unwirksam. Dies gilt auch für eine Hinterlegung (§ 55 Abs. 3 SGB I). **924**

Bei Empfängern *laufender Geldleistungen* sind die in § 55 Abs. 1 SGB I genannten Forderungen *nach Ablauf* von 7 Tagen seit der Gutschrift sowie Bargeld insoweit nicht der Pfändung unterworfen, als ihr Betrag dem unpfändbaren Teil der Leistungen für die Zeit von der Pfändung bis zum nächsten Zahlungstermin entspricht (§ 55 Abs. 4 SGB I). **925**

Wird das Kontoguthaben eines Schuldners bei einem Geldinstitut (Bank, Postscheckamt, Sparkasse) gepfändet, so erfaßt die Pfändung das Guthaben in der Höhe des buchmäßigen Tagessaldos, der sich zum Zeitpunkt der Zustellung des Pfändungs- und Überweisungsbeschlusses an das Geldinstitut ergibt[49]. Da das Guthaben eine rechtlich verselbständigte Forderung des Kontoinhabers gegen das Geldinstitut darstellt, ist im Falle der Pfändung die Herkunft der Forderung ohne Bedeutung, so daß ein Pfändungsbeschluß auch Sozialleistungen erfassen müßte, die pfändungsrechtlich privilegiert sind. Diese Wirkung will § 55 SGB I durch einen *zweistufigen Pfändungsschutz* vermeiden. **926**

Das Guthaben des Sozialleistungsberechtigten, das durch die Gutschrift auf seinem Konto bei einem Geldinstitut entsteht, ist für die Dauer von 7 Tagen der Pfändung entzogen (§ 55 Abs. 1 S. 1 SGB I). Während dieser Zeit soll der Kontoinhaber zur Sicherung des Lebensunterhalts über sein Konto frei verfügen dürfen, wobei auch zugunsten von Unterhaltsgläubigern im Sinne von § 850 d ZPO keine Ausnahme gilt. Der Vollstreckungsschuldner kann demnach innerhalb der 7 Tage von seinem Konto Beträge abheben und Überweisungen vornehmen. **927**

Wenn der Schuldner nach erfolgter Pfändung aber noch innerhalb der 7-Tage-Frist über den geschützten Teil des Guthabens verfügen will, muß er dem Geldinstitut gegenüber etwa durch Vorlage des Rentenbescheids und des Überweisungsbelegs nachweisen, daß das Guthaben in dieser Höhe als Sozialgeldleistung von der Pfändung nicht erfaßt ist (§ 55 Abs. 2 S. 1 SGB I). Diese Regelung gilt **928**

---

49) Terpitz BB 1976, 1565: Gemeint ist der rein fiktive buchmäßige Saldo im Augenblick der Pfändung. Vgl. auch Zöller/Scherübl, ZPO § 850 i Anm. C 2. BGH DB 1982, 1716; BGH DB 1981, 1324. Sh. auch Rzn. 934 ff.

dem Schutz des Geldinstituts, das davor bewahrt werden soll, nochmals an den Vollstreckungsgläubiger zahlen zu müssen, wenn sich der Schuldner nicht auf die Unpfändbarkeit des Guthabens berufen konnte.

929 Leistet das Geldinstitut innerhalb der 7 Tage trotz der Unpfändbarkeit des Guthabens an den Vollstreckungsgläubiger, so ist die Leistung dem Vollstreckungsschuldner gegenüber unwirksam (§ 55 Abs. 3 SGB I). Besteht das Schuldnerkonto bei der Pfändung aus einem Guthaben, das sich aus einer Sozialgeldleistung und anderen Leistungen zusammensetzt, so wird nur das Guthaben in Höhe der Sozialgeldleistung für die Dauer von 7 Tagen von der Pfändung nicht erfaßt. Für das übrige Guthaben besteht kein Pfändungsschutz.

930 Gem. § 55 Abs. 1 SGB I erstreckt sich der Pfändungsschutz auf die *volle Höhe* der Sozialgeldleistung, einschließlich eines gegenüber dem Leistungsträger sonst pfändbaren Teils. Der unpfändbare Betrag vermindert sich indes in dem Umfang, in dem der Vollstreckungsschuldner in der Zeit zwischen Gutschrift[50] und Pfändung innerhalb der 7-Tage-Frist verfügt hat (§ 55 Abs. 2 S. 2 SGB I).

931 Da die Pfändung gem. § 55 Abs. 1 SGB I nur gegenüber dem Schuldner relativ unwirksam ist, bleibt der Rang des Pfandrechts gegenüber einem später pfändenden Gläubiger gewahrt[51].

932 Bei *laufenden* Sozialgeldleistungen räumt § 55 Abs. 4 SGB I dem Vollstreckungsschuldner einen *verlängerten Kontenschutz* ein. Sein durch Gutschrift der Sozialgeldleistung entstandenes Kontoguthaben bleibt insoweit pfändungsfrei, als der Betrag dem unpfändbaren Teil der Leistung für die Zeit von der Pfändung bis zum nächsten Zahlungstermin entspricht. Anders ausgedrückt wird damit ein Pfändungsschutz erreicht, der bei der Forderung gegen den Sozialleistungsträger bestünde. Allerdings tritt diese Pfändungsbeschränkung *nicht kraft Gesetzes* ein; der *Schuldner* muß vielmehr diesen Pfändungsschutz durch eine *Vollstrek-*

---

50) Terpitz, BB 1976, 1566; Liesecke, WM 1975, 323; a. A. aber Stöber, Forderungspfändung, Rdn. 1436, der jedesmal prüfen will, ob der Schuldner über sein sonstiges Kontoguthaben oder die Sozialleistung verfügt hat.
Verfügt der Schuldner *nach* der Pfändung, so kann sich ohnehin die Verfügung nur auf den gem. § 55 Abs. 1 SGB I *unpfändbaren* Teil des Guthabens beziehen. Nur wenn die Pfändung der Verfügung nachfolgt, wird die Frage akut, ob sich die Verfügung auf den pfändbaren oder unpfändbaren Teil des Guthabens bezieht. Aus § 55 Abs. 1 SGB I folgt jedenfalls nicht, daß der Schuldner noch am Ende der 7-Tage-Frist über die volle gutgeschriebene Sozialgeldleistung disponieren können soll.
So aber Derleder, AuR 1975, 75 bei Note 89. Weist das Konto des Schuldners ein Debet auf, verbietet § 394 BGB i. V. m. § 55 Abs. 1 SGB I für die Dauer von 7 Tagen hinsichtlich der *gesamten Höhe* der überwiesenen Sozialgeldleistung eine Aufrechnung des Geldinstituts. Unter Gutschrift im Sinne des § 55 SGB I ist stets die optische Gutschrift, nicht etwa die Wertstellung auf dem Konto zu verstehen, die für die Verzinsung der Gutschrift maßgebend ist. A. A. aber Terpitz, BB 1976, 1565, der davon ausgeht, daß der bloße Skripturakt der Gutschriftsbuchung nicht genügt, sondern daß es für den Zeitpunkt der Buchung darauf ankommt, daß die buchende Stelle die Gutschrift aus ihrem internen Bereich herausgibt und auf den Weg zu dem Kunden bringt. Dies könne der Postausgang sein oder die Bereithaltung der Kontoauszüge zur Abholung.

51) Zöller/Scherübl, ZPO, § 850 i Anm. C 3 a. E.; Stöber, Forderungspfändung, Rdn. 1430; a. A. aber Terpitz, BB 1976, 1565, 1566, der davon ausgeht, daß ein nach Ablauf der 7-Tage-Frist pfändbar gewordener Guthabenanteil nicht mehr unter den gegenwärtigen Saldo fällt.

kungserinnerung nach § 766 ZPO erwirken[52]. Die Freigabe des der Pfändung entzogenen Betrages obliegt nicht etwa dem Geldinstitut. Da das Geldinstitut gem. § 835 Abs. 3 S. 2 ZPO erst *zwei Wochen* nach der Zustellung des *Überweisungsbeschlusses* aus dem Guthaben an den Gläubiger leisten darf, hat der Vollstreckungsschuldner ausreichend Gelegenheit, die pfändungsbegrenzende Entscheidung des Vollstreckungsgerichts einzuholen.

Bargeld unterliegt nach § 55 Abs. 4 SGB insoweit nicht der Pfändung, als sein Be- **933**
trag dem unpfändbaren Teil laufender Sozialgeldleistungen für die Zeit bis zum nächsten Zahlungstermin entspricht. Ebenso wie bei § 811 Nr. 8 ZPO zugunsten der Bezieher von Arbeitseinkommen soll der Vollstreckungsschuldner den Geldbetrag behalten dürfen, der ihm bei Pfändung seines Anspruchs gegen den Leistungsträger für die Zahlungsperiode pfandfrei zu verbleiben hätte. Der Schuldner hat gegenüber dem Gerichtsvollzieher den Nachweis zu führen, daß der Barbetrag eine Sozialgeldleistung darstellt[53].

---

52) So auch Stöber, Forderungspfändung, Rdn. 1439; Terpitz, BB 1976, 1567; a. A. aber Heinze, Boch-Komm SGB — AT, § 55 Rdn. 33.

53) Stöber, Forderungspfändung, Rdn. 1440.

XI. Der Pfändungsschutz für Kontoguthaben aus Arbeitseinkommen (§ 850 k ZPO)

934 Die Entwicklung des bargeldlosen Zahlungsverkehrs hat dazu geführt, daß auch die Ansprüche des Schuldners aus Bankverträgen Gegenstand der Zwangsvollstreckung sind. Dies gilt ungeachtet dessen, daß der Gläubiger wohl in aller Regel das Arbeitseinkommen des Schuldners beim Arbeitgeber pfändet.

935 Der Gläubiger kann den Anspruch des Schuldners als Bankkunden aus dem *Girovertrag*[1] auf Auszahlung der sich zwischen den Rechnungsabschlüssen ergebenden gegenwärtigen und künftigen Tagesguthaben pfänden (§ 829 Abs. 1 ZPO). Weist das Girokonto ein Guthaben auf, kann der Bankkunde nach dem Girovertrag die Auszahlung dieses Betrages an sich verlangen[2]. In diese Rechtsstellung rückt der Pfandgläubiger durch die Überweisung dieser Forderung zur Einziehung (§ 836 ZPO) ein. Dafür ist gleichgültig, daß ein Girokonto regelmäßig als Kontokorrent geführt wird und die Kontokorrentabrede nach ständiger Spruchpraxis des BGH[3] die Unpfändbarkeit der kontokorrentzugehörigen Forderungen bewirkt (§ 357 HGB). Die Einzelforderungen als solche sind als reine Rechnungsposten kontokorrentgebunden und damit der Pfändung entzogen. Beim Girokonto räumt nämlich die Bank dem Girokunden einen vertraglichen Anspruch auf Auszahlung von Tagesguthaben ein, so daß dieser Anspruch der Kontokorrentbindung gerade nicht unterworfen wird.[4]

936 Dem Gläubiger bleibt unbenommen, die gegenwärtigen und künftigen Habensalden des Schuldners auch aus allen *Kontokorrentverhältnissen* mit der Bank zu pfänden. Die Pfändung erfaßt dann die Saldoforderung im Zeitpunkt des Wirksamwerdens der Pfändung (sog. *Zustellungssaldo*)[5] nicht jedoch die kontokorrentgebundenen Forderungen[6]. Die Pfändung betrifft mithin nicht die sich aufgrund des Girovertrages ergebenden Tagessalden, so daß der Schuldner weiterhin über sein Konto verfügen kann.[7]

937 Weist das Konto des Schuldners im Zeitpunkt der Pfändung ein *Debetsaldo* aus, so ist die Pfändung des gegenwärtigen Guthabens *wirkungslos*. Überdies haben

---

1) Der Girovertrag ist ein auf Geschäftsbesorgung i. S. von § 675 BGB gerichteter Dienstleistungsvertrag: BGH Rpfleger 1985, 201 mit Nachweisen. Es wäre auch möglich, den Anspruch auf *Gutschrift* als Herausgabe dessen, was der Beauftragte durch die Geschäftsbesorgung erlangt hat (§§ 667, 675 BGB), zu pfänden: BGH WM 1973, 892. Damit erlangt der Gläubiger jedoch keinen Anspruch auf Auszahlung, sondern erreicht lediglich, daß die Gutschrift dem Konto des Schuldners tatsächlich gutgeschrieben werden muß.

2) BGH DB 1982, 1716

3) BGH DB 1981, 1324; BGH DB 1982, 1002; BGH DB 1982, 1716; BGH Rpfleger 1985, 202.

4) BGH DB 1982, 1716, 1717.

5) Damit ist der Saldo gemeint, der sich abweichend von der vereinbarten periodischen Verrechnung als Überschuß zugunsten des Schuldners ergibt, wenn die Rechnung für den Zeitpunk der Pfändung abgeschlossen wird: BGH DB 1981, 1325 mit weiteren Nachweisen. Diese Zäsur der Abrechnung liegt auch im Interesse des Gläubigers, weil der Schuldner daran gehindert wird, bis zur nächsten Abrechnung durch neue Schuldposten dem Gläubiger das Guthaben zu entziehen.

6) BGH DB 1981, 1325.

7) Baßlsperger, Rpfleger 1985, 177 ff. mit ausführlichen Nachweisen.

die Banken aufgrund ihrer Allgemeinen Geschäftsbedingungen für ihre Ansprüche gegen den Bankkunden ein *Pfandrecht* an allen Ansprüchen des Kunden, das nach dem Prioritätsprinzip dem Pfändungsrecht des Gläubigers vorgeht.[8)]

Bringt der Gläubiger gegen den Schuldner eine Tagessaldenpfändung gegenüber der Bank als Drittschuldner aus, so ist das Guthaben *frei pfändbar,* ungeachtet dessen, daß es sich ursprünglich um Arbeitseinkommen gehandelt hat, das nur eingeschränkt der Pfändung unterliegt. **938**

Mit § 850 k ZPO, der durch das Vierte Gesetz zur Änderung der Pfändungsfreigrenzen vom 28. 2. 1978[9)] in die ZPO eingefügt wurde, soll dem Schuldner nicht nur ein Pfändungsschutz zuteil werden, solange ihm noch die in §§ 850 bis 850 b ZPO bezeichneten Forderungen gegen den ursprünglichen Drittschuldner zustehen, sondern der Pfändungsschutz auch dann eintreten, wenn der Drittschuldner das Arbeitsentgelt auf ein Konto des Schuldners bei einem Geldinstitut überwiesen hat.[10)] **939**

Werden wiederkehrende Einkünfte der in den §§ 850 bis 850 b ZPO bezeichneten Art auf das Konto des Schuldners bei einem Geldinstitut überwiesen, so ist eine Pfändung des Guthabens auf *Antrag* des *Schuldners* vom Vollstreckungsgericht insoweit aufzuheben, als das Guthaben dem der Pfändung nicht unterworfenen Teil der Einkünfte für die Zeit von der Pfändung bis zu dem nächsten Zahlungstermin entspricht (§ 850 k Abs. 1 ZPO). **940**

Nach dem insoweit unmißverständlichen Wortlaut des § 850 k Abs. 1 ZPO muß es sich um *wiederkehrende* Einkünfte der in §§ 850 bis 850 b ZPO bezeichneten Art handeln. Dadurch werden nicht nur Konten begünstigt, auf die Lohn- und Gehaltszahlungen erfolgen, sondern auch Konten, auf die andere wiederkehrende Leistungen zur Erfüllung der in §§ 850 bis 850 b ZPO bezeichneten Ansprüche überwiesen werden. Konten, auf die *nicht wiederkehrend* zahlbare Vergütungen für persönlich geleistete Arbeiten oder Dienste (§ 850 i ZPO) überwiesen werden, genießen nicht den Pfändungsschutz nach § 850 k ZPO[11)]. Für einen der Gutschrift entsprechenden Betrag kommt allenfalls ein Vollstreckungsschutz nach § 765 a ZPO infrage. **941**

Es ist nicht erforderlich, daß es sich bei dem Konto des Schuldners um ein reines Lohn- oder Gehaltskonto handelt, so daß außer dem Lohn auch noch andere Beträge auf das Konto fließen können. *Gemeinschaftskonten*[12)] von Eheleuten, über **942**

---

8) Vgl. Baßlsperger, Rpfleger 1985, 178.

9) BGBl. I, 333.

10) Vgl. Hartmann, NJW 1978, 609 ff.; Meyer ter Vehn, NJW 1978, 1240; Arnold, BB 1978, 1314 ff; Hornung, Rpfleger 1978, 353, 359 ff.; Behr, JurBüro 1979, 306, 312 ff.

11) Ebenso Stöber, Forderungspfändung, Rdn. 1282. Das LG Oldenburg Rpfleger 1983, 33 will auch für *einmalige* Krankenkassenleistungen gem. § 850 b Abs. 1 Nr. 4 ZPO den Pfändungsschutz aus § 850 k ZPO anwenden.

12) Bei einem Gemeinschaftskonto ist jeder der Kontoinhaber nach dem Girovertrag allein berechtigt, über das jeweilige Guthaben selbständig unbeschränkt Verfügungen jeder Art treffen zu dürfen. Vgl. BGH Rpfleger 1985, 201. Damit unterliegen die Forderungen der Kontoinhaber auch der Zwangsvollstreckung aus Titeln, die sich gegen einen von ihnen richten. OLG Nürnberg NJW 1961, 510; KG NJW 1976, 807.

die jeder Teil verfügungsbefugt ist, sind ebenso zu behandeln, wie ein Konto des Schuldners. Der Pfändungsschutz kann aber immer nur dann eingreifen, wenn und soweit auf das Konto für die laufende Zahlungsperiode wiederkehrende Leistungen nach Art der §§850 bis 850b ZPO tatsächlich eingegangen sind.[13)]

943 Problematisch kann sein, ob der Pfändungsschutz nach §850k Abs. 1 ZPO auch dann gilt, wenn der Schuldner vor der Guthabenpfändung bereits über den freizustellenden Teil seines Guthabens für den gesamten Auszahlungszeitraum verfügt hat. Da das Guthaben ebenso wie nach §811 Nr. 8 ZPO Bargeld den Vollstrekkungsschutz genießen soll, hindern derartige Vorverfügungen die Freigabe der bis zum nächsten Zahlungstermin benötigten Mittel nicht.[14)]

944 Der Pfändungsschutz aus §850k Abs. 1 ZPO wird nur auf *Antrag* des *Schuldners* gewährt, über den der Rechtspfleger beim Amtsgericht Vollstreckungsgericht zu entscheiden hat (§20 Nr. 17 RPflG). Damit der Schuldner Zeit hat, den Antrag auf Pfändungsschutz für sein Konto zu stellen, ist in Satz 2 des §835 Abs. 3 ZPO vorgesehen, daß die Überweisung eines gepfändeten Guthabens bei einem Geldinstitut erst *2 Wochen* nach der Zustellung des *Überweisungsbeschlusses* erfolgen darf[15)]. Ließe das Geldinstitut die Leistungssperre unbeachtet, so wäre die Zahlung dem Schuldner gegenüber unwirksam, wenn dieser mit seinem Antrag nach §850k ZPO durchdringt.

945 Der Schuldner hat *sämtliche Voraussetzungen* des Pfändungsschutzes *schlüssig* darzulegen. Dies gilt vor allem für die Art der Einkünfte, die Zahl der Unterhaltsberechtigten und die der Pfändung nach §850a ZPO entzogenen Beträge.

946 Das Vollstreckungsgericht hat den Gläubiger vor seiner endgültigen Entscheidung zu *hören.* Die Anhörungspflicht ergibt sich aus §850k Abs. 2 S. 4 ZPO, wonach im Falle einer Vorwegaufhebung der Pfändung die Anhörung des Gläubigers unterbleiben kann, wenn der damit verbundene Aufschub dem Schuldner nicht zuzumuten ist. Der zu begründende Beschluß ist den Parteien und dem Drittschuldner zuzustellen (§329 Abs. 2 ZPO).

947 Das Vollstreckungsgericht hat gem. 850k ZPO die pfändungsfreien Beträge nach der Tabelle zu §850c ZPO im Aufhebungsbeschluß genau zu beziffern. Die bloße Bezugnahme auf die Tabelle ist nicht ausreichend, da das Geldinstitut regelmäßig wegen fehlender Kenntnis der persönlichen Verhältnisse des Schuldners nicht imstande ist, den pfändungsfreien Betrag selbst zu ermitteln[16)].

---

13) Daß in der Vergangenheit wiederkehrende Leistungen im Sinne von §§850 bis 850b ZPO auf das Konto überwiesen wurden, reicht nicht aus: Zöller/Scherübl, ZPO, §850k Anm. II 1; mißverständlich insoweit BT-Drucks. 8/693, 49.

14) Stöber, Forderungspfändung, Rdn. 1283; Zöller/Scherübl, ZPO, §850k Anm. II. Dies ist anders bei §55 SGB I: Rzn. 921ff.

15) Diese Leistungssperre ist zu weit geraten, weil ihr Anwendungsbereich nicht nur Forderungen aus §850k ZPO erfaßt: Thomas/Putzo, ZPO, §835 Anm. 4c. Eine Aufnahme der Leistungssperre in den Überweisungsbeschluß ist nicht erforderlich, weil diese kraft Gesetzes gilt. A. A. aber Behr, Büro 1979, 311, 312, weil diese Regelung über die allgemeine Überweisungswirkung des §835 Abs. 3 S. 1 ZPO hinausgeht.

16) Mißverständlich LG Köln ZIP 1985, 642, das bei der Pfändung eines Bankguthabens vom Vollstrekkungsgericht die Bezifferung der pfandfreien Beträge nach §850c ZPO fordert.

Gem. §850k Abs. 2 ZPO ist das Vollstreckungsgericht befugt, schon *vor* seiner abschließenden Entscheidung über den Vollstreckungsschutzantrag dem Schuldner *einen Teil* des gepfändeten Guthabens *freizugeben.* Das Vollstreckungsgericht hebt danach die Pfändung des Guthabens für den Teil vorab auf, dessen der Schuldner bis zum nächsten Zahlungstermin dringend bedarf, um seinen notwendigen Unterhalt zu bestreiten und seinen laufenden gesetzlichen Unterhaltspflichten gegenüber dem Gläubiger vorgehenden Berechtigten zu erfüllen oder die dem Gläubiger gleichstehenden Unterhaltsberechtigten gleichsam zu befriedigen. Der vorab freigegebene Teil des Guthabens darf den Betrag nicht übersteigen, der dem Schuldner voraussichtlich nach §850k Abs. 1 ZPO zu belassen ist. **948**

Mit dieser Regelung lehnt sich der Gesetzgeber an §850d Abs. 1 S. 2, Halbsatz ZPO an. Der Schuldner soll vorab über den Teil seines Guthabens verfügen können, der ihm auch dann verbleiben müßte, wenn ein Unterhaltsgläubiger pfändet. **949**

Nach §850k Abs. 2 S. 3 ZPO reicht es aus, daß der Schuldner die Voraussetzungen für die *teilweise Freigabe* des pfändungsfreien Betrages *glaubhaft* (§294 ZPO) macht. Dies gilt auch für das Merkmal der *Dringlichkeit.* **950**

Damit der Schuldner möglichst bald über den für den dringendsten Lebensbedarf benötigten Betrag verfügen kann, ist in §850k Abs. 2 S. 4 ZPO vorgesehen, daß zur Vermeidung unzumutbarer Härten für den Schuldner von einer Anhörung des Gläubigers abgesehen werden darf. Unter diesen besonderen Umständen hielt der Gesetzgeber einen Verzicht auf die vorherige Anhörung des Gläubiges mit Art. 103 Abs. 1 GG vereinbar, zumal nach den sozialen Schranken des Vollstreckungsrechts der Gläubiger sich ohnehin aus diesen Mitteln nicht befriedigen darf[17]. Zu beachten ist freilich, daß auch bei der Vollstreckung eines nicht bevorrechtigten Gläubigers der Vorabschutz anhand der Sätze des §850d ZPO festzulegen ist (§850k Abs. 2 S. 1 ZPO). **951**

Hinsichtlich des Umfangs des Kontoguthabenschutzes wählte der Gesetzgeber in §850k Abs. 1 ZPO zwei Bezugspunkte: **952**
Zunächst ist festzustellen, welcher Betrag nach der Tabelle zu §850c ZPO oder bei Pfändung durch einen Unterhaltsgläubiger nach §850d Abs. 1 S. 2 ZPO für die *Zahlungsperiode* pfandfrei zu belassen wäre, wenn der Gläubiger bereits den Anspruch gegen den Arbeitgeber gepfändet hätte. Anschließend ist derjenige Teilbetrag des für den ganzen Auszahlungszeitraum ermittelten Ausgangsbetrags

---

[17] BT-Drucks. 8/693, 49.

freizugeben, der der Zeitspanne zwischen der Pfändung des Kontoguthabens und dem nächsten Zahlungstermin zur gesamten Zahlungsperiode entspricht[18].

953 Werden mehrere Arbeitseinkommen von verschiedenen Arbeitgebern auf dasselbe Schuldnerkonto überwiesen und bringt der Gläubiger eine Pfändung in das Kontoguthaben aus, so hat das Vollstreckungsgericht bei seiner Entscheidung über den Antrag des Schuldner gem. § 850 k Abs. 1 ZPO von Amts wegen von einem Gesamteinkommen auszugehen, ohne daß der Gläubiger zuvor eine Zusammenrechnung nach § 850 e Nr. 2 ZPO erwirken müßte.[19]

954 Gem. § 850 k Abs. 3 ZPO i. V m. § 732 Abs. 2 ZPO kann das Vollstreckungsgericht nach Eingang eines Antrags auf Pfändungsfreigabe nach § 850 k Abs. 1 ZPO *von Amts wegen* eine *einstweilige Anordnung* erlassen, wonach die Leistung des Drittschuldners auf die bei dem Geldinstitut gepfändete Forderung des Schuldners bis zum Erlaß einer Entscheidung über den Antrag des Schuldners nach § 850 k Abs. 1 ZPO zu unterbleiben hat. Eine derartige Sofortmaßnahme wird dann sinnvoll sein, wenn die Sperrfrist des § 835 Abs. 3 S. 2 ZPO abzulaufen droht, bevor über eine Vorabfreigabe nach § 850 k Abs. 2 ZPO oder eine Pfändungsaufhebung nach § 850 k Abs. 1 ZPO entschieden werden kann.[20]

955 Lehnt das Vollstreckungsgericht den Antrag des Schuldners auf Pfandfreigabe nach § 850 k Abs. 1 ZPO ganz oder teilweise ab, so ist dagegen die befristete Durchgriffserinnerung gem. §§ 11 Abs. 1 S. 2 RPflG, 577, 593 ZPO gegeben. Dem Gläubiger, der vom Vollstreckungsgericht angehört worden ist, steht gegen die Aufhebung oder Teilaufhebung der Pfändung der gleiche Rechtsbehelf zu.[21]

---

18) Sh. Stöber, Forderungspfändung, Rdn. 1290 und Hornung, Rpfleger 1978, 360 mit Berechnungsbeispielen. Guthabenpfändung am 15. 3. Der Schuldner hat ein monatlichs Nettoeinkommen von 2500.– DM. Bei zwei Unterhaltsberechtigten wären 469,60.– DM pfändbar, also 2500 – 469,60 = 2030,40.–DM pfandfrei zu belassen. Davon entfallen anteilig auf die Zeit vom 15. 3. – 31. 3. die Hälfte, d. h. 1015,20.–. In dieser Höhe ist die Guthabenpfändung aufzuheben.
Erfaßt die Pfändung des Kontoguthabens auch künftige Tagesguthaben, so ist § 850 k ZPO entsprechend anzuwenden. Der Schuldner muß für die weiteren Auszahlungszeiträume den Vollstreckungsschutzantrag beim Vollstreckungsgericht stellen. Vgl. Hornung, Rpfleger 1978, 361, der dafür eintritt, nach erfolgter Pfändung den Schutzantrag und die Entscheidung zugleich auf die künftigen Zahlungszeiträume zu erstrecken.

19) Grunsky, ZIP 1983, 911; Stöber, Forderungspfändung, Rdn. 1292 a.

20) Vgl. Thomas/Putzo, ZPO, § 850 k Anm. 4.

21) Hornung, Rpfleger 1978, 362.

C. Die Abtretung von Lohnforderungen

Eine Forderung kann von dem Gläubiger durch Vertrag mit einem anderen auf diesen übertragen werden (Abtretung). Mit dem Abschluß des Vertrages tritt der neue Gläubiger an die Stelle des bisherigen Gläubigers (§ 398 BGB). Die Abtretung stellt sich als ein *Verfügungsgeschäft* zwischen dem bisherigen Gläubiger einer Forderung (Zedent) und dem Abtretungsempfänger als dem neuen Gläubiger (Zessionar) dar. Das *schuldrechtliche Grundgeschäft,* das in der betrieblichen Praxis zur Übertragung der Lohnforderung vom Arbeitnehmer auf einen Gläubiger führt, ist ganz überwiegend die Sicherung von Darlehensforderungen. Daher steht auch die sog. Sicherungsabtretung im Vordergrund, bei der die Zahlungen des Arbeitgebers als Lohnschuldner regelmäßig nicht an den Zessionar, sondern zunächst weiterhin an den Arbeitnehmer (Zedenten) fließen und primär letzterer die Tilgung seiner Schulden an den Zessionar besorgt. Kommt der Schuldner seiner Zahlungspflicht allerdings nicht nach, dann soll sich der Zessionar aus der abgetretenen Forderung befriedigen. Obwohl insoweit der Sicherungszweck, etwa einer Darlehensrückführung, im Vordergrund steht, wählen die Parteien selten das Rechtsinstitut der *Verpfändung,* weil die Verpfändung einer Forderung, zu deren Übertragung der Abtretungsvertrag genügt, nur wirksam ist, wenn der Gläubiger sie dem Schuldner auch *anzeigt* (§ 1280 BGB)[1]. Wegen dieser Publizität der Verpfändung, die häufig unerwünscht ist, greifen die Parteien lieber zur Sicherungsabtretung, die dem Lohnschuldner zu ihrer Wirksamkeit nicht angezeigt werden muß. **956**

Überdies wird die Sicherungsabtretung bei Kreditgeschäften zugleich auch als sog. *Vorausabtretung,* d. h. Abtretung künftiger Lohnforderungen, praktiziert. Da im Zeitpunkt der Abtretung noch nicht einmal der Rechtsgrund für die Forderung wirksam geschaffen sein muß, es vielmehr genügt, daß die künftige Forderung bei ihrem *Entstehen* bestimmbar ist[2], lassen sich Kreditgeber sicherungshalber vom Sicherungsgeber (Zedent) den pfändbaren Teil seiner bestehenden und künftig entstehenden Lohn- und Gehaltsforderungen *gegen den jeweiligen Arbeitgeber* in voller Höhe sowie auch alle sonstigen auf dem Arbeitsverhältnis mit dem jeweiligen Arbeitgeber beruhenden oder sich aus dem Zusammenhang hiermit ergebenden Ansprüche zur Sicherung aller bestehenden und künftigen Ansprüche aus der Geschäftsverbindung abtreten. Die wirtschaftlichen Konsequenzen für den Schuldner und Sicherungsgeber sind erheblich, weil sie eine völlige Knebelung der wirtschaftlichen Betätigungsfreiheit auslösen können. Dieser Aspekt für sich betrachtet reicht indes noch nicht aus, um über § 138 BGB die Sittenwidrigkeit derartiger Zessionen begründen zu können. Hinzu kommt, **957**

---

[1] Ohne erforderliche Anzeige keine wirksame Verpfändung: BGHZ 70, 78. Die Anzeige muß erkennen lassen, daß der Gläubiger die Verpfändung gegen sich gelten lassen will. Sh. dazu auch BGH WM 1981, 1204.

[2] BAG NJW 1967, 751; BGH NJW 1970, 322. Strengere Maßstäbe bestehen hingegen bei der Pfändung künftiger Forderungen, deren Zulässigkeit vorausgesetzt, daß die Forderung zumindest individualisiert werden kann: BGH NJW 1970, 241; BGH NJW 1981, 1613 mit Nachweisen.

daß häufig ein legitimes Interesse des Kreditgebers an einer so weitgehenden Sicherung zu bejahen ist.

958 Neben der Sicherungsabtretung, die regelmäßig auch fiduziarische Rechtsmerkmale aufweist[3], kann die Lohnabtretung auch reine Erfüllungsfunktion haben, wenn etwa der Zedent damit erfüllungshalber[4] Verpflichtungen aus einem Bausparvertrag oder einem Lebensversicherungsvertrag befriedigt.

959 Ist eine Lohnforderung des Arbeitnehmers bereits *rechtshängig,* so hat dies keinen Einfluß auf deren Abtretbarkeit (§ 265 Abs. 1 ZPO). Gem. § 265 Abs. 2 ZPO hat die Abtretung auch auf den Prozeß keinen Einfluß. Der Rechtsnachfolger ist daher nicht berechtigt, ohne Zustimmung des Prozeßgegners den Prozeß als Hauptpartei anstelle des Rechtsvorgängers zu übernehmen. Der Rechtsvorgänger führt als Partei im eigenen Namen den Rechtsstreit in Prozeßstandschaft weiter. Allerdings muß der Kläger den Klageantrag der veränderten materiellen Rechtslage anpassen, also Leistung an den Rechtsnachfolger verlangen[5]. Dieser kann als einfacher Streithelfer am Verfahren teilnehmen (§ 265 Abs. 2 S. 3 ZPO).

960 Entsteht eine Konkurrenz des Zessionars mit einem Pfändungspfandgläubiger, so richtet sich diese nach den Grundsätzen der *zeitlichen Priorität.* Es ist demnach entscheidend, ob der Zeitpunkt der Abtretung oder Pfändung früher liegt. Da häufig sog. Sicherungsabtretungen *still,* d. h. ohne Kenntnis des Lohnschuldners vorgenommen werden, wird vom Drittschuldner eine erst später vorgenommene Pfändung eines Pfandgläubigers bedient, bevor die Abtretung offengelegt wird. Objektiv hat damit der Drittschuldner an den unrichtigen Gläubiger geleistet. Da sich die Abtretung ohne Mitwirkung des Schuldners (Arbeitgebers) vollzieht, kompensiert der Gesetzgeber diesen Nachteil, indem er den Schuldner vor Rechtsnachteilen aus einer ihm unbekannten Abtretung schützt (§§ 407, 408 BGB). Die Forderung des Arbeitnehmers geht auch mit allen ihr anhaftenden Mängeln (Einwendungen, Einreden) auf den Zessionar über[6].

961 Gegenstand der Abtretung kann lediglich die einzelne Lohnforderung sein, nicht etwa die gesamte Rechtsstellung des Arbeitnehmers aus dem Arbeitsverhältnis. Deshalb vermag der Zessionar einer Lohnforderung die Gestaltung des Arbeits-

---

[3] Dies ist dann der Fall, wenn der Zedent (Arbeitnehmer) weiterhin die Forderung im eigenen Namen geltend machen kann, weil ihm der Zessionar, wie dies bei der stillen Zession üblich ist, eine Einziehungsermächtigung erteilt hat. BGH NJW 1978, 698.

[4] Bei einer Leistung *erfüllungshalber* liegt eine vertragliche Abrede zwischen Gläubiger und Schuldner vor, wonach sich der Gläubiger *zunächst* aus dem *Erfüllungssurrogat* zu befriedigen hat. Nur wenn dies fehlschlägt, darf der Gläubiger auf die ursprüngliche Forderung zurückgreifen: OLG Celle OLGZ 1970, 450.

[5] § 265 ZPO will den Gegner des Veräußerers vor prozessualen Nachteilen schützen, jedoch nicht Grundlage einer unrichtigen Entscheidung sein. Das Urtel wirkt demgemäß für und gegen den Rechtsnachfolger Rechtskraft (§ 325 ZPO) und Vollstreckbarkeit (§ 727 ZPO): BGH NJW 1984, 806; Henckel, ZZP 82, 333. Ein Prozeßvergleich bindet den Rechtsnachfolger: Thomas/Putzo, ZPO, § 265 Anm. 4 a.

[6] BGHZ 19, 156.

verhältnisses nicht zu beeinflussen oder etwa zu verhindern, daß der Arbeitgeber oder der Arbeitnehmer das Arbeitsverhältnis durch eine einseitige Gestaltungserklärung (Kündigung, Anfechtung) auflösen, oder die Parteien im gegenseitigen Einvernehmen ihre vertraglichen Beziehungen beenden.

Neben dem *rechtsgeschäftlichen Forderungsübergang* gibt es andere Formen **962**
der Übertragung einer Forderung. Hier ist die Übertragung einer Forderung *kraft Gesetzes* zu erwähnen (§ 412 BGB). Der gesetzliche Forderungsübergang spielt im Arbeitsleben durchaus eine Rolle. Soweit z. B. der Arbeitgeber den Anspruch des Arbeitnehmers auf Arbeitsentgelt nicht erfüllt und deshalb ein Leistungsträger Sozialleistungen erbracht hat, geht der Anspruch des Arbeitnehmers gegen den Arbeitgeber auf den Leistungsträger kraft Gesetz bis zur Höhe der erbrachten Sozialleistungen über (§ 115 Abs. 1 SGB X). Beim gesetzlichen Forderungsübergang finden die Vorschriften der §§ 399–404, 406–410 BGB entsprechende Anwendung, soweit nicht in Spezialvorschriften anderweitige Regelungen vorhanden sind (vgl. etwa § 115 Abs. 2 SGB X). Wenn auch der Arbeitnehmer in Höhe des übergegangenen Anspruchs seine Gläubigerstellung und damit die Verfügungsbefugnis über den Lohn einbüßt, also nicht mehr berechtigt ist, die übergegangene Forderung abzutreten oder verpfänden zu dürfen, so muß sich auch der Sozialleistungsträger gem. § 412 i. V. m. § 404 BGB alle Einwendungen entgegenhalten lassen, die dem Arbeitgeber zur Zeit des Forderungsüberganges gegen den Arbeitnehmer zugestanden haben. Daraus folgt, daß der Sozialleistungsträger, genauso wie der Arbeitnehmer selbst, an die tariflichen Ausschlußfristen zur Geltendmachung von Lohnforderungen gebunden ist[7]. Dies gilt auch für alle weiteren Einwendungen und Einreden wie Stundung, Verwirkung, Aufrechnung oder Zurückbehaltungsrechte. Hat der Leistungsträger den Arbeitgeber vom Forderungsübergang nicht unterrichtet, so muß er sich auch Einwendungen und Einreden entgegenhalten lassen, die aus *nach dem Übergang* vorgenommenen Verfügungen und Rechtsgeschäften resultieren. Der Arbeitgeber wird demgemäß ohne Kenntnis des Forderungsüberganges auf den Sozialleistungsträger durch Auszahlung des Arbeitentgeltes an den bisherigen Gläubiger (Arbeitnehmer) von seiner Lohnschuld befreit (§ 407 BGB)[8].

---

[7] BAG AP Nr. 52 und 53 zu § 4 TVG Ausschlußfristen mit Anm. von Brackmann und Hessel.

[8] Zur Frage, ob der Arbeitnehmer nach dem Forderungsübergang noch wirksam auf den Lohnanspruch verzichten kann: BAG AP Nr. 10 zu § 6 LFG mit zustimmender Anm. von Küchenhoff. Unzulässig wäre eine vertragliche Aufgabe eines noch nicht entstandenen und fälligen Lohnfortzahlungsanspruchs gem. § 1 LFG. Dagegen hat das BAG AP Nr. 2 zu § 6 LFG einen Verzicht auf einen bereits fällig gewordenen gesetzlichen Lohnfortzahlungsanspruch gebilligt. Vgl. dazu auch Hofmann, FS BAG, S. 217 ff. Gagel, BB 1983, 453 ff.; ders. NZA 1985, 270 ff.; Bauer, NZA 1985, 275 ff.; Hanau, AuR 1984, 335 ff.; BAG AP Nr. 3 zu § 117 AFG; BAG DB 1986, 2240.

I. Der Lohnabtretungsvertrag

963 Die Lohnabtretung erfordert einen Vertrag zwischen dem Zedenten (Arbeitnehmer) und dem Zessionar (Gläubiger des Arbeitnehmers) als Erwerber der Forderung (§ 398 S. 1 BGB). Einer Zustimmung des Arbeitgebers oder gar seiner Kenntnis bedarf es zur Wirksamkeit des Abtretungsgeschäfts nicht. Der Lohnabtretungsvertrag unterliegt keinem Formzwang. Die Lohnabtretung stellt ein *abstraktes,* d. h. ein von dem der Abtretung zugrunde liegenden Schuldgrund *losgelöstes Verfügungsgeschäft* dar[1], so daß sie auch bei Nichtigkeit des Kausalgeschäfts grundsätzlich wirksam ist. Aus dieser Unabhängigkeit folgt, daß der Schuldner (Arbeitgeber) der abgetretenen Lohnforderung dem neuen Gläubiger keine Einwendungen entgegenhalten kann, die sich aus dem *Grundgeschäft* zwischen Zedenten (Arbeitnehmer) und Zessionar (dem neuen Gläubiger) ergeben[2]. Anders liegt der Fall indes, wenn die Abtretung nach dem Vertragswillen der Parteien in ihrer Wirksamkeit vom Bestand und Umfang des Grundgeschäfts abhängig sein soll[3]. Dies ist zu bejahen, wenn Grundgeschäft und Abtretung Teile einer einheitlichen Vereinbarung sind, wie etwa ein pauschalierter Schadensersatzanspruch wegen schuldhafter Vertragsverletzung und Lohnabtretung in einer Vertragsurkunde. Das BAG[4] hat bei diesem Befund die Berechtigung der pauschalierten Schadensersatzforderung im Hinblick auf die Wirksamkeit der Lohnabtretung untersucht.

964 Als Kausalgeschäft (Rechtsgrund der Abtretung) kommen vor allem der Forderungsverkauf und eine Sicherungsvereinbarung in Frage. Das Kausalgeschäft beinhaltet unter Umständen Nebenpflichten des Zedenten, der sich insbesondere der Einziehung der Forderung enthalten muß[5] und alles zu unterlassen hat, was die Rechte des Zessionars beeinträchtigen könnte. Eine ergänzende Nebenleistungspflicht zum schuldrechtlichen Grundverhältnis ergibt sich auch aus § 402 BGB. Danach ist der bisherige Gläubiger verpflichtet, dem neuen Gläubiger (Zessionar) die zur Geltendmachung der Forderung *nötige Auskunft* zu erteilen und ihm die zum Beweise der Forderung dienenden Urkunden, soweit sie sich in seinem Besitz befinden, auszuliefern. Wenn der neue Gläubiger dies wünscht, hat ihm der bisherige Gläubiger (Zedent) eine öffentlich beglaubigte Urkunde über die Abtretung auszustellen (§ 403 BGB). Diese Regelung korrespondiert mit § 410 BGB, wonach der Schuldner dem neuen Gläubiger gegenüber zur Leistung nur gegen Aushändigung einer von dem bisherigen Gläubiger über die Abtretung ausgestellten Urkunde verpflichtet ist.

---

1) BAG NJW 1967, 751; BGHZ 64, 312; BGHZ 88, 205, 206; MK-Roth, § 398 Rdn. 2, 3, 9 mit weiteren Nachweisen. Dies ist aus § 185 Abs. 2 BGB abzuleiten. Bei fehlender causa entsteht ein Rückgewähranspruch der Forderung gem. § 812 BGB.

2) MK-Roth, § 398 Rdn. 18.

3) BAG NJW 1967, 751 = SAE 1967, 207 mit kritischer Anm. von Canaris = AP Nr. 26 zu § 138 BGB mit Anm. von Trinkner; vgl. auch BGH NJW 1974, 186 und BGH NJW 1982, 275.

4) NJW 1967, 751; Sh. auch BGH WM 1981, 1204.

5) BGH MDR 1964, 222.

Voraussetzung einer wirksamen Abtretung ist stets, daß der Zedent Inhaber der Forderung und über sie verfügungsbefugt ist. Wie oben bereits dargelegt wurde, gilt bei *mehrfacher Abtretung* das Prinzip der zeitlichen Priorität, d. h. die spätere Abtretung entbehrt der Wirksamkeit[6]. Grundsätzlich gibt es keinen gutgläubigen Erwerb einer unverbrieften Forderung vom Nichtberechtigten. In Anknüpfung an wertpapierrechtliche Bestimmungen sieht das Gesetz in § 405 BGB für den Erwerber allerdings dann einen gewissen Vertrauensschutz vor, wenn über die Forderung vom Schuldner ein Schuldschein ausgestellt worden ist und dieser bei der Abtretung vorgelegt wird. **965**

Da der Inhalt des Abtretungsvertrages in einem Wechsel der Gläubigerstellung besteht, liegt keine wirksame Abtretung vor, wenn der neue Gläubiger (Zessionar) auf Dauer keine Befugnis haben soll, die Forderung in eigenem Namen geltend machen zu dürfen[7]. Als dinglicher Vertrag ist nämlich die Abtretung nicht der freien Privatautonomie überlassen. Rechtlich nicht zu beanstanden ist hingegen der Vorbehalt, daß eine Benachrichtigung des Schuldners unterbleibt und der Zedent so lange einziehungsermächtigt bleibt, wie er seinen Verpflichtungen gegenüber dem Abtretungsempfänger nachkommt (sog. stille Zession).[8] Überdies ist die dem Zedenten belassene Einziehungsermächtigung frei widerruflich.[9] **966**

Zuvor ist bereits näher dargelegt worden[10], daß die Abtretung spätestens bei ihrer Entstehung nach Gegenstand und Umfang *bestimmt* oder individuell *bestimmbar* sein muß. Eine Lohnabtretungsabrede, wonach der Schuldner zur Sicherung aller bestehenden und künftigen Ansprüche aus der Geschäftsverbindung als Sicherungsgeber den pfändbaren Teil seines Lohns *in Höhe des jeweiligen Schuldsaldos* abtritt, genügt diesem Bestimmtheitserfordernis nicht, weil für den Drittschuldner nicht ersichtlich ist, wie sich die nur in den Pfändungsgrenzen abtretbare Lohnforderung auf den Zedenten (Arbeitnehmer) und den Zessionar (Neugläubiger) aufteilt[11]. Der Bestimmtheitsgrundsatz wird jedoch beachtet, **967**

---

6) BGH NJW 1968, 1516: BGH NJW 1960, 1716.

7) RGZ 92, 108; RGZ 160, 207; BGH WM 1960, 261.

8) BGH NJW 1958, 457; RGZ 133, 242; bei der Sicherungszession ist dies die Regel: Serick, KTS 1982, 340 ff.

9) BGHZ 82, 290. Die fiduziarische Abtretung, bei der der Zessionar im Außenverhältnis zwar die volle Rechtstellung des Gläubigers der abgetretenen Forderung innehat, im Innenverhältnis zwischen Zessionar und Zedenten absprachegemäß die Wirkung durch den Abtretungszweck begrenzt wird, spielt in der betrieblichen Praxis nur im Hinblick auf die Sicherungszession eine Rolle, während die sog. Inkassozession von untergeordneter Bedeutung ist. Liegt nur eine *Einziehungsermächtigung* vor, die den Ermächtigten lediglich zur Einziehung einer fremden Forderung im eigenen Namen berechtigt, so kann der Schuldner nur gegen den *Ermächtigtenden* aufrechnen, weil der Ermächtigte nicht Inhaber der Forderung wird. Mangels Inhaberschaft der Forderung kann der Ermächtigte die Forderung grundsätzlich auch nicht abtreten: BGHZ 32, 360 = NJW 1960, 1712; BGH NJW 1976, 1090 ff; OLG München WM 1975, 281. Dies gilt ungeachtet dessen, daß der zur Einziehung des Lohns weiterhin ermächtigte Arbeitnehmer nur den pfändbaren Teil seines Lohns abgetreten hat, weil er gerade aus dem pfändbaren Lohnteil den Gläubiger befriedigen soll. Sh. auch Rzn. 704 ff. mit weiteren Nachweisen.

10) Vgl. Teil Rzn. 715 ff.

11) BGH NJW 1965, 2197, 2198; BAG SAE 1969, 131 mit Anm. von Lehna. Anders wohl OLG Celle MDR 1967, 492 = DB 1967, 375, das dem Schuldner eine Rückfrage bei dem Gläubiger über den jeweiligen Schuldenstand zumutet.

wenn der Schuldner forderungsunabhängig den gesamten pfändbaren Lohn an den Zessionar abtritt, weil dann über die Höhe der abgetretenen Forderung kein Zweifel besteht.

1. Die sog. Vorausabtretung

968 Auch *künftige* Lohnforderungen können abgetreten werden (Vorausabtretung). Die Vorausabtretung kann sich auf ein *künftiges Arbeitsverhältnis* mit einem noch unbekannten Arbeitgeber beziehen. Sie braucht zeitlich nicht beschränkt zu sein[12]. Dem *Bestimmtheitsgrundsatz* ist genügt, wenn die abgetretene Forderung im Zeitpunkt ihrer *Entstehung* zweifelsfrei ermittelt werden kann. Andere Gläubiger und vor allem der Arbeitgeber als Drittschuldner müssen aus der Abtretungserklärung selbst entnehmen können, in welcher Höhe der Zessionar die Lohnforderung beanspruchen kann. Die Forderung selbst muß auch so genau bezeichnet sein, daß sie von anderen Forderungen unterscheidbar ist und ihre Identität unzweifelhaft, und zwar auch für weitere Gläubiger, feststeht[13].

969 Auch bei unbefristeten Vorausabtretungen des pfändbaren Teils der Lohnforderung liegt regelmäßig keine die wirtschaftliche Handlungsfreiheit des Zedenten in unzulässiger Weise einschränkende Übersicherung vor, die nach §138 Abs. 1 BGB nichtig wäre, weil bei sinngemäßer Auslegung derartiger Abtretungserklärungen davon auszugehen ist, daß nur die Lohnansprüche in Höhe der jeweiligen Ratenzahlungsverpflichtungen aus dem Kauf- oder Darlehensvertrag als abgetreten gelten[14]. Es bedeutet zudem keine ernsthafte Verletzung der Interessen sonstiger Gläubiger, wenn der Arbeitnehmer zur Deckung allgemeiner Lebensbedürfnisse in diesem begrenzten Rahmen den Lohn als Kreditsicherungsmittel zeitlich unbefristet einer Bank zur Verfügung stellt[5]. In der Vorausabtretung künftiger Lohnansprüche liegt auch keine Gläubigerbenachteiligung bei erst späterem Abschluß eines Arbeitsvertrages, die gem. §3 Abs. 1 Nr. 1 AnfG eine Gläubigeranfechtung begründen könnte[6].

970 Nicht selten sind in der Betriebspraxis Lohnabtretungen anzutreffen, die der Arbeitnehmer *gegenüber seinem Arbeitgeber* vornimmt, d. h. bei denen Schuldner und Abtretungsgläubiger identisch sind. Wegen §398 BGB, der von einem Vertrag zwischen dem Gläubiger und einem „anderen" spricht, kann zweifelhaft sein, ob solche Abtretungen überhaupt wirksam sein können. Derartige Abreden lassen sich auf jeden Fall als *Aufrechnungsvertrag* qualifizieren, der zwar im Gesetz keine ausdrückliche Regelung gefunden hat, nach ständiger Rechtsprechung jedoch als zulässig angesehen wird[17]. Seine Wirksamkeit scheitert insbesonde-

---

12) BGH NJW 1965, 2197; BAG NJW 1967, 752; BGH ZIP 1987, 306 mit weiteren Nachweisen.

13) BGH DB 1970, 1486. Im Zeitpunk der Abtretungserklärung braucht die Person des Schuldners noch nicht festzustehen. Bei der Pfändung einer künftigen Forderung muß hingegen schon wegen §829 Abs. 3 ZPO der Drittschuldner vorhanden und bekannt sein.

14) BAG NJW 1967, 751; Börker, NJW 1970, 1104.

15) BAG AP Nr. 3 zu §398 BGB.

16) BGH ZIP 1987, 305 ff.

17) Vgl. zu den Einzelheiten des Aufrechnungsvertrags: Rzn. 742 ff. mit weiteren ausführlichen Nachweisen.

re nicht an § 388 BGB, weil die dort geregelte Bedingungsfeindlichkeit der Aufrechnung allein auf die *einseitige* Aufrechnungserklärung zugeschnitten ist und nicht für den Aufrechnungsvertrag gilt. Ein Aufrechnungsvertrag setzt auch nicht voraus, daß beide Forderungen oder zumindest eine von ihnen bereits fällig ist. Er ist ein antizipierter Verfügungsvertrag über die zukünftige Forderung mit der Rechtsfolge, daß sie im Zeitpunk ihres Entstehens aufgrund einer Erfüllungsersetzung erlöschen soll. Bringt im Anschluß an die Aufrechnungsvereinbarung ein Gläubiger des Arbeitnehmers eine Lohnpfändung aus, so ist problematisch, ob der Arbeitgeber die mit dem Arbeitnehmer getroffene Vereinbarung dem Pfändungspfandgläubiger nur im gleichen *Umfang* nach § 392 BGB entgegensetzen kann, wie eine *einseitig* erklärte Aufrechnung. Davon ist das Bundesarbeitsgericht ausgegangen[18].

Der *Aufrechnungsvertrag* zwischen Arbeitgeber und Arbeitnehmer gewinnt in der betrieblichen Praxis an Bedeutung, wenn die Parteien des Arbeitsvertrages ein *beschränktes Abtretungsverbot* vereinbart haben, wonach die Zulässigkeit der Abtretung von der jeweiligen Zustimmung des Arbeitgebers abhängen soll. Hat der Arbeitnehmer bereits vor Abschluß des Aufrechnungsvertrages mit dem Arbeitgeber über seinen künftigen Lohn durch Abtretung an einen Gläubiger verfügt, so bindet diese Vorausverfügung im Falle eines beschränkten Abtretungsverbots den Arbeitgeber nicht, während ihm selbst über den Aufrechnungsvertrag die Zugriffsmöglichkeit auf den Lohnanspruch des Arbeitnehmers verbleibt. **971**

2. Die Sicherungsabtretung

Zuvor[19] wurde bereits darauf hingewiesen, welche große praktische Bedeutung der Sicherungsabtretung, insbesondere in Gestalt der sog. stillen Zession zukommt. Ebenso wie bei der Sicherungsübereignung herrscht hier ein Widerspruch zwischen der rechtlichen Tragweite der Vollrechtsübertragung und ihrem wirtschaftlichen Zweck vor. Der Sicherungsnehmer (Zessionar) erwirbt rechtlich die volle Gläubigerstellung, er soll jedoch nach der getroffenen Zweckabrede, dem Zessionar eine Sicherung, nicht aber eine sofortige Befriedigung zu verschaffen, dem Schuldner die Abtretung nur offenlegen dürfen, wenn die gesicherte Forderung (Kredit) notleidend geworden ist. Erst dann darf der Zessionar im Innenverhältnis zum Zedenten zur Verwertung der gegebenen Sicherheit (abgetretenen Forderung) schreiten. Diese Zweckrichtung der stillen Sicherungsabtretung läßt sich nur realisieren, wenn der Sicherungsnehmer (Zessionar) dem Zedenten (Sicherungsgeber) eine sog. *Einziehungsermächtigung* der übertragenen Forderung erteilt. Der mit einer Einziehungsermächtigung versehene Zedent **972**

---

18) BAG AP Nr. 2 zu § 392 BGB; BAG SAE 1967, 210. Kritisch dazu Canaris, SAE 1967, 211. Sh. auch Rz. 749.

19) Vgl. auch Lwowski, ZIP 1981, 453. Sh. Rz. 956.

(Sicherungsgeber) kann die Forderung *im eigenen Namen* geltend machen und nach dem regelmäßigen Inhalt der Ermächtigung an sich selbst verlangen.[20].

973 Der mit einer Einziehungsermächtigung ausgestattete Zedent (Sicherungsgeber) darf auch die an den Sicherungsnehmer abgetretene Forderung nach den Grundsätzen der gewillkürten Prozeßstandschaft im eigenen Namen prozessual gegen den Schuldner verfolgen, wenn hieran ein *eigenes schutzwürdiges Interesse* des Ermächtigten besteht[21]. Im Falle einer Lohnabtretung zur Sicherung eines Kredits wird regelmäßig das notwendige schutzwürdige Intresse auf seiten des Sicherungsgebers und Ermächtigten vorliegen. Die Rechtskraft des Urteils wirkt jedoch für und gegen den Sicherungsnehmer und Ermächtigenden[22].

974 Ein Wechsel in der Gläubigerstellung und damit eine wirksame Abtretung liegt nicht vor, wenn dem Sicherungsnehmer (Neugläubiger) auf Dauer und bedingungslos die Befugnis vorenthalten bleiben soll, die Forderung gegenüber dem Drittschuldner geltend machen zu dürfen. Konkurriert eine Sicherungsabtretung mit einer weiteren Abtretung oder Pfändung, so kann das Recht aus einer zeitlich unbefristeten Sicherungsabtretung im Verhältnis zu einem nachfolgenden Gläubiger insoweit rechtsmißbräuchlich sein und verwirken, als der Zessionar (Sicherungsnehmer) dem Zedenten (Arbeitnehmer) eine Einziehungsbefugnis zur Inanspruchnahme eines Teils der abgetretenen Bezüge im eigenen Namen und *für eigene Zwecke* erteilt, etwa weil er den Schuldner schonen möchte[23].

975 Dies gilt ungeachtet dessen, daß häufig nicht vereinbart ist, daß der *gesamte* pfändbare Lohn in erster Linie für den gewährten Kredit zu verwenden ist. Es werden vielmehr feste Raten ausbedungen, über die der Schuldner nicht hinausgehen muß. Gleichwohl gehen die Parteien davon aus, daß der Schuldner diese Raten nur aus dem pfändbaren Teil seines Arbeitseinkommens leisten kann und deshalb auch soll.

976 Die Schuldnerschutzvorschriften des Abtretungsrechts sind ohne Kenntnis der bereits erfolgten Abtretung gegenüber dem Altgläubiger gem. §407 Abs. 1 BGB rechtswirksam.

977 Da bei der Sicherungsabtretung die abgetretene Forderung nicht endgültig im Vermögen des Zessionars verbleiben soll, sondern ihm nur auf beschränkte Zeit

---

[20] Grunsky, JuS 1984, 501, 502; Roth/Fritz, JuS 1985, 188 ff mit ausführlichen Nachweisen. Die Rechtsprechung leitet die Zulässigkeit der Einziehungsermächtigung aus §185 BGB i. V. m. §362 Abs. 2 BGB ab, wobei jedoch zweifelhaft ist, ob sich die Einziehung einer Forderung als Verfügung über sie qualifizieren läßt: BGH NJW 1952, 337; BGH NJW 1964, 2296; BGH NJW 1969, 1110.

[21] BGH NJW 1965, 1962; BGH MDR 1972, 842; BGH NJW 1978, 698 ff. Bei der sog. Inkassozession stellt sich die Frage nach dem schutzwürdigen Interesse nicht, weil der Kläger eine *eigene* Sachlegitimation besitzt: BGH NJW 1980, 991 und die Inkassozession und Einziehungsermächtigung ausgrenzend: BGH WM 1984, 1073. Die Prozeßführungsbefugnis ist von *Amts wegen* als Prozeßvoraussetzung zu beachten.

[22] BGHZ 48, 12, 16; BGH NJW 1957, 1635.

[23] BAG AP Nr. 6 zu §829 ZPO mit Anm. von Grunsky. Sh. auch Rzn. 713 ff. Der BGH hat im Fall der Einziehungsermächtigte nach freiem Belieben über die abgetretene Forderung verfügen durfte, die Wirksamkeit der Abtretung in Zweifel gezogen: BGH WM 1960, 259 ff.

als Sicherheit dient, fällt die abgetretene Forderung mit dem Wegfall des Sicherungszwecks aufgrund einer auflösenden Bedingung wieder an den Altgläubiger zurück. In jedem Falle ist der Zessionar zumindest schuldrechtlich zur Rückübertragung der Forderung verpflichtet[24].

Umstritten ist allerdings, ob bei Fehlen einer ausdrücklichen Parteivereinbarung ohne Anhaltspunke für eine stillschweigende Abrede[25] im Zweifel die Sicherungsabtretung nur *bedingt* vorgenommen wird. So kann die Wirksamkeit der Sicherungsabtretung aufschiebend bedingt durch das Entstehen und auflösend bedingt durch das Erlöschen des gesicherten Rechts vereinbart werden. Eine derartige Abhängigkeit zwischen dem Verfügungsgeschäft der Abtretung und dem schuldrechtlichen Kausalgeschäft kann durch ausdrückliche oder stillschweigende Parteivereinbarung hergestellt werden. Ob sich dies auch allein aus dem wirtschaftlichen Zweck des Vertragswerks herleiten läßt[26] und damit im praktischen Ergebnis eine Akzessorietät der sicherungshalber zedierten Forderung wie bei einem Pfandrecht an einer Forderung (§§ 1252, 1273 BGB) entsteht, erscheint zweifelhaft, wie bereits Jauernig[27] nachgewiesen hat. Wie § 223 Abs. 2 BGB belegt, ist eine sicherungshalber abgetretene Forderung nicht bereits ihrer Natur nach wie ein Pfandrecht akzessorisch. Der Streit verliert allerdings an Bedeutung, wenn man in Übereinstimmung mit dem BGH[28] davon ausgeht, daß die Beteiligten auch *stillschweigend* im Zusammenhang mit Abmachungen, die die ursprüngliche Abtretung gegenstandslos werden lassen, die Rückabtretung vornehmen. So hat der BGH (a. a. O.) angenommen, daß der Sicherungsnehmer mit der Entgegennahme der Erfüllungsleistung gleichzeitig stillschweigend und im Einvernehmen mit dem Sicherungsgeber die sicherungshalber abgetretene Forderung zurückabtritt. Fällt die Forderung, weil sie von vornherein nur unter der auflösenden Bedingung vereinbart war, daß sie bei Zweckerfüllung oder Zweckverfehlung hinfällig sein sollte, ohne besonderen Übertragungsakt auf den Zedenten zurück, so steht dem Sicherungsgeber (Arbeitnehmer) bereits ein Anwartschaftsrecht zu, das pfändbar ist[29]. Besteht ein Anspruch auf Rückabtretung der Forderung, so unterliegt dieser ebenfalls der Pfändung[30]. 978

---

24) Vgl. dazu Jauernig, NJW 1982, 268; Behr, NJW 1983, 1470; Tiedtke, DB 1982, 1709; BGH NJW 1982, 275; BGH NJW 1986, 977.

25) Zur stillschweigenden Abrede einer Rückabtretungspflicht nach Wegfall des Sicherungszwecks: BGH NJW 1986, 977.

26) So aber BAG NJW 1967, 751, wenn Grundgeschäft und Abtretung Teile einer *einheitlichen Vereinbarung* sind und in *eine* Vertragsurkunde aufgenommen werden. Ebenso BGH NJW 1982, 276. In der Entscheidung vom 21. 11. 1985, NJW 1986, 977, interpretiert der 7. Senat des BGH die Entscheidung des 8. Senats (NJW 1982, 276) allerdings als stillschweigende Vereinbarung.

27) NJW 1982, 268 ff.

28) BGH NJW 1986, 977.

29) A. A. Stöber, Forderungspfändung, Rdn. 1258.

30) A. A. Stöber, Forderungspfändung, Rdn. 1258, der bei der Note 46 die Pfändung des Rückabtretungsanspruchs verneint, weil bei einer erfolgten Sicherungsabtretung auch der künftige Lohnanspruch des Arbeitnehmers vom Gläubiger gepfändet werden könnte. Stöber übersieht dabei jedoch, daß ohne Pfändung des Rückabtretungsanspruchs dem Gläubiger die Pfändung des künftigen Lohnanspruchs nichts bringt, wenn der Sicherungsnehmer seiner Pflicht zur Rückabtretung an den Sicherungsgeber nicht genügt. Wie hier BGH WM 1982, 482 (Abtretung) und BGH BB 1965, 607; OLG Düsseldorf DB 1967, 1760 (Pfändung); Grunsky, JuS 1984, 502.

979 Der Sicherungsnehmer (Zessionar) ist als Vollrechtsinhaber zur Einziehung wie auch zu anderen Verfügungen, insbesondere zu einer weiteren Abtretung der Forderung, in der Lage, auch wenn dies abredewidrig geschieht[31]. Dies gilt ungeachtet dessen, daß nach dem Inhalt der Sicherungsabrede im Innenverhältnis der Sicherungsnehmer regelmäßig erst nach dem Eintritt der Verwertungsbefugnis zu derartigen Rechtshandlungen berechtigt sein soll. Legt der Sicherungsnehmer gegen die getroffene Abrede mit dem Sicherungsgeber dem Arbeitgeber gegenüber die Lohnabtretung offen, so muß dieser an den Sicherungsnehmer (Zessionar) leisten, ohne sich auf die anderslautende Vereinbarung zwischen dem Zedenten und Zessionar berufen zu können.[32]

3. Die Konkurrenz von Pfändung und Abtretung

980 Ist die pfändbare Lohnforderung des Arbeitnehmers an einen Zessionar abgetreten und vollstreckt anschließend ein Pfändungspfandgläubiger in den Lohn, so geht die Pfändung ins Leere, so daß der Drittschuldner keine Leistung an den Vollstreckungsgläubiger zu erbringen hat[33]. Handelt es sich um eine Sicherungsabtretung, so muß die Forderung zunächst auf den Sicherungsgeber (Arbeitnehmer) zurückübertragen worden sein, bevor sie vom Vollstreckungsgläubiger erneut in wirksamer Weise gepfändet werden kann. In Übereinstimmung mit der Rechtsprechung des BGH[34] entsteht auch nicht über den Weg einer analogen Anwendung des §185 Abs. 2 BGB ein Pfändungspfandrecht an einer nach der Pfändung wiedererworbenen Forderung. Anders als bei der Sachpfändung, bei der ein rechtswirksamer Beschlagnahmeakt die Grundlage für die spätere Entstehung des Pfändungspfandrechts analog §185 Abs. 2 BGB bilden kann, weil eine im Gewahrsam des Schuldners befindliche Sache ohne Rücksicht auf das Eigentum pfändbar ist (§808 Abs. 1 ZPO), fehlt es an einer derartigen Grundlage bei der ins Leere gehenden und daher schlechthin nichtigen Forderungspfändung, so daß auch eine entsprechende Anwendung des §185 Abs. 2 BGB ausscheiden muß. Der Gläubiger kann daher eine vom Schuldner bereits vor der Pfändung abgetretene Forderung im Falle der Rückabtretung nur durch *erneute Vollstreckung* erfassen.

981 Auch §832 ZPO, wonach das Pfandrecht, das durch die Pfändung einer Gehaltsforderung erworben wird, sich auch auf die nach der Pfändung fällig werdenden

---

[31] BGH WM 1982, 482.

[32] Dem Drittschuldner stehen grundsätzlich keine Einwendungen aus dem Grundverhältnis zwischen Zedenten und Zessionar zu: BGH NJW 1974, 185. Etwas anderes gilt für den Fall, daß die Sicherungsabrede als Rechtsgrund der Sicherungsabtretung deshalb gegenstandslos wird, weil der zu sichernde Anspruch (Darlehensrückzahlungsanspruch) nicht zur Entstehung gelangt ist, wenn die Parteien zumindest stillschweigend (§§133, 157 BGB) eine Gültigkeitsbeziehung zwischen der Abtretung und dem Kausalgeschäft vornehmen: BGH NJW 1982, 275, 276; BGH NJW 1986, 977; im Ergebnis zustimmend Tiedtke DB 1982, 1709 ff.

[33] BGH NJW 1971, 1938 ff.; Grunsky, JuS 1984, 502.

[34] BGH NJW 1971, 1941 mit weiteren Nachweisen; a. A. aber RGZ 60, 70; OLG München NJW 1954, 1152; Tiedtke, NJW 1972, 747 ff., 749, der methodisch unrichtig §313 S. 2 BGB bemüht und dabei übersieht, daß dort der Gesetzgeber keinen allgemeinen Rechtsgedanken bei formnichtigen Verträgen festschreibt. A. A. auch, MK-Thiele, §185 Rdn. 18.

Beträge erstreckt, verhilft der ins Leere gehenden Pfändung durch Konvaleszenz nicht zum Erfolg[35]. Der unmißverständliche Wortlaut des § 832 ZPO verdeutlicht nämlich, daß sich der Pfändungsumfang nur dann auf die später fällig werdenden Bezüge des Schuldners erstreckt, wenn zunächst ein *wirksames Pfändungspfandrecht* an der Lohnforderung entstanden ist. Gerade dies ist aber vorliegend nicht der Fall.

Diese Rechtslage darf indes nicht mit der ganz anderen Rechtsfrage vermengt **982**
werden, ob und unter welchen Voraussetzungen auch die Pfändung einer *zukünftigen Lohnforderung* möglich ist und im Falle einer Sicherungsabtretung dem Vollstreckungsgläubiger ein Pfandrecht an der zurückabgetretenen oder zurückfallenden Forderung des Schuldners gegen den Drittschuldner verschafft. Auch künftige Forderungen unterliegen der Pfändung. Sie müssen bestimmt genug bezeichnet oder hinreichend bestimmbar sein, d. h., es muß zumindest bereits eine Rechtsbeziehung zwischen dem Schuldner und dem Drittschuldner[36] bestehen, aus der die künftige Forderung nach ihrem Inhalt und nach der Person des Drittschuldners bestimmt werden kann[37]. Dieser Grad an Bestimmtheit liegt vor, wenn ein Vollstreckungsgläubiger den künftigen Lohnanspruch des Arbeitnehmers bei seinem Arbeitgeber pfändet. Ist der Lohn des Arbeitnehmers bei Zugang des Pfändungs- und Überweisungsbeschlusses abgetreten und erstreckt sich der Pfändungsbeschluß lediglich auf Zahlung aller sich aus dem Arbeitsverhältnis ergebenden Bezüge, bis der Anspruch des Gläubigers erfüllt ist, so erfaßt dieser Pfändungsbeschluß die zurückabgetretene oder zurückfallende Forderung des Arbeitnehmers gegen den Arbeitgeber nicht. Etwas anderes gilt nur dann, wenn sich der Pfändungsbeschluß *ausdrücklich* auch auf das *künftige Arbeitseinkommen* des Schuldners erstreckt. Ist letzteres der Fall, dann wird die durch Rückabtretung oder Rückfall in der Hand des Arbeitnehmers entstehende Lohnforderung vom Pfändungs- und Überweisungsbeschluß erfaßt, sobald der Arbeitnehmer wieder Inhaber des pfändbaren Lohnanspruchs wird.

Betreibt ein Vollstreckungsgläubiger die Zwangsvollstreckung in den *bereits ab-* **983**
getretenen Lohnanspruch des Arbeitnehmers, so wird dadurch mangels Verstrickung dieser Forderung die Rechtsstellung des Zessionars nicht nachteilig betroffen. Leistete der Drittschuldner (Arbeitgeber) an den Pfandgläubiger, so wird er dadurch dem Inhaber der Forderung (Zessionar) gegenüber – von § 407 BGB einmal abgesehen – nicht frei. Ungeachtet dessen will die Rechtsprechung[38] bei dieser Rechtslage die Drittwiderspruchsklage aus § 771 ZPO zulassen. Nach dem Wortlaut des § 771 ZPO ist die Widerspruchsklage nur dann

---

35) So aber offenbar Stöber, Forderungspfändung, Rdn. 967, der rechtsirrtümlich davon ausgeht, daß die Pfändung bei nicht vorhandenem pfändbaren Arbeitseinkommen zunächst gegenstandslos sei aber *ohne weiteres* wirksam wird, sobald das Arbeitseinkommen die Pfändungsfreigrenze übersteigt.

36) Dies bedingt § 829 Abs. 3 ZPO, weil erst mit der Zustellung des Pfändungsbeschlusses an den Drittschuldner die Pfändung als bewirkt anzusehen ist.

37) BGH NJW 1970, 241; BGH NJW 1981, 1613 mit weiteren Nachweisen.

38) BGH NJW 1977, 384; BGH WM 1981, 648; OLG Hamm ZIP 1983, 806.

gegeben, wenn der Dritte an dem Gegenstand der Zwangsvollstreckung ein die Veräußerung hinderndes Recht hat. Pfändet ein Gläubiger des Zedenten (Arbeitnehmers) die bereits abgetretene Lohnforderung, so geht diese Pfändung zwar ins Leere, gleichwohl wird das Recht des Zessionars durch die scheinbar wirksame Pfändung gefährdet.[39] Damit wird die Inhaberschaft eines Rechts bei der Auslegung des § 771 ZPO mit dem Eigentum an einer gepfändeten Sache auf eine Stufe gestellt.

984 Die vorstehenden Erwägungen betreffen auch die Sicherungsabtretung, bei der eine Einziehungsermächtigung zugunsten des Sicherungsgebers besteht. Denn der *Sicherungsnehmer* (Zessionar) hat ein berechtigtes Intresse daran, daß die Forderung dem Sicherungsgeber (Schuldner) und nicht etwa dem Vollstreckungsgläubiger ausbezahlt wird, weil der Sicherungsgeber gerade aus dem pfändbaren Lohnteil seiner Verpflichtungen aus dem Kreditgeschäft nachkommen soll.

985 Auch dem *Zedenten* (Sicherungsgeber) steht die Drittwiderspruchsklage aus § 771 ZPO zu, wenn ein *Gläubiger* des *Sicherungsnehmers* (Zessionar) die abgetretene Forderung pfändet[40]. Nach der Sicherungsabrede darf nämlich der Sicherungsnehmer die Forderung nur verwerten, wenn der Sicherungsgeber den gesicherten Anspruch nicht mehr befriedigt, so daß der Vollstreckungsgläubiger im Ergebnis nicht besser gestellt werden soll. Er hat die Möglichkeit des vollstreckungsrechtlichen Zugriffs auf die gesicherte Forderung des Zessionars, wobei ihm die vom Sicherungsgeber sicherungshalber abgetretene Forderung als Sicherheit dient[41].

986 Hat ein Vollstreckungsgläubiger im Anschluß an eine stille Sicherungsabtretung den Lohnanspruch des Sicherungsgebers (Arbeitnehmers) gepfändet und sich zur Einziehung überweisen lassen und hat der Drittschuldner mangels Kenntnis der Abtretung an den Vollstreckungsgläubiger geleistet, so kann der *Sicherungsnehmer* als Inhaber der Forderung die vom Vollstreckungsgläubiger eingezogenen Beträge aus *ungerechtfertigter Bereicherung* (§ 812 BGB) auch dann herausverlangen, wenn der vom Sicherungsnehmer (Zessionar) gewährte Kredit im Zeitpunkt der Lohnpfändung *noch nicht notleidend* war. Da die Einziehungsermächtigung des Sicherungsgebers (Arbeitnehmers) grundsätzlich nicht die Befugnis zur nochmaligen Abtretung der Forderung an einen Dritten umfaßt, die Pfändung und Überweisung der Lohnforderung im Wege der Zwangsvollstrekkung der nochmaligen Abtretung der Forderung wirtschaftlich gleichzusetzen ist, würde die Zwangsvollstreckungsmaßnahme den Arbeitnehmer als Sicherungsgeber außerstande setzen, seine Darlehensverpflichtung gegenüber dem Zessionar als Sicherungsnehmer aus dem pfändbaren Teil seines Arbeitseinkommens zu erfüllen. Dabei spielt keine Rolle, daß der Sicherungsnehmer (Zes-

---

39) BGH NJW 1977, 385; a. A. aber Blomeyer, RdA 1974, 6, der die Klage aus 771 ZPO für den besserberechtigten Forderungsgläubiger nicht zulassen will. Wie hier: Grunsky, JuS 1984, 501, 502.
40) MK-Roth, § 398, Rdn. 84 mit weiteren Nachweisen.
41) Vgl. Anm. 40.

sionar) die ihm gegebene Sicherheit erst verwerten darf, wenn der gewährte Kredit notleidend wird und der Zessionar über den Anspruch aus ungerechtfertigter Bereicherung etwas erhält, was ihm ohne die Zwangsvollstreckung möglicherweise nicht zugeflossen wäre[42]. Allerdings darf der Vollstreckungsgläubiger die ihm durch den Pfändungs- und Überweisungsbeschluß entstandenen *Zwangsvollstreckungskosten* abziehen. Nach ständiger Rechtsprechung vermindert sich nämlich bei unberechtigten Eingriffen in das Vermögen Dritter im Wege der Zwangsvollstreckung der Bereicherungsanspruch des Berechtigten um die Kosten der Zwangsvollstreckung[43].

---

42) BGH NJW 1976, 1090, 1091.

43) BGHZ 32, 244; BGH NJW 1976. 1092. Es handelt sich bei den Vollstreckungskosten nicht um eine Gegenleistung an einen Dritten zum *Erwerb* der Forderung, die Vollstreckungskosten sind vielmehr Aufwendungen, die dem Vollstreckungsgläubiger *aus Anlaß* des Erwerbs des Verwertungsrechts notwendig entstehen.

II. Der Ausschluß der Abtretung (§399 BGB)

987 Die Parteien des Arbeitsverhältnisses können gem. §399 BGB einen Ausschluß der Abtretbarkeit des Lohnanspruchs vereinbaren, wobei gleichgültig ist, ob dies vor, bei oder nach der Begründung des Lohnanspruchs geschieht[1]. Der Ausschluß der Abtretung bedeutet zugleich den Ausschluß der Verpfändbarkeit (§1274 Abs. 2 BGB)[2].

988 Ungeachtet eines vereinbarten Abtretungsausschlusses bleibt die Lohnforderung der *Pfändung* unterworfen (§851 Abs. 2 ZPO). Sie kann allerdings nur zur Einziehung nicht an Zahlungs Statt überwiesen werden (§835 ZPO).

989 Bei einer sog. *Vorausabtretung*[3] ist umstritten, ob *nach* der Abtretung bis zum Entstehen der Forderung ihre Verkehrsfähigkeit noch aufgehoben werden darf[4]. Diese Frage spielt vor allem in der Betriebspraxis deshalb eine Rolle, weil häufig zur Sicherung von Krediten Lohnansprüche gegen zukünftige Arbeitgeber vom Arbeitnehmer abgetreten werden. Da die Abtretungsvereinbarung *Abtretbarkeit* voraussetzt, sie aber *nicht gewährleistet,* kann der Arbeitnehmer, der bereits im voraus seinen Lohn abgetreten hat, wirksam gegenüber dem Zessionar eine Unabtretbarkeitsvereinbarung mit dem Arbeitgeber abschließen. Die Vorausabtretung wird nämlich erst mit der Entstehung der Forderung wirksam, der jedoch bereits die Eigenschaft der Veräußerungsfähigkeit genommen ist[5].

990 Als Abtretungsausschluß ist auch eine Vereinbarung zu qualifizieren, wonach die Abtretung der Lohnforderung von der *Zustimmung* des Arbeitgebers als Drittschuldner abhängig gemacht wird[6]. Bedenken gegen die Zulässigkeit einer vertraglichen Beschränkung der Lohnabtretung bestehen nicht. Mag die Lohnforderung in vielen Fällen alleiniges Kreditmittel des Arbeitnehmers sein und damit die Verkehrsfähigkeit der Lohnforderung seinem wirtschaftlichen Interesse entgegenkommen, so darf andererseits nicht übersehen werden, daß auf seiten des Arbeitgebers Kosten hinsichtlich der Bearbeitung von Lohnabtretungen entstehen und sich darüber hinaus der Arbeitgeber einem weiteren Lohngläubiger gegenübersieht. Hinzu kommen können Konkurrenzen mit anderen Pfändungs- oder Abtretungsgläubigern, die unter Umständen eine Hinterlegung des pfändbaren Lohnteils erforderlich machen, um eine Doppelinanspruchnahme zu vermeiden. Angesichts dessen handelt es sich keineswegs um eine unsachgemäße Knebelung des Arbeitnehmers, wenn die Verkehrsfähigkeit seines abtretbaren Lohnanspruchs eingeschränkt wird.

---

1) Ein genereller *stillschweigender* Abtretungsausschluß bei Lohnforderungen wird nicht — auch nicht bei Großunternehmen — anerkannt, da die Arbeitsvertragsparteien unschwer die Abtretbarkeit ausschließen oder begrenzen können: BGHZ 23, 53 ff = NJW 1957, 498.
2) Soweit ein Recht nicht übertragbar ist, kann ein Pfandrecht an dem Rechte nicht bestellt werden.
3) Vgl. Rzn. 968 ff.
4) Sh. MK-Roth, §399 Rdn. 25 mit Nachweisen.
5) So BGH NJW 1958, 1281; MK-Roth, §399 Rdn. 25; Derleder, JuS 1969, 423.
6) BGH WM 1977, 820.

Die *Wirkung* der vereinbarten Unabtretbarkeit des Lohnanspruchs besteht nicht nur in einem relativen Veräußerungsverbot i. S. von § 135 BGB[7], sondern hat eine *absolute* Unwirksamkeit der Abtretung gegenüber *jedermann* zur Folge[8]. Da bei einem vertraglichen Abtretungsverbot kein Gläubigerwechsel eintritt, die Lohnforderung demnach beim Arbeitnehmer verbleibt, können andere Gläubiger des Arbeitnehmers die Lohnforderung weiter für sich pfänden und zur Einziehung überweisen lassen. **991**

Die vorstehenden rechtlichen Erwägungen betreffen auch die *Sicherungsabtretung,* bei der zunächst der Sicherungsgeber ermächtigt bleibt, die Forderung in eigenem Namen einzuziehen[9]. Soweit die Lohnforderung der Abtretung entzogen wird, kann für sie auch keine *Einziehungsermächtigung*[10] erteilt werden, weil damit der Schuldnerschutz umgangen werden könnte[11]. **992**

Eine *vereinbarungswidrige* Abtretung kann dadurch wirksam werden, daß durch eine *neue Vereinbarung* zwischen Gläubiger (Arbeitnehmer) und Schuldner (Arbeitgeber) die Abtretbarkeit der Forderung nachträglich wiederhergestellt wird. Ob auch eine *einseitige Zustimmung* des Lohnschuldners (Arbeitgebers) die Wirksamkeit der abredewidrigen Abtretung herbeiführen kann, ist zweifelhaft. Teilweise[12] wird dies in entspechender Anwendung des §185 Abs. 2 BGB bejaht, wobei nach § 182 Abs. 1 BGB die Zustimmung zu der Abtretung sowohl dem Zedenten als auch dem Zessionar gegenüber erklärt werden kann. Die rechtliche Konstruktion über §185 Abs. 2 BGB überzeugt nicht, weil nicht ein Nichtberechtigter durch Abtretung der Lohnforderung verfügt hat. Denn der abtretende Gläubiger (Arbeitnehmer) verfügt über eine ihm zustehende Forderung, der lediglich durch Vereinbarung die Verkehrsfähigkeit fehlt[13]. Stimmt der Schuldner der unabtretbar entstandenen Lohnforderung der abredewidrigen Abtretung im nachhinein zu, so handelt es sich nicht um eine Zustimmung oder Genehmigung im Sinne der §§182, 184 BGB, vielmehr liegt darin das Einverständnis mit der Aufhebung des vertraglichen Abtretungsverbots oder eines Verzichts auf die Einrede aus § 399 BGB. **993**

Die vertragliche Aufhebung des Abtretungsverbots wirkt — anders als dies bei einer mit Rückwirkung ausgestatteten Genehmigung der Fall ist — erst von dem Zeitpunkt an, an dem die Verkehrsfähigkeit der Forderung vertraglich wiederhergestellt worden ist. Daraus folgt zugleich, daß Zwangsvollstreckungsmaßnahmen, die *vor der Aufhebung* des Abtretungsverbots vorgenommen worden sind, ihre Wirkung behalten. Hat der Arbeitnehmer seine Lohnforderung trotz eines **994**

---

7) So aber Scholz, NJW 1960, 1837 mit Nachweisen.
8) BGHZ 40, 159 = NJW 1964, 243; BGH WM 1968, 195; BGH NJW 1971, 1750; BGH NJW 1978, 814; OLG Düsseldorf WM 1970, 105; Furtner, NJW 1966, 186.
9) Vgl. dazu näher Rzn. 972 ff. Mummenhoff, JZ 1979, 425 spricht sich gegen eine Einbeziehung von Sicherungsabtretungen in ein vertragliches Abtretungsverbot aus.
10) Vgl. zum Inhalt einer Einziehungsermächtigung: Rzn. 972 ff.
11) A. A. aber OLG Köln MDR 1979, 935.
12) OLG Celle NJW 1968, 652, 653 mit weiteren Nachweisen.
13) So zutreffend bereits BGH NJW 1978, 814.

vereinbarten Abtretungsverbots *mehrfach* abgetreten und der Arbeitgeber zunächst der zweiten Abtretung und sodann der ersten Abtretung zugestimmt, so wird der zweite Zessionar Gläubiger der Lohnforderung. Das gilt auch dann, wenn der Lohnschuldner (Arbeitgeber) nachträglich noch der ersten Abtretung zustimmt[14].

995 Ist die Abtretung einer Forderung vertraglich nicht ausgeschlossen aber von der *vorherigen Zustimmung* des Lohnschuldners (Arbeitgebers) abhängig gemacht worden, so gelten die vorstehenden Erwägungen entsprechend. Auch bei derartiger Sachlage ist die Rückwirkung einer Genehmigung durch den Schuldner zu verneinen[15]. Dabei kann unentschieden bleiben, ob das Erfordernis der Genehmigung nichts anders umschreibt, daß nur durch eine neue Vereinbarung zwischen Gläubiger und Schuldner die zunächst absolut unwirksame Abtretung geheilt wird, oder ob man dieses Ergebnis mit einer entsprechenden Anwendung des §184 ABs. 2 BGB begründet.

996 Handelt es sich um ein in einer kollektiven Vereinbarung (Tarifvertrag, Betriebsvereinbarung) niedergelegtes Lohnabtretungsverbot, so bedarf es zur Wiederherstellung der Verkehrsfähigkeit der Forderung – soweit man derartige Lohnabtretungsverbote überhaupt für wirksam erachtet – grundsätzlich einer vertraglichen Abrede zwischen Arbeitgeber und Arbeitnehmer[16].

997 Die Berufung auf das Lohnabtretungsverbot stellt dann eine *unzulässige Rechtsausübung* dar (§242 BGB), soweit der Zessionar an den Arbeitnehmer praktisch als Gegenleistung für die Lohnabtretung bereits vorschußweise Barmittel zur Verfügung gestellt und ihn damit in die Lage versetzt hat, seinen Lebensunterhalt zu bestreiten[17].

998 Während die vertragliche Beschränkung der Lohnzession allgemein anerkannt wird, ist die Rechtsgültigkeit des Verbots der Lohnabtretung im Tarifvertrag oder in einer Betriebsvereinbarung nicht zweifelsfrei[18]. In einer grundlegenden Entscheidung vom 20. 12. 1957 hat der 1. Senat des Bundesarbeitsgerichts[19] den kollektiven Ausschluß der Lohnabtretung für zulässig erklärt und diese Entscheidung in einem weiteren Urteil vom 5. 9. 1960[20] bestätigt. Der 2. Senat des Bundesarbeitsgerichts hat sich dieser Meinung angeschlossen[21]. Nach Auffassung

---

14) BGH NJW 1964, 243, 244. Der BGH hat das Problem mit §184 Abs. 2 BGB gelöst, wonach in der Zwischenzeit getroffene Verfügungen trotz Rückwirkung der Gemehmigung auf den Zeitpunkt der Vornahme des Rechtsgeschäfts nicht unwirksam werden.

15) A. A. Furtner, NJW 1966, 186 allerdings ohne nähere Begründung.

16) Vgl. dazu Rzn. 993, 994.

17) BAG AP Nr. 8 zu § 399 BGB mit im Ergebnis zustimmender Anm. von Baumgärtel.

18) Ablehnend Siebert, FS-Nippedey 1955, 140 ff; Canaris, AuR 1966, 129, 133. Vgl. auch die Nachweise bei Wiedemann/Stumpf, TVG, vor §1 Rdn. 211.

19) AP Nr. 1 zu §399 BGB = DB 1958, 489.

20) AP Nr. 2 zu §399 BGB = DB 1960, 1309.

21) AP Nr. 8 zu §399 BGB = DB 1966, 1237. Diese Rechtsprechung entspricht der h. M. im Schrifttum: Fitting/Auffarth/Kaiser/Heither, BetrVG, §77 Rdn. 36a; Dietz/Richardi, BetrVG, §77 Rdn. 82; Thiele, GK-BetrVG, §77 Rdn. 76; Galperin/Löwisch, BetrVG, §77 Rdn. 51; Hess in Hess/Schlochauer/Glaubitz, BetrVG, §77 Rdn. 20.

des Bundesarbeitsgerichts wird durch die Vereinbarung der Nichtabtretbarkeit des Lohnanspruchs im Tarifvertrag oder in einer Betriebsvereinbarung von vornherein ähnlich wie bei einer Vereinbarung über die Fälligkeit oder über eine Verwirkungsfrist der *Inhalt des Lohnanspruchs* unmittelbar beeinflußt. Dem Arbeitnehmer wird dabei nicht die Verfügung über erworbene Rechte genommen, sondern bewirkt, daß der Lohnanspruch von Anfang an als nichtabtretbares Recht entsteht. Damit erfaßt ein durch Betriebsvereinbarung zustandegekommenes Lohnabtretungsverbot auch die Lohnansprüche derjenigen Arbeitnehmer, die erst nach Abschluß der Betriebsvereinbarung in den Betrieb eintreten. Ein derartiges Lohnabtretungsverbot betrifft auch zeitlich vor der Betriebsvereinbarung liegende Vorausabtretungen, nicht aber solche an Träger der Sozialversicherungen, die dem Arbeitnehmer zur Erhaltung seiner Existenz Leistungen gewährt haben[22]. Der Rechtsprechung des BAG und der h. M. ist beizutreten. Das in einer Kollektivvereinbarung enthaltene Lohnabtretungsverbot bedeutet keinen unzulässigen Eingriff in die Individualrechte des Arbeitnehmers. Insofern bestehen weder durch die Verfassung noch durch den Gesetzgeber gezogene Außenschranken, weil die freie wirtschaftliche Entfaltung der Persönlichkeit des Arbeitnehmers durch ein kollektives Abtretungsverbot nicht in ihrem Wesensgehalt beeinträchtigt wird. Es liegt auch keine funktionelle Zuständigkeitsüberschreitung der Tarif-oder der Betriebsvereinbarungsautonomie vor, weil die Notwendigkeit einer derartigen Regelung unmittelbar aus dem Zweck des Arbeitsverhältnisses nachweisbar ist, oder wie das BAG (a. a. O.) formuliert, eine substantielle Rechtfertigung aus der Natur der Sache unter Berücksichtigung der arbeitsrechtlichen Gesamtzusammenhänge besteht. Abgesehen von der lohnsichernden Funktion des kollektiven Abtretungsverbots bestehen auch schutzwerte Interessen des Arbeitgebers, der die durch die Lohnabtretung auftretende Belastung des Lohnbüros nicht übernehmen will.

Allerdings ist ein Lohnabtretungsverbot nicht über den Spruch der Einigungs- **999**
stelle erzwingbar (§ 76 BetrVG). Aus § 87 Abs. 1 Nr. 4 BetrVG läßt sich insoweit kein Mitbestimmungsrecht des Betriebsrats ableiten. Danach sind Zeit, Ort und Art der Auszahlung des Arbeitsentgelts der Mitbestimmung des Betriebsrats unterworfen. Keine dieser Alternativen trifft auf das Lohnabtretungsverbot zu. Unter Zeit der Auszahlung der Arbeitsentgelte können nur der Zeitpunkt der einzelnen Zahlung sowie die Zeitabschnitte, in denen ausgezahlt wird (wöchentlich oder monatlich), verstanden werden[23].

Der Ort der Zahlung des Arbeitsentgelts betrifft den räumlichen Bereich, wo der **1000**
Arbeitnehmer die Zahlung in Empfang nimmt[24]. Unter der Art der Zahlung des Arbeitsentgelts sind die Modalitäten der Entgeltzahlung zu verstehen, d. h., nach welchen Grundsätzen etwa Abschlagszahlungen auf das Arbeitsentgelt erfolgen

---

[22] BAG AP Nr. 8 zu § 399 BGB.

[23] Vgl. etwa Fitting/Auffarth/Kaiser/Heither, BetrVG, § 87 Rdn. 55; Dietz/Richardi, BetrVG, § 87 Rdn. 277; BAG Nr. 1 zu § 75 LPVG Rheinland/Pfalz = BB 1984, 145.

[24] Dietz/Richardi, BetrVG, § 87 Rdn. 278; Galperin/Löwisch, BetrVG, § 87 Rdn. 121.

sollen, ob die bargeldlose Lohnzahlung eingeführt wird und gegebenenfalls der Arbeitgeber in bestimmtem Umfange die Kontoführungsgebühren zu tragen hat[25].

1001 Grundlage eines Lohnabtretungsverbots kann damit nur eine fakultative Betriebsvereinbarung (§ 88 BetrVG) sein.

1002 Soweit im öffentlichen Dienst *Dienstvereinbarungen* nach den jeweils maßgebenden Personalvertretungsgesetzen nur zulässig sind, wenn sie ausdrücklich gestattet werden, ließe sich ein Lohnabtretungsverbot nur wirksam über eine Dienstvereinbarung festlegen, falls das maßgebende Personalvertretungsgesetz dafür Raum läßt[26].

1003 Das in einer Betriebsvereinbarung geschaffene Lohnabtretungsverbot hat jedoch keinen absolut zwingenden Charakter. Nach § 77 Abs. 4 S. 1 BetrVG gelten Betriebsvereinbarungen zwar unmittelbar und zwingend. Diese an § 4 Abs. 1 TVG angelehnte gesetzliche Regelung ist indes unvollständig. Sie wird durch das Günstigkeitsprinzip ergänzt, wonach für die Arbeitnehmer günstigere Regelungen einer Betriebsvereinbarung vorgehen[27]. Dies gilt sowohl für günstigere arbeitsvertragliche Bestimmungen, die vor als auch nach Abschluß der Betriebsvereinbarung festgelegt worden sind. Das bedeutet für ein in der Betriebsvereinbarung geregeltes Lohnabtretungsverbot, daß die Wiederherstellung der Verkehrsfähigkeit der Lohnforderung des Arbeitnehmers durch individualrechtliche Absprache zwischen Arbeitgeber und Arbeitnehmer herbeigeführt werden kann, weil hierin eine Begünstigung des Arbeitnehmers im Verhältnis zur Betriebsvereinbarung vorliegt[28].

1004 Gem. § 400 BGB kann eine Forderung nicht abgetreten werden, soweit sie der Pfändung nicht unterworfen ist. Mit dieser Regelung überträgt der Gesetzgeber die Unpfändbarkeitsbestimmungen der §§ 850 ff. ZPO auf die Forderungsabtretung. Ebenso wie dort bildet auch bei § 400 BGB die sozialpolitische Schutzbedürftigkeit des Gläubigers der Forderung den Anlaß des Abtretungsverbots. Aus diesem Grunde kann ein Arbeitnehmer durch Vereinbarung mit dem Arbeitgeber nicht in wirksamer Weise auf das gesetzliche Abtretungsverbot aus § 400 BGB verzichten (§ 134 BGB). Auch mit Zustimmung des Arbeitnehmers darf der Arbeitgeber die in § 850 c ZPO festgelegten Pfändungsgrenzen bei der Lohnabtretung nicht überschreiten, selbst wenn diese Lohnabtretung zugunsten *unterhaltsberechtigter Gläubiger* des Arbeitnehmers erfolgt. § 850 d ZPO findet hier keine Anwendung, weil nach dieser Vorschrift erst durch die Entscheidung des Vollstreckungsgerichts der pfändbare Anteil des Lohnanspruchs *konstitutiv* festgelegt

---

25) BAG AP Nr. 1 zu § 75 LPVG Rheinland-Pfalz mit ausführlichen Nachweisen = BB 1984, 145.

26) Im Bereich des LPVG Rheinland/Pfalz kann ein Lohnabtretungsverbot nicht durch Dienstvereinbarung festgelegt werden: BAG AP Nr. 1 zu § 75 LPVG Rheinland/Pfalz.

27) Vgl. näher BAG-GS-NZA 1987, 172, 173 mit ausführlichen Nachweisen; a. A. aber der 6. Senat des BAG AP Nr. 4 zu § 77 BetrVG 1972 mit ablehnender Anmerkung von Hanau. Vgl. auch Lieb, SAE 1983, 130 ff.; Löwisch, DB 1983, 1709 ff.; Richardi, RdA 1983, 278 ff.

28) ArbG Düsseldorf vom 11. 1. 1971 – 7 Ca 3545/70 –.

wird. Geht der Arbeitgeber über die Grenzen des § 850 c ZPO hinaus, so befreit die Zahlung an den Abtretungsgläubiger den Arbeitgeber gegenüber dem Arbeitnehmer nicht von der Lohnschuld.[29]

Die zwingende Natur des § 400 BGB verbietet auch die Zulassung einer Inkasso- **1005**
zession unpfändbarer Forderungen. Es ist jede Vereinbarung ausgeschlossen, die auch nur wirtschaftlich zu einer Umgehung des § 400 BGB führt. Aus diesem Grunde ist die *treuhänderische* Abtretung des Gesamtlohnanspruchs durch den verschuldeten Arbeitnehmer im Einvernehmen mit dem Arbeitgeber an einen Gläubiger, der seine Ansprüche und diejenigen anderer Gläubiger des Arbeitnehmers befriedigen und bestimmte Beträge an den Arbeitnehmer auskehren soll, nur dann als wirksam zu erachten, wenn hinreichende Gewißheit dafür besteht, daß der Treuhänder auch den unpfändbaren Teil des Lohns an den Arbeitnehmer auszahlt und darüber hinaus eine derartige Absprache für den Lohngläubiger (Arbeitnehmer) jederzeit widerruflich ist[30].

Hat der Zessionar seinerseits dem Zedenten die Leistungen erbracht, deren Er- **1006**
halt das Pfändungsverbot absichern soll, so muß das gesetzliche Abtretungsverbot aus § 400 BGB mangels eines Schutzbedürfnisses zurücktreten[31]. So hat das BAG[32] die Abtretung des Lohnanspruchs eines Mitglieds der Gewerkschaft über die Pfändungsfreigrenzen des § 850 c ZPO hinaus gebilligt, soweit die Gewerkschaft diesem Arbeitskampfunterstützung gewährt hat.

Grundsätzlich gilt auch für den gesetzlichen Forderungsübergang dieselbe Ein- **1007**
schränkung wie bei der Abtretung. Soweit allerdings der Arbeitgeber den Anspruch des Arbeitnehmers auf Arbeitsentgelt nicht erfüllt und deshalb ein Leistungsträger Sozialleistungen erbracht hat, geht der Anspruch des Arbeitnehmers gegen den Arbeitgeber auf den Leistungsträger gem. § 115 SGB X bis zur Höhe der erbrachten Sozialleistungen unabhängig davon über, daß der Anspruch nicht abgetreten oder gepfändet werden kann (§ 115 Abs. 2 SGB X)[33].

Nach dem wirksamen Übergang einer nach § 400 BGB unpfändbaren Forderung **1008**
auf einen Dritten, kann dieser frei über die Forderung verfügen, ohne daran durch § 400 BGB gehindert zu werden[34].

---

29) A. A. aber MK-Roth, § 400 Rdn. 3, der eine Abtretung an gesetzliche Unterhaltsgläubiger im Sinne von § 850 d Abs. 1 ZPO auch über den Rahmen des § 850 c ZPO hinaus zulassen will.

30) Vgl. OLG Celle DB 1970, 2082.

31) BGHZ 4, 153 ff.; BGH 13, 360 ff.; BAG AP Nr. 22 zu § 63 HGB; BAG BB 1964, 640; BGH NJW 1972, 1703.

32) NJW 1980, 1642. Anders aber für den Fall, daß eine gewährte Streikunterstützung von der Übernahme zusätzlicher Verpflichtungen des Arbeitnehmers abhängig gemacht wird, insbesondere durch einen Rückforderungsvorbehalt an eine befristete Aufrechterhaltung der Mitgliedschaft gebunden ist: LAG München DB 1980, 112.

33) Eine gesetzliche Ausnahme bildet auch das Gesetz über die Abtretung von Beamtenbezügen zum Heimstättenbau vom 3. 6. 1927 (RGBl. I, 133).

34) BGH Rpfleger 1982, 65.

III. Die rechtliche Stellung des Arbeitgebers als Lohnschuldner

1009 Da sich die rechtsgeschäftliche Abtretung – und gleiches gilt für die Übertragung einer Forderung kraft Gesetzes (§ 412 BGB) – ohne Mitwirkung und häufig sogar ohne Kenntnis des Schuldners vollzieht, soll der Schuldner in seiner Rechtsposition nicht nachteilig betroffen werden. Demgegenüber bleibt die Gutgläubigkeit des Neugläubigers prinzipiell, von § 405 BGB abgesehen, ungeschützt.

1010 Der Schuldnerschutz hat in den §§ 404, 406, 407 bis 410 BGB seinen gesetzlichen Niederschlag gefunden. Nach § 404 BGB kann der Schuldner dem neuen Gläubiger die Einwendungen entgegensetzen, die zur Zeit der Abtretung der Forderung gegen den bisherigen Gläubiger begründet waren. § 406 BGB erlaubt dem Schuldner unter bestimmten Voraussetzungen speziell die Aufrechnung mit einer ihm gegen den bisherigen Gläubiger zustehenden Forderung auch dem neuen Gläubiger gegenüber. § 407 Abs. 1 BGB legt dem neuen Gläubiger die Pflicht auf, eine Leistung, die der Schuldner nach der Abtretung an den bisherigen Gläubiger bewirkt, sowie jedes Rechtsgeschäft, das nach der Abtretung zwischen dem Schuldner und dem bisherigen Gläubiger in Ansehung der Forderung vorgenommen wird, gegen sich gelten lassen zu müssen, es sein denn, daß der Schuldner die Abtretung bei der Leistung oder der Vornahme des Rechtsgeschäfts kennt. Diese Vorschrift wird *entsprechend* angewandt, wenn eine abgetretene Forderung von dem bisherigen Gläubiger nochmals an einen Dritten abgetreten wird (§ 408 Abs. 1 BGB).

1011 Zeigt der Gläubiger dem Schuldner an, daß er die Forderung abgetreten hat, so muß er dem Schuldner gegenüber die angezeigte Abtretung auch dann gegen sich gelten lassen, wenn sie überhaupt nicht erfolgt oder nicht wirksam ist (§ 409 Abs. 1 BGB). Damit wird der Schuldner durch eine Leistung an den Scheingläubiger befreit.

1012 Schließlich steht dem Schuldner ein *Leistungsverweigerungsrecht* gem. § 410 Abs. 1 BGB zu, bis ihm die Abtretungsurkunde oder die schriftliche Anzeige der Abtretung ausgehändigt worden ist.

1013 Die vorgenannten Vorschriften sind entsprechend anwendbar, soweit eine Forderung *kraft Gesetzes* auf einen neuen Gläubiger übergeht.

1. Einwendungen des Schuldners

1014 Die vom Arbeitnehmer an den Zessionar abgetretene Lohnforderung geht nur mit allen ihr anhaftenden Mängeln auf den neuen Gläubiger über. Der Arbeitgeber als Schuldner kann dem Zessionar diejenigen Einwendungen entgegensetzen, die *zur Zeit der Abtretung* der Lohnforderung gegen den Arbeitnehmer als bisherigen Gläubiger *begründet* waren[1].

---

[1] Vgl. zur Bewertung des Schuldnerschutzes zuletzt BGH NJW 1986, 919, 920 mit weiteren Nachweisen sowie die ausführlichen und instruktiven Darstellungen von Pick, AcP 172 (1972), 53 ff. und Kornblum, BB 1981, 1296 ff.

Da § 404 BGB verhindern soll, daß die Verteidigungsmöglichkeiten des Schuldners durch die Abtretung verschlechtert werden, stehen dem Lohnschuldner gegen den neuen Gläubiger alle Einwendungen zu, die ihren Grund in dem Arbeitsverhältnis, wie dies zur Zeit der Abtretung bestand, haben. *Begründet* sind derartige Einwände bereits dann in dem bisherigen Rechtsverhältnis, wenn deren *Entstehungstatbestand* erst nach dem Forderungsübergang endgültig vollendet wurde[2]. 1015

Wie die Entstehungsgeschichte des § 404 BGB belegt, ist der Begriff Einwendungen als Oberbegriff für Einwendungen und Einreden im technischen Sinne zu verstehen[3]. So vermag sich etwa der Arbeitgeber dem Zessionar der Lohnforderung gegenüber darauf zu berufen, daß eine Geltendmachung der Lohnforderung infolge des Ablaufs einer Ausschlußfrist ausgeschlossen ist. Ebenso könnte er einwenden, der Arbeitnehmer habe aufgrund einer *Ausgleichsquittung* oder aufgrund eines gerichtlichen *Vergleichs* auf abtretbare Lohnansprüche verzichtet[4]. Wird ein zunächst aktualisierter, dann aber aus irgendwelchen Gründen wieder außer Funktion gesetzter Arbeitsvertrag später wirksam wegen arglistiger Täuschung angefochten, so wirkt diese Anfechtung auf den Zeitpunkt der Außerfunktionssetzung des Arbeitsvertrages zurück[5], welche Einwendung der Arbeitgeber im Falle einer Lohnabtretung dem Zessionar über § 404 BGB entgegensetzen kann. 1016

Komplizierter zu berurteilen ist die Rechtslage im Falle einer *Aufrechnungserklärung* des Lohnschuldners. Grundsätzlich gilt folgendes: Erfolgt die Aufrechnungserklärung vor der Abtretung durch den Lohnschuldner gegenüber dem Arbeitnehmer als Altgläubiger, so führt dies zum Erlöschen der Lohnforderung (§ 389 BGB) bereits vor der Abtretung und damit zur Einwendung gem. § 404 BGB. Ist die Lohnabtretung bereits erfolgt, hat jedoch der Arbeitgeber als Lohnschuldner davon keine Kenntnis und rechnet er gegenüber dem Arbeitnehmer als Altgläubiger auf, gilt § 407 Abs. 1 BGB. Die Erfüllung der Lohnforderung durch Aufrechnung muß der neue Gläubiger gegen sich gelten lassen. Kennt der Arbeitgeber als Lohnschuldner die Abtretung, so kann er gegenüber dem Zessionar mit einer ihm gegen den Arbeitnehmer (Zedenten) zustehenden Forderung aufrechnen, es sei denn, daß er bei dem Erwerbe der Forderung von der Abtretung Kenntnis hatte oder daß die Forderung erst nach der Erlangung der Kenntnis und später als die abgetretene Forderung fällig geworden ist. Sofern sich die Gegenforderung des Arbeitgebers unmittelbar gegen den Zessionar richtet, gelten die Bestimmungen der §§ 387 ff. BGB über die Aufrechnung. 1017

---

[2] BGH NJW 1986, 920; Kornblum, BB 1981, 1297.

[3] Vgl. Motive zu dem Entwurfe eines BGB, §§ 302, 303, S. 128 bis 130.

[4] Sh. zum Tatsachenvergleich über Versorgungsansprüche: BAG vom 18. 12. 1984 DB 1985, 1949. Das Gesetz hat nicht die Befugnis der Parteien eingeschränkt, sich über die *tatsächlichen Voraussetzungen* eines gesetzlichen oder tariflichen Anspruchs verständigen zu dürfen. Derartige Tatsachenvergleiche werden vom Schutzzweck der gesetzlichen oder tariflichen Regelungsverbote nicht erfaßt.

[5] BAG vom 29. 8. 1984 – 7 AZR 34/83 – NZA 1985, 58.

1018 Ausgeschlossen sind jedoch Einwendungen, sofern sie sich aus einem erst *nach der Abtretung* zwischen dem Arbeitnehmer und dem Arbeitgeber vorgenommenen Rechtsgeschäft, wie dies bei einem Erlaß oder Vergleich der Fall sein kann, ergeben[6], weil der Zedent das Recht des Zessionars durch nachträgliche Vereinbarung mit dem Lohnschuldner grundsätzlich nicht mehr negativ verändern kann. Allerdings hat das BAG[7] im Falle des gesetzlichen Forderungsübergangs auf einen Sozialversicherungsträger die Befugnis der Arbeitsvertragsparteien für gegeben erachtet, in einem *Prozeßvergleich* einen Beendigungszeitpunkt des Arbeitsverhältnisses vereinbaren zu dürfen, der auf den Sozialversicherungsträger übergegangene Lohnansprüche des Arbeitnehmers vernichtet und damit eine entsprechende Einwendung im Sinne von § 404 BGB für den Arbeitgeber begründet. Anderenfalls würde eine Erledigung des Rechtsstreits über die Rechtswirksamkeit einer Kündigung durch einen Prozeßvergleich erschwert oder gar unmöglich gemacht. Das Interesse der Parteien an der gütlichen Beilegung ihres Streits über den Fortbestand des Arbeitsverhältnisses ist dabei höher zu bewerten als das Interesse des Rechtsnachfolgers an der Erfüllung des auf ihn übergegangenen Anspruchs, dessen Bestand schon im Zeitpunkt des Überganges ungewiß und von der Wirksamkeit der umstrittenen Kündigung abhängig war. Spricht jedoch der Arbeitgeber aus Anlaß einer Erkrankung des Arbeitnehmers eine Kündigung aus, und würde der Arbeitnehmer nach Fälligkeit des Lohnfortzahlungsanspruchs auf diesen in einem Prozeßvergleich verzichten[8], so könnte eine derartige Aufgabe des Lohnfortzahlungsanspruchs keine Bindung für die Krankenkasse bewirken, wenn sie Krankengeld an den Arbeitnehmer gezahlt hat und dem Arbeitgeber dieser Vorgang bekannt ist (§ 407 BGB)[9].

1019 Außer den im § 404 BGB bezeichneten Einwendungen stehen dem Arbeitgeber als Lohnschuldner selbstverständlich alle Einwendungen zu, die sich gegen die *Wirksamkeit* der *Abtretung* richten. So vermag sich der Arbeitgeber etwa darauf zu berufen, daß die Forderung insgesamt oder zumindest teilweise nicht abgetreten werden konnte, weil sie insoweit der Pfändung nicht unterworfen ist (§ 400 BGB) oder ihre Abtretbarkeit durch Vereinbarung ausgeschlossen wurde (§ 399 BGB). Der Lohnschuldner kann jedoch im Regelfall keine Einwendungen aus dem der Abtretung zugrundeliegenden Rechtsgeschäft gegenüber dem Zessionar herleiten. Etwas anderes gilt ausnahmsweise dann, wenn der Mangel des Grundgeschäfts zugleich die Wirksamkeit der Abtretung berührt[10].

1020 Da § 404 BGB *keine zwingende* Vorschrift darstellt, kann der Arbeitgeber auch nach der Abtretung der Lohnforderung durch Vertrag mit dem Neugläubiger auf

---

6) Pick, AcP 172, 53 ff.; BAG DB 1981, 109 mit weiteren Nachweisen.

7) BAG DB 1981, 109 ff.

8) Ein etwaiger Verzicht auf den Lohnfortzahlungsanspruch verstößt *nach* dessen Fälligkeit nicht gegen § 9 LFG: BAG DB 1980, 1448; BAG DB 1981, 111.

9) Es genügt die Kenntnis der den Forderungsübergang begründenden Tatsachen: BGH VersR 1962, 516; BAG DB 1981, 111, 112. Vgl. auch BAG DB 1981, 113.

10) BAG NJW 1967, 751; BGH NJW 1982, 275 und Rzn. 963 ff.

Einwendungen *verzichten*[11]. Dieser Einwendungsverzicht spielt gerade bei der *Sicherungszession* eine große Rolle, weil davon der wirtschaftliche Wert des Sicherungsmittels abhängt. Erklärt der Arbeitgeber in einem Formular des Kreditgebers des Arbeitnehmers, daß der zur Sicherung abgetretenen Lohnforderung keine Einwendungen oder Einreden sowie Rechte Dritter oder eigene zur Aufrechnung geeignete Gegenansprüche entgegenstehen, so liegt darin regelmäßig ein Verzicht auf die Einwendungen aus § 404 BGB[12]. Anders als bei der Drittschuldnererklärung nach § 840 Abs. 1 ZPO wird eine derartige Erklärung nicht nur als Auskunft zu qualifizieren sein, weil der Drittschuldner zur Abgabe einer entsprechenden Erklärung gesetzlich verpflichtet wird, während der Schuldner sie dem Zessionar freiwillig erteilt. So hat der BGH[13] die Mitteilung des Schuldners, die Forderung sei in einer Position zu beanstanden und werde nach entsprechender Kürzung bezahlt, nicht nur als Einverständnis mit einer vertraglich ausgeschlossenen Abtretung, sondern auch als Verzicht auf weitere Einwendungen im Sinne eines deklaratorischen Anerkenntnisses gewertet. Regelmäßig wird sich jedoch der Verzicht des Schuldners nur auf solche Einwendungen erstrecken, die ihm bekannt sind oder mit denen er rechnen mußte[14].

Besonderheiten ergeben sich dann, wenn der Schuldner (Arbeitgeber) *vor* der Abtretung des Lohns *Vorschuß-* oder *Abschlagszahlungen* an den Arbeitnehmer als Altgläubiger des Lohnanspruchs geleistet hat[15]. Nach Auffassung des BAG[16] sind *nicht abgerechnete* Lohnabschlagszahlungen und Lohnvorschüsse grundsätzlich auf den *pfändungsfreien* Betrag (§ 400 BGB) anzurechnen. Der pfändbare und damit abtretbare Teil der Vergütung des Arbeitnehmers bestimmt sich danach nach dem Betrag der ursprünglichen Schuld, so daß für seine Berechnung die vor der Abtretung geleisteten Vorschußzahlungen bzw. Abschlagszahlungen einzubeziehen sein sollen. Vom Begründungsansatz her differenziert das BAG zwischen dem *Zahlungsanspruch* und dem *Lohnanspruch* des Arbeitnehmers. Hat der Arbeitgeber vor der Abtretung bereits Lohnvorschüsse oder Lohnabschläge auf die nächste Lohnzahlung gewährt, so soll zwar der *Zahlungsanspruch* des Arbeitnehmers insoweit gem. § 362 BGB durch Erfüllung erloschen sein, während jedoch der *Lohnanspruch* des Arbeitnehmers erst mit der *Lohnabrechnung* vollständig erfüllt ist. Von dieser Ausgangsüberlegung her will das BAG den Lohnvorschuß sowie den Lohnabschlag, der den Lohnanspruch in Höhe des vorgeschossenen Betrags im voraus tilgt, in erster Linie auf den *unpfändbaren* Teil des Lohns verrechnen, weil derartige Zahlungen vor allem dem Lebensunterhalt des Schuldners dienen sollen und damit demselben Zweck wie die Vorschriften der §§ 850, 850 a und 850 b ZPO, die die Pfändbarkeit der Lohnan- 1021

---

11) BGH NJW 1970, 321: Der Schuldner hatte dem Zessionar bestätigt, daß die Forderung zu Recht bestünde und von keiner Gegenleistung abhängig sei. Sh. auch BGH NJW 1973, 39.

12) So bereits RGZ 83, 184, 186. Vgl. dazu auch Marburger, DB 1973, 2125 ff. mit weiteren Nachweisen.

13) BGH DB 1977, 539, 540.

14) Wie weit der Verzicht reicht, ist eine Frage der Interpretation: BGH NJW 1970, 321; Reinicke, NJW 1970, 885 ff.

15) Zur Auswirkung auf eine Lohnpfändung sh. Rzn. 560 ff.

16) Vom 11. 2. 1987 – 4 AZR 144/86 –.

sprüche zur Sicherung des angemessenen und notwendigen Lebensbedarfs des Schuldners beschränken.

1022 Der grundsätzliche Denkansatz des BAG ist gekünstelt und daher auch im Ergebnis abzulehnen. Unabhängig davon, ob der Arbeitgeber kraft Gesetzes (§§133h, 134 Abs. 2 GewO) oder auf der Grundlage eines kollektiven Normenvertrags (Tarifvertrag, Betriebsvereinbarung) oder aus dem Arbeitsvertrag als Nebenverpflichtung[17)] eine Lohnabrechnung gegenüber dem Arbeitnehmer schuldet, ist für die Pfändung und Abtretung des Lohn ausschließlich der Bestand der Lohnforderung maßgebend. Und *diese* wird durch die Abschlags- oder Vorschußzahlung des Arbeitgebers vereinbarungsgemäß in entsprechender Höhe erfüllt (§362 BGB). Der pfändbare und damit abtretbare Teil des Lohns berechnet sich nach dem verbleibenden Restlohnanspruch des Arbeitnehmers in Relation zum jeweiligen Auszahlungszeitraum (§850c ZPO). Sind demnach Lohnvorschüsse und Abschlagszahlungen, soweit sie vor einer Pfändung oder Abtretung des Lohns geleistet wurden, bei der Berechnung des pfändbaren und damit abtretbaren Teils des Gesamtarbeitseinkommens nicht einzubeziehen, so kommt es auch nicht darauf an, ob die Vorschuß- oder Abschlagszahlung Zwecken dient, die die Vorschriften verfolgen, mit denen das Arbeitseinkommen dem Zugriff der Pfändungsgläubiger entzogen werden soll. Damit entfällt auch das Argument, daß die Zahlung auf den entsprechenden unpfändbaren Lohnbestandteil des Schuldners anzurechnen sei, weil sie insoweit auch den Zweck des Pfändungsschutzes erfüllte. Die Auffassung des BAG (a. a. O.) führte im Falle der Arbeitgeber vor der Pfändung oder Abtretung den vollen Lohnanspruch bevorschußt hat, zu dem unbilligen Ergebnis, daß er eine spätere Abtretung oder Pfändung in Höhe des pfändbaren Lohnteils bedienen müßte, wenn die Parteien bei Auszahlung keine Aufrechnungsvereinbarung abgeschlossen haben.

2. Der Schutz des Schuldners bei Aufrechnungsmöglichkeit

1023 Der Lohnschuldner kann eine ihm gegen den bisherigen Gläubiger (Arbeitnehmer) zustehende Forderung auch dem Zessionar (Neugläubiger) gegenüber *aufrechnen,* es sei denn, daß der Lohnschuldner bei dem Erwerb der Forderung von der Abtretung *Kenntnis* hatte oder daß seine Forderung erst nach Erlangung der Kenntnis und später als die abgetretene Forderung *fällig* geworden ist. Diese in §406 BGB normierte Regelung will dem Schuldner die bei Abtretung bestehende Aufrechnungslage gegenüber dem Neugläubiger erhalten und darüber hinaus die Aufrechnungsmöglichkeit für den Fall sichern, daß sich erst nach Kenntnis der Abtretung die Aufrechnungslage ergibt, die ohne Abtretung zur Aufrechnung berechtigt hätte. §406 BGB beinhaltet daher eine Ausnahme von dem in §387 BGB statuierten Erfordernis der Gegenseitigkeit der Forderung.

1024 Aus der Gegenüberstellung zu §404 BGB und §407 Abs. 1 BGB erhellt, daß §406 BGB nur die Aufrechnung betrifft, die zur Zeit der Erlangung der Kenntnis der Abtretung vom Lohnschuldner noch nicht erklärt war. War die Aufrechnung bereits

---

[17)] Vgl. dazu Schaub, Arbeitsrechtshandbuch, §72 I 3.

vor der Abtretung erklärt, so kann der Arbeitgeber als Lohnschuldner gegenüber dem Zessionar gem. §404 BGB Schuldtilgung durch Aufrechnung einwenden. War die Forderung abgetreten und hat der Arbeitgeber danach gegenüber dem Arbeitnehmer als Zedenten aber *vor* Erlangung der Kenntnis der Abtretung aufgerechnet, so kann er sich gegenüber dem Zessionar auf §407 Abs. 1 BGB berufen.

Adressat der Aufrechnungserklärung ist dabei nicht etwa der Arbeitnehmer als **1025**
Altgläubiger, sondern der Zessionar.

Das Vertrauen, sich durch Aufrechnung von der Lohnforderung befreien zu kön- **1026**
nen, besteht indes dann nicht, wenn der Arbeitgeber die Gegenforderung gegen den Arbeitnehmer erst *nach* der Abtretung und in Kenntnis der Abtretung erworben hat. *Erworben* im vorbeschriebenen Sinne ist die Forderung allerdings mit der Entstehung ihres Rechtsgrundes, so daß die Voraussetzungen der Aufrechnung nicht bereits im Zeitpunkt der Abtretung gegeben sein müssen. Das berechtigte Vertrauen des Schuldners auf den Erwerb einer Aufrechnungsmöglichkeit scheidet auch dann aus, wenn seine Gegenforderung später als die abgetretene Lohnforderung fällig wird, weil er in der Zeit zwischen Fälligkeit der Lohnforderung und Fälligkeit der Gegenforderung auch ohne Dazwischentreten der Abtretung die Lohnforderung nicht durch Aufrechnung, sondern nur durch Erfüllung tilgen kann[18]. War die Gegenforderung des Arbeitgebers zur Zeit der *Kenntniserlangung* der Abtretung *bereits fällig,* so ist die Reihenfolge des Fälligwerdens der Lohnforderung und der Gegenforderung ohne Bedeutung. Tritt die Fälligkeit der Gegenforderung des Arbeitgebers erst *nach Kenntnis* von der Abtretung ein,

---

[18] Sh. BGHZ 19, 156 ff. Es ist in §406 BGB zwischen dem Erwerb und der Fälligkeit der Forderung des Lohnschuldners zu differenzieren:
Der Arbeitnehmer tritt am 15. 3. seinen am 31. 3. fällig werdenden Lohn an seinen Gläubiger ab. Der Arbeitgeber hat dem Arbeitnehmer am 20. 3. ein Darlehen gewährt, das in monatlichen Raten zu tilgen ist, die jeweils mit dem Monatsende fällig werden. Der Gläubiger oder Arbeitnehmer teilt am 1. 4. die Abtretung mit. Der Gegenanspruch des Arbeitgebers auf Rückzahlung des Darlehens war bereits *vor* der *Kenntnis* der Abtretung (1. 4.) entstanden. Die März-Rate war vor Erlangung der Kenntnis (1. 4.) und gleichzeitig mit der abgetretenen Lohnforderung fällig. Der Arbeitgeber kann also nach dem 1. 4. noch gegenüber dem Gläubiger hinsichtlich des Lohnanspruchs aus März aufrechnen.

Hätten Arbeitgeber und Arbeitnehmer die Fälligkeitszeitpunke der jeweiligen Rückzahlungsraten auf den 15. eines jeden Kalendermonats gelegt, so läge der Erwerb der Forderung zwar vor dem 1. 4. (Kenntnis der Abtretung), die Darlehensrate würde aber erst nach dem am 31. 3. fällig werdenden Lohnanspruch fällig werden. Damit ist eine Aufrechnung gegenüber dem Lohnanspruch des Arbeitgebers aus März ausgeschlossen, jedoch gegenüber dem Lohnanspruch aus April (fällig 30. 4.) gestattet.
Hat der Arbeitgeber das Darlehen bereits am 10. 3. gewährt und Rückzahlungsraten jeweils zum 15. eines folgenden Kalendermonats festgelegt (15. 4.), so stand dem Arbeitgeber zwar der Gegenanspruch vor der Abtretung zu, er ist aber erst später als der März-Lohn und in einem Zeitpunkt fällig geworden, als der Arbeitgeber die Abtretung bereits kannte (1. 4.)
Hätte der Arbeitgeber erst nach dem 15. 4. Kenntnis von der Lohnabtretung (März-Lohn) erhalten, wäre die Aufrechnung gegen den noch nicht erfüllten Lohnanspruch für März gegenüber dem neuen Gläubiger zulässig. Denn zum Zeitpunkt der Kenntniserlangung konnte der Arbeitgeber damit rechnen, sich durch Aufrechnung mit den März-Bezügen des Arbeitnehmers von der Lohnforderung befreien zu dürfen.

so darf er nur dann aufrechnen, wenn seine Forderung spätestens gleichzeitig mit der Lohnforderung des Arbeitnehmers fällig wird.

Dem Normzweck entsprechend liegt die Kenntnis der Abtretung auch bei Kenntnis der Vorausabtretung vor[19].

1027 Ebenso wie bei § 404 BGB handelt es sich bei § 406 BGB *nicht um zwingendes Recht.* So kann die Berufung auf § 406 BGB ausgeschlossen sein, wenn der Arbeitgeber gegenüber dem Zessionar die abgetretene Lohnforderung vorbehaltlos anerkennt[20].

1028 Grundsätzlich hat der neue Gläubiger (Zessionar) die *Unzulässigkeit der Aufrechnung* darzulegen und nachzuweisen. Diese Beweislastverteilung folgt daraus, daß der Aufrechnungsgegner, der sich auf den Ausschluß der Aufrechnung beruft, hierfür den Nachweis zu führen hat[21]. Demgemäß hat der Zessionar zu beweisen, wann der Schuldner Kenntnis von der Abtretung erlangt hat. Zweifelhaft ist indes, ob der Zessionar auch für den Zeitpunk des Erwerbs der Gegenforderung durch den Schuldner die Beweislast zu tragen hat. Da es sich um ein Ereignis im Einflußbereich des Schuldners handelt, von dem der Zessionar regelmäßig eine Kenntnis besitzen wird, erscheint es unbillig, ihn insoweit mit dem Nachweis zu belasten. Der Schuldner hat daher den Zeitpunkt des Erwerbs der Gegenforderung zu belegen[22].

3. Die Leistung des Schuldners an den bisherigen Gläubiger (§ 407 BGB)

1029 Da sich der Gläubigerwechsel bei der Lohnabtretung gem. § 398 S. 2 BGB ohne eine entsprechende Anzeige an den Arbeitgeber als Lohnschuldner vollzieht, muß der Zessionar eine Leistung des Arbeitgebers an den Zedenten (Arbeitnehmer), sowie jedes Rechtsgeschäft, das nach der Abtretung zwischen dem Arbeitnehmer und Arbeitgeber in Ansehung der Lohnforderung vorgenommen wird, gegen sich gelten lassen, solange der Arbeitgeber von der Lohnabtretung keine Kenntnis erlangt hat (§ 407 Abs. 1 BGB).

1030 *Kenntnis* im Sinne von § 407 Abs. 1 BGB bedeutet zwar nicht völlig sichere Kenntnisse, d. h. unter Ausschluß jeglichen Zweifels[23], erfordert aber das wirkliche Wissen des Schuldners von der Abtretung[24]. Die Anzeige des Altgläubigers (Zedenten) wird regelmäßig genügen[25]. Dagegen kann die Anzeige des Zessionars

---

19) Auch insoweit kann der Schuldner nicht damit rechnen, sich durch Aufrechnung von der Gegenforderung befreien zu können. BGHZ 66, 386 ff. und Schomaker, BB 1969, 940. Kritisch dazu jedoch Serick, BB 1982, 874 und Denck, DB 1977, 1493. Als Kenntnis der Abtretung kommt nur *wirkliches Wissen* in Betracht. Selbst *grob fahrlässige Unkenntnis* schadet dem Schuldner nicht: RGZ 74, 119 ff.

20) Vgl. Rz. 1020.

21) Baumgärtel, Handbuch der Beweislast im Privatrecht, § 406 BGB Rdn. 1 mit ausführlichen Nachweisen.

22) Baumgärtel, Handbuch der Beweislast im Privatrecht, § 406 BGB Rdn. 2 mit Nachweisen.

23) Die einfache, nicht unglaubwürdige Anzeige des neuen Gläubigers ohne urkundlichen Nachweis kann ausreichen: RGZ 74, 117, 119; RGZ 88, 4.

24) BGH NJW 1960, 1805; LAG Berlin BB 1969, 1353.

25) BGH MDR 1967, 398.

nicht ausreichen, es sei denn, daß vernünftigerweise kein Zweifel an der Richtigkeit der Mitteilung bei dem Schuldner aufkommen kann[26]. Hat der Zessionar dem Schuldner zugesagt, bestehende Zweifel der Abtretung durch Vorlage einer Abtretungsurkunde zu beheben, und kommt der Zessionar seinem Versprechen nicht nach, kann die Kenntnis des Schuldners verneint werden. Keinesfalls trifft den Schuldner die Pflicht nachzuforschen, ob ein Forderungsübergang stattgefunden hat.

Das Kennenmüssen (fahrlässige oder grob fahrlässige Unkenntnis) der Abtretung reicht nicht aus, um den Schuldnerschutz aus § 407 BGB entfallen zu lassen. Bei *gesetzlichem Forderungsübergang* genügt die Kenntnis der den Übergang begründenden Umstände. Wird dem Arbeitgeber von einem Sozialversicherungsträger mitgeteilt, er leiste Lohnersatz, so begründet diese Benachrichtigung die Kenntnis vom gesetzlichen Übergang des Lohnanspruchs[27]. **1031**

Da die Kenntnisnahme von einer Abtretung die Verpflichtung des Schuldners auslöst, nunmehr zur Vermeidung der Gefahr von Doppelzahlungen nur noch an den neuen Gläubiger zu leisten, genügt es nicht, daß dem Schuldner die Anzeige lediglich i. S. der §§ 130 ff. BGB zugeht[28]. Dies ist dann von Bedeutung, wenn die Abtretungsanzeige einem Angestellten des Schuldners bekannt wird. Die Kenntnis einer anderen Person von der Forderungsabtretung kann nämlich dem Schuldner nur dann zugerechnet werden, wenn der andere bevollmächtigt war, Leistungen für den Schuldner zu bewirken; nur einem derartigen Bevollmächtigten kann die Entscheidung darüber zustehen, an welchen Gläubiger zu leisten ist[29]. **1032**

Die Beweislast für die Kenntnis des Schuldners (Arbeitgebers) von der Abtretung trägt der Zessionar als neuer Gläubiger[30]. Gelingt dem Zessionar der Nachweis, daß dem Schuldner die schriftliche Abtretungsanzeige zugegangen ist, dann steht prima facie fest, daß der Schuldner auch von der ihm zugegangenen Anzeige Kenntnis genommen hat[31]. Der Schuldner muß dann durch den Vortrag besonderer Umstände diesen Anscheinsbeweis entkräften, daß er also trotz Zustellung keine Kenntnis vom Forderungsübergang erlangt hatte. **1033**

---

26) RGZ 74, 119; RGZ 88, 4; BGH VersR 1962, 515, 516.

27) BAG NJW 1981, 1062.

28) BGH NJW 1977, 581, 582.

29) BGH NJW 1960, 1805; BGH NJW 1982, 2372; BGH NJW 1977, 582 auch zu der Frage, unter welchen Voraussetzungen es rechtsmißbräuchlich sein kann, sich auf Unkenntnis zu berufen, etwa wenn sich der Schuldner durch vollständige Automatisierung seines Zahlungswesens der Kenntnisnahme entzieht.

30) Das Gesetz stellt eine *Vermutung* für die *Gutgläubigkeit* des Schuldners auf: BGH VersR 1962, 515, 517; OLG Karlsruhe VersR 1968, 1071, 1072; Baumgärtel, Handbuch der Beweislast im Privatrecht, § 407 BGB Rdn. 1. Bei einem *gesetzlichen* Forderungsübergang reicht für diesen Nachweis aus, wenn der Zessionar belegt, daß der Schuldner Kenntnis von den den Forderungsübergang begründenden Tatsachen hatte: BGB NJW 1961, 1966; BAG NJW 1981, 1062; das LAG Frankfurt DB 1983, 2640 läßt bereits die Mitteilung der Krankenkasse an den Arbeitgeber, daß sie Krankengeld zahlen werde, genügen.

31) BGH VersR 1962, 517.

1034 Im Interesse des Schuldnerschutzes muß der neue Gläubiger *Leistungen* und *Rechtsgeschäfte* zwischen dem Zedenten und dem Schuldner gegen sich gelten lassen, wenn bei Vornahme der Leistungshandlung die Kenntnis des Schuldners von der Abtretung fehlte. Unter *Leistung* im Sinne des § 407 Abs. 1 BGB ist das Bewirken der geschuldeten Leistung durch *Erfüllung* sowie jede Leistung an Erfüllungs Statt oder erfüllungshalber zu verstehen.[32] Darunter ist auch die *Aufrechnungserklärung* ohne Kenntnis der bereits erfolgten Abtretung gegenüber dem Altgläubiger zu subsumieren. Unter *Rechtsgeschäften* in Ansehung der Forderung sind etwa ein *Vergleich,* eine *Stundungsvereinbarung* oder ein *Erlaßvertrag* zu verstehen.

1035 Da § 407 BGB lediglich eine *Schuldnerschutzvorschrift* darstellt, braucht der Schuldner dem Zessionar die genannten Geschäfte nicht entgegenzuhalten[33]. Hat er in Unkenntnis einer Abtretung an den Zedenten geleistet, so kann er die Leistung kondizieren (§ 812 Abs. 1 S. 1 BGB), wenn ihm etwa wegen einer Aufrechnungsmöglichkeit die Bewirkung der Leistung an den Zessionar vorteilhafter zu sein scheint[34]. Ein Bereicherungsanspruch gegen den Zessionar scheidet allerdings aus, wenn der Arbeitgeber an diesen zahlt und eine Einrede aus § 404 BGB geltend zu machen unterläßt, weil diese Vorschrift dem Schuldner lediglich ein Leistungsverweigerungsrecht einräumt[35].

1036 Beruft sich der Schuldner (Arbeitgeber) auf die Leistung an den Zedenten (Arbeitnehmer), so vermag der Zessionar von diesem die Herausgabe des Erlangten nach § 816 Abs. 2 BGB zu fordern[36].

1037 Erfolgt eine Forderungsabtretung *nach dem Eintritt der Rechtshängigkeit,* so wirkt das im Rechtsstreit zwischen dem Zedenten und dem Schuldner ergangene Urteil gem. § 325 Abs. 1 ZPO für und gegen den Rechtsnachfolger. Diese Vorschrift ergänzt den § 265 ZPO, wonach die Rechtshängigkeit die Möglichkeit der Abtretung der geltend gemachten Forderung nicht ausschließt und eine derartige Abtretung keinen Einfluß auf den Prozeß ausübt. Dieser wird zwischen den bisherigen Parteien unverändert fortgeführt. Allerdings hat der Kläger den Klageantrag auf seiner Seite der veränderten materiellen Rechtslage anzugleichen, also Leistung an den Rechtsnachfolger zu verlangen.

1038 Um den gutgläubigen Schuldner zu schützen, erweitert § 407 Abs. 2 BGB den § 325 ZPO auf die *vor Rechtshängigkeit* erfolgte Abtretung. Maßgeblicher Zeitpunkt für die Gutgläubigkeit des Schuldners ist die Rechtshängigkeit der Forderung. Erfährt der Schuldner während des Rechtsstreits von der Abtretung, so ist ihm anzuraten, die Aktivlegitimation des Klägers zu bestreiten, was nicht gesche-

---

32) BGH NJW 1979, 371, 372; BGH NJW 1979, 1704 (Scheck oder Wechsel). Vgl. zur Abgrenzung des § 407 BGB von § 404 BGB: Pick, AcP 172 (1972), 55 ff.; Kornblum, BB 1981, 1300, nach dessen Ansicht die *Aufrechnung* des Schuldners nicht unter § 407 Abs. 1 BGB zu subsumieren ist.
33) BGHZ 52, 153.
34) BGH LM Nr. 3 zu § 407 BGB.
35) BGH BB 1963, 1076.
36) BGH BB 1963, 995, 996.

hen muß[37]. Unterliegt jedoch der Schuldner, so dürfte er wegen der Kenntnis der Abtretung (§ 407 Abs. 1 BGB) nicht an den Kläger (Zedenten) leisten. Eine Vollstreckungsgegenklage müßte an § 767 Abs. 2 ZPO scheitern. Wird allerdings dem Schuldner erst *nach Rechtskraft* des Urteils bei einer stillen Zession die Abtretung offengelegt, so kann er sich gegen den Vollstreckungsgläubiger mit einer Klage aus § 767 ZPO zur Wehr setzen[38].

4. Die mehrmalige Abtretung

Wird eine abgetretene Forderung von dem bisherigen Gläubiger nochmals an einen Dritten abgetreten, so finden, wenn der Schuldner an den Dritten leistet oder wenn zwischen dem Schuldner und dem Dritten ein Rechtsgeschäft vorgenommen oder ein Rechtsstreit anhängig wird, zugunsten des Schuldners die Vorschriften des § 407 BGB dem früheren Erwerber gegenüber entsprechende Anwendung (§ 408 Abs. 1 BGB). **1039**

Mit dieser Vorschrift wird der Schuldner geschützt, der lediglich von der *zweiten* Abtretung an einen Dritten Kenntnis besitzt und nichts von der früheren Abtretung an den ersten Zessionar weiß. Da der Schuldner bei derartigem Befund den Dritten für den berechtigten Gläubiger halten kann, tritt dieser an die Stelle des „bisherigen Gläubigers" aus § 407 BGB. **1040**

§ 408 Abs. 1 BGB ist gem. Abs. 2 dieser Vorschrift auch dann anwendbar, wenn die bereits vom Altgläubiger abgetretene Forderung gepfändet und einem Dritten zur Einziehung überwiesen wird (§§ 829, 835 ZPO). **1041**

5. Die Bedeutung der Abtretungsanzeige (§ 409 BGB)

Zeigt der Gläubiger (Arbeitnehmer) dem Schuldner (Arbeitgeber) an, daß er die Forderung abgetreten habe, so muß er dem Schuldner (Arbeitgeber) gegenüber die angezeigte Abtretung gegen sich gelten lassen, auch wenn sie nicht erfolgt oder nicht wirksam ist (§ 409 Abs. 1 S. 1 BGB). **1042**

Gem. § 409 Abs. 1 S. 2 BGB steht es der Abtretungsanzeige gleich, wenn der Gläubiger (Arbeitnehmer) eine Urkunde über die Abtretung dem in der Urkunde bezeichneten neuen Gläubiger (Zessionar) ausgestellt hat und dieser sie dem Schuldner (Arbeitgeber) vorlegt. **1043**

Die Abtretungsanzeige kann nach § 409 Abs. 2 BGB nur mit Zustimmung desjenigen zurückgenommen werden, welcher als der neue Gläubiger bezeichnet worden ist. **1044**

Auf die Abtretungsanzeige darf sich der Schuldner (Arbeitgeber) unbedingt verlassen. Er kann denjenigen, an welchen der Anzeige gemäß die Abtretung vorgenommen wurde, als wirklichen Gläubiger betrachten, auch wenn die Abtretung überhaupt nicht erfolgt, nichtig oder angefochten ist. Der Arbeitgeber leistet mit- **1045**

---

[37] BGHZ 52, 152 ff. Vgl. dazu auch Brehm, KTS 1985, 1 ff.
[38] RGZ 84, 286.

hin in jedem Falle an den in der Anzeige ausgewiesenen neuen Gläubiger (Scheingläubiger) mit befreiender Wirkung gegenüber dem wirklichen Gläubiger, auch wenn er *positive Kenntnis* davon besitzt, daß in Wahrheit eine wirksame Abtretung nicht vorliegt[39]. Das Gesetz sieht in einer derartigen Abtretungsanzeige eine *Anweisung* des Gläubigers, daß der Schuldner den bezeichneten Dritten fortan als alleinigen Gläubiger zu betrachten, nur an ihn zu leisten und sich nur mit ihm in Verhandlungen einzulassen hat[40].

1046 Als rechtsgeschäftsähnliche Erklärung bedarf die Abtretungsanzeige keiner Form, sie kann daher auch mündlich erfolgen. Die Abtretungsanzeige hat indes nicht die Wirkung einer Übertragung der Forderung, so daß der wahre Gläubiger auch weiterhin Inhaber der Forderung bleibt. Der *Scheinberechtigte* hat in Wahrheit kein Forderungsrecht, wenn auch der Schuldner mit befreiender Wirkung an ihn leisten kann. Da § 409 Abs. 1 BGB den Schuldner *schützen* soll, wird er nicht verpflichtet, an den Scheinzessionar leisten zu müssen[41].

1047 Ist trotz Abtretungsanzeige eine Abtretung der Forderung nicht erfolgt, so bleibt der bisherige Gläubiger weiterhin zur Klageerhebung befugt. Solange jedoch der Gläubiger die Zustimmung des Scheinzessionars (§ 409 Abs. 2 BGB) nicht nachweist, kann der Schuldner die Leistung verweigern, so daß er lediglich zur Zahlung *Zug um Zug* gegen *Vorlage* der *Zustimmungserklärung* verurteilt werden könnte[42].

1048 Hat der Arbeitnehmer durch eine stille Zession bereits über seinen Lohnanspruch verfügt und über eine unwirksame Zweitabtretung eine Abtretungsanzeige an den Arbeitgeber erstattet, so entfällt eine Anwendung des § 409 Abs. 1 BGB, weil die Abtretungsanzeige nicht mehr von dem wirklichen Gläubiger stammt. Der Arbeitgeber als Lohnschuldner wird bei derartiger Sachlage durch § 408 Abs. 1 BGB bei Unkenntnis der ersten Abtretung geschützt. Der wirkliche Gläubiger muß Leistungen des Schuldners an den Scheingläubiger oder Rechtsgeschäfte zwischen dem Schuldner und dem Scheingläubiger nur gegen sich gelten lassen, sofern sich der Schuldner in gutem Glauben befunden hat[43].

1049 Hat der Gläubiger (Arbeitnehmer) bei unwirksamer Erstabtretung eine Abtretungsanzeige abgegeben, seine Lohnforderung anschließend unwirksam abge-

---

39) BGH BB 1956, 639; BGH NJW 1959, 431; zur Aufrechnung gegenüber dem Scheingläubiger: BGH NJW 1978, 2025 ff. A. A. aber Rieke, NJW 1959, 1415. Eine Ausnahme besteht, wenn die Abtretung gegen ein gesetzliches Verbot verstößt: BGHZ 56, 345. § 409 BGB ist gem. § 412 BGB auch auf den gesetzlichen Forderungsübergang anwendbar. Es bedarf aber einer anerkennenden Erklärung des Legalzedenten: Vgl. Denck, DB 1979, 892. Anders aber LAG Düsseldorf DB 1978, 1087, 1088 im Falle einer Überleitungsanzeige des Arbeitsamtes. Dies käme aber einer Selbstlegitimation des Legalzessionars gleich.

40) Vgl. Motive zu dem Entwurfe eines BGB, Band II S. 135 und Denck, DB 1979, 892.

41) OLG Nürnberg OLGZ 1983, 481: Die Abtretungsanzeige hindert den Schuldner nicht, Einwendungen hinsichtlich der Wirksamkeit der Abtretung geltend machen zu dürfen.

42) BGHZ 64, 117, 119 = NJW 1975, 1160, 1161. War die Abtretungsanzeige unrichtig, so kann der Gläubiger gem. § 812 BGB die Zustimmung des Scheinzessionars prozessual über § 894 ZPO durchsetzen.

43) Motive zu dem Entwurfe eines BGB, Bd. II S. 136.

treten, so ist hinwiederum § 409 Abs. 1 BGB anwendbar und wirkt sich auch zu Lasten des wirklichen Neugläubigers aus.

Der *Abtretungsanzeige* des Gläubigers wird in § 409 Abs. 1 S. 2 BGB die Vorlegung einer vom Gläubiger erteilten, die Abtretung der Forderung oder die Anerkennung der Übertragung an den Dritten enthaltenden öffentlichen oder privaten Urkunde gleichgestellt. Durch die Erteilung der Urkunde wird der Empfänger in den Stand gesetzt, sich bei dem Schuldner durch deren Vorlegung als Gläubiger zu legitimieren. **1050**

Der Zedent als Altgläubiger kann die Abtretungsanzeige zurücknehmen mit der Rechtsfolge, daß sie für die Zukunft ihre Wirkung verliert. Die Zurücknahme bedarf aber zu ihrer Wirksamkeit der *Zustimmung* (§§ 182 ff. BGB) des in der Abtretungsanzeige bezeichneten *neuen Gläubigers* (§ 409 Abs. 2 BGB). Dieses Zustimmungserfordernis des Neugläubigers findet seine Rechtfertigung darin, daß die schriftliche Abtretungsanzeige seitens des bisherigen Gläubigers an den Schuldner nach § 410 Abs. 2 BGB die Wirkung erzeugt, daß das dem Schuldner gem. § 410 Abs. 1 BGB eingeräumte Recht entfällt, die Leistung an den neuen Gläubiger bis zur Aushändigung einer von dem bisherigen Gläubiger über die Abtretung ausgestellten Urkunde verweigern und eine Kündigung oder Mahnung des neuen Gläubigers zurückweisen zu dürfen. Diese Rechtsposition soll dem neuen Gläubiger (Zessionar) nicht ohne seine Zustimmung vom bisherigen Gläubiger (Zedenten) genommen werden. **1051**

Verweigert der Scheingläubiger die erforderliche Zustimmung, dann kann der wirkliche Gläubiger von dem in der Anzeige bezeichneten Scheingläubiger die Zustimmung nach den Grundsätzen über die Herausgabe einer ungerechtfertigten Bereicherung (§§ 812 ff. BGB) verlangen. Die Urteilswirkung richtet sich nach § 894 ZPO. **1052**

Durch die Rücknahme der Abtretungsanzeige tritt keine Verschlechterung der bis dahin bestehenden Position des Schuldners ein, so daß eine dem in der Anzeige bezeichneten neuen Gläubiger gegenüber erworbene Aufrechnungsmöglichkeit gewahrt bleibt. **1053**

Der *Schuldner* trägt die *Beweislast* dafür, daß ihm der Zedent die Abtretung angezeigt hat. Dagegen hat der Zedent nachzuweisen, daß die Abtretungsanzeige mit Zustimmung des in der Anzeige bezeichneten Zessionars zurückgenommen worden ist[44]. **1054**

6. Die Aushändigung der Abtretungsurkunde (§ 410 BGB)

Ist dem Arbeitgeber als Lohnschuldner nicht die Abtretung von dem bisherigen Gläubiger schriftlich (§ 126 BGB) angezeigt worden (§ 410 Abs. 2 BGB), ist er gem. § 410 Abs. 1 BGB dem neuen Gläubiger gegenüber zur Leistung nur gegen Aus- **1055**

---

44) Vgl. Baumgärtel, Handbuch der Beweislast im Privatrecht, zu § 409 BGB Rdn. 1 mit ausführlichen Nachweisen.

händigung einer von dem bisherigen Gläubiger über die Abtretung ausgestellten Urkunde verpflichtet.

1056 Auch diese Vorschrift soll dem Schuldnerschutz dienen und beruht auf dem Gedanken, daß der Forderungsübergang ohne Unterrichtung des Schuldners erfolgt. Wird der Schuldner von einem Dritten lediglich aufgrund der Behauptung, daß die Forderung an ihn abgetreten sei, in Anspruch genommen, so muß der Dritte die Übertragung der Forderung beweisen und sich dadurch als nunmehriger Gläubiger legitimieren. Solange dies nicht geschieht, räumt §410 Abs. 1 S. 1 BGB dem Schuldner die Befugnis ein, die Leistung solange verweigern zu dürfen, bis ihm die Abtretungsurkunde *ausgehändigt* worden ist. Dem Schuldner soll damit die Sicherheit aus §409 Abs. 1 S. 2 BGB geboten werden, weshalb §410 Abs. 1 S. 1 BGB lediglich eine verzögerliche *Einrede,* nicht jedoch die Einräumung eines selbständigen Rechts, beinhaltet und bei einer prozessualen Auseinandersetzung mit dem neuen Gläubiger zu einer Verurteilung Zug um Zug führt (§274 BGB)[45].

1057 Die dilatorische Einrede aus §410 Abs. 1 S. 1 BGB besteht solange, bis der neue Gläubiger die Abtretungsurkunde *aushändigt.* Die Vorlage der Urkunde reicht für sich allein nicht aus.

1058 Nach Auffassung des BAG[46] genügt den Erfordernissen des §410 Abs. 1 S. 1 BGB auch die *Fotokopie* der über die Abtretung ausgestellten Urkunde. Nur wenn der Schuldner verständliche Bedenken gegen die Zuverlässigkeit der Fotokopie erhebt, soll die Verpflichtung zur Vorlage des Originals bestehen. Diese Ansicht erscheint angesichts des Schutzzwecks aus §410 Abs. 1 BGB bedenklich, weil sich aus der Fotokopie lediglich ergibt, daß die Abtretungsurkunde einmal bestanden hat, nicht jedoch, ob sie weiterhin besteht. Diese Ungewißheit entfällt nur dann, wenn die Urschrift der Abtretungsurkunde vorgelegt wird[47].

1059 Leistet der Arbeitgeber ohne die Voraussetzungen des §410 Abs. 1 S. 1 BGB (§410 Abs. 2 BGB) an den Zessionar, so trifft ihn die Gefahr, nochmals an den Arbeitnehmer zahlen zu müssen, falls die Lohnforderung überhaupt nicht oder nicht wirksam übertragen war.

1060 Hat zum Beispiel der Arbeitnehmer am 1. 10. für die Abdeckung eines Bankkredits seinen pfändbaren Lohnanspruch gegen den Arbeitgeber an die Bank abgetreten und teilt dies der Arbeitnehmer dem Arbeitgeber am 5. 11. mit und wird dem Arbeitgeber am 1. 12. von der Bank die vom Arbeitnehmer unterzeichnete Abtretung ausgehändigt, so stellt sich die Rechtslage wie folgt dar: Bis zum 5. 11. zahlt der Arbeitgeber mit befreiender Wirkung an den Arbeitnehmer, weil er bis dahin von der Abtretung keine Kenntnis besaß. Dies muß die Bank gegen sich gelten lassen (§407 Abs. 1 BGB). Ab 5. 11. kennt der Arbeitgeber die Abtretung. Nunmehr kann

---

45) BGH DB 1969, 654; OLG Koblenz NJW 1962, 1869.
46) AP Nr. 3 zu §398 BGB.
47) Vgl. zu dem ähnlichen Problem in §174 BGB: BGH NJW 1981, 1210.

er an den Arbeitnehmer nicht mehr mit befreiender Wirkung gegenüber der Bank zahlen. Hat der Arbeitnehmer die Abtretung an die Bank am 5. 11. *schriftlich* angezeigt, muß der Arbeitgeber den fälligen abgetretenen Lohnteil an die Bank abführen (§ 410 Abs. 2 BGB). Bei *mündlicher* Anzeige braucht der Arbeitgeber erst am 1. 12. mit Aushändigung der Abtretungsurkunde zu leisten (§ 410 Abs. 1 S. 1 BGB). Bis dahin stand ihm die dilatorische Einrede aus § 410 Abs. 1 S. 1 BGB zu. War die Abtretung des Arbeitnehmers hingegen unwirksam, so leistete der Arbeitgeber seit dem 5. 11. an die Bank mit befreiender Wirkung gegenüber dem Arbeitnehmer (§ 409 Abs. 1 BGB).

Da die Lohnforderung sofort mit der Abtretung in das Vermögen des neuen Gläubigers überwechselt, kann dieser auch nach der Abtretung den Arbeitgeber als Lohnschuldner mahnen. Die Mahnung ist jedoch unwirksam, wenn der Lohnschuldner (Arbeitgeber) sie deshalb *unverzüglich* zurückweist, weil der Gläubiger keine Abtretungsurkunde vorlegt (§ 410 Abs. 1 S. 2 BGB) und ihm der bisherige Gläubiger (Arbeitnehmer) die Abtretung nicht vorher *schriftlich* angezeigt hat (§ 410 Abs. 2 BGB). **1061**

Bei § 410 Abs. 1 S. 1 BGB hat der *Zessionar* den *Nachweis* für die *Aushändigung* einer vom Zedenten ausgestellten *Abtretungsurkunde* zu führen. Dem Zessionar obliegt auch der Nachweis für die vorangegangene schriftliche Abtretungsanzeige gem. § 410 Abs. 2 BGB. Dem *Schuldner* obliegt dagegen der Nachweis, daß er mangels Vorlegung einer Abtretungsurkunde eine Kündigung oder eine Mahnung des neuen Gläubigers unverzüglich zurückgewiesen hat[49]. **1062**

7. Pflicht zur Auskunft und Urkundenauslieferung (§ 402 BGB)

Gem. § 402 BGB hat der Arbeitnehmer als bisheriger Gläubiger im Falle der Abtretung seines Lohns die Pflicht, dem neuen Gläubiger die zur Geltendmachung der Forderung nötige Auskunft zu erteilen und ihm die zum Beweise der Forderung dienenden Urkunden, soweit sie sich in seinem Besitze befinden, auszuliefern. **1063**

Eine *Auskunftspflicht* des *Arbeitgebers* als Lohnschuldner gegenüber dem Zessionar über die monatlichen Nettoverdienste des Zedenten (Arbeitnehmers) besteht grundsätzlich nicht. Die in den §§ 398 ff. BGB geregelten Rechtsbeziehungen zwischen dem Altgläubiger, dem Neugläubiger und dem Schuldner begrenzen in § 402 BGB die Auskunftspflicht auf den *bisherigen Gläubiger.* Ebensowenig läßt sich zugunsten des Abtretungsgläubigers ein Auskunftsrecht aus einer entsprechenden Anwendung des § 840 ZPO gegenüber dem Arbeitgeber als Lohnschuldner herleiten, weil diese Vorschrift die wirksame Zustellung des Pfändungsbeschlusses durch den Gerichtsvollzieher voraussetzt. **1064**

---

[48] Erklärt der Zessionar ohne Vorlage der Abtretungsurkunde die Aufrechnung, so ist seine Aufrechnungserklärung nur dann unwirksam, wenn sie der Schuldner *unverzüglich* gem. § 410 Abs. 1 S. 2 BGB zurückweist: BGH NJW 1969, 1110.

[49] Vgl. zur Beweislastverteilung ausführlich Baumgärtel, Handbuch der Beweislast im Privatrecht, § 410 BGB Rdn. 1 und 2.

1065 Bei der Lohnabtretung besteht nun insofern eine Sonderheit, daß sie als Nettolohnforderung, d. h. nach Abzug der Lohnsteuern und der gesetzlich vorgesehenen sozialen Abgaben, deren Abführung regelmäßig dem Arbeitgeber obliegt, auf den Zessionar übergeht. Der Arbeitgeber als Lohnschuldner ist aus Gründen der Fürsorgepflicht (§ 242 BGB) oder kraft ausdrücklicher gesetzlicher Anordnung (§ 134 Abs. 2 GewO) dem Arbeitnehmer zur Auskunft darüber verpflichtet, wie sich der verdiente Lohn zusammensetzt (§ 82 Abs. 2 BetrVG) und welche Abzüge vorgenommen worden sind. Diese Auskunftspflicht findet eine Ausdehnung dann, wenn der Arbeitgeber aufgrund bestehender Lohnpfändungen weitere Teile des Lohns des Arbeitnehmers an Pfandgläubiger überweist. Ohne derartige Angaben des Arbeitgebers besitzt der Arbeitnehmer häufig keine Kontrollmöglichkeiten über die Berechtigung der vom Arbeitgeber einbehaltenen Lohnabzüge und ist damit auch nicht imstande, seinem Gläubiger, dem Zessionar, entsprechende Auskünfte zu erteilen. Angesichts dieser Umstände erscheint es gerechtfertigt, in entsprechender Anwendung des § 401 BGB einen *Auskunftsanspruch* des *Zessionars* gegenüber dem *Arbeitgeber* zu gewähren, wenn der Arbeitnehmer aufgrund *fehlender Lohnabrechnungen* des Arbeitgebers selbst nicht in der Lage ist, die für den Zessionar notwendige Auskunft nach § 402 BGB zu erteilen.

D. Die Auswirkungen von Lohnpfändung und Lohnabtretung auf das Arbeitsverhältnis

Lohnpfändungen und Lohnabtretungen wirken sich im Arbeitsverhältnis nicht **1066**
nur in der Weise aus, daß nunmehr der Arbeitgeber nicht allein dem Arbeitnehmer als Lohnschuldner gegenübersteht, sondern auch weiteren Gläubigern. Daneben wird der Arbeitgeber durch die Bearbeitung von Pfändungs- und Überweisungsbeschlüssen sowie Lohnabtretungen arbeits- und kostenmäßig nicht unerheblich belastet. Angesichts dieser Umstände besteht ein Interesse des Arbeitgebers, bereits bei der Einstellung des Arbeitnehmers in Erfahrung zu bringen, ob Lohnpfändungen zu erwarten sind oder der Arbeitnehmer über seine zu erwartenden Lohnforderungen bereits durch Abtretung verfügt hat. In der Betriebspraxis hat der Bewerber üblicherweise, bevor es zur Einstellung kommt, einen Bewerbungs- oder Personalfragebogen auszufüllen, in welchem die Angabe bestehender Lohnpfändungen und Abtretungen verlangt wird. Eine während des Arbeitsverhältnisses eintretende starke Verschuldung des Arbeitnehmers kann den Arbeitgeber zur Kündigung berechtigen, wenn der Arbeitnehmer eine besondere Vertrauensstellung bekleidet. Bedeutsam für die betriebliche Praxis ist auch die Frage, inwieweit es rechtlich zulässig ist, die Kosten der Übersendung und die Bearbeitungskosten bei Lohnabtretungen und Lohnpfändungen auf den Schuldner durch einzelvertragliche Absprache oder kollektive Regelung (Tarifvertrag, Betriebsvereinbarung) oder auf den Gläubiger abzuwälzen. Schließlich ist der Umfang der Beteiligungsrechte des Betriebsrats festzustellen, wenn eine elektronische Datenverarbeitungsanlage eingesetzt wird.

1. Die Angabe im Personalfragebogen

Verwendet der Arbeitgeber im Einstellungsverfahren einen Personal- oder **1067**
Bewerbungsfragebogen, so darf er von dem Bewerber grundsätzlich alle Auskünfte über seine persönlichen Verhältnisse einholen, die eine konkrete Beziehung zu der in Aussicht genommenen Stellung haben und einem objektiv berechtigten Interesse des Arbeitgebers entsprechen[1]. Hierzu gehört auch die Frage an den Bewerber, ob gegen ihn Pfändungs- und Überweisungsbeschlüsse vorliegen oder ob er Lohnabtretungen vorgenommen hat[2]. Die Berechtigung dieser Frage läßt sich regelmäßig bereits daraus ableiten, daß der Arbeitgeber mit nicht unerheblichen Belastungen seiner Lohnbuchhaltung rechnen muß, wenn Pfändungs- und Überweisungsbeschlüsse oder Lohnabtretungen auf ihn zukommen. Daneben kann die Kenntnis der wirtschaftlichen Verhältnisse des Bewerbers für die in Aussicht genommene Position von Bedeutung sein, wenn der Bewerber das persönliche Ansehen der Firma nach außen hin zu wahren hat oder eine besondere Vertrauensstellung bekleiden soll, in welcher es um die Ver-

---

1) BAG, AP Nr. 6 zu § 276 BGB Verschulden bei Vertragsschluß für die Frage nach dem Gesundheitszustand des Arbeitnehmers

2) BAG, AP Nr. 32 zu § 63 HGB (Offenbarungseid); Lepke, RdA 1980, 185, 195; vgl. auch Hümmerich, BB 1979, 428, 431

tretung der Vermögensinteressen des Arbeitgebers geht. So wird etwa der Arbeitgeber bei der Einstellung eines Kassierers Wert darauf legen, daß dessen wirtschaftliche Verhältnisse geordnet sind.

1068 Eine Pflicht des Bewerbers, unaufgefordert seine wirtschaftlichen Verhältnisse offenzulegen, ist nicht anzunehmen, weil eine so weitreichende Offenbarungsverpflichtung des Bewerbers vor der Einstellung nur dann besteht, wenn er infolge seiner wirtschaftlichen Verhältnisse nicht in der Lage wäre, seiner Verpflichtung aus dem Arbeitsverhältnis nachzukommen, was regelmäßig nicht zutrifft.

1069 Besteht im Betrieb des Arbeitgebers ein Betriebsrat, so bedürfen Personalfragebogen gemäß § 94 Abs.1 S.1 BetrVG von ihrem Inhalt her der Zustimmung des Betriebsrats. Kommt eine Einigung über den Inhalt nicht zustande, so entscheidet die Einigungsstelle, deren Spruch die Einigung zwischen Arbeitgeber und Betriebsrat ersetzt. Hat der Bewerber die Frage nach den wirtschaftlichen Verhältnissen im Personalfragebogen bewußt unrichtig beantwortet, war dieser aber nicht mit dem Betriebsrat abgestimmt, so können dem Bewerber aus der unrichtigen Antwort keine nachteiligen Rechtsfolgen erwachsen. Der Arbeitgeber ist weder zur Anfechtung (§§ 119, 123 BGB) des Arbeitsvertrages, noch zur Kündigung, noch zur Verfolgung eines Schadensersatzanspruchs gegenüber dem eingestellten Arbeitnehmer berechtigt.

1070 Diese Grundsätze sind indes nicht anwendbar, soweit der Arbeitgeber keine Personalfragebogen verwendet und den Bewerber bei der Einstellung mündlich über seine persönlichen wirtschaftlichen Verhältnisse befragt hat.

1071 Die vom Bewerber bewußt unrichtig erteilte Angabe im Fragebogen stellt eine Verletzung vorvertraglicher Verhaltenspflichten dar und führt zu einem Schadensersatzanspruch des Arbeitgebers aus culpa in contrahendo. Die Ersatzpflicht des Arbeitnehmers umfaßt die entstandenen wirtschaftlichen Nachteile des Arbeitgebers, die etwa darin liegen können, daß er eine Ersatzkraft entlohnen muß und erneute Aufwendungen für Zeitungsannoncen und Vorstellungskosten zu erbringen hat. Allerdings ist der Ersatzanspruch auf denjenigen Schaden beschränkt, der auch im Fall einer ordentlichen Kündigung durch den Arbeitnehmer unter Einhaltung der vorgesehenen Frist entstanden wäre[3)].

1072 Neben diesem Schadensersatzanspruch berechtigt die Verletzung der Offenbarungspflichten den getäuschten Arbeitgeber in der Regel dann zur Anfechtung des Arbeitsvertrages wegen Irrtums über wesentliche Eigenschaften einer Person (§ 119 Abs. 2 BGB) und wegen arglistiger Täuschung (§ 123 BGB), wenn die Täuschung für die Einstellungsentscheidung ursächlich und dies dem Arbeitnehmer erkennbar war[4)]. Die Anfechtung ist allerdings ausgeschlossen, wenn das Arbeitsverhältnis mehrere Jahre bestanden hat, ohne daß beispielsweise

---

3) Entsprechend der Rechtslage bei einem vertragsbrüchigen Arbeitnehmer, vgl. BAG, DB 1984, 1731 und DB 1984, 2701

4) Lepke, RdA 1980, 185, 188 m. w. N.

eine etwa erfolgte, aber verschwiegene Abtretung offengelegt worden ist[5]. Wenn diese Anfechtung auch nicht mit einer Rückwirkung ausgestattet ist, sobald sich das Arbeitsverhältnis bereits in Vollzug befindet[6], so besteht ihre wesentliche Bedeutung darin, daß sie keinen Kündigungsbeschränkungen (§§ 1 KSchG, 9 MuSchG, 12 SchwbG, 102 Abs. 1 BetrVG) unterliegt.

Schließlich kann der Arbeitgeber im Falle einer schuldhaften Verletzung der 1073
Offenbarungspflicht des Arbeitnehmers zur außerordentlichen fristlosen Kündigung schreiten, wenn die Wirkungen der Verletzung in das Arbeitsverhältnis hineinreichen und dergestalt sind, daß dem Arbeitgeber die Fortsetzung des Arbeitsverhältnisses nicht zugemutet werden kann (§ 626 Abs. 1 BGB). Bei der fristlosen Kündigung ist indes zu beachten, daß vor ihrem Ausspruch der Betriebsrat gehört werden muß (§ 102 Abs. 1 S. 1 BetrVG).

2. Die Verschuldung als Kündigungsgrund

Die Verschuldung des Arbeitnehmers durch Häufung von Lohnpfändungen und 1074
Lohnabtretungen kann nur in Ausnahmefällen Grund für eine außerordentliche fristlose Kündigung des Arbeitsverhältnisses sein (§ 626 Abs. 1 BGB)[7]. So etwa, wenn die Verschuldung sichtbares Zeichen für einen liederlichen Lebenswandel des Arbeitnehmers ist u n d dieser Zustand trotz leichter Vermeidbarkeit durch den Arbeitnehmer abträglich auf das Arbeitsverhältnis zum Nachteil des Arbeitgebers einwirkt. Hierfür reicht je nach der betrieblichen Stellung des Arbeitnehmers ein objektiv zu befürchtender erheblicher Ansehensverlust der Firma im Geschäftsleben aus, wenn der Arbeitnehmer den Arbeitgeber nach außen hin repräsentiert.

Die Möglichkeit einer sozial gerechtfertigten ordentlichen Kündigung (§ 1 Abs. 2 1075
KSchG) wegen Lohnpfändungen sind von Literatur und Rechtsprechung unterschiedlich beurteilt worden[8]. Das Bundesarbeitsgericht hat in seiner Entscheidung vom 4. 11. 1981[9] eine Kündigung wegen zahlreicher Pfändungen dann als sozial gerechtfertigt angesehen, wenn die Bearbeitung einen derartigen Arbeitsaufwand erfordere, der — nach objektiver Beurteilung — zu wesentlichen Störungen entweder im Arbeitsablauf oder in der betrieblichen Organisation führe. Eine Abmahnung sei nicht erforderlich, da das außerdienstliche Verhalten einer Abmahnung nicht zugänglich sei.

Entgegen der Auffassung des Bundesarbeitsgerichts ist allerdings an dem Erfor- 1076
dernis der Abmahnung festzuhalten[10]. Eine Abmahnung verfolgt den Zweck, den Arbeitnehmer zur künftigen Vertragstreue anzuhalten und ihm Konsequen-

---

5) Vgl. auch BAG, AP Nr. 17 zu § 123 BGB
6) BAG, AP Nr. 15 zu § 123 BGB; BAG, DB 1983, 2780
7) Vgl. KR-Hillebrecht, § 626 BGB Randziffer 337a; Lepke, RdA 1980, 185, 187f., 190, 194
8) Vgl. die Darstellungen bei KR-Becker, § 1 KSchG, Rz. 264a und Lepke, RdA 1980, 185, 186f., 189ff.
9) DB 1982, 498
10) So auch Brill, DB 1976, 1816, 1818, und ihm folgend das LAG Hamm in BB 1978, 1363

zen einer Fortsetzung der bisherigen Handlungsweise aufzuzeigen. Diese erzieherische und warnende Funktion wird nicht dadurch entbehrlich, daß die Ursache im außerbetrieblichen Bereich liegt. Die zu ahndende Vertragsverletzung besteht in der Beeinträchtigung betrieblicher Belange[11]. Es soll nicht primär ein außerdienstliches Verhalten abgemahnt werden, sondern das Untätigbleiben des Arbeitnehmers, welches zu den Pfändungen beim Arbeitgeber führt. Gerade weil der Arbeitnehmer die Auswirkungen seines Umgangs mit dem Geld mangels genauer Einblicke in die Verwaltungsorganisation des Arbeitgebers oft nicht in ihrer vollen Gewichtung erkennen kann, ist es erforderlich, ihn auf die betrieblichen Störungen hinzuweisen, um so eine Abstellung der Pfändungen zu erreichen. Bei Arbeitnehmern in einer exponierten oder repräsentativen Stellung sind geringere Anforderungen zu stellen, da bei diesen Personen weniger das beanstandungswürdige Verhalten eine Rolle spielt, als vielmehr der aufgrund leichtfertig zerrütteter Vermögensverhältnisse eingetretene Vertrauensschwund.

3. Die Abwälzung der Bearbeitungskosten

1077 Nach statistischen Erhebungen liegen die dem Arbeitgeber bei der Abwicklung von Lohnpfändungen und Lohnabtretungen entstehenden Gesamtkosten bei etwa 10 % der Pfändungssumme[12]. Es ist daher verständlich, daß der Arbeitgeber diese betriebsfremden Kosten auf den Gläubiger oder den Arbeitnehmer abzuwälzen sucht. In der Literatur werden hierzu unterschiedliche Meinungen vorgetragen. So wird argumentiert, daß Ersatzansprüche des Arbeitgebers nur durch vertragliche oder kollektive Vereinbarungen begründet werden können[13]. Nach anderer Ansicht darf der Arbeitgeber aus einem auftragsähnlichen Schuldverhältnis den Ersatz seiner Unkosten vom Pfändungsgläubiger verlangen und sei im Falle der Lohnabtretung berechtigt, in analoger Anwendung der Bestimmungen der Geschäftsführung ohne Auftrag wahlweise gegen den Gläubiger und gegen den Arbeitnehmer vorzugehen[14]. Zum Teil wird zwischen den Kosten der Berechnung, Einbehaltung und Benachrichtigung des Gläubigers und den Kosten der Überweisung differenziert[15]. Dabei soll der Arbeitgeber, wenn ihm durch die Berechnung, Einbehaltung und Benachrichtigung des Gläubigers gemäß § 840 ZPO Unkosten entstehen, einen Ersatzanspruch gegen den Gläubiger als Auftraggeber haben, während der Arbeitgeber, wenn er die erst zur Erfüllung führende Überweisung auf seine Kosten vornimmt, eine Leistung des Schuldners i. S. des § 267 BGB bewirke, wofür dieser auch im Vollstreckungsver-

---

[11] Das LAG Berlin (DB 1979, 605) ist der Ansicht, es bestünde keine Verpflichtung des Arbeitnehmers, Pfändungen zu vermeiden. Dem ist entgegenzuhalten, daß sich aus der Treuepflicht des Arbeitnehmers die Pflicht ergibt, alles Vermeidbare zu unterlassen, was zu einer Schädigung oder Beeinträchtigung des Arbeitgebers führen kann.

[12] Rüschen/Walter, BB Beilagen zu Heft 10/1961; a. A. LAG Rheinland-Pfalz, EzA Nr. 5 zu § 1 KSchG Verhaltensbedingte Kündigung S. 6

[13] Andresen, DB 1959, 460 ff. und NJW 1960, 231 ff.; Schweer, DB 1959, 1057

[14] Schäcker, BB 1959, 492; Brecht, BB 1954, 413

[15] Brill, DB 1976, 2400

fahren kostenmäßig einzustehen hätte, mit der Folge, daß dem Arbeitgeber hinsichtlich der verauslagten Überweisungskosten ein Anspruch aus ungerechtfertigter Bereicherung gegenüber dem Arbeitnehmer erwachsen würde[16].

Um der Lösung des Problems näher zu kommen, bedarf es zunächst der Feststellung darüber, welche Kosten bei der Lohnpfändung und Lohnabtretung überhaupt zum Nachteil des Arbeitgebers anfallen. Kosten für die Errechnung, Einbehaltung und Abführung der Lohn- und Kirchensteuer, Arbeitnehmeranteile zur Sozialversicherung, also die Feststellung des Nettolohns, hat der Arbeitgeber selbst zu tragen. Die Berechnung ist unabhängig von der erfolgten Pfändung anzustellen. Nur diejenigen Kosten, die über die mit der Berechnung und Auszahlung des Arbeitslohns an den Arbeitnehmer notwendig verbundenen Betriebskosten hinausgehen, die der Arbeitgeber also zur Erledigung betriebsfremder Zwecke einsetzen muß, können Anlaß für eine Abwälzung sein. Die zusätzlichen Aufwendungen betreffen hauptsächlich die Kosten für die Berechnung des pfändbaren Teils des Nettolohns, die Benachrichtigung des Pfandgläubigers gemäß § 840 ZPO und die Kosten der Überweisung des gepfändeten oder abgetretenen Lohns an den Gläubiger. **1078**

a) Erstattung vom Staat

Daß diese Aufwendungen, die dem Arbeitgeber bei seiner Inanspruchnahme im Lohnpfändungsverfahren aufgrund einer öffentlich-rechtlichen Heranziehung erwachsen, nicht als öffentlich-rechtlicher Erstattungsanspruch gegen den Staat verfolgt werden können, weil zwischen dem Arbeitgeber und dem Staat kein Rechtsverhältnis im Sinne eines Auftrages oder einer Geschäftsbesorgung entsteht, hat Sauerbier[17] bereits nachgewiesen. **1079**

b) Erstattung vom Schuldner

§ 788 ZPO, welche Vorschrift die Kosten der Zwangsvollstreckung, soweit sie notwendig waren, dem Schuldner aufbürdet und eine Beitreibung zugleich mit dem zur Zwangsvollstreckung stehenden Anspruch gestattet, ist für die hier zu beurteilende Frage der Kostenerstattung unergiebig, da diese Vorschrift nur die Kostentragungspflicht im Verhältnis zwischen Gläubiger und Schuldner zum Gegenstand hat. Damit muß sich eine Erstattungspflicht allein nach den Vorschriften des Bürgerlichen Rechts bestimmen, wobei als Grundlage an die Vorschriften über Auftrag und Geschäftsführung ohne Auftrag (§§ 662 ff., 677 ff. BGB) zu denken ist. **1080**

Zunächst ist festzustellen, daß der Arbeitgeber nicht etwa unter dem Blickwinkel der ihn aus dem Arbeitsverhältnis als personenrechtlichem Gemeinschaftsverhältnis treffenden Fürsorgepflicht zur Tragung der notwendigen Bearbeitungskosten verpflichtet ist, ebensowenig, wie der Arbeitnehmer dem Arbeitgeber aus **1081**

---

[16] Diekhoff, BB 1960, 989, 990; vgl. auch Bischoff/Rochlitz, S. 86 ff.
[17] AR-Blattei Lohnpfändung II 7 B I.

dem Arbeitsverhältnis allein keine Kostentragung der Lohnpfändung oder Lohnabtretung schuldet. Allerdings ist es rechtlich nicht zu beanstanden, daß der Arbeitgeber bereits bei der Einstellung mit dem Arbeitnehmer vereinbart, daß diesen die Bearbeitungskosten für Lohnpfändungen und Lohnabtretungen in gewisser Höhe treffen. Auch kann eine Kostenpauschale für die Bearbeitung von Lohnpfändungen und Lohnabtretungen in einer Betriebsvereinbarung festgelegt werden[18]. Fehlt es an einer derartigen Abmachung, so ist zu erwägen, den Arbeitnehmer über § 670 BGB zum Aufwendungsersatz heranzuziehen. Nach dieser Vorschrift ist der Auftraggeber zum Ersatz verpflichtet, wenn der Beauftragte zum Zweck der Ausführung des Auftrages Aufwendungen macht, die er den Umständen nach für erforderlich halten durfte. Nun begründet der Pfändungs- und Überweisungsbeschluß — und gleiches gilt für die Lohnabtretung — kein Auftragsverhältnis zwischen Arbeitgeber und Arbeitnehmer[19]. Der Pfändungs- und Überweisungsbeschluß ist Ausübung eines hoheitlichen Staatsakts und beinhaltet nicht den ersetzten Auftrag des Arbeitnehmers, die pfändbaren Lohnbeträge zu errechnen und einzubehalten[20]. Ebensowenig beauftragt der Arbeitnehmer den Arbeitgeber bei der Lohnabtretung, an den Zessionar zu zahlen. Diese Verpflichtung des Arbeitgebers als Lohnschuldner folgt aus der gesetzlichen Stellung des Zessionars, der mit der Abtretung an die Stelle des Arbeitnehmers tritt (§ 398 S. 2 BGB). An dieser Beurteilung ändert nichts, daß die Geschäftsbesorgung nach § 662 BGB von der herrschenden Meinung auf jede fremdnützige Tätigkeit unter Einschluß untergeordneter und rein faktischer Tätigkeiten ausgedehnt worden ist, und jede Tätigkeit, durch die das Interesse des Auftraggebers gefördert wird und die an sich der Sorge des Auftraggebers obliegen würde, als Geschäftsbesorgung qualifiziert wird[21]. Daß der Beauftragte dabei auch eigene Interessen verfolgt, steht dem Auftrag nicht entgegen. An diesen Voraussetzungen fehlt es bei der Lohnpfändung und der Lohnabtretung, weil weder die Berechnung, noch die Einbehaltung und Abführung des gepfändeten oder abgetretenen Lohnteils in den Sorgebereich des Arbeitnehmers fallen[22], was voraussetzte, daß die Tätigkeit des Arbeitgebers auf die Schuldtilgung des Arbeitnehmers abzielte. Aus diesem Grunde entfällt auch eine Anwendung der Vorschriften der Geschäftsführung ohne Auftrag (§§ 683, 670 BGB).

1082 Ein Aufwendungsersatzanspruch gegenüber dem Arbeitnehmer kommt aber dann in Betracht, wenn der Arbeitgeber auf Veranlassung oder im Interesse des Arbeitnehmers Verbindung mit dem Gläubiger aufnimmt, um etwa geringere Pfändungs- oder Abtretungsarten auszuhandeln (§§ 662, 670 BGB). Da diese

---

18) Hueck-Nipperdey, Lehrbuch II, S. 1265; Rieke, NJW 1959, 2241; Mertz, BB 1959, 493 ff.; Brill, DB 1976, 2400, 2402 f.; Gutzmann, BB 1976, 700, 701. Bedenken hiergegen hat Lepke, RdA 1980, 185, 192

19) So auch Andresen, DB 1959, 1056; Diekhoff, BB 1960, 989; Lepke, RdA 1980, 185, 192; a. A. aber Brecht, BB 1954, 414

20) So Brecht, BB 1954, 414

21) MK-Seiler, § 662 Randnummern 12 und 15 m. w. N. unter Fußnote 13

22) Zutreffend Sauerbier, AR-Blattei, Lohnpfändung II 7 B III 2 b; Kreiling, DB 1959, 1055; a. A. Brecht, BB 1954, 414; Schäcker, BB 1959, 493

Kosten erst nach der Beschlagnahme und nach Kenntnis der Abtretung entstehen, ist eine Aufrechnung gegen die dem Gläubiger zustehenden Beträge ausgeschlossen (§§ 392, 406 BGB).

c) Erstattung vom Gläubiger

Auch eine Verpflichtung des Pfändungsgläubigers bzw. Zessionars, dem Arbeit- **1083**
geber die durch die Pfändung bzw. Abtretung erwachsenen Aufwendungen zu erstatten, ist nicht anzunehmen. Während von der Literatur überwiegend ein Anspruch auf Erstattung des Kosten der Drittschuldnerklärung des Drittschuldners gegenüber dem Gläubiger anerkannt wird[23], hat der Vierte Senat des Bundesarbeitsgerichts am 31. 10. 1984 entschieden[24], daß ein derartiger Anspruch mangels Rechtsgrundlage nicht bestehe. Dieser Entscheidung ist zuzustimmen. Soweit ein Anspruch zuerkannt wird, werden — falls überhaupt eine theoretische Vertiefung erfolgt[25] — entweder §§ 261 Abs. 3, 811 Abs. 2 BGB oder § 381 i. V. mit §§ 268 Abs. 2, 1142 Abs. 2, 1150, 1224 BGB angewendet. Der Vierte Senat führt zutreffend aus, daß die genannten Vorschriften einzelne Sonderfälle beträfen. Aus ihnen lasse sich kein allgemeiner Rechtssatz des Inhaltes her ableiten, daß der zur Auskunftserteilung Verpflichtete vom Auskunftsberechtigten Erstattung seiner Kosten verlangen kann. Vielmehr bedürfe die Kostenerstattung in jedem Einzelfall einer besonderen Regelung, die hinsichtlich der Auskunftserteilung gemäß § 840 ZPO fehle. Auch § 670 BGB analog könne nicht zur Anspruchsbegründung herangezogen werden, da ein auftragsähnliches Verhältnis zwischen Drittschuldner und Gläubiger nicht zu bejahen sei. Der Auftrag im Sinne des BGB sei dadurch gekennzeichnet, daß der Beauftragte ein Geschäft des Auftraggebers besorge, welches dieser auch hätte selbst erledigen können; die Auskunftserteilung nach § 840 ZPO diene hingegen dazu, dem Gläubiger einen Wissensstand zu vermitteln, den er nicht selbst durch eigene Bemühungen erlangen könne. Aufgrund der Entscheidungsgründe läßt sich diese Entscheidung auf die weiteren Aufwendungen des Drittschuldners in Form der Berechnungs- und Überweisungskosten übertragen. Auch hinsichtlich dieser Ausgaben fehlt es ebenso an einer gesetzlichen Erstattungsregelung, wie eine entsprechende Anwendung des § 670 BGB wegen der grundsätzlichen Unterschiede zum Auftragsrecht ausscheiden muß.

Mit dieser Begründung legt der Vierte Senat des Bundesarbeitsgerichts der sich **1084**
aus Art. 20 Abs. 3 des Grundgesetzes ergebenden Gesetzesbindung das entsprechende Gewicht bei. Daher überzeugt die klare Argumentation mit einer fehlenden Rechtsgrundlage, die es dem Gesetzgeber offenläßt, eine entsprechende Regelung zu schaffen.

---

23) Baumbach/Lauterbach, § 840 Anm. 2 C; Thomas-Putzo, § 840 Anm. 1 c; Münzberg in Stein/Jonas, § 840 Rz. 35; Wieczorek/Schütze, § 840 Anm. C I; Zöller-Stöber, § 840 Rz. 11; Gutzmann, BB 1976, 700; Olschewski, MDR 1974, 714, 715; Stöber, Rz. 674. Bedenken haben Schalhorn, JurBüro 1973, 189, Cebulka, AnwBl. 1979, 409 und Bischoff/Rochlitz, S. 86 erhoben

24) In DB 1985, 766, 767; vgl. hierzu Petersen, BB 1986, 188. Ebenso bereits AG Bad Bramstedt, MDR 1981, 854; a. A.: AG Hamburg, AnwBl. 1980, 302.

25) Worauf Cebulka, AnwBl 1979, 409 zutreffend hinweist; vgl. auch BAG, a. a. O. m. w. N.

4. Beteiligungsrechte des Betriebsrates

1085 Bereits erwähnt wurde[26], daß Personalfragebögen gem. § 94 Abs. 1 S. 1 BetrVG der Zustimmung des Betriebsrates bedürfen. Dieses Mitbestimmungsrecht besteht unabhängig davon, ob eine weitere Verarbeitung der erfragten Daten mittels einer EDV-Anlage erfolgt. Werden Personaldaten und damit auch Erkenntnisse über Lohnpfändungen/-abtretungen durch ein Datenverarbeitungssystem bearbeitet, sind weitere Rechte des Betriebsrates aus dem Betriebsverfassungsgesetz zu beachten.

a) § 80 BetrVG

1086 § 80 BetrVG[27] gibt dem Betriebsrat einen Anspruch auf umfassende Information über das gesamte Datenverarbeitungssystem. Dies ergibt sich aus dessen Absatz 2, der den Arbeitgeber verpflichtet, den Betriebsrat rechtzeitig und umfassend zu unterrichten und ihm die erforderlichen Unterlagen (Bedienungsanleitungen u.s.w.) zur Verfügung zu stellen. Der Betriebsrat muß nach der Unterrichtung detailliert wissen, „was auf welche Weise mit diesem System im Betrieb gemacht werden soll“[28]. Erforderliche Grundkenntnisse kann sich der Betriebsrat auf Schulungsveranstaltungen (§ 37 Abs. 6 BetrVG) aneignen[29]. Im übrigen ergibt sich aus § 2 Abs. 1 BetrVG eine weitreichende Pflicht des Arbeitgebers, dem Betriebsrat vollständig und ggf. zeitaufwendig die Anlage zu erläutern.

b) § 87 Abs. 1 Nr. 6 BetrVG

1087 Nach dieser Norm besteht ein echtes Mitbestimmungsrecht des Betriebsrates in dem Sinne, daß diesem ein Initiativrecht zusteht und im Streitfall die Einigungsstelle mit bindender Wirkung entscheidet (§§ 87 Abs. 2, 76 Abs. 5 BetrVG). Die Einzelheiten der Entwicklung der Rechtsprechung des Bundesarbeitsgerichts zu dieser Vorschrift[30] sollen an dieser Stelle nicht weiter vertieft werden[31].

1088 Entscheidendes Kriterium für die Anwendung von § 87 Abs. 1 Nr. 6 BetrVG in dem hier interessierenden Zusammenhang ist die Frage, ob Daten über Vermögensverhältnisse (z.B. Lohnpfändungen, -abtretungen) als Verhaltensdaten zu qualifizieren sind, deren Erhebung eine Informationssammlung und damit nach Auf-

---

26) vgl. Rz. 1069

27) Zum Verhältnis zwischen § 80 Abs. 1 Nr. 1 BetrVG und § 29 BDSG vgl. v. Hoyningen-Huene, NZA Beilage 1/85 zu Heft 13/85

28) So prägnant Matthes, RDV 1985, 17

29) Hierzu wird er dann sogar verpflichtet sein, wenn dies für den Arbeitgeber kostengünstiger ist: Boewer, RDV 1985, 26

30) Vgl. DB 1984 775; DB 1984, 2513; DB 1985, 1897; DB 1985, 1898; DB 1986, 1178; DB 1986, 1469

31) Vgl. aus der neueren Literatur: Apitzsch/Schmitz, DB 1984, 983 ff.; Ehmann, NZA Beilage 1/85 zu Heft 13/85, S. 2 ff.; ders., ZfA 1986, 355; ders., SAE 1986, 253; Hesse, NZA Beilage 1/85 zu Heft 13/85, S. 15 ff.; Kraft, ZfA 1985, 141 ff.; Klebe, DB 1986, 380 ff.; ders., NZA 1985, 44 ff.; Matthes, RDV 1985, 16 ff.; Müllner, DB 1984, 1677 ff.; Samland, NZA Beilage 1/85 zu Heft 13/85, S. 11 ff.; Schapper-Waniorek, AuR 1985, 246 ff.; Schmidt-Dorrenbach/Goos, DB Beilage 11/83 zu Heft 17/83; Schwarz, BB 1985, 531 ff.; Simitis, NJW 1985, 401 ff.; Söllner, DB 1984, 1243 ff.; Walz, AuR 1985, 233 m. w. N. unter FN. 2; Zöllner, DB 1984, 241 ff.; vgl. auch Hentschel, DB 1984, 186 ff.

assung des Bundesarbeitsgerichts bereits eine Überwachung darstellt, und war unabhängig von einer Überwachungsabsicht des Arbeitgebers und von iner tatsächlichen Auswertung der Daten.

lach der Rechtsprechung des Bundesarbeitsgerichts und der Literatur ist unter 1089
Verhalten" ein vom Willen des Arbeitnehmers getragenes oder gesteuertes Tun der Unterlassen zu verstehen[32]. Aus diesem Grund sind sog. Statusangaben, vie Name, Anschrift, Sozialdaten u.s.w., nicht zum „Verhalten" i.S.v. § 87 Abs. 1 Ir. 6 BetrVG zu rechnen[33]. Daten über bestehende Schulden, laufende Entgeltbtretungen oder vorliegende Pfändungen[34] sind daher keine Verhaltensdaten.

emgegenüber wird die Auffassung vertreten, es mache für die Anwendung von 1090
87 Abs. 1 Nr. 6 BetrVG keinen Unterschied, ob ein bestimmtes Verhalten espeichert werde, oder das Ergebnis, welches Rückschlüsse auf ein vorheriges der außerdienstliches Verhalten erlaube[35]. Unter dem Gesichtspunkt der bjektiven Geeignetheit müsse sich die Betrachtung auf die gesamte Datei rstrecken, da im Zusammenhang mit anderen (für sich irrelevanten) Daten einelne Informationen zur Überwachung dienen könnten[36]. Insofern ließe sich btretungen und Pfändungen entnehmen, wie der betreffende Arbeitnehmer mit eld umzugehen pflege.

ereits diese Annahme ist nicht zwingend. Die Tatsache der bestehenden Abtre- 1091
ng läßt keine sichere Schlußfolgerung auf liderliche Vermögensverhältnisse der leichtfertigen Umgang mit Geld zu. Bekanntlich erfolgen Entgeltabtretunen überwiegend zum Zweck der Kreditsicherung, wobei der Zweck der Darleensaufnahme in der Regel unbekannt ist. Aber auch in anderen Fällen mag die chuld z.B. aus einer gutgläubig übernommenen Bürgschaft oder aus Aufwenungen des Ehepartners (vgl. § 1357 Abs. 1 S. 2 BGB) herrühren, letzterenfalls ithin gar nicht auf einem Verhalten des Arbeitnehmers beruhen. Die Tatsache er Offenlegung der Abtretung besagt ebenfalls nichts; hierbei ist insbesondere enkbar, daß entweder der Gläubiger versehentlich oder abredewidrig von der cherheit Gebrauch macht, oder daß zwischen Gläubiger und Arbeitnehmer oer die Schuld Uneinigkeit besteht und der Gläubiger sich zunächst befriedigen öchte.

ntsprechendes gilt für Pfändungen. Auch hierfür ist der Grund nicht eindeutig 1092
ststellbar; es muß nicht einmal eine Verurteilung in einem Erkenntnisverfahren orausgegangen sein, wie sich der Aufzählung der Vollstreckungstitel in § 794 PO entnehmen läßt. Bei der Ausbringung einer Pfändung ist darüberhinaus die

---

BAG, DB 1986, 1469, 1470; Färber/Theilenberg S. 23; Müllner, DB 1984, 1677; Schwarz, BB 1985, 531

Matthes, RDV 1985, 16, 21; Müllner, DB 1984, 1677, 1678; a. A.: Fitting/Auffahrt/Kaiser/Heither, § 87 Rz. 69a, anders nach Vorauflage Rz. 69

So ausdrücklich Matthes, RDV 1985, 21; a.A. Klebe, DB 1986, 382; Apitzsch/Schmitz, DB 1984, 987

Klebe, DB 1986, 382; ders., NZA 1985, 47; vgl. auch BVerfG 1984, 36 ff.; Schwarz, DB 1985, 532

Apitzsch/Schmitz, DB 1984, 987, 988; vgl. auch Ehmann, NZA Beilage 1/85 zu Heft 13/85 S. 8; Simitis, NJW 1985, 406

Rangsicherung zu berücksichtigen, die die Zustellung des Pfändungs- un Überweisungsbeschlusses erfordert, während eine Abtretung wegen des Wech sels der Forderungsinhaberschaft einer Offenlegung zunächst nicht bedarf.

1093 Allenfalls aus der Anzahl der vorliegenden Abtretungen und Pfändungen könne gewisse Schlußfolgerungen auf den Umgang des Arbeitnehmers mit Geld gezc gen werden, die — soweit betriebliche Belange betroffen werden — eine verha tensbedingte Kündigung rechtfertigen können[37]. Mithin verbleibt als auße dienstliches Verhalten allein die Tatsache einer bestehenden Schuld bzw. da Verhalten des Eingehens dieser Schuld. Hierbei spielen weder die Höhe de Schuld(en), noch deren Anzahl eine Rolle.

1094 Zwar vermag sich auch außerdienstliches Verhalten wie das Eingehen eine finanziellen Verpflichtung auf das Arbeitsverhältnis auszuwirken[38]. Ausgehen von dem Schutzzweck des § 87 Abs. 1 Nr. 6 BetrVG[39], der den Arbeitnehme unter einen kollektivrechtlichen Schutz vor einem Überwachungsdruck durc anonyme technische Kontrolleinrichtungen stellen will, ist für die Anwendun dieser Norm ein Verhalten des Arbeitnehmers zu verlangen, das in unmittelba rem Zusammenhang mit der Erbringung der Arbeitsleistung steht[40]. Nur wen die Willensbetätigung des Arbeitnehmers unmittelbar in Beziehung mit der vc ihm zu erbringenden Hauptpflicht zu setzen ist, bedarf der Arbeitnehmer diese Schutzes vor einem Überwachungsdruck. Das Bundesarbeitsgericht hat in se ner Entscheidung vom 11.03.1986[41] krankheitsbedingte Fehlzeiten zum Verha ten i.S.v. § 87 Abs. 1 Nr. 6 BetrVG gerechnet, weil sich der Arbeitnehmer bei ein bestehenden Krankheit zunächst für oder gegen einen Arztbesuch entscheide und sodann — bei festgestellter Arbeitsunfähigkeit — die Entscheidung treffe müsse, ob er gleichwohl arbeiten gehe. Diese willentlich gesteuerten Handlu gen des Arbeitnehmers betreffen unmittelbar seine Arbeitspflicht, wodurch sic eine Anwendung von § 87 Abs. 1 Nr. 6 BetrVG rechtfertigen läßt. Demgegenüb berühren Erkenntnisse über eingegangene finanzielle Verpflichtungen allenfa mittelbar die Treuepflicht des Arbeitnehmers, den Arbeitgeber vor unnötige Belastungen zu bewahren.

c) § 90 BetrVG

1095 Ein Beteiligungsrecht des Betriebsrates besteht gem. § 90 BetrVG schon bei d Planung des Einsatzes einer Datenverarbeitungsanlage. Der Betriebsrat i rechtzeitig zu unterrichten über die in Aussicht genommenen Geräte, von de damit zu verrichtenden Arbeiten sowie von der Art und Weise der Benutzun Nach dieser Vorschrift hat der Betriebsrat indes nur ein Informationsrecht; ei bestimmte Gestaltung der Arbeitsplätze, Arbeitsverfahren und Arbeitsablä

---

[37] Vgl. Rz. 1075
[38] Vgl. Rz. 1074, 1076
[39] Vgl. BAG, DB 1984, 781; Dietz/Richardi, § 87 Rz. 324; Fitting/Auffarth/Kaiser/Heither, § 87 Rz.
[40] Ebenso Müllner, DB 1984, 1678
[41] DB 1986, 1469, 1470

kann der Betriebsrat nicht im Wege der erzwingbaren Mitbestimmung durchsetzen, und zwar auch nicht über § 91 BetrVG[42].

d) § 92 BetrVG

Ob und inwieweit § 92 BetrVG einen Anspruch des Betriebsrates gibt, über automatisierte Personalinformationssysteme in ihrer Eigenschaft als Hilfsmittel bei der Personalplanung unterrichtet zu werden, ist umstritten[43]. Der Streit soll an dieser Stelle nicht weiter vertieft werden, da die praktischen Auswirkungen gering erscheinen. Der Betriebsrat hat nämlich – wie dargestellt – aus § 90 BetrVG ein Recht auf Beteiligung bei der Planung der Anlage und aus § 80 Abs. 2 BetrVG ein Recht auf umfassende Information, so daß § 92 BetrVG in Beziehung auf Personalinformationssysteme keine eigenständige Bedeutung mehr zukommt. **1096**

e) § 111 BetrVG

Ein Beteiligungsrecht des Betriebsrates aus § 111 BetrVG ergibt sich dann, wenn die Einführung eines Personaldatenverarbeitungssystems eine Betriebsänderung darstellt. Nach der Entscheidung des Bundesarbeitsgerichts vom 26. 10. 1982[44] ist für die Frage, ob eine grundlegende Änderung der Betriebsanlagen oder die Einführung grundlegend neuer Arbeitsmethoden vorliegt, auf die Anzahl der Arbeitnehmer, die an und mit diesem System arbeiten, und darauf abzustellen, ob diese infolge der Einführung der EDV-Anlage wesentliche wirtschaftliche Nachteile erleiden können. **1097**

Im Regelfall werden diese Anforderungen bei der Benutzung von Personalinformationssystemen nicht erfüllt werden.

---

42) Vgl. BAG, DB 1984, 775

43) Vgl. einerseits Matthes, RDV 1985, 16, 18, der scharf zwischen der Personalplanung und den Hilfsmitteln als Ansatzpunkt für die betriebliche Mitbestimmung unterscheidet, und andererseits Fitting/Auffarth/Kaiser, § 92 Rdnrn. 26 ff. m. zahlr. Nachw. aus der Literatur

44) DB 1982, 1766; kritisch Hunold, BB 1984, 2279

Literaturverzeichnis

Adam/Lermer/Ried	Pfändungsschutz für Arbeitseinkommen, 12. Auflage, 1978
Bartenbach/Volz	Gesetz über Arbeitnehmererfindungen, 1980
Bathe	Pfändung und Abtretung von Lohn und Gehalt, 1968
Baumbach/Lauterbach/ Albers/Hartmann	Zivilprozeßordnung, Kommentar 43. Auflage, 1985, und 44. Auflage, 1986
Baumgärtel	Handbuch der Beweislast im Privatrecht, Band 1, 1981
Baur	Fälle und Lösungen zum Zwangsvollstreckungs-, Konkurs- und Vergleichsrecht, 3. Auflage, 1974
Bischoff/Rochlitz	Die Lohnpfändung, 3. Auflage, 1965
Blomeyer, A.	Zivilprozeßrecht, 2. Auflage, 1985
Blomeyer, J.	Erinnerungsbefugnis Dritter in der Mobiliarzwangsvollstreckung, 1966
Blomeyer, Otto	Gesetz zur Verbesserung der betrieblichen Altersversorgung, 1984
Bobrowski/Gaul	Das Arbeitsrecht im Betrieb, 8. Auflage 1986
Bochumer Kommentar (BochKomm)	Kommentar zum Sozialgesetzbuch, 1979
Bock/Speck	Die Einkommenspfändung, 1964
Böhle-Stammschräder/ Kilger	Kommentar zur Konkursordnung, 14. Auflage, 1983
Boewer	Die Lohnpfändung in der betrieblichen Praxis, 1972
Brox/Walker	Zwangsvollstreckungsrecht, 1986
Bruns/Peters	Zwangsvollstreckungsrecht, 1976
Buchner	Wettbewerbsverbote, 1981
Bülow/Mecke	Kommentar zur Hinterlegungsordnung, 2. Auflage, 1979
Dersch/Neumann	Kommentar zum Bundesurlaubsgesetz, 6. Auflage, 1981
Dietz/Richardi	Betriebsverfassungsgesetz, Kommentar, 6. Auflage, 1982
Erman/Bearbeiter	Handkommentar zum Bürgerlichen Gesetzbuch, 6. Auflage, 1975
Färber/Theilenberg	Personaldatenverarbeitung im Einigungsstellenverfahren, 1986
Fitting/Auffarth/ Kaiser/Heither	Betriebsverfassungsgesetz, Handkommentar, 14. Auflage, 1984 (ohne Heither) und 15. Auflage, 1987
Frisinger	Privilegierte Forderungen in der Zwangsvollstreckung, 1967
Furtner	Die vorläufige Vollstreckbarkeit, 1953
Gagel	Arbeitsförderungsgesetz, Kommentar, Loseblatt, Stand 1986
Galperin/Löwisch	Betriebsverfassungsgesetz, Kommentar, 6. Auflage, 1982

Gaul	Betriebsinhaberwechsel und Arbeitsverhältnis, 1966
ders.	Leistungs- und Erfüllungsort im Arbeitsverhältnis, 1965
ders.	Tarifliche Ausschlußfristen, 1964
Gaul/Boewer	Probleme des Urlaubsrechts, 1966
GK-BetrVG	Gemeinschaftskommentar zum Betriebsverfassungsgesetz, Band I, 4. Auflage, 1987, ab § 74 Loseblatt, Stand Juni 1985
GK-BUrlG	Gemeinschaftskommentar zum Bundesurlaubsgesetz, 4. Auflage, 1984
GK-SGB	Gemeinschaftskommentar zum Sozialgesetzbuch, 2. Auflage, 1981
Hess/Schlochauer/Glaubitz	Betriebsverfassungsgesetz, 3. Auflage, 1983
Hoche/Wiener	Zwangsvollstreckungsrecht, 4. Auflage, 1983
Hueck/Nipperdey	Lehrbuch des Arbeitsrechts, 7. Auflage, 1963, 1966, 1970
KR	Gemeinschaftskommentar zum Kündigungsschutzgesetz und sonstigen kündigungsschutzrechtlichen Vorschriften, 2. Auflage, 1984
Leibholz/Rinck	Kommentar zum Grundgesetz, 1968
Lent/Jauernig	Zwangsvollstreckungs- und Konkursrecht, 13. Auflage, 1975
Lippross	Grundlagen und System des Vollstreckungsschutzes, 1983
Mengel	Die betriebliche Übung, 1967
Meyer, J. A. E.	Handelsvertreterrecht, 1978
Mohrbutter	Handbuch des gesamten Vollstreckungs- und Insolvenzrechts, 2. Auflage, 1974
Münchener Kommentar (MK)	Kommentar zum Bürgerlichen Gesetzbuch, 1979
Neumüller	Vollstreckungserinnerung, Vollstreckungsbeschwerde und Rechtspflegererinnerung, 1981
Palandt/Bearbeiter	Bürgerliches Gesetzbuch, Kommentar, 44. Auflage, 1985, und 45. Auflage, 1986
RGRK/Bearbeiter	Kommentar zum Bürgerlichen Gesetzbuch, herausgegeben von Mitgliedern des Bundesgerichtshofes, Band II, 1. Teil, 12. Auflage, 1976
Rosenberg/Schwab	Zivilprozeßrecht, 12. Auflage, 1977
Schaub	Arbeitsrechtshandbuch, 5. Auflage, 1983
Schönke/Baur	Zwangsvollstreckungs-, Konkurs- und Vergleichsrecht, 10. Auflage, 1978
Schwab	Erfindungs- und Verbesserungsvorschläge im Arbeitsverhältnis, 1985
Seiter	Die Betriebsübung, 1967
Soehring	Die Nachfolge in Rechtslagen aus Prozeßverträgen, 1968

Staudinger/Bearbeiter	Kommentar zum Bürgerlichen Gesetzbuch, II. Band, Teil 1d, 10./11. Auflage, 1978
Stein/Jonas/Schönke/ Pohle	Kommentar zur Zivilprozeßordnung, 19. Auflage, 1975
Stöber	Forderungspfändung, 7. Auflage, 1984
Thomas/Putzo	Zivilprozeßordnung, Kommentar, 13. Auflage, 1985, und 14. Auflage, 1986
Tipke	Steuerrecht, 10. Auflage, 1985
Volmer/Gaul	Arbeitnehmererfindungsgesetz, 2. Auflage, 1983
Walter	Kommentar zum Lohnpfändungsrecht, 3. Auflage, 1972
Wieczorek/Bearbeiter	Zivilprozeßordnung, Kommentar, 2. Auflage, 1981
Wiedemann/Stumpf	Tarifvertragsgesetz, Kommentar, 5. Auflage, 1977
Wöhe	Einführung in die Allgemeine Betriebswirtschaftslehre, 14. Auflage, 1981
Zeller	Zwangsversteigerungsgesetz, Kommentar, 11. Auflage, 1983
Zöller/Bearbeiter	Zivilprozeßordnung, Kommentar, 13. Auflage, 1981, und 14. Auflage, 1984

ABKÜRZUNGSVERZEICHNIS

a. A.	anderer Ansicht
a. a. O.	am angegebenen Ort
abl.	ablehnend
Abs.	Absatz
Abschn.	Abschnitt
Abt.	Abteilung
abw.	abweichend
AcP	Archiv für die civilistische Praxis
a. F.	alte Fassung
AFG	Arbeitsförderungsgesetz
AG	Amtsgericht oder Aktiengesellschaft
a. M.	anderer Meinung
AnfG	Gesetz, betreffend die Anfechtung von Rechtshandlungen eines Schuldners außerhalb des Konkursverfahrens
Anh.	Anhang
Anl.	Anlage
Anm.	Anmerkung
AnwBl.	Anwaltsblatt
AO	Abgabenordnung
AOK	Allgemeine Ortskrankenkasse
AP	Arbeitsrechtliche Praxis
ArbG	Arbeitsgericht
ArbGG	Arbeitsgerichtsgesetz
ArbnErfG	Gesetz über Arbeitnehmererfindungen
ARS	Arbeitsrechtssammlung
ARSt.	Arbeitsrecht in Stichworten
Art.	Artikel
AuR	Arbeit und Recht
AVG	Angestelltenversicherungsgesetz
AWbG	Arbeitnehmerweiterbildungsgesetz
BAG	Bundesarbeitsgericht
BAM	Bundesarbeitsminister
BAT	Bundes-Angestelltentarifvertrag
BayObLGZ	Entscheidungen des Bayerischen Obersten Landgerichts in Zivilsachen
BB	Betriebs-Berater
BBG	Bundesbeamtengesetz
Bd.	Band
BeschFG	Beschäftigungsförderungsgesetz
betr.	betreffend
BetrVG	Betriebsverfassungsgesetz
BeurkG	Beurkundungsgesetz
BfA	Bundesversicherungsanstalt f. Angestellte
BFH	Bundesfinanzhof
BGB	Bürgerliches Gesetzbuch
BGBl.	Bundesgesetzblatt
BGH	Bundesgerichtshof
BGHZ	Entscheidungen des Bundesgerichtshofs in Zivilsachen
BKGG	Bundeskindergeldgesetz
BNotO	Bundesnotarordnung
BPatG	Bundespatentgericht
BRAGO	Bundesgebührenordnung f. Rechtsanwälte
BRAO	Bundesrechtsanwaltsordnung
BRTV	Bundesrahmentarifvertrag
BSHG	Bundessozialhilfegesetz
BT-Drucks.	Bundestags-Drucksache
BVerfG	Bundesverfassungsgericht
BVerwG	Bundesverwaltungsgericht
bzw.	beziehungsweise

DAVorm	Der Amtsvormund
DB	Der Betrieb
ders.	derselbe
DGVZ	Deutsche Gerichtsvollzieherzeitung
d. h.	das heißt
dies.	dieselben
DNotZ	Deutsche Notar-Zeitschrift
DR	Deutsches Recht
DRiZ	Deutsche Richterzeitung
EheRG	Eherechtsgesetz
Einf.	Einführung
Einl.	Einleitung
einschl.	einschließlich
entspr.	entsprechend
EStG	Einkommensteuergesetz
EzA	Entscheidungssammlung zum Arbeitsrecht
FamG	Familiengericht
FamRZ	Ehe und Familie im privaten und öffentlichen Recht
ff.	folgende
FG	Finanzgericht
FGG	Reichsgesetz über die Angelegenheiten der freiwilligen Gerichtsbarkeit
FN	Fußnote
FS	Festschrift
GBO	Grundbuchordnung
GebrMG	Gebrauchsmustergesetz
gem.	gemäß
GewO	Gewerbeordnung
GG	Grundgesetz für die Bundesrepublik Deutschland
ggf.	gegebenenfalls
GKG	Gerichtskostengesetz
GRUR	Gewerblicher Rechtsschutz und Urheberrecht
GS	Großer Zivilsenat
GVBl.	Gesetz- und Verordnungsblatt
GVG	Gerichtsverfassungsgesetz
GVGA	Geschäftsanweisung für Gerichtsvollzieher
HGB	Handelsgesetzbuch
HO	Hinterlegungsordnung
h. M.	herrschende Meinung
HRR	Höchstrichterliche Rechtsprechung
HzA	Handbuch zum Arbeitsrecht
i. d. F.	in der Fassung
i. d. R.	in der Regel
i. S.	im Sinne
i. V. m.	in Verbindung mit
JBeitrO	Justizbeitreibungsordnung
JMBl.	Justizministerialblatt
JR	Juristische Rundschau
JurBüro	Das juristische Büro
JuS	Juristische Schulung
Justiz	Die Justiz
JW	Juristische Wochenschrift
JZ	Juristenzeitung
KG	Kammergericht oder Kommanditgesellschaft
KiStG	Kirchensteuergesetz
KKZ	Kommunal-Kassen-Zeitschrift
KO	Konkursordnung
KostO	Kostenordnung
KSchG	Kündigungsschutzgesetz
KTS	Konkurs-, Treuhand- und Schiedsgerichtswesen

LAG	Landesarbeitsgericht
LFG	Lohnfortzahlungsgesetz
LG	Landgericht
lit.	litera (Buchstabe)
LM	Nachschlagewerk des Bundesgerichtshofs, herausgegeben von Lindenmaier-Möhring (Zivilsachen)
LStR	Lohnsteuerrichtlinien
MDR	Monatsschrift für Deutsches Recht
MTV	Manteltarifvertrag
MuSchG	Mutterschutzgesetz
m. w. N.	mit weiteren Nachweisen
NdsRpfl	Niedersächsische Rechtspflege
NJW	Neue Juristische Wochenschrift
Nr.	Nummer
NW	Nordrhein-Westfalen
NZA	Neue Zeitschrift für Arbeits- und Sozialrecht
o. a.	oben angeführt
OLG	Oberlandesgericht
OLGZ	Entscheidungen der Oberlandesgerichte in Zivilsachen
PatG	Patentgesetz
PKH	Prozeßkostenhilfe
RAG	Reichsarbeitsgericht
RdA	Recht der Arbeit
RdErl	Runderlaß
RdJ	Recht der Jugend
RdNr./Rdn.	Randnummer
RDV	Recht der Datenverarbeitung
RegE	Regierungsentwurf
RG	Reichsgericht
RGBl.	Reichsgesetzblatt
RGZ	Entscheidungen der Reichsgerichte in Zivilsachen
RkschG	Reichsknappschaftsgesetz
RNotO	Reichsnotarordnung
RPfleger	Der Deutsche Rechtspfleger
RPflG	Rechtspflegergesetz
Rspr.	Rechtsprechung
RVO	Reichsversicherungsordnung
Rz.	Randziffer
S.	Seite
s. a.	siehe auch
SAE	Sammlung arbeitsrechtlicher Entscheidungen
SchlHA	Schleswig-Holsteinischer Anzeiger
SchwbG	Schwerbehindertengesetz
SG	Sozialgericht
SGB	Sozialgesetzbuch
sh.	siehe
s. o.	siehe oben
sog.	sogenannte(r)
StGB	Strafgesetzbuch
StSenkG	Steuersenkungsgesetz
TV	Tarifvertrag
TVG	Tarifvertragsgesetz
UdG	Urkundsbeamter der Geschäftsstelle
u. U.	unter Umständen
Verf.	Verfassung oder Verfasser
VermBG	Vermögensbildungsgesetz
VersR	Versicherungsrecht
VG	Verwaltungsgericht
VGH	Verwaltungsgerichtshof
vgl.	vergleiche

v. L.	vermögenswirksame Leistungen
VO	Verordnung
VwGO	Verwaltungsgerichtsordnung
VwVfG	Verwaltungsverfahrensgesetz
VwVG	Verwaltungsvollstreckungsgesetz
WM	Wertpapier-Mitteilungen
WRV	Weimarer Reichsverfassung
z. B.	zum Beispiel
ZfA	Zeitschrift für Arbeitsrecht
Ziff.	Ziffer
ZIP	Zeitschrift für Wirtschaftsrecht und Insolvenzpraxis
ZMR	Zeitschrift für Miet- und Raumrecht
ZPO	Zivilprozeßordnung
z. T.	zum Teil
zust.	zustimmend
ZVG	Gesetz über die Zwangsversteigerung und die Zwangsverwaltung
ZZP	Zeitschrift für Zivilprozeß

Stichwortverzeichnis

Die Zahlen geben die Randziffer an, die hochgestellten Zahlen die Anmerkungen

A

B

F

G

H

K

M

R

W

89,– /